Access 2002

Das große Buch

Access 2002

Helma Spona

DATA BECKER

Copyright	© 2001 by DATA BECKER GmbH & Co. KG Merowingerstr. 30 40223 Düsseldorf
	1. Auflage 2001
Produktmanagement und Lektorat	Lothar Schlömer
Umschlaggestaltung	Inhouse-Agentur DATA BECKER
Textverarbeitung und Gestaltung	Cornelia Dörr
Druck	Media-Print, Paderborn
E-Mail	buch@databecker.de

ISBN 3-8158-2163-0

1. Der Einstieg in die Access-Datenbanken... 11

1.1 Die wichtigsten Neuerungen in Access 2002 11

1.2 Der Einstieg in Access 2002: Datenbankkonzepte 18

2. Grundlagen des Datenbankentwurfs 29

2.1 Die einfache Datenbank als tabellarische Artikelliste.... 29

2.2 Indizes und Schlüssel festlegen 43

2.3 Tabellen über Auswahlfelder verknüpfen 52

2.4 Tabellen untereinander in Beziehung setzen 70

2.5 Komplexe Datenbanken planen und erstellen 84

2.6 Struktur und Hierarchie einer Datenbank........................ 96

3. Suchen und Abfragen in fertigen Datenbanken 105

3.1 Auswahlabfragen einfach per Assistent erstellen............ 105

3.2 Die Entwurfsansicht der Abfrage effektiv nutzen............. 112

3.3 Schnelles Arbeiten mit Gruppen und Sortierungen.......... 120

3.4 Komplexe Filterkriterien zur Suche bestimmen............... 124

3.5 Artikelliste nach Stichwörtern durchsuchen...................... 127

3.6 Aktionsabfragen entwerfen und ausführen...................... 135

3.7 Parameterabfragen erstellen und ausführen...................... 142

4. Formulare und Berichte als Benutzeroberfläche der Datenbank................ 147

4.1 Einfache Formulare zur Dateneingabe erstellen............... 147

4.2 Haupt- und Detailformulare verwenden.......................... 155

4.3 Formulare übersichtlich formatieren................................ 160

4.4 Daten mit zweckmäßigen Formularen erfassen................. 181

4.5 Formulardaten nach Kriterien filtern.............................. 193

INHALTSVERZEICHNIS

4.6	Informative Berichte aus Daten erstellen	195
4.7	Unterberichte effektiv einsetzen	210
4.8	Berichtsoptionen und Druckoptionen einstellen	222
4.9	Adresslisten und -etiketten mit Berichten ausgeben	224

5. Access-Dienstprogramme richtig nutzen 229

5.1	Die Reparaturfunktion für Datenbanken	229
5.2	Datenbanken in andere Formate konvertieren	234
5.3	Add-In-Manager zum Aufrüsten von Access verwenden	246
5.4	Datenbankanalyse mit Access-Bordmitteln	248
5.5	Starteinstellungen und Benutzeroberfläche generieren	254

6. Hilfreiche Tools beim Datenbankentwurf und der Dokumentation 263

6.1	Manuelle Dokumentation der Daten	263
6.2	Verwenden der Access-Hilfsprogramme	265
6.3	ER-Diagramme mit externen Tools erstellen	269

7. Access im Netzwerk 287

7.1	Grundlagen zu Netzwerkanwendungen	287
7.2	Einfache Client-Server-Anwendungen erstellen	290
7.3	Datenbanken replizieren	300
7.4	Die Kundendatenbank im Netz verwenden	303
7.5	Sicherheitsaspekte in Netzwerkanwendungen	307

8. Access in Internet und Intranet 311

| 8.1 | Systemvoraussetzungen für Intranet- und Internetanwendungen | 311 |
| 8.2 | Webdateien mit Access exportieren und importieren | 318 |

8.3	Datenzugriffsseiten erstellen und verwenden	337
8.4	Einsetzen der Microsoft Office-Webkomponenten	355

9. Datenbanken mit Makros automatisieren ... 367

9.1	Makros zur Automatisierung erstellen	367
9.2	Gespeicherte Makros ausführen	379
9.3	Shortcuts zum schnellen Arbeiten festlegen	381
9.4	Makros über Symbolleisten, Menüleisten und Formulare starten	387

10. Mehrbenutzeranwendungen erstellen ... 395

10.1	Grundlagen von Mehrbenutzeranwendungen	395
10.2	Benutzer verwalten und Rechte vergeben	397
10.3	Verteilte Anwendungen für Mehrbenutzer erstellen	416

11. Mit anderen Office-Anwendungen kommunizieren ... 443

11.1	Zusammenarbeit mit Excel und Word	443
11.2	Excel zur Analyse von Access-Daten verwenden	444
11.3	Serienbriefe mit Access-Kundendaten erstellen	449
11.4	Organisationsdiagramme mit iGrafx Flowcharter	457

Stichwortverzeichnis ... 465

1. Der Einstieg in die Access-Datenbanken

Datenbanken spielen in der EDV eine immer größere Rolle. Mittlerweile haben auch viele kleinere und mittelständische Firmen erkannt, dass nicht nur die Sammlung von Kundendaten von Interesse ist, sondern auch andere Daten helfen können, das Unternehmen noch effizienter zu führen. Der korrekte Aufbau von Datenbanken ist dabei ausschlaggebend für die Effizienz der Datenverwaltung.

In diesem Kapitel geht es daher um grundlegende Datenbankkonzepte und die Neuerungen von Access 2002 gegenüber der Vorgängerversion Access 2000.

1.1 Die wichtigsten Neuerungen in Access 2002

Access 2002 verfügt gegenüber Access 2000 nicht über sehr viele Neuerungen. Die offensichtlichste ist die Benutzeroberfläche, die nun wesentlich moderner und schneller geworden ist. Zudem gibt es einige Neuerungen in den Assistenten und ein paar kleine Änderungen bei Berichten und Abfragen. Alles in allem halten sich die Neuerungen jedoch in Grenzen. Wenn Sie sich in Access 2000 auskennen, werden Sie keine Schwierigkeiten haben, sich in Access 2002 zurechtzufinden.

Die Beispiele zu diesem Buch finden Sie auf der Produkt-Detailseite unter www.databecker.de in der Buchsparte.

Die Benutzeroberfläche

Die Benutzeroberfläche hat sich sehr stark verändert. Sie ist nun wesentlich schlichter und schneller geworden und kann auch von ungeübten Anwendern intuitiv bedient werden. Der Office-Assistent wird nun nicht mehr standardmäßig eingeblendet, sodass Sie ihn nicht ständig an die Seite schieben müssen. Allerdings können Sie ihn aktivieren und einblenden, wenn Sie wünschen.

Wenn Sie Access über *Start/Microsoft Access 2002* gestartet haben, erscheint nun auf der rechten Seite eine Navigationsleiste, über die Sie Vorlagen auswählen und bestimmte Aktionen starten können. Diese Leiste enthält ausschließlich Hyperlinks, die Sie über einen einfachen Mausklick aktivieren können.

Die Leiste wird jedoch automatisch ausgeblendet, wenn Sie eine Datenbank öffnen oder neu erzeugen. Das hat den Vorteil, dass der verfügbare Platz auf dem Bildschirm nicht unnötig eingeschränkt wird. Wenn Sie nach Schließen der aktuellen Datenbank die Leiste wieder einblenden möchten, brauchen Sie nur *Datei/Neu* auszuwählen.

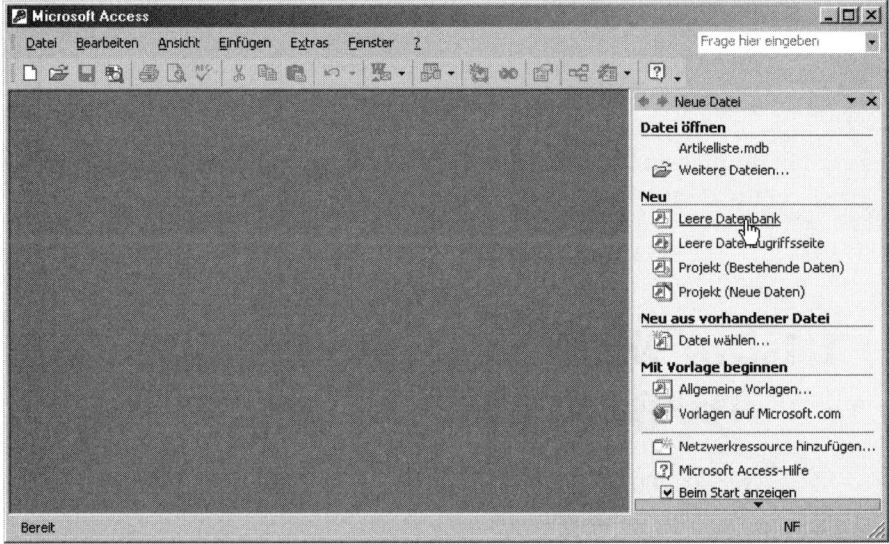

Das Access-Fenster im Überblick

In der Titelleiste der Fensterleiste finden Sie außerdem einen kleinen Pfeil, über den Sie die Zwischenablage oder den *Suchen*-Dialog einblenden können. Dazu klicken Sie einfach auf den kleinen Pfeil und wählen den gewünschten Eintrag aus.

Wechseln des Inhalts in der Seitenleiste

Der Rest der Benutzeroberfläche ist nicht wesentlich anders als unter Access 2000. Lediglich die Symbolleisten und Menüleisten sehen etwas anders aus, funktionieren jedoch genauso.

Die Hilfe

Der Aufbau der Hilfe hat sich ebenfalls geändert. Sie kann zwar weiterhin über F1 aufgerufen werden, doch zusätzlich haben Sie auch die Möglichkeit, ähnlich wie im Office-Assistenten eine Frage zu stellen. Diese geben Sie einfach in das Eingabefeld der Menüleiste ein. Wenn Sie die Eingabe mit Enter abschließen, wird Ihre Frage an die Hilfe weitergeleitet und, wenn Sie Glück haben, auch beantwortet.

Fragen stellen

Die Hilfe können Sie natürlich auch jederzeit aufrufen, indem Sie auf den Link in der Fensterleiste klicken oder F1 drücken.

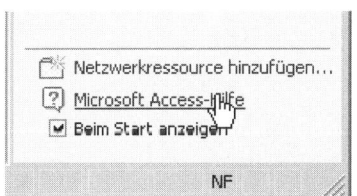

Aufrufen der Hilfe über die Fensterleiste

Hinweis

Office-Assistent deaktivieren

Bei installiertem Office-Assistenten erscheint dann jedoch zuerst der Office-Assistent und fordert Sie auf, eine Frage zu stellen. Es bleiben Ihnen dann nur zwei Möglichkeiten, an die Access-Hilfe zu gelangen. Sie können den Assistenten deaktivieren oder wirklich eine Frage stellen. Möchten Sie den Assistenten deaktivieren, klicken Sie dazu mit der rechten Maustaste auf den Office-Assistenten. Aus dem Kontextmenü wählen Sie dann *Optionen* aus und deaktivieren dort das Kontrollkästchen *Den Office-Assistenten verwenden*.

Hilfethemen und Index durchsuchen

Sie können wie zuvor auch die Hilfe durchsuchen, indem Sie Hilfethemen in der Registerkarte *Inhalt* per Doppelklick öffnen. Dazu müssen Sie diese aber zunächst einblenden. Standardmäßig sind die Registerkarten in der Access-Hilfe nämlich nicht sichtbar. Um Sie einzublenden, klicken Sie auf das Symbol ⬅. Auch der Index hilft Ihnen natürlich, die richtige Seite schnell zu finden. Dazu geben Sie wie gewohnt einfach den Suchbegriff in das Feld *Schlüsselwörter* ein und bestätigen die Eingabe mit Enter.

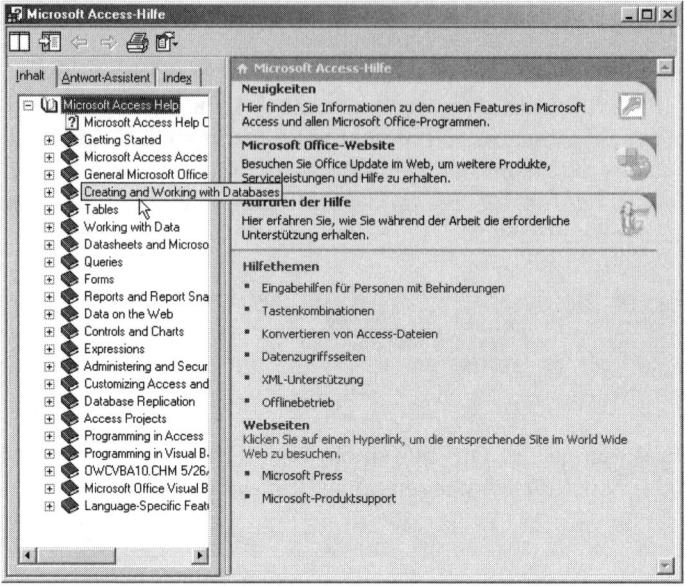

Öffnen eines Hilfethemas über die Registerkarte Inhalt

Fragen stellen

Über die Registerkarte *Antwort-Assistent* können Sie außerdem eine Frage stellen. Sie erhalten hier jedoch die gleichen Antworten, als wenn Sie die Frage in der Menüleiste eingeben.

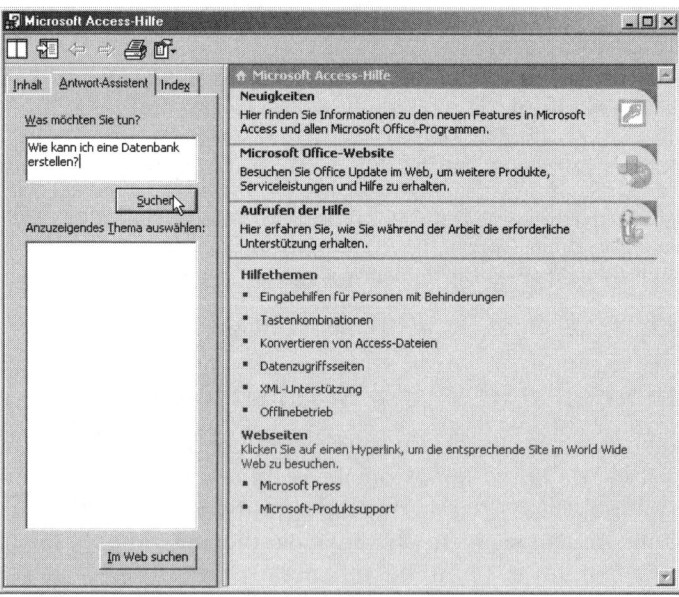

Stellen einer Frage

Das Datenbankformat

Sehr erfreulich ist, dass entgegen anderer Erwartungen das Dateiformat das gleiche geblieben ist. Sie können also problemlos Datenbanken abwechselnd mit Access 2000 und Access 2002 bearbeiten, ohne sie konvertieren zu müssen, wie dies bei Access 97 und Access 2000 der Fall ist. Das Access 2000-Format ist ebenfalls das Standard-Datenbankformat von Access 2002. Allerdings ist es möglich, dies zu ändern. Dazu können Sie über *Extras/Optionen* auf der Registerkarte *Weitere* das Dateiformat auswählen.

Haben Sie allerdings bereits Datenbanken erstellt und wählen dann ein anderes Standard-Datenbankformat aus, werden diese nicht automatisch konvertiert. Das gilt genauso für die aktuell geöffnete Datenbank.

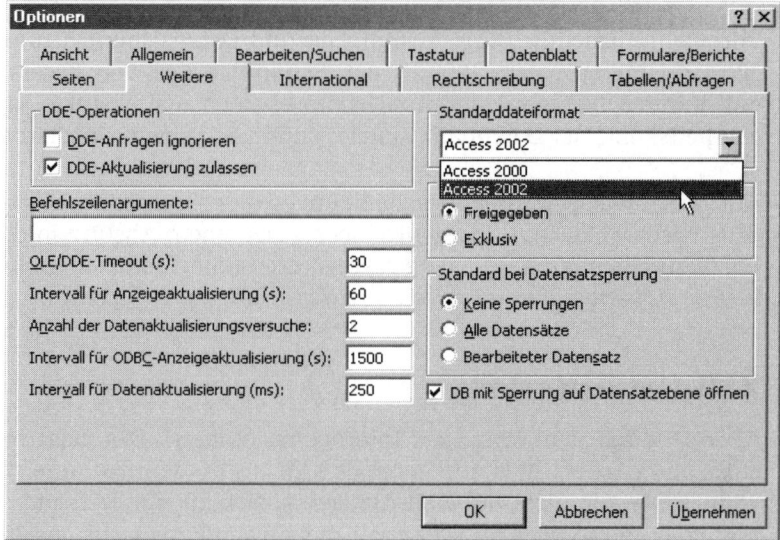

Auswählen des Standard-Datenbankformats

Access zeigt das Datenbankformat der aktuellen Datenbank im Titel des Datenbankfensters an.

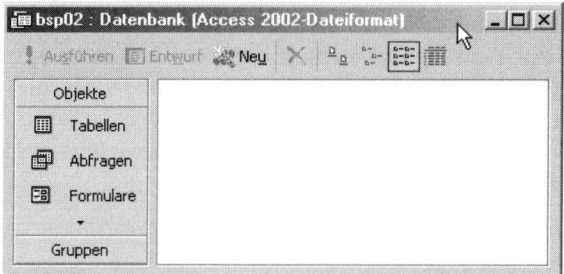

Anzeige des Datenbankformats

Im Unterschied zu Access 2000 und Access 97 können Sie nun eine Datenbank in drei verschiedene Formate konvertieren, nämlich in das

- Access 97-Format,

- Access 2000-Format und

- Access 2002-Format.

Allerdings werden Sie beim Öffnen von Access 97-Datenbanken immer noch aufgefordert, die Datei zu konvertieren. Es ist also nicht möglich, eine Access 97-Datenbank in Access 2002 zu bearbeiten, ohne sie zuvor zu konvertieren.

Geschwindigkeit und Datensicherheit

Vor allem hinsichtlich Geschwindigkeit und Datensicherheit tut sich Access 2002 gegenüber Access 2000 hervor. Schon der Start von Access 2002 ist in null Komma nichts erledigt, und wenn es doch mal abstürzt, wird eine Sicherheitskopie der Datenbank angelegt und nach einem Neustart angezeigt.

Auf diese Weise werden Beschädigungen der Datenbank auf sehr seltene Fälle beschränkt. In der Regel ist Access bei einem Absturz in der Lage, die Daten zu einem großen Teil zu rekonstruieren und so einen größeren Datenverlust zu vermeiden.

XML-Unterstützung

Access ist auf dem Weg, das Internet zu erobern. Das zeigt sich deutlich darin, dass Access 2002 nun erstmals XML als Dateiformat unterstützt. Damit können Sie nun nicht nur XML-Dateien speichern, sondern auch welche importieren und so bequem Daten mit Webanwendungen austauschen.

Was ist XML?

XML ist die Abkürzung für Extensible Markup Language und ist eine Auszeichnungssprache, die vornehmlich dazu dient, andere Dokument-Beschreibungssprachen zu definieren. Eines dieser auf XML basierenden Dateiformate ist bspw. SVG, ein Vektorgrafikformat, das zukünftig eine große Rolle im Internet spielen wird. XML kann jedoch auch als Dateiformat verwendet werden, das dann im Prinzip universell eingesetzt werden kann. Sie können damit einfach nur Daten strukturiert speichern. Andererseits ist es in der Lage, diese auch zu beschreiben.

Das folgende Listing zeigt eine XML-Datei, die bspw. mithilfe eines benutzerdefinierten Exportfilters aus Access 2000 exportiert wurde.

Die Originaltabelle sieht in Access z. B. folgendermaßen aus:

Artikel	Beschreibung	Preis DM	Artikelgruppe	Verfügbarkeit	Nächster Liefe
1	Mauspad rot, textil	1,07 DM	ZUB	☑	27. Feb. 01
2	Wheelmaus, Logitech, OEM	29,90 DM	ZUB	☐	20. Okt. 00
3	Windows 2000 Professional, Updat	299,00 DM	SOFT	☑	17. Nov. 00

Datensatz: 1 von 3

Darstellung der Originaltabelle

Nach dem Export ins XML-Format liegt folgender XML-Code in der XML-Datei vor. Die eigentlichen Daten der Tabelle werden in den XML-Tags dargestellt, zusätzliche Beschreibungen wie das Währungs- oder Datumsformat werden als Attribute der Tags angegeben.

```
<?xml version="1.0" encoding="ISO-8859-1"?>
<ARTIKELLISTE>
<DATENSATZ>
    <ARTIKEL>2</ARTIKEL>
    <BESCHREIBUNG>Wheelmaus, Logitech, OEM</BESCHREIBUNG>
    <PREISDM format='#,##0.00" DM";-#,##0.00" DM"'>29,9</PREISDM>
    <ARTIKELGRUPPE>ZUB</ARTIKELGRUPPE>
    <VERFUEGBARKEIT wert='Falsch'></VERFUEGBARKEIT>
    <NAECHSTERLIEFERTERMIN format='Medium Date'>
        20.10.2000</NAECHSTERLIEFERTERMIN>
    </DATENSATZ>
<DATENSATZ>
    <ARTIKEL>3</ARTIKEL>
    <BESCHREIBUNG>Windows 2000 Professional, Update auf NT 4.0</BESCHREIBUNG>
    <PREISDM format='#,##0.00" DM";-#,##0.00" DM"'>299</PREISDM>
    <ARTIKELGRUPPE>SOFT</ARTIKELGRUPPE>
    <VERFUEGBARKEIT wert='Wahr'></VERFUEGBARKEIT>
    <NAECHSTERLIEFERTERMIN format='Medium Date'>
        17.11.2000</NAECHSTERLIEFERTERMIN>
    </DATENSATZ>
</ARTIKELLISTE>
```

Sourcecode 1: Beispiel einer XML-Datei

XML-Daten bieten den Vorteil, dass sie plattformunabhängig sind und daher nicht nur unter Windows eingelesen werden können, sondern auch unter Linux, MacOS oder BeOs.

Access-Datenbanken

1

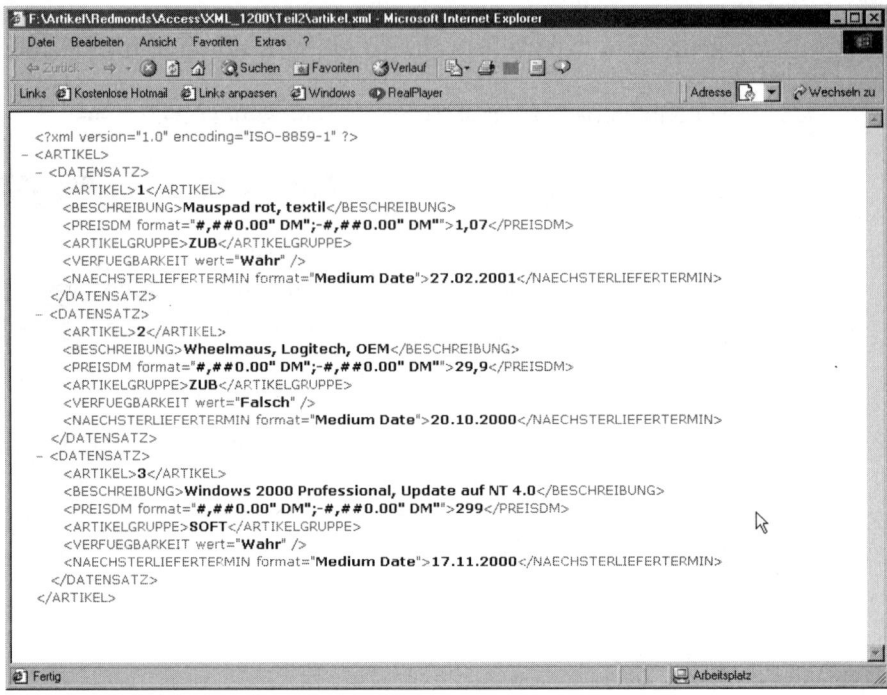

Darstellung der XML-Datei im Internet Explorer 5.01

1.2 Der Einstieg in Access 2002: Datenbankkonzepte

Wenn Sie vor Access 2002 noch nicht mit Access gearbeitet haben, sondern vielleicht zum ersten Mal eine Datenbank erstellen möchten oder zuvor mit anderen Programmen wie dBase oder Paradox gearbeitet haben, ist es notwendig, einige Datenbankgrundlagen zu erläutern. Das geschieht in den folgenden Abschnitten.

Was ist Access?

Access selbst ist keine Datenbank, sondern vielmehr ein DBMS. Dies ist die Abkürzung für **D**aten**b**ank**m**anagement-**S**ystem. Solche Programme dienen dazu, die Daten der Datenbank zu verwalten, die Datenbank zu speichern, zu manipulieren und die Grundfunktionen für die Datenbank zur Verfügung zu stellen.

Neben Access gibt es zahlreiche andere Datenbankmanagement-Programme. Zu den bekanntesten gehören dBase, FoxPro, Paradox und die SQL-Server von Microsoft und Oracle.

Unterschiede zwischen Access und anderen Windows-Programmen

Wenn Sie zum ersten Mal Access verwenden, sollten Sie wissen, wo die wesentlichen Unterschiede zwischen Access und anderen Windows-Programmen liegen. Dies ist ausgesprochen wichtig, wenn Sie effizient und ohne Frust mit Access arbeiten möchten. Der erste Unterschied besteht darin, dass es keine *Rückgängig*-Funktion gibt. Die steht nur für ausgewählte Bereiche der Datenbank zur Verfügung. Wenn Sie bspw. eine Tabelle anpassen, können Sie diese Änderungen nicht mehr wieder rückgängig machen. Anders als in anderen Programmen, die eine unbeschränkte *Rückgängig*-Funktion bieten, sollten Sie sich in Access also sehr gut überlegen, welche Änderungen Sie vornehmen. Legen Sie außerdem regelmäßig Sicherungskopien der Datenbank an.

Der zweite Unterschied besteht darin, dass Access nur ein Single-Dokument-Interface hat. Das bedeutet, anders als in Word, bei dem Sie mehrere Dokumente gleichzeitig öffnen können, haben Sie in Access immer nur die Möglichkeit, eine einzige Datenbank zu öffnen. Möchten Sie eine zweite öffnen, gibt es dazu nur zwei Möglichkeiten. Sie können eine zweite Instanz von Access öffnen und dort die Datenbank öffnen. Dazu benötigen Sie allerdings eine gute Speicherausstattung des Rechners.

Die zweite Möglichkeit besteht darin, die erste Datenbank zu schließen, bevor Sie die zweite öffnen. Möchten Sie Datenbankobjekte von einer Datenbank in eine andere übertragen oder kopieren, können Sie dazu die Import- und Exportfunktionen der Datenbank verwenden.

Unterschiede zu dBase und SQL

Im Unterschied zu diesen Datenbankmanagement-Systemen verwaltet Access alle Datenbankobjekte in einer einzigen Datei, die deshalb sehr einfach weitergegeben und verteilt werden kann. Dennoch haben Sie sehr große Freiheiten. Sie können große Datenbestände auch auf mehrere Datenbankdateien aufteilen und miteinander verknüpfen. Zudem verfügt Access mit VBA und den Access-Makros über zwei Makrosprachen, mit denen sich Access-Datenbanken automatisieren und sogar komplette Anwendungen erstellen lassen.

Ähnlich wie dBase bietet Access eine komfortable Benutzeroberfläche und zahlreiche Tools für den Datenbankentwickler. Der große Vorteil gegenüber dBase liegt jedoch darin, dass viele Anwendungen das Access-Datenbankformat unterstützen, während das dBase IV-Format das letzte dBase-Format war, dem ein Status als Quasi-Standard zugesprochen werden konnte. Die nachfolgenden Versionen werden kaum von anderen Anwendungen unterstützt. Wenn Sie bspw. Webanwendungen mit Datenbankanbindung erstellen möchten, haben Sie mit Access sehr gute Aussichten, ein Tool zu finden, mit dem Sie ASP- und JSP-Anwendungen auf Datenbankbasis erstellen können. Derzeit unterstützen folgende Programme die visuelle Erstellung datenbankgestützter Webanwendungen mit Access-Datenbanken, ohne dass Sie dazu komplexe Programmiersprachen erlernen müssen:

- Adobe® GoLive 5.0™

- Macromedia Dreamweaver UltraDev™ 4

- Microsoft FrontPage 2000 und Microsoft FrontPage 2002

- IBM WebSpere® Studio

Begriffsbestimmung

Für die nachfolgenden Kapitel sollen an dieser Stelle ein paar Begrifflichkeiten geklärt werden. Immer dann, wenn von einer Datenbank die Rede ist, ist damit eine MDB-Datei, die **M**icrosoft **data**base gemeint, also die Access-Datenbankdatei. Die Bezeichnung Access-Datenbankanwendung oder Datenbankanwendung dient hingegen zur Kennzeichnung von Datenbanken, die aus mehr als einer Datenbankdatei bestehen oder zu der mehrere Dateien gehören.

Alle anderen Bestandteile der Datenbank, die innerhalb der MDB-Datei gespeichert werden, bezeichnet Access als Datenbankobjekte. Davon gibt es verschiedene Typen, die nachfolgend noch vorgestellt werden.

Das relationale Datenbankmodell

Access verwendet zur Strukturierung der Daten das relationale Datenbankmodell. Dabei werden Datensätze in Tabellen gespeichert und über einen Index indiziert. Der Index fungiert als Primärschlüssel.

⌐ **Hinweis**

Primärschlüssel

Als Primärschlüssel oder Primärindex wird in einer Datenbank ein Feld einer Tabelle oder eine Kombination aus mehreren Feldern der Tabelle bezeichnet, die geeignet ist, einen Datensatz eindeutig zu identifizieren. Primärschlüssel bekommen in Access immer automatisch den Namen Primarykey und müssen eindeutig sind. Duplikate in einem Feld, das Primärindex ist, sind nicht erlaubt.

Sie können Primärschlüssel dazu verwenden, um Datensätze in zwei Tabellen über Beziehungen zu verbinden. Solche Beziehungen sind neben Tabellen die Basis des relationalen Datenbanksystems. Sie dienen dazu, die doppelte Speicherung von Daten zu vermeiden. Folgendes Beispiel soll dies verdeutlichen. Nehmen Sie an, Sie möchten Adresse und dazu Bankverbindungen speichern. Dann können Sie dazu eine große Tabelle speichern, in der Sie alle Angaben unterbringen. Das könnte dann bspw. folgendermaßen aussehen:

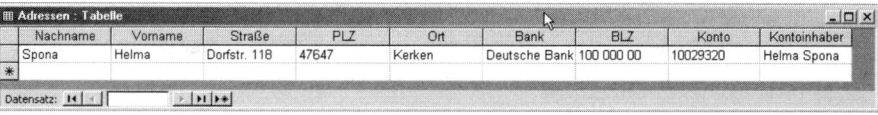

Speicherung einer Adresse mit Bankverbindung

Wenn Sie auf diese Weise 100 Datensätze gespeichert haben, haben Sie sicherlich mehrmals die gleiche Bank gespeichert, die dann natürlich jedes Mal die gleiche Bankleitzahl hatte. Damit haben Sie nicht nur Speicherplatz verschwendet, sondern zudem noch ein Problem, wenn sich die Bankleitzahl einer Bank ändert. Dann müssen Sie nämlich eine Große Zahl an Datensätzen ändern.

Viel unproblematischer ist dies, wenn Sie Beziehungen verwenden und die Daten dafür auf zwei oder mehr Tabellen aufteilen. Dabei speichern Sie dann in der Adressdatei nur die Nummer oder den Primärindex der Bank in der Tabelle mit den Banken und brauchen dann die Kombination Bankname und BLZ nur einmal je Bank speichern und nur einmal zu ändern. Die Beziehung zwischen beiden Tabellen führt dann dazu, dass einem Datensatz der Tabelle *Banken* ein Datensatz der Tabelle *Adresse* zugeordnet werden kann. Access stellt eine solche Beziehung im Beziehungsfenster wie folgt dar:

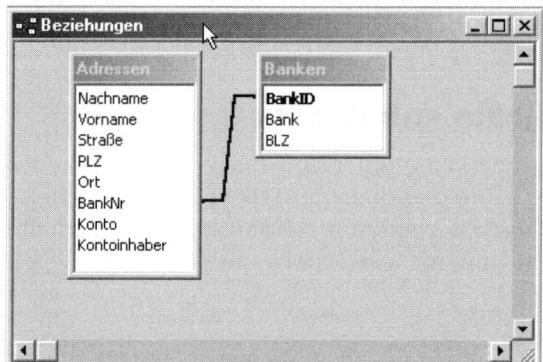

Darstellung einer Beziehung zwischen zwei Tabellen

Auch in der Datenblattansicht von Access werden solche Beziehungen zwischen Tabellen deutlich. Öffnen Sie in diesem Fall die Tabelle *Banken*, können einem Datensatz der Tabelle mehrere Datensätze der Tabelle *Adressen* zugeordnet werden. In diesem Fall können die zugeordneten Datensätze eingeblendet werden, wenn Sie auf das kleine Plussymbol vor dem Datensatz klicken. Solche verbundenen Datensätze stellt Access wie in der folgenden Abbildung dar.

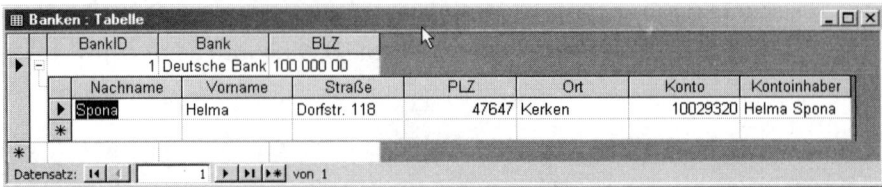

Darstellung von Beziehungen in der Datenblattansicht

Praktische Beispiele dazu lernen Sie im nächsten Kapitel kennen. Ein weiterer Bestandteil des relationalen Datenbankmodells sind Abfragen. Sie verwenden die Tabellen und Beziehungen zwischen den Tabellen, um daraus wieder einen kompletten Datensatz zu machen. Solche Abfragen können dann als Datenquelle für Berichte oder Formulare verwendet werden, in denen dann die kompletten Datensätze verwendet werden.

Abfragen gibt es auch in anderen Datenbankmanagement-Systemen. In dBase werden sie beispielsweise Views oder Sichten genannt, erfüllen dort jedoch die gleiche Aufgabe. Die Hauptaufgabe ist jedoch nicht, zwei Tabellen zu verbinden und deren Datensätze temporär zu vereinigen, sondern sie werden meistens dazu genutzt, um Datensätze zu filtern.

Sie können in Abfragen nämlich Kriterien definieren, die dafür sorgen, dass die Abfrage nicht alle Datensätze aus den Tabellen zurückgibt, sondern nur bestimmte, nämlich die, die dem Filterkriterium genügen. Auf diese Weise können Sie beispielsweise alle Artikel einer Artikeldatenbank auflisten, die den Mindestlagerbestand unterschritten haben. Aber auch zum Sortieren und Gruppieren von Datensätzen sind Abfragen sehr nützlich.

Datenbankobjekte von Access

Access kennt eine ganze Reihe unterschiedlicher Datenbankobjekte, die alle bis auf Datenzugriffsseiten innerhalb der MDB-Datei gespeichert werden. Lediglich Datenzugriffsseiten werden als HTML-Seiten außerhalb der Datenbank gespeichert und nur mit der Datenbank verknüpft. Access-Datenbanken verfügen über

- Tabellen,

- Berichte,

- Beziehungen,

- Abfragen,

- Datenzugriffsseiten,

- Makros und

- Module.

Jedes Datenbankobjekt von Access dient einem eigenen Zweck. Tabellen verwenden Sie zur Speicherung von Daten, die Sie dann in Berichten für den Druck oder die Anzeige am Bildschirm aufbereiten können. Formulare dienen dazu, die Daten zu erfassen und zu ändern, während Sie Abfragen dazu nutzen können, um Daten zu filtern, zu manipulieren oder Tabellen zu erstellen. Mit Makros und Modulen können Sie die Datenbank automatisieren und Datenzugriffsseiten stellen HTML-Seiten mit Datenbankanbindung dar.

Die Verwaltung der Datenbankobjekte erfolgt mithilfe des Datenbankfensters. Dieses Fenster wird automatisch angezeigt, wenn Sie eine Datenbank öffnen. Über die Gruppen auf der linken Seite des Fensters können Sie Ordner mit den einzelnen Datenbankobjekten aktivieren. Die Datenbankobjekte werden dann auf der rechten Seite des Fensters angezeigt. Zum Erstellen der meisten Datenbankobjekte stellt Access Assistenten und Vorlagen zur Verfügung, die Sie über die entsprechenden Hyperlinks oder die Symbolleiste des Datenbankfensters starten können.

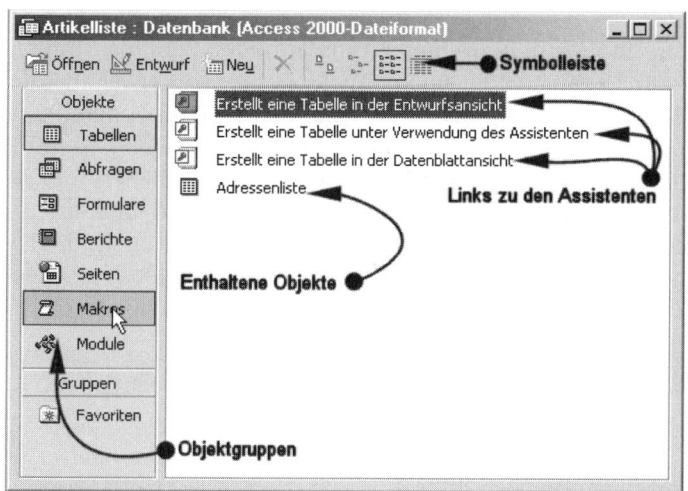

Aufbau des Datenbankfensters

Alle Datenbankobjekte bis auf Module werden in den nächsten Kapiteln noch ausführlich erläutert. In den einzelnen Kapiteln erfahren Sie dann auch Näheres zu den verfügbaren Assistenten und Ansichten.

Verschiedene Ansichten von Datenbankobjekten

Jedes Datenbankobjekt – mit Ausnahme von Modulen und Makros – verfügt über zwei verschiedene Ansichten, die Entwurfsansicht und eine Layout- oder Seitenansicht. In der Entwurfsansicht werden die Objekte erstellt, formatiert und bearbeitet. Sie können dort bspw. Tabellenfelder zu einem Formular hinzufügen oder Eigenschaften eines Formulars ändern. Die folgende Tabelle zeigt ein Formular in der Entwurfsansicht und der Layoutansicht.

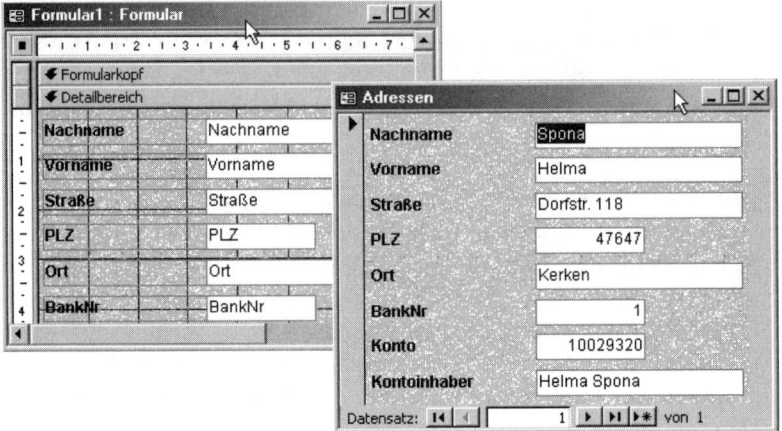

Formular in zwei Ansichten

Bestimmte Eigenschaften eines Formulars oder Berichts können Sie jedoch auch in der Layoutansicht noch anpassen. Sie werden dann sofort zugewiesen, sodass Sie das Ergebnis unmittelbar betrachten können.

Eine kleine Ausnahme bilden in dieser Hinsicht Tabellen und Abfragen. Sie verfügen zwar ebenfalls über eine Entwurfsansicht und die Datenblattansicht, allerdings können Sie in der Datenblattansicht nicht die Eigenschaften der Tabelle oder Abfrage ändern. Bei Tabellen bietet die Datenblattansicht jedoch die Möglichkeit,

- die Reihenfolge der Tabellenfelder zu ändern,
- die Tabellenfelder umzubenennen,
- Felder hinzuzufügen und
- Felder zu löschen.

Zugriffsmöglichkeiten auf Access-Daten

Daten in Access-Datenbanken können Sie aber nicht nur in Access selbst verwenden, sondern auch in anderen Anwendungen. Das gesamte Microsoft Office XP-Paket und auch schon Microsoft Office 2000 bieten die Möglichkeit, auf Access-Daten in unterschiedlicher Form zuzugreifen. Sie können bspw. Serienbriefe mit Word schreiben, die Access-Daten nutzen oder Access-Daten in Excel importieren und dort grafisch auswerten.

Außerdem verfügt Access über zahlreiche Datenbanktreiber, die es ermöglichen, bspw. Webanwendungen zu erstellen, die Access-Datenbanken als Datenquelle verwenden. Dazu stehen verschiedene Techniken zur Verfügung:

- ASP-Seiten (**A**ctive **S**erver **P**ages),

- JSP-Seiten (**J**ava **S**erver **P**ages),

- ColdFusion-Anwendungen und

- Datenzugriffsseiten.

Zu diesem Zweck gibt es für den Zugriff auf eine Access-Datenbank sehr viele unterschiedliche Datenbanktreiber. Ihre Aufgabe ist es, die Daten der Datenbank auch ohne Access zu öffnen, auszulesen und bearbeiten zu können. Es gibt dazu

- OLE-DB-Treiber,

- ODBC-Treiber und

- JDBC-Treiber.

Dies macht den Einsatz von Access-Datenbanken auch im Internet und Intranet problemlos möglich, wenn kein Microsoft-Webserver verwendet wird. Allerdings ist es zurzeit noch so, dass vor allem ASP-Seiten eingesetzt werden, wenn es um den Zugriff auf Access-Datenbanken geht. Dabei handelt es sich um HTML-Seiten, die Skriptcode enthalten. Dieser wird jedoch im Gegensatz zu JavaScript-Code nicht vom Browser ausgeführt, sondern vom Webserver, auf dem die ASP-Seite gespeichert ist. Dieser Code ermöglicht es, dynamische Inhalte einer Webseite anzuzeigen und mit dem Betrachter zu kommunizieren. Komplexe ASP-Anwendungen stellen bspw. Formulare zur Verfügung, über die der Benutzer in Datenbanken suchen kann und die Suchergebnisse angezeigt bekommt. Genauso kann eine ASP-Seite auch die Eingabe von Daten ermöglichen. Damit können bspw. komfortable Shopsysteme programmiert werden.

Neben den oben bereits genannten Tools, die Sie zum Erzeugen von datenbankgestützten Webanwendungen einsetzen können, haben Sie jedoch auch mit Access 2002 schon sehr gute Möglichkeiten. Sie können bspw. Tabellen oder Abfragen als ASP-Seiten exportieren, die dann die Daten dynamisch anzeigen können.

Programmierbarkeit von Access

Wenn Sie dBase kennen, werden Sie vielleicht die integrierte dBase-Makrosprache genutzt haben, um Formulare benutzerfreundlicher zu gestalten o-

Access-Datenbanken

1

der zusätzliche Funktionen in das Formular zu integrieren. Das können Sie auch mit Access machen.

Access stellt dazu zwei verschiedene Makrosprachen zur Verfügung, nämlich Access-Makros und VBA. Access-Makros bestehen aus Befehlen, die Sie aus einer vorgegebenen Menge an Makrobefehlen auswählen können. Sie brauchen also nur noch deren Reihenfolge und die Parameter zu bestimmen und haben so die Möglichkeit, einfache Vorgänge zu automatisieren. Außerdem können Sie Tastenkombinationen für Ihre Anwendung definieren oder Befehle beim Öffnen der Datenbank ausführen.

Die zweite Möglichkeit, Access und Access-Datenbanken zu programmieren, ist VBA. Dies ist die Abkürzung von Visual Basic for Applications und ist eine mit Visual Basic verwandte, objektorientierte Programmiersprache. Sie ist außer in Access auch in

- Microsoft Excel,

- Microsoft Word,

- Microsoft Outlook,

- Microsoft FrontPage,

- Microsoft PowerPoint,

- Microsoft Visio,

- Micrografx iGrafx Process und Professional,

- AutoCAD,

- CorelDRAW 9.0 und 10 sowie

- Corel WordPerfect Office 2000

und in vielen anderen Programmen enthalten.

Diese weite Verbreitung von VBA macht sehr interessante Anwendungen möglich, die nicht nur Access nutzen, sondern bspw. Visio, um Daten grafisch darzustellen, oder Outlook, um Adressdaten abzugleichen etc. Aber auch wenn Sie sich auf Access beschränken, bietet VBA sehr viel mehr Möglichkeiten als die Makrosprache von Access, da Sie nicht nur mehr Möglichkeiten haben, den Programmablauf zu steuern, sondern ebenso auf Ereignisse reagieren können. Blendet der Benutzer bspw. ein Formular aus oder ein, können Sie in diesem Moment mit VBA darauf regieren.

1

Access-Datenbanken

Weiterführende Literatur

VBA wird in den nachfolgenden Kapiteln nicht behandelt, da dieses Thema so umfangreich ist, dass damit ein eigenes Buch gefüllt werden kann. Wenn Sie sich dafür interessieren, finden Sie weitergehende Informationen in: Das große Buch Access-Programmierung aus dem DATA BECKER Verlag.

VBA darf allerdings nicht mit VB verwechselt werden. Es handelt sich zwar um einen Teilbereich des VB-Sprachumfangs, im Gegensatz zu Visual Basic können Sie mit VBA aber keine

- EXE-Dateien erstellen,

- ActiveX-Steuerelemente programmieren oder

- DLLs und Objektbibliotheken erstellen.

Anwendungsentwicklung mit Access

Unabhängig davon, ob Sie sich mit VBA näher beschäftigen möchten oder sich auf die Access-Makros beschränken, haben Sie mit Access die Möglichkeit, Anwendungen zu erstellen, die auch ohne Access ausgeführt werden können. Dies entspricht in etwa der Möglichkeit des dBase-Compilers.

Sie benötigen dazu allerdings die Developer Edition von Microsoft Office, da nur dort die benötigten Programme und Lizenzen enthalten sind. Nur damit können Sie ein Setup-Programm erstellen, das neben den Dateien Ihrer Datenbankanwendung auch die Access-Runtime-Umgebung installiert. Dabei handelt es sich um eine Art Mini-Access. Die Runtime-Version stellt die Umgebung zur Verfügung, die notwendig ist, um Makros auszuführen und die Daten zu verwalten, Berichte und Formulare anzuzeigen etc. Allerdings können Anwender, die Ihre Datenbank mit der Runtime-Version nutzen, keine Änderungen an Tabellen und anderen Datenbankobjekten vornehmen, diese löschen oder ergänzen. Sie können lediglich die Daten mit den Mitteln verwalten, die Sie ihnen über Makros, Formulare und eventuell VBA-Prozeduren zur Verfügung stellen. Damit haben Sie exzellente Möglichkeiten, sichere Anwendungen zu erstellen, ohne dass Sie sich mit komplexen Programmiersprachen auseinander setzen müssen.

2. Grundlagen des Datenbankentwurfs

Die Grundlage einer Datenbank bilden Tabellen. Sie speichern und verwalten die Daten der Datenbank. Da es sich bei Access um ein relationales Datenbanksystem handelt, können Sie zwischen zwei Tabellen Beziehungen erstellen, die den Zusammenhang der Tabellen kennzeichnen. In diesem Kapitel lernen Sie den Einsatz und den Entwurf von Tabellen kennen. Das geschieht an einem Beispiel, mit dem Sie Artikel verwalten können. Im Kapitel „Access in Internet und Intranet" werden Sie lernen, wie Sie die hier erstellte Datenbank dann für einen Onlinekatalog einsetzen können.

2.1 Die einfache Datenbank als tabellarische Artikelliste

Die einfachste Form einer Datenbank ist eine einfache Tabelle, in der die Daten zeilenweise eingegeben und gespeichert werden. Dafür brauchen Sie natürlich noch kein Datenbankmanagement-System. Es würde auch eine Tabellenkalkulation und zur Not eine Textverarbeitung ausreichen. Allerdings soll die nachfolgend erstellte Artikelliste natürlich etwas mehr können. Dazu ist es allerdings erforderlich, zunächst zu klären, welche Funktionen geplant sind.

Vorüberlegungen

Immer wenn Sie eine Datenbank planen, sollten Sie sich zunächst überlegen, was die Datenbank können soll. Erst dann können Sie sich überlegen, wie das am besten zu realisieren ist und wie dazu die Tabellen, Abfragen und Beziehungen der Datenbank aussehen sollen. Diese Vorüberlegungen sollten Sie – wenn möglich – stichpunktartig aufschreiben oder, wenn die Möglichkeit besteht, mit Kollegen besprechen. Erst wenn einige Alternativen und Anforderungen zusammengetragen sind, lässt sich nämlich die beste Möglichkeit ermitteln.

Diese Vorüberlegungen sollten mindestens aus den folgenden Schritten bestehen:

- Funktionsumfang der Datenbank festlegen

- Benötigte Informationen ermitteln

- Realisationsmöglichkeiten abwägen

Funktionsumfang der Datenbank festlegen

Zunächst sollten Sie festlegen, über welche Funktionen die fertige Datenbank verfügen soll. Für die Verwaltung von Artikeldaten ist es sinnvoll, wenn der Anwender

- nach einem bestimmten Artikel suchen kann,

- Artikel nach Artikelgruppe auflisten kann,

- Artikel ändern und anlegen kann,

- den Lagerbestand eines Artikels und seine Lieferzeit anzeigen lassen kann und

- den Preis in der nationalen Währung und in Euro anzeigen lassen kann.

Hinweis

Ausbaumöglichkeiten zum Onlineshop berücksichtigen

Neben diesen Grundfunktionen ist es natürlich für eine mögliche Erweiterung der Artikelliste zu einem Shop-System oder einer Fakturierung sinnvoll, zusätzliche Funktionen einzuplanen. Für einen Shop ist es zum Beispiel notwendig, ein Feld zur Speicherung des aktuellen Mehrwertsteuersatzes vorzusehen und die Speicherung von Rabatt-Informationen zu ermöglichen. Für Shop-Systeme im Internet ist es zudem ganz hilfreich, auch ein Feld für eine Grafik zu definieren, in dem Sie später einen Dateinamen hinterlegen können. Er kann dann verwendet werden, um in der Webseite eine Grafik zu dem jeweiligen Artikel anzuzeigen.

Benötigte Informationen ermitteln

Aus diesen Anforderungen ergeben sich im Prinzip schon die benötigten Felder, die in folgender Tabelle näher erläutert werden.

Feld	Beschreibung	Anforderungen/Format
Artikel-Nr	Dieses Feld speichert die Artikelnummer des Artikels, die eindeutig einen Datensatz in der Tabelle identifiziert.	Das Feld muss Primärschlüssel der Tabelle sein und sollte als AutoWert-Feld erstellt werden.
Artikelname	Ermöglicht die Angabe eines Namens und einer kurzen Beschreibung.	Ein Textfeld mit max. 255 Zeichen ist dafür ausreichend.

Feld	Beschreibung	Anforderungen/Format
Beschreibung	Längere Beschreibungen können in diesem Feld eingegeben werden. Dazu stehen nahezu beliebig viele Zeichen zur Verfügung.	Für längere Texte ist die Deklaration als Memo-Feld notwendig.
Preis	In diesem Feld soll der Preis des Artikels in der nationalen Währung gespeichert werden.	Es ist ein numerisches Feld erforderlich, das auch Nachkommstellen speichern kann. Optimal ist dafür das Format "Währung", da es die in Windows eingestellte Währung gleich mit anzeigt.
Preis Euro	Dieses Feld soll den Artikelpreis in Euro speichern.	Auch dazu bietet sich der Felddatentyp "Währung" an. Das Euro-Zeichen kann dann über die Formatierung des Felds angezeigt werden.
Artikelgruppe	In diesem Feld wird die Artikelgruppe gespeichert, zu der das Feld gehört.	Optimal ist hier eine eindeutige Nummer oder Bezeichnung für die Artikelgruppe, die einen Datensatz einer separaten Tabelle kennzeichnet. Beide Tabellen müssen dazu über Beziehungen verbunden sein.
Rabatt	In diesem Feld kann später ein Rabatt gespeichert werden. Abhängig von der Organisation ist dieser dann als prozentualer Wert oder als Rabattgruppe anzugeben, die dann wieder in einer separaten Tabelle gespeichert werden.	Vorerst bietet sich hier ein einfacher numerischer Datentyp mit Nachkommastellen an. Spätere Änderungen sind jedoch nicht ausgeschlossen.
Grafik	Hier muss später nur ein Dateiname einer Grafik gespeichert werden.	Da relative Pfade in diesem Zusammenhang sinnvoll sind, reicht ein Textfeld mit 25 Zeichen aus.
Steuersatz	Der Umsatzsteuersatz ist in der Regel eine Prozentzahl. Daher muss in diesem Feld eine Dezimalzahl mit zwei Nachkommastellen gespeichert werden können.	Ein numerisches Feld mit Nachkommastellen ist hier ausreichend.
Lagerbestand	In diesem Feld werden Angaben zum Lagerbestand gespeichert. Daher müssen hier numerische Werte gespeichert werden.	Sinnvoll ist hier wieder ein numerisches Feld. Nachkommastellen sind jedoch nicht erforderlich, weil in der Regel keine halben Artikel verkauft oder eingekauft werden.
Lieferzeit	Speichert die reguläre Lieferzeit für den Artikel.	Die hier eingegeben Daten können sehr unterschiedlich sein, weshalb sich ein Textfeld anbietet.

Realisationsmöglichkeiten abwägen

Wenn Sie auf diese Weise festgelegt haben, wie die zu speichernden Daten aussehen, müssen Sie sich noch überlegen, wie diese optimal gespeichert und verwaltet werden können. Bei den Textfeldern ist dies keine Frage. Lediglich im Feld *Lieferzeit* ist zu überlegen, ob die möglichen Angaben in Form einer Nachschlageliste vorgegeben werden sollen. Dies hat den Vorteil, dass nicht ein Benutzer den Text "1-2 Werktage" eingibt, der andere aber "1 - 2 Tage". Beide Benutzer meinen damit das Gleiche, Suchanfragen nach Lieferzeiten werden damit aber äußerst kompliziert. Hier bieten sich daher Nachschlagelisten an, um die Eingabe zu vereinheitlichen. Wie Sie eine solche Nachschlageliste erstellen, erfahren Sie ab Seite 54.

Für das Feld *Artikel-Nr* stellt sich die Frage, ob hier unbedingt eine eindeutige fortlaufende Nummer notwendig ist. Vielleicht haben Sie den Wunsch, die Artikel nur innerhalb einer Artikelgruppe eindeutig zu nummerieren. In diesem Fall genügt ein einfaches numerisches Feld, das Sie dann zusammen mit dem Feld *Artikelgruppe* als Primärindex definieren.

┌─── Hinweis

Hinweise zur Übernahme bestehender Daten

Wenn Sie eine bereits vorhandene Artikelliste in eine Access-Datenbank überführen möchten, stellt sich vielleicht das Problem, dass Ihre Artikelnummern Leerzeichen oder Sonderzeichen oder einen Text, bspw. das Kürzel der Artikelgruppe, beinhalten. In diesem Fall sind Sie gezwungen, ein Textfeld für die Artikelnummer zu verwenden, wenn Sie die alten Artikelnummern übernehmen möchten. Auch dann können Sie natürlich die Artikelnummern als Primärschlüssel der Tabelle verwenden, sofern sichergestellt ist, dass sie eindeutig sind. Ansonsten bietet es sich in diesem Fall an, die alte Nummer in einem zusätzlichen Textfeld zu speichern, die Datensätze jedoch über ein AutoWert-Feld zu verwalten.

In Bezug auf die Größe der Datenbank und die Verarbeitungsgeschwindigkeit ist die Verwendung eines AutoWert-Felds als eindeutige Artikelnummer am besten geeignet und wird daher nachfolgend verwendet.

Weitere Fragen gibt es in Bezug auf die Felder *Preis* und *Preis Euro*. Hier stellt sich die Frage, ob wirklich beide Felder notwendig sind, da die europäischen Währungen einen festen Wechselkurs gegenüber dem Euro haben. Im Prinzip ist in diesem Fall eine separate Speicherung nicht erforderlich, da der Europreis jederzeit berechnet werden kann. Durch die Berechnung sparen Sie zwar Speicherplatz in der Datenbank, allerdings muss der Europreis dann jedes Mal in einer Abfrage berechnet werden, wenn Sie ihn in Formularen oder Berichten anzeigen lassen möchten. Berechnungen kosten in Abfragen sehr viel Zeit. Wenn Sie sehr viele Artikel verwalten möchten und in der Mehrzahl der Formulare, Berichte und Datenzugriffsseiten den Europreis benötigen, ist es viel schneller, diesen zu speichern, da dann keine Berechnung notwendig ist. Wenn Sie den Europreis aber eher selten benötigen, ist eine Berechnung im Einzelfall effektiver.

Nachfolgend wird das Feld *Preis Euro* als separates Feld in die Tabelle aufgenommen, zum einen um den Umgang mit dem Euro zu zeigen, zum anderen aber auch, weil die Anzeige der Daten in Berichten, Formularen und Datenzugriffsseiten damit wesentlich zügiger funktioniert.

Das Feld *Steuersatz* dient zu Speicherung der aktuellen Umsatzsteuer als Prozentwert. Hier lohnt sich die Überlegung, ob dafür eine eigene Tabelle erstellt werden soll. In dieser Tabelle könnten dann neben den Steuersätzen auch kurze Beschreibungen wie "voller Mwst-Satz" oder "ermäßigter Mwst-Satz" gespeichert und auf Rechnungen oder in Listen angezeigt werden. Bei einer Änderung des Umsatzsteuersatzes müsste dann nur der entsprechende Eintrag in der Tabelle geändert werden. Diese Möglichkeit ist zwar durchaus geeignet und würde dem relationalen Datenbankmodell voll entsprechen, allerdings nimmt mit solchen Minitabellen der Verwaltungsaufwand der Datenbank zu und die Ausführung von Abfragen dauert mit jeder Beziehung, die zusätzlich berücksichtigt werden muss, länger. Eine spätere Änderung des Steuersatzes von beispielsweise 7 % auf 8 % wäre auch kein größeres Problem und könnte mit einer Aktualisierungsabfrage in kürzester Zeit erledigt werden. Eine separate Tabelle macht hier also keinen Sinn, weshalb der Steuersatz nachfolgend direkt im Tabellenfeld gespeichert wird.

Zuletzt ist noch zu klären, welchen Datentyp das Feld *Lagerbestand* haben soll. Ein numerischer ist klar. Allerdings stellt sich die Frage, ob auch Werte kleiner als Null gespeichert werden sollen und wie hoch der maximale Lagerbestand sein soll. Für das Problem mit den negativen Werten sollten Sie folgende Überlegungen anstellen. Verkaufen Sie grundsätzlich nur Lagerartikel und nehmen für nicht lagernde Waren keine Bestellungen an, sollte es eigentlich nicht möglich sein, einen Lagerbestand kleiner als 0 zu erzielen. Anders sieht es natürlich aus, wenn Sie auch Rückstandsbestellungen speichern möchten. Dann kann es bei Buchung der Bestellung zu einem negativen Lagerbestand kommen, der durch Anlieferung und Auslieferung der Bestellung wieder ausgeglichen wird. In diesem Fall muss der Lagerbestand vorübergehend auch kleiner als 0 sein können. Das bedeutet, dass der numerische Typ *Byte* als Feldgröße für das Tabellenfeld ausscheidet. Dies ist allerdings auch dann der Fall, wenn Lagerbestände von mehr als 255 möglich sind. Das ist natürlich wiederum abhängig von den Artikeln, die Sie verkaufen. Bei Autos ist es eher unwahrscheinlich, dass von einem identischen Modell mehr als 255 auf Lager sind. Unterschiede in der Ausstattung oder der Farbe müssten in diesem Fall schon als eigener Artikel aufgenommen werden. Verkaufen Sie jedoch Büromaterial, kommt es wahrscheinlich sehr häufig vor, dass mehrere Hundert gleiche Bleistifte oder Radiergummis im Lager liegen. In diesem Fall sollte die Feldgröße *Long* gewählt werden.

Das nachfolgend erstellte Beispiel verwendet die Feldgröße *Long* mit einer Gültigkeitsbedingung, mit der Werte unter 0 nicht zulässig sind. Dies vereint die Vorteile der Feldgröße *Long* mit denen von *Byte* und vermeidet Lagerbestände unter 0.

Aufbau der Tabellen

Wenn Sie auf diese Weise die Grundlagen Ihrer Datenbank geklärt haben, wissen Sie nun, wie die Tabellen aussehen müssen. Sie benötigen im Ganzen zwei Tabellen, eine für die Artikeldaten, die andere für die Artikelgruppen. Die Tabelle *Artikel* muss wie folgt aussehen:

Feldname	Felddatentyp	Feldgröße	Format	Sonstiges
Artikel-Nr	AutoWert	Long Integer		Primärschlüssel
Artikelname	Text	255		
Beschreibung	Memo	-		
Preis	Währung		Währung	
Preis Euro	Währung		Euro	
Artikelgruppe	Zahl	Long Integer		
Rabatt	Zahl	Dezimal	Prozentzahl	Dezimalstellenanzeige=2
Grafik	Text	25		
Steuersatz	Zahl	Dezimal	Prozentzahl	Dezimalstellenanzeige=2
Lagerbestand	Zahl	Long Integer		
Lieferzeit	Text			Nachschlageliste

Die Artikelgruppen speichern Sie in der zweiten Tabelle, die folgendermaßen aufgebaut sein sollte:

Feldname	Felddatentyp	Feldgröße	Format	Sonstiges
Gruppen-Nr	AutoWert	Long Integer		Primärschlüssel
Gruppenname	Text	255		

Artikelliste und Artikelgruppenliste erstellen

Um beide für das Beispiel benötigten Tabellen zu erstellen, sind zunächst recht wenige Schritte notwendig, wenn Sie die Tabelle in der Datenblattansicht erstellen. Allerdings müssen Sie später noch einige Einstellungen in der Entwurfsansicht nachholen. Daher gliedert sich dieser Abschnitt in zwei Teile:

- Erstellen der Tabellen und

- Festlegen von Feldeigenschaften.

Erstellen der Tabellen

1 Zunächst starten Sie Access 2002, indem Sie *Start/Programme/Microsoft Access 2002* auswählen. Access blendet jetzt automatisch die Fensterleiste ein.

2 Klicken Sie hier auf den Hyperlink *Leere Datenbank*.

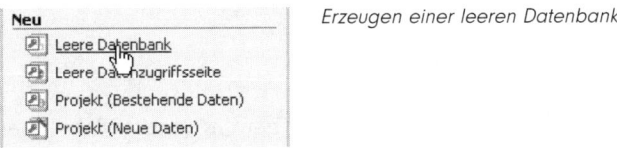

Erzeugen einer leeren Datenbank

3 Wählen Sie nun im Speichern-Dialog von Access das Verzeichnis aus, in dem Sie die Datenbank speichern möchten, und überschreiben Sie den vorgeschlagenen Namen *Db1.mdb* durch einen Namen Ihrer Wahl.

4 Klicken Sie anschließend auf *Erstellen*, damit Access eine Datenbank erzeugt und öffnet.

5 Klicken Sie nun auf die Gruppe *Tabellen*, falls dies nicht die aktivierte Gruppe des Datenbankfensters sein sollte. Im Normalfall ist dies jedoch die Standardeinstellung nach dem Öffnen der Datenbank.

6 Erzeugen Sie nun eine neue Tabelle in der Datenblattansicht, indem Sie doppelt auf den Eintrag *Erstellt eine Tabelle in der Datenblattansicht* klicken.

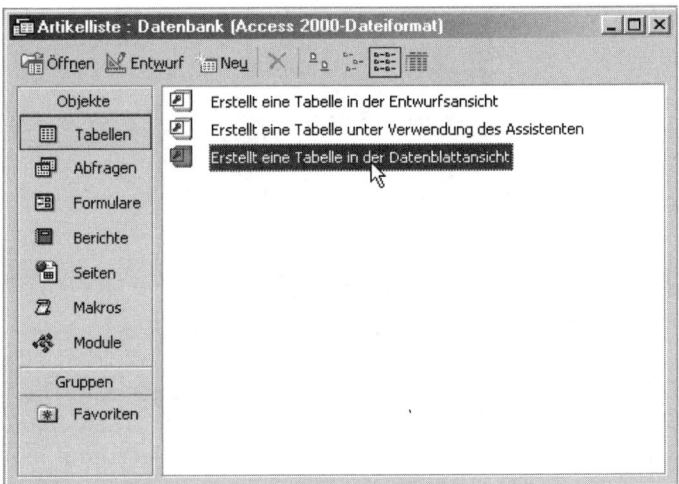

Erzeugen einer Tabelle in der Datenblattansicht

Access zeigt nun eine Tabelle an, deren Zeilen je einen Datensatz darstellen und deren Felder als Spalten dargestellt werden. Da die Tabelle noch leer ist, werden keine Daten angezeigt und die Felder sind mit *Feld1*, *Feld2* etc. beschriftet. Sie können nun Felder erstellen, indem Sie einfach Feldnamen und ein paar erste Datensätze eingeben. Um die Felder zu beschriften, wiederholen Sie für jedes Feld die folgenden Schritte.

7 Klicken Sie nun doppelt auf die Spaltenbeschriftung der Spalte, die Sie benennen möchten.

⊞ Tabelle1 : Tabelle		
Feld1 ↓	Feld2	Feld3
▶		

Feldtitel markieren

8 Geben Sie nun den Feldnamen gemäß obiger Tabelle ein und bestätigen Sie die Eingabe mit [Tab].

Wiederholen Sie diese beiden Schritte für jedes Feld der Tabelle, um alle Felder zu erzeugen. Um das letzte Feld erstellen zu können, müssen Sie allerdings eine Spalte hinzufügen, weil die standardmäßig von Access vorgesehene Anzahl nicht ausreicht. Gehen Sie dazu wie folgt vor:

1 Klicken Sie den Spaltenkopf der letzten Spalte mit der rechten Maustaste an.

2 Wählen Sie aus dem Kontextmenü *Spalte einfügen* aus.

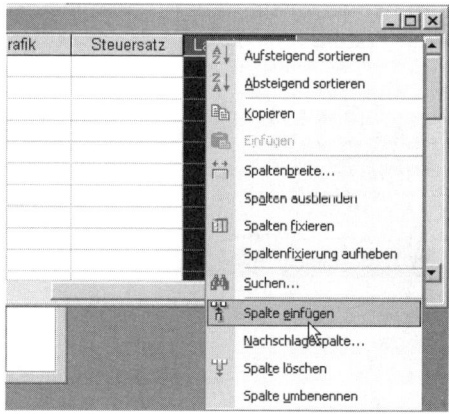

Einfügen einer Spalte

Sie können anschließend auch diese Spalte benennen. Die Reihenfolge der Spalten in der Datenblattansicht entspricht auch der Reihenfolge, in der die Spalten in der Tabelle gespeichert werden, und bestimmt deren Reihenfolge in automatisch generierten Formularen und Berichten. Daher ist es sinnvoll, die Reihenfolge entsprechen zu ändern. Das können Sie problemlos per Drag & Drop machen. Gehen Sie dazu für jede Spalte, deren Position Sie ändern möchten, wie folgt vor:

1 Markieren Sie die Spalte, indem Sie mit der linken Maustaste auf den Spaltenkopf klicken.

2 Ziehen Sie nun die Markierung mit gedrückter linker Maustaste an die gewünschte Zielposition und lassen Sie dann die Maustaste los.

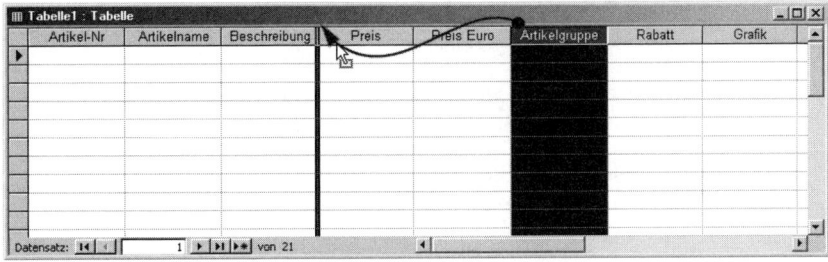

Verschieben einer Spalte per Drag & Drop

Hinweis

Funktionsweise von Drag & Drop

Drag & Drop funktioniert immer auf die gleiche Weise. Sie drücken die linke Maustaste über einem Objekt, das Sie ziehen und ablegen möchten. Halten Sie die Maustaste gedrückt und bewegen Sie das Objekt an die Zielposition. Dort lassen Sie dann die Maustaste los, um das Objekt abzulegen. In Access wird diese Technik an vielen verschiedenen Stellen verwendet und nachfolgend nicht mehr im Detail erläutert.

Verschieben Sie auf diese Weise alle Spalten an die gewünschte Position. Sie können danach mit der Eingabe der Daten beginnen. Die Eingabe der Daten spielt eine Rolle für die Zuweisung der Felddatentypen. Sie bestimmen, welche Art von Daten in den Feldern gespeichert werden können. Sie legen damit fest, ob ein Feld Texte oder numerische Werte speichern kann. Wenn Sie in einer gerade erzeugten Tabelle in der Datenblattansicht die ersten Datensätze eingeben, legt Access die Felddatentypen entsprechend Ihrer Eingaben fest. Sie sollten also typische Werte für die Felder eingeben, damit die Felddatentypen korrekt zugewiesen werden können. Gehen Sie dazu wie folgt vor und wiederholen Sie diese Schritte für jeden Datensatz.

1 Setzen Sie den Cursor in die erste Zelle der ersten leeren Zeile, indem Sie in die Zelle klicken.

Positionieren des Cursors

2 Geben Sie in die erste Zelle die Nummer des Artikels ein, also eine 1 für den ersten Artikel.

3 Drücken Sie dann die Tab-Taste, um zur nächsten Zelle zu springen und dort den Wert einzugeben. Am Ende sollten Sie einen Datensatz eingegeben haben, der in etwa wie in der folgenden Abbildung aussieht.

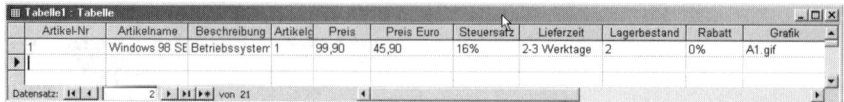

Ergebnis der Eingabe

4 Wiederholen Sie diese Schritte für jeden einzugebenden Datensatz und geben Sie ungefähr drei Datensätze ein.

Anschließend können Sie die Tabelle speichern. Erst in diesem Augenblick wird sie physisch in der Datenbank erstellt. Sie können die Tabelle speichern, indem Sie wahlweise *Datei/Speichern* auswählen oder auf das Speichern-Symbol der Symbolleiste klicken.

Speichern der Tabelle

Sie werden nun aufgefordert, einen Namen für die Tabelle einzugeben. Wählen Sie einen sinnvollen Namen, bspw. *Artikel*, und schließen Sie den Dialog mit *OK*.

Vergeben des Tabellennamens

Access prüft jetzt, ob die Tabelle einen Primärschlüssel enthält, und wird feststellen, dass es keinen gibt. Sie werden gefragt, ob Sie nun einen Primärindex erstellen möchten. Verneinen Sie dies, indem Sie auf *Nein* klicken, da Access ansonsten ein zusätzliches Feld hinzufügt. Für das Beispiel soll jedoch das Feld *Artikel-Nr* als Primärschlüssel festgelegt werden.

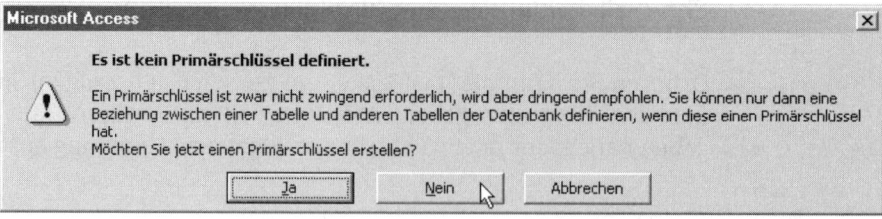

Schließen des Dialogs

Festlegen der Feldeigenschaften

Wenn Sie Details zu den Feldern festlegen möchten, müssen Sie die Tabelle dazu in der Entwurfsansicht bearbeiten. Sie können direkt aus der Datenblattansicht in die Entwurfsansicht schalten. Wählen Sie dazu *Ansicht/Entwurfsansicht* aus.

In der Entwurfsansicht werden die Felder der Tabelle nun untereinander angezeigt. Bevor Sie ein Feld ändern oder dessen Eigenschaften anpassen können, müssen Sie es aktivieren oder markieren. Das geschieht dadurch, dass Sie den Cursor einfach per Mausklick in den Feldnamen setzen. Access zeigt dann im unteren Bereich des Dialogs die Eigenschaften des Felds an.

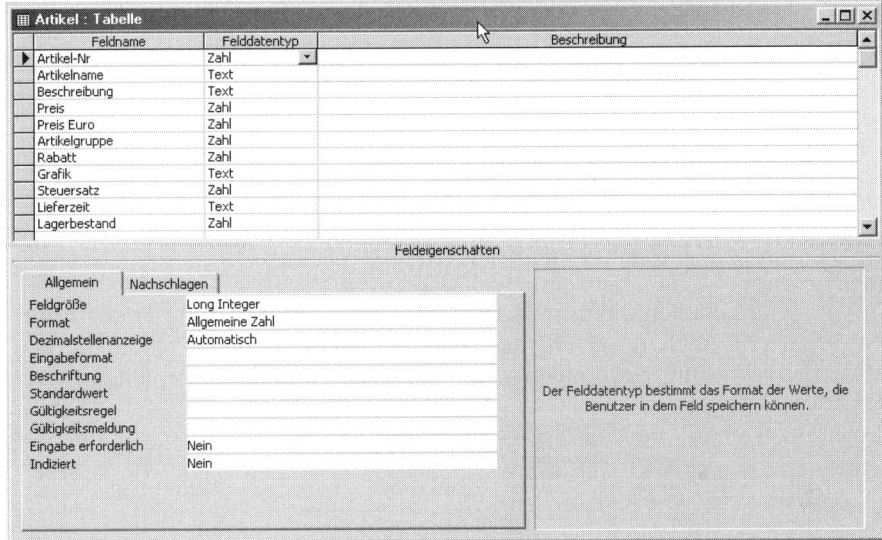

Die Entwurfsansicht im Überblick

Sie können nun die Eigenschaften der Felder einstellen, indem Sie für jedes Feld folgendermaßen vorgehen. Beginnen Sie dabei mit dem zweiten Feld. Die Eigenschaften für das Feld *Artikel-Nr* müssen Sie auf andere Weise festlegen.

1 Setzen Sie den Cursor in das Feld.

2 Prüfen Sie, ob in der Spalte *Felddatentyp* der richtige Datentyp für das Feld angezeigt wird, wenn nicht, wählen Sie ihn aus.

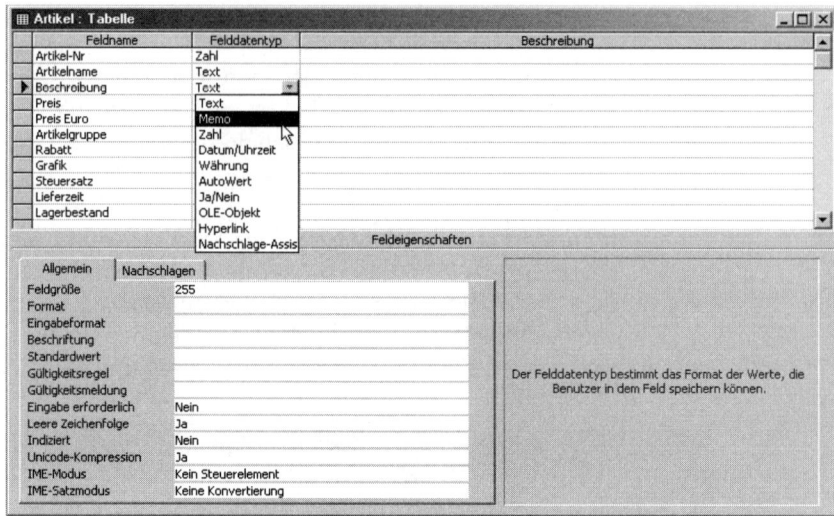

Ändern des Felddatentyps

3 Prüfen Sie nun den Wert im Feld *Feldgröße*. Hier wählen Sie die korrekte Feldgröße aus bzw. geben bei Textfeldern die Zeichenzahl ein. Einige Datentypen wie Memo-Felder haben keine Feldgröße, hier ist die Eigenschaft daher nicht sichtbar.

4 Stellen Sie nun das Format ein, indem Sie es im Feld *Format* auswählen. Auch diese Eigenschaft steht nicht für alle Felddatentypen zur Verfügung, bei einigen ist auch der Standardwert ausreichend.

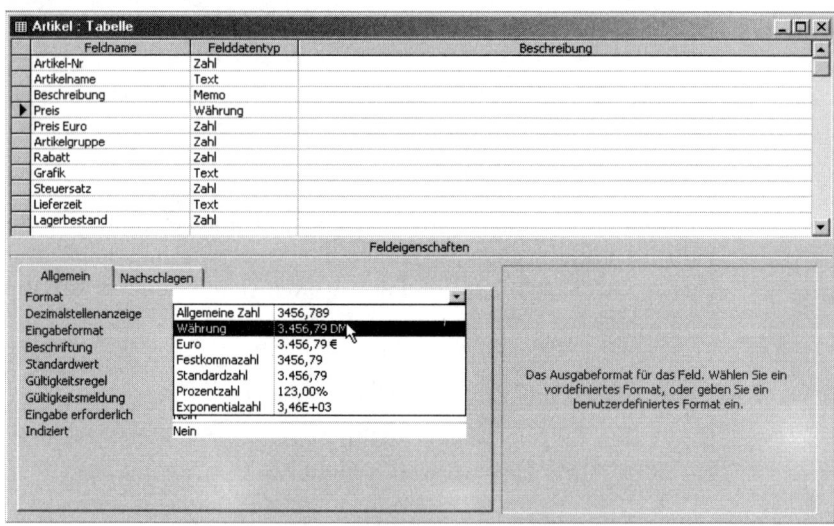

Auswählen des Formats

Wenn Sie auf diese Weise alle Feldeigenschaften gemäß den festgestellten Anforderungen erstellt haben, können Sie das Feld *Artikel-Nr* formatieren. Dabei gibt es allerdings ein kleines Problem. Sie können ein Feld einer Tabelle nicht in ein AutoWert-Feld umwandeln, wenn in der Tabelle bereits Daten eingegeben wurden. Allerdings lässt sich das Problem dadurch lösen, dass Sie das Feld löschen und neu erstellen. Gehen Sie dazu wie folgt vor:

1 Markieren Sie das Feld, indem Sie mit der Maus auf den Zeilenkopf klicken.

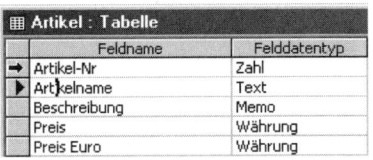

Markieren des Felds Artikel-Nr

2 Klicken Sie anschließend mit der rechten Maustaste auf die Markierung und wählen Sie *Zeilen löschen* aus dem Kontextmenü aus.

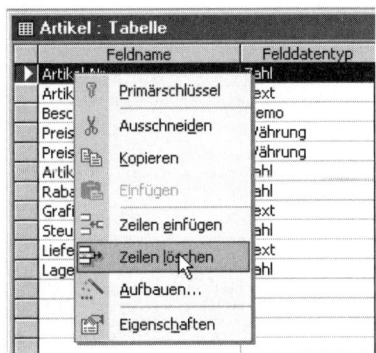

Löschen eines Felds über das Kontextmenü

3 Bestätigen Sie nun die Warnung, indem Sie auf *Ja* klicken. Vergewissern Sie sich jedoch vorher, dass Sie die richtige Zeile markiert haben.

Hinweis

Warnung

Wenn Sie Felder löschen, gehen auch alle Daten in diesem Feld verloren. Sie können diese Daten auch nicht mehr wiederherstellen. In diesem Fall ist das nicht weiter tragisch, weil die fortlaufenden Nummern durch das neue AutoWert-Feld wiederhergestellt werden. Bei anderen Datentypen ist das jedoch problematischer, weil Sie da im schlimmsten Fall die Daten für alle Datensätze wieder eingeben müssen. Sie sollten sich das Löschen eines Felds also sehr gut überlegen.

1 Markieren Sie nun die neue erste Zeile und öffnen Sie wieder das Kontextmenü der Markierung. Wählen Sie nun *Zeile einfügen* aus.

Zeile vor der Markierung einfügen

2 Geben Sie nun in das Feld *Feldname* wieder den Namen *Artikel-Nr* ein und wählen Sie als Felddatentyp *AutoWert* aus.

Festlegen des Felddatentyps

Speichern Sie die Tabelle nun mit *Datei/Speichern* oder durch Klicken auf das Speichern-Symbol der Symbolleiste und schließen Sie anschließend die Entwurfsansicht der Tabelle, indem Sie *Datei/Schließen* auswählen.

Auf die gleiche Weise erzeugen Sie nun die Tabelle *Artikelgruppen* und geben dort Datensätze ein, die die Artikelgruppen definieren, die Sie in der Tabelle *Artikel* verwendet haben. Die Tabellendefinition sollte dann folgendermaßen aussehen.

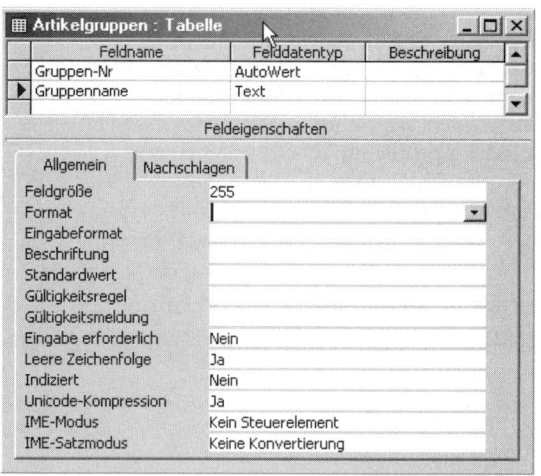

Tabellendefinition für die Tabelle Artikelgruppen

┌──── **Hinweis**

Zusätzliche Informationen erleichtern die Formularerstellung

Sie können zu den Feldern der Tabellen zusätzliche Informationen angeben. Damit beschleunigen Sie den späteren Formular- und Berichtsentwurf. Sie können die Eigenschaft *Beschriftung* definieren und damit eine Beschriftung für ein Feld festlegen. Diese Beschriftung wird in Formularen und Berichten dann zu Beschriftung des Felds verwendet. Geben Sie keine Beschriftung an, wird der Feldname dafür genutzt. In der Spalte *Beschreibung* können Sie zu jedem Feld eine Beschreibung angeben. Dieser Text wird in der Statuszeile von Access angezeigt, wenn in Formularen oder Datenzugriffsseiten der Cursor in das Steuerelement für das Feld gesetzt wird.

2.2 Indizes und Schlüssel festlegen

Die Tabellen sind nun zwar erzeugt, es besteht aber noch keine Beziehung dazwischen. Damit das möglich ist, müssen Sie Primärschlüssel für die Tabellen festlegen.

Sinn und Zweck von Indizes und Schlüsseln

Indizes werden oft auch als Schlüssel oder Primärschlüssel bezeichnet. Primärschlüssel identifizieren einen Datensatz eindeutig. Daneben gibt es auch so genannte Sekundärschlüssel. Sie indizieren ein Feld zwar, ermöglichen aber anders als Primärschlüssel keine eindeutige Zuordnung eines Datensatzes. In beiden Fällen handelt es sich aber um Indizes.

In Access-Datenbanken erfüllen Indizes zwei Aufgaben. Zum einen helfen sie, einen Datensatz eindeutig zu identifizieren, zum anderen ermöglichen sie einen schnellen Zugriff auf bestimmte Datensätze. Der Index bestimmt nämlich die Reihenfolge der Datensätze. Wenn nun der Zugriff auf einen bestimmten, zu suchenden Datensatz erfolgen soll, muss Access bei der Suche im indizierten Feld nur so lange suchen, bis das Feld einen größeren als den gesuchten Wert enthält. Ist bis dahin der Datensatz nicht gefunden, ist dieser nicht vorhanden. Es muss in diesem Fall also nicht mehr der Rest der Tabelle durchsucht werden. Auch bei existierenden Datensätzen kann in indizierten und damit sortierten Datenbeständen viel effektiver und damit schneller gesucht werden. Dazu gibt es verschiedene Suchverfahren, die an dieser Stelle aber nicht im Detail erläutert werden können.

┌─── **Hinweis**

Nachteile von Indizes

Indizes bieten zwar einen Geschwindigkeitsvorteil beim Suchen und Sortieren, haben aber auch ein paar Nachteile. Jeder Index einer Tabelle muss aktualisiert werden, wenn Datensätze verändert, hinzugefügt oder gelöscht werden. Erstellen Sie sehr viele Indizes, die womöglich noch aus mehreren Feldern bestehen, kann die Aktualisierung von Tabellen länger dauern als bei nicht indizierten Tabellen.

In anderen Datenbankmanagement-Systemen müssen Sie Indizes verwenden, um die Datensätze nach einem Feld sortieren zu können. In dBase IV können bspw. nur indizierte Felder als Sortierkriterien für Sortierungen verwendet werden. Das ist in Access nicht so, hier können Sie unabhängig von den definierten Indizes auch nach anderen Feldern sortieren. Sie haben dazu die Möglichkeit, die Sortierfolge in Abfragen, Berichten, Formularen und Datenzugriffsseiten einzustellen.

Indizes werden jedoch in Access benötigt, wenn Sie Beziehungen zwischen Tabellen herstellen möchten. Eine Beziehung wird immer zwischen zwei bestimmten Feldern einer Tabelle definiert. Dazu muss in Access ein Feld eindeutig indiziert sein, das heißt, es dürfen keine doppelten Werte im Feld gespeichert werden. Das Feld in der anderen Tabelle muss nicht indiziert sein, wenn es sich um eine 1:n-Beziehung handelt. Soll hingegen eine 1:1-Beziehung erstellt werden, ist auch hier ein eindeutiger Index erforderlich.

┌─── **Hinweis**

Beziehungstypen legen die Art der Beziehung fest

Bei 1:n und 1:1 handelt es sich um Beziehungstypen. Sie bestimmen das Verhältnis der Tabellen zueinander. Bei einer 1:1-Beziehung kann jedem Datensatz der ersten Tabelle genau ein Datensatz der zweiten Tabelle zugeordnet werden und andersrum genauso. Im Gegensatz dazu ist eine 1:n-Beziehung nur in eine Richtung eindeutig. Zwar kann hier einem Datensatz der zweiten Tabelle eindeutig ein Datensatz der ersten Tabelle zugeordnet werden. Andersherum geht das aber nicht. Einem Datensatz der ersten Tabelle können nämlich null, ein oder mehrere Datensätze der zweiten Tabelle zugeordnet werden. Mehr zu Beziehungen erfahren Sie jedoch ab Seite 70 im Abschnitt über Beziehungen.

Typen von Indizes

Sie können aber nicht nur Indizes erstellen, die ein einzelnes Feld indizieren, sondern auch mehrere Felder gleichzeitig indizieren. Legen Sie dann einen Index ohne Duplikate fest, bedeutet dies, dass einzelne Felder zwar doppelte Werte speichern können, gemeinsam aber eindeutige Werte liefern müssen.

Dies soll folgende Tabelle verdeutlichen. Hier werden die Felder *Nachname* und *Vorname* zusammen indiziert.

Nachname	Vorname	Indexwert
Maier	Franz	Maier Franz
Müller	Iris	Müller Iris
Maier	Isolde	Maier Isolde

Zwar gibt es zwei Datensätze, die im Feld *Nachname* den Wert *Maier* enthalten, dennoch ist der Index eindeutig, wenn er aus den Feldern *Nachname* und *Vorname* besteht. Auf diese Weise können Sie auch Daten als eindeutigen Schlüssel verwenden, die wie Namen nicht immer eindeutig sind.

Hinweis

Auch Kombinationen sind nicht immer eindeutig

Auch wenn Sie mehrere Felder als Index verwenden, müssen Sie darauf achten, welche Felder dies sind. Gerade bei Namen sind natürlich Kombinationen aus Vor- und Nachnamen nicht immer eindeutig, vor allem nicht bei den weit verbreiteten Namen wie Meier, Müller, Schulze etc. Machen Sie nicht den Fehler und weichen dabei auf Kombinationen wie Nachname und Geburtsdatum aus. Denken Sie daran, dass es Zwillinge und Drillinge geben könnte. Die haben dann zwangsläufig das gleiche Geburtsdatum und den gleichen Nachnamen. Besser ist es in diesem Fall, einen Index aus den Feldern *Nachname*, *Vorname* und *Geburtsdatum* zu erstellen. Dabei muss jedoch unbedingt das komplette Geburtsdatum und nicht nur Teile davon berücksichtigt werden.

Was macht einen Primärschlüssel aus?

Ein Primärschlüssel ist zwar ein Index, allerdings ein besonderer. Es genügt nicht, dass ein Feld indiziert ist, hinzu müssen noch andere Einstellungen kommen. Ein Feld, das Primärindex sein soll, benötigt folgende Einstellungen in den Feldeigenschaften.

Eigenschaft	Einstellung	Beschreibung
Indiziert	*Ja (ohne Duplikate)*	Die Eigenschaft legt fest, ob das Feld indiziert ist. Zur Auswahl stehen hier die Einstellungen *Nein*, *Ja (ohne Duplikate)* und *Ja (Duplikate möglich)*. Nur die letzten beiden Einstellungen erstellen ein indiziertes Feld. Allerdings sind nur Felder mit der Einstellung *Ja (ohne Duplikate)* als Primärschlüssel geeignet.
Eingabe erforderlich	*Ja*	Legt fest, ob Werte in dieses Feld eingegeben werden müssen. In einem Feld, das als Primärschlüssel dienen soll, ist dies zu empfehlen. Einzige Ausnahme sind da Felder mit dem Felddatentyp AutoWert, da Access hier die Eingabe durch den berechneten Wert ersetzt.

2

Datenbankentwurf

Eigenschaft	Einstellung	Beschreibung
Leere Zeichenfolge	*Nein*	Diese Eigenschaft bestimmt, ob leere Zeichenfolgen oder Nullwerte im Feld zulässig sind. Das kann leicht zu doppelten Werten führen, die dann durch die Indexeinstellung nicht gespeichert werden können. Daher sollte diese Einstellung auf *Nein* gesetzt werden.

Während eine Tabelle beliebig viele Indizes enthalten kann, ist immer nur ein Primärschlüssel in einer Tabelle möglich. Sobald Sie einen neuen Primärschlüssel definieren, wird der alte entfernt. Zusätzlich zum Primärschlüssel können Sie jedoch weitere Indizes anlegen, wenn Sie sie benötigen.

Indizes erstellen

Es gibt in Access mehrere Möglichkeiten, Indizes zu bestimmen. Zum einen können Sie einfach die Eigenschaft *indiziert* eines Felds auf einen Wert ungleich *Nein* setzen. Access erzeugt dann automatisch einen Index, der den Namen des Felds hat. Wenn Sie allerdings mehrere Felder als Index festlegen möchten, müssen Sie dazu einen separaten Dialog öffnen. Die einzelnen Schritte zum Erstellen von Indizes und Primärschlüsseln zeigen die nächsten Abschnitte.

Einzelne Felder als Primärschlüssel festlegen

Am einfachsten lässt sich ein Index erstellen, indem Sie ein einzelnes Feld als Primärschlüssel festlegen. Dazu müssen Sie die Tabelle in der Entwurfsansicht öffnen und das Feld markieren, das Sie zum Primärschlüssel machen möchten. Aus dem Kontextmenü des markierten Felds wählen Sie anschließend *Primärschlüssel* aus.

Primärschlüssel festlegen

Primärschlüssel und Indizes festlegen

In diesem Abschnitt erfahren Sie, wie Sie die Primärschlüssel und Indizes für die beiden Tabellen festlegen. Dazu wird jede Tabelle mit einem Primärindex versehen und in der Tabelle *Artikel* zusätzlich das Feld *Beschreibung* indiziert. Das erleichtert später die Erstellung eines Suchformulars für die Artikel.

Um die erforderlichen Indizes und Primärschlüssel festzulegen, gehen Sie wie folgt vor:

1 Öffnen Sie zunächst die Tabelle *Artikel* in der Entwurfsansicht, indem Sie sie im Datenbankfenster markieren und dann auf *Entwurf* klicken.

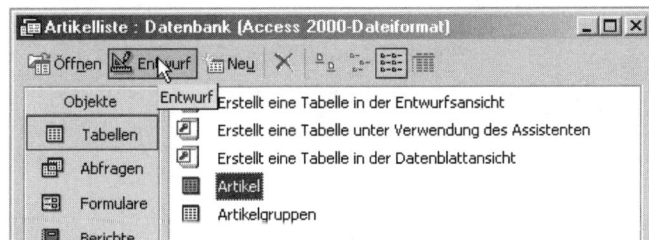

Artikel-Tabelle in der Entwurfsansicht öffnen

2 Markieren Sie nun das erste Feld der Tabelle durch einen Mausklick auf den Zeilenkopf.

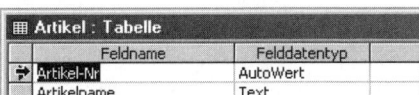

Markieren der ersten Zeile

3 Klicken Sie mit der rechten Maustaste die Markierung an und wählen Sie *Primärschlüssel* aus dem Kontextmenü aus. Damit haben Sie das Feld *Artikel-Nr* als Primärschlüssel definiert.

Festlegen des Primärschlüssels

4 Um den Index für das Feld *Beschreibung* festzulegen, setzen Sie den Cursor in das Feld und wählen dann *Ja (Duplikate möglich)* für die Eigenschaft *Indiziert* des Felds aus.

Datenbankentwurf · **2**

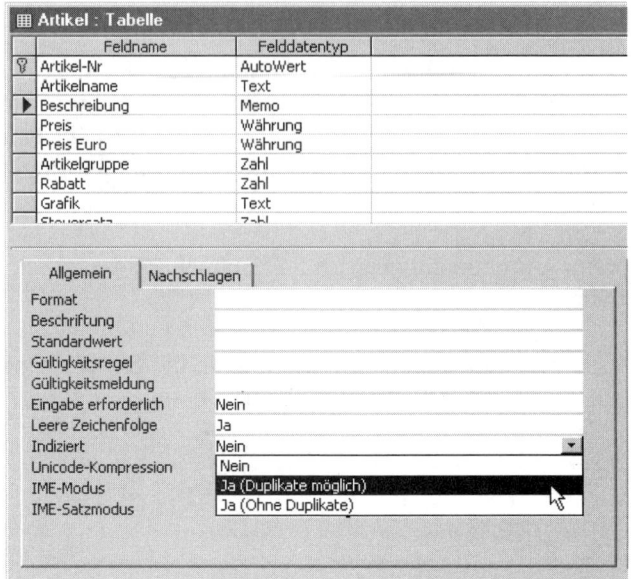

Manuellen Index für ein einzelnes Feld erstellen

5 Speichern Sie die Tabelle mit *Datei/Speichern* und schließen Sie sie. Dazu können Sie wahlweise *Datei/Schließen* auswählen oder das Schließen-Symbol des Fensters verwenden.

Schließen der Tabelle

6 Öffnen Sie nun die Tabelle *Artikelgruppen*, ebenfalls in der Entwurfsansicht.

7 Markieren Sie das Feld *Gruppen-Nr* und legen Sie es als Primärschlüssel fest.

8 Speichern und schließen Sie anschließend die Tabelle.

Indizes aus mehreren Feldern erstellen

Wenn Sie Indizes erstellen möchten, die mehrere Felder verwenden, müssen Sie dazu einen kleinen Dialog aufrufen, in dem die Indizes verwaltet werden können. Hier haben Sie auch die Möglichkeit, Indizes zu löschen oder zu ändern, und Sie können dort auch Indizes umbenennen.

In der Entwurfsansicht einer Tabelle wählen Sie dazu *Ansicht/Indizes* aus. Access blendet dann einen Dialog ein, der folgendermaßen aussieht:

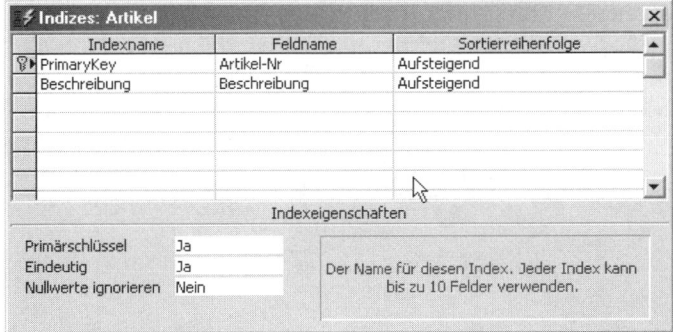

Dialog Indizes

In diesem Dialog führt Access alle Indizes der Tabelle sortiert nach Alphabet auf. Diese Sortierfolge wird allerdings erst beim Speichern einer Tabelle hergestellt. Haben Sie eben einen Index erzeugt, die Tabelle danach aber noch nicht gespeichert, wird der neue Index als Letztes aufgeführt.

Der Primärschlüssel wird immer als Erstes angezeigt. Danach werden alle übrigen Indizes aufgeführt. Sie können weitere Indizes hinzufügen, indem Sie in die Spalte *Indexname* in die erste leere Zeile einen Namen für den Index eingeben. Üblich ist für Indizes aus einem Feld der Name des Felds als Indexname. Sie können jedoch auch einen Namen Ihrer Wahl eingeben. Lediglich der Name *PrimaryKey* ist dem Primärschlüssel vorbehalten.

Hinweis

Auch der Primärschlüssel kann umbenannt werden

Grundsätzlich können Sie zwar auch den Primärschlüssel umbenennen und einem anderen Index dessen Namen geben. Der Primärschlüssel wird nicht durch seinen Namen gekennzeichnet, sondern über die Einstellung der Eigenschaft *Primärschlüssel*. Dies könnte jedoch dazu führen, dass verschiedene Assistenten von Access oder externe Programme, die mit Access zusammenarbeiten, nicht mehr funktionieren, weil die erwarten, dass der Primärschlüssel *PrimaryKey* heißt.

Wenn Sie den Namen eingegeben haben, wählen Sie in der Spalte *Feldname* einfach das erste Feld für den Index aus und bestimmen in der Spalte *Sortierreihenfolge* die Sortierfolge absteigend oder aufsteigend. In der Zeile darunter wählen Sie das nächste Feld für den Index aus, ohne jedoch wieder den Namen einzugeben. Alle Felder, die untereinander aufgeführt werden, gehören zu dem zuletzt benannten Index, bis eine neue Zeile mit einem Indexnamen folgt.

In der folgenden Abbildung sehen Sie einen Index für die Felder *Lagerbestand* und *Lieferzeit*. Dabei wird zunächst nach Lagerbestand absteigend sortiert, sodass zunächst die Datensätze mit dem höchsten Lagerbestand angezeigt werden und dann die mit einem niedrigeren Lagerbestand.

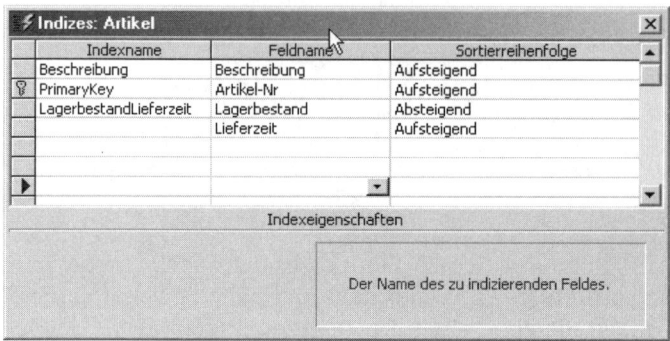

Definition eines Indizes aus zwei Feldern

Der so erzeugte Index wird gespeichert, wenn Sie die Tabelle speichern, indem Sie *Datei/Speichern* auswählen.

Hinweis

Maximale Feldanzahl in Indizes

Pro Index können Sie maximal zehn Felder angeben. Allerdings sollten Sie dies nur machen, wenn es sich nicht vermeiden lässt. Je mehr Felder Sie im Index verwenden, desto länger dauert die Aktualisierung der Tabelle. Das kann vor allem bei großen Datenbeständen und langsamer Hardware dazu führen, dass die Datenbank unbrauchbar wird, weil Sie sehr träge wird.

Indizes verwalten

Im Dialog *Indizes*, den Sie über *Ansicht/Indizes* aufrufen können, haben Sie jedoch nicht nur die Möglichkeit, Indizes zu erstellen, sondern Sie können auch vorhandene Indizes löschen oder umbenennen oder die Sortierfolge ändern. Außerdem haben Sie die Möglichkeit, einen Index als Primärschlüssel festzulegen.

Wenn Sie den Dialog geöffnet haben, zeigt Access die Indizes an. Sobald Sie den Cursor in eine Zeile setzen, werden im unteren Bereich des Dialogs die Eigenschaften des Index anzeigt. Diese können Sie ändern, indem Sie andere Einstellungen auswählen. Die Bedeutung der einzelnen Einstellungen soll nun erläutert werden.

Primärschlüssel

Die Eigenschaft *Primärschlüssel* bestimmt, ob der Index als Primärschlüssel dient. In diesem Fall muss die Eigenschaft den Wert *Ja* bekommen. Beachten Sie dabei aber, dass nur ein Index einer Tabelle als Primärschlüssel fungieren kann und dass Sie dann gleichzeitig die Eigenschaft *Eindeutig* auf *Ja* setzen müssen. Für alle anderen Indizes der Tabelle setzen Sie die Eigenschaft auf *Nein*. Dies ist auch die Standardeinstellung.

Eindeutig

Diese Eigenschaft legt fest, ob der Index Datensätze eindeutig identifiziert. Wenn Sie sie auf *Ja* setzen, müssen Sie sicherstellen, dass alle Felder des Index zusammen einen eindeutigen Wert haben. Bei Eingaben in den Feldern, die diesen Anforderungen nicht genügen, gibt Access eine Fehlermeldung aus, wenn der Benutzer versucht, den Datensatz zu speichern. Ohne eine Korrektur ist eine Speicherung nicht möglich. Deshalb sollten Sie sehr genau überlegen, ob Sie diese Eigenschaft auf *Ja* setzen. Allerdings ist nur ein Index als Primärschlüssel geeignet, dessen Eigenschaft *Eindeutig* auf *Ja* steht. Der Standardwert für diese Eigenschaft ist *Nein*.

Nullwerte ignorieren

Die Eigenschaft *Nullwerte ignorieren* gibt an, ob Datensätze mit einem Nullwert im Indexfeld vom Index erfasst oder ignoriert werden. Die Standardeinstellung ist *Nein*. Dies bewirkt, dass auch diese Datensätze indiziert werden.

Namen des Index ändern

Sie können den Namen eines Index ändern, indem Sie einfach in der Spalte *Indexname* einen neuen Namen eingeben. Allerdings ist auch hier zu beachten, dass Sie dem Primärindex den Namen *PrimaryKey* geben sollten. Jeder Indexname muss eindeutig sein. Das heißt, Sie können nicht zwei Indizes mit dem gleichen Namen festlegen.

Sortierfolge ändern

Genauso können Sie die Sortierfolge eines Index nachträglich ändern, indem Sie einfach in der Spalte *Sortierreihenfolge* eine andere Einstellung auswählen. Standardmäßig haben alle Felder die Sortierfolge *Aufsteigend*. Das bedeutet, Zeichenfolgen werden von A bis Z und Zahlen von 0 bis 9 sortiert. Möchten Sie die Reihenfolge umkehren, wählen Sie *Absteigend* aus.

2

Datenbankentwurf

> **Hinweis**
>
> **Die Spracheinstellungen bestimmen die Sortierfolge**
>
> Bei der tatsächlichen Sortierfolge, bspw. der Rangfolge von Sonderzeichen und Umlauten in der Sortierung, werden die Spracheinstellungen der Datenbank herangezogen. Die werden jedoch von Access automatisch gesetzt. Verwenden Sie eine deutsche Access-Version, sortiert Access die Datensätze automatisch nach dem deutschen Zeichensatz. Für eine vorhandene Datenbank lassen sich die Spracheinstellungen nicht mehr ändern. Für neue Datenbanken, die Sie in Zukunft mit Access erzeugen, können Sie die Standardsortierfolge über den Optionen-Dialog einstellen. Wählen Sie dazu *Extras/Optionen* aus und aktivieren Sie das Register *Allgemein*. Hier können Sie die Sortierreihenfolge einstellen, indem Sie die gewünschte Sprache aus der Auswahlliste *Sortierreihenfolge bei neuer DB* auswählen.

Index löschen

Sie können einen Index löschen, indem Sie einfach dessen Zeile oder Zeilen im Dialog markieren und dann über die rechte Maustaste das Kontextmenü für die Markierung öffnen. Hier wählen Sie einfach *Zeilen löschen* aus, um den Index zu löschen. Wenn Sie mehrere Zeilen markiert haben, müssen Sie beim Anklicken der Markierung mit der Maus die [Strg]-Taste gedrückt halten.

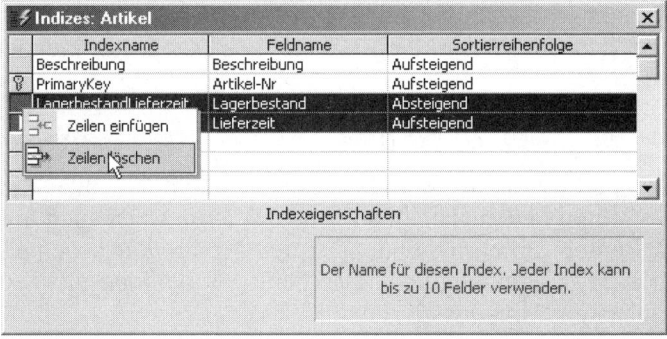

Löschen eines Index

2.3 Tabellen über Auswahlfelder verknüpfen

Sie haben inzwischen zwei Tabellen mit den entsprechenden Indizes erstellt. Damit Sie diese Tabellen sinnvoll einsetzen können, müssen Sie sie jedoch miteinander in Beziehung setzen. Damit legen Sie fest, welche Datensätze der Tabelle *Artikel* welchen Datensätzen der Tabelle *Artikelgruppen* zugeordnet werden können. Sie können Beziehungen manuell oder über den Nachschlage-Assistenten erstellen. Wie Sie Beziehungen manuell erstellen und konfigurieren, erfahren Sie ab Seite 70 im Abschnitt über Beziehungen.

Sehr viel einfacher ist jedoch die Erstellung einer Nachschlageliste. Access fügt dann automatisch die dazu notwendigen Beziehungen hinzu.

Aufgabe von Nachschlagelisten

Nachschlagelisten sind Auswahllisten, mit denen Sie bei Eingabe eines Datensatzes einen Wert aus einer Liste auswählen können. Die aufgeführten Werte können abhängig von der Art der Nachschlageliste entweder aus einer Tabelle oder Abfrage entnommen oder eingegeben werden.

Eine solche Auswahlliste ist ganz nützlich, um dem Anwender die Eingabe der korrekten Werte zu erleichtern. Nehmen Sie an, der Anwender soll die Artikelgruppe in das gleichnamige Feld der Tabelle *Artikel* eingeben. Damit das fehlerlos gelingt, müsste der Benutzer alle Nummern der Artikelgruppen auswendig kennen. Solange es nur drei Artikelgruppen gibt, ist das ja nicht so schwierig. Allerdings würde der Benutzer nicht merken, wenn weitere Artikelgruppen hinzugefügt wurden, und Eingabefehler kämen wahrscheinlich sehr häufig vor. Definieren Sie zur Eingabe der Artikelgruppe jedoch eine Auswahlliste, wird dem Benutzer eine Auswahl der verfügbaren Artikelgruppen angezeigt. Er braucht nun nur noch den gewünschten Eintrag auszuwählen.

	Artikel	Artikel	Beschreibung	Preis	Europreis	Artikelgrup	Rabatt in %	Name und Pfad
	1	Windows 98 SE	Betriebssystem Micro	99,90 DM	45,90 €	1	0%	A1.gif
	2	Microsoft Office 2000 SBE	Microsoft Office 2000 :	499,00 DM	295,90 €	2	0%	A2.gif
▶	3	Delphi 5	RAD Entwicklungstool	980,00 DM	490,00 €	3	0%	A3.gif
*						1	Betriebssysteme	
						2	Anwendungsprogramme	
						3	Entwicklungswerkzeuge	

Auswahlliste zum Einstellen der Artikelgruppe

Verschiedene Arten von Nachschlagelisten

Es gibt im Prinzip zwei verschiedene Arten von Nachschlagelisten. Bei der einfachsten Form geben Sie die auszuwählenden Werte als Liste an. Der Benutzer kann dann nur aus diesen fest vorgegebenen Werten auswählen. Eine solche Liste soll zur Auswahl der Lieferzeit erstellt werden.

Außerdem gibt es aber auch Listen, deren Werte Access automatisch aus einer Tabelle oder Abfrage entnimmt. Dazu wird eine Beziehung zwischen den beiden Tabellen erstellt, und solche Listen erfordern einen Primärindex in der Tabelle, aus der die Listeneinträge entnommen werden. Dieser Primärindex wird dann in dem Feld gespeichert, das die Nachschlageliste enthält.

Vorteil dieser Nachschlageliste ist, dass sich die Anzahl und Werte der Einträge verändern, wenn Datensätze in der Tabelle gelöscht, geändert oder erstellt werden. Eine solche Auswahlliste eignet sich hervorragend zur Auswahl der Artikelgruppe. Wie Sie diese beiden Nachschlagelisten mit dem Nachschlage-Assistenten erstellen, wird im folgenden Abschnitt gezeigt.

Nachschlageliste zur Auswahl von Lieferzeit und Artikelgruppe

Mit den nachfolgenden Schritten ergänzen Sie die Tabelle *Artikel* um zwei Nachschlagelisten für die Felder *Artikelgruppe* und *Lieferzeit*. Dazu müssen Sie lediglich für jedes dieser Felder den Nachschlage-Assistenten durchlaufen. Verwenden Sie dazu folgende Schritte:

1 Falls die Tabelle augenblicklich nicht im Entwurfsmodus geöffnet ist, öffnen Sie sie. Befindet sie sich gerade in der Datenblattansicht, wählen Sie *Ansicht/Entwurfsansicht* aus dem Menü aus. Ist die Tabelle gar nicht geöffnet, markieren Sie sie im Datenbankfenster und klicken auf *Entwurf*.

2 Wählen Sie nun für das Feld *Artikelgruppe* den Eintrag *Nachschlage-Assistent* als Felddatentyp aus.

Starten des Nachschlage-Assistenten

3 Access startet nun den Assistenten. In dessen ersten Dialog müssen Sie wählen, ob Sie die Elemente der Auswahlliste einer Tabelle oder Abfrage entnehmen möchten. Die Standardeinstellung *Das Nachschlagefeld soll die Werte einer Tabelle oder Abfrage entnehmen* ist für dieses Feld richtig, weil die Werte ja aus der Tabelle *Artikelgruppen* entnommen werden sollen. Klicken Sie auf die Schaltfläche *Weiter*.

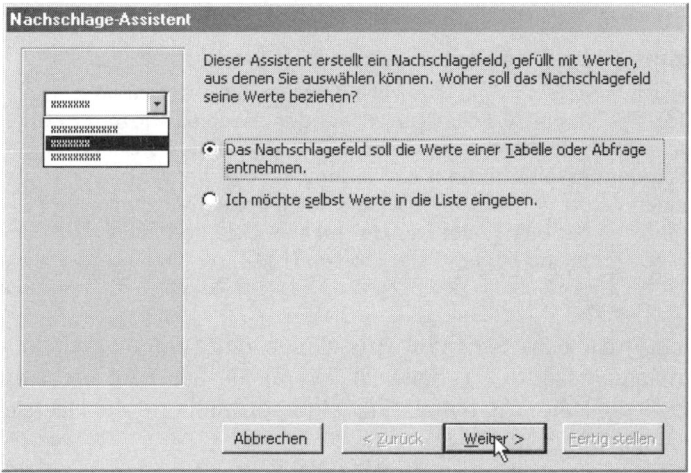

Auswählen der Datenquelle für die Liste

4 Im nächsten Schritt wählen Sie die Tabelle oder Abfrage aus, die die Werte für die Liste liefern soll. Möchten Sie eine Abfrage auswählen, aktivieren Sie dazu die Option *Abfragen*. Für unsere Zwecke genügt aber die Standardauswahl, da die Tabelle *Artikelgruppen* verwendet werden soll. Markieren Sie dann die Tabelle oder Abfrage, indem Sie mit der Maus auf den Eintrag klicken. Setzen Sie dann den Assistenten mit *Weiter* fort.

Auswählen der Tabelle als Datenquelle

5 Nun zeigt Access ein Listenfeld mit den Feldern der ausgewählten Tabelle an. Sie können nun alle Felder der Tabelle auswählen, indem Sie auf das Symbol >> klicken. Die Feldnamen werden dann aus der linken Liste entfernt und in der rechten Liste angezeigt. Alle hier aufgeführten Felder werden später im Auswahlfeld angezeigt, es sei denn, Sie blenden das Feld mit dem Primärschlüssel aus. Schließen Sie den Dialog anschließend mit *Weiter*.

┌─── **Hinweis**
│
Auch einzelne Felder können ausgewählt werden

Sie können auch einzelne Felder auswählen, wenn Sie nicht alle
Felder der Tabelle für die Auswahlliste verwenden möchten. Dazu
markieren Sie einfach das Feld in der linken Liste, indem Sie es anklicken, und klicken anschließend auf >. Wiederholen Sie dies für alle einzufügenden Felder in der gewünschten Reihenfolge. Mit dem
Symbol << entfernen Sie alle Felder aus der rechten Liste und mit <
entfernen Sie das markierte Feld aus der rechten Liste. ────┘

Wichtig ist, dass Sie beim Auswählen der Felder das Feld auswählen, das
Primärschlüssel der Tabelle ist. Wenn Sie das Feld nicht auswählen, kann
Access die Datensätze nicht korrekt zuordnen und die Nachschlageliste funk-
tioniert nicht richtig.

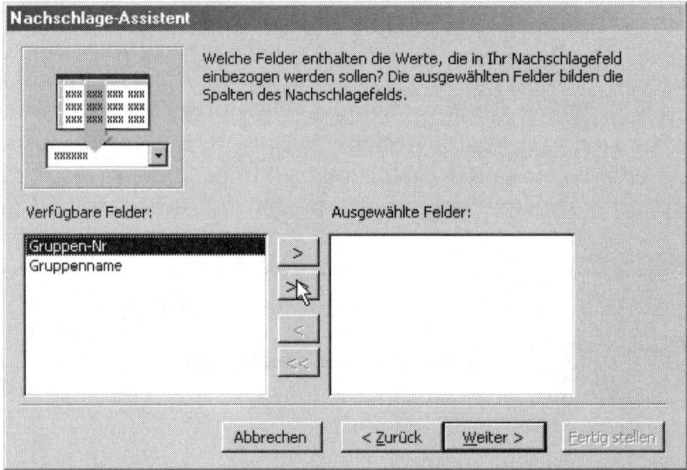

Auswählen der Felder

1 Nun zeigt Access eine Liste der ausgewählten Felder in der Tabelle oder
Abfrage an. Allerdings verwendet Access dazu die Standardspaltenbreite
von 2,54 cm Breite. Sie können die Breite verändern, indem Sie den
Mauszeiger auf das rechte Ende des Spaltenkopfes bewegen, bis er zu einem Doppelpfeil wird. Drücken Sie dann die linke Maustaste und halten
Sie sie gedrückt, während Sie die Maus nach rechts bewegen. Lassen Sie
die Maustaste los, wenn Sie die gewünschte Breite erreicht haben.

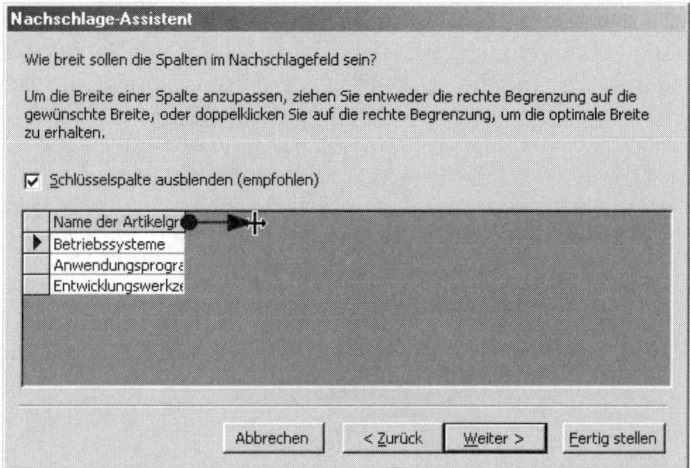

Verbreitern der Liste

2 Normalerweise blendet Access die Spalte mit dem Primärschlüssel der Tabelle aus. Daher zeigt obige Abbildung auch nur ein Feld der Tabelle an. Möchten Sie, dass das Feld sichtbar ist, deaktivieren Sie dazu das Kontrollkästchen *Schlüsselspalte ausblenden (empfohlen)*. Access zeigt dann beide Tabellenfelder an und Sie können nun auch die Breite des ersten Felds festlegen. Das geschieht im Prinzip auf gleiche Weise wie zuvor. Sie bewegen den Mauszeiger auf die rechte Grenze des Spaltenkopfes, drücken die linke Maustaste und ziehen die Maus in die gewünschte Richtung. Da es sich hier um ein numerisches AutoWert-Feld handelt, bei dem nicht sehr viele Werte zu erwarten sind, kann das Feld verkleinert werden. Dazu ziehen Sie die Spaltengrenze nach links. Setzen Sie den Assistenten anschließend mit *Weiter* fort.

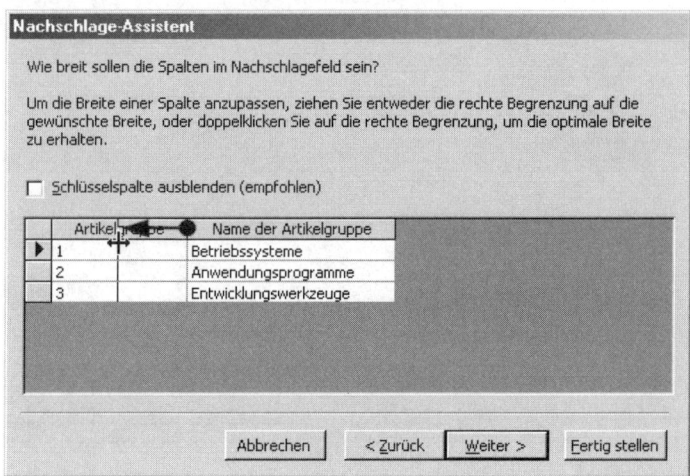

Verkleinern des Felds

3 Jetzt legen Sie fest, welches Feld der Tabelle in der Tabelle *Artikel* gespeichert werden soll. Access schlägt dazu das Feld vor, das den Primärindex der Tabelle darstellt. Dies ist auch meist die richtige Auswahl. Bestätigen Sie die Auswahl einfach mit *Weiter*.

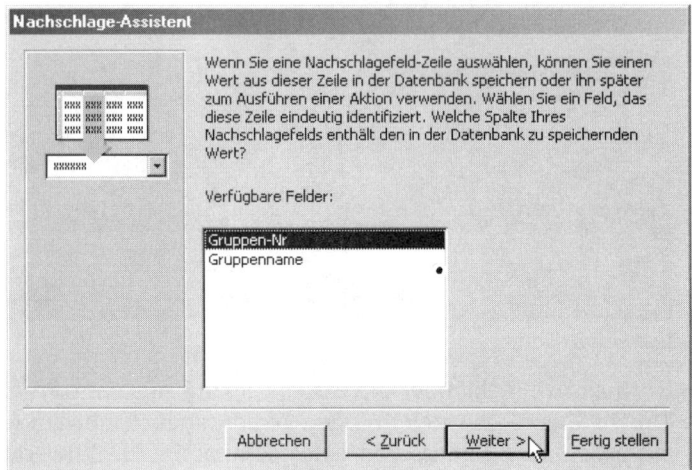

Auswählen des zu speichernden Felds

4 Nun können Sie noch die Beschriftung für das Feld eingeben. Normalerweise wählt Access dazu den Feldnamen aus, der in diesem Fall auch durchaus geeignet ist. Möchten Sie die Beschriftung jedoch ändern, geben Sie dazu einfach einen Namen in das Feld ein, das mit *Welche Beschriftung soll Ihr Nachschlagefeld erhalten* beschriftet ist. Klicken Sie anschließend auf *Fertig stellen*.

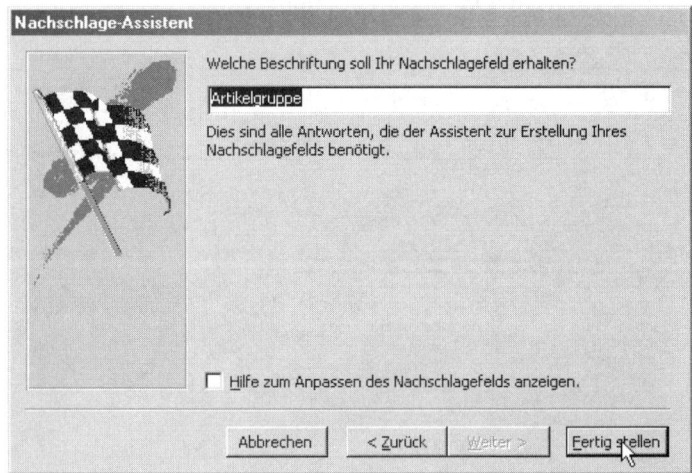

Fertigstellen des Dialogs

5 Access erzeugt jetzt die Nachschlageliste, muss zuvor jedoch die Beziehung erstellen. Dazu ist es erforderlich, dass die Tabelle gespeichert wird. Access blendet dazu einen Dialog ein, den Sie mit *Ja* bestätigen müssen.

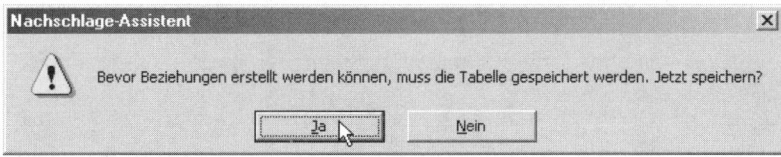

Speichern bestätigen

Damit haben Sie nun die erste Nachschlageliste erstellt. Für die zweite starten Sie den Assistenten erneut und gehen dazu wie folgt vor:

1 Wählen Sie für das Feld *Lieferzeit* den Felddatentyp *Nachschlage-Assistent* aus.

2 Aktivieren Sie im ersten Dialog des Assistenten die Option *Ich möchte selbst Werte in die Liste eingeben* und schließen Sie anschließend den Dialog mit *Weiter*.

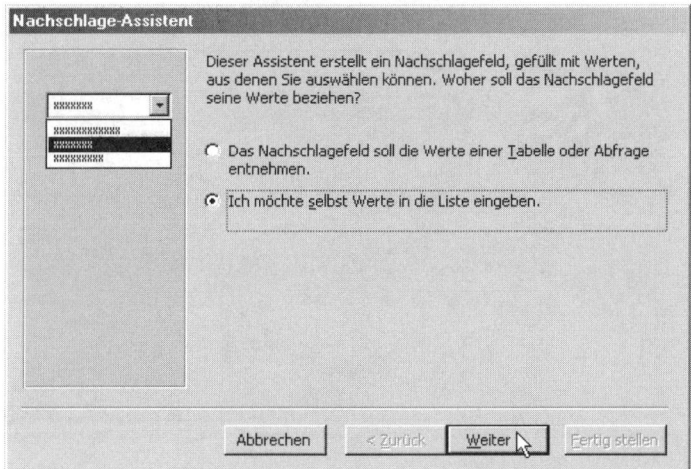

Auswahl der Option für die Datenquelle

3 Sie können nun die Werte eingeben. Dazu setzen Sie den Cursor per Mausklick in die erste Zelle und geben den gewünschten Text ein. Klicken Sie dann in die nächste Zelle, um den zweiten Wert einzugeben, und fahren Sie fort, bis Sie alle Werte eingegeben haben. Anschließend können Sie den Assistenten mit *Weiter* fortsetzen.

2

Datenbankentwurf

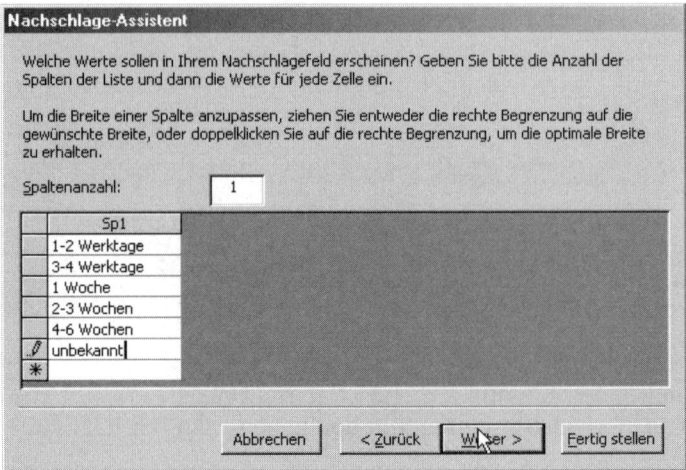

Eingeben der Werte

4 Beenden Sie den Assistenten mit *Fertig stellen*. Auch hier können Sie jedoch noch die Beschriftung ändern. Aber das ist auch in diesem Fall eigentlich nicht notwendig.

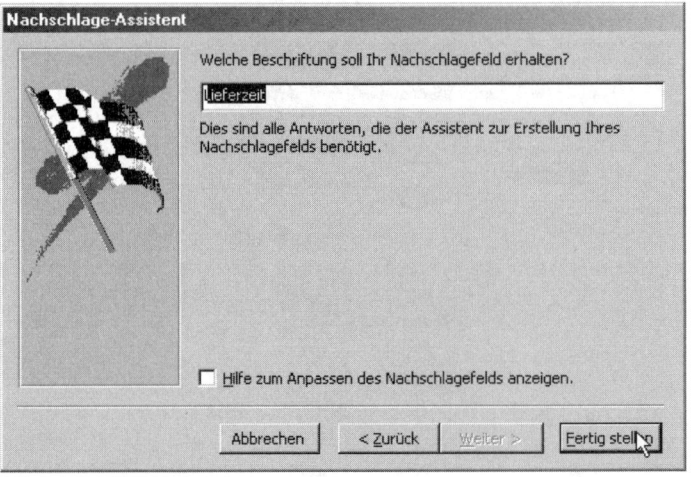

Assistenten abschließen

Damit haben Sie auch die zweite Auswahlliste erstellt. Da hierzu jedoch keine Beziehung zu einer anderen Tabelle oder Abfrage erstellt werden musste,
entfällt hier die automatische Speicherung und die Bestätigungsmeldung.
Das bedeutet jedoch, dass Sie selbst die Tabelle speichern müssen. Klicken
Sie dazu einfach auf das Disketten-Symbol oder wählen Sie *Datei/Speichern*
aus.

Speichern der Tabelle

Ergebnis der Nachschlageliste

Wenn Sie nun die Tabelle in der Datenblattansicht öffnen, können Sie die beiden Auswahllisten testen. Die Auswahlliste im Feld *Artikelgruppe* zeigt zwei Spalten an, über die Sie die Artikelgruppe auswählen können.

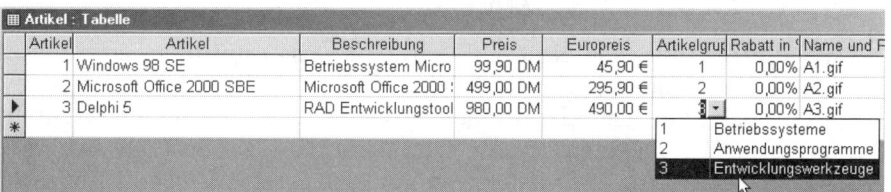

Nachschlageliste Artikelgruppe

Die Liste zur Auswahl der Lieferzeit besteht lediglich aus einer Spalte und enthält die Texte, die Sie eingegeben haben.

Auswahlliste Lieferzeit

Nachschlagelisten anpassen

Wenn Sie Nachschlagelisten erstellt haben und beim Test feststellen, dass sie vielleicht nicht breit genug sind oder nicht alle benötigten Einträge enthalten, können Sie diese später anpassen. Dazu gibt es im Prinzip zwei Möglichkeiten. Sie führen den Nachschlage-Assistenten wie oben beschrieben erneut aus oder passen die Einstellungen manuell an. Dies ist bei den meisten Änderungen zu empfehlen, zumal Sie noch einige Einstellungen machen können, die der Nachschlage-Assistent nicht ermöglicht.

2

Datenbankentwurf

┌─────── **Hinweis**

Nachschlage-Assistent erneut ausführen

Wenn Sie den Nachschlage-Assistenten erneut für ein Feld ausführen möchten, das Werte aus einer anderen Tabelle oder Abfrage enthält, erhalten Sie eine Fehlermeldung, weil dazu eine Beziehung verwendet wird. Sie müssen zunächst die Beziehung zwischen den beiden Feldern manuell löschen, damit Sie die Nachschlageliste neu erstellen können. Wie Sie Beziehungen verwalten, erfahren Sie ab Seite 70.

Grundsätzliche Vorgehensweise zur Anpassung von Nachschlagelisten

Wenn Sie eine Nachschlageliste anpassen möchten, geschieht dies wie bei allen Änderungen am Tabellenaufbau in der Entwurfsansicht. Sie müssen dazu zunächst den Cursor in das Feld setzen, dessen Nachschlageliste Sie ändern möchten. Access zeigt dann die Eigenschaften des Felds an. Neben der Registerkarte *Allgemein*, auf der Sie zuvor schon Anpassungen vorgenommen haben, gibt es jedoch noch eine Registerkarte. Diese aktivieren Sie, um die Eigenschaften der Nachschlageliste zu ändern.

Aktivieren der Registerkarte Nachschlagen

Steuerelement anzeigen

Die Eigenschaft *Steuerelement anzeigen* bestimmt das Steuerelement, das zur Anzeige der Liste in Formularen und Datenzugriffsseiten verwendet wird. Sie können dies später im Formularentwurf zwar ändern, schneller geht es jedoch, wenn Sie hier gleich das Richtige auswählen. Standardeinstellung ist ein Kombinationsfeld, das für die meisten Zwecke ausreichend-ist. Alternativ können Sie jedoch auch die Einträge *Textfeld* und *Listenfeld* auswählen. Die Unterschiede zwischen den einzelnen Steuerelementen lernen Sie im Kapitel „Formulare und Berichte als Benutzeroberfläche der Datenbank" kennen. Diese Eigenschaft steht für alle Felder zur Verfügung, auch wenn sie keine Nachschlageliste enthalten.

Herkunftstyp

Der Herkunftstyp legt fest, woher die Daten für die Auswahlliste stammen. Zur Auswahl stehen hier die Einträge *Tabelle/Abfrage*, *Werteliste* und *Feldliste*. Möchten Sie die Werte aus einer Tabelle oder Abfrage verwenden, wählen Sie *Tabelle/Abfrage* aus. *Werteliste* wählen Sie, wenn Sie Werte eingeben möchten, und *Feldliste* ist die richtige Auswahl, wenn Sie dem Benutzer die Auswahl eines Feldnamens aus der gleichen oder einer anderen Tabelle ermöglichen möchten. Die Auswahl für die Eigenschaft *Herkunftstyp* bestimmt, was Sie für die Eigenschaft *Datensatzherkunft* eingeben müssen.

Datensatzherkunft

Diese Eigenschaft bestimmt, woher die Dateien für die Liste genau kommen. Wenn Sie als Herkunftstyp eine *Tabelle/Abfrage* ausgewählt haben, können Sie hier die Tabelle oder Abfrage auswählen oder wahlweise eine SQL-Anweisung eingeben, die nur Teile einer Tabelle oder Abfrage wie bestimmte Felder zurückgibt. Eine typische SQL-Anweisung für diese Zwecke könnte bspw. so aussehen:

```
SELECT Artikelgruppen.[Gruppen-Nr], Artikelgruppen.Gruppenname FROM
Artikelgruppen;
```

Sie bestimmt, dass mit *SELECT ... FROM* Artikelgruppen bestimmte Felder aus der Tabelle oder Abfrage *Artikelgruppen* zurückgegeben werden sollen. Die Felder selbst werden hinter *SELECT* durch Kommata getrennt aufgeführt. Dabei wird zunächst der Tabellenname, hier *Artikelgruppen*, angegeben, danach folgt ein Punkt und dann in eckigen Klammern der Name des Felds. Hier können jedoch die eckigen Klammern entfallen, wenn der Feldname keine Sonderzeichen wie Bindestriche oder Leerzeichen enthält.

Haben Sie als Herkunftstyp beispielsweise *Werteliste* ausgewählt, geben Sie hier die Werte ein, die Sie dem Benutzer zur Auswahl anbieten möchten. Dabei sind Texte in Anführungszeichen einzufassen und alle Werte durch Semikolons zu trennen. Falls Sie als Herkunftstyp *Feldliste* ausgewählt haben, wählen Sie hier die Tabelle oder Abfrage aus, deren Felder angezeigt werden sollen.

2

Datenbankentwurf

Gebundene Spalte

Die gebundene Spalte bestimmt bei einem mehrspaltigen Nachschlagefeld, welche Spalte im Tabellenfeld gespeichert wird. Standardmäßig ist dies die erste Spalte. Sie können aber eine andere Spaltennummer eingeben, um eine andere Spalte auszuwählen. Die gebundene Spalte muss keine sichtbare Spalte sein, sondern kann auch unsichtbar definiert sein.

Spaltenanzahl

Diese Eigenschaft legt die Spaltenzahl fest, die das Nachschlagefeld hat. Dabei handelt es sich um die Gesamtspaltenzahl, nicht um die sichtbaren Spalten. Wenn Sie bei Auswahl von *Werteliste* als Herkunftstyp Werte eingegeben haben, werden diese spaltenweise angeordnet. Bei der Eingabe von *"Spalte1";"Spalte2";"Zeile1";"Zeile2"* und Angabe von 2 für die Eigenschaft *Spaltenanzahl* wird die Liste wie folgt dargestellt.

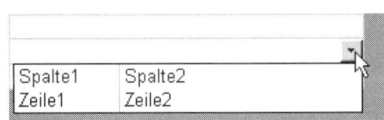

Zweispaltige Darstellung von Werten

Spaltenüberschriften

Mit der Eigenschaft *Spaltenüberschriften* legen Sie fest, ob Spaltenüberschriften über den Spalten angezeigt werden sollen. Die Standardeinstellung ist *Nein*, mit *Ja* blenden Sie die Spaltenüberschriften ein. Bei einer Liste aus Werten von Tabellen und Abfragen werden die Feldnamen der angezeigten Felder als Spaltenüberschriften verwendet. Wenn Sie eine Werteliste eingegeben haben, werden die Einträge für die erste Zeile als Feldnamen verwendet. Die obige Liste würde bei Aktivierung der Spaltenüberschriften folgendermaßen aussehen:

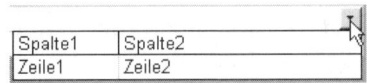

Darstellung der Liste mit Spaltenüberschriften

Spaltenbreiten

Mit der Eigenschaft *Spaltenbreiten* können Sie die Breite der einzelnen Spalten festlegen und damit auch Spalten ausblenden. Dazu setzen Sie die Breite der Spalten auf 0 cm. Die Spaltenbreiten werden durch Semikolons getrennt und immer mit der Maßeinheit cm versehen. Standardbreite je Spalte ist 2,54 cm. Sie können jedoch beliebige andere Breiten festlegen. Die Breite der Spalten sollten zusammen jedoch nicht die Breite der Liste überschreiten, da sonst eine Bildlaufleiste notwendig ist, damit der Benutzer die vollständige Liste sehen kann. Das erschwert die Bedienung der Liste. Eine solche ungünstige Angabe der Listenbreite stellt sich in der Datenblattansicht der Tabelle wie folgt dar:

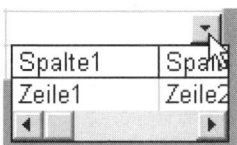

Darstellung einer nicht vollständig sichtbaren Tabelle

Zeilenanzahl

Die Eigenschaft *Zeilenanzahl* bestimmt, wie viele Zeilen der Liste gleichzeitig sichtbar sind. Die Standardeinstellung ist 8. Alle über die hier eingestellten hinausgehenden Zeilen werden erst durch Scrollen sichtbar. Wenn Ihre Liste nur wenig mehr als acht Zeilen enthält, ist es daher günstig, die Anzahl der sichtbaren Zeilen heraufzusetzen.

Listenbreite

Die Eigenschaft *Listenbreite* bestimmt die Breite der Liste in cm. Sie sollte gleich oder größer als die Summe der einzelnen Spaltenbreiten sein. Statt hier einen Wert einzugeben, können Sie jedoch auch *automatisch* auswählen. In diesem Fall wird die Breite der Liste an die Breite des Felds angepasst. Sicherer ist jedoch die Eingabe der Breite. Dann können Sie die Breite so bestimmen, dass alle Spalten sichtbar sind, auch wenn die Spalte zu schmal dafür ist.

Liste mit fester Breite

Nur Listeneinträge

In der Regel ist es bei Auswahl von Werten aus einer Tabelle oder Abfrage und erst Recht bei Auswahl eines Werts aus einer Werteliste nicht erwünscht, dass der Anwender Werte eingeben kann, die nicht in der Liste enthalten sind. Dies können Sie über die Eigenschaft *Nur Listeneinträge* festlegen. Geben Sie hier *Ja* ein, können keine Werte eingegeben werden, die nicht in der Liste enthalten sind. *Nein* ist die Standardeinstellung.

Wichtige Anpassungen an Nachschlagelisten

Nachdem Sie nun die Bedeutungen der einzelnen Eigenschaften kennen gelernt haben, werden nun die in der Praxis am häufigsten erforderlichen Anpassungen erläutert.

Werte einer Werteliste ergänzen

Möchten Sie Werte einer Werteliste ergänzen, aktivieren Sie dazu die Registerkarte *Nachschlagen* des Felds und geben in das Feld *Datensatzherkunft* die neuen Werte hinter dem letzten eingegebenen Wert ein. Fassen Sie dazu Texte in Anführungszeichen ein und trennen Sie alle Werte durch Semikolons ab.

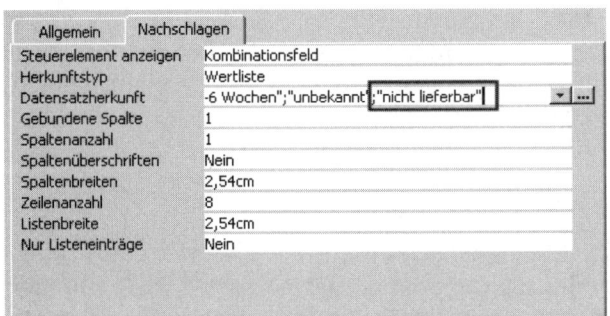

Ergänzen neuer Werte einer Werteliste

Spalten ein- und ausblenden

Wenn Sie eine Spalte ein- oder ausblenden möchten, müssen Sie deren Spaltenbreite verändern. Um die Spalte auszublenden, setzen Sie eine Spaltenbreite von 0 cm, um sie einzublenden eine Breite von mehr als 0 cm. Wenn Sie sich doch entschieden haben sollten, die erste Spalte der Artikelgruppen auszublenden, passen Sie dazu die Eigenschaft *Spaltenbreiten* wie folgt an:

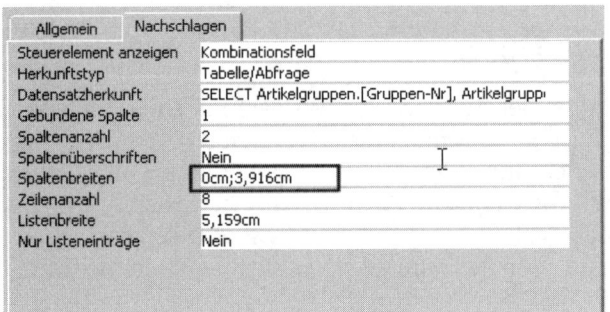

Ausblenden der ersten Spalte

Spalten- und Listenbreiten optimieren

Wenn die Spalten schmaler als die Liste sind, entsteht rechts von der rechten Spalte ein Leerraum, der nicht immer gut aussieht. Daher sollten Sie die Spalten- und Listenbreiten anpassen. Addieren Sie dazu die Breiten der einzelnen Spalten und tragen Sie die Summe für die Eigenschaft *Listenbreite* ein.

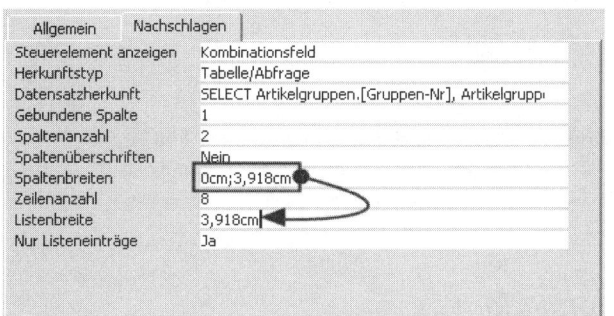

Eingabe der Spaltensummen als Listenbreite

Länge der Liste festlegen

Wenn Sie Listeneinträge ergänzt haben, ist in der Regel auch eine Anpassung der Zeilenanzahl erforderlich, damit alle Listeneinträge sichtbar sind. Zählen Sie dazu die Listeneinträge und setzen Sie den Wert der Eigenschaft *Zeilenanzahl* auf die gezählten Einträge.

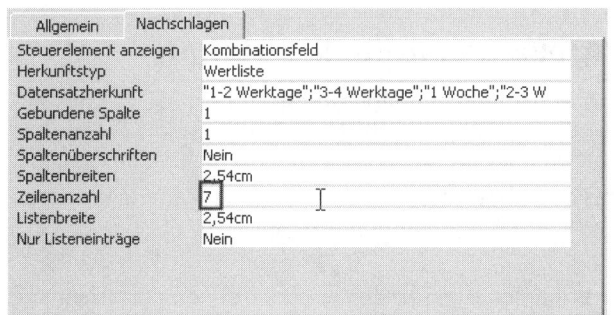

Korrigieren der Listenlänge

Standardsteuerelement ändern

Das Standardsteuerelement bestimmt, welches Steuerelement in Formularen eingefügt wird, wenn Sie das Feld dem Formular hinzufügen. Standardmäßig ist dies ein Kombinationslistenfeld. Abhängig vom Inhalt der Liste ist es jedoch unter Umständen sinnvoller, ein normales Listenfeld anzuzeigen.

2

Datenbankentwurf

Dazu wählen Sie für die Eigenschaft *Steuerelement anzeigen* den Eintrag *Listenfeld* aus.

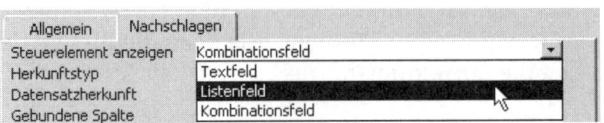

Auswählen eines einfachen Listenfelds als Steuerelement

Hinweis

Vorsicht

Wählen Sie als Steuerelement nicht *Textfeld* aus. In diesem Fall werden nämlich die Einstellungen der Nachschlageliste gelöscht, weil die für ein einfaches Textfeld nicht zulässig sind.

Eingaben verhindern

Möchten Sie verhindern, dass der Benutzer andere Werte als die in der Liste aufgeführten eingeben kann, setzen Sie dazu die Eigenschaft *Nur Listeneinträge* auf *Ja*.

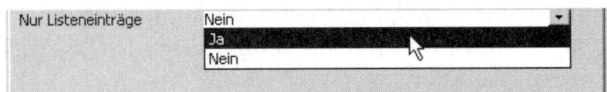

Verhindern von Eingaben

Nachschlagelisten manuell erstellen

Sie können Nachschlagelisten jedoch nicht nur mit dem Assistenten erstellen und später anpassen, sondern natürlich auch komplett manuell erstellen. Vor allem bei kürzeren Listen, bei denen die Werte eingegeben werden, bietet sich das an. Mit den folgenden Schritten soll der Tabelle eine Nachschlageliste für die MwSt.-Sätze hinzugefügt werden.

1 Öffnen Sie zunächst die Tabelle *Artikel* in der Entwurfsansicht, wenn sie nicht bereits geöffnet ist.

2 Setzen Sie nun den Cursor in die Zeile *Steuersatz* und aktivieren Sie die Registerkarte *Nachschlagen*.

3 Wählen Sie nun für die Eigenschaft *Steuerelement anzeigen* den Eintrag *Kombinationsfeld* aus. Nun stehen Ihnen die Einstellungen für die Nachschlageliste zur Verfügung.

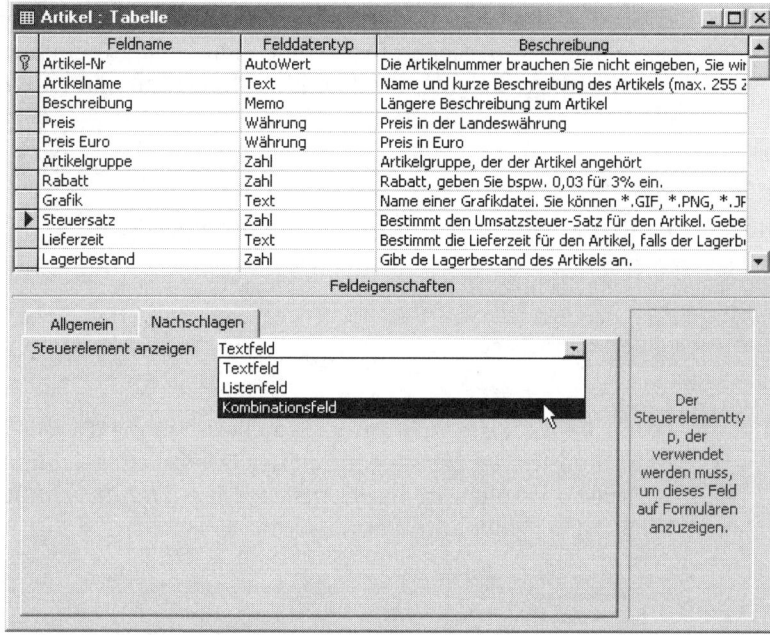

Auswählen des Steuerelements

4 Stellen Sie als *Herkunftstyp* die *Werteliste* ein und geben Sie die Werte für eine zweispaltige Liste ein. Dabei sollte der erste Wert den Prozentsatz angeben, also 0,16 für 16 % und die zweite Spalte enthält den Text – bspw. "16% - voller Mwst-Satz". Denken Sie dabei daran, die Texte in Anführungszeichen einzufassen.

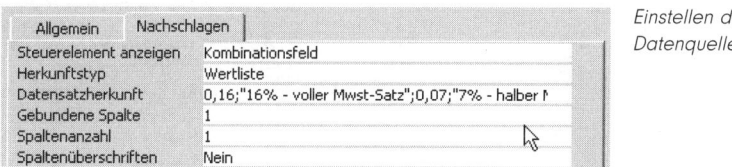

Einstellen der Datenquelle

5 Geben Sie als gebundene Spalte 1 an und setzen Sie *Spaltenanzahl* auf 2.

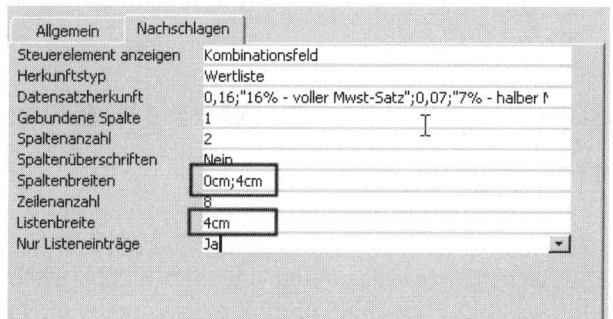

Einstellen der Listen- und Spaltenbreite

6 Legen Sie nun über die Eigenschaft *Spaltenbreiten* die Breiten der einzelnen Spalten fest. Geben Sie für die erste Spalte 0 cm an, um sie auszublenden. Legen Sie die Breite der zweiten Spalte und die Breite der kompletten Liste auf 4 cm fest.

┌── **Hinweis**

Abhängig vom Text sind andere Angaben notwendig

Wenn Sie längere Texte oder nur sehr kurze eingegeben haben, können unter Umständen andere Breiten optimal sein. Sie sollten nach Speicherung der Tabelle einen Test machen, um zu prüfen, ob die Breitenangaben ausreichend sind.

7 Damit ist die Liste nun fertig. Speichern Sie die Tabelle mit *Datei/Speichern* und führen Sie sie dann in der Datenblattansicht aus, um die Liste zu testen. Wählen Sie dazu *Ansicht/Datenblattansicht* aus oder klicken Sie auf das Symbol *Ansicht* der Symbolleiste.

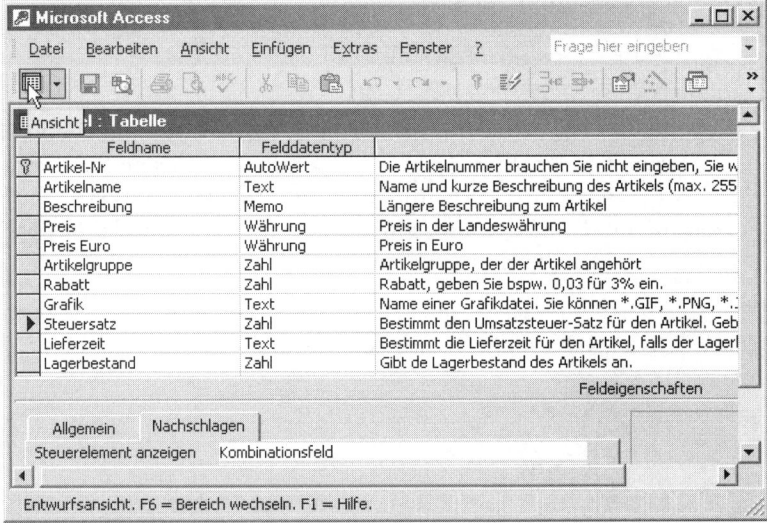

Aktivieren der Datenblattansicht

2.4 Tabellen untereinander in Beziehung setzen

Wenn Sie komplexe Access-Anwendungen entwerfen und Beziehungen nicht nur mit dem Nachschlage-Assistenten erstellen möchten, sind Sie gezwungen, sich mit dem Sinn und Zweck und den verschiedenen Typen von Beziehungen auseinander zu setzen. Die Grundlagen dazu zeigen Ihnen die folgenden Abschnitte.

Aufgabe von Beziehungen

Beziehungen dienen im Wesentlichen dazu, Datensätze aus mehreren Tabellen miteinander zu verbinden, um komplette Datenbestände zu erzeugen. Damit eine Beziehung eine solche Aufgabe übernehmen kann, muss es eine Möglichkeit geben, nicht nur die Beziehung, sondern auch die Art der Beziehung zu definieren. Das funktioniert in Access über die verschiedenen Beziehungsarten.

Access-Beziehungen bestehen aus verschiedenen Bestandteilen:

- je einem Feld der beiden beteiligten Tabellen

- der Beziehungsart, die durch die Tabellenindizes bestimmt wird

- den Eigenschaften der Beziehungen

- den Regeln zur referentiellen Integrität

Nur wenn alle diese Eigenschaften und Einstellungen der Beziehung korrekt gesetzt sind, kann sie ihre Aufgaben effizient und ohne Komplikationen erledigen.

Wichtige Begriffe rund um Beziehungen

Möchten Sie Beziehungen verstehen, müssen Sie einige Begriffe kennen, die Ihnen auch später immer wieder begegnen werden. Diese sollen hier kurz erläutert und an praktischen Beispielen vorgestellt werden.

Hinweis

Abfragen werden wie Tabellen behandelt

Wenn nachfolgend von Beziehungen zwischen Tabellen und Tabellenfeldern die Rede ist, gilt das genauso auch für Abfragen. Sie können sowohl eine Beziehung zwischen zwei Abfragen als auch zwischen einer Abfrage und einer Tabelle oder zwei Tabellen erstellen.

Haupt- und Detailtabellen

An einer Beziehung sind immer zwei Tabellen beteiligt. Diese sind in der Regel nicht gleichberechtigt. In diesem Fall gibt es eine Haupt- und eine Detailtabelle. Deren Bedeutung lässt sich am einfachsten an einem einfachen Beispiel erklären.

Nehmen Sie an, Sie verwalten Kundendaten und Aufträge wie bspw. Rechnungen und Lieferscheine. Wenn Sie dem Kunden die Aufträge über eine Kundennummer zuordnen, ist die Tabelle *Kunden* die Haupttabelle und die

Tabelle *Aufträge* zwangsläufig die Detailtabelle. Das liegt daran, dass einem Kunden zwar mehrere Aufträge zugeordnet werden können, ein Auftrag aber immer nur einem Kunden zugeordnet werden kann. Diese Beziehungen werden daher auch 1:n-Beziehungen genannt. Auf der linken Seite steht dabei die Haupttabelle, auf der rechten Seite, der n-Seite, die Detailtabelle. n ist dabei ein Platzhalter für eine unendliche Anzahl von Datensätzen, die potenziell einem Datensatz der Haupttabelle zugeordnet werden können. Die folgende Abbildung verdeutlicht diesen Zusammenhang.

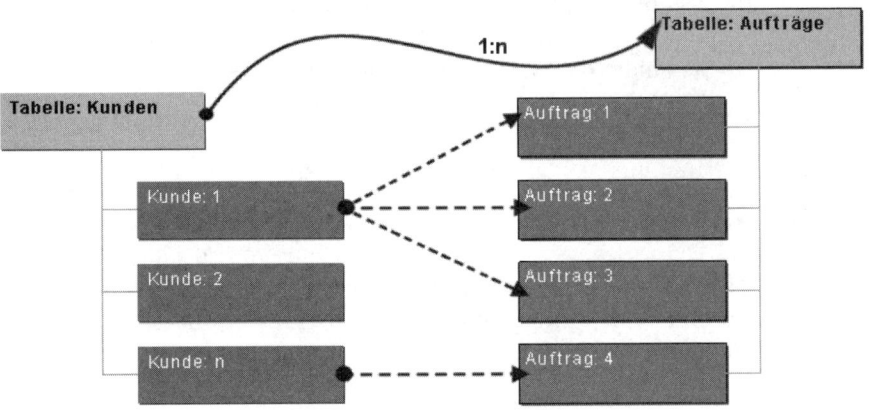

Haupt- und Detailtabelle einer 1:n-Beziehung

Der Kunde mit der Kundennummer 1 hat die Aufträge 1 bis 3 in Auftrag gegeben. Kunde n hat hingegen nur einen Auftrag, nämlich Auftrag 4 getätigt. Dem Kunden mit der Nummer 2 ist gar kein Auftrag zugeordnet.

An diesem Beispiel lässt sich schon gut erkennen, dass die Bezeichnung 1:n nicht heißt, dass jedem Datensatz der Haupttabelle mehr als ein Datensatz der Detailtabelle zugeordnet werden müssen. Vielmehr ist 1:n nur die Bezeichnung einer optimalen Beziehung zwischen den Datensätzen beider Tabellen. Denkbar ist ebenso, dass einem Datensatz der Haupttabelle kein Datensatz der Detailtabelle zugeordnet werden kann oder die Detailtabelle Datensätze enthält, die keinem Datensatz der Haupttabelle zugeordnet werden können. Das richtet sich im Einzelfall jedoch nach dem Inhalt der Tabellen.

Hinweis

Eine weitere typische 1:n-Beziehung

Auch die Beziehung zwischen den Tabellen *Artikel* und *Artikelgruppen* der Beispieldatenbank ist eine typische 1:n-Beziehung. Hier ist die Tabelle *Artikelgruppen* die Haupttabelle und *Artikel* die Detailtabelle.

Voraussetzung für eine 1:n-Beziehung ist, dass die Beziehung zwischen dem Primärschlüsselfeld der Haupttabelle und einem beliebigen Feld der Detailtabelle hergestellt wird, das nicht oder nicht eindeutig indiziert ist.

Die Alternative zu einer 1:n-Beziehung ist eine 1:1-Beziehung. Hier gibt es nur zwei gleichberechtigte Tabellen, da jedem Datensatz der beiden Tabellen maximal ein Datensatz der anderen Tabelle zugeordnet werden kann. Eine solche Beziehung liegt zum Beispiel dann vor, wenn Sie eine Tabelle *Mitarbeiter* und eine Tabelle *Sozialversicherungsdaten* erstellt haben und diese beiden über eine eindeutige Nummer – bspw. die Sozialversicherungsnummer – verknüpft haben. Solche Beziehungen setzen voraus, dass die Beziehung zwischen zwei Feldern definiert ist, die jeweils den Primärschlüssel ihrer Tabelle darstellen.

Hinweis

Die dritte Sorte Beziehungen sind n:n-Beziehungen

Neben 1:1- und 1:n-Beziehungen gibt es auch n:n-Beziehungen. Sie werden jedoch eher selten eingesetzt, weil es eigentlich kaum sinnvolle Einsatzmöglichkeiten dafür gibt. n:n-Beziehungen entstehen, wenn Sie eine Beziehung zwischen zwei Feldern herstellen, die nicht oder nicht eindeutig indiziert sind.

Die Bezeichnungen Haupt- und Detailtabelle wurden in den vorherigen Versionen auch von Access verwendet. Seit Access 2002 ist das jedoch nicht mehr der Fall. Hier wird die Haupttabelle als "Tabelle oder Abfrage" bezeichnet und die Detailtabelle als "verwandte Tabelle oder Abfrage". Da die Bezeichnungen Haupt- und Detailtabelle jedoch wesentlich aussagekräftiger sind, werden sie auch für die folgenden Kapitel beibehalten.

Referentielle Integrität

Der Begriff "referentielle Integrität" bezeichnet Regeln, die bestimmen, in welcher Weise Access mit Datensätzen verfährt, die nicht einem Datensatz der zweiten Tabelle zugeordnet werden können. Bei einfacher referentieller Integrität gibt Access nur Meldungen aus, wenn Datensätze der beiden Tabellen nicht zugeordnet werden können. Sie können darüber hinaus jedoch auch eine Lösch- und eine Aktualisierungsweitergabe definieren.

Bei einer aktivierten Löschweitergabe werden die Detaildatensätze der Beziehung gelöscht, sobald der zugehörige Datensatz der Haupttabelle gelöscht wird. Ähnliches gilt für eine aktivierte Aktualisierungsweitergabe. Sie sorgt dafür, dass bestimmte Änderungen an einem Datensatz der Haupttabelle auch an die Detaildatensätze weitergegeben werden.

Hinweis

Referentielle Integrität bietet nicht nur Vorteile!

Bevor Sie referentielle Integrität aktivieren, sollten Sie sich das sehr genau überlegen. Bei der Eingabe und der Verwaltung der Datensätze kann das zu Problemen führen. Beispielsweise ist es dann nicht möglich, zuerst die Datensätze der Detailtabelle einzugeben, weil Access dann meldet, dass der Datensatz nicht gespeichert werden kann, weil in der Haupttabelle kein passender Datensatz existiert.

Daten organisieren mit Beziehungen

Wenn Sie Beziehungen richtig einsetzen, können sie helfen, Daten zu organisieren, und zwar dadurch, dass die Daten in kleinere, aber überschaubare Häppchen aufteilt und über Beziehungen verknüpft werden. Das Ergebnis der Verknüpfung ist jedoch abhängig vom gewählten Beziehungstyp. Ob Sie eine 1:n- oder 1:1-Beziehung erstellen, hängt, wie bereits beschrieben, davon ab, wie die Felder indiziert sind, zwischen denen Sie die Beziehung erstellen.

Daneben gibt es jedoch noch weitere Einstellungen zu Beziehungen, die Ergebnisse beeinflussen. In Access 2000 und früher wurden diese Beziehungstypen mit Inner- und Outer-Join bezeichnet. Darunter ist die Art und Weise zu verstehen, wie die Datensätze behandelt werden, zu denen in der jeweils anderen Tabelle kein Datensatz existiert, bspw. Kunden, die noch keinen Auftrag gegeben haben.

In Access 2002 werden die Bezeichnungen Inner- und Outer-Join nicht mehr verwendet. Stattdessen werden diese Eigenschaften umschrieben. Allerdings müssen diese Verknüpfungseigenschaften ja irgendwie kenntlich gemacht werden, weshalb auch weiterhin diese Bezeichnungen verwendet werden. Sie entsprechen nämlich auch den SQL-Befehlen für solche Beziehungen.

Wenn Sie in Access die Verknüpfungseigenschaften festlegen, zeigt Access den folgenden Dialog an.

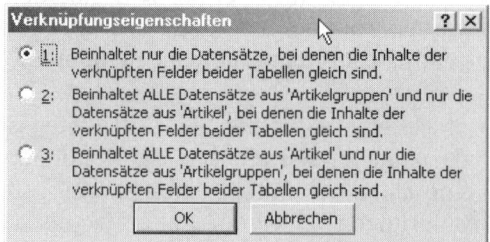

Darstellung der Verknüpfungseigenschaften in Access

Die Verknüpfungstypen werden hier nummeriert dargestellt. Die Option *1* entspricht der Inner-Join-Verknüpfung. Bei einer solchen Verknüpfung sind nur die Datensätze von Haupt- und Detailtabelle Bestandteil der Ergebnismenge, für die es in der jeweils anderen Tabelle einen entsprechenden Datensatz gibt. Im Beispiel mit den Kunden und Aufträgen würden also nur Kunden in der Ergebnismenge auftauchen, für die es einen Auftrag gibt.

Option *2* stellt eine linksseitige Outer-Join-Verknüpfung dar. Dabei werden zwar alle Datensätze der Haupttabelle angezeigt, auch wenn es dazu keine Detaildatensätze gibt, die Detaildatensätze, zu denen es keine Datensätze in der Haupttabelle gibt, werden jedoch nicht in die Ergebnismenge eingefügt. In unserem Beispiel mit den Tabellen *Artikel* und *Artikelgruppen* ist *Artikelgruppen* die Haupttabelle und *Artikel* die Detailtabelle der Beziehung.

Bei einer linksseitigen Outer-Join-Verknüpfung bedeutet dies, dass die Ergebnisdatensatzmenge alle Artikelgruppen enthält, auch die, zu denen es noch keine Artikel gibt. Wenn es jedoch Artikel gibt, die keiner Artikelgruppe zugeordnet sind, werden diese nicht angezeigt.

Bei Option *3* handelt es sich um eine rechtsseitige Outer-Join-Verknüpfung. Eine solche Verknüpfung erfasst alle Datensätze der Detailtabelle, aber nur die Datensätze der Haupttabelle, zu denen Detaildatensätze bestehen. Für das Beispiel Artikel-Artikelgruppen bedeutet dies, dass alle Artikel angezeigt werden, auch wenn sie keiner Artikelgruppe zugeordnet sind. Wenn es jedoch Artikelgruppen ohne Artikel gibt, werden die nicht angezeigt.

> **Hinweis**
>
> **Rechtsseitige und linksseitige Verknüpfung unterscheiden**
>
> Vor allem am Anfang ist es immer schwierig, die Begriffe linksseitige und rechtsseitige Outer-Join-Verknüpfung und die Inner-Join-Verknüpfung zu unterscheiden und korrekt zuzuordnen. Dabei hilft Ihnen vielleicht folgende Eselsbrücke. Ordnen Sie die beiden Tabellen der Beziehung gedanklich nebeneinander an, und zwar so, dass die Haupttabelle links und die Detailtabelle rechts steht. Outer-Join bedeutet nun, dass bestimmte Datensätze einer Tabelle ausgeschlossen werden. Bei einer linksseitigen Verknüpfung werden aus der linken Tabelle (also die Haupttabelle) alle, aus der anderen Tabelle nur bestimmte Datensätze angezeigt. Bei einer rechtsseitigen Outer-Join-Verknüpfung werden alle Datensätze der rechten Tabelle (Detailtabelle) angezeigt. Für die Inner-Join-Verknüpfung bleibt dann also nur noch übrig, dass aus beiden Tabellen nur die Datensätze angezeigt werden, die eine Entsprechung in der anderen Tabelle haben.

Voraussetzungen für Beziehungen

An jeder Beziehung sind immer zwei Felder beteiligt. Wichtig ist dabei, dass beide Felder den gleichen Felddatentyp haben müssen. Sie können also nicht eine Beziehungen zwischen einem Textfeld und einem Feld des Typs Auto-Wert erstellen. Das geht selbst dann nicht, wenn das Textfeld nur ganze numerische Werte enthält.

Die einzige Ausnahme von dieser Regel stellt eine Beziehung dar, an der ein AutoWert-Feld beteiligt ist. Hier kann das Feld der zweiten Tabelle wahlweise vom Typ AutoWert oder Zahl sein. Bei einem Feld des Typs Zahl ist jedoch die Feldgröße *Long Integer* erforderlich.

Beziehungen manuell erstellen und anpassen

Wenn Sie eine Beziehung erstellen oder eine vorhandene anpassen möchten, müssen Sie dazu das Beziehungsfenster von Access verwenden. Beziehungen sind nämlich die einzigen Datenbankobjekte, die Sie nicht über das Datenbankfenster verwalten können. Speichern Sie zuvor alle Tabellen, die in der Entwurfsansicht geöffnet sind, damit Änderungen an den Tabellen auch in den Beziehungen berücksichtigt werden.

Das Beziehungsfenster öffnen und bearbeiten

Um das Beziehungsfenster zu öffnen, wählen Sie *Extras/Beziehungen* aus. Access zeigt dann ein Fenster an, in dem alle aktuell definierten Beziehungen angezeigt werden. Sie können diese Fenster vergrößern und verkleinern, indem Sie an den Rändern des Fensters oder an der Ecke ziehen.

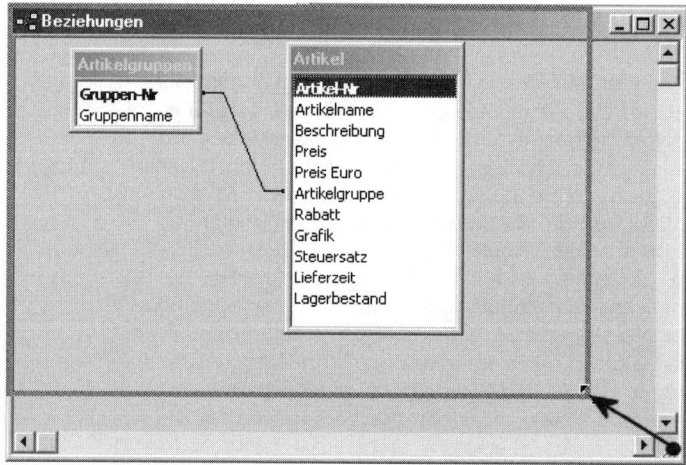

Verkleinern des Fensters

Außerdem können Sie natürlich auch die Tabellen und Abfragen im Beziehungsfenster anders anordnen und ebenso verkleinern und vergrößern. Um deren Größe zu ändern, ziehen Sie auch hier an den Fensterrändern. Zum Verschieben klicken Sie auf den Titel der Tabelle und ziehen die Tabelle mit der Maus an die Seite.

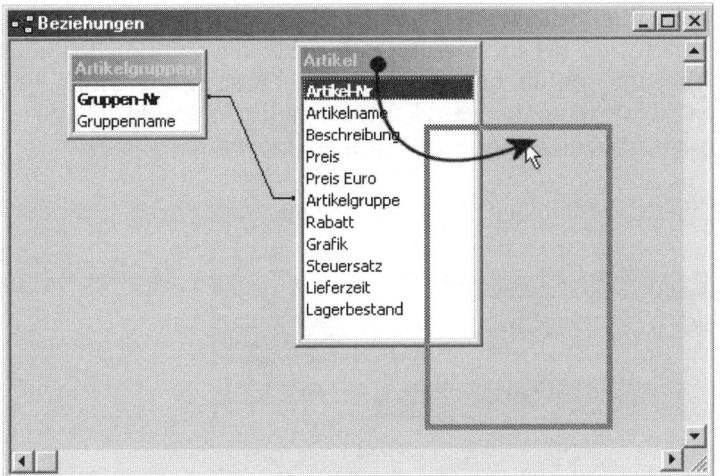

Verschieben von Tabellen im Beziehungsfenster

Tabellen hinzufügen

Wenn Sie eine Beziehung erstellen möchten, müssen beide Tabellen, die an der Beziehung beteiligt sind, im Beziehungsfenster angezeigt werden. Wenn Sie nicht gerade schon eine Beziehung mit dem Nachschlage-Assistenten erstellt haben, ist das Beziehungsfenster zunächst leer. Sie müssen also nun beide Tabellen hinzufügen. Zum Hinzufügen von Tabellen zum Beziehungsfenster gibt es drei Möglichkeiten:

1 Öffnen Sie das Kontextmenü des Beziehungsfensters, indem Sie mit der rechten Maus auf eine freie Fläche im Fenster klicken. Wählen Sie anschließend den Eintrag *Tabelle anzeigen* aus.

2 Wählen Sie aus dem Menü *Beziehungen/Tabelle anzeigen* aus.

3 Klicken Sie auf das Symbol *Tabelle* anzeigen in der Symbolleiste.

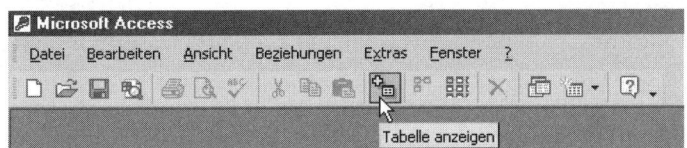

Hinzufügen einer Tabelle über die Symbolleiste

In allen drei Fällen zeigt Access nun ein Fenster an. Es enthält die Register-karten *Tabellen*, *Abfragen* und *Beide*. Standardmäßig ist die Registerkarte *Tabellen* aktiviert. Hier werden die Tabellen der Datenbank angezeigt.

Wenn Sie die Registerkarte *Abfragen* aktivieren, bekommen Sie die Abfragen aufgelistet, und bei Aktivierung von *Beide* sowohl Tabellen als auch Abfra-gen. Hier müssen Sie nun nur noch die Tabellen oder Abfragen auswählen. Halten Sie die dazu die (Umschalt)-Taste gedrückt und klicken Sie die Tabellen und/oder Abfrage an, die Sie auswählen möchten.

Anschließend schließen Sie den Dialog mit *Hinzufügen*.

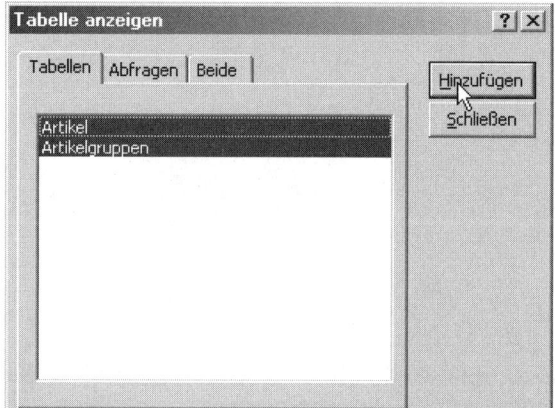

Auswählen der Tabellen

Der Dialog wird beim Klicken auf *Hinzufügen* nicht automatisch geschlossen. Das müssen Sie im Anschluss somit zusätzlich über die *Schließen*-Schaltfläche erledigen.

Beziehung erstellen

Wenn Sie die beiden Tabellen hinzugefügt haben, können Sie anschließend die Beziehung per Drag & Drop erstellen. Dazu müssen Sie jedoch zuerst si-cherstellen, dass in beiden Tabellen die Felder sichtbar sind, die an der Be-ziehung beteiligt sein sollen.

Dazu können Sie die Anzeige der Tabellen vergrößern, indem Sie am unteren Rand ziehen.

Wenn die benötigten Felder sichtbar sind, ziehen Sie einfach das Feld der ei-nen Tabelle auf das Feld der anderen Tabelle.

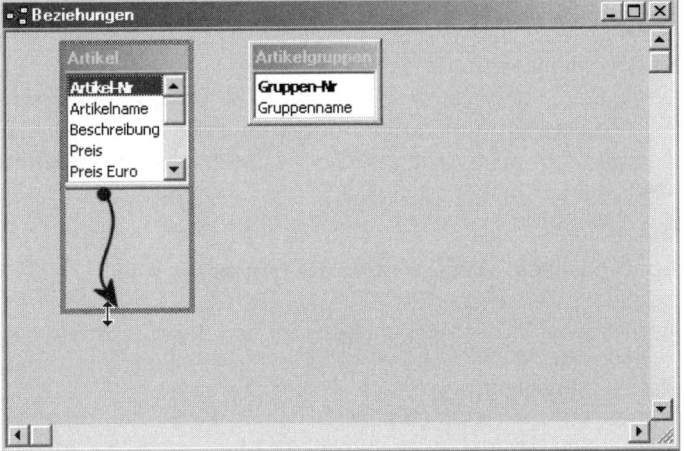

Vergrößern der Tabellenanzeige

┌─── Hinweis

Erstellen einer 1:1- bzw. 1:n-Beziehung

An einer 1:1- bzw. 1:n-Beziehung ist immer mindestens ein Primärschlüssel beteiligt. Felder, die Primärschlüssel der Tabelle sind, werden fett dargestellt. Für eine 1:1-Beziehung ziehen Sie das Primärschlüsselfeld der einen Tabelle auf das der anderen Tabelle. Für eine 1:n-Beziehung ziehen Sie den Primärschlüssel der einen Tabelle
auf ein beliebiges nicht oder nicht eindeutig indiziertes Feld der
zweiten Tabelle.

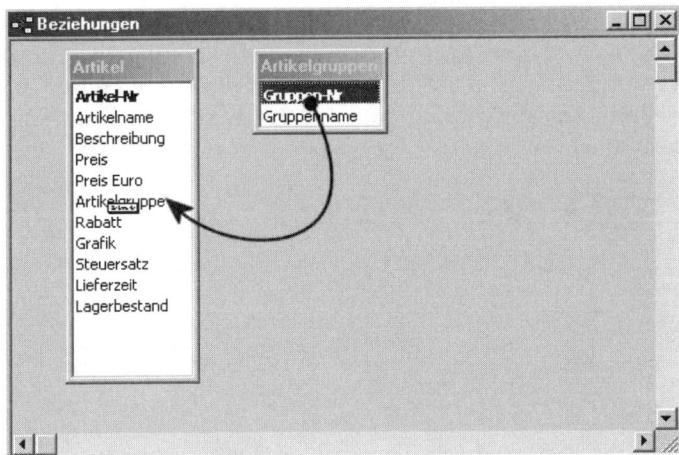

Erstellen der Beziehung per Drag & Drop

Eigenschaften der Beziehung festlegen

Damit ist die Beziehung nun schon fast erstellt. Access zeigt nun aber noch einen Dialog an, in dem Sie die referentielle Integrität der Beziehung einstellen können. Außerdem können Sie dort die Verknüpfungseigenschaften einstellen und den von Access vorgeschlagenen Beziehungstyp kontrollieren.

Hinweis

Beim Beziehungstyp macht Access niemals Fehler

Wenn Access einen falschen Beziehungstyp, bspw. n:n statt 1:n, anzeigt, ist dies kein Irrtum von Access. Access berechnet den Beziehungstyp nämlich immer anhand der *Indiziert*-Eigenschaft der beteiligten Felder. Sollte die Beziehung also falsch angezeigt werden, liegt das entweder daran, dass Sie die falschen Felder für die Beziehung ausgewählt oder diese Felder falsch indiziert haben.

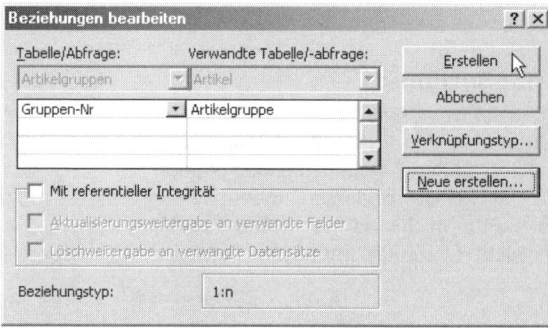

Bestätigen der Beziehung

Klicken Sie auf *Erstellen*, erzeugt Access die Beziehung zwischen den beiden Tabellen und speichert sie. Jede Beziehung wird durch eine Linie zwischen den Tabellen dargestellt. Diese können Sie anklicken, wenn Sie Einstellungen ändern möchten.

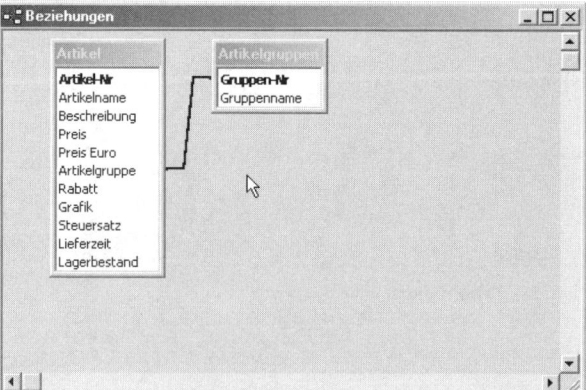

Darstellung der erzeugten Beziehung

Beziehungen anpassen und ändern

Möchten Sie eine vorhandene Beziehung anpassen, um beispielsweise den Verknüpfungstyp festzulegen, müssen Sie das Fenster mit den Eigenschaften der Beziehung wieder öffnen. Dazu klicken Sie mit der rechten Maustaste auf die Linie, die die Beziehung darstellt. Sie können dann aus dem sich öffnenden Kontextmenü den Eintrag *Beziehung bearbeiten* auswählen.

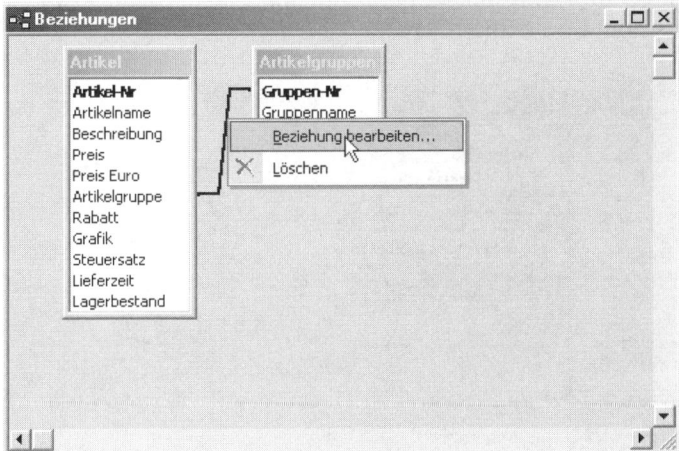

Bearbeiten einer Beziehung einleiten

Access öffnet dann den Dialog, den Sie schon vom Erzeugen der Beziehung her kennen. Hier können Sie nun die Einstellungen der Beziehung anpassen und bspw. einen anderen Verknüpfungstyp festlegen. Klicken Sie dazu auf die Schaltfläche *Verknüpfungstyp*. Wählen Sie nun den Verknüpfungstyp aus, indem Sie die gewünschte Option anklicken.

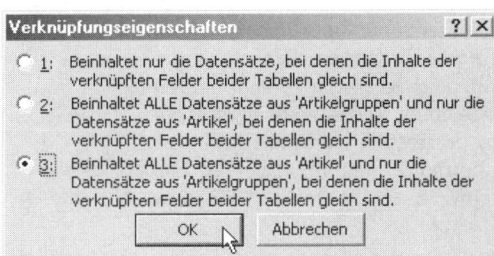

Auswählen des Verknüpfungstyps

Hinweis

Erläuterungen zu den Verknüpfungstypen

Genauere Informationen zu den Verknüpfungstypen und deren Bedeutung finden Sie ab Seite 74.

Nach Auswahl des Verknüpfungstyps können Sie den Dialog mit *OK* schließen. Damit haben Sie den Verknüpfungstyp definiert und können nun auch den Dialog *Beziehungen bearbeiten* mit *OK* schließen.

Beziehungen löschen

Ähnlich einfach können Sie auch Beziehungen löschen. Dazu klicken Sie wieder die Beziehung mit der rechten Maustaste an und wählen dann *Löschen* aus dem Kontextmenü aus.

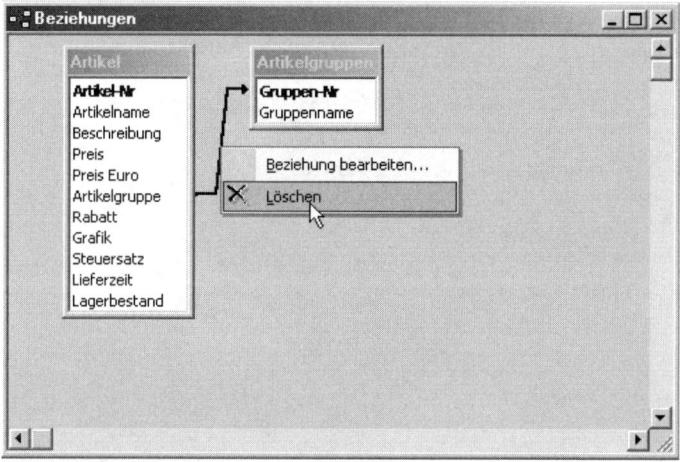

Löschen einer Beziehung

Hinweis

Access stellt Verknüpfungstypen durch unterschiedliche Linien dar

Wenn Sie die Verknüpfungseigenschaften von Inner-Join auf eine Outer-Join-Verknüpfung einstellen, zeigt Access dies durch eine geänderte Linie im Beziehungsfenster an. Outer-Join-Verknüpfungen werden mit einer Pfeilspitze gekennzeichnet. Diese zeigt immer auf die Tabelle, aus der alle Datensätze dargestellt werden. Eine Inner-Join-Verknüpfung wird durch eine normale Linie mit zwei Verbindungspunkten an den Enden angezeigt.

Beziehungsfenster schließen

Wenn Sie alle Beziehungen erstellt oder Ihre Bearbeitung abgeschlossen haben, speichern Sie die Einstellungen einfach, indem Sie das Beziehungsfenster schließen.

Schließen des Beziehungsfensters

Access fragt dann unter Umständen, ob Änderungen am Layout gespeichert werden sollen. Bestätigen Sie diese Meldung mit *Ja*.

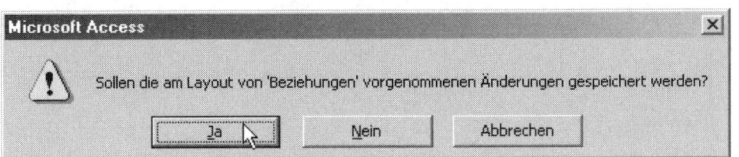

Bestätigen der Speicherungen des Layouts

Hinweis

Das Layout stellt nicht die Beziehungen dar

Das Layout betrifft nur die Darstellung der Beziehungen im Beziehungsfenster bspw. die Positionierung und Größe der Tabellen im Fenster. Wenn Sie bspw. neue Tabellen hinzufügen oder anders platzieren, ändern Sie damit das Layout der Seite. Diese Änderungen speichern Sie mit Klicken auf *OK*. Die Beziehungen selbst und deren Eigenschaften werden jedoch schon gespeichert, nachdem Sie das Fenster *Beziehungen bearbeiten* geschlossen haben.

Die Beziehung Artikel-Artikelgruppe optimieren

Wenn Sie die vorstehenden Ausführungen verfolgt haben, werden Sie bemerkt haben, dass sich an der Artikeldatenbank noch etwas verbessern lässt. Sie sollten die Beziehung ändern und eine rechtsseitige Outer-Join-Verknüpfung einstellen. Das sorgt dafür, dass in Abfragen, die diese Beziehung verwenden, wirklich alle Datensätze der Tabelle *Artikel* angezeigt werden. Gehen Sie dazu wie folgt vor:

1 Öffnen Sie das Beziehungsfenster über *Extras/Beziehungen*.

2 Klicken Sie die Beziehung zwischen den beiden Tabellen *Artikel* und *Artikelgruppen* mit der rechten Maustaste an.

3 Wählen Sie aus dem Kontextmenü *Beziehung bearbeiten* aus.

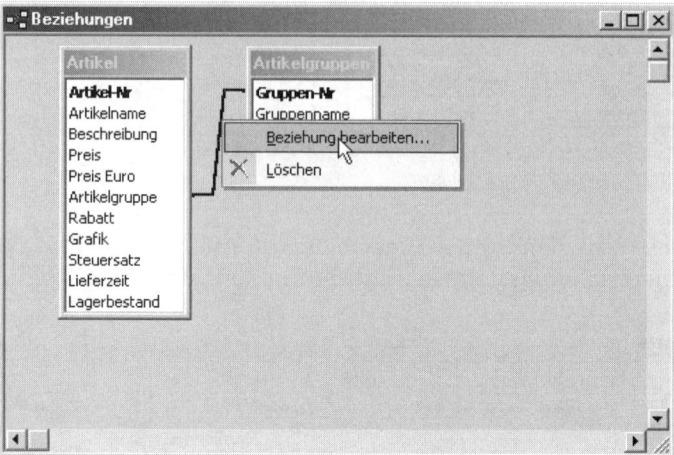

Bearbeiten einer Beziehung einleiten

4 Klicken Sie auf *Verknüpfungstyp* und aktivieren Sie in dem nun eingeblendeten Dialog die Option *3*.

5 Schließen Sie beide Dialoge mit *OK*.

6 Schließen Sie das Beziehungsfenster über die *Schließen*-Schaltfläche des
Fensters.

Schließen des Beziehungsfensters

2.5 Komplexe Datenbanken planen und erstellen

Wie Sie einfache Datenbanken erstellen, wissen Sie nun bereits. Allerdings
kommt es eher selten vor, dass eine Datenbank aus nur zwei Tabellen besteht und die dazu noch so übersichtlich sind. Was Sie beim Planen und
Erstellen größerer Datenbanken beachten sollten, zeigen die folgenden Abschnitte. Sie erfahren hier außerdem Details zu den Felddatentypen und
Feldgrößen, die Sie in Tabellen einsetzen können.

Fehlerquellen vermeiden

Damit Sie Fehler beim Datenbankdesign vermeiden können, müssen Sie zunächst einmal wissen, welche Fehlerquellen es gibt. Vor allem, wenn Sie vorhandene Datenbestände in eine Access-Datenbank übernehmen möchten, haben Sie mit diesen Fehlerquellen zu kämpfen.

Das Ziel beim Verwalten von Datenbanken ist immer, die Daten so zu verwalten, dass sie

- möglichst wenig Speicherplatz benötigen,

- immer korrekt und eindeutig sind und

- der Zugriff zügig und unkompliziert erfolgen kann.

Ergebnis bei der Verwirklichung dieser Ziele ist eine Datenbank, die konsistente und redundanzfreie Daten enthält.

Vermeidung inkonsistenter Datenbestände

Bei inkonsistenten Datenbeständen handelt es sich um Daten, die nicht eindeutig sind. Das kann passieren, wenn Werte doppelt gespeichert und nicht überall gleichmäßig aktualisiert werden. Nehmen Sie an, Sie speichern Kundenadressen und Aufträge. Aber sowohl die Kundentabelle als auch die Auftragstabelle speichern den Namen des Kunden. In diesem Fall kann es zu inkonsistenten Datenbeständen kommen, wenn sich der Name eines Kunden ändert, weil die Firma umbenannt wird, oder der Kunde vielleicht heiratet. Wenn Sie dann die Kundentabelle aktualisieren, nicht aber alle Aufträge, enthalten die Aufträge noch den alten Namen und die Kundentabelle den neuen. Das führt spätestens beim Auswerten der Daten zu Problemen, weil dem Kunden nicht mehr die Aufträge zugeordnet oder bspw. Mahnungen, die aus der Auftragstabelle erzeugt werden, nicht mehr an die richtige Anschrift adressiert werden können.

Sie vermeiden inkonsistente Daten dadurch, dass Sie die doppelte Speicherung von Daten vermeiden. Sie sollten bspw. die Namen der Kunden nicht mit den Aufträgen speichern, sondern nur eine Kundennummer, die den Primärschlüssel der Adresstabelle darstellt. Dann sind Ihre Auftragsdaten immer aktuell, wenn Sie die Adresse in der Adresstabelle ändern.

Redundanzfreie Datenspeicherung

Der erste Weg zu einem konsistenten Datenbestand ist die Sicherstellung einer redundanzfreien Datenspeicherung. Als redundant werden Daten gespeichert, die an mehreren Stellen in der Datenbank gespeichert werden. Sie sind häufig die Ursache für inkonsistente Daten.

Für die redundanzfreie Speicherung von Daten sind kleine Tabellen notwendig, die über Beziehungen verbunden sind. Zum Beispiel können Sie in einer Tabelle die reinen Adressen, in einer weiteren die persönlichen Daten und in einer dritten die Kontodaten Ihrer Mitarbeiter speichern und diese über eine eindeutige Nummer wie die Personalnummer miteinander verknüpfen. Dann werden alle Daten nur einmal gespeichert und Inkonsistenzen vermieden.

Normalisierung

Der Weg zu redundanzfreien Daten führt über die Normalisierung. Damit ist ein Verfahren gemeint, das aus einfachen Tabellen eine relationale, redundanzfreie Datenbank erzeugt. Die Vorgehensweise ist im Prinzip ganz einfach und wird nachfolgend an einem Beispiel gezeigt. Access bietet jedoch auch einige Assistenten, die Sie nutzen können, um die Normalisierung durchzuführen. Allerdings erfordert auch die Nutzung des Assistenten, dass Sie das Prinzip und das Ziel der Normalisierung verstanden haben. Der Assistent wird im Kapitel „Access-Dienstprogramme richtig nutzen" beschrieben.

Nehmen Sie an, Sie möchten wirklich Mitarbeiterdaten speichern und diese Daten sollen folgende Informationen enthalten:

- Name und Anschrift

- Sozialversicherungsdaten

- Bankverbindung

- Arbeitszeitdaten

Eine einfache Tabelle könnte dann wie in folgender Abbildung aussehen.

Personal-nummer	Nachname	Vorname	Straße	PLZ	Ort	BLZ	Bank	Konto	Familien-stand	Geschlecht	Religion	Steuer-Nummer	Sozialvers-nummer	Kranken-kasse	Arbeitszeit	Schicht
...	...	...	...	...	...				...	...	...	...	...	...	...	...

Darstellung der Tabelle

In dieser Tabelle werden einfach nur alle benötigten Spalten angeordnet. Allerdings ist dies sicherlich die schlechteste Möglichkeit, Daten zu speichern, und zwar deshalb, weil zu jedem Datensatz sowohl die PLZ als auch der Ort gespeichert werden müssen, obwohl die PLZ den Ort eigentlich eindeutig identifiziert. Außerdem lässt sich eine Bank auch über die BLZ eindeutig ermitteln, und nur die Kontonummer und eine Banknummer müssten eigentlich in der Tabelle gespeichert werden.

Die Arbeitszeit ergibt sich eigentlich auch automatisch aus der Schicht und müsste daher nicht zusätzlich zur Schicht gespeichert werden. Damit haben Sie schon einige Optimierungsmöglichkeiten ermittelt. Bei der Normalisierung führen Sie diese Optimierungen einfach in einer logischen Reihenfolge durch. In der Regel erfolgt die Normalisierung in zwei bis drei Schritten.

Im ersten Schritt werden die Daten nur nach inhaltlichen und logischen Gesichtspunkten getrennt. Im Beispiel ist es sinnvoll, zunächst die Adressdaten von den Bankverbindungen, den Sozialversicherungs- und Schichtdaten zu trennen und diese in getrennten Tabellen zu speichern. Die Identifizierung der Daten erfolgt dabei immer über die Personalnummer, die als eindeutiger Schlüssel dazu geeignet ist.

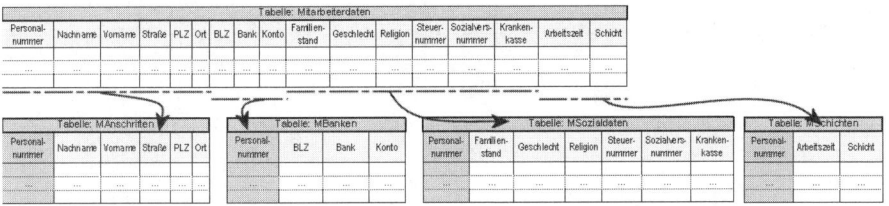

Aufteilen der Tabelle in mehrere kleinere Tabellen

Im nächsten Schritt können dann Redundanzen entfernt werden. Das geschieht dadurch, dass Sie die Spalten in den einzelnen Tabellen ermitteln, die redundante Daten verursachen. In der Tabelle *MAnschriften* sind dies die Felder *PLZ* und *Ort*. Sie können in einer separaten Tabelle gespeichert und über einen Primärschlüssel verbunden werden. Als Primärschlüssel kann in diesem Fall *PLZ* dienen.

Ähnliches gilt für die Tabelle mit den Bankverbindungen. Hier verhindert das Feld *Konto* die Optimierung. Daher sollte auch diese Tabelle geteilt werden. In der Tabelle *MSozialdaten* gibt es eigentlich nichts, was notwendigerweise zu ändern wäre. Ob es hier sinnvoll ist, den Familienstand und das Geschlecht noch in einzelnen Tabellen zu speichern, ist im Prinzip eine reine Geschmacksfrage.

Bei sehr vielen Datensätzen kann es vorteilhaft sein. In kleineren Datenbeständen ist der Unterschied jedoch nicht zu merken. Die Tabelle *MSchichten* ist extrem ungünstig in ihrem aktuellen Zustand, weil hier die Personalnummer nicht die Datensätze der Tabelle identifizieren kann und daher hier der Primärschlüssel die Redundanzen verursacht. Hier ist es also notwendig, die Tabelle mit einem neuen Primärschlüssel zu versehen und diesen als zusätzliches Feld in einer der anderen Tabellen zu speichern.

Das Ergebnis dieser Maßnahmen zeigen die folgenden Abbildungen.

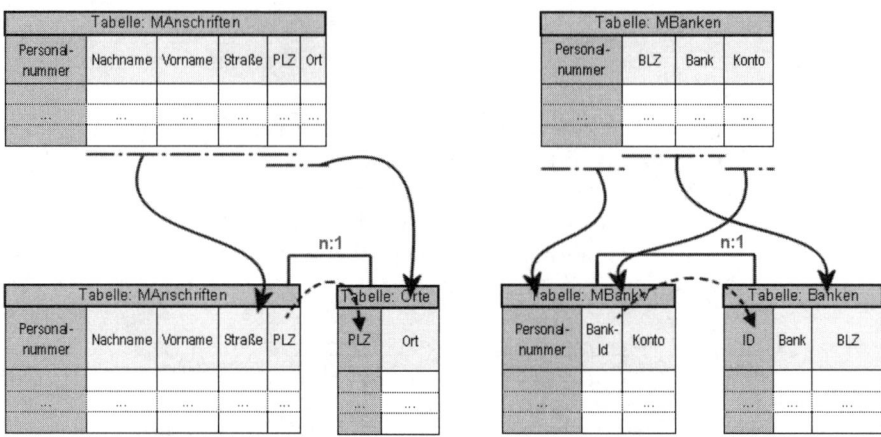

Aufteilen der Tabellen MAnschriften und MBanken zur Vermeidung von Redundanzen

Hinweis

Die gestrichtelten Pfeile stellen mögliche Nachschlagelisten dar

In dieser und den folgenden Abbildungen finden Sie gestrichelte Pfeile. Diese stellen Beziehungen zwischen Tabellen dar, die als Nachschlagelisten realisiert werden können, aber nicht müssen. Sie können stattdessen auch einfache Beziehungen zwischen den Tabellen erstellen.

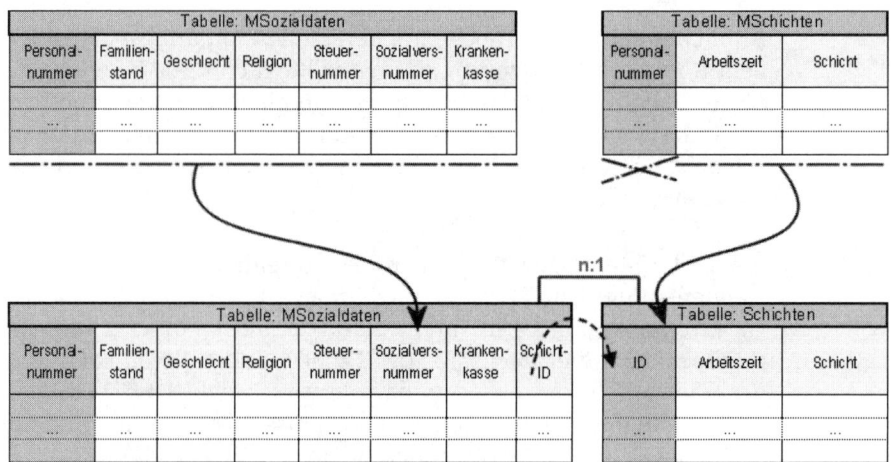

Aufteilen der Tabellen MSozialdaten und Schichten

Damit haben Sie im Prinzip die Normalisierung abgeschlossen. In sehr großen Datenbanken kann es nun notwendig sein, noch weitere Redundanzen zu entfernen. In diesem Beispiel liegt aber nun eine optimale Datenstruktur vor.

Datenbankentwurf in der Praxis

Wie Sie am vorstehenden Beispiel zur Normalisierung schon gesehen haben, ist die Planung einer Datenbank eigentlich nicht schwer. Sie vollzieht sich in drei wesentlichen Schritten.

1 Feststellen der Anforderungen an die Datenbank

2 Ermitteln der benötigten Tabellenfelder

3 Normalisierung und Optimierung der Datenbank

Die ersten beiden Schritte haben Sie bereits ausführlich am Kapitelanfang kennen gelernt. Der dritte besteht dann aus der zuvor dargestellten Normalisierung. Wenn Sie grundsätzlich so vorgehen, stellen Sie damit sicher, dass ihre Datenbank redundanzfrei ist und konsistente Datenbestände verwaltet.

Hilfsmittel zum Datenbankentwurf

Der Entwurf von Datenbanken ist nicht sonderlich kompliziert, kann jedoch bei größeren und komplexeren Datenbanken etwas aufwendiger sein. Wenn Sie größere Projekte planen oder regelmäßig Datenbanken entwickeln, sollten Sie daher in Erwägung ziehen, professionelle Tools zum Datenbankentwurf zu verwenden. Zum Beispiel bieten Microsoft Visio 2000 und auch Visio 5.0 die Möglichkeit, nicht nur Datenbanken zu planen und grafisch darzustellen, sondern auch später die komplette Datenbank zu analysieren und zu dokumentieren. Details zu diesen Möglichkeiten zeigt das Kapitel „Hilfreiche Tools beim Datenbankentwurf und der Dokumentation".

Außerdem können Sie ER-Diagramme verwenden, um die Zusammenhänge in der Datenbank grafisch darzustellen.

ER-Diagramme

ER-Diagramme sind **E**ntity-**R**elationship-Diagramme. Dabei handelt es sich um spezielle Diagramme, die dazu dienen, Tabellen (die Entities) und die dazwischen bestehenden Beziehungen (Relations) darzustellen. Tabellen werden dabei als Rechtecke und Beziehungen als Rauten dargestellt, die entsprechend über Linien verbunden werden. Abhängig von der gewählten Notation ist jedoch auch eine andere Darstellungsweise möglich. In der Abbildung werden die Beziehungen bspw. durch Pfeile und die Tabellen mit den enthaltenen Feldern im Detail dargestellt. Für das Beispiel, an dem eben die Normalisierung demonstriert wurde, sieht ein solches ER-Diagramm bspw. folgendermaßen aus:

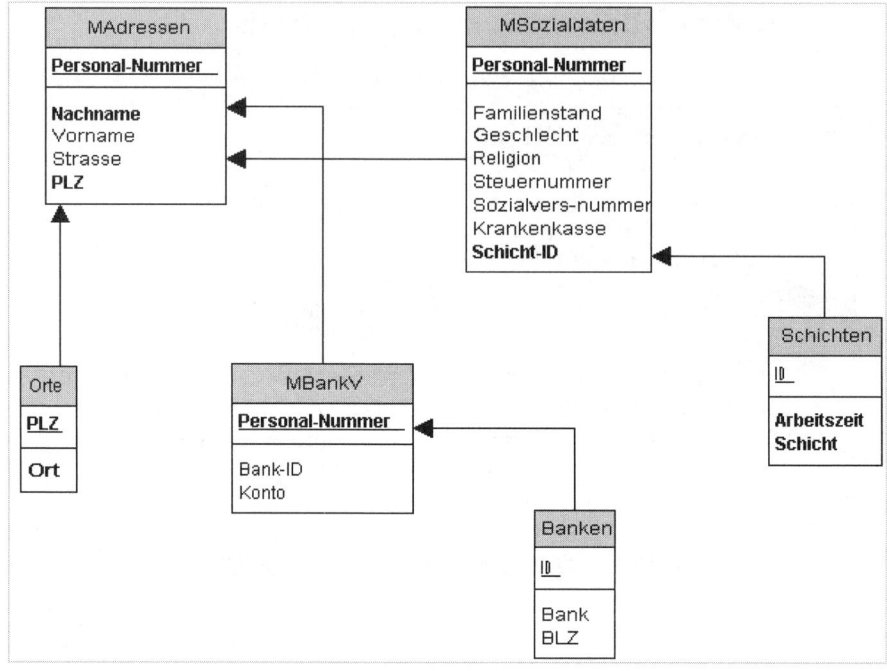

ER-Diagramm für die Mitarbeiterdaten

Bedeutung von Felddatentypen

Es nützt natürlich nicht viel, wenn Sie die Tabellen ordentlich aufbauen und planen, wenn Sie dann die Feldeigenschaften der Tabellenfelder nicht optimal setzen. Wenn Sie für die Speicherung einer PLZ statt der notwendigen sieben Zeichen 255 vorsehen, können Sie sich ausrechnen, wie viel Platz Sie verschwenden.

Daher soll an dieser Stelle auf einige wichtige Feldeigenschaften und Einstellungen näher eingegangen werden. Einiges haben Sie davon schon kennen gelernt, viele der nachfolgend erläuterten Einstellungen kamen jedoch auch noch nicht zum Einsatz, weil sie für die erstellten Tabellen nicht passen oder erforderlich waren.

Hinweis

Feldeigenschaften werden immer in der Entwurfsansicht eingestellt

Alles, was Sie nachfolgend zu den Feldeigenschaften von Tabellen erfahren, gilt natürlich für die Entwurfsansicht von Tabellen. Nur dort können Sie Feldeigenschaften explizit festlegen.

Felddatentypen

Der Felddatentyp legt zunächst einmal fest, welche Art von Daten im Feld gespeichert werden können. Abhängig vom Felddatentyp können Sie dann die Feldgröße oder das Format des Felds einstellen. In der folgenden Tabelle finden Sie die verfügbaren Felddatentypen mit Anwendungsmöglichkeiten aufgelistet.

Datentyp	Verwendung	Größe
Text	Text oder eine Kombination aus Text und Zahlen, z. B. Adressen. Auch Zahlen, die keine Berechnungen erfordern, z. B. Telefonnummern, Teilenummern oder Postleitzahlen. Für Texte, bei denen die Möglichkeit besteht, dass sie länger als 255 Zeichen sind, sollten Sie das Memo-Format verwenden.	Max. 255 Zeichen
Memo	Diese Format dient zur Speicherung längerer Texte und Zahlen, z. B. Anmerkungen und Beschreibungen. Problematisch kann jedoch die Anpassung von Memo-Feldern in Abfragen werden. Sie sollten sie daher nur dann einsetzen, wenn Sie mit Textfeldern nicht auskommen.	Max. 64.000 Zeichen
Zahl	Numerische Daten für mathematische Berechnungen Legen Sie die Feldgröße-Eigenschaft fest, um den spezifischen Zahlentyp zu definieren.	1, 2, 4 oder 8 Byte. 16 Byte nur für Replikations-ID (GUID). Die tatsächliche Größe ist abhängig von der gewählten Feldgröße.
Datum/Uhrzeit	Datums- und Zeitangaben. Über die weiteren Einstellungen des Felds können Sie genau festlegen, ob eine Uhrzeit, ein Datum oder beides angezeigt werden soll und in welcher Form.	8 Byte
Währung	Währungswerte. Verwenden Sie den Datentyp Währung, um ein Abrunden bei Berechnungen zu verhindern. Zahlen im Währungsformat werden auf 15 Stellen links und auf vier Stellen rechts des Dezimalkommas genau berechnet. Zudem haben Sie die Möglichkeit, über das Feldformat die Währung festzulegen, bspw. DM, $ oder Euro.	8 Byte
AutoWert	Eindeutige sequenzielle (jeweils um 1 ansteigende) Zahlen oder Zufallszahlen, die beim Hinzufügen eines Datensatzes eingefügt werden.	4 Byte. 16 Byte nur für Replikations-ID (GUID).
Ja/Nein	Felder enthalten nur einen von zwei Werten, z. B. Ja/Nein, True/False, Ein/Aus. Sie werden in Formularen bspw. Über Schaltflächen, Optionsfelder oder Kontrollkästchen dargestellt.	1 Bit

Datentyp	Verwendung	Größe
OLE-Objekt	Unter Verwendung des OLE-Protokolls in anderen Programmen erstellte Objekte (z. B. Microsoft Word-Dokumente, Microsoft Excel-Tabellenblätter, Bilder, Klänge oder andere Binärdaten), die in einer Microsoft Access-Tabelle verknüpft oder eingebettet werden können. Zur Anzeige des OLE-Objekts in Formualren oder Berichten müssen Sie ein gebundenes Objektfeld verwenden.	Bis zu 1 GByte (begrenzt durch Festplattenkapazität)
Hyperlink	Ein Feld, das Hyperlinks speichert. Ein Hyperlink kann ein UNC-Pfad oder ein URL sein. In Formularen und Datenzugriffsseiten werden Hyperlinks voll funktionsfähig dargestellt, sodass Sie sie bspw. zur Navigation im Internet oder in der Datenbank verwenden können.	Max. 64.000 Zeichen
Nachschlage-Assistent	Erstellt ein Feld, das Ihnen die Auswahl eines Werts aus einer anderen Tabelle oder aus einer Werteliste mithilfe eines Kombinationsfelds ermöglicht.	Gleiche Größe wie das Feld *Primärschlüssel*, das auch das Nachschlagefeld ist; normalerweise 4 Byte.

Feldgrößen

Die Feldgrößen legen bei den meisten Datentypen den genauen Speicherbedarf des Felds fest. In numerischen Formaten werden dadurch aber auch dezimale Genauigkeiten festgelegt. Sie bestimmen, wie viele Vor- und Nachkommastellen für die Zahl berechnet und gespeichert werden.

Die folgende Tabelle enthält die Feldgrößen für die einzelnen Felddatentypen. Sie sollten immer den Datentyp mit dem kleinsten Speicherbedarf auswählen, der für die zu speichernden Daten in Frage kommt. Alle hier nicht aufgeführten Felddatentypen unterstützen keine Feldgröße.

Datentyp	Feldgröße	Beschreibung	Wertebereich	Dezimale Genauigkeit	Speicherbedarf
Text	1 bis 255	Die Feldgröße definiert die Anzahl Zeichen, die im Textfeld gespeichert werden können.	Beliebige Zeichen von der durch die Feldgröße bestimmten Länge.	Keine	Abhängig von der Zeichenzahl
Zahl	Byte	Dient zur Speicherung ganzer, positiver Zahlen von 0 bis maximal 255.	Speichert Zahlen von 0 bis 255.	Keine	1 Byte
	Dezimal	Dient zur Speicherung von Dezimalzahlen mit hoher dezimaler Genauigkeit.	Speichert Zahlen von $-10^{28}-1$ bis $10^{28}-1$	28	12 Byte

Daten-typ	Feld-größe	Beschreibung	Wertebereich	Dezimale Genauig-keit	Speicher-bedarf
	Integer	Speichert ganze Zahlen, die allerdings auch negativ sein können.	Speichert ganze Zahlen von -32.768 bis 32.767	Keine	2 Byte
	Long Integer	Speichert negative und positive ganze Zahlen.	Speichert ganze Zahlen von -2.147.483.648 bis 2.147.483.647	Keine	4 Byte
	Single	Dient zur Speicherung von dezimalen Zahlen mit einfacher Genauigkeit.	Speichert Zahlen von -3.402823E38 bis -1.401298E-45 für negative Werte und von 1.401298E-45 bis 3.402823E38 für positive Werte.	7	4 Byte
	Double	Speichert Dezimalzahlen mit doppelter Genauigkeit.	Speichert Zahlen von -1.79769313486231E308 bis -4.94065645841247E-324 für negative Werte und von 1.79769313486231E308 bis 4.94065645841247E-324 für positive Werte.	15	8 Byte
	Replikations-ID	Speichert GUID-Nummern.	Speichert GUID-Nummern.	Keine	16 Byte
Auto Wert	Long Integer	Speichert negative und positive ganze Zahlen.	Speichert ganze Zahlen von -2.147.483.648 bis 2.147.483.647	Keine	4 Byte
	Replikations-ID	Speichert GUID-Nummern.	Speichert GUID-Nummern.	Keine	16 Byte

Pflichtfelder

Bei Feldern, die für Beziehungen und Berechnungen erforderlich sind, ist es vorteilhaft, den Benutzer zur Eingabe eines gültigen Werts zu zwingen. Dazu stellt Access Ihnen die Möglichkeit zur Verfügung, Felder als so genannte Pflichtfelder zu definieren. Daneben können Sie noch festlegen, ob auch eine leere Zeichenfolge als Pflichteingabe akzeptiert wird.

Möchten Sie ein Feld als Pflichtfeld definieren, müssen Sie dazu die Eigenschaft *Eingabe erforderlich* auf den Wert *Ja* setzen. Wenn Sie gleichzeitig die Eigenschaft *Leere Zeichenfolge* auf *Nein* setzen, muss der Anwender einen Wert ungleich einer leeren Zeichenfolge eingeben, um der Eingabepflicht zu genügen.

2

Datenbankentwurf

Allgemein	Nachschlagen	
Feldgröße	50	
Format		
Eingabeformat		
Beschriftung		
Standardwert		
Gültigkeitsregel		
Gültigkeitsmeldung		
Eingabe erforderlich	Ja	
Leere Zeichenfolge	Nein	
Indiziert	Nein	
Unicode-Kompression	Ja	
IME-Modus	Kein Steuerelement	
IME-Satzmodus	Keine Konvertierung	

Gültigkeitsmeldung und Gültigkeitsregel

Aber auch wenn Sie den Benutzer nicht dazu zwingen möchten, eine Einga-be zu machen, ist es oft sinnvoll, erfolgte Eingaben auf Richtigkeit zu prüfen. Das ist zwar nicht bei allen Eingaben möglich, aber bei sehr vielen. Stellen Sie sich bspw. vor, Sie speichern Geburtsdaten in einer Tabelle. Sie können dann mit einer Gültigkeitsregel prüfen, ob dieses Geburtsdatum vor dem ak-tuellen Datum liegt. Bei einer Verletzung der Gültigkeitsregel können Sie den Text anzeigen lassen, den Sie über die Eigenschaft *Gültigkeitsmeldung* festle-gen.

Um das Datum daraufhin zu prüfen, ob es kleiner oder gleich dem aktuellen Datum ist, geben Sie den abgebildeten Ausdruck in das Feld *Gültigkeitsregel* und den Text für die Fehlermeldung in das Feld *Gültigkeitsmeldung* ein. Bei *Datum()* handelt es sich um eine Funktion von Access, die das aktuelle Da-tum zurückgibt.

Der Ausdruck <=Datum() gibt den Wert true bzw. wahr zurück, wenn das Da-tum im Feld kleiner oder gleich dem durch Datum() zurückgegebenen Datum ist. Wenn der Ausdruck wahr ist, akzeptiert Access die Eingabe, ist er false, erscheint die Gültigkeitsmeldung.

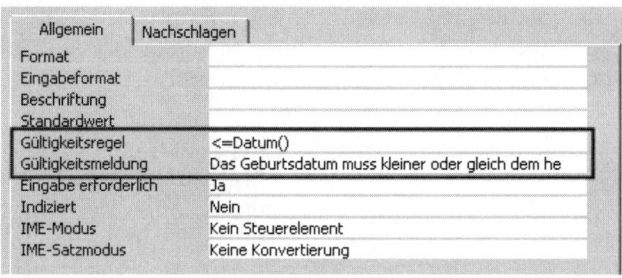

Definieren einer Gültigkeitsregel

Allgemein	Nachschlagen	
Format		
Eingabeformat		
Beschriftung		
Standardwert		
Gültigkeitsregel	<=Datum()	
Gültigkeitsmeldung	Das Geburtsdatum muss kleiner oder gleich dem he	
Eingabe erforderlich	Ja	
Indiziert	Nein	
IME-Modus	Kein Steuerelement	
IME-Satzmodus	Keine Konvertierung	

┌──── **Hinweis**
│
Die Gültigkeitsregel können Sie über einen Assistenten formulieren

Wenn Sie die Funktionen und Möglichkeiten von Access nicht kennen, ist es natürlich schwer, eine richtige und sinnvolle Gültigkeitsregel zu definieren. Sie können jedoch über die rechte Maustaste das Kontextmenü der Eigenschaft öffnen und dort *Aufbauen* auswählen. Access blendet dann den Ausdrucks-Editor ein, über den
Sie den Ausdruck definieren können.   ┘

Gibt der Anwender nun ein Datum, ein, das in der Zukunft liegt, erscheint die nachfolgend abgebildete Meldung und der Benutzer wird aufgefordert, die Eingabe zu korrigieren.

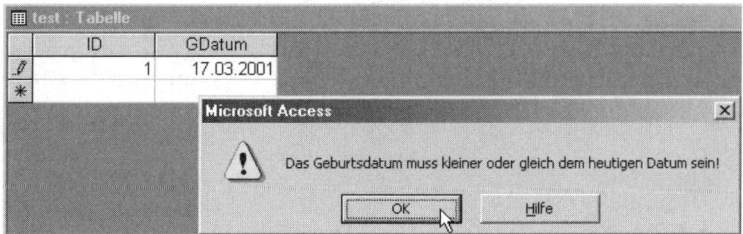

Angezeigte Gültigkeitsmeldung bei Eingabe des falschen Datums

Gültigkeitsregel für den Lagerbestand definieren

Wenn Sie eine Gültigkeitsregel für das Feld *Lagerbestand* der Tabelle *Artikel* definieren möchten, die verhindert, dass Werte kleiner als Null eingegeben werden, gehen Sie dazu wie folgt vor:

1 Öffnen Sie die Tabelle in der Entwurfsansicht.

2 Setzen Sie den Cursor in das Feld *Lagerbestand*.

3 Geben Sie in das Feld *Gültigkeitsregel* den Ausdruck *>=0* ein.

4 Geben Sie in das Feld *Gültigkeitsregel* den Text *Der Wert muss größer oder gleich 0 sein!* ein.

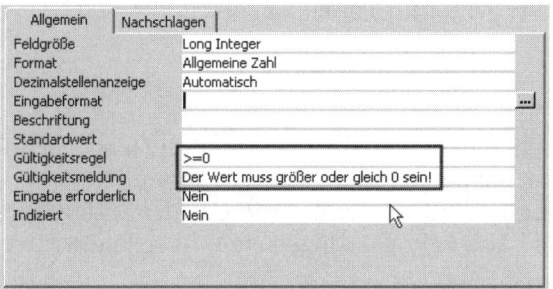

Notwendige Gültigkeitsregel

2.6 Struktur und Hierarchie einer Datenbank

Bisher haben Sie nur einen kleinen, aber wesentlichen Teil von Access-Objekten kennen gelernt, nämlich Tabellen und Beziehungen zwischen Tabellen. Es gibt aber natürlich noch einige andere, die in den nachfolgenden Kapiteln näher behandelt werden. Außerdem bietet das Datenbankfenster gute Möglichkeiten zur Verwaltung von Datenbankobjekten, die Sie auch noch nicht kennen. Die folgenden Abschnitte erläutern diese Themen und stellen damit schon einen Ausblick auf die folgenden Kapitel dar.

Weitere Datenbankobjekte einsetzen

Neben Tabellen und Beziehungen kennt Access noch eine ganze Reihe von Datenbankobjekten. Dazu gehören

- Abfragen,

- Makros,

- Berichte,

- Datenzugriffsseiten und

- Module.

Jedes dieser Datenbankobjekte hat natürlich einen bestimmten Zweck, aus dem sich dessen Einsatzgebiet ergibt. Sie sind jedoch alle gleichberechtigte Datenbankobjekte einer Datenbank. Sie können bspw. eine Datenbank erstellen, die nur aus Formularen besteht, und keine Tabellen speichern. Genauso können Sie auch Datenbanken erstellen, die nur Abfragen enthalten. Ob das im Einzelfall sinnvoll ist, richtet sich nach der Aufgabe der Datenbank und den Anforderungen an diese.

An dieser Stelle sollen die Einsatzbereiche der einzelnen Datenbankobjekte beleuchtet werden, damit Sie danach selbst entscheiden möchten, welche Datenbankobjekte Sie für Ihr Projekt benötigen.

Abfragen

Abfragen erfüllen gleich mehrere Aufgaben. Einfache Auswahlabfragen dienen dazu, Daten aus mehreren Tabellen zu verknüpfen und zurückzugeben. Sie können diese Datensätze dann sortieren oder zusätzliche Felder berechnen. Außerdem haben Sie die Möglichkeit, über Filterkriterien festzulegen, welche der vorhandenen Datensätze die Abfrage als Ergebnis liefern soll. Auf diese Weise können Sie bspw. alle Artikel der Artikeltabelle ermitteln, die einer bestimmten Artikelgruppe angehören.

Daneben gibt es aber auch Aktionsabfragen und Parameterabfragen. Aktionsabfragen können Sie nutzen, um vorhandene Daten in den Tabellen zu ändern, Tabellen zu erstellen oder Datensätze zu manipulieren. Sie können damit Datensätze aus Tabellen löschen, neue Datensätze hinzufügen oder vorhandene ändern.

Parameterabfragen sind hingegen eine besondere Form von Auswahlabfragen. Sie können verwendet werden, um ein- und dieselbe Abfrage mit verschiedenen Filterbedingungen zu verwenden. Wie Auswahlabfragen liefern sie die ausgewählte Datenmenge zurück, die Sie dann bspw. in Berichten, Formularen oder Datenzugriffsseiten verwenden können.

Formulare

Formulare sind Fenster von Access, über die Sie Daten in Tabellen und Abfragen eingeben können. Zwar lassen sich Formulare auch drucken, allerdings ist das Ergebnis nicht immer zufrieden stellend. Zum Drucken von Daten sind Berichte besser geeignet. Formulare ohne Datenquelle, also eine Tabelle oder Abfrage, in die Daten eingegeben werden, können Sie aber auch zur Navigation in der Datenbank verwenden.

Berichte

Berichte werden vornehmlich dazu genutzt, um Daten einer Abfrage oder einer Tabelle in Listenform oder als Diagramm darzustellen. Innerhalb eines Berichts können Sie aber auch Formeln und Ausdrücke einfügen, die Feldwerte für Berechnungen verwenden. Auch die Sortierfolge der Datensätze im Bericht können Sie ändern und anpassen.

Im Unterschied zu Formularen können Sie keine Eingaben in Berichte machen. Dafür bieten Berichte die Möglichkeit, auch Angaben für den Druck zu machen. Sie können dazu bspw. einen Drucker und die Seiteneinstellungen festlegen.

Datenzugriffsseiten

Bei Datenzugriffsseiten handelt es sich um eine Mischform von Formularen und Berichten. Sie können hier sowohl Felder berechnen und ausgeben als auch die dargestellten Daten drucken. Der Unterschied gegenüber Formularen und Berichten besteht darin, dass es sich bei Datenzugriffsseiten um HTML-Seiten handelt, in denen die Daten mithilfe der Microsoft Office-Webkomponenten dargestellt werden. Sie erfordern zur Anzeige einen In-

2

Datenbankentwurf

ternet Explorer 5.0 oder höher. Anders als alle anderen Datenbankobjekte werden Datenzugriffsseiten außerhalb der Datenbank gespeichert und nur mit der Datenbank verknüpft.

Ihr Einsatzgebereich liegt vor allem im Intranet, in dem der entsprechende Netzwerkadministrator die volle Kontrolle über die Browser-Ausstattung und sonstige Softwareausstattung hat.

Datenquellen für Datenzugriffsseiten, Berichte und Formulare

Für Datenzugriffsseiten, Berichte und Formulare, die Daten anzeigen sollen und nicht nur statische Texte enthalten, ist eine Datenquelle erforderlich. Dies muss ein Datenbankobjekt oder eine Anweisung sein, die eine Datensatzmenge zurückliefert. In Access werden diese Datensatzmengen als Recordsets bezeichnet und können von einer Abfrage, einer Tabelle oder einer SQL-Anweisung geliefert werden.

Alle Abfragen in Access werden intern als SQL-Anweisung gespeichert. Bei SQL handelt es sich um eine Datenbankabfrage und -definitionssprache, die nicht nur in Access, sondern auch in vielen anderen Datenbankmanagement-Systemen eingesetzt wird. Da aber die Verwendung von SQL-Anweisungen und Abfragen als Datenquelle eine andere Vorgehensweise notwendig macht, werden nachfolgend beide getrennt behandelt, auch wenn das Ergebnis von SQL-Anweisungen und Abfragen in beiden Fällen ein Recordset ist.

Module und Makros

Module und Makros sind ganz besondere Datenbankobjekte. Sie speichern weder Daten, noch stellen sie welche in irgendeiner Form dar. Stattdessen dienen Sie dazu, die Datenbanken und deren Funktionen zu automatisieren. Module speichern dazu VBA-Code und Makros Access-Makrocode.

Hinweis

Hinweis

Mehr über die Verwendung von Access-Makros erfahren Sie im Kapitel „Datenbanken mit Makros automatisieren".

Das Datenbankfenster richtig einsetzen

Mit dem Datenbankfenster können Sie nicht nur die vorhandenen Datenbankobjekte anzeigen und öffnen, sondern auch verwalten. Sie können damit Tabellen oder Abfragen kopieren und einfügen und haben außerdem die Möglichkeit, deren Namen zu ändern oder bestimmte Eigenschaften festzulegen.

Datenbankfenster ein- und ausblenden

Standardmäßig blendet Access das Datenbankfenster ein, wenn Sie eine Datenbank öffnen. Sie haben jedoch die Möglichkeit, es vorübergehend aus- und wieder einzublenden oder auch zu minimieren. Wenn Sie das Datenbankfenster minimieren möchten, klicken Sie dazu auf das entsprechende Symbol in der Titelleiste des Datenbankfensters.

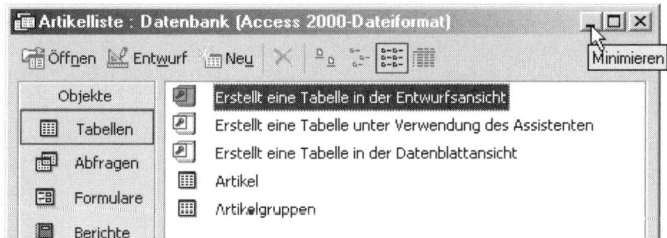

Minimieren des Datenbankfensters

Wenn Sie das Datenbankfenster minimiert haben, wird es als Symbol am unteren Rand des Access-Fensters angezeigt und kann dort über das Kontextmenü oder das Wiederherstellen-Symbol eingeblendet werden.

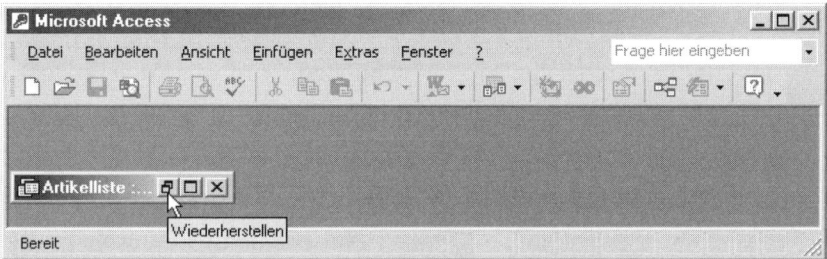

Wiederherstellen des minimierten Datenbankfensters

Wenn Sie möchten, können Sie das Datenbankfenster aber auch komplett ausblenden. Dann stehen aber auch die Funktionen, die sich auf die Datenbankobjekte beziehen, nicht mehr in der Symbolleiste und Menüleiste von Access zur Verfügung.

Um das Datenbankfenster dennoch auszublenden, wählen Sie *Fenster/Ausblenden* aus. Wenn Sie es später wieder einblenden möchten, geht das über *Fenster/Einblenden*.

Datenbankobjekte kopieren und einfügen

Sie können alle Datenbankobjekte in Access auf die gleiche, nachfolgend beschriebene Weise kopieren und einfügen. Dazu markieren Sie das Objekt in der Datenbank, indem Sie es anklicken. Danach wählen Sie *Bearbeiten/ Kopieren* aus dem Menü aus, oder drücken alternativ ⌘Strg⌘+⌘C⌘. Access hat das Datenbankobjekt nun in die Zwischenablage kopiert und Sie können es nun über *Bearbeiten/Einfügen* oder ⌘Strg⌘+⌘V⌘ einfügen. Sie werden dann aufgefordert, den Namen für die Kopie anzugeben.

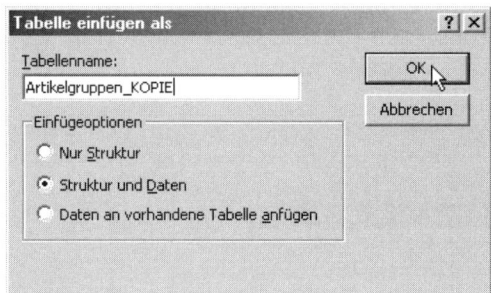

Eingabe des Namens

Abhängig vom kopierten Datenbankobjekt stellt der Dialog Ihnen auch weitere Optionen zur Verfügung. Beim Kopieren von Tabellen können Sie bspw. festlegen, ob nur der Tabellenaufbau oder auch die Daten kopiert werden sollen. Sie haben außerdem die Möglichkeit, die Daten der kopierten Tabelle an eine vorhandene Tabelle anzuhängen.

In diesem Fall müssen Sie als Tabellenname den Namen der Zieltabelle eingeben und die Option *Daten an vorhandene Tabelle anfügen* auswählen. Wenn Sie den Dialog mit *OK* schließen, wird die Kopie erstellt und im Datenbankfenster angezeigt.

Datenbankobjekte löschen

Ähnlich einfach können Sie auch Datenbankobjekte löschen. Klicken Sie dazu das Datenbankobjekt mit der rechten Maustaste an und wählen Sie *Löschen* aus dem Kontextmenü aus.

▌▔▔▔▔▔ **Hinweis**

Zum Löschen gibt es auch ein Symbol im Datenbankfenster

Wenn Sie ein Datenbankobjekt markiert haben, das Sie löschen möchten, können Sie auch ⌘Entf⌘ drücken oder auf das Löschen-Symbol in der Symbolleiste des Datenbankfensters klicken.

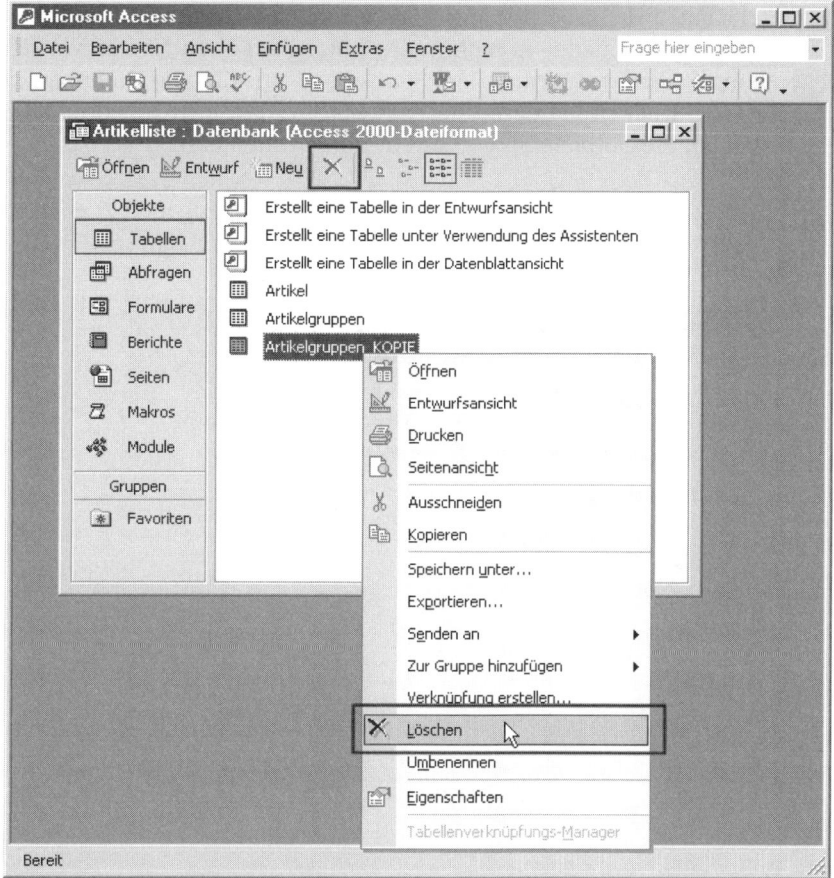

Löschen eines Datenbankobjekts

Hinweis

Löschen lässt sich auch rückgängig machen

Die Funktionen in Access, für die die Rückgängig-Funktion zur Verfügung stehen, sind begrenzt. Das Löschen von Datenbankobjekten ist aber eine dieser Funktionen. Wenn Sie versehentlich ein Datenbankobjekt gelöscht haben, können Sie es wiederherstellen, indem Sie *Bearbeiten/Rückgängig* auswählen. Das funktioniert aber nur, wenn Sie nach dem Löschen des Datenbankobjekts noch nicht die Datenbank geschlossen haben.

Tabellen und andere Datenbankobjekte umbenennen

Gelegentlich kommt es vor, dass Sie Datenbankobjekte umbenennen müssen. Das bietet sich bspw. an, wenn Sie testen möchten, ob noch alle Funktionen einer komplexen Datenbank funktionieren, wenn ein Datenbankobjekt fehlt. Dann ist es ganz nützlich, dieses Datenbankobjekt zunächst umzubenennen, damit es nicht mehr unter dem alten Namen verfügbar ist. Das können Sie erreichen, indem Sie es per Mausklick im Datenbankfenster markieren. Klicken Sie dann mit der rechten Maustaste auf die Markierung und wählen Sie *Umbenennen* aus dem Kontextmenü aus.

Access zeigt dann anstelle der Markierung ein Eingabefeld an. Geben Sie dort den Namen ein und bestätigen Sie die Eingabe mit Enter.

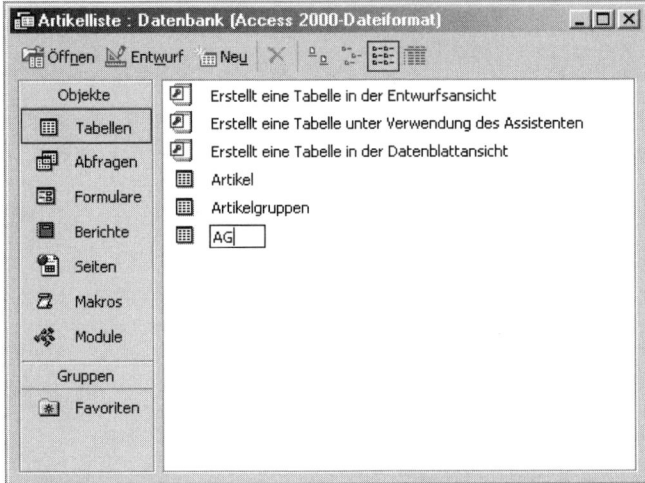

Eingabe des neuen Namens

Tabellendaten drucken und optisch aufbereiten

Wenn Sie noch keine Berichte und Formulare für Ihre Tabellen erstellt haben, aber dennoch die Tabellendaten drucken möchten, stehen Ihnen dazu verschiedene, allerdings nicht sehr komfortable Druckfunktionen zur Verfügung.

Tabellen drucken

Um die Daten einer Tabelle zu drucken, öffnen Sie die Tabelle in der Datenblattansicht. Das geht am schnellsten per Doppelklick auf die Tabelle im Datenbankfenster.

Nun gibt es zwei Möglichkeiten, die Tabelle zu drucken. Wenn Sie die Tabelle mit den Standardeinstellungen auf dem Standarddrucker Ihres Rechners drucken möchten, klicken Sie einfach auf das Drucker-Symbol der Symbolleiste.

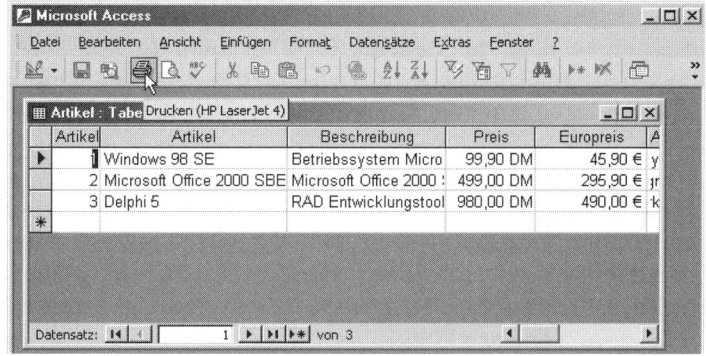

Drucken der Tabelle mit den Standardeinstellungen

Seiteneinstellungen festlegen

Wenn Sie jedoch mehr Einfluss auf das Ergebnis haben möchten, können Sie zunächst noch die Seiteneinstellungen und das Papierformat festlegen und auch einen Drucker für die Tabelle bestimmen. Dazu wählen Sie im Menü *Datei/Seite einrichten* aus. Access blendet dann einen Dialog ein, in dem Sie die entsprechenden Einstellungen machen können.

Hinweis

Unter Umständen müssen Sie den Menüeintrag erst einblenden

Wenn der Menüeintrag *Datei/Seite einrichten* nicht sichtbar sein sollte, müssen Sie auf den Doppelpfeil am Ende des Menüs klicken, um alle, auch die seltener verwendeten Menüeinträge sichtbar zu machen.

Hier können Sie nun die Seitenränder einstellen, indem Sie neue Werte in die vier Eingabefelder eingeben. Alle Angaben müssen in der deutschen Access-Version in mm erfolgen.

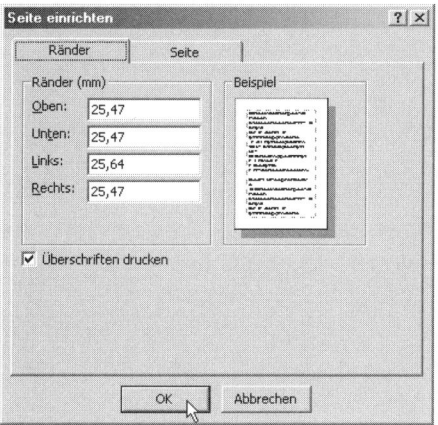

Einstellen der Seitenränder

Die Registerkarte *Seite* bietet zudem die Möglichkeit, das Papierformat und den Drucker zu wählen, auf dem die Tabelle standardmäßig gedruckt werden soll. Um einen Drucker zu bestimmen, aktivieren Sie die Option *Spezieller Drucker* und klicken dann die Schaltfläche *Drucker* an.

Sobald Sie den Dialog mit *OK* schließen und die Tabelle mit *Datei/Speichern* aktualisieren, werden die Einstellungen zur Tabelle gespeichert und von nun an beim Ausdruck berücksichtigt. Unabhängig vom festgelegten Drucker können Sie jedoch jederzeit einen anderen Drucker verwenden, wenn Sie den Ausdruck der Tabelle über *Datei/Drucken* und nicht über das Drucker-Symbol der Symbolleiste starten.

3. Suchen und Abfragen in fertigen Datenbanken

Datenbanken machen im Prinzip nur dann Sinn, wenn große Datenmengen effektiv verwaltet werden müssen. Um in solch großen Datenmengen bestimmte Informationen zu finden, sind natürlich effektive Suchmechanismen erforderlich. Access bietet dazu Abfragen und Filter, die dazu dienen, ganz bestimmte oder eine Menge von Datensätzen zu finden, die einem oder mehreren Kriterien genügen.

3.1 Auswahlabfragen einfach per Assistent erstellen

Die einfachste Form von Abfragen sind Auswahlabfragen. Wie es der Name schon vermuten lässt, dienen sie dazu, eine Auswahl von Daten zu ermitteln. Sie können sie aber auch einfach dazu einsetzen, um aus mehreren, über Beziehungen verbundene Tabellen komplette Datensätze zurückzugeben.

Auswahlabfragen können Sie entweder über den Assistenten oder in der Entwurfsansicht erstellen. Hier geht es zunächst um den Assistenten. Später widmet sich ein separater Abschnitt ab Seite 114 dem Erstellen von Abfragen in der Entwurfsansicht.

Eine komplette Artikelliste per Auswahlabfrage erstellen

Die Artikeldatenbank, die Sie im vorherigen Kapitel erstellt haben, enthält nun die zwei Tabellen *Artikel* und *Artikelgruppen,* die über eine Beziehung verbunden sind. Hier wird gezeigt, wie Sie beide Tabellen mit einer Abfrage zusammenführen und so komplette Datensätze erhalten, die Sie dann bspw. in einem Bericht anzeigen lassen können. Gehen Sie dazu wie folgt vor:

1 Starten Sie Access über *Start/Programme/Access 2002.*

2 Öffnen Sie die Datenbank, indem Sie *Datei/Öffnen* auswählen, die Datenbank markieren und auf *Öffnen* klicken.

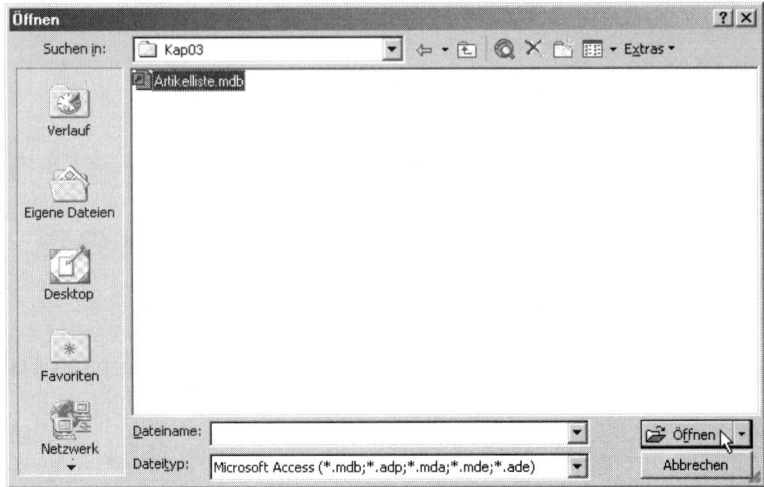

Öffnen der Datenbank

3 Aktivieren Sie im Datenbankfenster die Rubrik *Abfragen*, indem Sie auf die entsprechende Schaltfläche klicken.

Aktivieren der Rubrik Abfragen

4 Doppelklicken Sie nun auf den Eintrag *Erstellt eine Abfrage unter Verwendung des Assistenten*, um den Abfrage-Assistenten zu starten.

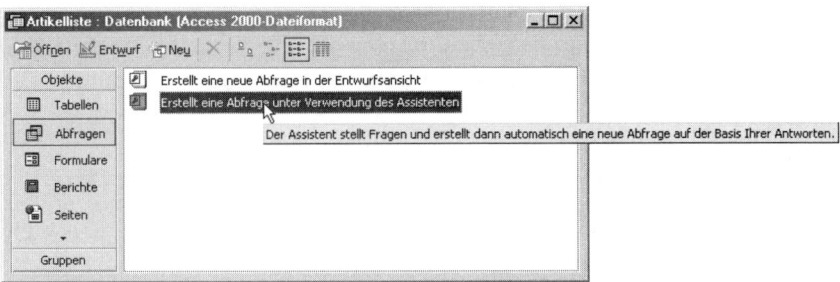

Starten des Assistenten

5 Im ersten Dialog des Assistenten klicken Sie auf >>, um alle Felder der vorgeschlagenen Tabelle *Artikel* auszuwählen. Sie werden dann in die rechte Liste übertragen.

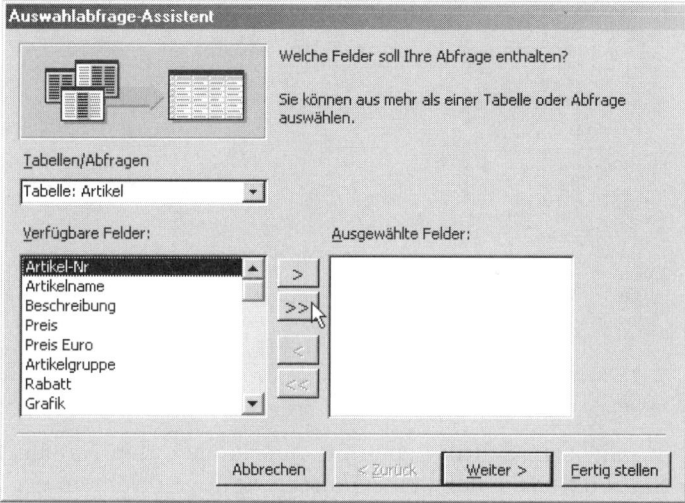

Auswählen der Tabellenfelder

6 Wählen Sie nun die Tabelle *Artikelgruppen* aus dem Listenfeld *Tabellen/Abfragen* aus.

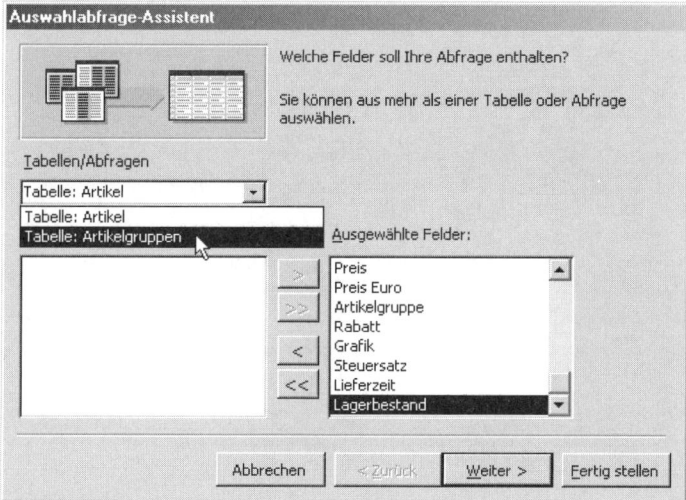

Auswählen der zweiten Tabelle

7 Klicken Sie nun erneut auf >>, um auch die Felder dieser Tabelle hinzuzufügen. Klicken Sie anschließend auf *Weiter*, um den Assistenten fortzusetzen.

8 Im nächsten Dialog brauchen Sie keine Einstellungen zu ändern. Hier ist die vorgeschlagene Option *Detail* korrekt. Klicken Sie einfach auf *Weiter*.

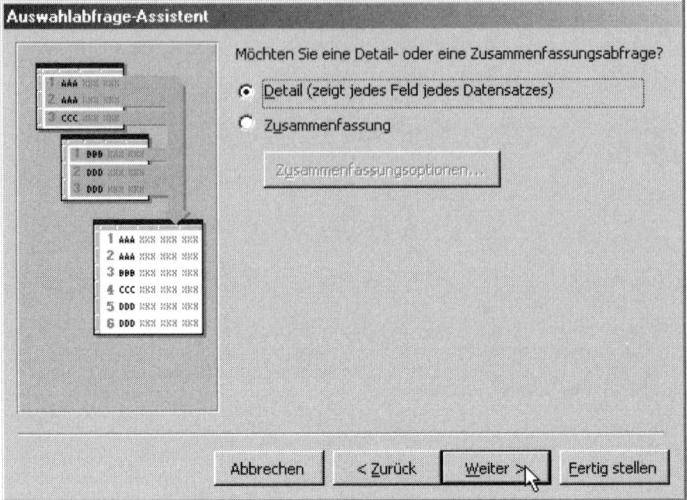

Fortsetzen des Assistenten

9 Im nächsten Schritt geben Sie nun einfach den Namen für die Abfrage ein. Wählen Sie dazu einen aussagekräftigen Namen, der deutlich macht, was diese Abfrage tut. Klicken Sie anschließend auf *Fertig stellen*, um die Abfrage zu erzeugen und auszuführen.

Benennen der Abfrage

Access erzeugt nun die Abfrage und führt sie aus. Sie wird in der Datenblatt-ansicht ähnlich wie eine Tabelle angezeigt. Der Unterschied besteht darin, dass nun nicht nur eine Tabelle, sondern alle Felder beider Tabellen ange-zeigt werden, die in die Abfrage eingefügt wurden.

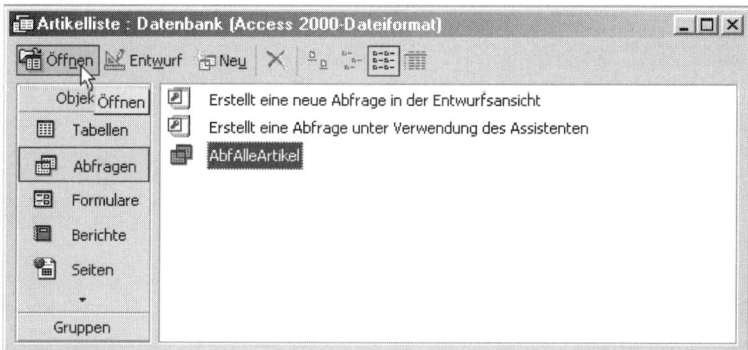

Ergebnis der Abfrage

Wenn Sie möchten, können Sie die Abfrage nun schließen, indem Sie auf das Schließen-Symbol des Formulars klicken.

Auswahlabfragen ausführen

Sie können eine solche Auswahlabfrage auch jederzeit über das Datenbankfenster ausführen. Dazu klicken Sie einfach doppelt auf die Abfrage. Die zweite Möglichkeit besteht darin, dass Sie die Abfrage nur mit einem einfachen Mausklick markieren. Sie können dann auf *Öffnen* klicken, um die Abfrage auszuführen.

Die Abfrage per Mausklick

Abfragen versus Filter

Neben Abfragen gibt es außerdem noch Filter. Sie können ähnliche Aufgaben übernehmen wie Abfragen und können sowohl auf Tabellen als auch auf Abfragen angewendet werden. Filter werden jedoch nicht gespeichert, sondern müssen individuell bei jedem Einsatz konfiguriert werden. Die folgende Tabelle zeigt Unterschiede und Ähnlichkeiten zwischen Abfragen und Filtern.

Eigenschaft	Filter	Abfragen
Bestimmte Daten nach Kriterien auswählen	ja	ja
Mehrere Tabellen mit Beziehungen verknüpfen	nein	ja
Datensätze sortieren	ja	ja
Werte und neue Felder berechnen	nein	ja

Filter können Sie verwenden, um Daten nach verschiedenen Kriterien auszuwählen. Das geht sowohl in der Tabelle als auch in einer Abfrage, die in der Datenblattansicht geöffnet ist. Auch in Formularen und Berichten können Sie Filter einsetzen. Das funktioniert auf die gleiche Weise. Mit dem Spezialfilter *Sortierung* können Sie außerdem komplexe Sortierfolgen definieren.

Filter anwenden

Wenn Sie eine Tabelle oder Abfrage in der Datenblattansicht oder in einem Formular geöffnet haben, können Sie Filter verwenden, um bspw. die Sortierfolge zu ändern oder nur die Datensätze anzuzeigen, die bestimmten Kriterien genügen. Allerdings können Sie beim auswahlbasierten Filter immer nur ein Kriterium bestimmen. Suchen Sie jedoch alle Artikel, die einer Artikelgruppe angehören, ist das ausreichend. Setzen Sie dazu den Cursor in das Feld *Artikelgruppe*, und zwar in einen Datensatz mit der Artikelgruppe, die Sie angezeigt bekommen möchten.

Anschließend klicken Sie auf das Symbol *Auswahlbasierter Filter*.

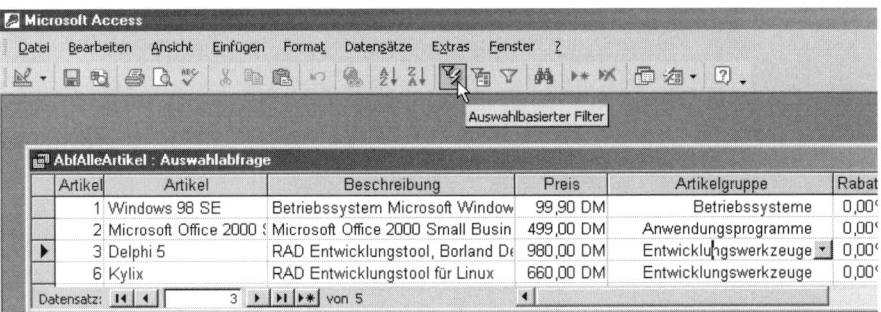

Filter anwenden

Access zeigt nun die entsprechenden Datensätze an.

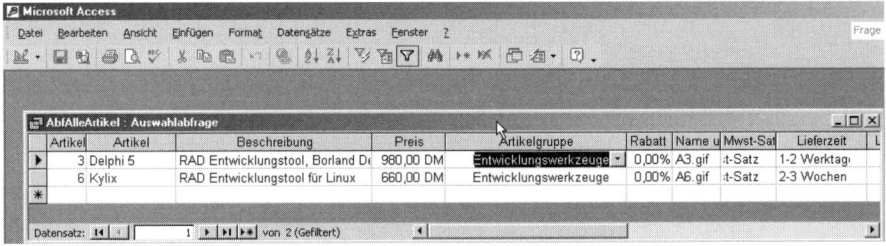

Angewendeter Filter

Haben Sie einen Filter aktiviert, bleibt dieser aktiv, bis Sie ihn wieder deaktivieren. Dazu klicken Sie auf das Symbol *Filter entfernen*. Wenn kein Filter aktiv ist, können Sie es auch verwenden, um einen definierten Filter, bspw. einen formularbasierten Filter, anzuwenden.

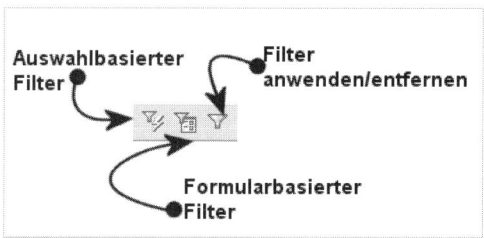

Die Filter-Symbole der Symbolleiste

Daneben gibt es auch noch den formularbasierten Filter, der mehr Möglichkeiten zur Definition der Filterkriterien bietet. Ihn können Sie über das Symbol *Formularbasierter Filter* einblenden. Access zeigt dann eine leere Tabelle an, in der Sie für jedes einzelne Feld Kriterien definieren können. Um bspw. alle Artikel anzuzeigen, deren Lagerbestand größer als 0 ist, tragen Sie *>0* in das Feld *Lagerbestand* ein.

Definieren einer Filterbedingung im formularbasierten Filter

Alle Bedingungen und Werte, die Sie in den einzelnen Feldern auswählen, müssen gleichzeitig von einem Datensatz erfüllt werden, damit er angezeigt wird. Wenn Sie jedoch alternative Bedingungen definieren möchten, können Sie dazu über die Registerkarte *Oder* weitere Bedingungen festlegen.

Hier können Sie bspw. für das Feld *Lieferzeit* den Eintrag *1-2 Werktage* auswählen, um alle Artikel anzeigen zu lassen, die einen Lagerbestand >0 oder eine Lieferzeit von 1-2 Tagen haben. Klicken Sie dann auf *Filter anwenden*, um die Datensätze anzuzeigen.

Fertigstellen und Anwenden des Filters

Die Symbolleiste des formularbasierten Filters stellt außerdem noch ein paar weitere interessante Funktionen zur Verfügung. Dies zeigt die folgende Abbildung.

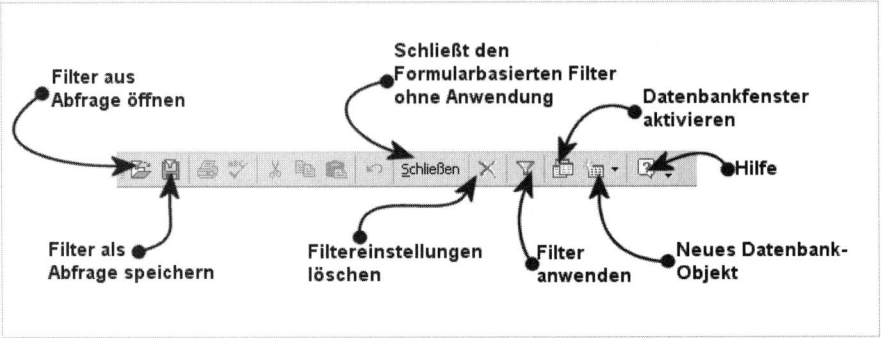

Funktionen der Filter-Symbolleiste

3.2 Die Entwurfsansicht der Abfrage effektiv nutzen

Die Entwurfsansicht von Abfragen bietet anders als der Assistent die Möglichkeit, nicht nur Filterkriterien zu bestimmen, sondern auch berechnete Felder hinzuzufügen. Daher können Sie nur dann Abfragen effektiv einsetzen, wenn Sie sie in der Entwurfsansicht anpassen und erstellen können.

Abfragen in der Entwurfsansicht anpassen

Wenn Sie eine vorhandene Abfrage in der Entwurfsansicht anpassen möchten, müssen Sie dazu die Abfrage in der Entwurfsansicht öffnen. Markieren Sie dazu die Abfrage im Datenbankfenster und klicken Sie dann auf *Entwurf*.

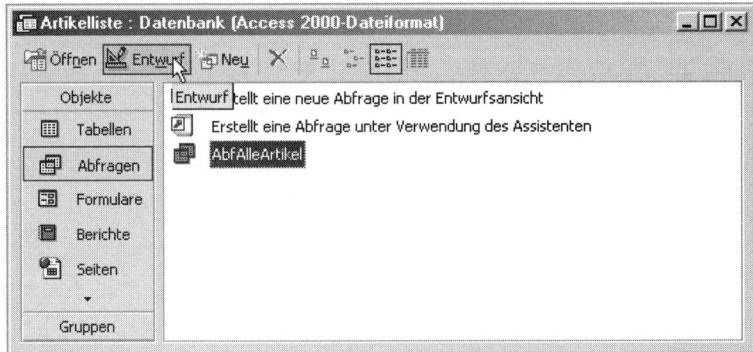

Abfrage in der Entwurfsansicht öffnen

Die Abfrage wird nun in der Entwurfsansicht geöffnet und wie folgt dargestellt.

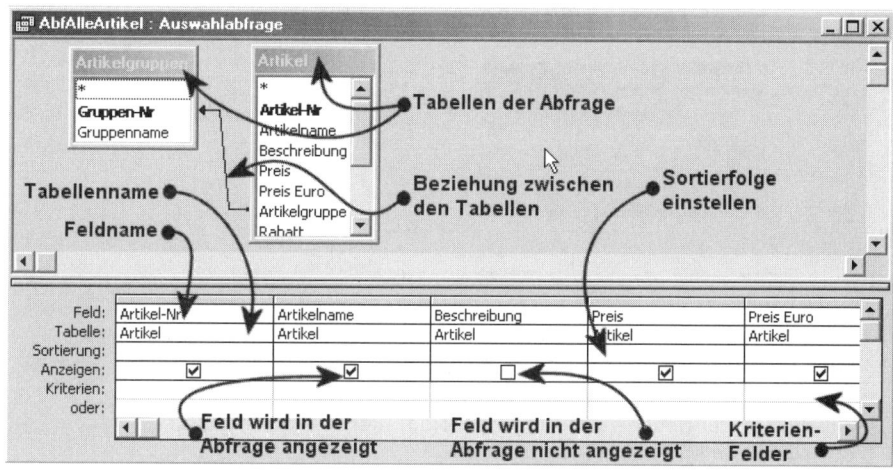

Aufbau der Entwurfsansicht für Tabellen

Über die Kontrollkästchen in der Zeile *Anzeigen* können Sie festlegen, welche Felder der Abfrage angezeigt werden sollen. Damit können Sie auch Felder, bspw. für Berechnungen, in die Abfrage einfügen, die die Abfrage nicht
zurückgeben soll. Für nicht sichtbare Felder deaktivieren Sie deren Kontrollkästchen. Sie können auf diese Weise bspw. das Feld *Gruppenname* der Tabelle *Artikelgruppen* ausblenden, da es nicht notwendig ist. Es wird nämlich
schon im Feld *Artikelgruppe* der Tabelle *Artikel* angezeigt.

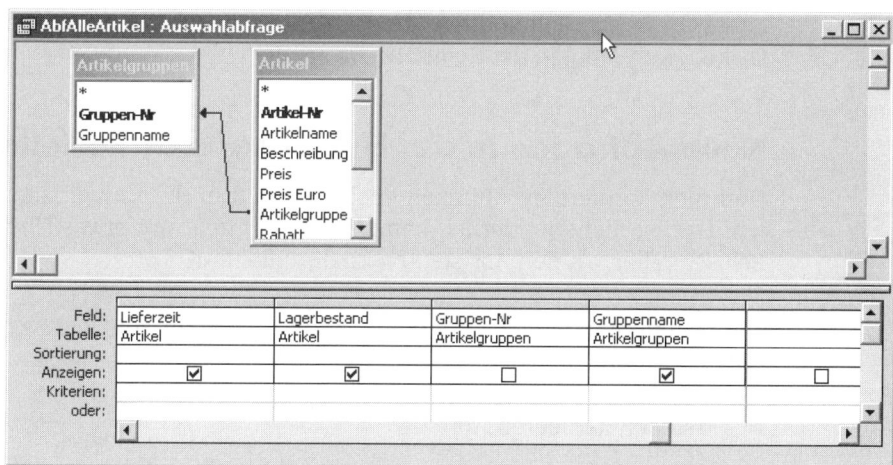

Ausblenden von Feldern in der Entwurfsansicht

3

Suchen und Abfragen

Abfrage testen

Sie können die Änderungen testen, indem Sie *Ansicht/Datenblattansicht* auswählen oder auf das entsprechende Symbol in der Symbolleiste klicken.

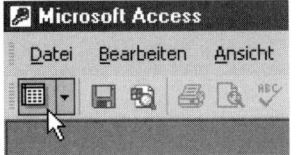

Aktivieren der Datenblattansicht

Hinweis

Alle Menüeinträge sichtbar machen

Wenn der Menüeintrag *Ansicht/Datenblattansicht* nicht sichtbar ist, müssen Sie auf den kleinen Doppelpfeil am Menüende klicken, um das komplette Menü anzeigen zu lassen.

Abfrage speichern

Bei erfolgreichem Test können Sie die Abfrage speichern. Dazu gibt es mehrere Möglichkeiten. Sie können wieder in die Entwurfsansicht zurückkehren, indem Sie erneut auf das Symbol *Ansicht* klicken oder *Ansicht/Entwurfsansicht* auswählen und dort die Abfrage speichern.

Allerdings können Sie auch gleich in der Datenblattansicht die Abfrage speichern. In jedem Fall wählen Sie dazu *Datei/Speichern* aus oder klicken das Disketten-Symbol in der Symbolleiste an.

Neue Abfragen in der Entwurfsansicht erstellen

Natürlich können Sie Abfragen auch komplett in der Entwurfsansicht erstellen. Das ist nicht sonderlich kompliziert und geht mit etwas Übung wesentlich schneller, als den Assistenten zu durchlaufen.

Die Erstellung einer Abfrage in der Entwurfsansicht vollzieht sich in mehreren Schritten:

- Erstellen der leeren Abfrage

- Hinzufügen von Tabellen und Abfragen

- Hinzufügen von Feldern

- Festlegen von Filterkriterien und sonstigen Abfrageeigenschaften

Erstellen der leeren Abfrage

Um eine leere Abfrage in der Entwurfsansicht zu erstellen, aktivieren Sie zunächst die Rubrik *Abfragen* im Datenbankfenster und klicken dann auf *Neu*. Access blendet dann einen Dialog ein und schlägt schon *Entwurfsansicht* vor. Bestätigen Sie diese Auswahl mit *OK*.

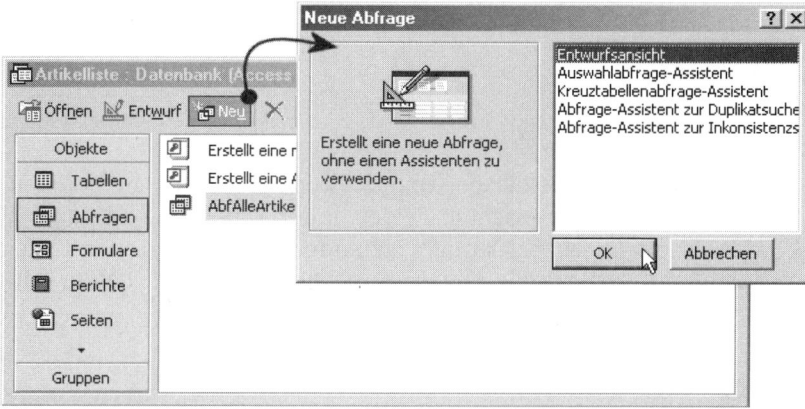

Erzeugen einer leeren Abfrage

Hinzufügen von Tabellen und Abfragen

Sie können nun Tabellen oder bereits erstellte Abfragen hinzufügen. Dazu blendet Access einen Dialog ein, auf dessen Registerkarte *Tabellen* alle Tabellen der Datenbank und auf dessen Registerkarte *Abfragen* alle Abfragen aufgeführt werden. Klicken Sie auf die Tabelle oder Abfrage, die Sie hinzufügen möchten, und anschließend auf *Hinzufügen*. Wenn Sie auf diese Weise alle benötigten Tabellen hinzugefügt haben, schließen Sie den Dialog einfach mit *Schließen*.

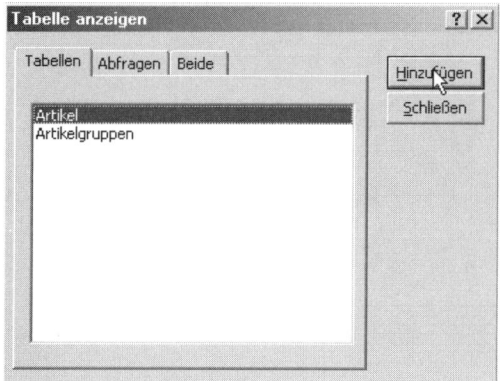

Hinzufügen von Tabellen oder Abfragen

Abfragen und Tabellen auswählen

Wenn Sie Abfragen und Tabellen zur Abfrage hinzufügen möchten, können Sie dazu die Registerkarte *Beide* des Dialogs aktivieren. Hier werden sowohl Tabellen als auch Abfragen der Datenbank aufgelistet. Wenn Sie später weitere Tabellen zur Abfrage hinzufügen möchten und den Dialog mittlerweile geschlossen haben, können Sie ihn jederzeit über *Abfrage/Tabelle anzeigen* wieder öffnen.

Felder hinzufügen

Jetzt können Sie Felder per Drag & Drop zur Abfrage hinzufügen. Dazu markieren Sie die gewünschten Felder in der Tabelle der Abfrage. Einzelne Felder klicken Sie einfach an, um sie zu markieren. Um mehrere Felder zu markieren, klicken Sie die Felder nacheinander an und halten dabei die (Strg)-Taste gedrückt.

Tabellen können vergrößert werden

Die Tabellen in der Abfrage können Sie mit der Maus vergrößern, wenn nicht alle Felder sichtbar sind, die Sie markieren möchten. Das passiert genauso wie im Beziehungsfenster von Access.

Wenn Sie alle Felder markiert haben, ziehen Sie diese mit der Maus auf die leere Tabelle der Abfrage.

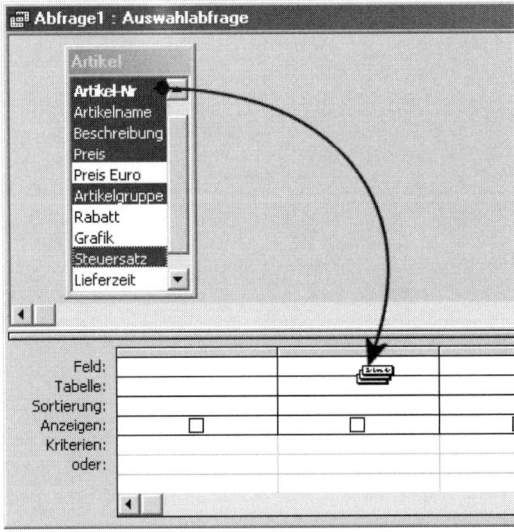

Felder hinzufügen

Access fügt dann die Felder hinzu, und zwar in der Reihenfolge, in der sich die Felder in der Tabelle befinden.

3

Suchen und Abfragen

Hinweis

Bedeutung des *

Außerdem enthält jede Tabelle eine Feld *, das natürlich so nicht in der Tabelle oder Abfrage vorhanden ist. Das * ist ein Platzhalter für alle Felder der Tabelle/Abfrage. Möchten Sie alle Felder der Tabelle hinzufügen, brauchen Sie nur das * in die Abfrage zu ziehen. Das hat allerdings den Nachteil, dass Sie für einzelne Felder dieser Tabelle keine Sortier- oder Filterkriterien definiern können. Außerdem können Sie nicht einzelne Felder dieser Tabelle aus- oder einblenden. Wenn Sie das * verwenden, sind immer alle Felder im Ergebnis der Abfrage sichtbar.

Auf die gleiche Weise können Sie auch Felder aus weiteren Tabellen der Abfrage hinzufügen

Festlegen von Filterkriterien und sonstigen Abfrageeigenschaften

Sie können nun Filterkriterien und eine Sortierfolge für die Datensätze der Abfrage festlegen. Wenn Sie bspw. nur die Datensätze mit einem Preis kleiner als 700 ausgeben und diese nach dem Artikelnamen sortieren möchten, benötigen Sie dazu einen Kriteriumsausdruck für das Feld *Preis* und eine Sortierfolge für das Feld *Artikelname*.

Wählen Sie dazu in der Zeile *Sortierung Aufsteigend* aus, um die Datensätze aufsteigend zu sortieren.

Auswählen der Sortierfolge

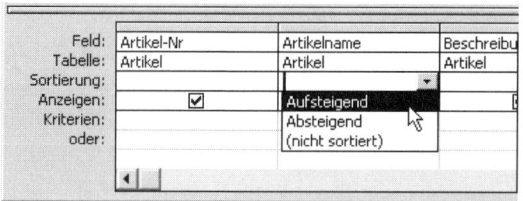

Um alle Datensätze mit einem Preis von unter 700 zu ermitteln, geben Sie nun in die Zeile *Kriterien* des Felds *Preis* den Ausdruck *<700* ein.

Feld:	Artikel-Nr	Artikelname	Beschreibung	Preis
Tabelle:	Artikel	Artikel	Artikel	Artikel
Sortierung:		Aufsteigend		
Anzeigen:	☑	☑	☑	☑
Kriterien:				<700
oder:				

Eingeben des Kriteriumsausdrucks

Das Speichern und Ausführen der Abfrage

Sie können die Abfrage nun speichern und ausführen. Wählen Sie dazu *Datei/Speichern* aus und geben Sie einen sinnvollen Namen für die Abfrage ein.

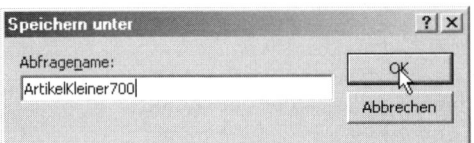

Speichern der Abfrage

Anschließend klicken Sie auf das Symbol *Ansicht*, um die Abfrage auszuführen.

Hinweis

Spaltenbreite vergrößern

Wenn in der Datenblattansicht nicht alle Spalten sichtbar sind oder der Platz für den Inhalt nicht ausreicht, können Sie die Spalten per Drag & Drop vergrößern, indem Sie an den Spaltentrennlinien ziehen.

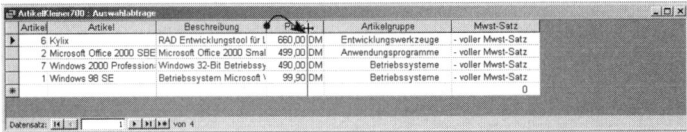

Spaltenbreite vergrößern

Felder berechnen

Sinn machen Abfragen auch dann, wenn zusätzliche Felder berechnet werden sollen. Es bietet sich bspw. in der erstellten Abfrage an, den Nettopreis zu berechnen, indem vom Feldwert der Spalte *Preis* die Umsatzsteuer abgezogen wird. Um eine solche Spalte zu berechnen, schalten Sie wieder über *Ansicht/Entwurfsansicht* in die Entwurfsansicht der Abfrage. Hier können Sie nun ein neues Feld erzeugen, indem Sie in ein leeres Feld der Abfrage folgenden Ausdruck eingeben:

```
Nettopreis: [Preis]/(1+[Steuersatz])
```

In diesem Ausdruck sind *[Preis]* und *[Steuersatz]* die verwendeten Tabellenfelder. Diese werden immer in eckige Klammer eingesetzt. Der Rest des Ausdrucks ist eigentlich einleuchtend. Links steht der Name des berechneten Felds, hier *Nettopreis*. Dann folgt ein Doppelpunkt und auf der rechten Seite der Ausdruck, der den Wert für das berechnete Feld liefert. In diesem Fall wird zunächst der Teilausdruck in runden Klammern berechnet. Er addiert den Wert 1 zum Feldwert des Felds *Steuersatz* hinzu. Da hier bspw. für 16 % der Wert 0,16 gespeichert ist, ergibt sich der Wert 1,16 für den Teilausdruck. Der Feldwert des Felds *Preis* wird dann durch diesen Wert geteilt.

Hinweis

Der Feldwert wird mit einem einfachen Dreisatz berechnet

Die Berechnung des Werts erfolgt mit einem einfachen Dreisatz. Ist im Preis bspw. 16 % MwSt. enthalten, stellt der Wert des Felds *Preis* 116 % des Nettopreises dar. Davon müssen also 16 % abgezogen werden, um den Nettopreis zu berechnen: Dazu wird wie folgt vorgegangen:

[Preis] = 116 %
[Preis] / 116 = 1 %
([Preis] / 116) * 100 = 100 %

Kürzt man dann 116 im Nenner und 100 im Zähler gegeneinander, ergibt sich [Preis] / 1,16 = 100 %.

Sie können nun noch die Feldeigenschaften des Felds definieren, um auch in diesem Feld die Währung anzugeben und auf zwei Nachkommastellen zu runden. Dazu klicken Sie mit der rechten Maustaste auf das Feld und wählen *Eigenschaften* aus dem Kontextmenü aus. Access blendet nun das Eigenschaften-Fenster ein. Sollte es allerdings schon sichtbar sein, wenn das Feld angeklickt wird, blendet Access das Fenster aus. In diesem Fall brauchen Sie das Kontextmenü nicht zu verwenden oder wählen dort erneut *Eigenschaften* aus, um es wieder einzublenden.

Für die Zeile *Format* des Fensters wählen Sie nun *Währung* aus, und schon zeigt Access beim Ausführen der Abfrage die Währung hinter dem Betrag an.

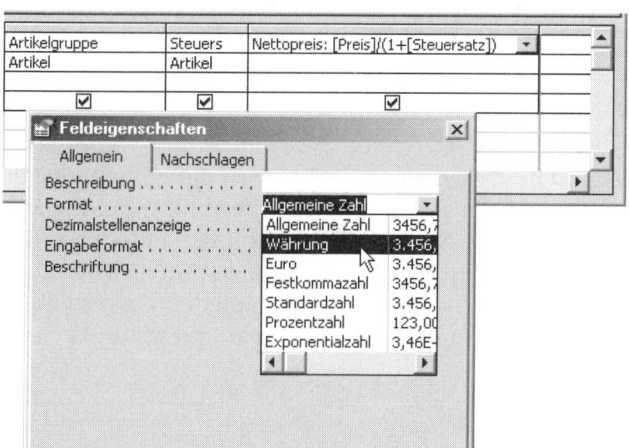

Einstellen des Feldformats

Suchen und Abfragen **3**

3.3 Schnelles Arbeiten mit Gruppen und Sortierungen

In Abfragen können Sie aber nicht nur Felder berechnen und mehrere Tabellen zusammenfügen, sondern auch Gruppen bilden und komplexe Sortierfolgen definieren.

Suchergebnisse in Abfragen sortieren

Wie Sie zuvor schon gesehen haben, können Sie die Ergebnisse einer Abfrage sortieren, indem Sie für ein Feld die Sortierfolge bestimmen. Sie haben aber auch die Möglichkeit, nach mehr als einem Feld zu sortieren. Es kommt dann auf die Position der sortierten Felder in der Abfrage an, wie die Datensätze angeordnet werden. Das Feld, das am weitesten links in der Abfrage angeordnet ist, bestimmt die erste Sortierfolge. Bei gleichen Werten in dieser Spalte werden die Werte der nächsten Spalte verwendet, für die Sie eine Sortierfolge bestimmt haben.

> **Hinweis**
>
> **Mögliche Werte für die Sortierfolge**
>
> Abhängig von der Sortierung werden die Datensätze unterschiedlich sortiert. Bei *Aufsteigend* gilt die Reihenfolge A-Z, wobei nicht zwischen Klein- und Großschreibung unterschieden wird. Mit *Absteigend* sortieren Sie von Z-A. Entsprechendes gilt für numerische Felder. Das Zeichen ß behandelt Access in der Sortierfolge wie ss. Wenn jedoch ein Textfeld Zahlen enthält, werden diese wie Text behandelt. Bei Werten von 1 bis 20 führt das zu folgender Sortierfolge: 1, 10, 11, 12, 13, 14, 15, 16, 17, 18, 19, 2, 20, 3, 4, 5, 6, 7, 8, 9. Wenn Sie die Zahlen korrekt als nach 1, 2, 3 ... sortieren möchten, müssen Sie die Zahl mit führenden Nullen auffüllen, also 01, 02, 03 etc. eingeben.

Sortieren Sie bspw. nach den Spalten *Nachname* und *Vorname* und gibt es in der Spalte *Nachname* zwei gleiche Werte, wird die Reihenfolge der Datensätze durch die Werte in der Spalte *Vorname* bestimmt. Bei Bedarf müssen Sie dann die Reihenfolge der Spalten in der Abfrage ändern, sodass die Spalte *Vorname* rechts von der Spalte *Nachname* angeordnet wird. Das können Sie einfach per Drag & Drop machen. Die nachfolgend dargestellte Abfrage sortiert also primär nach dem Feld *Artikelgruppe* und sekundär nach *Artikelname*.

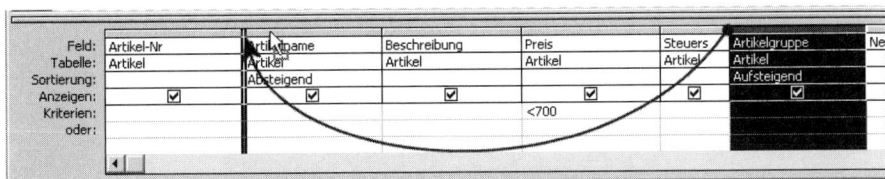

Verschieben einer Spalte innerhalb der Abfrage

Sie können bei Sortierung nach mehreren Spalten auch nach einer aufsteigend und nach der anderen absteigend sortieren. Dazu müssen Sie nur unterschiedliche Sortierfolgen einstellen.

Gruppen- und Aggregatfunktionen einsetzen

Aggregatfunktionen sind solche Funktionen, die Sie nicht auf einen einzelnen Datensatz der Abfrage anwenden, sondern auf eine Gruppe von Datensätzen. Eine Datensatzgruppe sind Datensätze, die in einem oder mehreren Feldern gleiche Werte haben und durch eine geeignete Sortierfolge untereinander angeordnet werden. Solche Funktionen werden auch als SQL-Aggregatfunktionen bezeichnet, da es sich hier nicht um Funktionen handelt, die Access zur Verfügung stehen, sondern die zum Sprachumfang von SQL gehören. Sie können sie verwenden, um Summen über Gruppen zu bilden oder Datensätze zu zählen.

Datensätze summieren

Eine gute Aufgabe für den Einsatz von Aggregatfunktionen ist beispielsweise die Frage, wie viel der Lagerbestand Ihrer Artikel wert ist. Sie brauchen dazu nur den Preis mit dem Lagerbestand zu multiplizieren und diese Werte zu summieren. Wenn Sie eine solche Abfrage erstellen möchten, gehen Sie dazu wie folgt vor:

1 Erstellen Sie eine neue Abfrage in der Entwurfsansicht. Das können Sie bspw., indem Sie im Datenbankfenster doppelt auf den Eintrag *Erstellt eine neue Abfrage in der Entwurfsansicht* klicken.

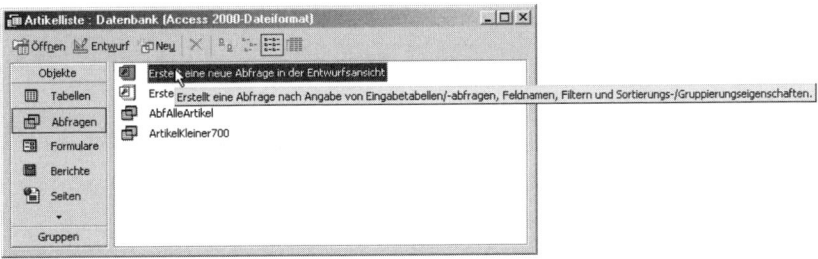

Erzeugen einer Abfrage

2 Fügen Sie nun die Tabelle *Artikel* zur Abfrage hinzu.

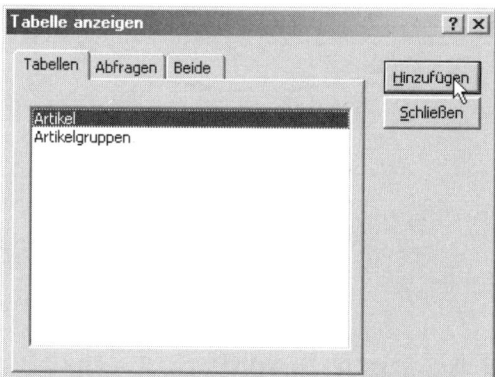

Hinzufügen der Tabelle

3 Ziehen Sie nun die Felder *Preis* und *Lagerbestand* in die Abfrage.

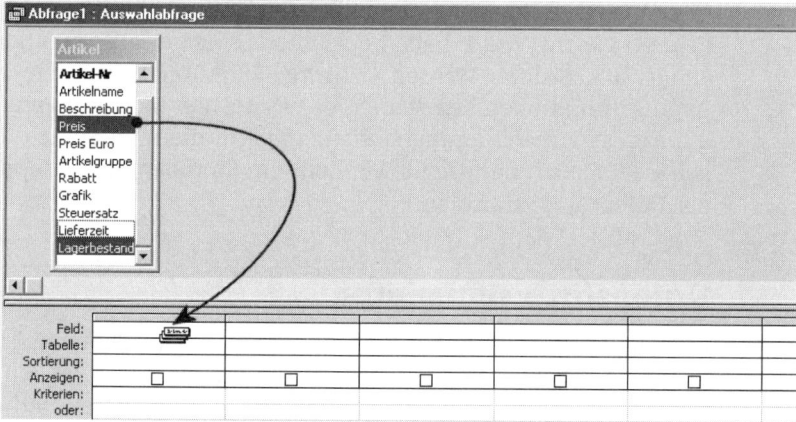

Hinzufügen der Felder

4 Erstellen Sie nun ein drittes Feld, indem Sie in die Zeile *Feld* der dritten Spalte den Ausdruck *Wert: [Lagerbestand]*[Preis]* eingeben. Aktivieren Sie anschließend das Kontrollkästchen in der Zeile *Anzeigen*.

Feld:	Preis	Lagerbestand	Wert: [Lagerbestand]*[Preis]
Tabelle:	Artikel	Artikel	
Sortierung:			
Anzeigen:	☑	☑	☑
Kriterien:			
oder:			

Berechnen des Werts für einzelne Artikel

5 Was nun noch fehlt, ist die Aggregatfunktion, die die Summe der Spalte *Wert* berechnet. Dazu müssen Sie zunächst die Zeile *Funktionen* einblenden. Klicken Sie mit der rechten Maustaste auf die Spalte und wählen Sie aus dem Kontextmenü den Eintrag *Funktionen* aus.

Einblenden der Zeile Funktionen

6 Wählen Sie nun in der Zeile *Funktionen* anstelle von *Gruppierung* den Eintrag *Summe* aus.

Feld:	Preis	Lagerbestand	Wert: [Lagerbestand]*[Preis]
Tabelle:	Artikel	Artikel	
Funktion:	Gruppierung	Gruppierung	Gruppierung
Sortierung:			Gruppierung
Anzeigen:	☑	☑	Summe
Kriterien:			Mittelwert
oder:			Min
			Max
			Anzahl
			StAbw
			Varianz

Auswählen der Aggregatfunktion Summe

7 Sie können nun die ersten beiden Spalten löschen. Sie werden nicht mehr benötigt. Markieren Sie dazu beide Spalten, indem Sie mit der Maus auf den Spaltenkopf der ersten Spalte klicken, die Maustaste gedrückt halten und die Maus bewegen, bis die ersten beiden Spalten markiert sind. Drücken Sie anschließend auf [Entf].

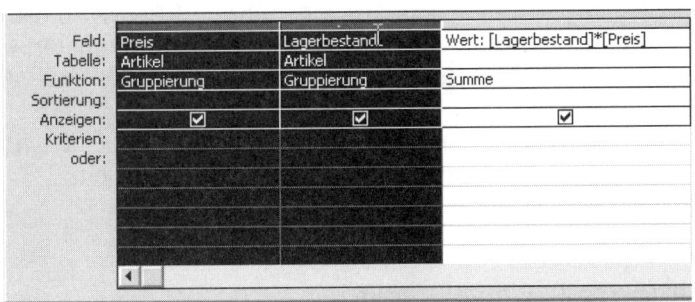

Löschen der ersten beiden Spalten

8 Speichern Sie nun die Abfrage, indem Sie *Datei/Speichern unter* auswählen und einen geeigneten Namen angeben.

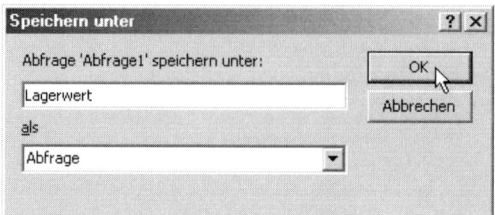

Speichern der Abfrage

9 Führen Sie nun die Abfrage aus, indem Sie auf das Symbol *Ansicht* klicken.

Ausführen der Abfrage

10 Access zeigt nun eine Tabelle bestehend aus einer Zelle an, die die Summe der berechneten Spalte *Wert* enthält.

Ergebnis der Aggegatfunktion

3.4 Komplexe Filterkriterien zur Suche bestimmen

Bisher haben Sie in Abfragen nur einfache Filterkriterien verwendet. Aber es ist natürlich auch möglich, dass Sie mehrere Kriterien mit UND oder ODER verknüpfen. Wenn Sie alternative Bedingungen definieren möchten, geben Sie die Kriterienausdrücke in unterschiedliche Zeilen ein. Möchten Sie hingegen, dass sowohl das eine Kriterium als auch das andere erfüllt sein muss, damit der Datensatz angezeigt wird, verbinden Sie beide Kriterien mit UND: In diesem Fall geben Sie beide Kriterien in eine Zeile ein.

Hinweis

UND-Verknüpfungen in einer Spalte

UND-Veknüpfungen in einer Zelle können Sie erstellen, indem Sie das Schlüsselwort UND in die Zelle eingeben.

Filterkriterien mit UND verknüpfen

Sie können Filterkriterien mit UND verknüpfen, indem Sie in zwei Felder einen Kriteriumsausdruck eingeben und das in der gleichen Zeile. Die folgende Abbildung zeigt ein solches Filterkriterium.

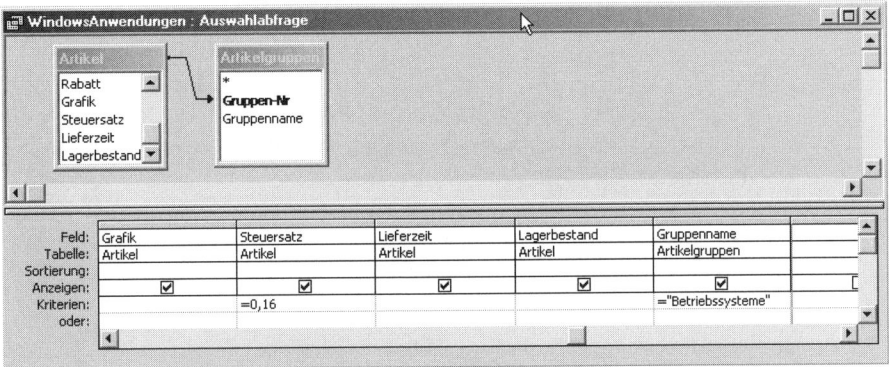

Verknüpfung von Filterkriterien mit UND

Hier werden die Datensätze angezeigt, die im Feld *Steuersatz* den Wert 0,16 stehen haben, und im Feld *Gruppenname* der Tabelle *Artikelgruppen* den Text *Betriebssysteme* enthalten.

Sie können aber auch innerhalb eines Felds zwei Ausdrücke mit UND oder ODER verknüpfen. Möchten Sie bspw. Zusätzlich noch prüfen, ob der Lagerbestand >0 ist oder gar nicht eingegeben wurde, müssen Sie die Abfrage dahingehend erweitern, dass Sie in die Zeile *Kriterien* in die Spalte Lagerbestand den Ausdruck *>0 Oder Ist Null* eingeben.

Hinweis

Bedeutung der Konstanten Null

Felder, die keinen Wert enthalten und in denen auch keine leere Zeichenfolge „" gespeichert ist, haben in Access den Wert Null. Diese Konstante definiert den Zustand eines nicht gefüllten Felds. Mit dem Operator *Ist* können Sie prüfen, ob ein Feld diesen Wert hat. Der Ausdruck Ist Null in einem Feld einer Abfrage ist also wahr, wenn das Feld leer ist. Die Konstante *Null* ist aber nicht identisch mit dem Wert 0 in einem Feld. Der Ausdruck >0 Oder Ist Null in einer Abfrage ist also dann wahr, wenn das Feld entweder einen Wert größer als 0 enthält oder leer ist.

Alternative Bedingungen formulieren

Die vorstehend angegebene ODER-Verknüpfung von Feldbedingungen wird jedoch eher selten eingesetzt und lohnt nur dann, wenn gleichzeitig viele UND-Verknüpfungen zu prüfen sind, die in jedem Fall erfüllt sein müssen. Viel häufiger kommt es aber vor, dass zwei alternative Bedingungen formuliert werden müssen, die entweder unterschiedliche Felder betreffen oder nicht gleichzeitig mit anderen Filterkriterien erfüllt sein müssen.

Wenn Sie bspw. Alle Artikel ermitteln möchten, die kurzfristig lieferbar oder lagerhaltig sind, verwenden Sie dazu einfach zwei Filterausdrücke in zwei verschiedenen Zeilen der Abfrage.

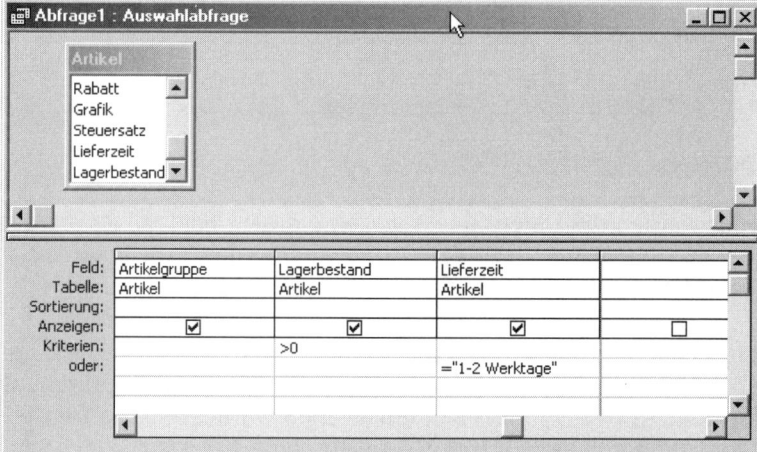

Formulieren alternativer Bedingungen für zwei Felder

Diese Abfrage zeigt alle Datensätze an, bei denen entweder der Lagerbestand größer als 0 oder die Lieferzeit auf *„1-2 Werktage"* gesetzt ist. Das Ergebnis könnte dann wie folgt aussehen:

Ergebnis der Abfrage

Hier wird der erste Datensatz deshalb angezeigt, weil der Lagerbestand die Bedingung >0 erfüllt. Es ist also anders als bei einer UND-Verknüpfung nicht notwendig, dass beide Bedingungen gleichzeitig erfüllt sind. Dass die anderen beiden Datensätze beide Bedingungen erfüllen, ist Zufall, aber nicht notwendig.

3.5 Artikelliste nach Stichwörtern durchsuchen

Besonders dann, wenn im Wesentlichen Text und keine numerischen Informationen in einer Tabelle gespeichert werden können, ist die Suche nach kompletten Übereinstimmungen von Feldinhalten problematisch.

Wenn Sie bspw. In der Artikeltabelle nach Software für Windows suchen möchten, ist es dazu erforderlich, auch nach Teilen von Feldinhalten zu suchen. Dazu bietet Access die Möglichkeit, Platzhalter in Filterkriterien einzusetzen.

Zudem haben Sie die Möglichkeit, auch Funktionen in Filterkriterien einzusetzen, mit denen Sie noch komfortablere und genauere Filterkriterien formulieren können.

Nach Mustern in Feldwerten suchen

Wenn Sie sich bereits ein wenig mit SQL auskennen, werden Sie auch vielleicht die *Like*-Anweisung kennen. Sie vergleicht, ob ein Text einem gesuchten Muster entspricht, und verwendet dabei Platzhalter für einzelne und mehrere Zeichen.

Die *Like*-Anweisung gibt es auch in Access. In einer deutschen Version von Access müssen Sie allerdings deren deutschen Namen, *Wie* eingeben. Auch die unterstützten Platzhalter unterscheiden sich von denen, die Standard-SQL kennt. In Access können Sie folgende Platzhalter und Symbole zur Formulierung von Mustern verwenden:

Zeichen bzw. Platzhalter	Beispiel	Beschreibung
*	Wie „Windows*"	Das Zeichen stellt eine beliebige Anzahl beliebiger Zeichen dar. Das Beispiel würde also alle Datensätze liefern, deren Feldwert mit „Windows" beginnt. Nach „Windows" können dann beliebig viele weitere Zeichen folgen.

Zeichen bzw. Platzhalter	Beispiel	Beschreibung
?	Wie „Windows 3.?"	Das Fragezeichen ersetzt genau ein Zeichen. In diesem Fall würden also Datensätze geliefert, die im betreffenden Feld entweder die Werte „Windows 3.x" oder „Windows 3.0" oder „Windows 3.1" stehen haben. Allerdings würden Datensätze mit „Windows 3" oder „Windows 3.11" nicht gefunden. Dazu müssten Sie den Ausdruck nach dem Fragezeichen noch um ein * ergänzen.
#	Wie „Windows 3.#"	Dieses Zeichen ersetzt eine Zahl (0-9). Das Beispiel würde also Datensätze mit dem Feldwert „Windows 3.1" und „Windows 3.0" finden, nicht aber „Windows 3.x".
[Zeichenliste]	Wie "M[a,e][i,y]er"	In eckige Klammern können Sie Zeichen oder Zahlen definieren, die an dieser Stelle in der Zeichenkette stehen dürfen. Dazu können Sie entweder alle möglichen Zeichen nacheinander aufführen oder mit einem Bindestrich nur die Grenzwerte angeben. Der Ausdruck [a-c] würde an der verwendeten Stelle bspw. erlauben, dass dort genau einer der Buchstaben "a", "b", "c" vorkommt. Bei Angabe von [a,c] während nur "a" und "c" möglich. Dabei wird Groß- und Kleinschreibung nicht berücksichtigt. Das Beispiel liefert also Datensätze, deren Feldinhalt den verschiedenen Schreibweisen des Namens Maier entsprechen, wie "Maier", "Meier", "Meyer" ...
[!Zeichenliste]	Wie "Ma[!u]er"	Das Zeichen ! stellt den Nicht-Operator dar. Der Ausdruck [!a] bedeutet, dass jedes Zeichen an dieser Stelle stehen darf, nur der Buchstabe A oder a nicht. Das Beispiel liefert also alle Datensätze, deren Feldwert mit "Ma" beginnt und mit "er" endet und bei denen dazwischen genau ein Zeichen steht, das nicht u sein darf. Die Zeichenketten "Maler" und "Maeer" würden also dem Muster entsprechen und "Mauer" nicht.

┌─── **Hinweis**

Verwendete SQL-Version bestimmen

Die von Access standardmäßig verwendete SQL-Version ist nicht mit Standard-SQL identisch. Möchten Sie die SQL-Standardbefehle auch in Access verwenden, können Sie über die Optionen einstellen, dass diese genutzt werden. Dazu wählen Sie Extras/Optionen aus und aktivieren auf der Registerkarte Tabellen/Abfragen das Kontrollkästchen SQL Server kompatible Syntax (ANSI 92) in dieser Datenbank verwenden. Vorsicht ist jedoch geboten, wenn Sie diese Datenbank auch mit Access 2000 verwenden möchten. Dann kann dies zur Fehlern bei der Ausführung von Abfragen führen. Wenn Sie diese Option auswählen und den Dialog mit OK schließen, wird die Datenbank konvertiert und Abfragen angepasst, wenn das möglich ist.

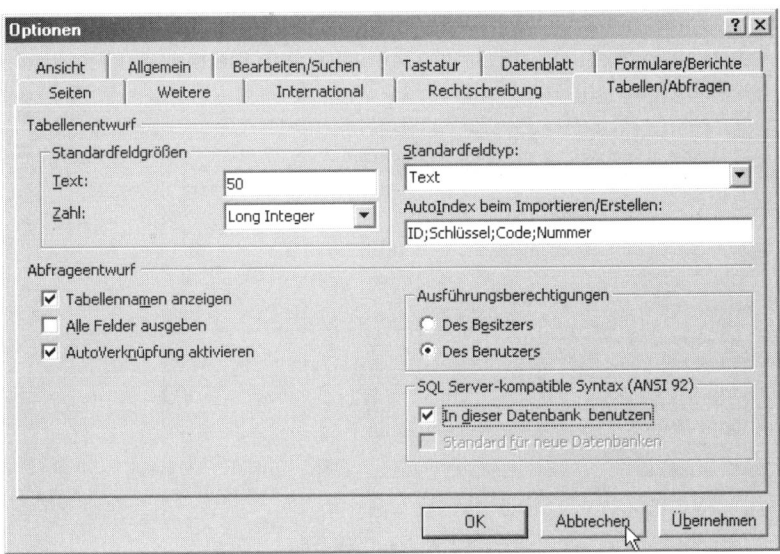

Aktivieren der gewünschten SQL-Syntax

3

Suchen und Abfragen

Funktionen in Filterkriterien einsetzen

Daneben können Sie auch beliebige Funktionen in Filterkriterien einsetzen. Sie können sowohl die Standardfunktionen von Access verwenden als auch selbst definierte VBA-Funktionen verwenden.

Hinweis

Was sind Funktionen?

Funktionen sind kleine Programme, die in der Regel etwas berechnen und den Wert zurückgeben. Access bietet eine Sammlung von Funktionen an, die Sie in Abfragen und anderen Ausdrücken, bspw. Gültigkeitsregeln, verwenden können. Mit VBA haben Sie jedoch auch die Möglichkeit, eigene Funktionen zu definieren und diese genau wie die Access-Funktionen einzusetzen. Eine Funktion, die Sie bereits kennen gelernt haben, ist die *Datum()*-Funktion, die das aktuelle Datum zurückgibt. Häufig werden Werte an Funktionen übergeben, die als Parameter bezeichnet werden. Die Anzahl und der Typ der Parameter hängt von der eingesetzten Funktion ab.

Wenn Sie den Namen der Funktion nicht kennen, die Sie einsetzen möchten, hilft Ihnen beim Formulieren des korrekten Funktionsaufrufs der Ausdrucks-Editor. Mit seiner Hilfe können Sie sich nicht nur die verfügbaren Funktionen ansehen, sondern auch die erforderlichen Parameter einsehen und eingeben. Sie können den Ausdrucks-Editor in der Entwurfsansicht einer Abfrage starten, indem Sie mit der rechten Maustaste auf die Zeile *Feldname* oder *Kriterien* klicken und aus dem Kontextmenü *Aufbauen* auswählen.

Der Ausdrucks-Generator stellt nun verschiedene Kategorien in der linken Auswahlliste zur Verfügung. Doppelklicken Sie hier auf *Funktionen*, um diese Rubrik zu öffnen.

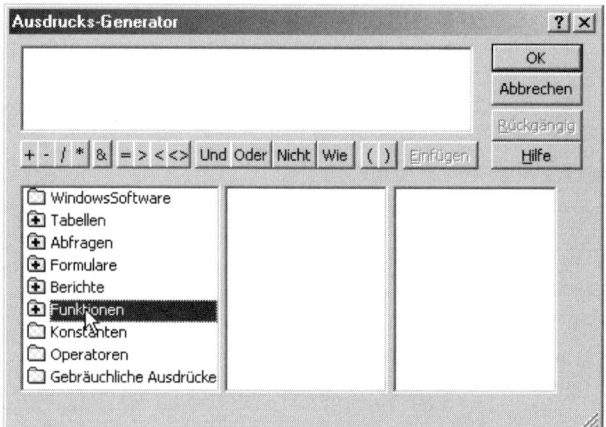

Funktionen im Ausdrucks-Generator öffnen

Doppelklicken Sie dann erneut auf *Eingebaute Funktionen*, um die Access-Standardfunktionen angezeigt zu bekommen. Möchten Sie hingegen eine VBA-Funktion auswählen, doppelklicken Sie auf den Namen der Datenbank.

Der Ausdrucks-Editor zeigt die Standardfunktionen von Access nun in der mittleren Liste in Kategorien an. Wählen Sie eine davon aus, erscheinen die ihr zugeordneten Funktionen in der rechten Liste. Wenn Sie hier eine Funktion auswählen, indem Sie sie mit der Maus markieren, zeigt der Ausdrucks-Editor am unteren Fensterrand eine kurze Beschreibung an. Durch Klicken auf *Hilfe* können Sie Details zur markierten Funktion über die Onlinehilfe von Access abrufen.

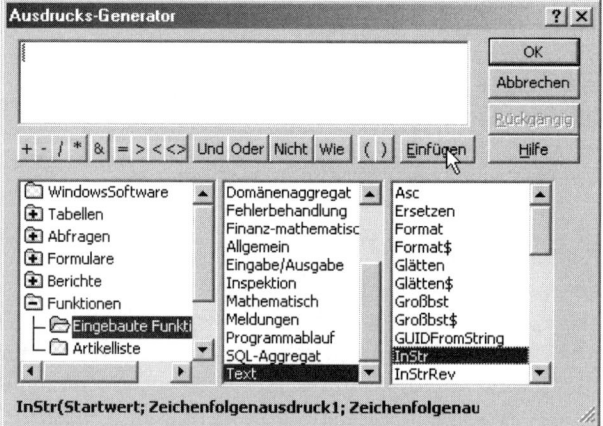

Auswählen einer Funktion

Wenn Sie die markierte Funktion einfügen möchten, doppelklicken Sie auf die Funktion oder klicken auf *Einfügen*. Die Parameter werden in Form von Platzhaltern eingefügt, die durch « und » eingefasst werden. Diese Platzhalter können Sie dann durch die gewünschten Werte ersetzen und den Ausdrucks-Editor mit *OK* beenden. Nachfolgend wird der Einsatz des Ausdrucks-Editors noch einmal verdeutlicht. Sie können damit nämlich nicht nur Funktionen verwenden, sondern auch normale Filterausdrücke erstellen.

Nach Stichwörtern suchen

Möchten Sie eine Abfrage erstellen, die alle Datensätze zurückgibt, in denen in der Artikelbeschreibung oder im Namen die Zeichenfolgen "Windows" vorkommt, können Sie dies wahlweise über eine Funktion oder über die *Wie*-Anweisung machen. Die folgenden Anweisungen zeigen beide Einsatzmöglichkeiten. Dazu wird für das Feld *Artikelname* die *Wie*-Anweisung und für das Feld *Beschreibung* die *InStr*-Funktion verwendet. Gehen Sie dazu folgendermaßen vor:

1 Erzeugen Sie eine leere Abfrage in der Entwurfsansicht und fügen Sie ihr die Tabelle *Artikel* hinzu.

2 Ziehen Sie die Felder in die Abfrage, die später angezeigt werden sollen. Achten Sie darauf, mindestens die Felder *Artikelname* und *Beschreibung* einzufügen.

3 Setzen Sie den Mauszeiger in die Zeile *Kriterien* des Felds *Artikelname* und geben Sie dort *Wie "*Windows*"* ein.

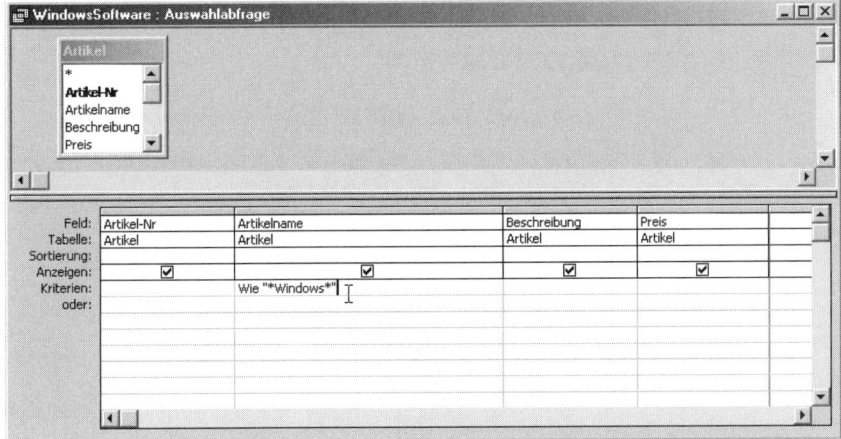

Einfügen der Wie-Anweisung in das Feld Artikelname

4 Klicken Sie nun mit der rechten Maustaste in die Zeile *oder* der Spalte *Beschreibung* und wählen Sie aus dem Kontextmenü *Aufbauen* aus.

Suchen und Abfragen **3**

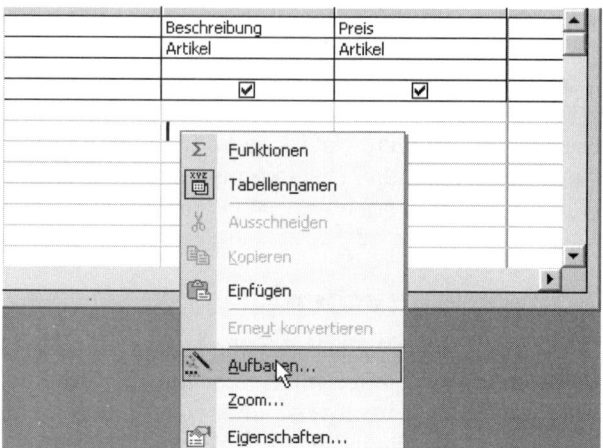

Starten des Ausdrucks-Editors

5 Doppelklicken Sie nun auf *Funktionen* und anschließend auf *Eingebaute Funktionen*.

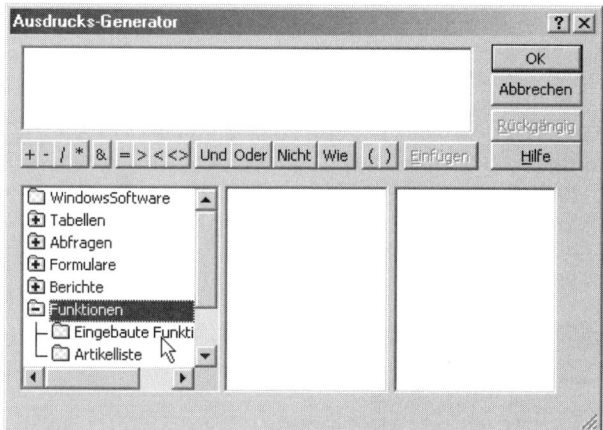

Öffnen der Kategorie Eingebaute Funktionen

6 Wählen Sie nun *Text* aus der mittleren Spalte aus.

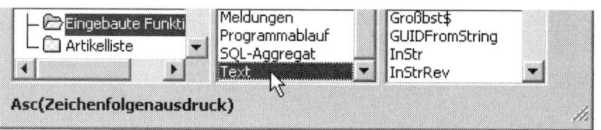

Auswählen der Funktionskategorie Text

7 Markieren Sie nun in der rechten Spalte die Funktion *InStr*.

┌─── **Hinweis**
┌

Details zur Funktion InStr

Bei dieser Funktion handelt es sich eigentlich nicht um eine Funktion, sondern genauer um eine Methode von VBA. Wenn Sie sich nicht weiter mit VBA beschäftigen möchten, reicht es aber aus, wenn Sie sich merken, dass fast alle Methoden von VBA auch in Ausdrücken verwendet werden können und dort wie Funktionen eingesetzt werden.

Diese Methode prüft, ob eine Zeichenkette in einer anderen Zeichenkette enthalten ist, und gibt die Position zurück, an der die Zeichenkette beginnt. Wird die Teilzeichenkette in der Zeichenkette nicht gefunden, gibt die Funktion einen Wert kleiner oder gleich 0 zurück. Der tatsächliche Rückgabewert ist davon abhängig, aus welchem Grund die Teilzeichenkette nicht gefunden werden konnte. Die Methode verfügt über vier Parameter, die jedoch nicht alle erforderlich sind. Als ersten Parameter übergeben Sie die Stelle in der Zeichenkette der Nummer des Zeichens, bei dem mit der Suche begonnen werden soll, also bspw. 1, wenn die komplette Zeichenkette durchsucht werden soll. Danach folgt die zu durchsuchende Zeichenkette, die in unserem Fall auch als Feldname *[Beschreibung]* angegeben werden kann. Danach folgt die zu suchende Zeichenkette. Der vierte Parameter ist optional, kann aber beim Einsatz der Methode in einer Abfrage nicht gesetzt werden. Nutzen Sie die Funktion hingegen in VBA-Anweisungen, können Sie damit bestimmten, auf welche Weise die Zeichenketten verglichen werden. Das kann unter Umständen zu unterschiedlichen Ergebnissen führen.

1 Klicken Sie auf die Schaltfläche *Einfügen*, um die Funktion einzufügen.

Einfügen der Funktion

2 Wenn Sie nun die ⌈Pos1⌉-Taste drücken, wird der Anfang der Funktion sichtbar und Sie können den ersten Parameter markieren. Klicken Sie nun auf den ersten Platzhalter in der Funktion. Er wird daraufhin markiert. Sie können jetzt den Wert 1 einfach eingeben, um den ersten Parameter zu setzen.

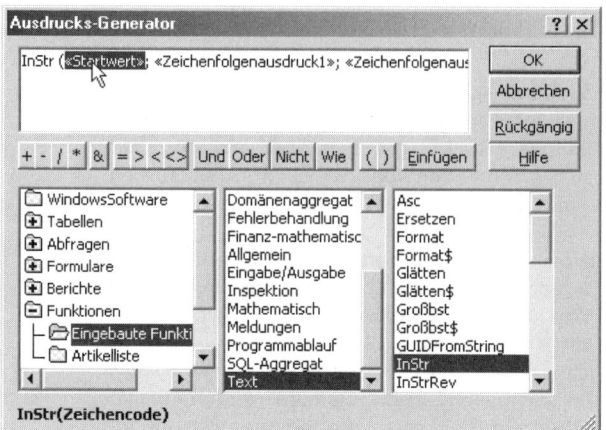

Setzen der Parameter

3 Auf die gleiche Weise setzen Sie nun auch die folgenden beiden Parameter. Für *Zeichenfolgenausdruck1* geben Sie den Wert *[Beschreibung]* ein und für den Platzhalter *Zeichenfolgenausdruck2* den zu suchenden Text, also *"Windows"* inklusive der umschließenden Anführungszeichen. Den letzten Parameter können Sie löschen, indem Sie ihn markieren und dann Entf drücken. Vergessen Sie aber nicht, auch das Semikolon vor dem Platzhalter zu löschen.

Hinweis

Aufgabe von Semikolons

Wenn an eine Funktion oder Methode mehrere Parameter übergeben werden, ist es erforderlich, sie voneinander zu trennen. Dazu gibt es so genannte Trennzeichen. In deutschen Access-Versionen ist dies das Semikolon. Verwenden Sie die gleichen Funktionen und Methoden jedoch im VBA-Code, müssen Sie statt des Semikolons ein Komma verwenden. Entfällt ein optionaler Parameter, der sonst letzter Parameter ist, entfällt auch das Trennzeichen. Es kann also niemals ein Trennzeichen nach dem letzten Parameter angegeben werden. Anders sieht es hingegen aus, wenn ein Parameter zwischendurch nicht angegeben wird. In diesem Fall müssen die Trennzeichen vor und nach dem fehlenen Parameter angegeben werden.

1 Setzen Sie nun den Cursor per Mausklick hinter die schließende Klammer der Funktion und klicken Sie dann auf >.

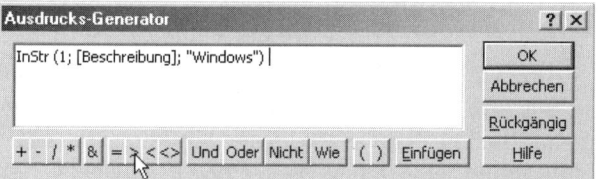

Eingeben des >-Zeichens

2 Geben Sie nun über die Tastatur eine *0* ein, um den Ausdruck abzuschließen. Klicken Sie anschließend auf *OK*, um den Ausdruck zu übernehmen.

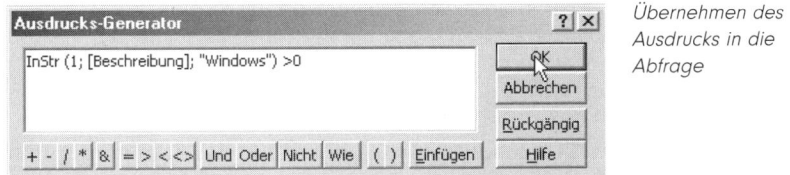

*Übernehmen des
Ausdrucks in die
Abfrage*

3 Speichern Sie nun die Abfrage mit *Datei/Speichern* und führen Sie sie
aus, um sie zu testen.

3.6 Aktionsabfragen entwerfen und ausführen

Neben Auswahlabfragen, die bisher Thema dieses Kapitels waren, gibt es
auch Aktionsabfragen. Dabei handelt es sich um eine spezielle Form von Abfragen. Sie ermitteln zwar auch wie Auswahlabfragen eine Datensatzmenge,
bearbeiten diese Datensätze jedoch im Anschluss. Abhängig davon, was mit
den Datensätzen passiert, unterscheidet Access

- Löschabfragen,

- Tabellenerstellungsabfragen,

- Aktualisierungsabfragen,

- Anfüge-Abfragen

und drei spezielle SQL-Abfragetypen, die jedoch nur bei der Zusammenarbeit
mit einem SQL-Server verwendet werden können und daher an dieser Stelle
nicht näher erläutert werden.

Hinweis

**Erzeugt werden Aktionsabfragen aus
Auswahlabfragen**

Access bietet zwar einige Assistenten für Aktionsabfragen, dennoch
ist es in der Regel günstiger, eine Aktionsabfrage aus einer Auswahlabfrage zu erstellen. Möchten Sie bspw. bestimmte Datensätze
aus einer Tabelle löschen, können Sie zunächst eine Auswahlabfrage erstellen, die die zu löschenden Datensätze ermittelt. Haben Sie
alle Filterkriterien ausgiebig getestet, können Sie die Auswahlabfrage in eine Löschabfrage umwandeln und haben so eine fehlerfreie
Aktionsabfrage. Der Vorteil dieser Vorgehensweise besteht darin,

Suchen und Abfragen | **3**

dass Sie so die Möglichkeit haben, Ausdrücke und/oder Filterkriterien vorher ausgiebig zu testen. Anders als in Access 2000 ist es in Access 2002 nämlich nicht mehr möglich, eine Aktionsabfrage aus der Entwurfsansicht heraus wie eine Auswahlabfrage auszuführen. Es wird immer im Anschluss die Aktion durchgeführt, also bspw. die Datensätze gelöscht. Das erschwert die Kontrolle und Fehlersuche in Ausdrücken.

Da Aktionsabfragen eine Auswahlabfrage beinhalten, können Sie dort natürlich auch beliebige Filterbedingungen und Ausdrücke verwenden. Allerdings ist es nicht möglich, SQL-Aggregatfunktionen einzusetzen.

Hinweis

Symbole für Abfragen

Jeder Aktionsabfragetyp verwendet ein eigenes Symbol, sodass Sie jederzeit schon am Symbol erkennen können, um welchen Abfragetyp es sich handelt. Die folgende Tabelle zeigt die Symbole für Abfragen.

Abfragetyp	Symbol
Auswahlabfrage	
Kreuztabellenabfrage	
Tabellenerstellungsabfrage	
Aktualisierungsabfrage	
Anfügeabfrage	
Löschabfrage	
SQL-Datendefinitionsabfrage	
SQL-Pass-Through	
SQL-Union	

Tabellenerstellungs- und Aktualisierungsabfragen

Tabellenerstellungsabfragen dienen dazu, die Datensatzmenge, die von der Abfrage geliefert wird, in eine neue Tabelle zu speichern, die wahlweise in der aktuellen Datenbank, aber auch in einer anderen Access-Datenbank erzeugt werden kann.

Im Gegensatz dazu dienen Aktualisierungsabfragen dazu, ein oder mehrere Felder einer bestehenden Tabelle zu aktualisieren. Sie können eine solche Abfrage beispielsweise verwenden, um bei einer Mehrwertsteuererhöhung die Feldwerte im Feld *Steuersatz* von 0,16 auf bspw. 0,17 (für 17 %) zu ändern. Wie Sie eine solche Abfrage erstellen, erfahren Sie jetzt.

1 Erstellen Sie dazu eine leere Abfrage in der Entwurfsansicht und fügen Sie ihr die Tabelle *Artikel* hinzu.

2 Ziehen Sie das Feld *Steuersatz* in die Abfrage.

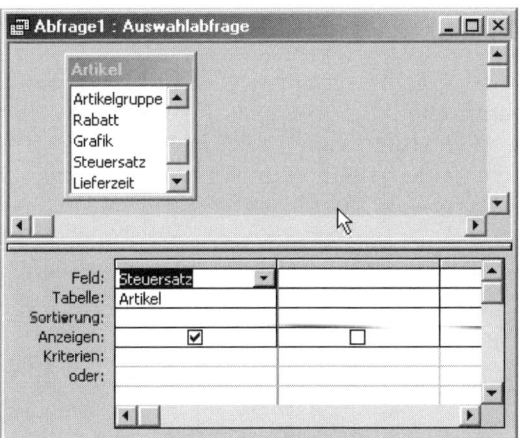

Einfügen der benötigten Felder

3 Geben Sie nun das Filterkriterium ein. Wenn alle Datensätze mit 16 % MwSt. auf 17 % erhöht werden sollen, lautet der Ausdruck dazu =0,16.

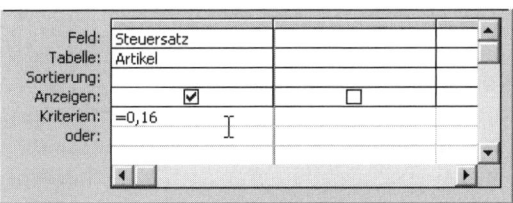

Eingeben des Filterkriteriums

4 Testen Sie nun die Abfrage, um den Filterausdruck zu prüfen. Wählen Sie dazu *Ansicht/Datenblattansicht* aus dem Menü aus oder klicken Sie auf das Symbol *Ansicht* der Symbolleiste.

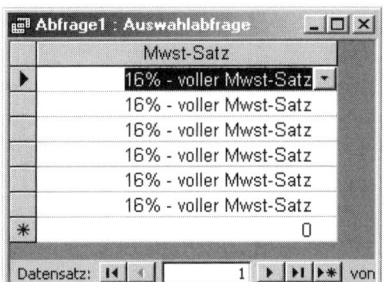

Testen des Filterausdrucks

Suchen und Abfragen

3

5 Sie können nun wieder zur Entwurfsansicht zurückkehren. Klicken Sie dazu auf *Ansicht/Entwurfsansicht* im Menü.

Anzeige des Textes "16% - voller Mwst-Satz" anstelle des Werts

In der ausgeführten Abfrage wird statt des Werts 0,16 der abgebildete Text angezeigt. Das liegt daran, dass für das Tabellenfeld, das die Abfrage darstellt, eine Nachschlageliste definiert wurde, die dafür sorgt, dass nicht der Wert, sondern dessen Beschreibung angezeigt wird.

1 Erzeugen Sie nun aus der Auswahlabfrage eine Aktualisierungsabfrage. Sie müssen dazu das Kontextmenü der Abfrage mit der rechten Maustaste öffnen und können dann *Auswahltyp/Aktualisierungsabfrage* auswählen.

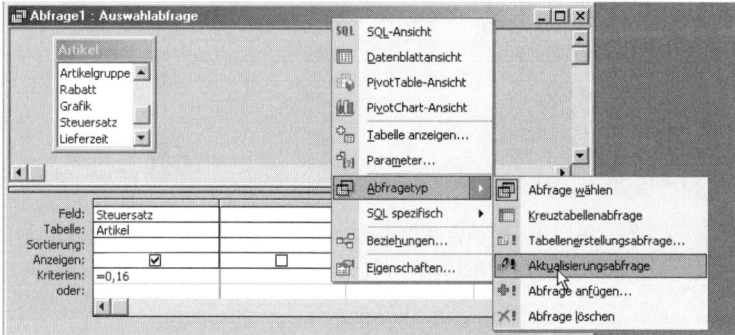

Umwandeln in eine Aktualisierungsabfrage

2 Access fügt nun oberhalb der Zeile *Kriterien* eine neue Zeile ein, die mit *Aktualisieren* beschriftet ist. Hier geben Sie den neuen Wert für das Feld ein – oder einen Ausdruck, der einen neuen Wert berechnet.

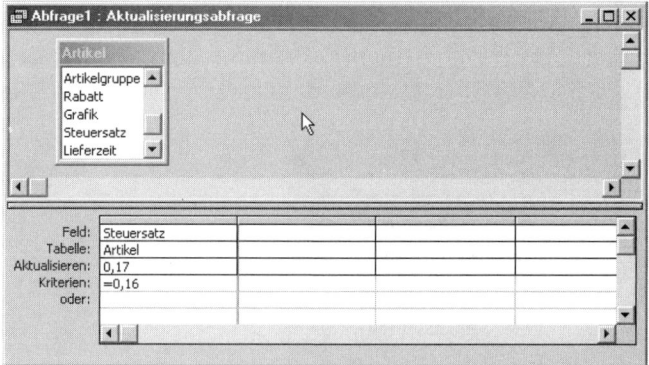

Eingeben des neuen Werts

3 Speichern Sie nun die Abfrage mit *Datei/Speichern* und geben Sie als Namen *SteuersatzErhoehen* an.

4 Schließen Sie die Abfrage anschließend mit *Datei/Schließen*.

5 Im Datenbankfenster wird die Abfrage nun aufgeführt und mit dem für Aktualisierungsabfragen typischen Symbol versehen. Sie können die Abfrage nun per Doppelklick ausführen:

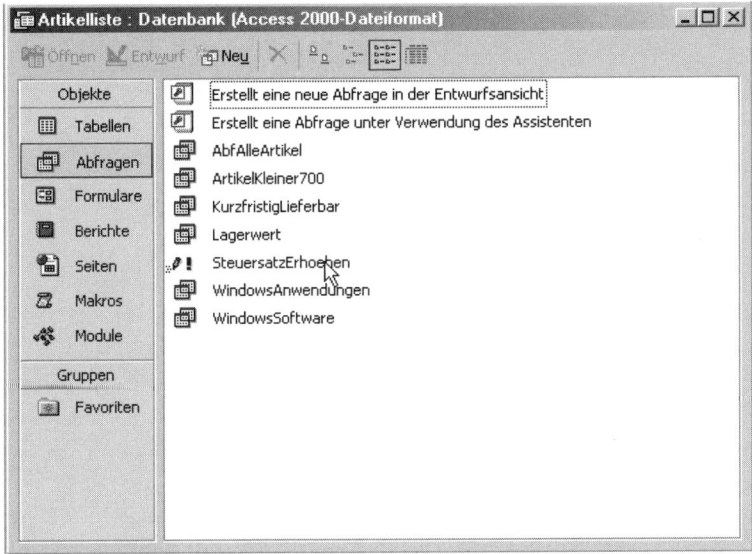

Ausführen einer Aktionsabfrage

6 Access zeigt nun eine Warnung an, dass Sie eine Aktionsabfrage ausführen. Sie müssen diese Meldung mit *Ja* bestätigen, damit die Aktion ausgeführt wird.

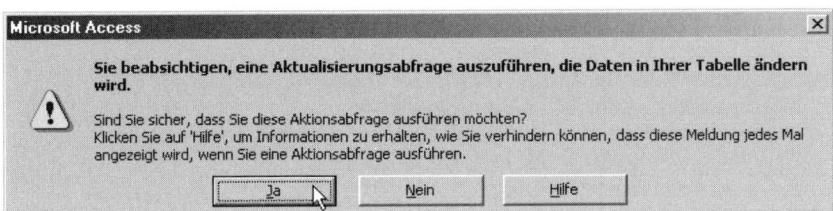

Bestätigen der Aktion

7 Anschließend meldet Access in einem weiteren Dialog, wie viele Datensätze von der Änderung betroffen sind. Auch diese müssen Sie wieder mit *Ja* schließen, damit die Änderungen durchgeführt werden.

3

Suchen und Abfragen

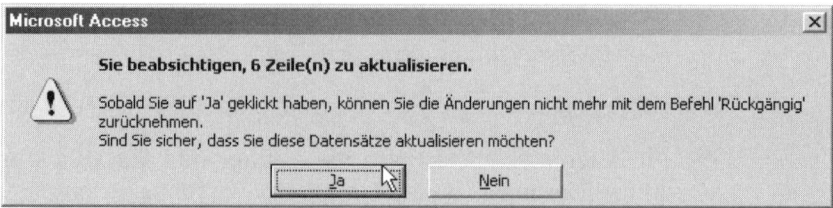

Bestätigen der Datensatzänderungen

8 Wenn Sie nun die Tabelle *Artikel* öffnen, werden Sie sehen, dass wirklich alle Datensätze mit einem Steuersatz von 0,16 in 0,17 geändert wurden.

Preis	Europreis	Artikelgrup	Rabatt in ‹	Name und Pfad	Mwst-Satz	Lieferzeit
99,90 DM	45,90 €	ysteme	0,00%	A1.gif	0,17	2-3 Werktage
499,00 DM	295,90 €	jramme	0,00%	A2.gif	0,17	3-4 Werktage
980,00 DM	490,00 €	kzeuge	0,00%	A3.gif	0,17	1-2 Werktage
660,00 DM		kzeuge	0,00%	A6.gif	0,17	2-3 Wochen
490,00 DM		ysteme	0,00%	A7.gif	0,17	1-2 Werktage
79,00 DM		ysteme	0,00%		0,17	nicht lieferbar
			0,00%		0	

Ergebnis der Aktionsabfrage

Hinweis

Nachschlagelisten sind ein Problem bei solchen Aktualisierungen

Wie Sie an der Abbildung schon erkennen können, wird nun wirklich der Wert in der Zelle und nicht der Text angezeigt. Das liegt daran, dass für die Zelle eine Nachschlageliste definiert wurde, die jetzt aber keinen Wert mehr in den Zellen findet, der den möglichen Werten der Nachschlageliste entspricht. Für Berechnungen, die Sie mit dieser Zelle durchführen, spielt das keine Rolle. Gibt der Anwender aber später Daten ein, stellt die Nachschlageliste wieder nur den Wert 0,16 (16 %) für den vollen MwSt.-Satz zur Verfügung. Sie müssen also auch die Werte der Nachschlageliste ändern. Das müssen Sie jedoch manuell machen oder eine solche Funktion per VBA programmieren. Möchten Sie auf VBA verzichten, können Sie ein solches Problem beseitigen, indem Sie die Steuersätze als separate Tabelle realisieren. Wie Sie dies mithilfe des Datenbankanalyse-Assistenten von Access machen, erfahren Sie im Kapitel „Access-Dienstprogramme richtig nutzen".

Löschabfragen

Löschabfragen können Sie auf die gleiche Weise erstellen. Auch hier erzeugen Sie zunächst eine Auswahlabfrage, die die zu löschenden Werte ermittelt. Anschließend wandeln Sie die Abfrage wieder in eine Löschabfrage um, indem Sie aus dem Menü der Entwurfsansicht für Abfragen den Eintrag *Abfrage/Löschabfrage* auswählen.

Warnungen für Aktionsabfragen deaktivieren

Wenn Sie häufig Aktionsabfragen in Ihren Access-Datenbanken einsetzen und diese vielleicht noch von anderen Anwendern ausführen lassen möchten, ist es natürlich sehr lästig, dass bei der Ausführung immer zwei Warnungen bestätigt werden müssen. Sie können dies jedoch über die Optionen von Access abschalten.

Dazu öffnen Sie den Optionen-Dialog in Access, indem Sie *Extras/Optionen* auswählen. Auf der Registerkarte *Bearbeiten/Suchen* können Sie mit den Kontrollkästchen

- *Datensatzänderungen*,

- *Löschen von Dokumenten* und

- *Aktionsabfragen*

verschiedene Warnungen von Access deaktivieren.

Datensatzänderungen

Wenn das Kontrollkästchen *Datensatzänderungen* des Dialogs aktiviert ist, werden Warnungen angezeigt, wenn Sie mehrere Datensätze in der Datenblattansicht bearbeiten, bspw. wenn Sie markierte Datensätze oder Spalten löschen.

Löschen von Dokumenten

Lassen Sie dieses Kontrollkästchen aktiviert, wenn Sie weiterhin vor dem Löschen von Datenbankobjekten gewarnt werden möchten.

Aktionsabfragen

Dieses Kontrollkästchen betrifft die Aktionsabfragen. Ist es aktiviert, werden die Warnungen angezeigt. Sie können jedoch das Kontrollkästchen deaktivieren, um die Warnungen abzuschalten.

3

Suchen und Abfragen

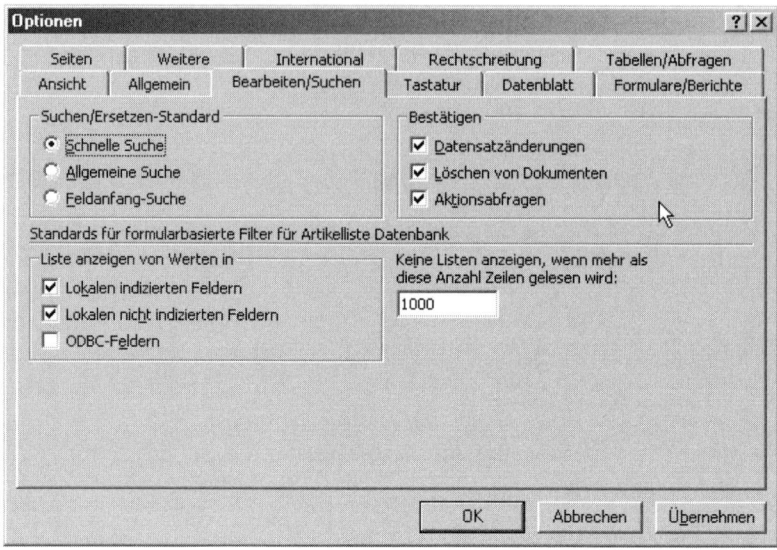

Deaktivieren der Warnungen

Ihre Änderungen werden übernommen, wenn Sie auf *Übernehmen* oder *OK* klicken.

Hinweis

Einstellungen über VBA oder Makros

Sie können die Einstellungen im Optionen-Dialog von Access auch über VBA vornehmen, mit Makros geht dies zwar auch, allerdings können damit nicht alle Einstellungen geändert werden. Wenn Sie ein Makro verwenden möchten, können Sie nur alle Warnungen von Access ein- oder alle ausschalten, aber keine differenzierten Einstellungen machen. Wie Sie Warnungen automatisch beim Start der Datenbank deaktivieren, erfahren Sie im Kapitel „Datenbanken mit Makros automatisieren".

3.7 Parameterabfragen erstellen und ausführen

Vielleicht haben Sie sich bereits die Frage gestellt, ob es nicht sehr umständlich ist, für jede Steuererhöhung eine eigene Abfrage zu erstellen oder diese jedes Mal zu ändern, weil der alte und neue Wert des Felds fest vorgegeben ist. Eine Lösung für dieses Problem stellen Parameterabfragen dar.

Was sind Parameterabfragen?

Parameterabfragen sind Aktionsabfragen oder Auswahlabfragen, die vor der Ausführung die Übergabe von Parametern erwarten und diese dann bspw. bei Berechnungen oder in Filterkriterien verwenden. Sie können bspw. aus der Aktualisierungsabfrage zur Änderung des Felds *Steuersatz* eine Parameterabfrage machen. Dann haben Sie die Möglichkeit, den alten und neuen Steuersatz einzugeben, und können die Abfrage damit wesentlich universeller einsetzen.

Parameter definieren

Eine Parameterabfrage entsteht einfach dadurch, dass Sie einer Abfrage Parameter hinzufügen. Öffnen Sie dazu die Abfrage *SteuersatzErhoehen* in der Entwurfsansicht, indem Sie sie im Datenbankfenster per Mausklick markieren und dann auf *Entwurf* klicken.

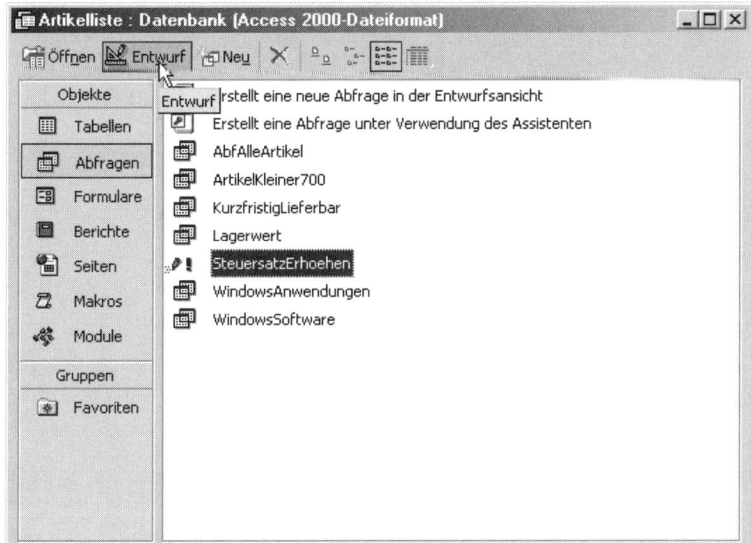

Öffnen der Abfrage in der Entwurfsansicht

Anschließend gehen Sie wie folgt vor, um die zwei Parameter *AlterWert* und *NeuerWert* zu definieren und die Parameter in der Abfrage zu verwenden.

1 Klicken Sie mit der rechten Maustaste auf einen freien Bereich im oberen Teil des Abfragefensters und wählen Sie *Parameter* aus dem Kontextmenü aus.

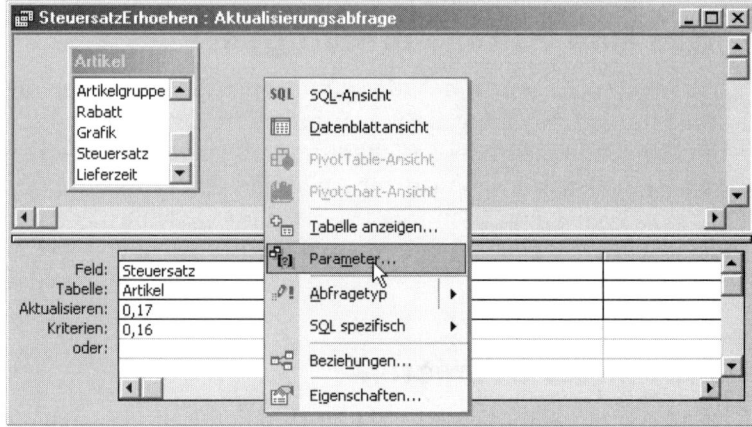

Öffnen des Parameter-Dialogs

2 Geben Sie den Namen für den Parameter in das erste Feld ein und wählen Sie dann als Felddatentyp *Single* aus.

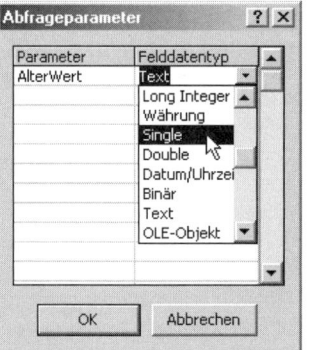

Auswählen des Felddatentyps

3 Tragen Sie darunter den zweiten Parameter ein und schließen Sie dann den Dialog mit *OK*.

Definieren der Parameter

┌──── Hinweis

Felddatentypen von Parametern

Den Felddatentyp von Parametern verwendet Access dazu, um fehlerhafte Angaben bei der Eingabe zurückzuweisen. Gibt der Anwender für einen Parameter mit einem numerischen Datentyp bspw. einen Text ein, nimmt Access ihn nicht an. Damit können Sie sicherstellen, dass verwertbare Eingaben gemacht werden. Zudem vereinfachen identische Felddatentypen bei Parametern und Tabellenfeldern die Ausführung von Filterausdrücken und beschleunigen die Ausführung der Abfrage.

Parameter in Filterbedingungen einsetzen

Nachdem Sie auf diese Weise die Parameter definiert haben, können Sie sie nun anstelle der Werte 0,17 und 0,16 in der Abfrage einsetzen. Gehen Sie dazu wie folgt vor:

1 Setzen Sie den Cursor in die Zeile *Aktualisieren* und überschreiben Sie den aktuellen Wert durch *[NeuerWert]*.

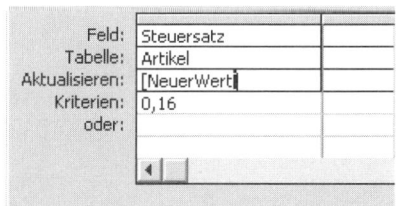

Einsetzen des Parameters als neuen Wert für die Zelle

2 Überschreiben Sie nun den Wert in der Zeile *Kriterien* mit dem Parameter *[AlterWert]*.

3 Speichern Sie die Abfrage mit *Datei/Speichern* und schließen Sie die Entwurfsansicht.

┌──── Hinweis

Parameter werden wie Tabellenfelder verwendet

Wie Sie an den eckigen Klammern um die Parameternamen schon erkennen konnten, werden Parameter genau wie Tabellen- oder Abfragefelder in Ausdrücken verwendet. Sie müssen dazu die Parameter nicht einmal separat definieren. Es reicht im Prinzip aus, einen Namen in eckigen Klammern zu verwenden, der nicht einem Feldnamen der Abfrage entspricht. Dann interpretiert Access diese Angabe als Parameter. Allerdings hat diese Methode gegenüber der vorstehend verwendeten den Nachteil, dass Sie dann keine Möglichkeit haben, den Datentyp des Parameters festzulegen.

Parameterabfragen ausführen

Wenn Sie eine Parameterabfrage erstellt haben, können Sie sie im Prinzip wie jede normale Auswahl- oder Aktionsabfrage ausführen. Der einzige Unterschied besteht darin, dass Sie vor der Ausführung zur Eingabe der Parameter aufgefordert werden.

1 Um die eben erstellte Abfrage auszuführen, doppelklicken Sie im Datenbankfenster auf die Abfrage.

Ausführen der Parameterabfrage

2 Access blendet nun die Eingabeaufforderung für den ersten Parameter ein. Geben Sie hier den Wert ein und schließen Sie den Dialog. Anschließend geben Sie in einem zweiten Dialog den zweiten Parameter ein und schließen auch diesen Dialog.

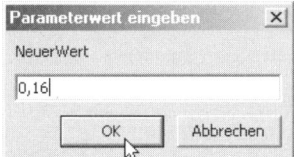

Eingeben von Parametern

3 Access führt nun die Abfrage aus. Abhängig davon, ob Sie zuvor die Warnungen für Aktionsabfragen deaktiviert haben, müssen Sie nun noch die beiden Dialoge bestätigen.

4. Formulare und Berichte als Benutzeroberfläche der Datenbank

Dieses Kapitel beschäftigt sich mit den Teilen einer Datenbank, die landläufig als Benutzeroberfläche bezeichnet werden. Dies sind Formulare und Berichte. Sie dienen vornehmlich dazu, die Eingabe und Verwaltung von Daten auch den Benutzern zu ermöglichen, die keine guten Access-Kenntnisse haben. Berichte dienen in der Regel zu Ausgabe der Daten in Listenform oder als Grafiken. Sie können sie wahlweise am Bildschirm anzeigen oder ausdrucken. Wie Sie Formulare und Berichte effektiv in Ihrer Datenbank einsetzen, erfahren Sie hier.

4.1 Einfache Formulare zur Dateneingabe erstellen

Formulare sind Fenster von Access, die über verschiedene Steuerelemente und Bereiche Daten einer Tabelle, Abfrage oder SQL-Anweisung darstellen können. Ein einfaches Formular zu Darstellung von Text- und Memo-Feldern könnte bspw. folgendermaßen aussehen:

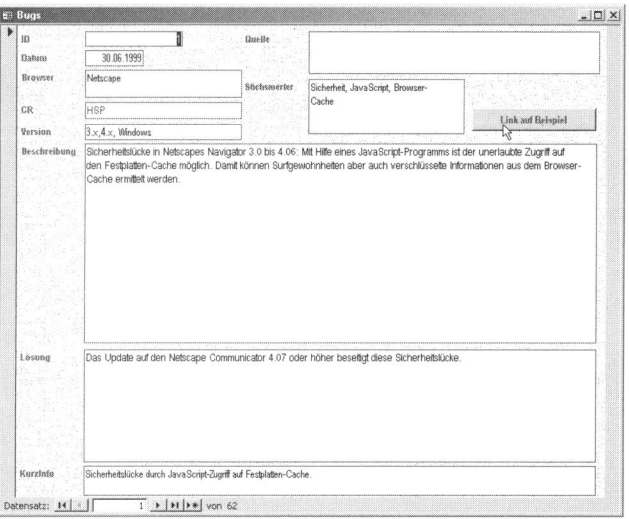

Einfaches Formular

Aufgabe von Formularen

Formulare zeigen zwar Daten einer Tabelle oder Abfrage an, dienen aber vornehmlich zu deren Eingabe und Manipulation. Sie können Formulare so gestalten, dass der Benutzer einfach nur Werte eingeben muss, die dann in der zugrunde liegenden Datenquelle gespeichert werden.

Zudem haben Sie aber zahlreiche Möglichkeiten, Formulare noch benutzerfreundlicher und effektiver zu gestalten, sodass Fehleingaben vom Benutzer vermieden werden oder dem Benutzer nur das Hinzufügen von neuen, nicht aber das Ändern vorhandener Daten gestattet werden kann.

Formulare bieten folgende Möglichkeiten zur Optimierung der Benutzerführung und zur Eingabe von Daten:

- Aktivieren und Deaktivieren einzelner Steuerelemente

- Vorgabe von Werten für einzelne Felder

- Definieren von Eingabemasken für Steuerelemente

- Auswahllisten, ohne eine Nachschlageliste definieren zu müssen

- Sperren von Feldern für die Eingabe

- Sperren von Datensatzänderungen

- Berechnen einzelner Felder

Die Möglichkeiten, die Formulare bieten, sind so zahlreich, dass hier nur der wichtigste Teil dargestellt werden kann. Zudem benötigen Sie für einige der Optimierungsmöglichkeiten VBA.

Formulare als AutoFormular erzeugen

Die einfachste Möglichkeit zur Erzeugung von Formularen ist die Nutzung der Funktion AutoFormular. Damit können Sie in wenigen Sekunden Formulare erstellen, indem Sie einfach das entsprechende AutoFormular auswählen und die Tabelle oder Abfrage bestimmen, die als Datenquelle dienen soll.

Vorbereitungen

Nachfolgend soll ein Formular zur Erfassung von Adressdaten erstellt werden. Dazu müssen Sie natürlich zunächst einmal die Tabelle und die Datenbank erstellen. Die folgende Beschreibung geht davon aus, dass Sie die Tabelle in einer leeren Datenbank mit dem Namen *Kunden.mdb* erstellt haben.

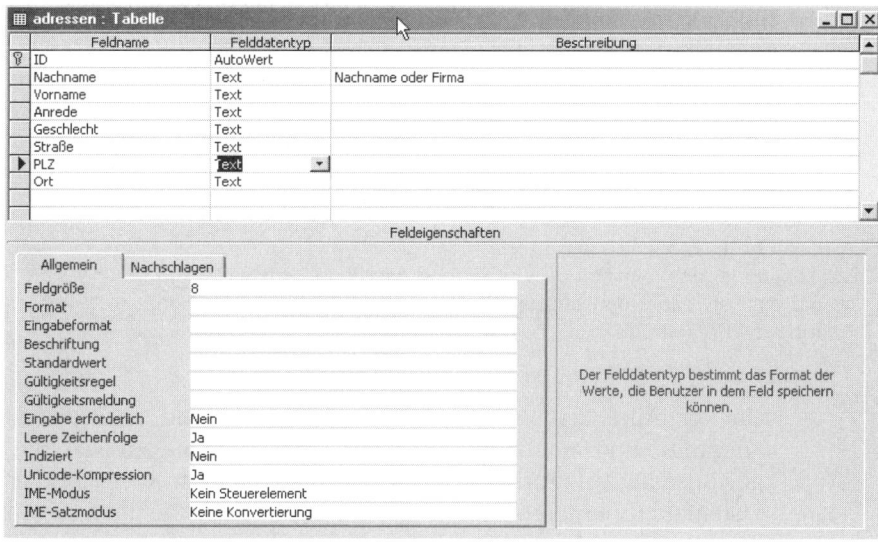

Notwendige Tabelle als Datenquelle für das Formular

Hinweis

Die Tabelle sollte nicht in der Datenbank *Artikellliste.mdb* gespeichert werden

Grundsätzlich ändert es an der Vorgehensweise zur Formularerstellung natürlich nichts, wenn Sie die Tabelle in der Datenbank aus dem vorherigen Kapitel anlegen. Sie sollten jedoch eine neue Datenbank anlegen. Damit schaffen Sie nämlich schon die Grundlagen für die Beispiele im Kapitel „Access-Dienstprogramme richtig nutzen".

Wenn Sie diese Tabelle erstellt haben, können Sie das Formular dafür erzeugen lassen. Schließen Sie dazu aber zunächst die Entwurfsansicht der Tabelle, falls sie noch geöffnet sein sollte.

AutoFormular erstellen

Der schnellste Weg, ein Formular zu erstellen, sind die AutoFormulare von Access. Sie verwenden ein Standarddesign und erzeugen so ohne weitere Benutzereingriffe Formulare zur Dateneingabe und Verwaltung.

Formulare und Berichte

4

Hinweis

AutoFormulare gibt es in vier verschiedenen Layouts

Access kennt verschiedene Typen von AutoFormularen. Der Unterschied besteht in der Anordnung der Steuerelemente auf dem Formular. Wenn Sie das entsprechende AutoFormular im Dialog auswählen, zeigt der Dialog eine Vorschau an, die Ihnen den Aufbau anzeigt. Die von Access unterstützten AutoFormulare sind:

- Einspaltig
- Tabellarisch
- Datenblatt
- PivotTable
- PivotChart

Sie können jedoch mithilfe von VBA eigene Assistenten erstellen und so die Liste erweitern und anpassen. Allerdings erfordert dies schon gehobene VBA-Kenntnisse.

Um ein AutoFormular zu erstellen, aktivieren Sie zunächst die Kategorie *Formulare* im Datenbankfenster. Danach klicken Sie auf *Neu* und wählen das gewünschte AutoFormular in der Liste aus, indem Sie es anklicken. In dem Listenfeld im unteren Bereich des Dialogs wählen Sie dann die Tabelle *adressen* aus, die als Datenquelle für das Formular dient.

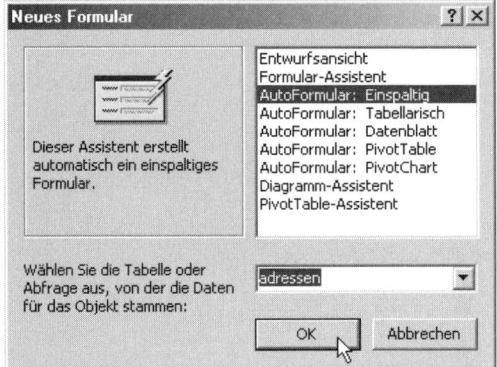

Auswählen des gewünschten AutoFormulars

Wenn Sie den Dialog dann mit *OK* schließen, wird das Formular erzeugt und anschließend angezeigt. Das Ergebnis könnte dann wie folgt aussehen. Es ist allerdings abhängig vom verwendeten Formulardesign.

Standardmäßig verwendet Access immer das, was Sie bei der letzten Verwendung des Formular-Assistenten genutzt haben.

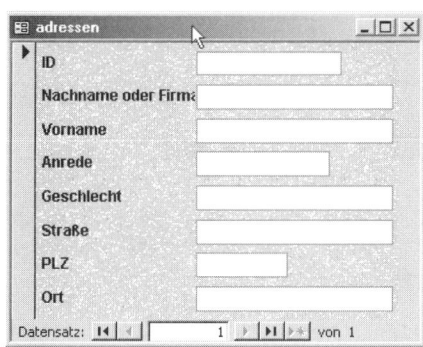

*Erzeugtes AutoFormular für
die Tabelle adressen*

Hinweis

Das Formulardesign bestimmt die Formatierungen

Das Design von Formularen bestimmt neben dem Hintergrundbild auch die verwendeten Schriftarten und Farben sowie die Farben und Rahmen der Steuerelemente. Sie können einem Formular jedoch später problemlos ein anderes Design zuweisen und sogar eigene Designs definieren.

Wenn Sie ein Formular als AutoFormular erstellt haben, ist es noch nicht gespeichert. Sie sollten daher in die Entwurfsansicht des Formulars wechseln und das Formular speichern. Klicken Sie dazu einfach auf das Symbol für die Entwurfsansicht oder wählen Sie *Ansicht/Entwurfsansicht* aus dem Menü aus.

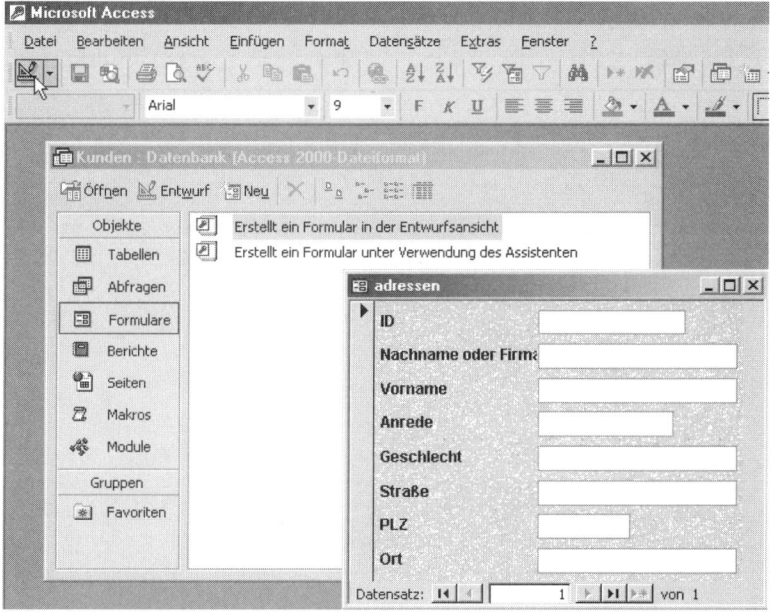

Wechseln zur Entwurfsansicht

Mit *Datei/Speichern* können Sie nun das Formular speichern. Danach wird es auch im Datenbankfenster in der Rubrik *Formulare* angezeigt. Sie können das Formular jederzeit per Doppelklick im Datenbankfenster ausführen.

Beim Test des Formulars fällt auf, dass bspw. die Beschriftung des Felds *Nachname oder Firma* nicht vollständig sichtbar ist und außerdem keine Auswahlliste für *Geschlecht* und *Anrede* vorhanden ist. Diese Details sowie die Deaktivierung des Felds *ID* können Sie bei AutoFormularen nur nachträglich in der Entwurfsansicht ändern. Wie das geht, finden Sie ab Seite 160 beschrieben.

Mehr Flexibilität bietet der Formular-Assistent

Der Formular-Assistent von Access bietet erheblich mehr Möglichkeiten, Formulare individuell zu gestalten, ohne dass Sie dazu die Steuerelemente alle manuell einfügen müssen. Nachfolgend wird ein Formular für die Tabelle *Artikel* der Datenbanken *Artikelliste.mdb* entstehen. Um ein solches Formular mit dem Assistenten zu erstellen, gehen Sie wie folgt vor:

1 Schließen Sie die Entwurfsansicht des Formulars über *Datei/Schließen*.

2 Schließen Sie die Datenbank über *Datei/Schließen*.

3 Öffnen Sie nun die Datenbank *Artikelliste.mdb*, indem Sie *Datei/Öffnen* anklicken und die Datenbank auswählen.

4 Aktivieren Sie nun die Rubrik *Formulare* im Datenbankfenster und klicken Sie erneut auf *Neu*.

5 Wählen Sie nun aus der Auswahlliste den Eintrag *Formular-Assistent* aus.

6 Als Datenquelle für das Formular wählen Sie aus dem Listenfeld den Eintrag *Artikel* aus und schließen dann den Dialog mit *OK*, um den Assistenten zu starten.

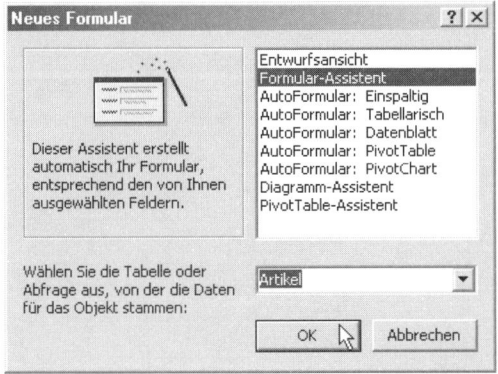

Starten des Formular-Assistenten

7 Im ersten Schritt des Assistenten werden Ihnen die Felder der Tabelle angezeigt, die Sie zuvor schon als Datenquelle ausgewählt haben. Sie können nun alle Felder oder nur einzelne in das Formular einfügen. In der Regel sollte ein Formular zur Dateneingabe jedoch alle Felder enthalten. Daher klicken Sie einfach auf >>, um alle Felder hinzuzufügen. Anschließend setzen Sie den Assistenten mit *Weiter* fort.

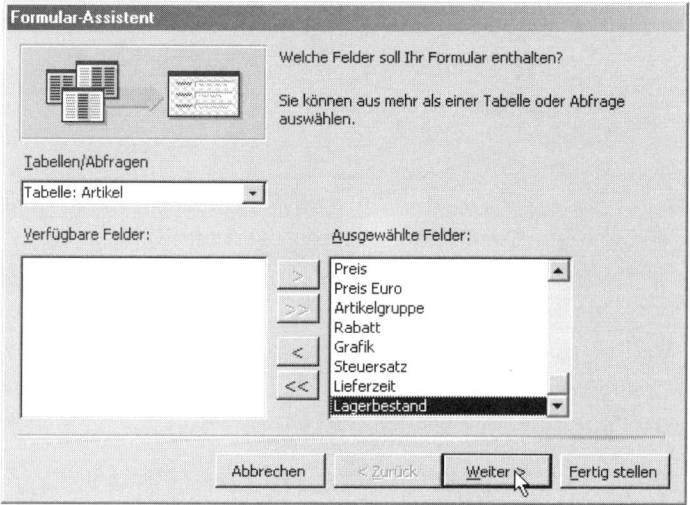

Auswählen aller Felder

4

Formulare und Berichte

Hinweis

Einzelne Felder auswählen und Tabellen hinzufügen

Sie können natürlich auch nur einzelne Felder auswählen. Markieren Sie dazu das Feld, indem Sie es in der linken Liste anklicken, und verwenden Sie dann >, um das Feld in die rechte Liste zu übertragen. Dies wiederholen Sie für jedes Feld und in der Reihenfolge, in der die Felder eingefügt werden sollen.

Außerdem können Sie auch Felder aus weiteren Tabellen einfügen. Wenn Sie alle benötigten Felder der augenblicklich ausgewählten Tabelle in die rechte Liste eingefügt haben, wählen Sie einfach aus dem Listenfeld *Tabellen/Abfragen* eine weitere Tabelle oder Abfrage aus und können dann auch deren Felder auswählen.

---

8 Im nächsten Dialog können Sie das Layout Ihres Formulars auswählen. Die verschiedenen Möglichkeiten stellt Access in Form von Optionsfeldern dar. Wenn Sie eine Option wählen, wird Ihnen eine entsprechende Vorschaugrafik angezeigt. Wählen Sie das gewünschte Layout aus und klicken Sie dann auf *Weiter*.

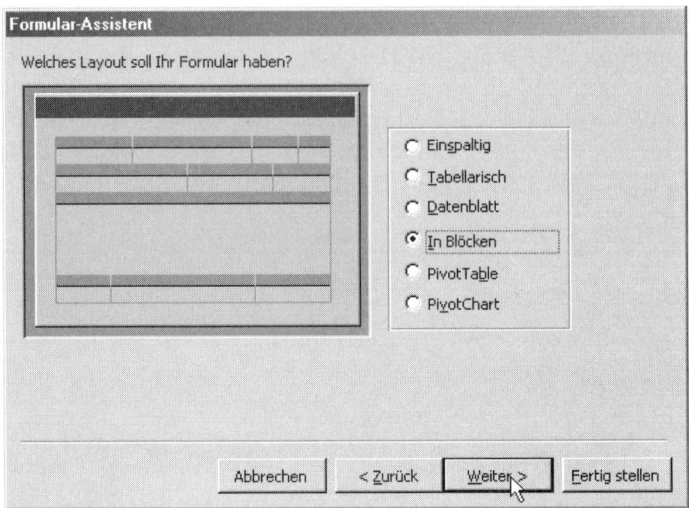

Auswählen des Layouts

9 Als Nächstes wählen Sie das Design des Formulars aus. Auch hier bietet Ihnen Access wieder eine Vorschau an. Wenn Sie das Design ausgewählt haben, klicken Sie wieder auf *Weiter*.

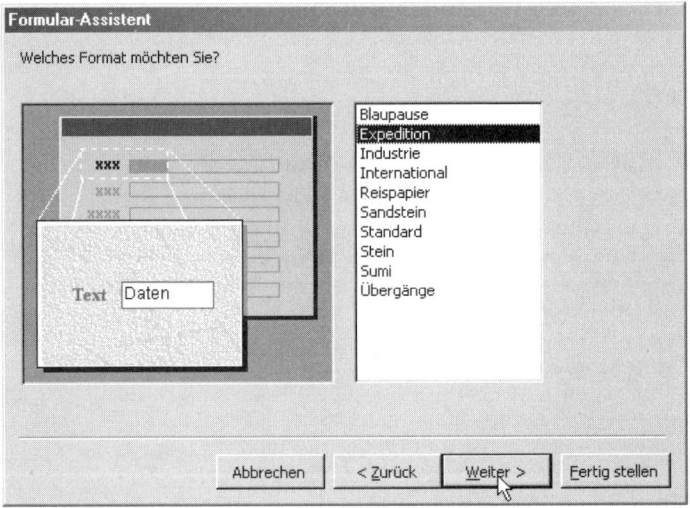

Auswählen des Designs

10 Im letzten Dialog geben Sie den Titel für das Formular im einzigen Textfeld des Dialogs ein. Standardmäßig verwendet Access hierzu den Namen der zugrunde liegenden Datenquelle. Sie können nun auf *Fertig stellen* klicken, um den Assistenten zu beenden und das Formular zu öffnen.

11 Abhängig vom gewählten Layout und Design könnte das Formular dann so aussehen:

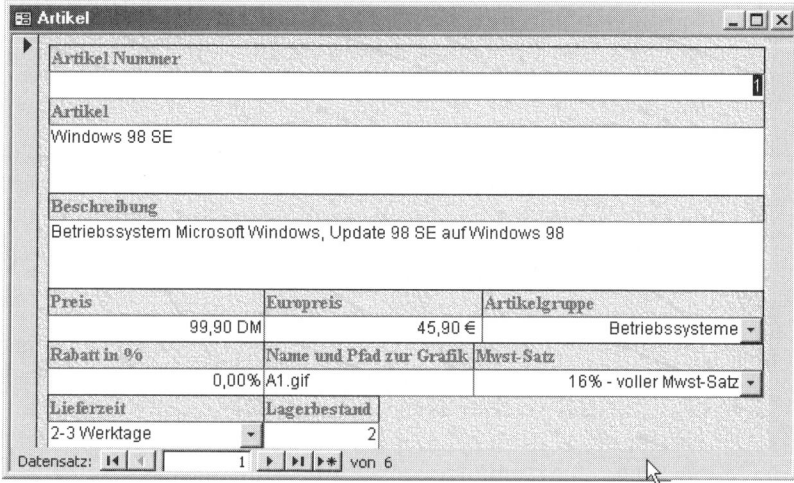

Erzeugtes Formular

Das Formular ist damit fertig. Allerdings gibt es in den meisten Fällen Änderungen oder Optimierungsmöglichkeiten. Wie Sie ein solches Formular in der Entwurfsansicht anpassen und optimieren, erfahren Sie ab Seite 160.

4.2 Haupt- und Detailformulare verwenden

Sie haben zwar die Möglichkeit, für zwei Tabellen, die über eine 1:n-Beziehung verknüpft sind, getrennte Formulare zur Erfassung der Daten zu erstellen, das kann jedoch sehr umständlich sein.

Nehmen Sie bspw. an, Sie erfassen Auftragsdaten und haben dazu eine Tabelle *Auftraege* und eine Tabelle *Auftragsdetails* erstellt, die über ein 1:n-Beziehung verbunden sind. Soll nun ein neuer Auftrag erfasst werden, wäre es natürlich für den Benutzer sehr umständlich, müsste er zunächst in einem Formular den Auftrag mit Datum, Kunde etc. erfassen, dann das Formular schließen und ein neues Formular öffnen, um die Auftragsdetails zum Auftrag erfassen zu können.

Abhilfe schaffen hier Formulare, die aus einem Hauptformular und einem Detailformular bestehen. Access unterstützt dabei zwei verschiedene Arten. Zum einen kann das Detailformular im Hauptformular angezeigt werden.

Die zweite Möglichkeit besteht darin, beide Formulare über eine Schaltfläche zu verknüpfen, aber getrennt anzeigen zu lassen. Letzteres hat den Vorteil, dass auch auf kleinen Bildschirmen mit geringen Auflösungen eine gute Platzausnutzung möglich ist. Als Nachteil müssen Sie jedoch in Kauf nehmen, dass die Bedienung gerade für ungeübte Anwender nicht immer einfach ersichtlich ist.

Beide Formulartypen können Sie mit dem Assistenten erstellen. Das folgende Beispiel verwendet ein Hauptformular mit integriertem Detailformular zur Darstellung der Artikelgruppen und der darin enthaltenen Artikel. An der entsprechenden Stelle erhalten Sie jedoch einen Hinweis, was Sie machen müssen, um zwei verknüpfte Formulare zu erstellen.

Um ein Hauptformular mit Detailformular mithilfe des Assistenten zu erstellen, benötigen Sie zwei Tabellen, zwischen denen eine 1:n-Beziehung besteht. Sie müssen aber keine Abfrage erstellen, sondern können im Formular-Assistenten einfach beide Tabellen auswählen. Am einfachsten funktioniert dies, wenn Sie nachfolgende Schritte durchführen.

1 Klicken Sie in der Kategorie *Formulare* des Datenbankfensters doppelt auf den Link *Erstellt ein Formular unter Verwendung des Assistenten*.

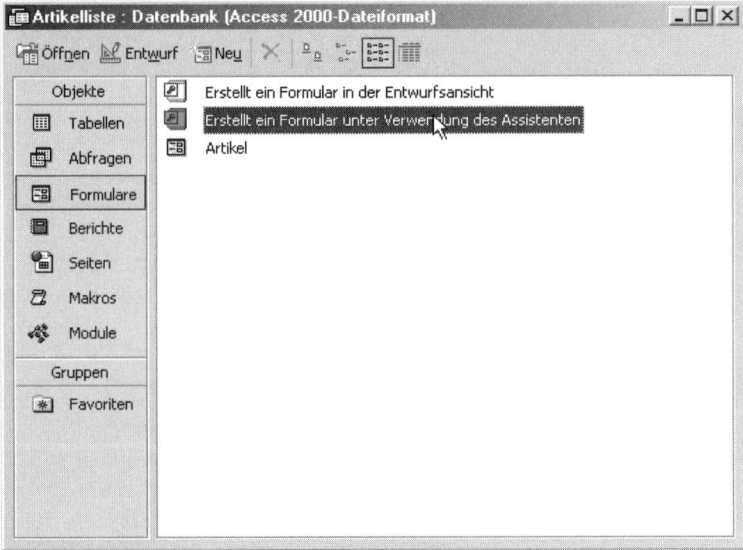

Starten des Assistenten

2 Im ersten Schritt des Assistenten wählen Sie die Haupttabelle der 1:n-Beziehung aus, in diesem Fall also die Tabelle *Artikelgruppen*. Über >> können Sie dann ganz einfach alle Felder der Tabelle zum Formular hinzufügen.

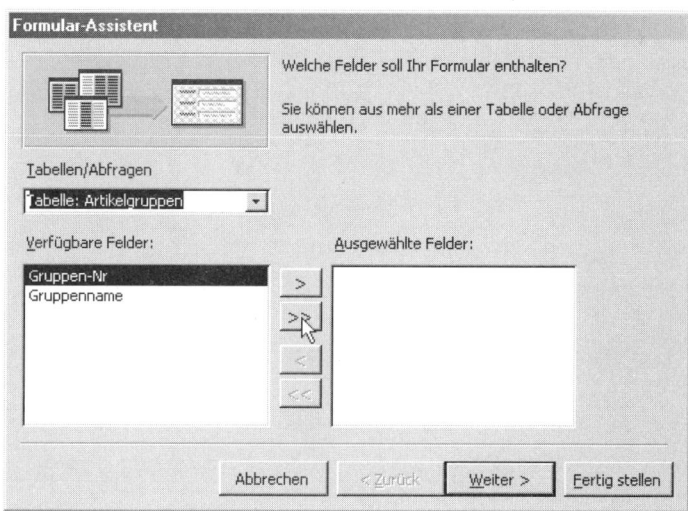

Auswählen der Haupttabelle

3 Anschließend wählen Sie aus der Liste *Tabelle/Abfragen* die Detailtabelle, also die Tabelle *Artikel*, aus und fügen auch deren Felder zur Abfrage hinzu.

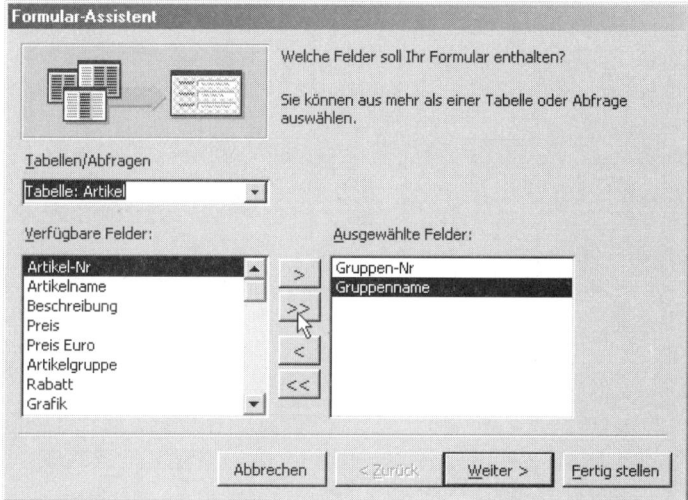

Auswählen der Felder der Detailtabelle

4 Nun bestimmen Sie, nach welcher Tabelle die Daten gruppiert werden sollen. Sinnvoll ist hier nur die Auswahl der Haupttabelle. Dies entspricht auch dem Vorschlag von Access. Außerdem können Sie hier festlegen, ob Sie zwei getrennte, aber miteinander verknüpfte Formulare erzeugen möchten oder ob das Detailformular in das Hauptformular eingefügt werden soll. Für diese Möglichkeit brauchen Sie es nur bei der Voreinstellung zu belassen. Im anderen Fall aktivieren Sie die Option *Verknüpfte Formulare*.

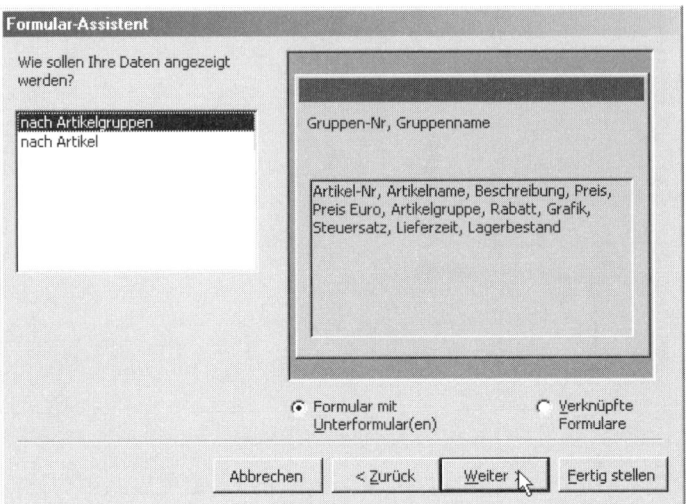

Gruppierungs- und Verknüpfungsoptionen einstellen

5 Wenn Sie nun auf *Weiter* klicken, können Sie im nächsten Dialog das Layout für das Unterformular wählen.

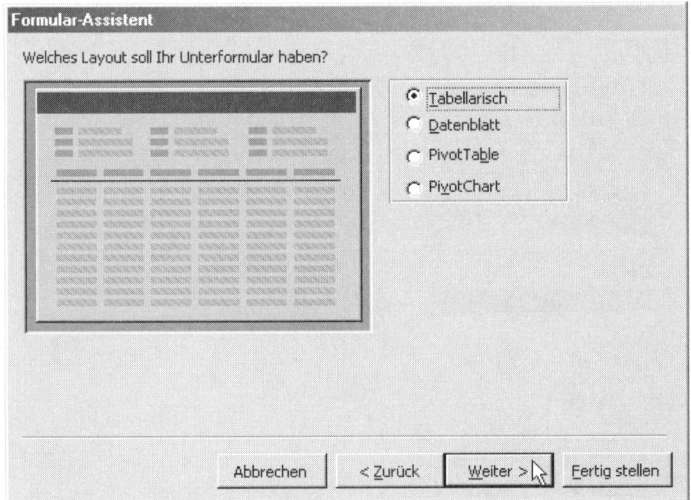

Auswählen des Formularlayouts

6 Im nächsten Schritt, den Sie wieder mit *Weiter* aktivieren, können Sie das Design für Haupt- und Unterformular auswählen. Access verwendet grundsätzlich für beide Formulare das gleiche Design. Allerdings haben Sie die Möglichkeit, später einem oder beiden Formularen unterschiedliche Designs zuzuweisen.

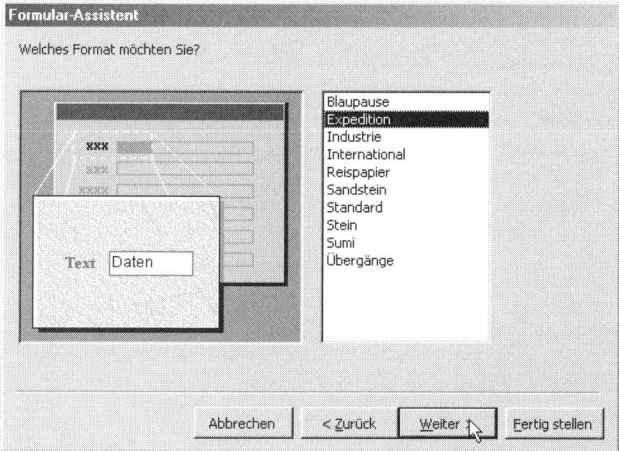

Auswählen des Designs

7 Im letzten Schritt des Assistenten können Sie nun noch die Titel für beide Formulare bestimmen. Geben Sie dazu einfach die gewünschten Texte in die Eingabefelder ein und schließen Sie dann den Assistenten mit *Fertig stellen* ab.

Eingabe der Formulartitel

Hinweis

Vorsicht bei der Vergabe der Titel

Die Titel für die Formulare werden nicht nur als Titel im Fenster verwendet, sondern auch als Namen für die Formulare. Daher müssen Sie darauf achten, einen Text einzugeben, der nicht schon als Name eines Formulars verwendet wird. Außerdem wird der Titel des Unterformulars auch für die Beschriftung des Unterformulars verwendet. Das macht die Sache natürlich noch etwas problematischer. Allerdings lässt sich die Beschriftung nachträglich recht einfach ändern, wenn dies notwendig sein sollte.

4

Formulare und Berichte

Hinweis

Auswahl des Layouts für das Hauptformular

Anders als für Unterformulare können Sie für Hauptformulare kein Layout im Assistenten festlegen. Die Auswahl der verfügbaren Layouts ist jedoch auch auf zwei beschränkt, um Hauptformulare sinnvoll einsetzen zu können. Access wählt für das Hauptformular immer das Layout aus, das Sie zuvor für ein einfaches Formular verwendet haben, wenn dieses Layout für ein Hauptformular geeignet ist.

Access erzeugt nun die Formulare und zeigt sie an. Dies könnte dann folgendermaßen aussehen:

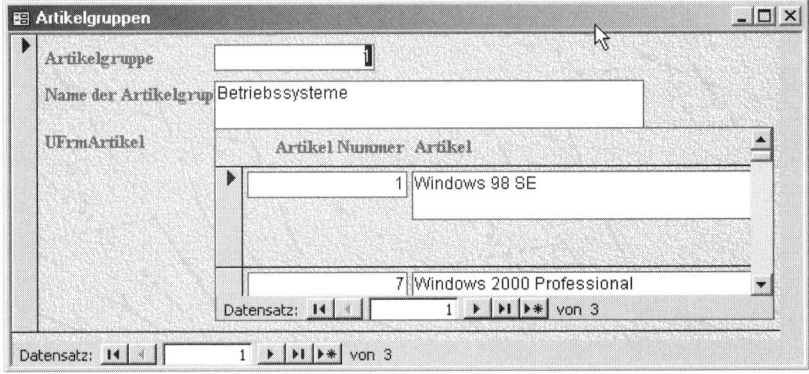

Anzeige von Haupt- und Unterformular

Auch dieses Formular lässt sich natürlich noch optimieren und verbessern. Insbesondere die Anordnung der Detaildatensätze im Unterformular und die Größe des Unterformulars sind noch sehr unbefriedigend.

4.3 Formulare übersichtlich formatieren

Die Formular-Assistenten von Access bieten zwar schon einige interessante Möglichkeiten und sind durchaus in der Lage, Standardformulare in kürzester Zeit zu erzeugen, dennoch bietet die Entwurfsansicht von Formularen viel mehr Flexibilität, um Formulare an die individuellen Bedürfnisse anzupassen. Sie können hier auf das Aussehen und die Position eines jeden Steuerelements Einfluss nehmen und so die Effektivität und Benutzerfreundlichkeit Ihrer Formulare optimieren. Wie das geht, erfahren Sie in den nächsten Abschnitten im Detail.

Formulare in der Entwurfsansicht öffnen

Wenn Sie ein Formular manuell anpassen möchten, müssen Sie es dazu in der Entwurfsansicht öffnen. Das funktioniert wie bei allen anderen Datenbankobjekten auch, die Sie schon kennen gelernt haben. Markieren Sie das Formular einfach im Datenbankfenster und klicken Sie dann auf *Entwurf*.

Hinweis

Bearbeitung von Unterformularen

Unterformulare, die Sie in ein Hauptformular eingebettet haben, werden als separate Formulare gespeichert. Daher können Sie auch diese Formulare in der Entwurfsansicht öffnen. Die Bearbeitung ist dann wesentlich einfacher, als innerhalb des Hauptformulars. Allerdings können Sie die Unterformulare nur dann in der Entwurfsansicht öffnen, wenn nicht das Hauptformular geöffnet ist, in das sie eingebettet sind.

Die Bereiche eines Formulars

Wenn Sie ein Formular in der Entwurfsansicht öffnen, sieht es ganz ähnlich aus wie zur Laufzeit. Unterschiede bestehen lediglich darin, dass zusätzliche Informationen angezeigt werden. In der folgenden Abbildung sehen Sie bspw. ein Formular mit eingebettetem Unterformular. Jedes Formular hat einen Formularkopf, einen Detailbereich und einen Formularfuß.

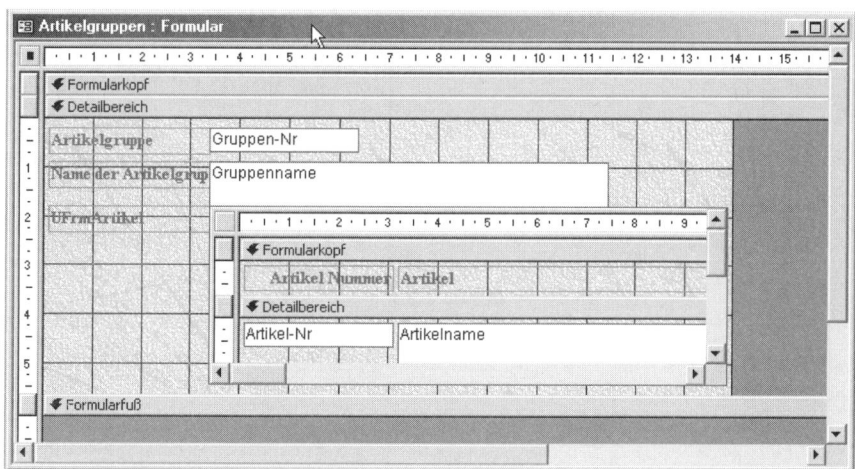

Darstellung eines Formulars mit Unterformular in der Entwurfsansicht

Alle diese Bereiche sind immer vorhanden, können aber ausgeblendet werden. Dazu gibt es prinzipiell zwei Möglichkeiten. Sie können die Größe dieser Bereiche auf 0 setzen oder sie über eine entsprechende Eigenschaft ausblenden. In der Abbildung lässt sich bspw. erkennen, dass im Hauptformular

4

Formulare und Berichte

der Formularkopf die Höhe 0 hat und damit zur Laufzeit nicht sichtbar ist. Hat ein Formularbereich eine Höhe von 0, folgt direkt nach der grauen Bereichstrennung der nächste Bereich. Im Unterformular der Seite enthält der Formularkopf jedoch Steuerelemente, nämlich die Beschriftungen der Felder, die im Detailbereich aufgeführt werden. Damit können Sie schon die Aufgaben der einzelnen Bereiche erahnen. Eine ausführliche Erläuterung finden Sie in folgender Tabelle.

Hinweis

Was sind Steuerelemente?

Innerhalb der Bereiche werden so genannte Steuerelemente verwendet, um Aktionen des Formulars zu ermöglichen oder Daten anzuzeigen. Diese Steuerelemente können Sie über deren Eigenschaften konfigurieren, an andere Datenquellen binden oder einfach zur Beschriftung verwenden. Außerdem können Sie sie über die Werkzeugleiste von Access einfügen. In der vorstehenden Abbildung finden Sie bspw. Beschriftungsfelder mit den Beschriftungen und Textfelder mit den Namen der Tabellenfelder, deren Werte sie darstellen. Die Textfelder, oder auch Eingabefelder genannt, sind die weißen Felder mit der dunklen Umrandung. Außer diesen beiden Steuerelementtypen bietet Access jedoch noch eine ganze Menge mehr, von denen Sie die wichtigsten in Kürze kennen lernen werden.

Bereich	Aufgabe	Verhalten	Einsatzmöglichkeiten
Formularkopf	Darstellung von Inhalten am Formularanfang	Der Bereich wird nicht wiederholt. Das heißt, die Inhalte werden einmalig am Anfang des Formulars angezeigt.	Hier können Titel wie eine Überschrift oder Spaltenbeschriftungen für die Daten im Detailbereich angezeigt werden. Auch Schaltflächen und andere Steuerelemente, die nicht für jeden Datensatz, sondern nur einmal erforderlich sind, können hier eingefügt werden.
Formularfuß	Darstellung von Inhalten am Formularende	Der Bereich wird nicht wiederholt. Das heißt, die Inhalte werden einmalig am Ende des Formulars angezeigt.	Hier können bspw. Summen oder andere Zusammenfassungen für die Daten im Detailbereich angezeigt werden. Auch Schaltflächen und andere Steuerelemente, die nicht für jeden Datensatz, sondern nur einmal erforderlich sind, können hier eingefügt werden.

Bereich	Aufgabe	Verhalten	Einsatzmöglichkeiten
Detailbereich	Darstellung der Datensätze	Der Detailbereich wird abhängig von der Darstellung des Formulars wiederholt, und zwar für jeden Datensatz der Datenquelle. Dabei wird jedes Steuerelement des Datensatzes wiederholt und die Höhe des Detailbereichs bestimmt den Abstand der Datensätze zueinander.	Darstellung von Steuerelementen, die mit den Werten der Datensätze gefüllt werden oder für jeden Datensatz berechnet werden.

Hinweis

Formulare müssen keine Datenquelle haben

Nicht jedes Formular muss eine Datenquelle haben. Sie können Formulare auch einfach dazu verwenden, um mithilfe von Makros eine Benutzeroberfläche zu schaffen, über die Benutzer Makros starten, Formulare anzeigen und Berichte ausführen können. In diesem Fall können Sie die dazu notwendigen Steuerelemente in jeden beliebigen Bereich des Formulars einfügen, da dann auch der Detailbereich nicht wiederholt wird.

Steuerelemente markieren

Grundlage für alle Formatierungen ist die korrekte Markierung der Steuerelemente, die Sie anpassen möchten. Access stellt dazu mehrere Möglichkeiten zur Verfügung, die abhängig davon sind, ob Sie ein einzelnes Steuerelement markieren, mehrere nebeneinander liegende formatieren oder mehrere Steuerelemente markieren möchten, die nicht lückenlos nebeneinander liegen.

Wenn ein Steuerelement markiert ist, zeigt Access dies durch acht Markierungspunkte um das Steuerelement an. Ist mit dem Steuerelement jedoch ein anderes verknüpft, wird auch dieses gekennzeichnet, nämlich mit einem größeren schwarzen Quadrat an der linken oberen Ecke.

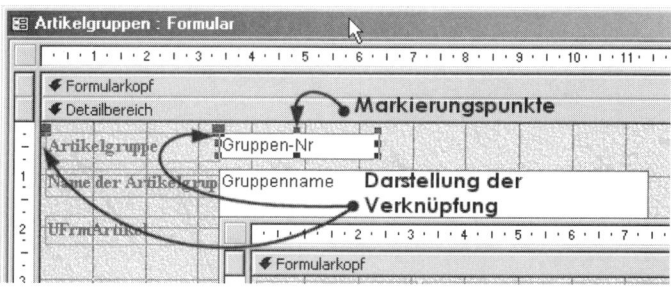

Anzeige von Markierungen und Verknüpfungen

Formulare und Berichte

4

┌─── **Hinweis**

Verknüpfte Steuerelemente

Access ermöglicht die Verknüpfung von Steuerelementen. Dies geschieht bspw. immer dann automatisch, wenn Sie Felder aus der Feldliste in ein Formular ziehen oder Formulare mit dem Formular-Assistenten erstellen. In diesem Fall wird ein Label-Feld zur Beschriftung immer mit dem Steuerelement verknüpft, dessen Wert es beschriftet. Dadurch ist es einfacher, Beschriftung und Tabellenfeld gemeinsam zu verschieben. Es ist allerdings nicht möglich, Verknüpfungen nachträglich zu erzeugen oder ein Label-Feld im Formularkopf mit einem Feld im Detailbereich zu verknüpfen.

Einzelne Steuerelemente markieren

Wenn Sie ein einzelnes Steuerelement markieren möchten, klicken Sie es einfach an. Um das Beschriftungsfeld eines Steuerelements zu markieren, das mit dem Steuerelement verknüpft ist, müssen Sie das Beschriftungsfeld anklicken, nicht das verknüpfte Steuerelement.

Gruppen von Steuerelementen markieren

Zur Markierung mehrerer nebeneinander oder untereinander liegender Steuerelemente können Sie einfach einen Rahmen um die Steuerelemente ziehen. Es genügt dabei, wenn nur Teile der zu markierenden Steuerelemente innerhalb des Rahmens liegen.

Sie können einen solchen Rahmen mit der Maus erzeugen, indem Sie mit der Maus auf eine Ecke des gedachten Rahmens klicken, die Maustaste gedrückt halten und dann zur gegenüberliegenden Ecke ziehen. Dort lassen Sie dann die Maustaste los und alle Steuerelemente innerhalb des Rahmens werden markiert. Die folgende Abbildung zeigt dies:

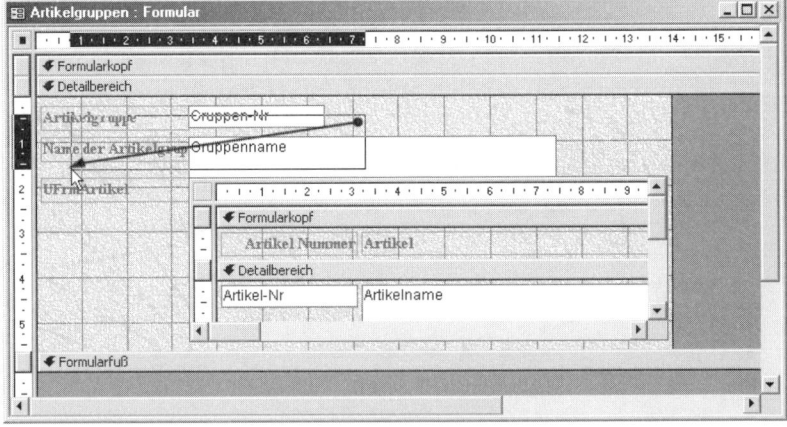

Markieren von Steuerelementen mit einem Markierungsrahmen

Liegen die Steuerelemente nicht neben- oder untereinander, funktioniert die Markierung auf diese Weise natürlich nicht. Wenn Sie bspw. die Beschriftungsfelder mit den Texten *Artikelgruppe* und *UFrmArtikel* gleichzeitig markieren möchten, ist dazu eine andere Vorgehensweise notwendig. In diesem Fall klicken Sie die zu markierenden Steuerelemente nacheinander an, während Sie die Umschalt-Taste gedrückt halten.

Alle Steuerelemente eines Formularbereichs markieren

Noch schneller geht es, wenn Sie alle Steuerelemente eines Formularbereichs markieren möchten. Klicken Sie dazu mit der Maus auf den Anfang des vertikalen Lineals des Bereichs und halten Sie die Maustaste gedrückt, während Sie die Maus nach unten ziehen.

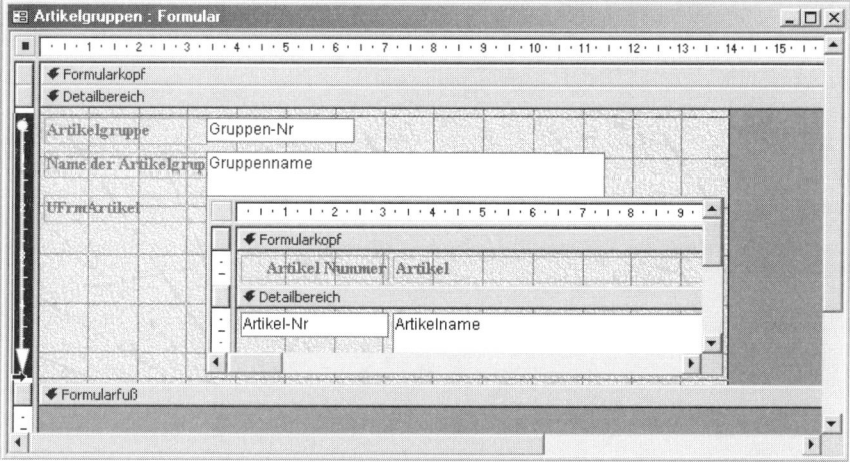

Alle Steuerelemente eines Bereichs markieren

Markierungen entfernen

Haben Sie Steuerelemente markiert und möchten diese Markierung nun entfernen, klicken Sie dazu einfach auf einen freien Bereich des Formulars. Sie können natürlich auch einfach ein anderes Steuerelement markieren, das Sie vielleicht im Anschluss bearbeiten möchten.

Steuerelemente ausrichten und verschieben

Die häufigste Anpassung von Steuerelementen ist die Änderung von Position und Größe. Wenn Sie bspw. das Haupt- und Unterformular für die Tabellen *Artikel* und *Artikelgruppen* betrachten, fällt auf, dass nicht alle Beschriftungen im Hauptformular vollständig lesbar sind. Damit Sie die Beschriftungsfelder aber so groß machen können, dass der Text vollständig sichtbar ist, müssen Sie erst die Tabellenfelder und das Unterformular nach rechts schieben. Gehen Sie dazu wie folgt vor:

1 Markieren Sie die Steuerelemente des Formulars ohne deren Beschriftungsfelder, indem Sie einen Rahmen darum ziehen.

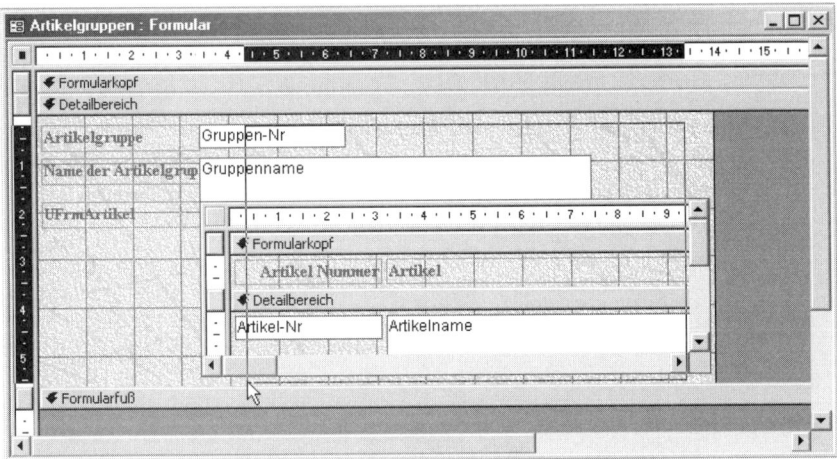

Markieren der zu verschiebenden Steuerelemente

2 Klicken Sie nun mit der Maus auf eines der markierten Steuerelemente und schieben Sie die Steuerelemente per Drag & Drop nach rechts. Alternativ können Sie auch mehrmals die Taste ⊡ drücken, bis die Zielposition erreicht ist. Wenn Sie gleichzeitig noch die [Umschalt]- und die [Strg]-Taste drücken, werden die Schritt kleiner, die Sie mit der Taste ⊡ erzielen. Sie können damit die Zielposition genauer bestimmen.

> **Hinweis**
>
> **Die verknüpften Beschriftungsfelder werden ebenfalls verschoben**
>
> Access verschiebt verknüpfte Beschriftungsfelder immer mit den Formularfeldern, mit denen sie verknüpft sind. Das lässt sich aber nicht vermeiden. Sie müssen anschließend die Label-Felder wieder nach links schieben.

3 Klicken Sie nun das erste Beschriftungsfeld an, um es zu markieren.

Markieren des Beschriftungsfelds

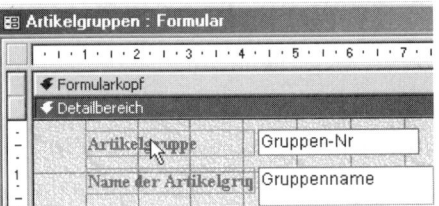

4 Ziehen Sie nun mit der Maus an dem Markierungspunkt der oberen linken Ecke und ziehen Sie das Beschriftungsfeld nach links.

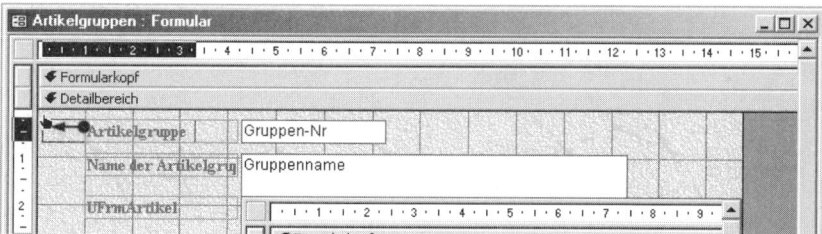

Positionieren eines Label-Felds unabhängig vom verknüpften Steuerelement

5 Markieren Sie nun alle Beschriftungsfelder des Formulars, indem Sie einen Rahmen darum ziehen.

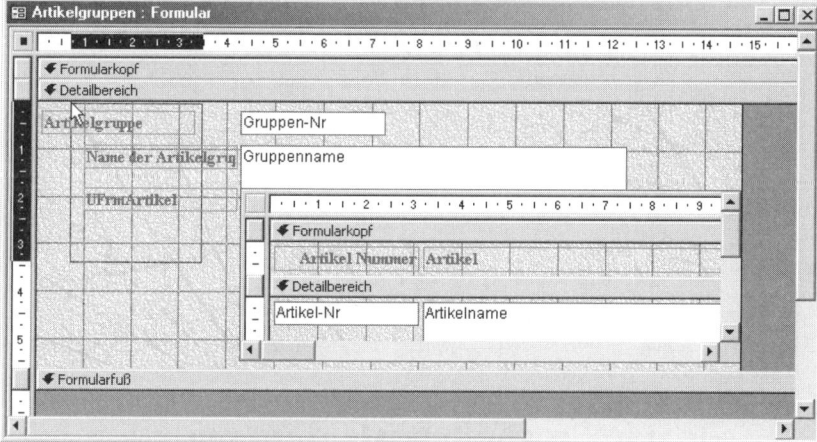

Markieren der Beschriftungsfelder

6 Wählen Sie nun *Format/Ausrichten/linksbündig* aus dem Menü aus. Access rückt dann alle markierten Steuerelemente so weit nach links, das sie exakt unter dem Steuerelement stehen, das am weitesten links steht.

Hinweis

Auf diese Weise können auch andere Ausrichtungen gewählt werden

Sie können über das Menü *Format/Ausrichten* aber nicht nur eine linksbündige, sondern auch eine rechtsbündige und zentrierte Ausrichtung wählen. Ähnlich einfach können Sie über *Format/Größe anpassen* auch die Größe der Steuerelemente einander anpassen oder über *Format/Horizontaler Abstand* und *Format/Vertikaler Abstand* die Abstände zwischen den Steuerelementen verändern.

7 Klicken Sie nun das mittlere Beschriftungsfeld an, um es zu markieren.

Markieren des mittleren Beschriftungfelds

8 Ziehen Sie nun mit der Maus am mittleren Markierungspunkt auf der rechten Seite des Steuerelements, um das Beschriftungsfeld zu vergrößern. Ziehen Sie es so groß, dass die Schrift vollständig lesbar ist.

Vergrößern des Felds

9 Sie können nun wieder die Größen der anderen Beschriftungsfelder anpassen, indem Sie alle drei Beschriftungsfelder markieren und aus dem Menü *Format/Größe anpassen/Am breitesten* auswählen.

Text in Beschriftungsfeldern ändern

Auch die Beschriftung des Label-Felds für das Unterformular ist natürlich nicht optimal, dies lässt sich jedoch in wenigen Schritten beheben. Markieren Sie dazu zunächst das Beschriftungsfeld. Klicken Sie dann erneut auf das Beschriftungsfeld, um den Cursor in das Feld zu setzen. Überschreiben Sie dann einfach den vorhandenen Text oder ändern Sie ihn und schließen Sie dann die Eingabe mit Enter ab.

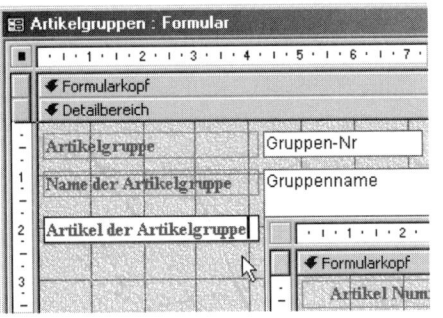

Ändern des Beschriftungstextes

Schriftart und -farbe anpassen

Natürlich können Sie neben dem Inhalt auch die Schriftfarbe und Schriftart oder die Hintergrundfarbe und die Umrandung des Steuerelements anpassen. Die nachfolgenden Aussagen gelten gleichermaßen für Beschriftungsfelder wie für Steuerelemente, die einen Feldinhalt darstellen.

Für die meisten Formatierungen stellt Access in der Symbolleiste Symbole zur Verfügung. Um die entsprechende Formatierung festzulegen, brauchen Sie in der Regel nur das Steuerelement zu markieren und dann auf das entsprechende Symbol zu klicken oder einen Eintrag aus einem Listenfeld auszuwählen. In der folgenden Abbildung finden Sie die wichtigsten Symbole der Symbolleiste erläutert.

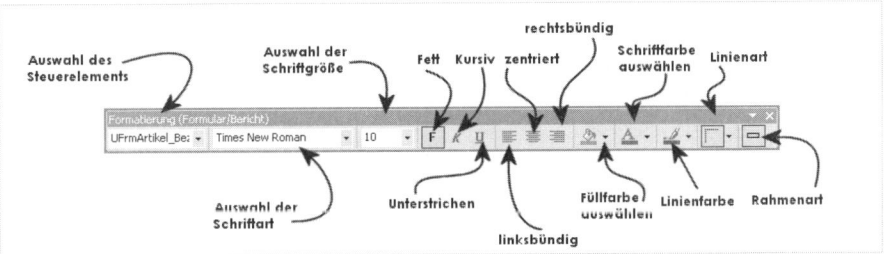

Die Menüleiste Formatierung

Daneben steht zur Änderung von Eigenschaften aber auch das Eigenschaften-Fenster zur Verfügung. Es zeigt alle Eigenschaften des gerade markierten Steuerelements an und ermöglicht deren Änderung.

Eigenschaften-Fenster ein- und ausblenden

Das Eigenschaften-Fenster steht sowohl für das komplette Formular als auch für Formularbereiche und einzelne Steuerelemente zur Verfügung. Es hat immer den gleichen Aufbau, lediglich die darin angezeigten Eigenschaften sind von der Markierung im Formular abhängig.

Sie können das Eigenschaften-Fenster auf drei verschiedene Arten einblenden:

- Wählen Sie *Ansicht/Eigenschaften* aus.

- Drücken Sie F4.

- Wählen Sie *Eigenschaften* aus dem Kontextmenü der Markierung aus.

- Klicken Sie auf das Symbol *Eigenschaften* 🖺 der Symbolleiste.

Wenn das Eigenschaften-Fenster augenblicklich aktiviert ist, blenden Sie es mit den vorstehenden Möglichkeiten aus.

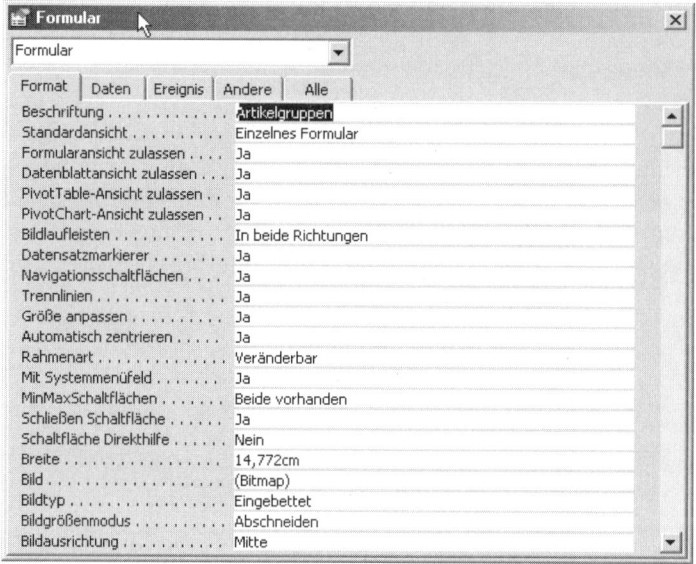

Aufbau des Eigenschaften-Dialogs

Im Eigenschaften-Fenster finden Sie die Eigenschaften des markierten Objekts auf verschiedenen Registerkarten aufgeteilt. Die folgende Tabelle erläutert die Kriterien, nach denen die Eigenschaften sortiert sind.

Hinweis

Neuerungen gegenüber Access 2000

Neu ist in Access 2002, dass nun auch ein Steuerelement oder ein Bereich des Formulars über die Auswahlliste oberhalb der Registerkarten ausgewählt werden kann, dessen Eigenschaften angezeigt werden sollen. In den Vorversionen musst das immer entweder über die Symbolleiste geschehen, oder das Objekt musste im Formular markiert werden.

Registerkarte	Inhalt
Format	Auf dieser Registerkarte werden alle Eigenschaften angezeigt, die dazu dienen, das Aussehen des Steuerelements oder Formularbereichs zu ändern. Hier finden Sie bspw. die Schriftfarbe und Hintergrundfarbe oder Eigenschaften, die festlegen, ob im Formular Bildlaufleisten angezeigt werden oder nicht.
Daten	Die Registerkarte *Daten* enthält alle Eigenschaften, die die Datenquelle bestimmen. Bei den Eigenschaften für ein Formular oder einer Auswahlliste können Sie hier bspw. die Tabelle oder Abfrage festlegen, deren Werte angezeigt werden sollen. Nicht alle Steuerelemente verfügen jedoch über Eigenschaften, die hier angezeigt werden. In diesem Fall ist die Registerkarte einfach leer.

Registerkarte	Inhalt
Ereignis	Hier finden Sie Eigenschaften, um das Verhalten eines Formulars oder Steuerelements mithilfe von Makros oder VBA-Anweisungen zu steuern. Einige Beispiele werden Sie im Kapitel zur Makroprogrammierung kennen lernen.
Andere	Alle Eigenschaften, die nicht in die anderen drei Kategorien einzuordnen sind, finden Sie hier. Zum Beispiel können Sie hier festlegen, welche Menüleisten und Symbolleisten für das Formular angezeigt werden sollen und welchen Namen das Steuerelement hat.
Alle	Diese Registerkarte zeigt alle Eigenschaften des markierten Objekts an.

Formulareigenschaften ändern

Für die Funktionstüchtigkeit und eine einfache Bedienung der Datenbank ist es erforderlich, dass Sie dem Benutzer zwar alle Eigenschaften des Formulars zur Verfügung stellen, die er benötigt, um es zu bedienen. Andererseits sollten Sie alle Eigenschaften so setzen, dass die Formulare nicht mit überflüssigen Elementen überfrachtet werden und daher nur Verwirrung stiften.

Dazu gehört, dass Sie sich sehr genau überlegen, ob der Datensatzanzeiger und/oder die Navigationsleisten und die Bildlaufleisten benötigt werden. Der Datensatzanzeiger dient bspw. dazu, den gerade aktuellen Datensatz und eventuell seinen Status anzuzeigen. Der Status des Datensatzes ist eigentlich nur beim Mehrbenutzerbetrieb der Datenbank relevant, weil der Benutzer so erkennen kann, ob der Datensatz gerade gesperrt ist. Aus diesem Grund ist es in vielen Fällen nicht notwendig, den Datensatzmarkierer einzublenden, auch wenn dies die Standardeinstellung ist. Gleiches gilt im Prinzip für die Bildlaufleisten und die Standardansicht des Formulars. Alle diese Eigenschaften können Sie über die Registerkarte *Format* des Eigenschaften-Fensters festlegen, wenn Sie das Formular ausgewählt haben. Dazu klicken Sie einfach auf das Quadrat in der rechten oberen Ecke der Formular-Entwurfsansicht.

Markieren des kompletten Formulars

Die Standardelemente von Formularen

Die folgende Abbildung zeigt die wichtigsten Formularelemente, die Sie über die Formulareigenschaften manipulieren können. In der Tabelle finden Sie dann nähere Erläuterungen dazu, wann Sie diese Eigenschaften wie setzen sollten.

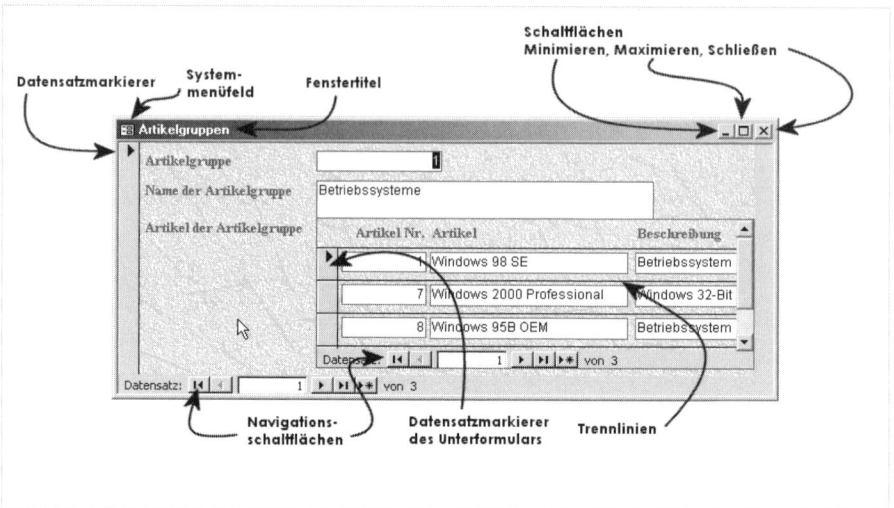

Standardelemente von Formularen

Wichtige Eigenschaften und ihre Einstellungen

In der folgenden Tabellen finden Sie die wichtigsten Eigenschaften des Formulars beschrieben, deren Einstellungen nicht nur Einfluss auf das Aussehen, sondern auch auf die Funktionsweise des Formulars haben. Die Werte in Klammern sind die Standardeinstellung für neue Formulare. Ist keine Standardeinstellung angegeben, richtet sie sich nach den Einstellungen im Formular-Assistenten.

Eigenschaft	Mögliche Werte	Beschreibung
Beschriftung	Beliebiger Text	Der Text bestimmt den Inhalt im Fenstertitel des Formulars
Standardansicht	Einzelnes Formular Endlosansicht Datenblattansicht PivotChart PivotTable	Hiermit können Sie festlegen, in welcher Ansicht das Formular beim Öffnen angezeigt werden soll. Abhängig von den weiteren Einstellungen hat der Anwender nachher die Möglichkeit, die Ansicht zu ändern. Bei der Endlosansicht des Formulars wird das Formular so oft untereinander dargstellt, dass alle Datensätze angezeigt werden können. Die einzelnen Datensätze werden dann durch die Trennlinie getrennt, sofern diese aktiviert ist.

Wenn Sie als Standardansicht *Datenblattansicht* wählen, können Sie die Eigenschaften *Unterdatenblatthöhe* und *Unterdatenblatt erweitert* verwenden, um festzulegen, wie die Detaildatensätze einer 1:n-Beziehung dargestellt werden sollen, wenn das Formular geöffnet wird. |

Eigenschaft	Mögliche Werte	Beschreibung
Formularansicht zulassen	(Ja) Nein	Bestimmt, ob Sie dem Benutzer ermöglichen, in die Formularansicht zu schalten. Wählen Sie hier *Nein* aus und aktivieren als Standardansicht *Einzelnes Formular*, widerspricht sich dies. In diesem Fall ignoriert Access die Einstellung für die Eigenschaft der Standardansicht und zeigt das Formular in der Datenblattansicht an.
Datenblattansicht zulassen	(Ja) Nein	Legt fest, ob der Benutzer in die Datenblattansicht umschalten kann.
PivotTable-Ansicht zulassen	(Ja) Nein	Legt fest, ob der Benutzer in die PivotTabellen-Ansicht umschalten kann.
PivotChart-Ansicht zulassen	(Ja) Nein	Legt fest, ob der Benutzer in die PivotChart-Ansicht umschalten kann.
Bildlaufleisten	Nein Nur horizontal Nur vertikal (In beide Richtungen)	Bestimmt, ob Bildlaufleisten angezeigt werden und, wenn ja, ob beide oder nur die waagerechten oder nur die senkrechten. Zu beachten ist dabei, dass Access auch bei Auswahl von *In beide Richtungen* nur dann Bildlaufleisten anzeigt, wenn dies notwendig ist. Wählen Sie hingegen *Nein* aus, werden auch dann keine Bildlaufleisten angezeigt, wenn dies notwendig ist, um bei der aktuellen Fenstergröße alle Steuerelemente im Formular sichtbar zu machen. Dies kann unter Umständen dazu führen, dass der Benutzer das Formular nicht korrekt ausfüllen und bedienen kann.
Datensatzmarkierer	(Ja) Nein	Mit *Ja* legen Sie fest, dass der Datensatzmarkierer angezeigt werden soll. Sinnvoll ist der Datensatzmarkierer auf jeden Fall in Endlosformularen und in der Datenblattansicht, weil der Benutzer damit auf den ersten Blick erkennen kann, in welchem Datensatz er sich befindet. Auch in Mehrbenutzeranwendungen ist es sinnvoll, ihn sichtbar zu lassen, weil auf dem Datensatzmarkierer auch angezeigt wird, ob der Datensatz gerade gesperrt ist oder bearbeitet werden kann.
Navigationsschaltflächen	(Ja) Nein	Die Navigationsschaltflächen ermöglichen dem Benutzer das Blättern in den Datensätzen. Außerdem stellen Sie Möglichkeiten zum Erstellen und Löschen von Datensätzen zur Verfügung. Sie können die Navigationsschaltflächen ausblenden, indem Sie den Wert *Nein* auswählen. Das hat jedoch den Nachteil, dass Sie dem Benutzer die Navigation sehr erschweren. Sie sollten dem Benutzer in diesem Fall Schaltflächen und Makros zur Verfügung stellen, mit denen er navigieren an.
Trennlinien	(Ja) Nein	Legt fest, ob zwischen den Datensätzen Trennlinien angezeigt werden sollen. Wichtig ist dies eigentlich nur in Endlosformularen, ansonsten wirkt die Trennlinie eher störend.

4

Formulare und Berichte

Eigenschaft	Mögliche Werte	Beschreibung
Größe anpassen	(Ja) Nein	Gibt an, ob die Größe des Formulars automatisch geändert werden soll, damit alle Steuerelemente sichtbar sind. Aktiv wird diese Einstellung jedoch erst, wenn das Formular per Doppelklick im Datenbankfenster ausgeführt wird. Sie können diese Eigenschaft also nicht testen, indem Sie aus der Entwurfsansicht die Formularansicht des Formulars aktivieren.
Automatisch zentrieren	(Ja) Nein	Gibt an, ob das Formular automatisch zentriert werden soll, wenn es geöffnet wird. Aktiv wird diese Einstellung jedoch erst, wenn das Formular per Doppelklick im Datenbankfenster ausgeführt wird.
Mit Systemmenüfeld	(Ja) Nein	Gibt an, ob das Systemmenüfeld angezeigt werden soll.
MinMaxSchaltflächen	(Ja) Nein	Legt fest, ob die *Minimieren*- und *Maximieren*-Schaltfläche angezeigt werden sollen. Sie können immer nur beide einblenden oder beide ausblenden. Setzen Sie die Eigenschaft auf *Nein*, um zu verhindern, dass der Benutzer das Formular minimieren oder maximieren kann, müssen Sie aber auch das Systemmenüfeld ausblenden, weil auch darüber beide Funktionen aufgerufen werden können.
Schließen Schaltfläche	(Ja) Nein	Bestimmt, ob die Schließen-Schaltfläche angezeigt werden soll. Wenn Sie diese Schaltfläche mit *Nein* ausblenden, müssen Sie dem Benutzer jedoch eine andere Möglichkeit geben, das Formular zu schließen. Dazu können Sie bspw. eine Schaltfläche mit einem Makro verwenden.
Schaltfläche Direkthilfe	Ja (Nein)	Bestimmt, ob neben der Schließen-Schaltfläche auch die Schaltfläche *Direkthilfe* angezeigt werden soll.

Das sind selbstverständlich nicht alle Formulareigenschaften. Die meisten erschließen sich jedoch schon durch ihre Namen. Ansonsten können Sie auch in der Hilfe Detailinformationen zu den einzelnen Eigenschaften finden.

Hinweis

Weitere Informationen zu den Formulareigenschaften

Wenn Sie sich nicht sicher sind, ob eine bestimmte Eigenschaft das ist, was Sie suchen, setzen Sie einfach mal den Mauszeiger in die Eigenschaft und werfen einen Blick auf die Statuszeile von Access. Dort zeigt Access dann nämlich eine kurze Erklärung zur Eigenschaft an, die einen in den allermeisten Fällen weiterbringt.

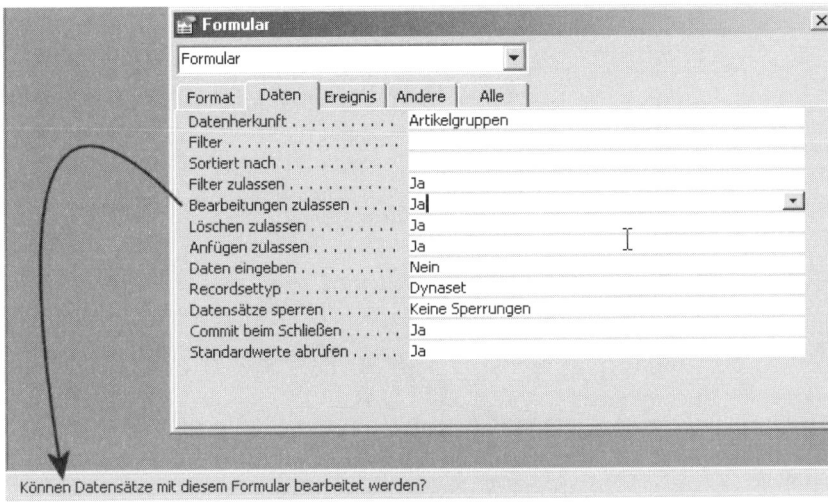

Anzeige von zusätzlichen Informationen über Eigenschaften

Designs für Formulare verwenden

Wenn Sie ein Formular mit dem Assistenten erstellen, können Sie das Design für das Formular aus einer ganzen Reihe fertiger Designs auswählen. Gefällt Ihnen ein Design bis auf wenige Kleinigkeiten ganz gut, macht es aber dennoch sehr viel Arbeit, diese Kleinigkeiten in jedem einzelnen Formular manuell zu ändern.

Viel schneller geht das, wenn Sie einmal ein Formular nach Ihren Wünschen gestalten und dessen Formatierungen dann als benutzerdefiniertes Design speichern. Sie brauchen es den anderen Formularen dann nur noch zuzuweisen und können auch neue Formulare gleich mit diesem Design erstellen.

Optimale Voraussetzungen zum Erstellen von Designs

Ein Design speichert zu jedem Steuerelementtyp dessen Formatierungen. Wenn Sie ein eigenes Design erstellen möchten, ist es deshalb wichtig, ein Formular zu erstellen, das möglichst jedes Steuerelement verwendet. Diese formatieren Sie dann nach Ihren Wünschen und können diese Einstellungen dann als Design abspeichern. Sie benötigen dazu allerdings kein Formular, das an eine Datenquelle gebunden ist. Es reicht aus, wenn Sie ein Formular in der Entwurfsansicht erstellen und dort per Drag & Drop alle Steuerelemente einfügen. Da für die Steuerelemente in den einzelnen Bereichen des Formulars unterschiedliche Einstellungen gespeichert werden können, müssen Sie alle Steuerelemente in alle drei Formularbereiche einfügen, um ein optimales Ergebnis beim Anwenden des Designs zu erreichen. Gehen Sie dazu wie folgt vor:

1 Doppelklicken Sie im Datenbankfenster auf den Eintrag *Erstellt ein Formular in der Entwurfsansicht*.

2 Deaktivieren Sie nun den Steuerelement-Assistenten über dessen Symbol in der Werkzeugleiste.

Deaktivieren der Steuerelement-Assistenten

Hinweis

Warum sollte der Steuerelement-Assistent deaktiviert werden?

Der Steuerelement-Assistent dient dazu, Ihnen beim Einfügen sinnvoller und funktionsfähiger Steuerelemente zu helfen. Wenn Sie allerdings nur Steuerelemente einfügen möchten, um deren Formatierung festzulegen, müssen Sie ihn jedes Mal, wenn Sie ein Steuerelement eingefügt haben, abbrechen. Das ist sehr umständlich. Wenn Sie alle Steuerelemente eingefügt haben, können Sie ihn über das gleiche Symbol wieder aktivieren.

---

3 Fügen Sie nun nacheinander alle Steuerelemente der Werkzeugleiste ein, indem Sie das Steuerelement anklicken und dann auf dem Formular einen Rahmen in der gewünschten Größe ziehen. Sollte die Werkzeugleiste nicht automatisch angezeigt werden, können Sie sie über *Ansicht/ Toolbox* einblenden.

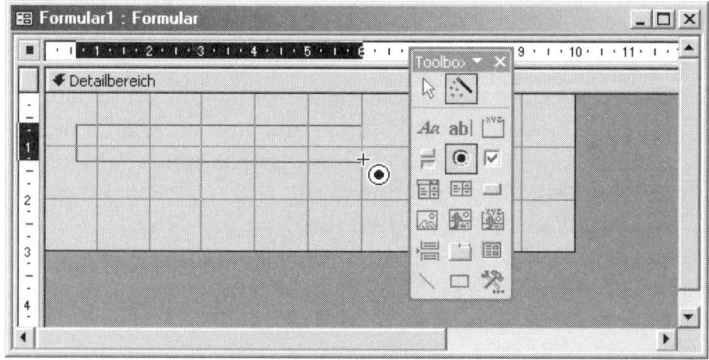

Einfügen von Steuerelementen

Hinweis

Größe der Steuerelemente beachten

Nicht alle Steuerelemente werden wirklich in der Größe erstellt, in der Sie den Rahmen ziehen, weil einige eine definierte Standard-größe haben. Die meisten werden jedoch in der von Ihnen ge-wünschten Größe erstellt.

Um ein Design zu erstellen, brauchen Sie folgende Steuerelemente nicht einzufügen: Seitenumbruch, Unterformular/-bericht und weitere Steuerelemente.

4 Formatieren Sie nun die Steuerelemente und das Formular (Hintergrund-bild oder Hintergrundfarbe) wie gewünscht.

5 Markieren Sie anschließend alle Steuerelemente des Detailbereichs und wählen Sie *Bearbeiten/Kopieren* aus. Anschließend markieren Sie den Kopfbereich des Formulars und fügen sie dort über *Bearbeiten/Einfügen* ein.

6 Verfahren Sie mit dem Fußbereich genauso. Wenn Sie fertig sind, kön-nen Sie die Formatierungen als Design abspeichern.

Steuerelemente im Überblick

In der folgenden Tabellen finden Sie die Steuerelemente der Werkzeugleiste und deren Einsatzgebiete beschrieben.

Symbol	Steuerelement	Beschreibung
Aa	Bezeichnung	Dient zur Beschriftung anderer Steuerelemente oder zur An-zeige von statischem Text in einem Formular oder Bericht.
abl	Textfeld	Dient zur Anzeige von Text, der in Formularen vom Benutzer eingegeben oder geändert werden kann. Dieses Steuer-element kann an eine Datenquelle wie ein Feld einer Tabel-le oder Abfrage gebunden werden und zeigt dann den Feldinhalt an.
xyz	Optionsgruppe	Die Optionsgruppe dient zur optischen und funktionalen Gruppierung von Umschaltflächen, Kontrollkästchen oder Optionsfeldern.
	Umschaltfläche	Eine Umschaltfläche dient zur Repräsentation von maximal drei Zuständen, aktiviert (heruntergedrückt), nicht aktiviert (erhaben) und deaktiviert. Es kann verwendet werden, um Ja/Nein-Felder von Tabellen darzustellen. Sinnvoll ist der Einsatz auch in Optionsgruppen.
◉	Optionsfeld	Ein Optionsfeld dient zur Repräsentation von maximal drei Zuständen, aktiviert (schwarzer Punkt), nicht aktiviert (kein schwarzer Punkt) und deaktiviert. Es kann verwendet wer-den, um Ja/Nein-Felder von Tabellen darzustellen. Sinnvoll ist der Einsatz auch in Optionsgruppen.

4

Formulare und Berichte

Symbol	Steuerelement	Beschreibung
	Kontrollkästchen	Ein Kontrollkästchen dient zur Repräsentation von maximal drei Zuständen, aktiviert (Häkchen), nicht aktiviert (kein Häkchen) und deaktiviert. Es kann verwendet werden, um Ja/Nein-Felder von Tabellen darzustellen. Sinnvoll ist der Einsatz auch in Optionsgruppen.
	Kombinationsfeld	Dient zur Anzeige von Listen, die erst beim Anklicken geöffnet werden. Die Werte der Liste können wahlweise aus einer Tabelle oder Abfrage stammen oder eingegeben werden. Nachschlagelisten in Tabellen werden standardmäßig als Kombinationsfeld dargestellt.
	Listenfeld	Dient zur Anzeige von Listen, die jedoch immer komplett sichtbar sind. Längere Listen könnten mit Scrolleisten versehen werden, damit alle Einträge angezeigt werden können. Im Gegensatz zum Kontrollkästchen erlaubt das Listenfeld auch eine erweiterte Mehrfachauswahl.
	Befehlsschalt-fläche	Dient zur Ausführung von Makros oder VBA-Anweisungen per Mausklick.
	Bild	Dient zur Anzeige von Grafiken im Formular oder Bericht.
	Objektfeld	Dient zur Anzeige von OLE-Objekten.
	Gebundenes Ob-jektfeld	Dient zur Anzeige von OLE-Objekten, die in einer Tabelle oder Abfrage als OLE-Feld gespeichert sind.
	Zeilenumbruch	Definiert die Position, an der ein Seitenwechsel stattfindet. Dieses Steuerelement wird im Allgemeinen nur in Berichten verwendet.
	Registersteuer-element	Erzeugt ein Register mit standardmäßig drei Registerkarten. Auf den einzelnen Registerkarten können andere Steuerelemente angeordnet werden. Der Einsatz dieses Steuerelements ist interessant, wenn viele Steuerelemente in das Formular eingefügt werden sollen. Es dient wie ein Formular als Container für Steuerelemente, benötigt aber dazu einen eigenen Container, nämlich das Formular.
	Unterformular/-bericht	Ermöglicht die Anzeige eines Unterberichts oder Unterformulars.
	Linie	Erzeugt eine Linie.
	Rechteck	Erzeugt ein Rechteck, das auch gefüllt werden kann.
	Weitere Steuer-elemente	Ermöglicht die Verwendung weiterer ActiveX-Steuerelemente in Access-Formularen und -Berichten. Wenn Sie das Symbol aktivieren, zeigt Access alle registrierten ActiveX-Steuerelemente Ihres Rechners an.

Designs erstellen

Um die Formatierungen im aktuell geöffneten Formular als Design zu speichern, wählen Sie im Menü *Format/Autoformat* aus. Access blendet dann einen Dialog ein, der alle definierten Designs für Access-Formulare anzeigt.

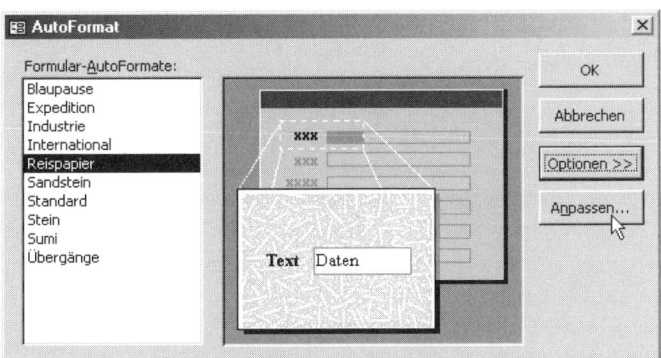

Anzeige der definierten AutoFormate

Hier klicken Sie auf *Anpassen*, um Ihr Format zu definieren oder das aktuell ausgewählte Format zu ändern. Der daraufhin eingeblendete Dialog stellt Ihnen drei Optionen zur Verfügung.

Option	Bedeutung
Ein neues AutoFormat basierend auf Formular 'Artikelgruppen' erstellen	Erstellt ein neues AutoFormat aufgrund der Formatierungen des aktuellen Formulars. Dies ist die richtige Auswahl, um ein eigenes Design zu erstellen.
'Reispapier' mit den Werten von Formular 'Artikelgruppen' aktualisieren	Aktualisiert die Einstellungen des Designs *Reispapier* mit denen des aktuellen Formulars. Sie überschreiben damit also das vorhandene Design. *Reispapier* ist das Design, das im vorherigen Dialog markiert war. Es kann also auch ein anderer Name angezeigt werden.
'Reispapier' löschen	Löscht das Design. *Reispapier* ist das Design, das im vorherigen Dialog markiert war. Es kann also auch ein anderer Name angezeigt werden.

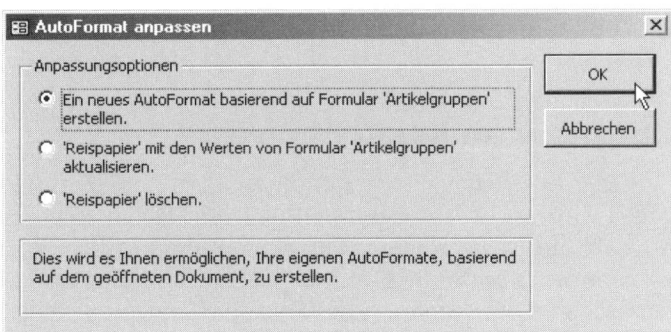

Auswählen der Option für die Anpassung des AutoFormats

Markieren Sie die Option *Ein neues AutoFormat basierend auf Formular 'Artikelgruppen' erstellen* und klicken dann auf *OK*, fordert Access Sie auf, einen Namen für das Design einzugeben. Geben Sie den Namen ein und schließen Sie den Dialog mit *OK*. Den vorherigen Dialog können Sie mit *Schließen* beenden.

Damit ist das Design erzeugt. In Zukunft können Sie es genau wie die Standarddesigns von Access nutzen.

Designs zuweisen

Um einem Formular ein Design zuzuweisen, verwenden Sie im Prinzip den gleichen Dialog. Öffnen Sie das Formular in der Entwurfsansicht und wählen Sie dann *Format/AutoFormat* aus, markieren Sie das gewünschte Design und klicken Sie auf *OK*.

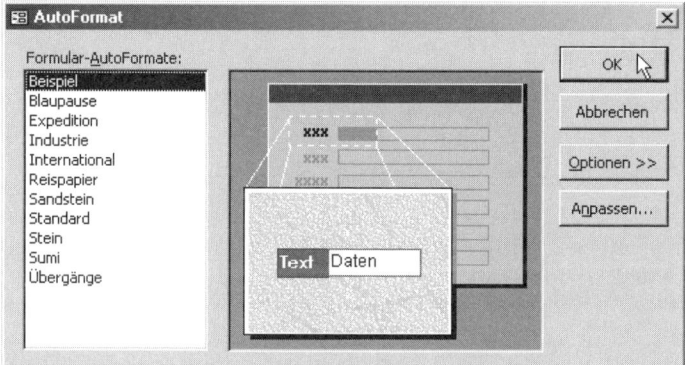

Auswählen eines AutoFormats

Hinweis

Auswählen der Einstellungen

Wenn Sie nicht alle Einstellungen des Formats anwenden möchten, können Sie auf *Optionen* klicken. Sie können dann auswählen, welche Einstellungen angewendet werden sollen, indem Sie die entsprechenden Kontrollkästchen aktivieren.

Formulargröße an Inhalt anpassen

Die Größe des Entwurfsfensters bestimmt, wie groß das Formular zur Laufzeit angezeigt wird. Ist es sehr groß, werden leere Flächen angezeigt, ist es zu klein, sind nicht alle Steuerelemente auf einen Blick sichtbar. Am einfachsten ist es daher immer, Access die Formulargröße bestimmen zu lassen, indem Sie die Eigenschaft *Größe anpassen* des Formulars auf *Ja* setzen.

Ansonsten müssen Sie die Größe mit etwas Probieren herausfinden, weil Access in der Entwurfsansicht mehr Platz zur Anzeige des Formulars benötigt als zur Laufzeit. Sie können die Größe des Formulars einfach anpassen, indem Sie in der Entwurfsansicht des Formulars mit der Maus an der unteren rechten Fensterecke ziehen.

Die Anzeigegröße eines eingebetteten Unterformulars ändern Sie im Prinzip genauso, nur ziehen Sie dann an der linken unteren Ecke des Unterformulars.

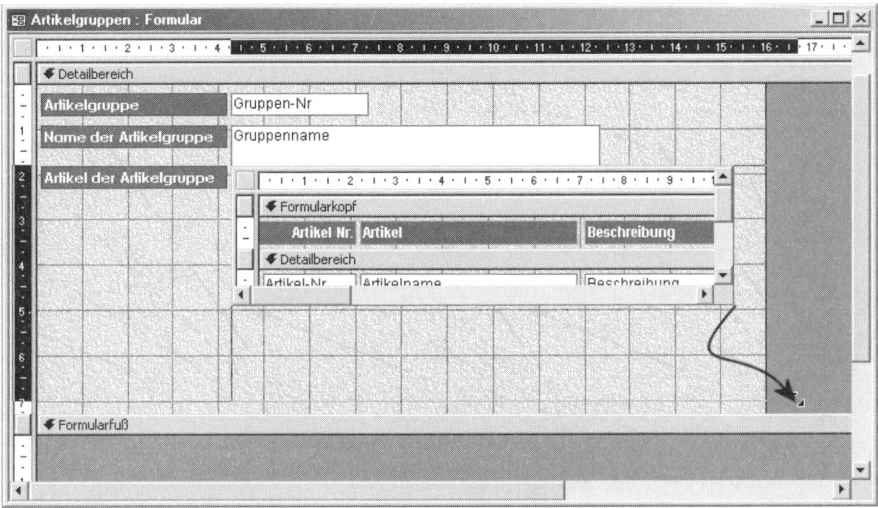

Vergrößern des Unterformulars

4.4 Daten mit zweckmäßigen Formularen erfassen

Was Sie im vorherigen Abschnitt erfahren haben, bezog sich im Wesentlichen auf das Aussehen der Formulare. Dies ist zwar ein entscheidender Faktor für eine effektive Benutzeroberfläche, dennoch sollte natürlich die Funktion im Vordergrund stehen. Wenn Sie bspw. versuchen, einen neuen Artikel zu erfassen, werden Sie schnell merken, wie lästig es ist, für die Berechnung des Europreises immer zum Taschenrechner greifen zu müssen. Das ist bspw. eine einfache Rechenoperation, die durchaus von Access vollautomatisch erledigt werden kann. Zudem können Sie im Formular den Lagerwert des Artikels berechnen und anzeigen lassen.

Außerdem ist es natürlich sinnvoll, bei Lagerbeständen unter einem bestimmten Minimalwert diesen Wert optisch hervorzuheben. Auch das ist nur mit wenig Aufwand verbunden.

Formulare und Berichte

4

Feldwerte mit einfachen Ausdrücken berechnen lassen

Das es sich beim Eurokurs um einen festen Kurs gegenüber den europäischen Währungen handelt, können Sie den Europreis aus einem Preis berechnen, indem Sie den Ausdruck *Preis/Eurokurs* eingeben. Diesen Ausdruck brauchen Sie im Prinzip nur dem Feld als Datenquelle zuzuweisen und schon wird der Europreis vollautomatisch berechnet. Dann sollten Sie allerdings das Feld mit einem Schreibschutz versehen, um die Eingabe zu verhindern.

Um das Formularfeld entsprechend anzupassen, gehen Sie wie folgt vor:

1 Öffnen Sie das Formular *Artikel* in der Entwurfsansicht.

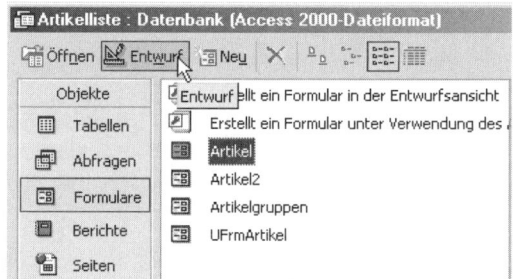

Formular in der Entwurfsansicht öffnen

2 Markieren Sie nun das Feld *Preis Euro*, indem Sie es anklicken.

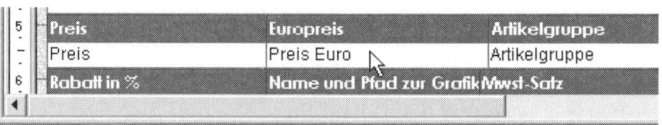

Markieren des Felds

3 Öffnen Sie nun das Eigenschaften-Fenster, wenn es nicht eingeblendet sein sollte.

4 Aktivieren Sie die Registerkarte *Daten* und setzen Sie den Cursor in das Feld *Steuerelementinhalt*.

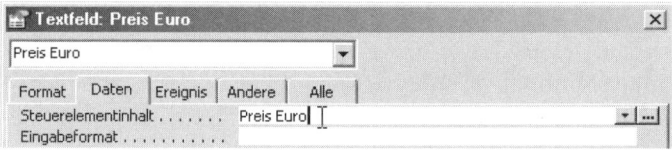

Cursor positionieren

5 Überschreiben Sie nun den Inhalt durch den Ausdruck =*[Preis]/1,95583*.

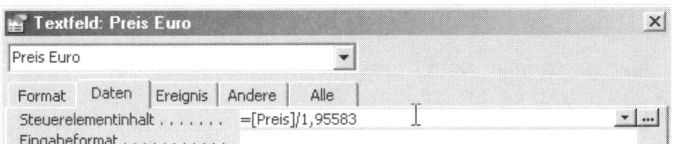

Eingabe des Ausdrucks

6 Wählen Sie nun für die Eigenschaft *Gesperrt* den Wert *Ja* aus und setzen Sie die Eigenschaft *Aktiviert* auf *Nein*, um Eingaben des Benutzers zu verhindern.

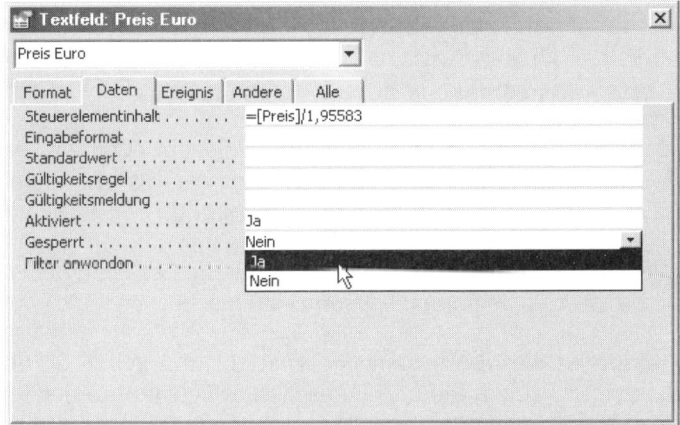

Sperren des Felds für Eingaben

7 Wenn Sie nun das Formular speichern und ausführen, wird der Europreis immer automatisch berechnet und korrekt angezeigt.

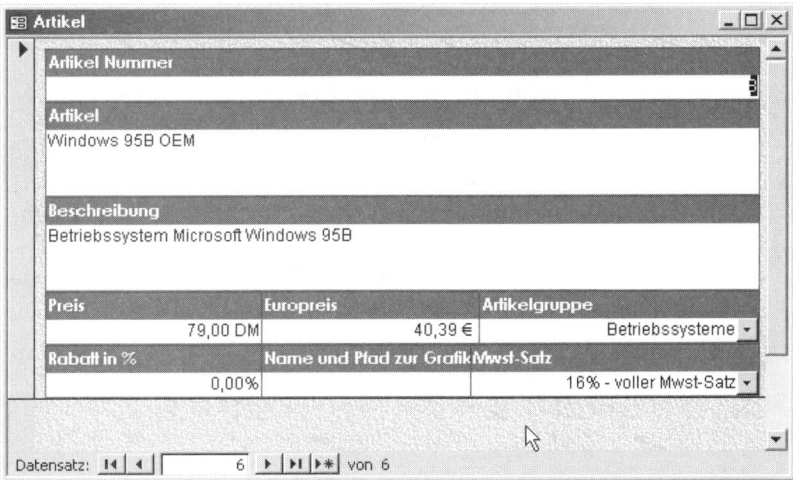

Darstellung des berechneten Werts zur Laufzeit

4

Formulare und Berichte

Hinweis

Leider werden diese Feldwerte nicht in die Tabelle übernommen

Leider hat die hier vorgestellte Möglichkeit den Nachteil, dass der berechnete Europreis zwar angezeigt, aber nicht in der Tabelle gespeichert wird. Zur Lösung des Problems gibt es zwei Möglichkeiten. Entweder Sie führen eine Aktionsabfrage aus, die den Feldwert berechnet und speichert und verwenden dazu den gleichen Ausdruck, oder Sie nutzen Makros oder VBA-Anweisungen, um das Feld zu berechnen. Wie dies mit Makros funktioniert, wird im Kapitel „Datenbanken mit Makros automatisieren" beschrieben.

8 Wenn Sie nun den Lagerwert des Artikels berechnen und anzeigen möchten, klicken Sie dazu in der Entwurfsansicht des Formulars das Feld *Lagerbestand* an, um es zu markieren und anschließend zu verkleinern.

9 Daneben fügen Sie nun ein neues Feld ein. Wählen Sie dazu aus der Werkzeugleiste das Steuerelement *Textfeld* aus und erstellen Sie ein solches Textfeld neben dem Feld *Lagerbestand*.

10 Markieren Sie im Anschluss das zusätzlich eingefügte Beschriftungsfeld und drücken Sie dann (Entf), um es zu löschen.

11 Markieren Sie nun erneut das Textfeld und geben Sie ihm den Namen *Lagerwert*, indem Sie im Eigenschaften-Fenster auf der Registerkarte *Andere* den Namen eingeben.

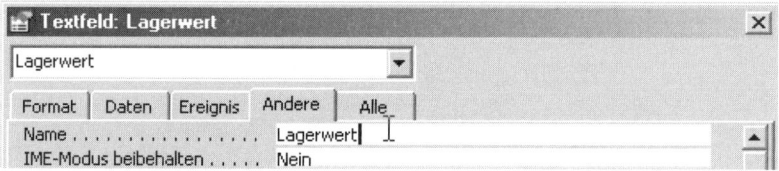

Benennen des Steuerelements

12 Aktivieren Sie nun die Registerkarte *Daten* und geben Sie dort den Ausdruck *=[Lagerbestand]*[Preis]* als Eigenschaft *Steuerelementinhalt* ein. Damit berechnen Sie das Produkt der Felder *Lagerbestand* und *Preis*.

13 Setzen Sie anschließend die Eigenschaften *Aktiviert* auf *Nein* und *Gesperrt* auf *Ja*, um Eingaben zu unterbinden.

Eingeben des Ausdrucks für den Wert des Felds

Hinweis

Namen von Steuerelementen ermitteln

Wenn Sie in Ausdrücken Werte anderer Steuerelemente oder Felder verwenden möchten, müssen Sie deren Namen kennen. Im Normalfall haben Steuerelemente immer den Namen des Tabellenfelds, das sie darstellen. In berechneten oder manuell erstellten Feldern kann es jedoch Abweichungen von dieser Regel geben. Sie können den Namen eines Steuerelements ermitteln, indem Sie das Steuerelement anklicken und auf der Registerkarte *Andere* den Wert der Eigenschaft *Name* ermitteln.

14 Aktivieren Sie nun die Registerkarte *Format* des Eigenschaften-Dialogs und wählen Sie für die Eigenschaft *Format* den Eintrag *Währung* aus.

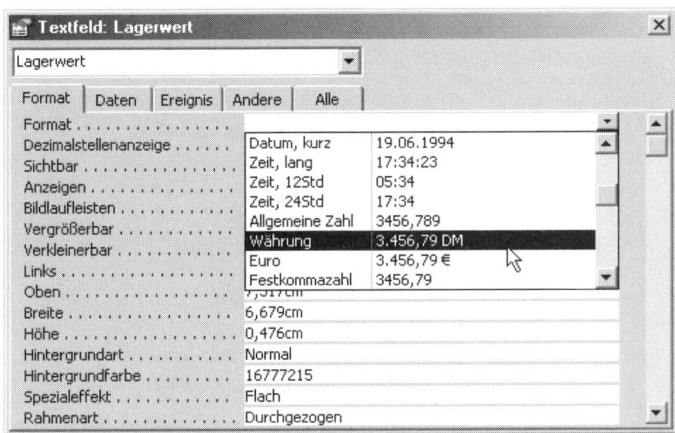

Auswählen des Formats für die Darstellung

Formulare und Berichte

Hinweis

Manuelles Einstellen

Wenn Sie ein Feld neu einfügen, das nicht auf einem Tabellenfeld basiert, müssen Sie solche Einstellungen wie das Format manuell machen. Bei dem zuvor gänderten Feld *Preis Euro* war das deshalb nicht notwendig, weil beim Einfügen eines gebundenen Steuerelementes die Einstellungen des Tabellenfelds so weit wie möglich übernommen werden. Hier war das Format daher schon eingestellt. Es ändert sich auch nichts an den übrigen Einstellungen, wenn sich die Datenquelle ändert.

15 Wenn Sie das Formular nun speichern und ausführen, wird der Lagerwert des Artikels berechnet und angezeigt.

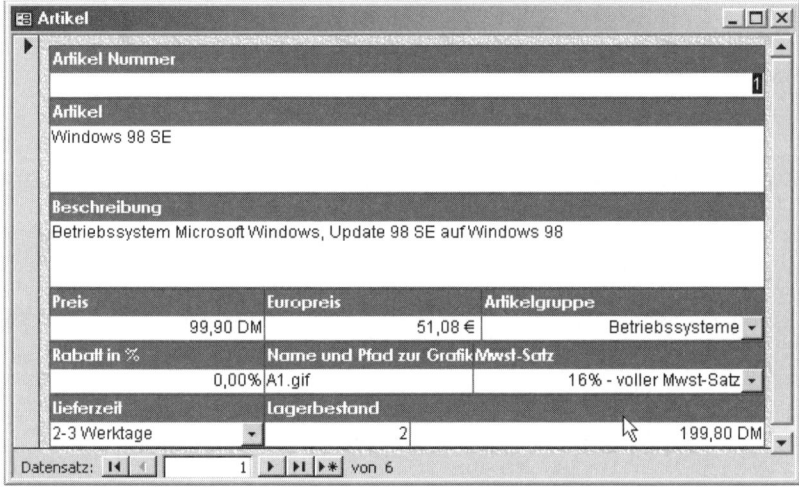

Darstellung des berechneten Felds

Hinweis

IME-Modus, was ist das?

Wenn Sie die Eigenschaften von Formularfeldern ändern, begegnen Ihnen an verschiedenen Stellen im Eigenschaften-Fenster die Begriffe "IME-Modus" und "IME-Satzmodus". IME ist die Bezeichnung für eine Eingabehilfe ostasiatischer Zeichen in einen Computer. Sie können in Access für Eingabefelder und Tabellenfelder definieren, wie diese Eingabehilfe funktioniert. Auswirkungen hat das aber nur dann, wenn Ihre Access-Datenbank auf einer ostasiatischen Windows-Version eingesetzt wird und Daten in ostasiatischen Zeichensätzen eingegeben werden müssen. Da dies recht unwahrscheinlich ist, wird daher auf IME nicht mehr eingegangen.

Bedingte Formatierungen einsetzen

Möchten Sie ein Steuerelement abhängig von seinem Wert unterschiedlich formatieren, können Sie dazu die Funktion *Bedingte Formatierung* einsetzen, die seit Access 2000 zur Verfügung steht. Markieren Sie dazu einfach das Steuerelement, für das Sie diese Formatierung festlegen möchten, also bspw. das Feld *Lagerbestand*.

Sie können nun den Dialog für die bedingte Formatierung aufrufen, indem Sie *Format/Bedingte Formatierung* auswählen. Hier können Sie nun die Bedingungen und die dafür geltenden Formatierungen festlegen.

Wählen Sie bspw. *Feldwert ist* aus dem ersten Listenfeld der Gruppe *Bedingung 1* aus, können Sie im nächsten Feld einen Vergleichsausdruck auswählen und dann in das Textfeld den Vergleichswert oder Ausdruck eingeben.

Der Ausdruck in der Abbildung ist bspw. wahr, wenn der Feldwert des Felds kleiner als 2 ist. In diesem Fall wird also die Formatierung auf das Steuerelement angewendet, die Sie über die Symbole neben dem Vorschaufeld festlegen können.

Möchten Sie alternative Bedingungen definieren, für die andere Formatierungen gelten sollen, klicken Sie einfach auf *Hinzufügen* und können die nächste Bedingung mit Formatierung festlegen.

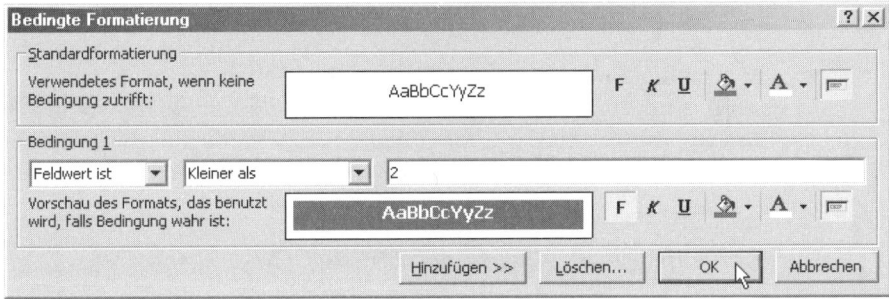

Festlegen der bedingten Formatierungen

Wenn Sie die Formatierung abschließen möchten, klicken Sie auf *OK*. Das war schon alles, was sie brauchen, um bestimmte kritische Werte automatisch hervorzuheben. Wenn Sie das Formular ausführen, stellt es das Steuerelement abhängig vom Wert des Felds unterschiedlich dar.

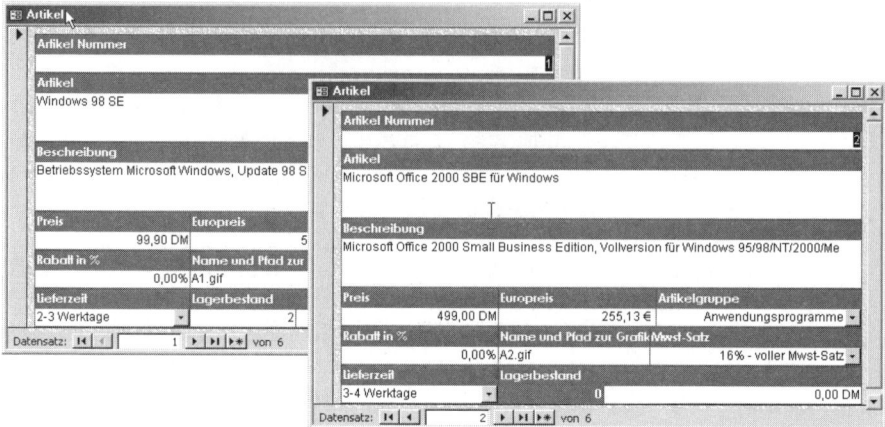

Darstellung der unterschiedlichen Formatierung zur Laufzeit

Optimierungsmöglichkeiten

Es gibt natürlich noch weitere Optimierungsmöglichkeiten. Sie können bspw. die Formulare um Schaltflächen ergänzen, mit denen Sie die Angaben drucken oder bspw. nach Word oder Excel exportieren können.

Auch das Duplizieren und Löschen von Datensätzen funktioniert natürlich nicht nur über die Standardsymbolleiste, sondern Sie können auch eigene Schaltflächen in das Formular einfügen. Dazu eignet sich bspw. der Kopf- oder der Fußbereich des Formulars.

Für einfache Funktionen, die der Steuerelement-Assistent zur Verfügung stellt, sind keinerlei Programmierkenntnisse notwendig. Wenn Sie den vom Assistenten erzeugten Code anpassen möchten, müssen Sie sich jedoch mit der VBA-Programmierung unter Access beschäftigen.

Schaltflächen zum Löschen und Duplizieren von Datensätzen einfügen

Möchten Sie dem Formular zur Artikeleingabe eine Schaltfläche hinzufügen, die es ermöglicht, den aktuellen Datensatz zu löschen oder ihn zu duplizieren, gehen Sie dazu wie folgt vor:

1 Öffnen Sie das Formular in der Entwurfsansicht.

2 Vergrößern Sie den Kopfbereich des Formulars.

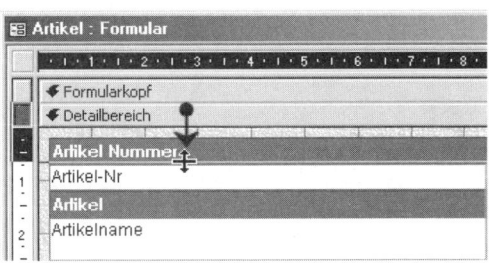

Vergrößern des Kopfbereichs

3 Aktivieren Sie nun in der Werkzeugleiste das Symbol *Befehlsschaltfläche* und fügen Sie in den Kopfbereich des Formulars eine Schaltfläche ein. Access startet daraufhin den Steuerelement-Assistenten, falls dieser nicht deaktiviert ist.

⌐⎯⎯ Hinweis

Der Steuerelement-Assistent startet nicht

Startet der Assistent nicht, löschen Sie die Schaltfläche und aktivieren den Steuerelement-Assistenten, indem Sie in der Werkzeugleiste auf das Symbol   klicken. Anschließend wiederholen Sie Schritt 3. ⎦

---

4 Im ersten Schritt des Assistenten müssen Sie die gewünschte Aktion auswählen. In der Liste *Kategorien* markieren Sie den Eintrag *Datensatzoperationen* und in der Liste *Aktionen* entsprechend *Datensatz löschen* oder *Datensatz duplizieren*, abhängig davon, was die Schaltfläche machen soll.

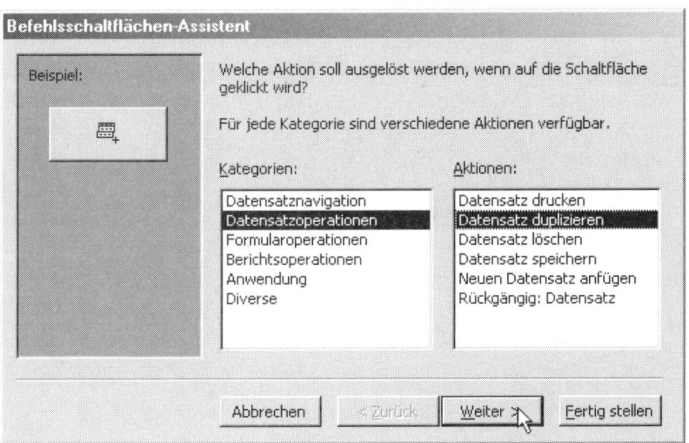

Auswählen der Aktion

5 Wenn Sie anschließend auf *Weiter* klicken, können Sie die Grafik und Beschriftung für die Schaltfläche auswählen.

4

Formulare und Berichte

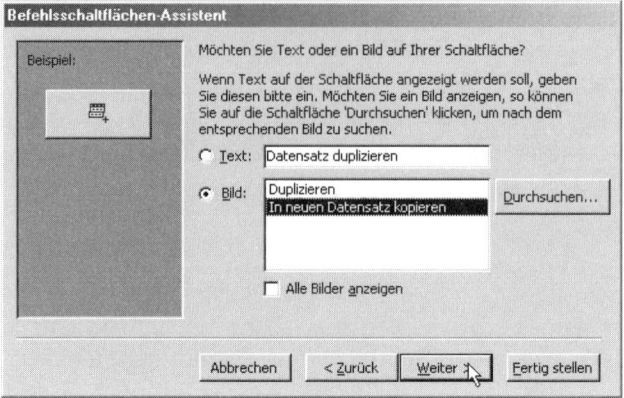

Grafik auswählen

6 Mit *Weiter* gelangen Sie zum letzten Dialog des Assistenten. Hier können
Sie den Namen für die Schaltfläche eingeben. Wichtig ist der, wenn Sie
später Ihre Datenbank um VBA-Anweisungen erweitern möchten. Aber
auch sonst ist ein sinnvoller Name nie falsch. Sie können aber natürlich
auch den vorgeschlagenen Namen übernehmen.

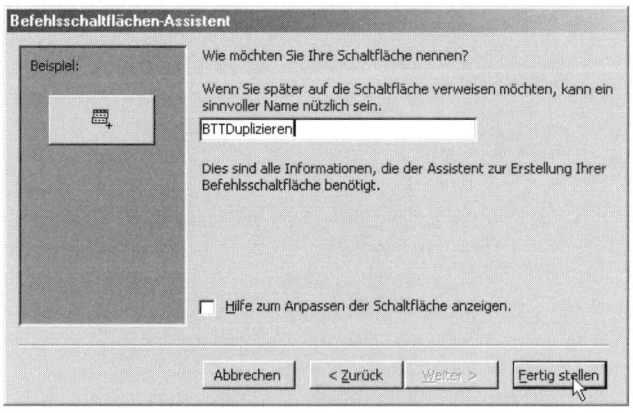

Benennen der Schaltfläche

7 Wenn Sie den Namen übernehmen möchten oder einen neuen eingegeben haben, klicken Sie einfach auf *Fertig stellen*, um den Assistenten zu beenden.

Schaltfläche zum Schließen des Formulars erstellen

Auf die gleiche Weise, nämlich mithilfe des Assistenten, können Sie auch Schaltflächen erstellen, mit denen das Formular geschlossen oder gedruckt werden kann. Dazu wählen Sie im ersten Schritt des Assistenten die Kategorie *Formularoperationen* und als Aktion *Formular schließen* aus. Anschließend folgen Sie wieder den Anweisungen des Assistenten.

Auf diese Weise lassen sich Formulare also ganz einfach um wichtige Funktionen ergänzen, ohne dass Sie dazu Makros oder VBA-Code erstellen müssen. Dennoch haben Sie damit natürlich noch mehr Möglichkeiten.

Umwandeln von Steuerelementen

Nicht immer ist es günstig, die Daten einer Tabelle oder Abfrage mithilfe der Standardsteuerelemente anzuzeigen, die Access verwendet. Wird die Mehrzahl der Daten eines Formulars über die Tastatur eingegeben, ist es bspw. sehr unschön, wenn der Benutzer zwischendurch zur Maus greifen muss, um einen Wert aus einer Liste auszuwählen. Dies gilt vor allem dann, wenn es für dieses Feld einen Standardwert gibt, der nur selten geändert werden muss.

Ein gutes Beispiel für ein solches Feld ist die Auswahlliste für den MwSt.-Satz. Sie ist recht umständlich zu bedienen und würde außerdem ein sehr breites Formular benötigen, um den Text anzuzeigen.

Besser ist es daher, dem Benutzer die Möglichkeit zu geben, den Wert zu ändern, indem er ihn eingibt. Außerdem können Sie den Standardwert für das Feld festlegen, sodass der Benutzer hier in der Regel keine Eingabe machen muss.

Sie können jedes Steuerelement in einen anderen Typ umwandeln lassen, indem Sie mit der rechten Maustaste auf das Steuerelement klicken und aus dem Kontextmenü *Ändern zu* auswählen. Access zeigt dann alle Steuerelementtypen an, in die das aktuelle Steuerelement konvertiert werden kann. Für das Feld mit dem Steuersatz wählen Sie einfach *Textfeld* aus.

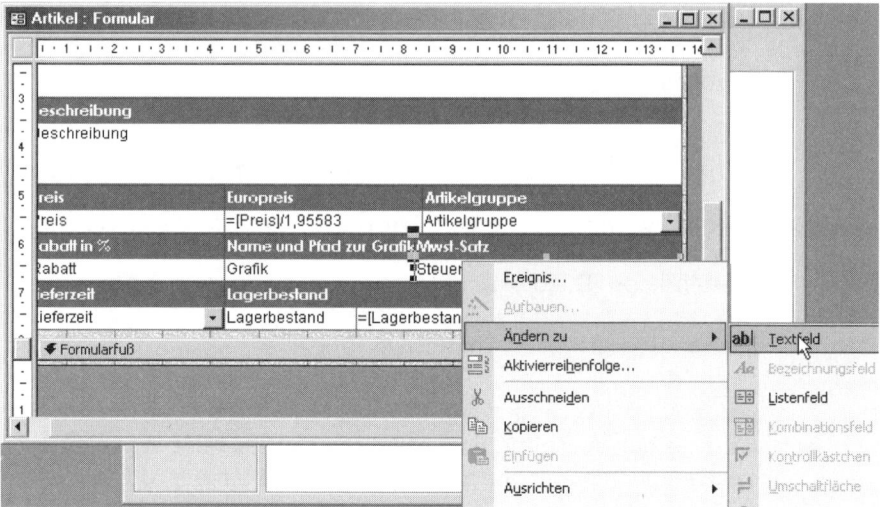

Formularfelder umwandeln

Access ändert nun den Steuerelementtyp und übernimmt dabei alle Eigenschaften des alten Steuerelements, die auch für das neue zur Verfügung stehen. Sie können im Anschluss über den Eigenschaften-Dialog des Steuerelements den Standardwert einstellen, indem Sie in das Feld *Standardwert* des Steuerelements *0,16* für 16 % eingeben.

Festlegen des Standardwerts

Ähnlich einfach können Sie natürlich auch ein einfaches Textfeld in ein Listenfeld umwandeln und dort ähnlich wie im Nachschlage-Assistenten die möglichen Werte eingeben, die zur Auswahl stehen sollen.

Wenn Sie sich bspw. an die Datenbank *Kunden.mdb* vom Kapitelanfang erinnern, wäre es ganz hilfreich, zur Eingabe des Geschlechts das Textfeld in ein Kombinationsfeld zu konvertieren. Auch das geschieht in der Entwurfsansicht des Formulars. Dort klicken Sie das Textfeld *Geschlecht* an und wählen *Ändern zu/Kombinationsfeld* aus dem Kontextmenü aus.

Anschließend müssen Sie dann noch die Listeneinträge für das Feld definieren. Dazu wählen Sie für die Eigenschaft *Herkunftstyp* den Eintrag *Wertliste* aus, geben die möglichen Werte durch Semikolons getrennt für die Eigenschaft *Datensatzherkunft* ein und setzen die Eigenschaft *Nur Listeneinträge* auf *Ja*. Damit ist die Auswahlliste fertig und einsatzbereit.

Eingeben der Listenwerte

4.5 Formulardaten nach Kriterien filtern

Bei größeren Datenbeständen ist es natürlich auch in Formularen möglich, nicht alle Datensätze anzuzeigen, sondern nach bestimmten Kriterien zu filtern. Dazu können Sie zum einen die Standard-Filterfunktion von Access verwenden, die bereits im Kapitel „Suchen und Abfragen in fertigen Datenbanken" erläutert wurde. Sie können aber auch eine Abfrage mit Filterkriterien als Datenquelle des Formulars verwenden oder dem Formular eine Filterbedingung zuweisen.

Filterbedingungen in Formularen einsetzen

Wenn Sie dem Benutzer die Möglichkeit bieten möchten, einen Filter anzuwenden, ohne ihn erst selbst definieren zu müssen, können Sie dazu für die Eigenschaft *Filter* des Formulars einen Ausdruck festlegen, der einen gültigen Filterausdruck darstellt.

Dies könnte bspw. der Ausdruck *((Artikel.Lagerbestand>0))* sein, der in diesem Fall dafür sorgen würde, dass bei einem aktivierten Filter nur die Datensätze der Tabelle *Artikel* angezeigt würden, deren Feld *Lagerbestand* einen Wert größer als 0 hat. Sie können stattdessen aber natürlich auch andere Ausdrücke eingeben. Um einen komplexen Filterausdruck zu definieren, können Sie bspw. folgendermaßen vorgehen:

1 Speichern Sie das Formular und führen Sie es anschließend aus.

2 Wählen Sie *Datensätze/Filter/Formularbasierter Filter* aus dem Menü aus.

3 Geben Sie die Filterbedingungen, die mit UND verknüpft werden sollen, in das Formular ein. Die mit ODER zu verknüpfenden Bedingungen geben Sie auf zwei unterschiedlichen Registerkarten ein. Der nachfolgend dargestellte Filter liefert alle Datensätze, deren Lagenbestand größer als Null ist und die sich in der Artikelgruppe *Anwendungsprogramme* befinden oder deren Lieferzeit *"1-2 Werktage"* beträgt.

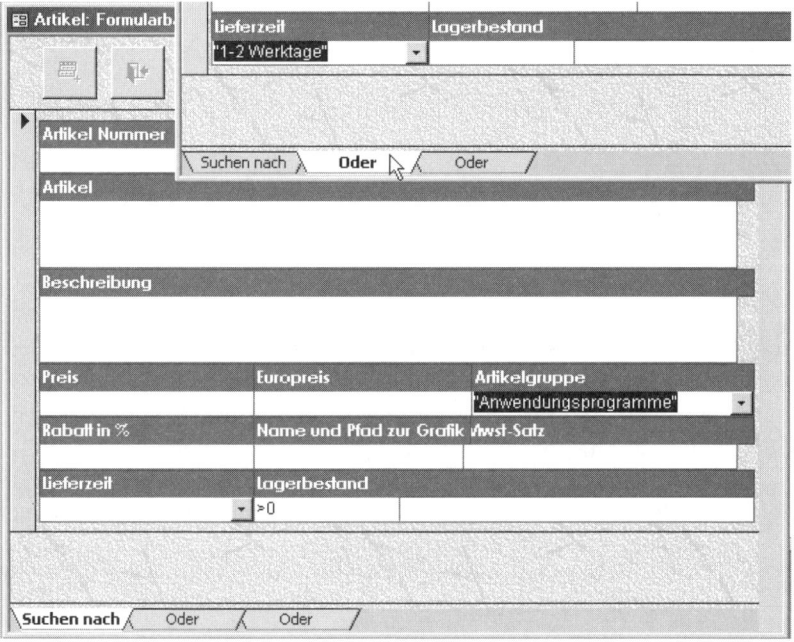

Auswählen der Filterbedingung

4 Klicken Sie anschließend auf das Symbol *Filter anwenden* der Symbolleiste und wechseln Sie zur Entwurfsansicht.

Zur Entwurfsansicht wechseln

5 Access übernimmt nun den definierten Filter in die *Filter*-Eigenschaft des Formulars. Speichern Sie das Formular jetzt, wird der Filter ebenfalls gespeichert und braucht beim Ausführen des Formulars nur noch aktiviert oder deaktiviert zu werden. Dazu kann das *Filter anwenden*-Symbol der Symbolleiste verwendet werden.

Datenquellen von Formularen anpassen

Wenn Sie vielleicht schon viel Arbeit in ein Formular gesteckt haben, aber sich später herausstellt, dass Sie keine Tabelle, sondern eine Abfrage als Datenquelle verwenden möchten, weil Sie bspw. in der Abfrage per Filterkriterium nur die neuesten Datensätze anzeigen lassen möchten, müssen Sie natürlich nicht ein komplett neues Formular erzeugen, Sie brauchen dem vorhandenen nur eine neue Datenquelle zuzuweisen. Das ist in kürzester Zeit erledigt, wenn die neue Abfrage oder eine andere Datenquelle folgende Voraussetzungen erfüllt:

- Die Feldnamen sind gleich denen in der ursprünglichen Datenquelle.

- Es sind alle Felder, die vom Formular verwendet werden, auch vorhanden.

- Die Felddatentypen der Felder sind gleich oder zumindest muss eine Konvertierung möglich sein.

Liegen diese Voraussetzungen vor, kann die Datenquelle geändert werden, indem die Abfrage für die Eigenschaft *Datenherkunft* des Formulars ausgewählt wird.

Auswählen einer neuen Formulardatenquelle

4.6 Informative Berichte aus Daten erstellen

Berichte sind die zweite Sorte von Datenbankobjekten, die für eine Benutzeroberfläche in Frage kommen. Sie können Formulare nicht ersetzen, sondern erfüllen eine ganz andere Aufgabe. Sie dienen dazu, Daten für den Druck oder die Anzeige am Bildschirm aufzubereiten.

┌──── **Hinweis**

Parallelen bei der Anpassung von Berichten und Formularen

Die Möglichkeiten, Berichte anzupassen und Steuerelemente hinzu-zufügen, entsprechen im Wesentlichen denen von Formularen. Aus diesem Grund wird nachfolgend nicht mehr erläutert, wie Steuer-elemente formatiert, umgewandelt und ausgerichtet werden. ────┘

Unterschiede zu Formularen

Aufgrund ihrer unterschiedlichen Aufgaben weisen Formulare und Berichte natürlich ein paar Besonderheiten auf. Da Berichte nur zur Anzeige von Da-ten dienen, aber nicht zur deren Eingabe, können in Berichten zur Laufzeit keine Werte geändert oder Steuerelemente aktiviert werden.

Wenn Sie also eine Funktion in den Bericht integrieren möchten, die es dem Benutzer erlaubt, bspw. ein Kontrollkästchen zu aktivieren, ist das nicht ein-fach möglich, indem Sie eines in den Bericht einfügen.

Sie müssen sich Berichte also ähnlich wie einen Ausdruck auf Papier vor-stellen. Was einmal gedruckt ist, kann nachträglich nicht verändert werden, es sei denn, man verändert die Datenquelle und druckt es erneut. Genauso funktioniert es auch bei Berichten. Bestimmte Eingriffsmöglichkeiten bieten aber Parameter für Berichte, auf die ab Seite 222 noch näher eingegangen wird.

Daneben bieten Berichte eine gute Möglichkeit, auch grafische Auswertun-gen für die Daten zu integrieren, indem Sie Diagramme in einen Bericht ein-fügen. Sie verfügen außerdem über die Möglichkeit, einen Drucker und Pa-pieroptionen für den Bericht einzustellen und so die Ausgabe für einen be-stimmten Druckertreiber zu optimieren.

Außerdem verfügen Berichte über weitaus mehr Bereiche als Formulare. Damit ist die Gestaltung wesentlich besser und effektiver möglich.

Besondere Berichtsbereiche

Neben den Bereichen Berichtskopf, Berichtsfuß und Detailbereich, die im Wesentlichen den Bereichen von Formularen entsprechen, verfügt ein Be-richt noch über weitere wichtige Bereiche. Die folgende Tabelle erläutert de-ren Bedeutung.

Bereich	Beschreibung
Berichtskopf	Mit diesem Bereich beginnt ein Bericht. Es ist immer der erste Bereich im Bericht, wenn er definiert ist. Ansonsten hat er die Höhe 0 und ist damit nicht sichtbar. Sinnvolle Einsatzmöglichkeiten sind Verfasser, Datum und eine kurze Inhaltsangabe für den Bericht. Sie können die Eigenschaften so einstellen, dass nach dem Berichtskopf ein Seitenumbruch erfolgt, sodass der Berichtskopf als Titelseite des Berichts dienen kann.
Berichtsfuß	Der Berichtsfuß ist der letzte Bereich eines Berichts. Er kann Gesamtsummen oder andere Ergebnisse des Berichts enthalten.
Detailbereich	Im Detailbereich werden die Daten des Berichts angezeigt. Jeder Bericht kann nur einen Detailbereich haben, der so oft wiederholt wird, wie es notwendig ist, um alle Datensätze anzeigen zu können.
Gruppenkopf	Der Gruppenkopf wird am Anfang einer Datensatzgruppe angezeigt. Er enthält in der Regel den Wert des Felds, nach dem gruppiert wird, sowie die Spaltenüberschriften für den danach folgenden Detailbereich. Sie können den Gruppenkopf so formatieren, dass vor jeder Gruppe ein Seitenwechsel erfolgt. Nach dem Gruppenkopf folgt entweder der Gruppenkopf einer untergeordneten Gruppe oder der Detailbereich. Ein Gruppenkopf muss aber nicht eingeblendet werden, um Datensätze gruppieren zu können.
Gruppenfuß	Der Gruppenfuß folgt nach dem Detailbereich einer Gruppe bzw. nach dem Gruppenfuß einer untergeordneten Gruppe. Er kann Gruppensummen oder anderen Ergebnisse der Gruppe enthalten.
Seitenkopf	Jede Seite eines Berichts beginnt mit dem Seitenkopf. Das ist unabhängig davon, ob die Seite automatisch erzeugt wurde, weil die vorherige Seite voll war, oder ob ein manueller Seitenumbruch über das Steuerelement oder eine Formatierung erzeugt wurde. In Berichten ohne Gruppenkopf werden im Seitenkopf in der Regel die Spaltenüberschriften eingefügt.
Seitenfuß	Der Seitenfuß folgt am Ende einer jeden Seite. Er enthält in der Regel Seitenzahl und/oder Datum sowie Zwischensummen oder Zwischenergebnisse.

Bereiche ein- und ausblenden

Nicht alle Bereiche sind in Berichten standardmäßig sichtbar. Bevor Sie die nicht sichtbaren Bereiche bearbeiten können, müssen Sie sie also einblenden. Dies geschieht über das Menü *Ansicht*.

Berichte mit dem Assistenten erstellen

Genauso wie für Formulare stellt Access auch für Berichte verschiedene Assistenten zur Verfügung, mit denen Sie Berichte erstellen können. Die Vorgehensweise entspricht in der Regel der des Formular-Assistenten. Um eine Liste aller Artikel mit Angaben zur Artikelgruppe zu erstellen, können Sie wie folgt vorgehen:

1 Markieren Sie im Datenbankfenster die Kategorie *Berichte* und doppelklicken Sie dort auf *Erstellt einen Bericht unter Verwendung des Assistenten*.

4

Formulare und Berichte

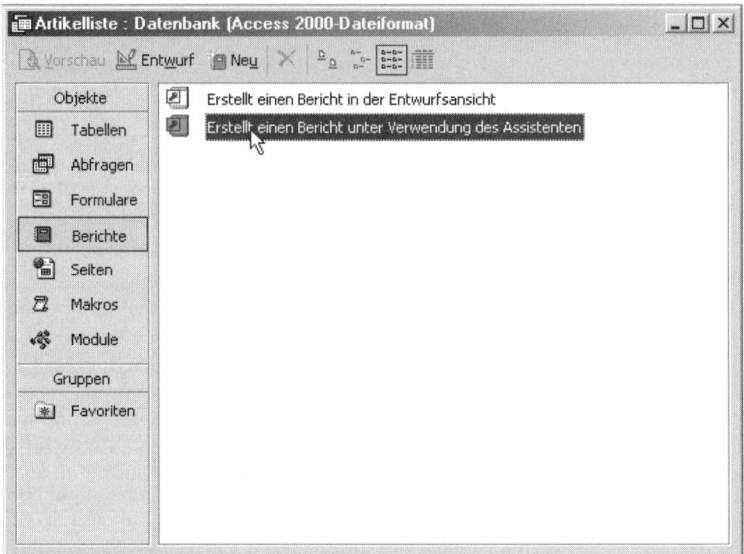

Starten des Assistenten

2 Im ersten Schritt wählen Sie wie bei den Formularen die Tabellen und/oder Abfragen aus, die für den Bericht verwendet werden sollen. Wählen Sie hier zunächst die Tabelle *Artikel* aus und klicken Sie dann auf >>, um alle Felder der Tabelle auszuwählen.

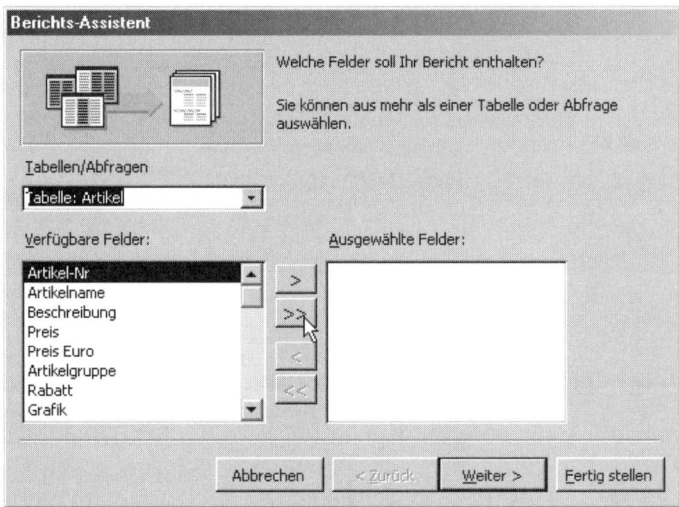

Auswählen der ersten Tabelle und deren Felder

3 Da aber neben den Artikeldaten auch die Artikelgruppenbezeichnungen angezeigt werden sollen, müssen Sie nun noch die Tabelle *Artikelgruppen* auswählen und auch deren Felder über >> hinzufügen.

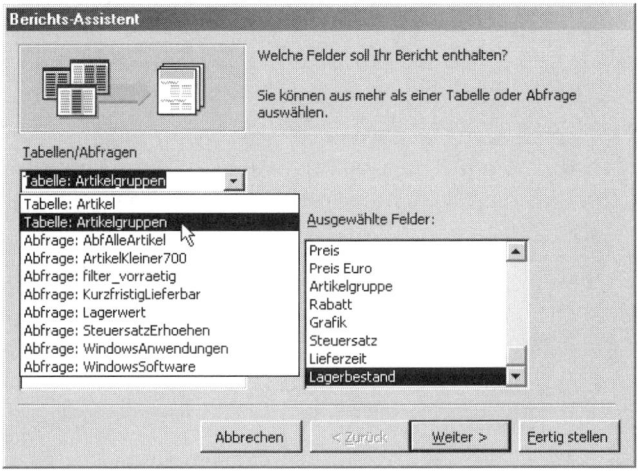

Auswählen der zweiten Tabelle

Hinweis

Tabellen mit 1:n-Beziehung als Datenquelle

Bei Auswahl von zwei Tabellen oder Abfragen, zwischen denen eine 1:n-Beziehung besteht, wie im Beispiel, können Sie im Verlauf des Assistenten auch Gruppierungs- und Zusammenfassungsoptionen auswählen. Diese Schritte entfallen, wenn Sie nur eine Tabelle oder Abfrage auswählen.

4 Sie können den Assistenten nach Auswahl der benötigten Felder mit *Weiter* fortsetzen und haben nun die Möglichkeit zu wählen, nach welcher Tabelle die Daten gruppiert werden sollen. In der Regel wählt Access die richtige Reihenfolge aus, sodass Sie den Vorschlag nur noch mit *Weiter* bestätigen müssen.

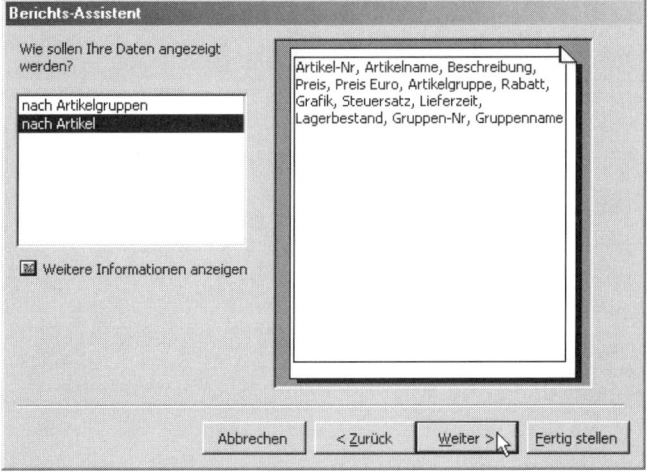

Auswählen der Gruppierungen

5 Im nächsten Schritt können Sie bestimmen, nach welchem Feld der Haupttabelle, die Datensätze gruppiert werden sollen. In unserem Fall ist es natürlich sinnvoll nach der Artikelgruppe zu gruppieren.

Um spätere Änderungen möglichst gering zu halten, kann hier gleich das Feld *Gruppenname* ausgewählt werden. Das ausgewählte Feld können Sie dann mit der Schaltfläche > hinzufügen. Klicken Sie anschließend auf *Weiter*.

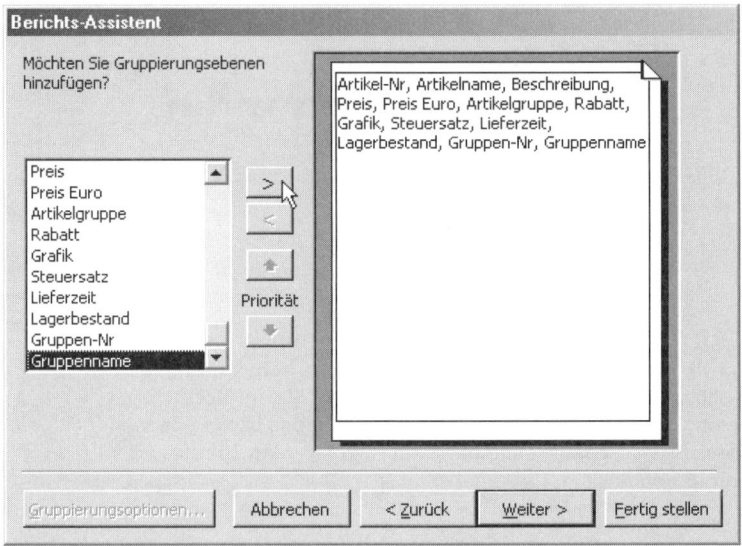

Auswählen der Gruppierungsoptionen

⌐━━━ **Hinweis**

Untergruppen definieren

Wenn Sie möchten, können Sie auch weitere Felder hinzufügen, um Untergruppen zu bilden. Im Beispiel ist dies aber nicht sinnvoll. Definieren Sie jedoch Untergruppen, können Sie deren Reihenfolge über die Pfeilschaltflächen verändern. Das Ergebnis wird dann in der Vorschau angezeigt.

6 Im nächsten Dialog können Sie die Sortierfolge innerhalb der Gruppe bestimmen. Wählen Sie dazu einfach im Feld *1* den Feldnamen des Felds aus, nach dem sortiert werden soll. Möchten Sie die Sortierrichtung ändern, klicken Sie auf *Aufsteigend*, um die Richtung umzukehren.

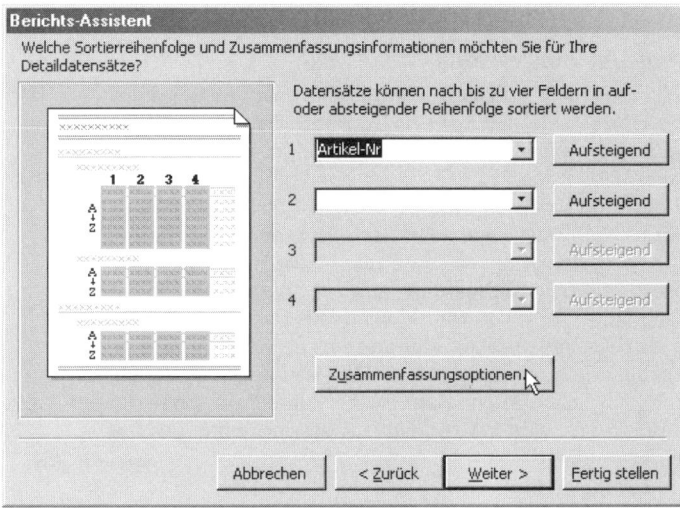

Sortierfolge innerhalb der Gruppe

Formulare und Berichte

4

Hinweis

Zusammenfassungsoptionen einstellen

Sie können über die Schaltfläche *Zusammenfassungsoptionen* einstellen, ob die Daten innerhalb der Gruppe zusammengefasst werden sollen. Beispielsweise können Sie Summen über alle Datensätze
der Gruppe berechnen oder die Datensätze der Gruppe zählen lassen.

7 Klicken Sie anschließend auf *Weiter*. Sie können dann das Layout für den
Bericht auswählen.

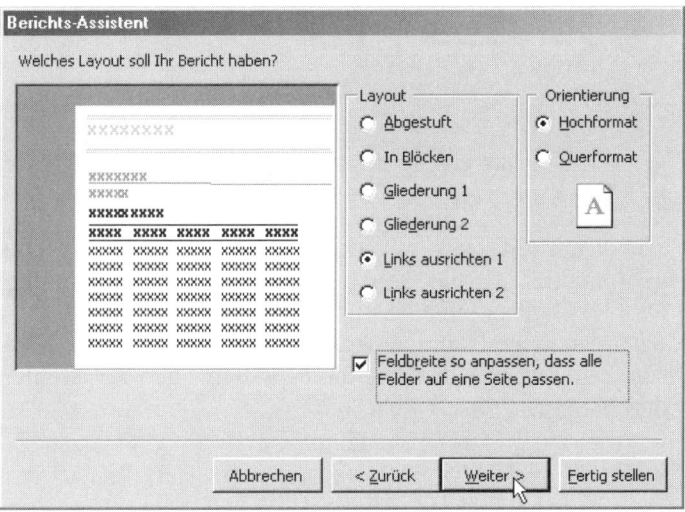

Auswählen des Berichtslayouts

> ### Hinweis
>
> ### Probleme mit Berichtslayouts
>
> Leider ist es nicht möglich, Access zu veranlassen, auch Felder eines einzelnen Datensatzes untereinander anzuordnen. Das ist vor allem dann problematisch, wenn es sehr viele, auch längere Felder in der Datenquelle gibt. Sie können das Problem nur halbwegs lösen, indem Sie sich dafür entscheiden, das Kontrollkästchen *Feldbreite so anpassen, dass alle Felder auf eine Seite passen* zu aktivieren. Dann verkürzt Access die Felder so, dass alle Felder nebeneinander angeordnet werden können. Dies führt aber in den meisten Fällen dazu, dass Feldinhalte nicht vollständig dargestellt werden können. Aktivieren Sie das Kontrollkästchen hingegen nicht, wählt Access eine für das einzelne Feld sinnvolle Breite. Das kann aber dazu führen, dass die Felder nicht alle auf einer Seitenbreite Platz haben. Im Prinzip ist es also egal, was sie auswählen, es sind umfangreiche Anpassungen notwendig.

8 Wenn Sie auf *Weiter* klicken, können Sie die Formatierung für den Bericht auswählen, indem Sie das Format anklicken.

Formatierung auswählen

9 Mit *Weiter* leiten Sie nun den letzten Dialog des Berichts ein. Hier können Sie den Titel des Berichts bestimmen, indem Sie ihn in das Eingabefeld des Dialogs eingeben. In den meisten Fällen wählt Access jedoch einen geeigneten Namen aus, sodass Sie hier keine Eingaben machen müssen. Mit *Fertig stellen* beenden Sie dann den Assistenten und erzeugen den Bericht.

Assistenten abschließen

Nach Abschluss des Assistenten erzeugt Access den Bericht und zeigt ihn an. Sie können ihn dann genau wie ein Formular in der Entwurfsansicht öffnen und bearbeiten.

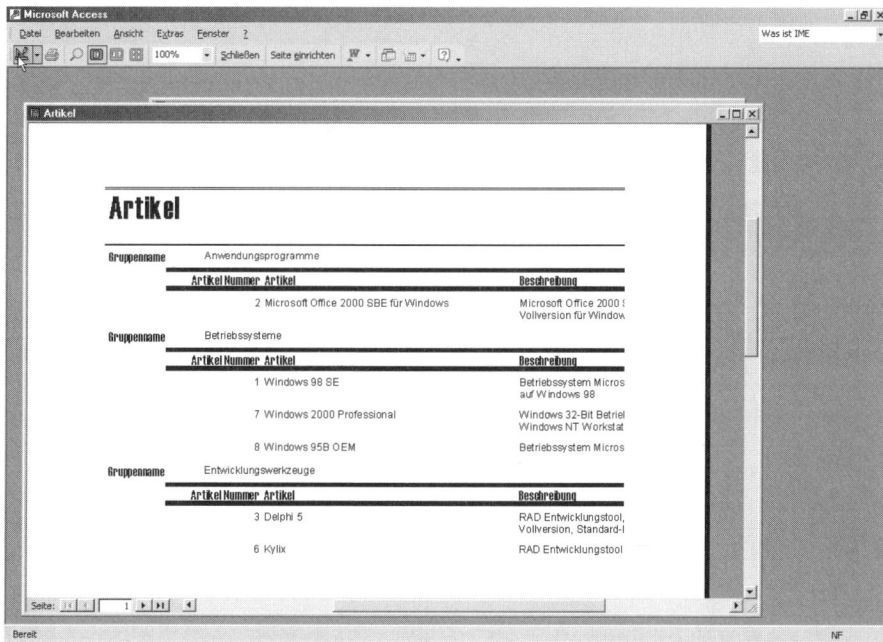

Fertiger Bericht nach Abschluss des Assistenten

Formulare und Berichte

4

Berichte anpassen

Wenn Sie den Bericht einmal kritisch betrachten, werden Sie schnell merken, dass es einige Punkte gibt, die verbesserungswürdig sind. Einen Teil der immer wiederkehrenden Anpassungen in Berichten, werden Sie nun kennen lernen.

Änderungsmöglichkeiten

An dem vorliegenden Bericht gibt es einige Punkte, die geändert werden müssen, andere sollten geändert werden, um die Optik des Berichts zu verbessern. Dies sind im Einzelnen folgende Kritikpunkte:

- Das Feld *Beschreibung* steht zu weit rechts und der enthaltene Text ist nicht vollständig sichtbar. Hier würde es sich anbieten, das Feld unterhalb des Artikelnamens anzuzeigen.

- Alle weiteren Felder sind gar nicht sichtbar. Sie müssen also ebenfalls anders angeordnet werden.

- Die ziemlich fette Anzeige von *Gruppenname* vor dem Gruppenkopf lenkt vom Inhalt ab. Besser ist es, den Text zu löschen und nur den Namen der Artikelgruppe anzuzeigen, diesen aber dafür optisch hervorzuheben.

- Die Spaltenüberschriften könnten eine etwas kleinere Schrift haben und auch die Linien sollten etwas dünner sein. Zum einen sieht das besser aus, zum anderen sparen Sie Tinte und Toner beim Ausdruck.

Die vorstehenden Änderungen werden nun Schritt für Schritt durchgeführt, um den Bericht zu optimieren.

Steuerelemente verschieben und vergrößern

Zunächst einmal sollten Sie damit beginnen, das Textfeld mit der Artikelbeschreibung unter das Feld mit dem Artikelnamen zu schieben. Damit schaffen Sie Platz für die anderen, gar nicht sichtbaren Steuerelemente. Gehen Sie dazu so vor:

1 Markieren Sie in der Entwurfsansicht des Berichts das Feld und ziehen Sie es per Drag & Drop an die gewünschte Position.

2 Richten Sie beide Steuerelemente linksbündig aus. Dazu können Sie wie bei Formularen *Format/Ausrichten/Linksbündig* auswählen, nachdem Sie beide Steuerelemente markiert haben.

3 Ordnen Sie nun die beiden Felder mit dem Preis und dem Europreis ebenfalls linksbündig untereinander an, und zwar so, dass sie neben den

Feldern *Beschreibung* und *Artikelname* stehen. Gleichen Sie die Größe beider Felder an und richten Sie sie rechtsbündig zueinander aus.

4 Löschen Sie nun das Beschriftungsfeld für das Feld *Beschreibung* und verschieben Sie das Beschriftungsfeld *Preis* über die Felder mit den Preisangaben.

5 Löschen Sie die Felder *Artikelgruppe*, *Gruppenname* und *Grafik* und deren Beschriftungsfelder, indem Sie sie nacheinander anklicken und auf [Entf] drücken.

6 Ordnen Sie dann auch alle noch verbleibenden Felder sinnvoll rechts neben den Preisen an und richten Sie sie aus. Das Steuerelement für das Feld *Steuersatz* sollten Sie in ein Textfeld umwandeln, damit nur die Prozentzahl und nicht der lange Text des Nachschlagefelds angezeigt wird. Danach sollte der Detailbereich in etwa wie in folgender Abbildung aussehen:

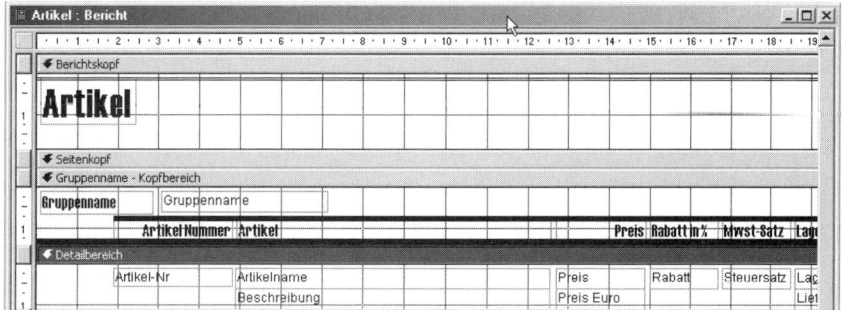

Inhalt des Detailbereichs

Größenänderung für Textfelder zulassen.

Grundsätzlich besteht natürlich die Gefahr, dass der Inhalt des Felds *Beschreibung* immer noch nicht komplett angezeigt werden kann, weil das Tabellenfeld als Memo-Feld ja auch sehr lange Texte speichern kann.

Damit die vollständige Anzeige gewährleistet ist, besteht die Möglichkeit, Access die Feldgröße, das heißt die Anzahl Zeilen im Textfeld abhängig von der Länge des enthaltenen Textes, festlegen zu lassen.

Zuständig ist dafür die Eigenschaft *vergrößerbar* eines Textfelds, die Sie auf der Registerkarte *Format* das Eigenschaften-Fensters finden. Für Textfelder mit längeren Texten sollten Sie diese Eigenschaft auf *Ja* setzen.

Hinweis

Standardeinstellung für die Eigenschaft vergrößerbar

Wenn Sie einen Bericht anpassen, der mit dem Assistenten erzeugt wurde, haben die entsprechenden Felder automatisch die richtigen Einstellungen, wenn sie Tabellenfelder darstellen, deren Felddatentyp Memo ist. Anpassen müssen Sie diese Eigenschaft nur dann, wenn Sie normale Textfelder verkleinern und so das Risiko besteht, dass der Inhalt nicht komplett sichtbar ist. Möchten Sie hingegen nur den Anfang eines Memo-Felds im Bericht anzeigen, nicht jedoch den ganzen Text, ist es sinnvoll, die Eigenschaft *vergrößerbar* auf *Nein* zu setzen. Allerdings haben Sie damit keinen genauen Einfluss darauf, wie viele Zeichen des Inhalts angezeigt werden.

Gruppenköpfe optisch hervorheben

1 Um die Gruppenköpfe zu formatieren, sollten Sie zunächst das Bezeichnungsfeld mit dem Text *Gruppenname* anklicken und dann mit (Entf) löschen.

Markieren des Beschriftungsfelds im Gruppenkopf

2 Anschließend verschieben Sie das Feld *Gruppenname* nach links und formatieren dessen Schrift über die Symbolleiste fett.

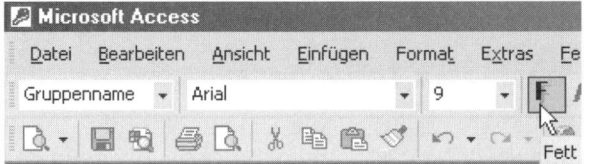

Formatieren des Gruppenkopfes mit fetter Schrift

3 Sie können den Namen nun noch farbig unterlegen. Fügen Sie dazu über die Werkzeugleiste ein Rechteck in den Gruppenkopf ein und formatieren Sie dieses Rechteck nach Belieben. Sie können es bspw. mit einem dekorativen Rahmen versehen und mit einer Farbe Ihrer Wahl füllen. Ziehen Sie es dann auf eine Größe, die ausreicht, um den Gruppenkopf abzudecken.

4 Damit der Rahmen nicht den Text überdeckt, brauchen Sie ihn nun nur noch in den Hintergrund zu setzen. Wählen Sie dazu *Format/In den Hintergrund* aus.

Rechteck hinter den Text legen

Berichte verkleinern

Wenn Sie den Bericht nun ausführen und in der Layoutansicht durchblättern, werden Sie feststellen, dass es einige Seiten gibt, auf denen nur die Linien sichtbar sind, aber keine Daten stehen.

Platzverschwendung durch leere Seiten im Bericht

Dieses Ergebnis liegt daran, dass die Breite des Berichts immer noch der entspricht, die der Berichts-Assistent erzeugt hat. Sie müssen den Bericht also noch verkleinern. Dazu ist es jedoch erforderlich, zunächst die Linienlänge auf die notwendige Länge zu verkürzen, da die längste Linie bzw. das am weitesten rechts stehende Steuerelement die minimale Berichtsbreite definiert. Um die Breite anzupassen, gehen Sie wie folgt vor:

1 Stellen Sie über das horizontale Lineal der Entwurfsansicht fest, wo das letzte Steuerelement des Detailbereichs endet. In der folgenden Abbildung ist dies also bei etwas über 22 cm.

Formulare und Berichte

4

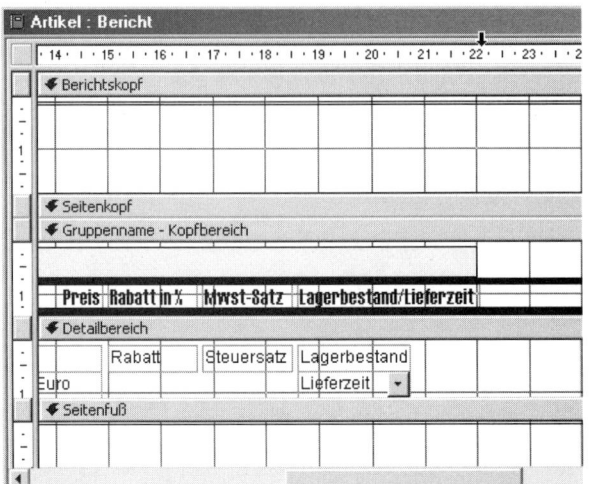

Berichtsbreite ermitteln

2 Ziehen Sie nun einen Rahmen um die Linienenden, um alle Linien des Berichts zu markieren. Vergessen Sie dabei nicht die immer schlecht sichtbare Linie am Anfang des Seitenfußes.

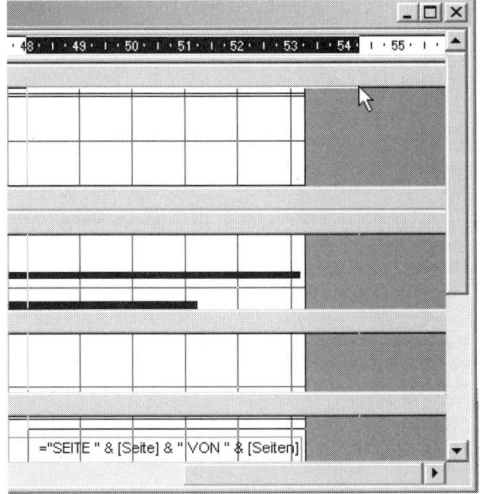

Markieren der Linien

3 Öffnen Sie nun das Eigenschaften-Fenster über das Symbol 🖼 der Symbolleiste, falls es nicht eingeblendet ist.

4 Stellen Sie auf der Registerkarte *Format* die Breite der Linien auf den Wert ein, den Sie zu Anfang ermittelt haben, und bestätigen Sie die Eingabe mit [Enter].

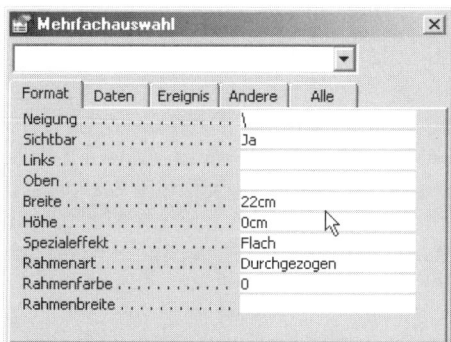

Einstellen der Breite

⌐ Hinweis

Rahmenstärke für Linien einstellen

Wenn Sie möchten, können Sie auch gleich die Rahmenstärke für alle Linien einstellen, indem Sie die gewünschte Stärke aus dem Feld für die Eigenschaft *Rahmenbreite* auswählen. Wenn Sie die Eigenschaft *Links* außerdem auf 0 cm einstellen, sorgen Sie dafür, dass alle Linien linksbündig ausgerichtet werden.

5 Bevor Sie jetzt den Bericht verkleinern können, müssen Sie jedoch noch die Seitenzahlen im Seitenfuß nach links verschieben. Markieren Sie dazu das Textfeld und ziehen Sie es an die gewünschte Position.

6 Nun können Sie die Breite des Berichts verringern, indem Sie mit der Maus die rechte Kante nach links ziehen.

Verkleinern des Berichts

Im Prinzip ist der Bericht damit fertig. Etwas unschön ist aber noch, dass im A4-Hochformat nicht alle Felder sichtbar sind. Das lässt sich jedoch noch über die Berichtsoptionen ändern. Näheres dazu finden Sie ab Seite 222.

4

Formulare und Berichte

Weitere Optimierungsmöglichkeiten

Es gibt noch einige interessante Möglichkeiten, Berichte zu optimieren. Sie können bspw. auch in Berichte Textfelder einfügen, deren Datenquelle ein Ausdruck ist. Wenn Sie bspw. einen Bericht erstellen möchten, der eine Rechnung oder einen Auftrag ausdruckt, können Sie so anhand des Rechnungsdatums das Zahlungsziel berechnen und im Bericht mit ausdrucken oder den Skonto-Betrag vom Rechnungsbetrag berechnen und anzeigen lassen.

Die meisten Optimierungsmöglichkeiten erfordern jedoch den Einsatz von Makros oder VBA-Prozeduren. Zum Beispiel ist es in der Regel nicht sinnvoll, einen Bericht anzeigen zu lassen oder zu drucken, der keine Daten im Detailbereich enthält. Um in dieser Situation den Bericht mit einer Meldung zu schließen, benötigen Sie Makros oder VBA-Prozeduren, die Sie einem Ereignis des Berichts zuweisen.

Wenn Sie sich in den Newsgroups umsehen, wird Ihnen immer wieder die Frage begegnen, wie man es schafft, dass Access jeden zweiten Datensatz anders formatiert, bspw. grau unterlegt. Auch das ist ein Wunsch, der immer noch nicht standardmäßig von Access erfüllt wird. Das Problem lässt sich zwar lösen, erfordert aber den Einsatz von VBA. Nur mit Access-Makros lässt es sich nicht bewerkstelligen.

Per VBA haben Sie bspw. auch die Möglichkeit, beim Laden des Berichts dem Bericht einen bestimmten Drucker zuzuweisen oder vor dem Druck den Benutzer zur Auswahl des Druckers aufzufordern. Wenn Sie solche Probleme lösen möchten, kommen Sie allerdings nicht drum herum, sich mit den vielfältigen Möglichkeiten von VBA zu beschäftigen.

4.7 Unterberichte effektiv einsetzen

Anders als Unterformulare dienen Unterberichte nicht nur dazu, die Detaildaten in einer 1:n-Beziehung darzustellen. In Berichten gibt es dazu schließlich die Möglichkeit, Gruppen zu verwenden. Unterberichte können ganz unterschiedliche Aufgaben lösen und sind daher gerade für größere Anwendungen interessant.

Sinn und Zweck von Unterberichten

Es gibt im Prinzip drei verschiedene Aufgaben, die Unterberichte lösen können:

- Sie können ein Diagramm darstellen.

- Sie können Detaildatensätze einer dritten Tabelle darstellen.

- Sie können Daten oder Grafiken enthalten, die in mehreren Berichten verwendet werden sollen und die so nicht jedes Mal neu eingegeben und mehrfach gewartet werden müssen.

In den beiden erstgenannten Fällen werden Unterberichte deshalb eingesetzt, weil ein Bericht ja nur genau einen Detailbereich haben kann. Möchten Sie aber zu den Daten in Listenform auch ein zusammenfassendes Diagramm anzeigen lassen, brauchen Sie im Prinzip zwei Detailbereiche, die unterschiedliche Daten darstellen, nämlich die einzelnen Daten und die Zusammenfassung als Diagramm. Mit einem Unterbericht können Sie das Diagramm bspw. in den Berichtsfuß einfügen und so in den übergeordneten Bericht integrieren.

Im dritten Anwendungsbereich geht es eigentlich nur darum, die Wartung der Datenbank zu erleichtern. Stellen Sie sich vor, Ihre Datenbank verfügt über 100 Berichte, die jeweils im Kopfbereich den gleichen Inhalt wie den Briefkopf der Firma enthalten. Sie müssten also jeweils 100 Berichte ändern, wenn sich die Telefonnummer, das Logo oder die Anschrift oder der Name der Firma ändert.

Besser ist es in diesem Fall, Sie erzeugen einen Unterbericht, in dem Sie den Kopf der Berichte definieren, und fügen diesen in jeden Bericht ein. Ändert sich dann etwas, brauchen Sie die Änderungen nur einmal im Unterbericht zu erstellen. Die nachfolgenden Beispiele verdeutlichen beide Einsatzmöglichkeiten von Unterberichten.

Unterberichte erstellen

Im ersten Beispiel soll ein einfacher, nicht an eine Datenquelle gebundener Bericht entstehen, der lediglich einen Briefkopf mit Firmenlogo enthält, der dann in andere Berichte eingefügt werden kann. Im zweiten Beispiel wird dann ein Diagramm erstellt, das ebenfalls als Unterbericht verwendet wird.

Hinweis

Unterberichte sind ganz normale Berichte

Sie werden erst dadurch zu Unterberichten, wenn sie mit einem anderen Bericht verknüpft werden. Daher können Sie Unterberichte auch problemlos separat einsetzen, wenn deren Inhalt das zulässt, und Sie können natürlich alle verfügbaren Berichts-Assistenten verwenden.

4

Formulare und Berichte

Einen Briefkopf erstellen

Um einen nicht an eine Datenquelle gebundenen Bericht zu erstellen, sollten Sie die Entwurfsansicht verwenden. .

1 Aktivieren Sie dazu im Datenbankfenster die Rubrik *Berichte* und klicken Sie auf *Neu*. Wählen Sie anschließend *Entwurfsansicht* aus und schließen Sie den Dialog mit *OK*.

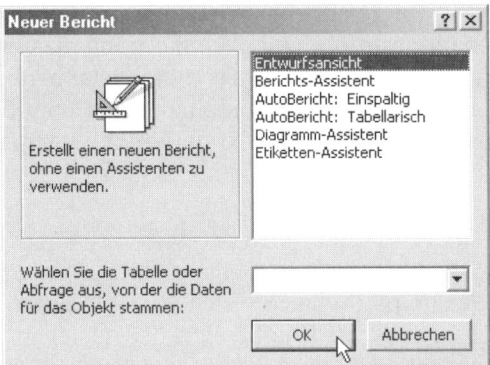

Erzeugen eines Berichts in der Entwurfsansicht

2 Setzen Sie nun die Höhe des Berichtskopfes und des Berichtsfußes auf 0 cm, indem Sie die Eigenschaft *Höhe* über das Eigenschaften-Fenster auf *0cm* setzen.

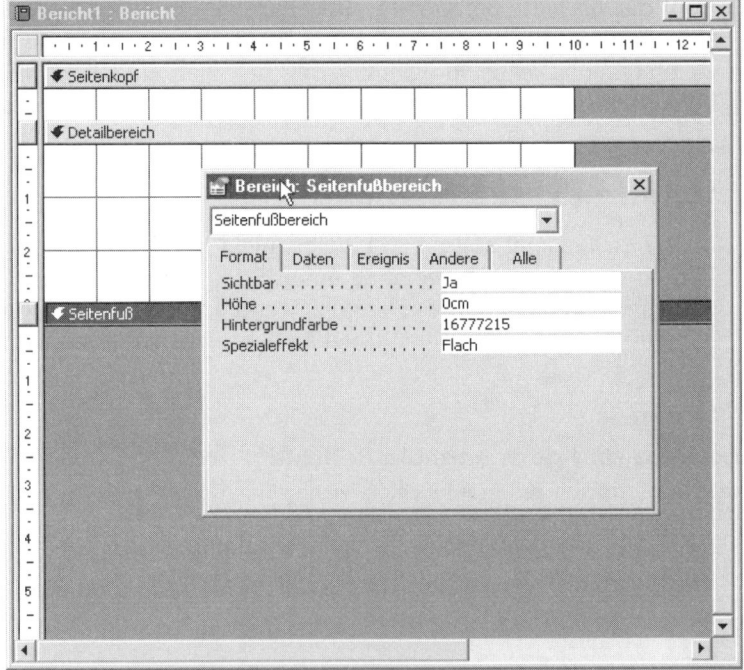

Höhe des Fußbereichs auf 0 setzen

3 Nun sollten Sie noch die Breite des Detailbereichs auf eine Breite ändern, die in einem normalen A4-Blatt dargestellt werden kann und genügend Platz schafft. Ziehen Sie den rechten Rand des Bereichs dazu ungefähr auf die 18-cm-Markierung des Lineals.

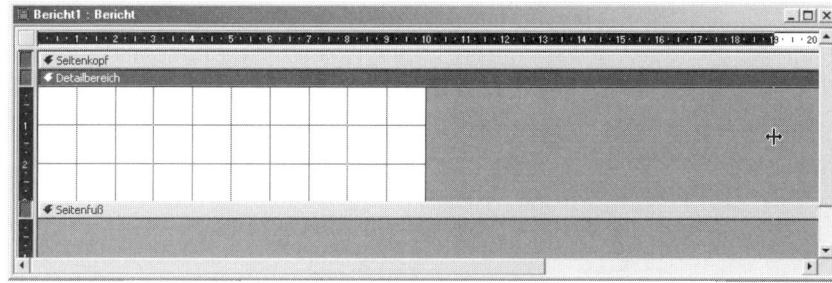

Verbreitern des Berichts

4 Sie können nun mit der inhaltlichen Gestaltung beginnen. Möchten Sie ein Logo einfügen, sollten Sie das zuerst machen, um die Texte dann an der Grafik ausrichten zu können. Wenn Sie eine Grafik einfügen möchten, wählen Sie dazu aus der Werkzeugleiste das Symbol *Bild* aus und ziehen dann an der gewünschten Stelle im Detailbereich des Berichts einen Rahmen. Der Steuerelement-Assistent ermöglicht Ihnen nun die Auswahl der Grafikdatei, die eingefügt werden soll.

Hinweis

Symbole der Werkzeugleiste

Erläuterungen zu den Symbolen der Werkzeugleiste und wie Sie diese bei Bedarf einblenden, finden Sie ab Seite 177 in diesem Kapitel.

5 Anschließend fügen Sie über das Symbol *Bezeichnung* beliebig viele Felder ein, um Firmennamen, Anschrift und Telefonnummer einzugeben und anzuordnen. Danach könnte der Bericht wie folgt aussehen.

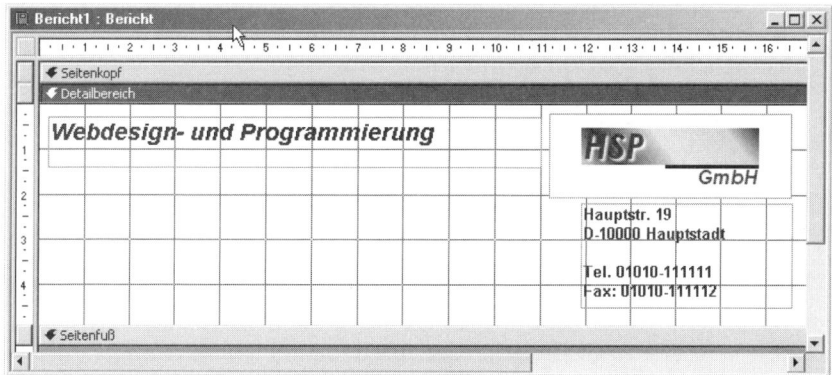

Zwischenstand

Formulare und Berichte

4

Hinweis

Zeilenumbrüche in Beschriftungsfeldern

Sie können innerhalb eines Beschriftungsfelds einen Zeilenumbruch
einfügen, indem Sie [Umschalt]+[Enter] drücken.

6 Sie können nun noch eine waagerechte Linie als Abschluss einfügen, indem Sie das Symbol *Linie* aus der Werkzeugleiste verwenden und damit eine horizontale Linie unterhalb der Telefon- und Faxnummer ziehen.

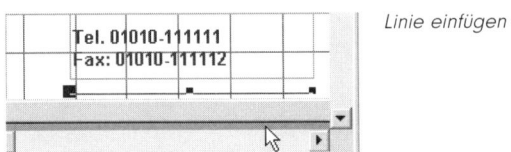

Linie einfügen

7 Damit ist der Bericht im Prinzip fertig und Sie können ihn speichern. Wählen Sie dazu *Datei/Speichern* aus und geben Sie einen geeigneten Namen, bspw. *KOPF*, an. Anschließend können Sie den Bericht schließen, indem Sie *Datei/Schließen* auswählen.

Speichern des Berichts

Ein Diagramm erstellen

Möchten Sie Daten grafisch darstellen, bspw. als Balken-, Linien- oder Tortendiagramme, können Sie dazu den Diagramm-Assistenten von Access verwenden. Damit wird nachfolgend ein Tortendiagramm entstehen, das darstellt, wie hoch der Wert der einzelnen Artikelgruppen am Gesamtlagerwert ist.

Hinweis

**Der Diagramm-Assistent ist nicht in der
Standardinstallation enthalten**

Da der Diagramm-Assistent standardmäßig nicht mitinstalliert wird,
wenn Sie keine benutzerdefinierte Installation durchgeführt haben,
kann es passieren, dass beim Starten des Assistenten der Installations-Assistent erscheint und Sie diese Funktion nachinstallieren
müssen. Das ist jedoch in einer Minute erledigt. Allerdings benötigen Sie dazu in der Regel die Office XP- oder Access 2002-CD-ROM.

Notwendig ist dazu zunächst eine geeignete Abfrage. Die können Sie ganz leicht erstellen, indem Sie die Abfrage *Lagerwert* aus dem vorherigen Kapitel kopieren und als *LagerWertJeGruppe* wieder einfügen. Öffnen Sie diese anschließend in der Entwurfsansicht und fügen Sie ihr die Tabelle *Artikelgruppen* hinzu. Ziehen Sie das Feld *Artikelgruppe* aus der Tabelle *Artikel* vor das vorhandene Feld und deaktivieren Sie dessen Kontrollkästchen. Fügen Sie anschließend das Feld *Gruppenname* ein und speichern Sie die Abfrage. Sie sollte dann wie folgt aussehen:

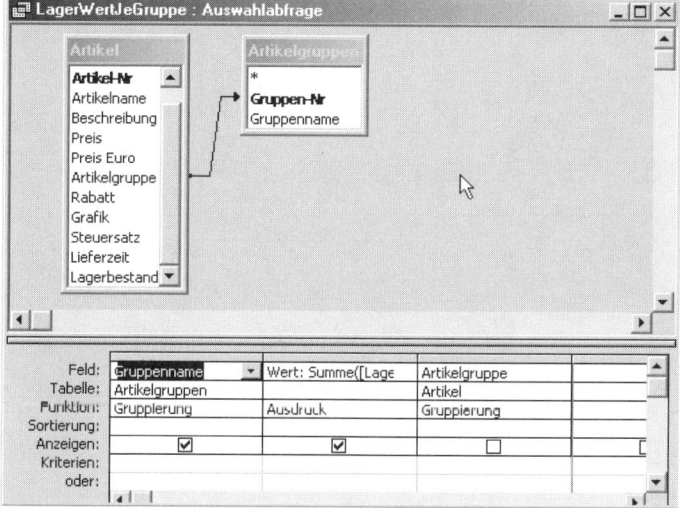

Notwendige Abfrage

Wenn Sie diese Abfrage erstellt haben und fehlerfrei ausführen konnten, können Sie das Diagramm erstellen. Gehen Sie dazu wie folgt vor:

1 Klicken Sie im Datenbankfenster in der Kategorie *Berichte* auf *Neu*.

2 Markieren Sie den Diagramm-Assistenten, wählen Sie die Abfrage aus und schließen Sie den Dialog mit *OK*.

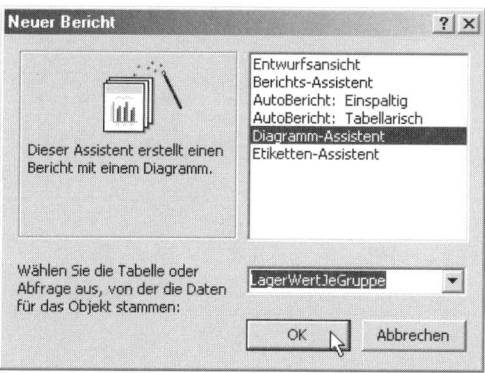

Starten des Diagramm-Assistenten

3 Im ersten Dialog des Assistenten wählen Sie ähnlich wie bei Berichten und Formularen die Felder der Datenquelle aus, die als Grundlage des

Diagramms verwendet werden. In unserem Beispiel benötigen Sie beide Felder und können diese daher mit >> auswählen und dann auf *Weiter* klicken.

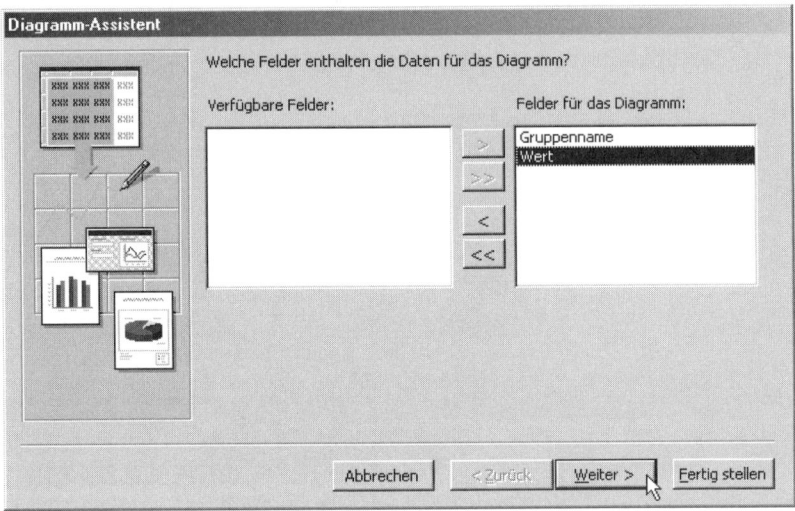

Auswählen der Felder

4 Wählen Sie nun das gewünschte Diagramm aus und klicken Sie dann erneut auf *Weiter*. Abhängig vom Diagrammtyp sind die nächsten Schritte unterschiedlich. Wenn Sie also kein Kreisdiagramm auswählen, kann es sein, dass die nachfolgende Beschreibung auf den Assistenten nicht mehr zutrifft.

Auswählen des Diagrammtyps

5 Sie können nun den Aufbau der Grafik festlegen. Im Normalfall macht Access dies aber korrekt. Dennoch haben Sie die Möglichkeit, die Felder anders anzuordnen. Sie brauchen sie dazu nur in der rechten Auflistung anzuklicken und per Drag & Drop an die gewünschte Position zu verschieben. Über das Symbol *Diagrammvorschau* haben Sie zudem die Möglichkeit, das Diagramm angezeigt zu bekommen, um den korrekten Aufbau zu prüfen. Mit der Abfrage für das Diagramm hat der Assistent aber keinerlei Probleme, sodass Sie hier keine Änderungen vornehmen müssen. Klicken Sie einfach auf *Weiter*.

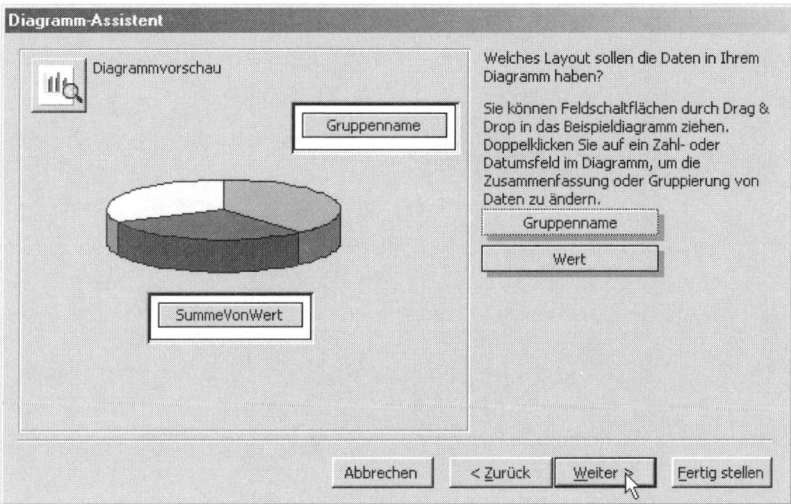

Aufbau des Diagramms anpassen

6 Den letzten Dialog können Sie einfach mit *Fertig stellen* schließen, um das Diagramm zu erzeugen und den Bericht anzuzeigen.

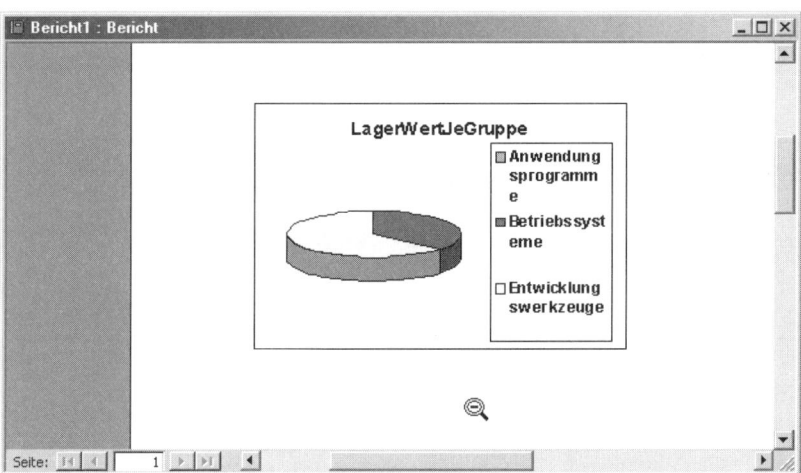

Zwischenergebnis

7 Das Ergebnis kann sich zwar sehen lassen, lässt sich aber sicherlich noch verbessern, bspw. können Sie das Diagramm vergrößern, um den unschönen Zeilenumbruch in der Legende zu vermeiden, und auch der Titel des Diagramms könnte etwas sinnvoller sein. Wechseln Sie dazu in die Entwurfsansicht des Berichts.

8 Ziehen Sie hier mit der Maus an der rechten unteren Ecke des Diagramms, um es zu vergrößern. Wenn der Rahmen die gewünschte Größe hat, lassen Sie die Maustaste los.

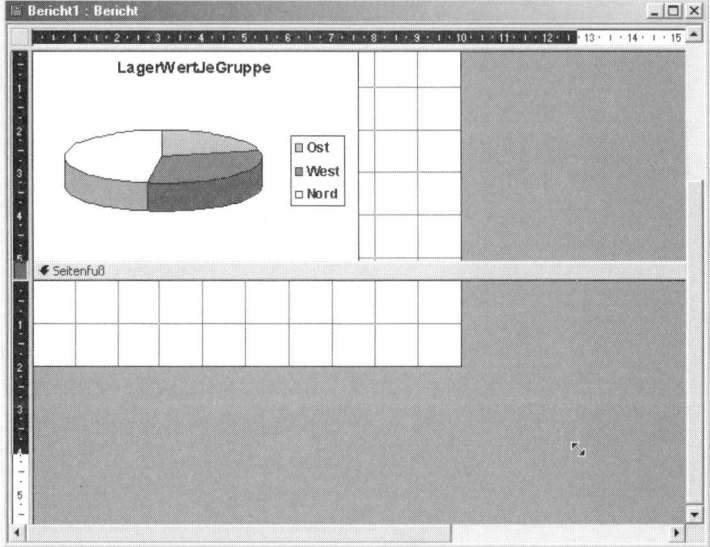

Vergrößern des Diagramms

9 Klicken Sie anschließend doppelt auf das Diagramm, um es zu bearbeiten.

10 Wenn Sie den Titel bearbeiten möchten, müssen Sie dazu den Cursor in den Text des Diagrammtitels setzen. Klicken Sie dazu zweimal hintereinander (kein Doppelklick) auf den Text und überschreiben Sie dann den Text durch einen sinnvolleren.

Ändern des Titels

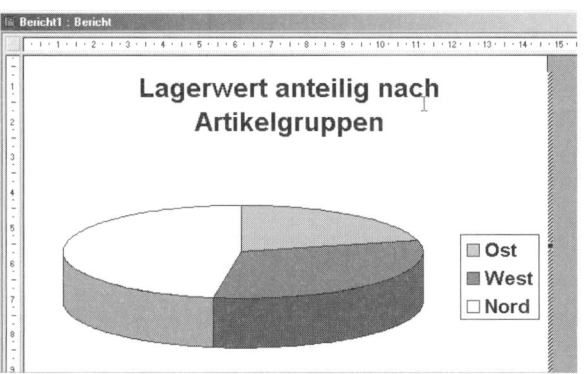

11 Nun sollten Sie noch einen geeigneteren Platz für die Legende finden. Klicken Sie diese dazu mit der rechten Maustaste an und wählen Sie *Legende formatieren* aus dem Kontextmenü aus.

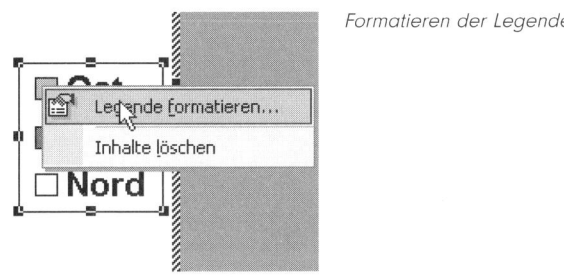

Formatieren der Legende

12 Aktivieren Sie die Registerkarte *Plazierung* und markieren Sie die Option *Unten*.

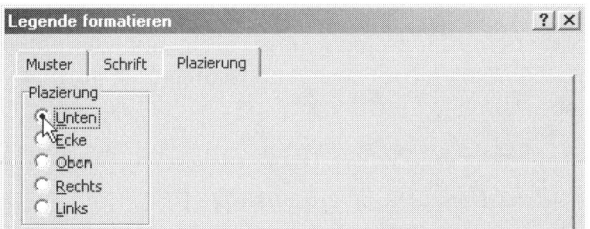

Legende positionieren

13 Anschließend können Sie den Dialog mit *OK* schließen und den Bericht mit *Datei/Speichern* abspeichern und dann schließen.

Unterbericht mit Hauptbericht verknüpfen

Berichte werden zu Unterberichten, wenn Sie sie in einen anderen Bericht einfügen. Das funktioniert im Prinzip immer gleich, unabhängig davon, ob der Unterbericht einfach nur ein paar Beschriftungsfelder oder ein Diagramm enthält. Mit den nachfolgenden Schritten wird ein Bericht erzeugt, in dessen Berichtskopf der Bericht *KOPF* als Unterbericht und in dessen Berichtsfuß der Bericht *DIAGRAMM* eingefügt wird.

Hauptbericht erstellen

Zunächst müssen Sie den Bericht erstellen, in den Sie die Unterberichte einfügen möchten. Dazu können Sie einen Bericht mit dem Berichts-Assistenten erstellen, der alle Datensätze der Abfrage anzeigt, die auch vom Diagramm verwendet wurde. Das Ergebnis des Assistenten könnte wie folgt aussehen:

Ergebnis des Assistenten

Um die Unterberichte einzufügen, öffnen Sie den Bericht nun in der Entwurfsansicht. Sie können hier noch Anpassungen an Formatierungen und Titel vornehmen, wenn Sie möchten.

Unterbericht in Berichtskopf einfügen

1 Wenn Sie in den Berichtskopf einen Unterbericht einfügen möchten, müssen Sie dazu zuerst Platz im Berichtskopf schaffen. Kopieren Sie dazu das Bezeichnungsfeld mit dem Titel und fügen Sie es stattdessen in den Seitenkopf ein. Das funktioniert genauso wie bei Formularen.

2 Setzen Sie anschließend die Hintergrundfarbe des Berichtskopfes auf Weiß, indem Sie den Bereich markieren und dann im Dialog *Füllfarbe* die gewünschte Farbe auswählen.

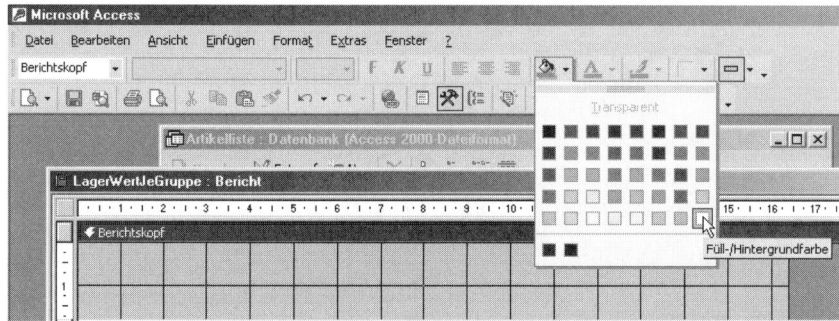

Festlegen der Hintergrundfarbe für den Bereich

3 Wählen Sie nun über die Werkzeugleiste das Symbol *Unterformular/- bericht* aus und ziehen Sie einen Rahmen im Berichtskopf auf, der der gewünschten Größe entspricht, in der der Unterbericht angezeigt werden soll.

4 Aktivieren Sie im ersten Dialog des Steuerelement-Assistenten die Option *Bestehenden Bericht oder bestehendes Formular benutzen* und wählen Sie den Bericht *KOPF* aus.

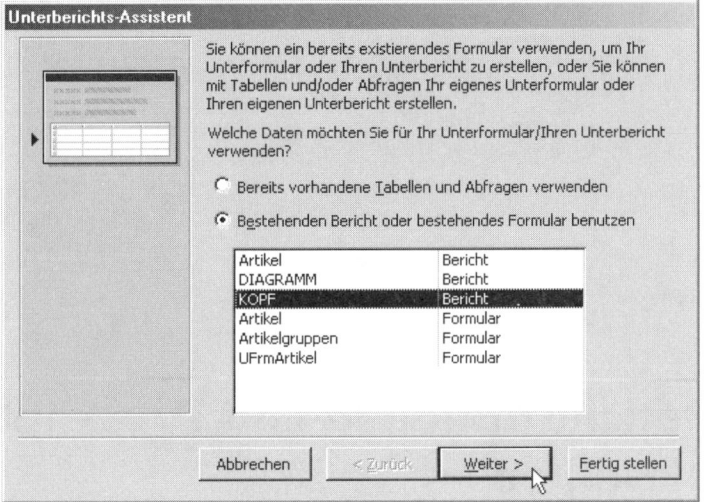

Auswählen des Berichts

5 Klicken Sie nun auf *Weiter* und im nächsten Dialog auf *Fertig stellen* oder verwenden Sie gleich hier die Schaltfläche *Fertig stellen*, um den Assistenten zu beenden.

6 Markieren Sie nun im Bericht das Beschriftungsfeld für das Unterformular und löschen Sie es.

Unterbericht in Berichtsfuß einfügen

Um das Diagramm in den Berichtsfuß einzufügen, müssen Sie zunächst den Fußbereich vergrößern. Klicken Sie dazu den Bereich an und stellen Sie im Eigenschaften-Fenster für die Eigenschaft *Höhe* den Wert *15cm* ein. Um den Bericht einzufügen, gehen Sie dann vor, wie vorstehend beschrieben. Nur wählen Sie diesmal den Bericht *DIAGRAMM* aus.

Wenn Sie den Bericht nun speichern und ausführen, zeigt er sowohl die Daten als auch das Diagramm an und beginnt mit dem definierten Briefkopf.

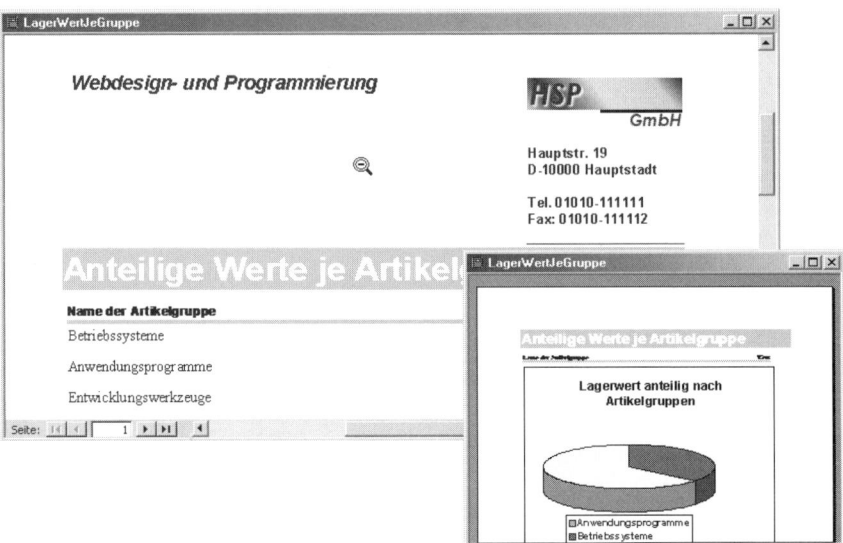

Erste und zweite Berichtsseite

4.8 Berichtsoptionen und Druckoptionen einstellen

Wenn Sie den eben erstellten Bericht näher betrachten, gibt es natürlich noch einiges, das verbessert werden könnte. Dazu gehört bspw. dass der Berichtskopf eine separate Seite darstellen könnte. Auch die Seitenränder, sind nicht unbedingt optimal. All dies lässt sich aber über die Seiteneinstellungen des Berichts ändern.

Seitenumbrüche

Sie können nicht nur über die Werkzeugleiste an jeder beliebigen Stelle im Berichte einen Seitenumbruch einfügen, sondern auch für verschiedene Bereiche Eigenschaften festlegen, die bestimmen, auf welchen Seiten die Bereiche angezeigt werden und ob vor oder nach dem Bereich ein Zeilenumbruch erfolgt. Um diese Eigenschaften einzustellen, klicken Sie den entsprechenden Bereich an und können dann die Eigenschaft *Neue Seite* entsprechend der folgenden Tabelle setzen.

Einstellung	Auswirkung
Keine	Es wird nur eine neue Seite vor oder nach dem Bereich begonnen, wenn die vorherige Seite voll ist.
Vor Bereich	Vor dem Bereich wird ein Seitenumbruch erzwungen.
Nach Bereich	Nach dem Bereich wird ein Seitenumbruch erzwungen.

Einstellung	Auswirkung
Vor & nach Bereich	Sowohl vor als auch nach dem Bereich wird ein Seitenumbruch eingefügt.

Seitengröße und Seitenränder definieren

Nicht immer möchten Sie Berichte natürlich im A4-Standardformat drucken. Es gibt ja auch A3-Drucker oder die Möglichkeit, Berichte mit vielen Feldern im Querformat zu drucken. Auch die Standardränder, die Access-Berichte bekommen, sind oft zu breit. All dies können Sie über die Seiteneinstellungen des Berichts ändern.

Wählen Sie dazu in der Entwurfsansicht des Berichts *Datei/Seite einrichten* aus. Access blendet dann einen Dialog ein, in dem Sie nicht nur das Seitenformat und und die Ränder auswählen können, sondern auch den Drucker, auf dem der Bericht gedruckt werden soll.

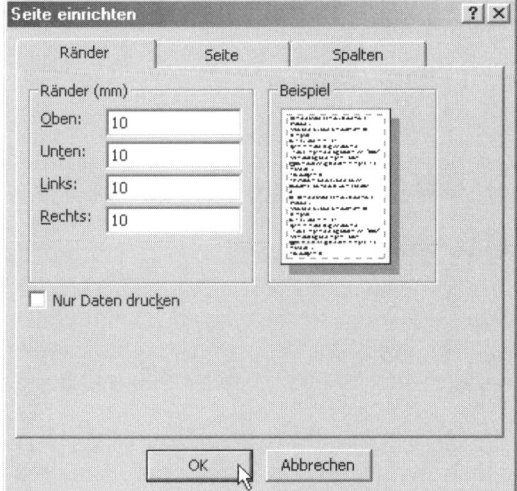

Einstellen der Seitenoptionen

4

Formulare und Berichte

> ┌─── **Hinweis**
>
> **Vorsicht Falle!**
> Obwohl fast überall in Access Maßangaben in cm erfolgen, müssen Sie die Seitenränder in mm eintragen. Möchten Sie also einen Rand von 1 cm haben, tragen Sie 10 ein. ┘

Sie können auf der Registerkarte *Ränder* bspw. auch das Kontrollkästchen *Nur Daten drucken* anklicken, wenn Sie zwar auf dem Bildschirm auch Beschriftungsfelder sehen möchten, beim Ausdruck diese aber auf dem Briefbogen vorgegeben sind. In diesem Fall druckt Access nur die Daten im Bericht, nicht die Beschriftungsfelder und Grafiken.

Auf der Registerkarte *Seite* stellen Sie das Papierformat und die Ausrichtung sowie den Drucker ein, auf dem der Bericht gedruckt werden soll. Soll immer der Standarddrucker des Systems verwendet werden, brauchen Sie hier keine Einstellungen zu ändern. Sie können jedoch die Option *Spezieller Drucker* auswählen und dann einen Drucker wählen, der nicht der Standarddrucker sein muss.

Hinweis

Um Berichte anzuzeigen, muss ein Drucker installiert sein

Da Berichte auch am Bildschirm für die Ausgabe auf dem Drucker formatiert werden, muss auf jeden Fall mindestens ein Drucker auf dem Rechner installiert sein, auch wenn keiner angeschlossen ist. Dieser Drucker muss Standarddrucker sein. Wählen Sie für einen Bericht einen Drucker aus, der auf dem Zielrechner, auf dem später die Datenbank verwendet wird, nicht vorhanden ist, wird der Bericht aber trotzdem angezeigt, jedoch mit den Einstellungen für den aktuellen Standarddrucker.

Per VBA haben Sie in Access 2002 aber erstmals die Möglichkeit, auch zur Laufzeit auf den eingestellten Drucker für den Bericht Einfluss zu nehmen.

4.9 Adresslisten und -etiketten mit Berichten ausgeben

Wenn Sie mit Access Adressen von Mitarbeitern oder Kunden verwalten, wäre es natürlich ganz nützlich, wenn Sie nicht nur eine komplette Adressliste ausgeben könnten, sondern auch gleich Adressetiketten für den Briefversand.

Das ist problemlos möglich, wenn Sie den integrierten Etiketten-Assistenten verwenden. Um für die Datenbank *Kunden.mdb* vom Anfang des Kapitels Adressetiketten zu erstellen, brauchen Sie im Prinzip nichts weiter, als den Assistenten zu durchlaufen. Wenn Sie noch keine Daten in die Tabelle eingegeben haben, sollten Sie das jedoch vorab noch machen. Gehen Sie danach wie folgt vor, um die Etiketten zu erstellen.

1   Klicken Sie in der Rubrik *Berichte* des Datenbankfensters auf *Neu*.

2   Wählen Sie die Tabelle *Adressen* aus und markieren Sie in der Liste den Eintrag *Etiketten-Assistent*, bevor Sie den Dialog mit *OK* schließen.

3   Im ersten Schritt wählen Sie das Etikettenformat aus. Dazu haben Sie die Möglichkeit aus dem Listenfeld *Nach Hersteller filtern:* den Hersteller der Etiketten auszuwählen und so schneller die gewünschten Etiketten zu finden. Viele Hersteller von Etiketten vergeben auch Nummern wie

bspw. Zweckform. In diesem Fall brauchen Sie nur nach Hersteller und Nummer zu suchen, die Sie in der Regel auch auf der Packung wiederfinden.

Hinweis

Benutzerdefinierte Einstellungen definieren

Sollte Ihre Etikettensorte trotz der riesigen Auswahl nicht aufgeführt werden, haben Sie die Möglichkeit, über die Schaltfläche *Anpassen* ein eigenes Etikettenformat zu definieren.

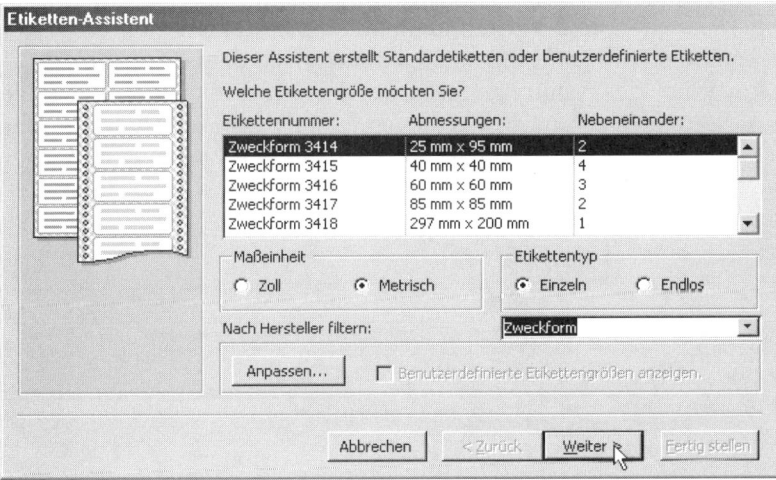

Auswahl des Etikettenformats

4 Den nächsten Schritt leiten Sie mit *Weiter* ein und können nun die Schriftart, Schriftfarbe und Schriftgröße für die Seite auswählen. Klicken Sie anschließend auf *Weiter*.

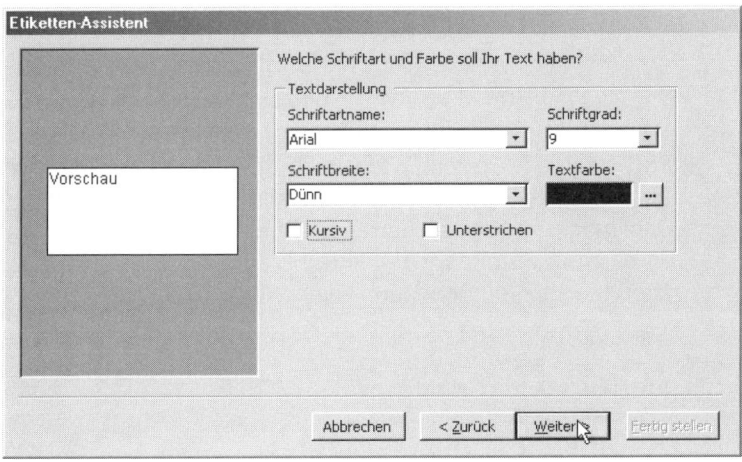

Formatierung einstellen

Mehr Komfort bietet die Bearbeitung in der Entwurfsansicht

Die zur Formatierung angebotenen Optionen sind natürlich nicht sehr komfortabel. Sie können aber die Etiketten später wie jeden Bericht in der Entwurfsansicht bearbeiten und noch besser formatieren.

5 Jetzt gelangen Sie zum wichtigsten Teil. Sie können auswählen, welche Felder in welcher Reihenfolge in den Etiketten auftauchen sollen. Dazu markieren Sie in der Liste *Verfügbare Felder* das Feld, das Sie einfügen möchten, und klicken dann auf >. Sie können mehrere Felder nebeneinander einfügen, indem Sie einfach nach dem ersten Feld ein Leerzeichen über die Tastatur eingeben und dann direkt das zweite Feld einfügen. Möchten Sie im Feld *Etikettenentwurf* eine Zeile wechseln, drücken Sie einfach [Enter]. Wenn Sie das Feld auf diese Weise gestaltet haben, klicken Sie auf *Weiter*.

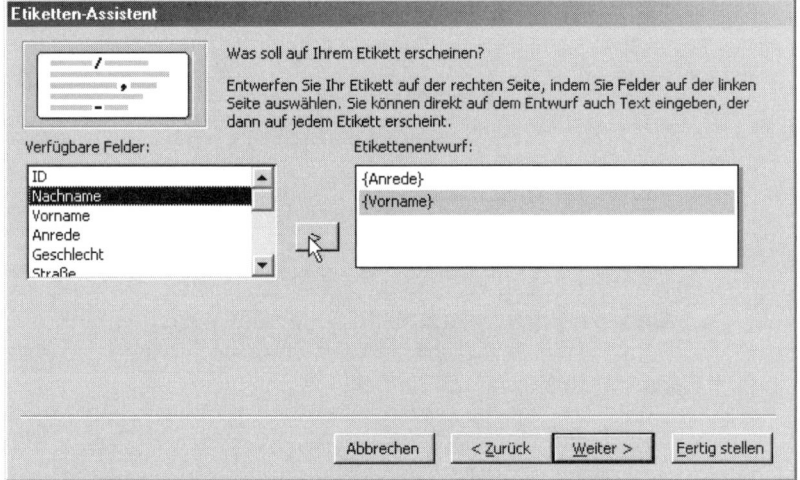

Anordnen der Felder im Etikett

6 Jetzt kommt ein weiterer wichtiger Schritt. Sie können jetzt nämlich die Sortierfolge festlegen. Wichtig könnte dies bspw. sein, wenn Sie die Briefe, für die Sie die Etiketten drucken, als InfoPost oder InfoBrief versenden möchten. Bei sortierter Einlieferung ist das nämlich billiger. Daher ist es ganz nützlich, das Feld *PLZ* als Sortierkriterium auszuwählen. Klicken Sie anschließend auf *Weiter*.

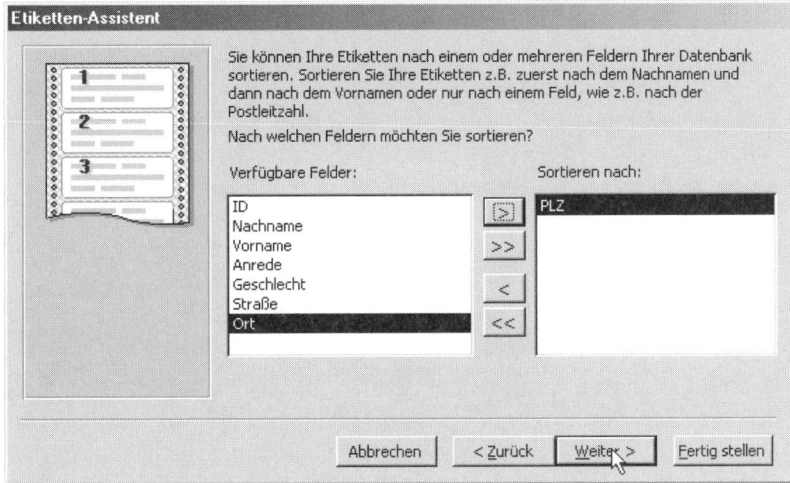

Auswählen der Sortierfolge

7 Klicken Sie auf *Fertig stellen*, um die Etiketten zu erstellen und den Bericht anzuzeigen.

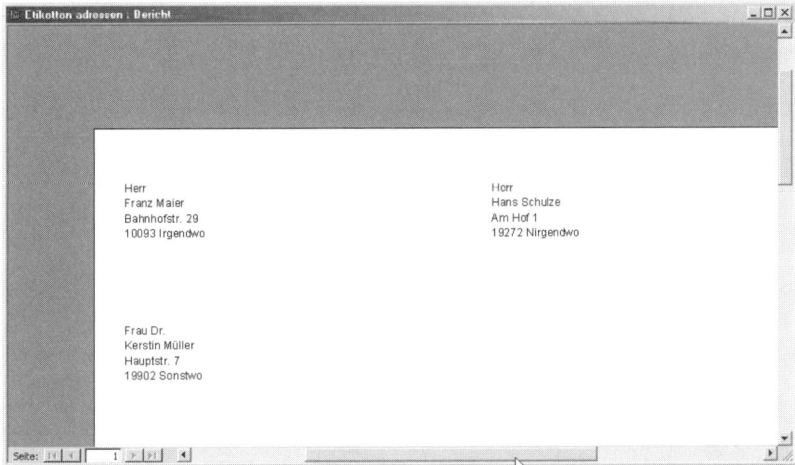

Ergebnis

5. Access-Dienstprogramme richtig nutzen

Access stellt verschiedene Programme zur Verfügung, mit denen Sie die Datenbank verwalten, optimieren und reparieren können. Zudem gibt es Funktionen, die Ihnen helfen, Daten aus anderen Datenbankverwaltungsprogrammen, Tabellenkalkulationen etc. zu importieren oder Access-Dateien dorthin zu exportieren. Wie Sie diese Programme nutzen, zeigt dieses Kapitel.

5.1 Die Reparaturfunktion für Datenbanken

Wenn Sie längere Zeit an einer Datenbank arbeiten, also Formulare und Berichte bearbeiten, hinzufügen, aber auch wieder löschen, werden Sie merken, dass die Datenbankdatei immer größer wird, obwohl keine großen Datenmengen gespeichert werden. Auch bei recht kleinen Datenbanken kann die Datenbank so leicht mehrere MByte groß werden, obwohl quasi nichts drin steht. Das liegt daran, dass Access gewisse Mengen temporärer Daten zu Änderungen in der Datenbank speichert. Diese verbrauchen den Speicherplatz. Um eine solche Datenbank wieder zu komprimieren, stellt Access eine entsprechende Funktion zur Verfügung.

Datenbanken reparieren und komprimieren

Im Gegensatz zu Access 97 bieten sowohl Access 2000 als auch Access 2002 eine Funktion, die sowohl die Datenbank repariert als auch komprimiert. In den vorherigen Versionen gab es dazu immer zwei Funktionen, wobei aber die Komprimierungsfunktion immer auch eine Reparierung durchgeführt hat.

Es ist immer dann sinnvoll, die Datenbank zu komprimieren und zu reparieren, wenn

- Sie die Datenbank per Mail versenden möchten und daher die Größe reduzieren müssen,

- Sie den Eindruck haben, die Datenbank wäre sehr langsam und das Speichern von Datenbankobjekten dauert übermäßig lange,

- Sie Fehlermeldungen erhalten, die sich nicht erklären lassen,

- Sie Datenbankobjekte in der Entwurfsansicht nicht mehr bearbeiten können, ohne die Datenbank schreibgeschützt geöffnet zu haben,

- Sie die Datenbank in ein anderes Access-Format konvertieren möchten,

- Sie beim Öffnen der Datenbank von Access die Meldung bekommen, dass die Datenbank repariert werden muss.

Möchten Sie nur die Größe der Datenbank reduzieren, weil Sie die Datei per Mail versenden möchten, könnten Sie zwar in Erwägung ziehen, dazu einen Packer wie WinZip oder ARJ zu verwenden, diese Tools können aber nur die Inhalte der Datenbank komprimieren, nicht aber unnötige Informationen aus der Datenbank entfernen.

Da Access-Datenbanken aber schlecht komprimiert werden können, bringt das in der Regel nicht sehr viel, zudem hat die Datenbank beim Empfänger dann wieder die alte Größe.

Hinweis

**Zum E-Mail-Versand sollten Sie die Datenbank
zusätzlich packen**

Wenn Sie eine Datenbank allerdings per E-Mail versenden möchten und nicht sicher sind, dass der Empfänger ein anderes Programm als Microsoft Outlook 2002 zum Empfang verwendet, sollten Sie auch eine komprimierte Datenbank noch einmal mit WinZip oder einem anderen Packer komprimieren. Empfängt der Emfpänger die Mail nämlich mit Outlook 2002 bzw. mit Outlook 2000 und Service Pack 2, kommt die Datenbank zwar an, Outlook meldet aber nur, dass diese Anlage existiert und wie sie heißt. Speichern kann der Empfänger die Anlage aber leider nicht, weil Outlook aus Sicherheitsgründen die Anlage verbirgt. Dies liegt daran, dass Access-Datenbanken potenziell Viren enthalten können. Dieses neue "Sicherheits-Feature" von Outlook führt dann also dazu, dass die Anlage für den Empfänger unbrauchbar ist, wenn Sie die Datenbank nicht packen.

Wenn Sie eine Datenbank komprimieren und reparieren möchten, öffnen Sie die Datenbank zunächst einmal in Access. Danach klicken Sie zunächst auf den Doppelpfeil im Menü *Extras*, um die ausgeblendeten Menüeinträge sichtbar zu machen.

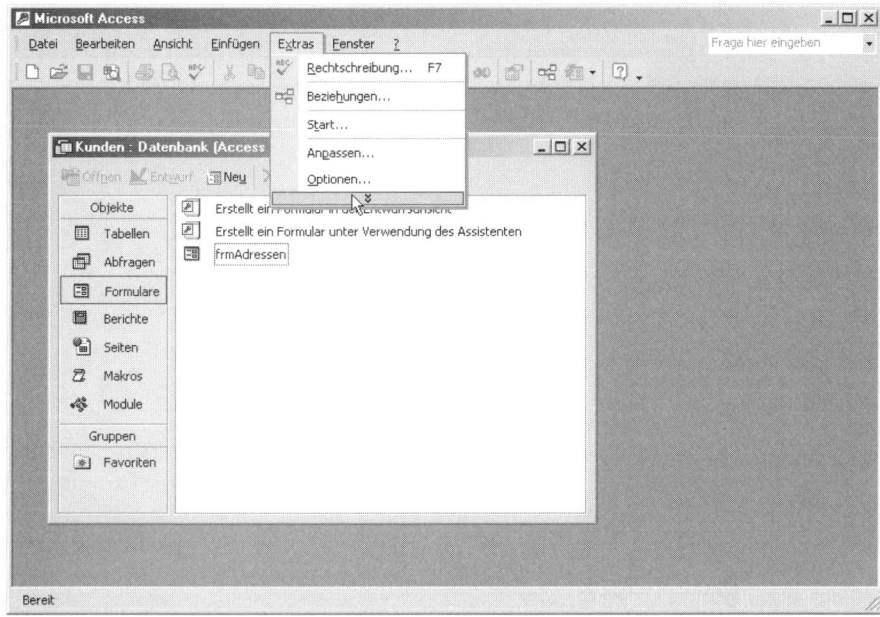

Einblenden verdeckter Menüeinträge

Anschließend wählen Sie aus dem Menü *Extras* den Eintrag *Datenbank-Dienstprogramme/Datenbank komprimieren und reparieren* aus. Access schließt die Datenbank nun, um sie zu komprimieren, und öffnet sich gleich anschließend wieder. Abhängig von der Größe der Datenbank und der notwendigen Anpassungen, dauert das nur einige Sekunden, kann jedoch auch mehrere Minuten erfordern.

Datenbanken in andere Access-Versionen konvertieren

Ähnlich einfach können Sie auch eine Access-Datenbank in eine andere Access-Version konvertieren. Diese Funktion ist ganz nützlich, um eine Access-Datenbank auch mit Access 97 oder Access 2000 nutzen zu können. Aber auch wenn Sie in einer Access 2000-Datenbank die neuen Funktionen von Access 2002 verwenden möchten, müssen Sie sie zunächst ins Access 2002-Format umwandeln.

⌐ **Hinweis**

Hinweis

Für die nachfolgenden Beispiele und Kapitel wird das Access 2002-Format verwendet, damit auch die Neuerungen von Access 2002 dargestellt werden können. Wenn Sie diese Beispiele auch mit Access 2000 verwenden möchten, müssen Sie sie also zuvor konvertieren.

5

Dienstprogramme

Danach können Sie im gleichen Menü *Datenbank-Dienstprogramme/Datenbank konvertieren* auswählen. Access stellt Ihnen dann drei Einträge zur Auswahl, von denen Sie zwei auswählen können und einer deaktiviert ist. Welcher das ist, hängt vom augenblicklichen Datenbankformat der Datenbank ab.

Die angebotenen Menüeinträge sind:

- *In Access 97 Dateiformat*

- *In Access 2000 Dateiformat*

- *In Access 2002 Dateiformat*

Ihre Bedeutung ist einleuchtend und bedarf daher keiner weiteren Erläuterungen. Allerdings gibt es bei der Konvertierung in ein anderes Format ein paar wichtige Dinge zu beachten.

Immer dann, wenn Sie eine Datenbank in ein früheres Format konvertieren, kann es zu Datenverlusten kommen. Konvertieren Sie bspw. eine Datenbank im Access 2000-Format ins Access 97-Format, werden Datenzugriffsseiten aus der Datenbank entfernt und können daher nicht mehr verwendet werden. Zudem wird auch der VBA-Quellcode angepasst, wenn dort Befehle verwendet werden, die in Access 97 nicht vorhanden sind. Die korrekte Anpassung von Quellcode funktioniert aber leider nicht immer zuverlässig. Daher kann es bei Datenbanken, die viel VBA-Code enthalten, zu Problemen kommen.

Enthält eine Datenbank Makros, werden die nicht verändert, wenn die Datenbank konvertiert wird. Das heißt, auch hier ist unter Umständen eine manuelle Anpassung notwendig.

Die Daten der Datenbank werden aber in 99 % aller Fälle korrekt übernommen. Auch gibt es hier keine Datenverluste oder Anpassungen, weil es in den drei verfügbaren Access-Formaten keine Unterschiede hinsichtlich der Felddatentypen gibt. Lediglich in Formularen und Berichten gibt es ein paar kleinere Neuerungen, sodass hier bspw. Eigenschaften in Access 97/2000 nicht zur Verfügung stehen, die Sie in Access 2002 gesetzt haben.

Konvertieren Sie eine Datenbank in ein höheres Format, bspw. von Access 97 in Access 2000, treten keine Datenverluste auf. Allerdings können Sie eine Access 2000-Datenbank nicht in Access 97 importieren oder bearbeiten. Sie müssen dann also Access 2000 oder Access 2002 zu Hilfe nehmen und diese Datenbank wieder ins Access 97-Format konvertieren, um sie dort bearbeiten zu können. Hierbei können dann natürlich wieder Datenverluste auftreten.

Wenn Sie das entsprechende Zielformat im Menü ausgewählt haben, fragt Access Sie nach dem Namen der Datenbank. Es wird nämlich immer nur eine Kopie erstellt, damit die ursprüngliche Datenbank erhalten bleibt. Sie müssen anschließend die aktuelle Datenbank schließen und dann selbst die konvertierte Datenbank öffnen.

Hinweis

Access 97-Datenbanken können ohne Konvertierung nicht bearbeitet werden

Wenn Sie eine Access 97-Datenbank exportiert haben und diese dann mit Access 2000 oder Access 2002 öffnen möchten, müssen Sie die Datenbank wieder ins Access 2000/2002-Format konvertieren, wenn Sie Änderungen am Entwurf vornehmen möchten. Eine Bearbeitung der Datenbank ist in Access 2000/2002 nur eingeschränkt möglich. Sie können die Datenbank öffnen und Daten eingeben, aber keine Tabellenstrukturen verändern, Formularentwürfe bearbeiten etc.

Versuchen Sie eine Access 97-Datenbank mit Access 2000/2002 zu öffnen, zeigt Access den folgenden Dialog an. Hier können Sie wählen, ob Sie die Datenbank nur öffnen oder zum Bearbeiten konvertieren möchten.

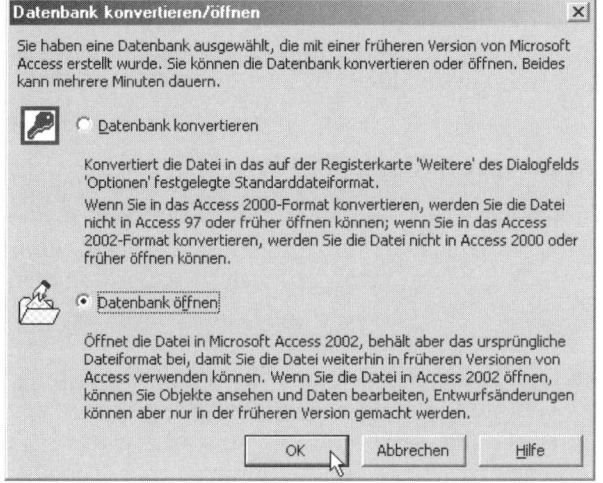

Öffnen einer Access 97-Datenbank

Standardmäßig ist die Option *Datenbank konvertieren* markiert. Verwenden Sie die, wird die Datenbank in das Access 2002-Format konvertiert. Das hat zur Folge, dass Sie die Datei nach Änderungen wieder ins Access 97-Format umwandeln müssen, wenn Sie sie gemeinsam mit Access 97-Anwendern nutzen möchten. Dafür gelten dann die oben bereits erläuterten Einschränkungen beim Konvertieren in eine vorhergehende Access-Version.

5

Dienstprogramme

┌─── **Hinweis**

Datenbanken von CD können nicht konvertiert werden

Zur Konvertierung und zum Öffnen von Access 97-Datenbanken mit Access 2000/2002 ist ein Schreibzugriff auf dem Laufwerk notwendig. Daher können Sie Access 97-Datenbanken nicht direkt von einer CD aus öffnen, sondern müssen diese zunächst auf die Festplatte kopieren und dort den Schreibschutz von den Dateien entfernen.

Im Gegensatz dazu ist eine Konvertierung nicht notwendig, wenn Sie die Datei mit der Option *Datenbank öffnen* öffnen. Dabei wird das Dateiformat beibehalten, allerdings können Sie dann eben die Entwurfsansichten der Datenbankobjekte nicht verwenden.

5.2 Datenbanken in andere Formate konvertieren

Immer wieder tritt das Problem auf, dass Sie Daten, die Sie mit Access erstellt haben, auch mit anderen Programmen nutzen müssen oder möchten bzw. dass Sie einen Datenbestand in einem Fremdformat vorliegen haben, den Sie nun in eine Access-Datenbank übernehmen oder damit nutzen möchten. Zu diesem Zweck stellt Ihnen Access Im- und Export-Funktionen zur Verfügung, die nachfolgend vorgestellt werden.

Konvertieren versus Verknüpfen

Grundsätzlich gibt es zwei Möglichkeiten, Daten zwischen Access und anderen Programmen auszutauschen: Konvertierung und Verknüpfung. Welche Möglichkeit Sie wählen, hängt davon ab, welche Anforderungen Sie an das Ergebnis stellen.

Sie können Daten aus anderen Formaten in Access importieren oder diese Daten mit Access verknüpfen, indem Sie verknüpfte Tabellen erstellen. Beim Verknüpfen können Sie die gleichen Daten sowohl mit Access als auch mit dem anderen Datenbankmanagement-Programm oder Tabellenkalkulation bearbeiten und verwenden. Das heißt, wenn Sie eine dBase-Datenbank mit einer Access-Datenbank verknüpfen, können Sie die Daten sowohl in dBase bearbeiten als auch in Access und die Änderungen werden in beiden Programmen sichtbar.

Importieren Sie Daten, erzeugen Sie damit jedoch eine Kopie der Daten. Sie können dann zwar auch die Daten mit Access und dem anderen Programm bearbeiten, Änderungen werden im jeweils anderen Programm aber nicht sichtbar, sodass Sie damit inkonsistente Datenbestände erzeugen.

Es gibt aber ein paar einfache Regeln, die Sie verwenden können, um sich für eine Konvertierung oder einen Import der Daten zu entscheiden.

Möchten Sie die Daten in Access importieren, um die Datenverwaltung von einem anderen Programm auf Access umzustellen, und möchten Sie diese Daten nur noch mit Access bearbeiten, bietet sich der Import an. Sie haben damit nämlich auch die Möglichkeit, die Struktur der Daten Ihren Anforderungen anzupassen und zu optimieren.

Müssen Daten hingegen auf Dauer von zwei Programmen verwaltet werden, weil bspw. einige Benutzer über Betriebssysteme verfügen, für die Access nicht zur Verfügung steht, haben Sie ein kleines Problem. Die Verknüpfung ist zwar eine Lösung, hier gibt es jedoch Probleme, wenn die Struktur der Daten für eine effektive Verwendung in Access verändert werden muss. Außerdem müssen Sie bei der Verarbeitung von verknüpften Tabellen einen Geschwindigkeitsverlust in Kauf nehmen. Abhängig davon, wie häufig ein Abgleich der Daten in beiden Programmen notwendig ist, können Sie auch die Tabellen importieren und später die Daten per VBA oder Makros abgleichen, indem Sie sie aus Access heraus in die andere Datenbank exportieren oder von dort importieren. Das funktioniert natürlich nur dann, wenn Sie sicherstellen können, dass die importierten bzw. exportierten Daten keine Änderungen der anderen Datenbestände überschreiben. Im Prinzip ist das nur dann der Fall, wenn es lediglich darum geht, neu hinzufügte Datensätze abzugleichen. Wenn Sie auch Änderungen an vorhandenen Datensätzen abgleichen möchten, sind dazu sehr komplexe VBA-Prozeduren notwendig. In diesem Fall ist eine Verknüpfung sinnvoller, auch wenn die Verarbeitung verknüpfter Tabellen langsamer erfolgt.

Hinweis

Vorsicht beim Mehrbenuzterbetrieb

Wenn die Möglichkeit besteht, dass ein Benutzer die verknüpften Daten mit dem externen Programm zur gleichen Zeit bearbeitet wie ein Benutzer mit Access, kann das bei Vernüpfungen zu Problemen führen. Arbeiten mehrere Benutzer gleichzeitig mit Access an einer Datenbank, sorgt Access dafür, dass immer nur ein Benutzer einen Datensatz bearbeiten kann, indem es den Datensatz sperrt. Abhängig vom Datenbankformat, in dem die verknüpften Daten vorliegen, und vom verwendeten Treiber zum Zugriff auf die Daten, kann es sein, dass der gerade von einem Access-Benutzer bearbeitete Datensatz nicht gesperrt werden kann oder das andere Programm die Sperrung von Access nicht berücksichtigt. Das kann dann dazu führen, dass beide Anwender unterschiedliche Änderungen am Datensatz vornehmen und dann derjenige, der später speichert, die Änderungen des anderen Benutzers überschreibt. Daher ist Vorsicht geboten, wenn Sie solche verknüpften Tabellen im Mehrbenutzerbetrieb einsetzen möchten.

5

Dienstprogramme

XML als Dateiformat

Ein Ausweg aus den Problemen beim Austausch von Daten zwischen verschiedenen Anwendungen könnte zukünftig XML sein. Dabei handelt sich um die Abkürzung Extensible Markup Language. Ähnlich wie HTML verwendet XML Tags, um Inhalte zu strukturieren. Die Aufgabe von XML besteht im Prinzip darin,

- Daten zu beschreiben und

- deren Struktur zu definieren.

Derzeit wird XML vor allem zur Definition anderer Seiten oder Dateibeschreibungssprachen verwendet. Dazu gehören bspw.

- XHTML (Extensible Hypertext Markup Language)

- SVG (Scalabe Vector Graphic)

- WML (Wireless Markup Language)

Es bietet sich also als plattformunabhängiges Format zum Austausch und zur Verwaltung von Daten an, weil eben nicht nur Daten gespeichert werden, sondern auch die Informationen darüber, wie diese Daten strukturiert sind. XML-Dateien können zurzeit vom Internet Explorer 5.01 und höher und mit Einschränkungen auch mit Netscape 6.0 und höher eingelesen und angezeigt werden. Mithilfe von Zusatzdateien, den XSL-Dateien, oder integrierten Stylesheets können Sie XML-Dateien formatieren und mithilfe von XSLT-Dateien aus XML-Dateien auch andere Dateiformate machen. In der XSL-Datei wird dann definiert, wie die XML-Daten in das andere Format übertragen werden sollen. Ein gutes Beispiel dafür ist Microsoft Word 2002. Wenn Sie dort ein Word-Dokument als HTML-Seite speichern, erzeugt Word eine XML-Datei mit der Dateinamenserweiterung *.html*, die mithilfe von Stylesheets formatiert wird. Das Ergebnis kann dann in jedem XML-fähigen Browser angezeigt werden. Andere Programme, die XML als Dateiformat unterstützen, können diese Datei verlustfrei importieren oder einlesen.

Allerdings muss man zugeben, dass „verlustfrei" natürlich relativ ist. Wenn Sie in dem Word-Dokument Formatierungen verwendet haben, die in HTML und Stylesheets nicht erzielt werden können, lässt sich natürlich diese Formatierung schon gar nicht als XML-Information speichern. „Verlustfrei" meint also, dass von der fremden Anwendung alle als XML vorliegenden Informationen eingelesen und verwendet werden können, ohne dass dazu Informationen über das ursprüngliche Word-Dokumentformat vorliegen müssen.

Access 2002 erlaubt nun erstmals, Tabellen und Abfragen sowie Formulare und Berichte als XML-Dateien zu exportieren. Diese können Sie dann in anderen Datenbanken einlesen, die ebenfalls XML unterstützen. Für Abfragen gilt allerdings die Einschränkung, dass keine Aktionsabfragen, sondern nur Auswahlabfragen exportiert werden können. Formulare und Berichte werden auch ähnlich wie in Access formatiert angezeigt. Dazu erstellt Access auch bei Bedarf und auf Wunsch die entsprechenden Hilfsdateien und erzeugt aus denen zusammen mit der XML-Datei eine HTML-Seite zur Anzeige im Browser. Die folgende Abbildung zeigt bspw. das Formular in Access und die daraus erzeugte HTML-Seite im Browser. Die Daten, die im Browser dargestellt werden, wurden von der in der zweiten Abbildung erzeugten XML-Datei geliefert und mit XSLT-Dateien und Stylesheets als HTML-Datei gespeichert.

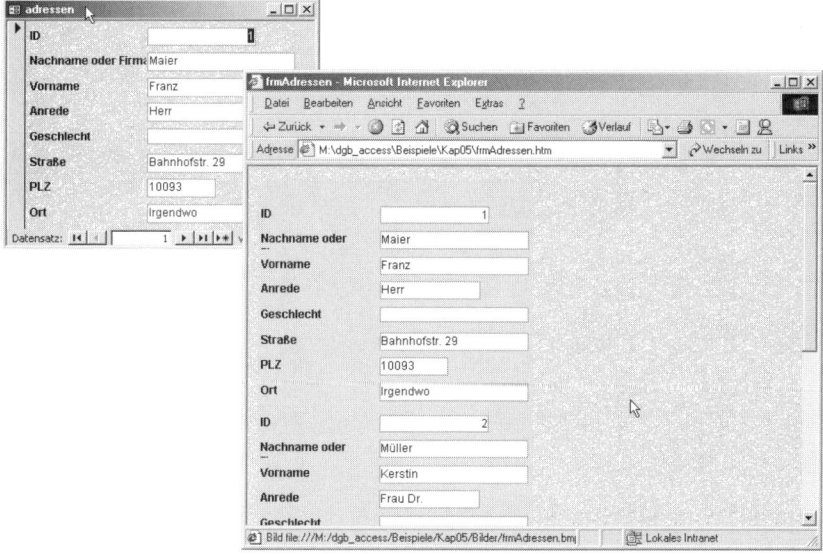

Darstellung eines Formulars in Access und im Browser

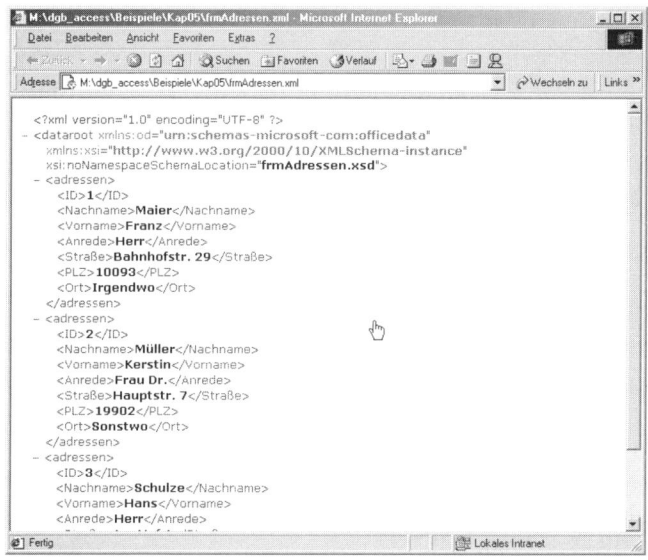

Darstellung der exportierten XML-Datei im Internet Explorer

5

Dienstprogramme

Exportieren von Tabellen in XML

Wenn Sie eine vorhandene Tabelle oder Abfrage in XML exportieren möchten, verwenden Sie dazu einfach folgende Schritte.

1 Öffnen Sie die Datenbank, in der sich die Tabelle oder Abfrage befindet.

2 Klicken Sie im Datenbankfenster die Tabelle oder Abfrage mit der rechten Maustaste an und wählen Sie *Exportieren* aus dem Kontextmenü aus.

3 Wählen Sie als Nächstes das richtige Dateiformat aus der Liste aus. Geben Sie den Dateinamen ein, wählen Sie das Verzeichnis aus und klicken Sie auf *Exportieren*.

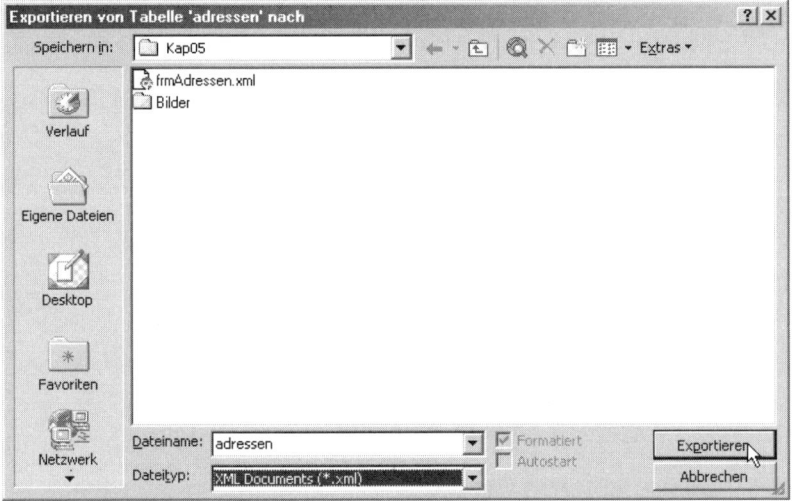

Exportieren nach XML

4 Sie können nun wählen, ob nur die Daten oder auch Informationen zu deren Formatierung gespeichert werden sollen. Dazu zeigt Access einen kleinen Dialog an, der Ihnen drei Kontrollkästchen zur Auswahl bietet. Wenn Sie Formulare und Berichte exportieren, ist das Kontrollkästchen *Präsentation Ihrer Daten (XSL)* jedoch aktiviert und kann nicht deaktiviert werden. Für Tabellen oder Abfragen ist die Aktivierung dieser Option unerheblich, da auch dann keine andere Formatierung erfolgt. Möchten Sie eine ansprechend formatierte Liste auf einer HTML-Seite erhalten, sollten Sie daher einen Bericht exportieren. Aktivieren Sie in Abfragen und Tabellen nur das Kästchen *Daten (XML)*, erhalten Sie als Ergebnis eine reine XML-Datei, die lediglich die Daten der Tabelle oder Abfrage enthält. Aktivieren Sie außerdem das Kontrollkästchen *Schema der Daten*, erzeugt Access zusätzlich eine XSD-Datei. Sie definiert, wie die Daten strukturiert sind. Wenn Sie die gewünschten Optionen ausgewählt haben, klicken Sie auf *OK*.

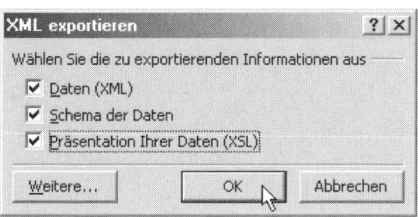

Formatierung auswählen

Hinweis

Weitere Einstellungen

Benötigen Sie für einen bestimmten Zweck detailliertere Einstellungen für die XML-Datei, können Sie dazu die Schaltfläche *Weitere* verwenden. Access zeigt dann einen Dialog ein, über den Sie bspw. den zu verwendenden Zeichensatz für die XML-Datei festlegen, aber auch ein anderes Zielformat, wie bspw. ASP- oder HTML-Seiten, konfigurieren können.

Anzeigen der XML-Datei im Browser

Um die erzeugte XML-Datei im Browser zu öffnen, reicht ein Doppelklick auf die Datei im Explorer oder Arbeitsplatz. Sie wird dann allerdings mit der für XML in Windows registrierten Anwendung geöffnet.

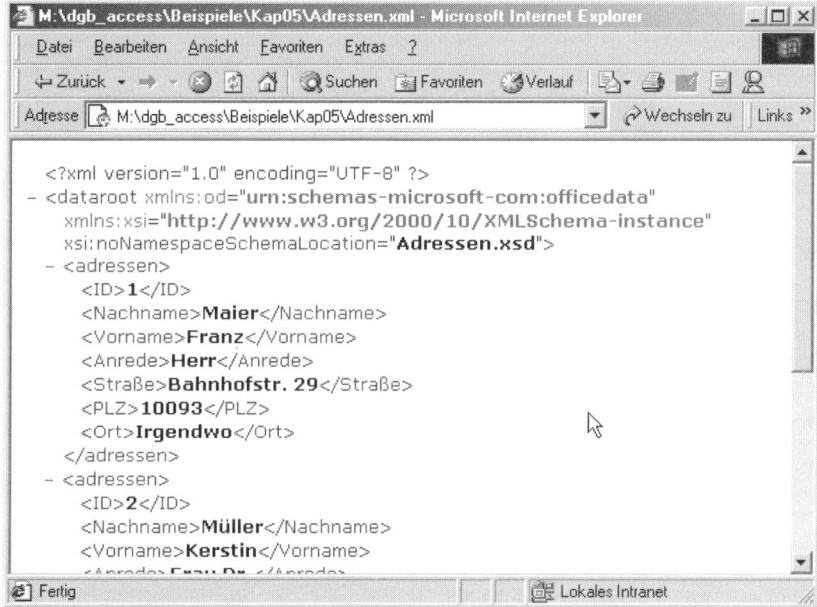

Anzeige der XML-Datei im Browser

Haben Sie ein Programm wie bspw. Macromedia Dreamweaver UltraDev installiert, das XML-Dateien bearbeiten kann, wird die XML-Datei damit geöffnet. Über das Kontextmenü der Datei können Sie jedoch *Öffnen mit* auswählen, um explizit den Internet Explorer zum Anzeigen der Dateien zu verwenden. Alternativ können Sie natürlich den Internet Explorer starten und über *Datei/Öffnen* die Datei auswählen.

Exportieren von Daten

Natürlich gibt es auch andere Formate, in die Sie Daten aus Access exportieren können. Dazu gehören bspw. dBase-Dateien, Excel-Dateien, Textdateien mit Trennzeichen etc. Die Vorgehensweise entspricht der zum Export in XML. Sie wählen einfach *Exportieren* aus dem Kontextmenü der Tabelle oder Abfrage aus und bestimmen dann das Zielformat. Abhängig von Zielformat erscheint dann ein Assistent, der Ihnen dabei hilft, die Einstellungen korrekt zu definieren. Wenn Sie wissen, was Sie möchten, ist das also kein Problem.

Egal, in welches Format Sie konvertieren, Sie brauchen eine gewisse Vorstellung davon, welche Anforderungen an die exportierte Datei gestellt werden. Möchten Sie bspw. eine Tabelle in eine Textdatei mit Trennzeichen exportieren, haben Sie dazu in Access die Möglichkeit, verschiedene Details bei der Formatierung festzulegen. Sie können bspw. bestimmen, ob Text in Anführungszeichen gesetzt werden soll, welches Zeichen zur Trennung der Spalten verwendet werden soll und ob die Spaltenüberschriften in der ersten Zeile angegeben werden sollen. Was Sie hier im Detail einstellen müssen, hängt davon ab, was Sie mit der Datei später machen möchten. Manche Programme erwarten bestimmte Einstellungen, um eine solche Datei importieren zu können, bei anderen lässt sich das beim Import anpassen. Welche Anforderungen das andere Programm an die Datei stellt, sollten Sie also vor dem Konvertieren der Daten herausfinden.

Importieren von Fremdformaten

Sehr viel häufiger als der Export von Daten aus Access kommt es bspw. vor, dass Sie Daten in fremden Formaten importieren müssen, bspw. wenn Sie eine dBase IV-Anwendung in eine Access-Anwendung umbauen möchten. Die nachfolgenden Schritte zeigen daher in groben Zügen, wie ein solcher Importvorgang abläuft. Auf Details wird hier verzichtet, weil auch diese wieder vom Ursprungsformat der Daten abhängen.

1 Aktivieren Sie die Rubrik *Tabellen* im Datenbankfenster und wählen Sie *Datei/Importieren* aus dem Menü aus.

2 Wählen Sie das Dateiformat aus und wechseln Sie dann in das Verzeichnis, in dem sich die Datei befindet.

3 Markieren Sie die Datei per Mausklick und klicken Sie auf *Importieren*.

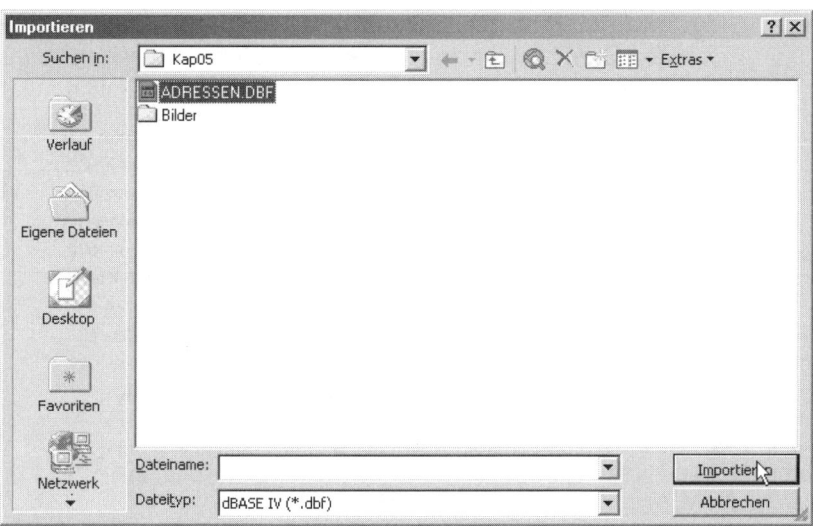

Importieren einer dBase-Datei

4 Abhängig vom gewählten Dateityp startet nun ein Assistent oder die Datei wird direkt importiert. Folgen Sie einfach den Anweisungen des Assistenten.

Hinweis

Importieren von Access-Datenbankobjekten aus anderen Datenbanken

Ähnlich können Sie auch aus vorhanden Datenbanken Datenbankobjekte importieren. Dabei kann es sich um Tabellen oder Abfragen, aber auch um Berichte, Module und Makros handeln. Der Unterschied besteht darin, dass Sie im Assistenten die Datenbankobjekte auswählen müssen, die Sie aus der anderen Access-Datenbank importieren möchten. Bei Abfragen haben Sie dabei die Möglichkeit, diese als Tabellen zu importieren, bei Tabellen können Sie wahlweise die Struktur der Tabelle oder die Tabelle inklusive der enthaltenen Daten importieren.

Verknüpfen von Tabellen

Wenn Sie Daten nicht importieren, sondern nur mit Access verknüpfen möchten, funktioniert das ganz ähnlich. Sie wählen dazu einfach *Datei/Externe Daten/Tabellen verknüpfen* aus dem Menü aus. Anschließend bestimmen Sie wieder den Dateityp und wählen die Datei aus.

Sehr häufig kommt es vor, dass auf diese Weise Tabellen einer Access-Datenbank mit einer anderen verknüpft werden. Wie das geht, zeigen die nachfolgenden Schritte. Stellen Sie sich vor, Sie möchten die bereits in den vorangegangenen Kapiteln erzeugten Datenbanken *Kunden.mdb* und *Artikel-*

liste.mdb zu einem kleinen Shop oder einer Fakturierung ausbauen. Dann müssen Sie natürlich irgendwie die Artikel in die Datenbank mit den Kundendaten bekommen oder die Adressen in die Artikeldatenbank. Das können Sie ganz einfach mit einer Verknüpfung erledigen. Sie erstellen dazu einfach eine verknüpfte Tabelle mit den Kundenadressen in der Datenbank *ArtikellisteXP.mdb*.

Hinweis

Neuer Dateiname beim Konvertieren

Wie am Kapitelanfang erläutert wurde, werden nachfolgend die Datenbanken im Access 2002-Dateiformat verwendet. Beim Konvertieren müssen Sie dazu einen neuen Namen vergeben. Die Beispieldatenbanken im Access 2002-Format heißen daher jetzt *ArtikellisteXP. mdb* und *KundenXP.mdb*, enthalten aber die gleichen Datenbankobjekte wie die Access 2000-Versionen *Artikelliste.mdb* und *Kunden.mdb*. Verknüpfte Tabellen können Sie jedoch auch in Datenbanken erstellen, die das Access 2000-Format verwenden.

Um die verknüpfte Tabelle zu erzeugen, gehen Sie dann wie folgt vor:

1 Öffnen Sie die Datenbank *ArtikellisteXP.mdb* und aktivieren Sie im Datenbankfenster die Rubrik *Tabellen*.

2 Klicken Sie mit der rechten Maustaste auf eine freie Fläche im Datenbankfenster und wählen Sie *Tabellen verknüpfen* aus dem Kontextmenü aus.

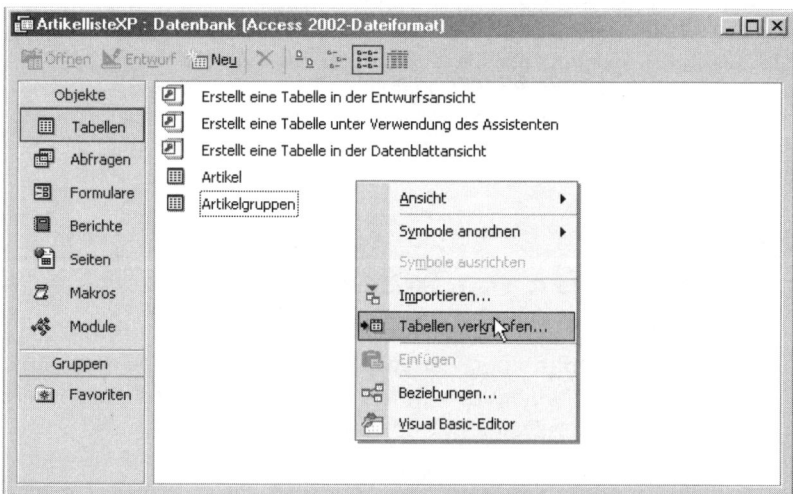

Verknüpfung auf Tabelle erstellen

3 Markieren Sie nun die Datenbank *KundenXP.mdb* im *Öffnen*-Dialog und klicken Sie auf *Verknüpfen*.

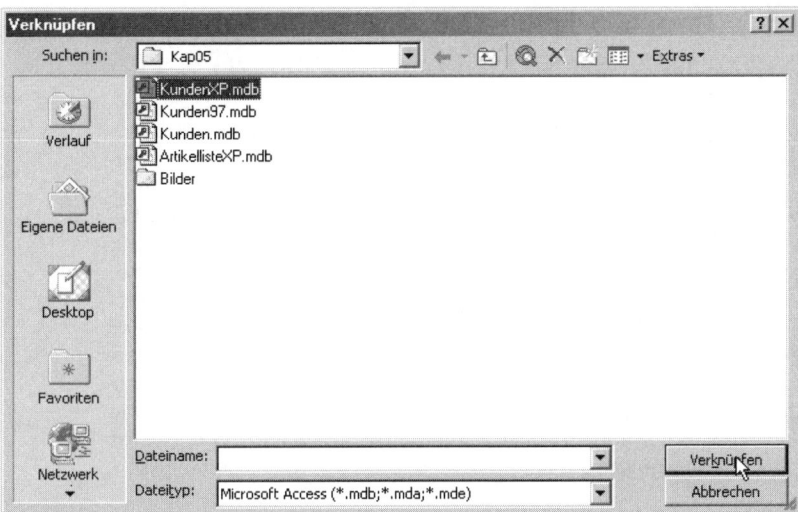

Auswählen der Datenbank

4 Nun öffnet Access die Datenbank und zeigt deren Inhalt in einem Dialog an. Sie finden hier alle in der Datenbank enthaltenen Tabellen aufgeführt und brauchen nun nur noch die gewünschte Tabelle oder auch mehrere auszuwählen. Klicken Sie anschließend auf *OK*.

Auswählen der zu verknüpfenden Tabelle

Die Verknüpfung wird nun erzeugt und die Tabelle im Datenbankfenster angezeigt. Sie können an dem kleinen Pfeil vor dem Tabellensymbol erkennen, dass es sich dabei um eine verknüpfte Datei handelt. Alle Eingaben, die Sie nun innerhalb der Tabelle machen, werden in der Datenbank *KundenXP. mdb* gespeichert und können dort dann ebenso verwendet werden. Verknüpfte Tabellen können Sie im Prinzip genauso verwenden wie normale Tabellen, lediglich die Entwurfsansicht steht nur in der Datenbank zur Verfügung, in der sie definiert ist, hier also in der Datenbank *KundenXP. mdb*.

Dienstprogramme

5

Hinweis

Bei Verknüpfungen werden komplette Pfade gespeichert

Wenn Sie Tabellen verknüpfen, speichert Access komplette Verzeichnisse. Das bedeutet, dass auch der Laufwerkbuchstabe gespeichert wird und der Aufruf von einem anderem Rechner bspw. über das Netzwerk nicht funktioniert. Wenn die Anwendung von beliebigen Rechnern im Netz aufgerufen werden soll, müssen Sie dafür sorgen, dass UNC-Pfadangaben in der Form \\Server\Freigabe\ Verzeichnis\Datei gespeichert werden. Das funktioniert, wenn Sie im Auswahldialog für die zu verknüpfende Datei kein verbundenes Netzlaufwerk (mit Laufwerkbuchstabe) auswählen, sondern stattdessen das Netzwerksymbol verwenden und das Netzwerk durchsuchen. Dann speichert Access korrekt den Freigabenamen und die Verknüpfung funktioniert dann von jedem Rechner im Netzwerk. Das gilt übrigens grundsätzlich, wenn Sie Dateien auswählen müssen.

Tabellenverknüpfungen ändern und aktualisieren

Wenn Sie eine Datenbank verschieben oder sich bspw. bei UNC-Pfadnamen der Freigabename oder der Rechnername ändert, müssen Sie die Verknüpfungen mit Tabellen und anderen Access-Datenbanken anpassen. Dazu stellt Access den Tabellenverknüpfungs-Manager zur Verfügung. Damit können Sie

- Pfade zu verknüpften Tabellen ändern und

- Access veranlassen, die Tabellen neu einzulesen.

Wenn Sie die Verknüpfung von Tabellen anpassen möchten, können Sie dazu den Tabellenverknüpfungs-Manager aufrufen. Dazu wählen Sie *Extras/Datenbankdienstprogramme/Tabellenverknüpfungs-Manager* aus.

Hinweis

Unter Umständen startet der Tabellenverknüpfungs-Manager auch automatisch

Wenn Sie versuchen, eine verknüpfte Tabelle zu öffnen, diese aber nicht gefunden werden kann, öffnet Access den Tabellenverknüpfungs-Manager automatisch.

Access zeigt nun ein Fenster an, in dem alle Tabellenverknüpfungen aufgeführt sind.

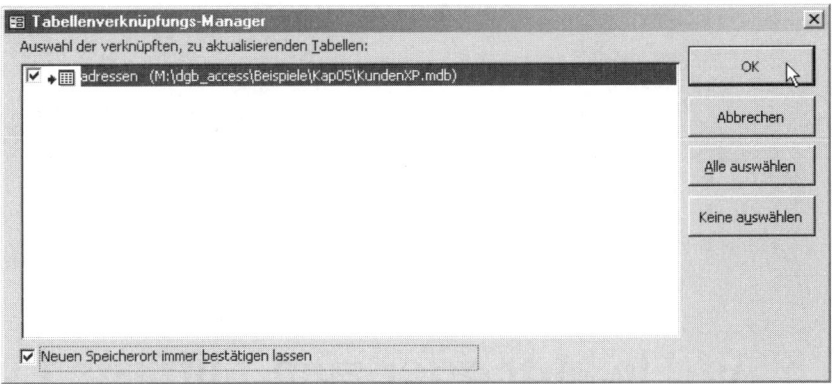

Verknüpfung anpassen

Möchten Sie die Datei nur neu einlesen, genügt es, wenn Sie das Kontrollkästchen vor dem entsprechenden Eintrag markieren und auf *OK* klicken. Möchten Sie jedoch das Verzeichnis ändern, müssen Sie zudem noch das Kontrollkästchen *Neuen Speicherort immer bestätigen lassen* aktivieren, damit Sie die Möglichkeit haben, die Datei neu auszuwählen. Klicken Sie dann auf *OK*, fordert Access Sie auf, die Datei auszuwählen, und aktiviert daraufhin die Verknüpfung.

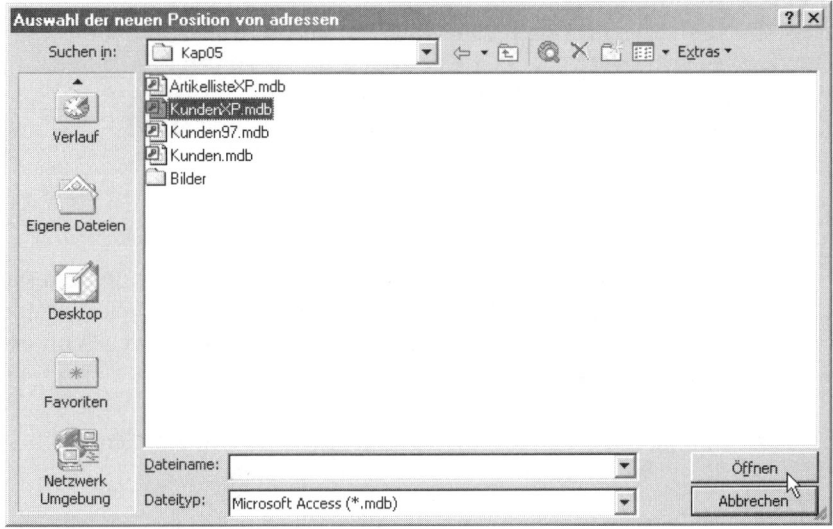

Auswählen der Zieldatei für die Verknüpfung

Wenn die Verknüpfung erfolgreich geändert wurde, zeigt der Assistent eine entsprechende Meldung an.

5

Dienstprogramme

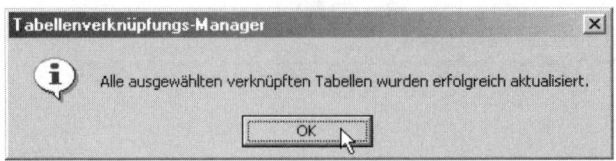

Sie können danach den Tabellenverknüpfungs-Manager mit *Schließen* beenden.

5.3 Add-In-Manager zum Aufrüsten von Access verwenden

Access ist erweiterbar, nicht nur mit Makros und Modulen, die Sie selbst erstellen, sondern auch mit fertigen Komponenten, so genannten Add-Ins. Was das genau ist und wie Sie Add-Ins verwenden, zeigt dieser Abschnitt in aller Kürze.

Hinweis

Add-Ins erstellen

Mithilfe von VBA können Sie auch eigene Add-Ins erstellen, um sie selbst zu verwenden oder anderen zur Verfügung zu stellen. Detaillierte Informationen dazu finden Sie in: Das Große Buch Access-Programmierung aus dem DATA BECKER Verlag.

Was sind Add-Ins?

Add-Ins sind eigenständige Komponenten, die Sie manuell oder automatisch in Access integrieren und dort verwenden können. Wie das im Einzelnen funktioniert, richtet sich nach der Art des Add-Ins. Access unterstützt nämlich im Prinzip drei Typen von Add-Ins:

- Einfache Menü-Add-Ins, die über einen Registry-Eintrag installiert und über das Menü ausgerufen werden können.

- Selbstregistrierende Add-Ins, die sich selbst in der Registry eintragen und danach zur Verfügung stehen.

- Com-Add-Ins, die es erst seit Access 2000 gibt. Diese Add-Ins liegen im Gegensatz zu den anderen beiden nicht als Datenbankdatei vor, sondern als ActiveX-DLL und können entweder mit den Developer-Tools oder mit Visual Basic 6.0 oder höher erzeugt werden.

Mithilfe von Add-Ins können Sie häufiger benötigte Aufgaben vereinfachen oder Access um zusätzliche Funktionen erweitern.

Add-Ins installieren

Um ein einfaches Menü-Add-In zu installieren, müssen Sie einen bestimmten Registry-Eintrag erstellen. Das kann bspw. dadurch geschehen, dass Sie ein Skript aufrufen, das der Hersteller mitliefert, oder indem Sie den Registry-Eintrag manuell oder über eine REG-Datei in die Registry von Windows eintragen.

COM-Add-Ins können Sie nur über den Add-In-Manager der IDE laden. Das funktioniert aber nur, wenn es sich um Add-Ins speziell für die IDE handelt. Alle anderen Com-Add-Ins sollten über ein geeignetes Setup-Programm für die Installation verfügen, das Sie einfach ausführen können.

Verwenden des Add-In-Managers

Selbstregistrierende Add-Ins installieren sich, sobald Sie die MDE-Datei über den Add-In-Manager laden.

Hinweis

Access 2000-Add-Ins funktionieren nicht unbedingt in Access 2002

Sie können leider nicht davon ausgehen, dass ein Add-In für Access 2000 auch in Access 2002 funktioniert, auch wenn die meisten wohl einwandfrei funktionieren. Bevor Sie ein Add-In teuer bezahlen, sollten Sie es daher ausgiebig testen oder sich vom Hersteller garantieren lassen, dass es auch in Access 2002 ohne Einschränkungen funktioniert.

Wenn Sie ein Add-In aus dem Internet oder von einer CD verwenden möchten, müssen Sie es zunächst mithilfe des Add-In-Managers aktivieren. Dazu müssen Sie eine Datenbank öffnen und dann *Extras/Add-Ins/Add-In-Manager* auswählen.

Sie können nun über die *Hinzufügen*-Schaltfläche des Dialogs das Add-In auswählen und es damit laden. Anschließend beenden Sie den Dialog mit *Schließen*.

5

Dienstprogramme

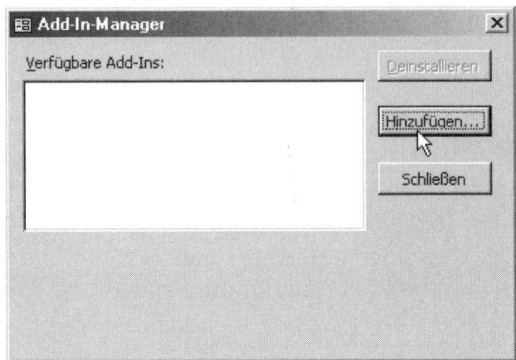

Hinzufügen von Add-Ins

Wie Sie dieses Add-In im Anschluss starten, hängt vom Add-In ab. Manche werden in der Auswahlliste für die Formular- und Berichts-Assistenten angezeigt, andere können Sie über einen Menüeintrag starten.

5.4 Datenbankanalyse mit Access-Bordmitteln

Immer dann, wenn Sie umfangreiche Datenbestände aus anderen Datenbanken importiert haben, stehen Sie vor zwei großen Aufgaben. Zunächst gilt es, diese Daten dahingehend zu analysieren, um festzustellen, ob sie doppelte oder inkonsistente Daten enthalten. Im zweiten Schritt müssen diese Fehler beseitigt werden. Für beides bietet Access integrierte Assistenten an.

Hinweis

Datenbanken dokumentieren

Daneben gibt es auch noch einen Assistenten zum Dokumentieren einer Datenbank. Er ist jedoch Thema vom Kapitel „Hilfreiche Tools beim Datenbankentwurf und der Dokumentation".

Die Datenbankleistung analysieren

Es gibt zwei verschiedene Assistenten in Access, um Datenbanken zu analysieren. Der erste prüft, ob Ihre Datenbank hinsichtlich ihrer Leistungsfähigkeit optimiert ist. Dabei wird geprüft, ob genügend und richtige Indizes vorhanden sind, ob der komplette Quellcode der Datenbank kompiliert wurde und welche anderen Möglichkeiten es zur Leistungsverbesserung gibt. Im Anschluss an den Assistenten haben Sie die Möglichkeit, die Datenbank zu optimieren.

⌐ Hinweis

Nachinstallation notwendig

Der Leistungsanalyse-Assistent gehört nicht zur Standardinstallation. Daher müssen Sie ihn unter Umständen nachinstallieren und dazu die Office XP- oder Access 2002-CD bereithalten.

Der zweite Analyse-Assistent prüft, ob die Datenbank hinsichtlich der Aufteilung von Tabellen in kleinere Tabellen überführt werden kann und ob es bspw. inkonsistente Daten gibt. Diesen Normalisierungs-Assistenten lernen Sie etwas weiter unten ab Seite 250 kennen.

Sie starten den Assistenten zur Leistungsanalyse, indem Sie *Extras/Analyse/Leistung* auswählen. Um die komplette Datenbank zu prüfen, aktivieren Sie in dem nun eingeblendeten Dialog die Registerkarte *Alle Objekttypen*. Sie können aber natürlich auch einzelne Datenbankobjekte für die Analyse auswählen, indem Sie auf den einzelnen Registerkarten die Kontrollkästchen aktivieren. Möchten Sie aber die ganze Datenbank analysieren lassen, klicken Sie auf der Registerkarte *Alle Objekttypen* einfach auf die Schaltfläche *Alle auswählen*.

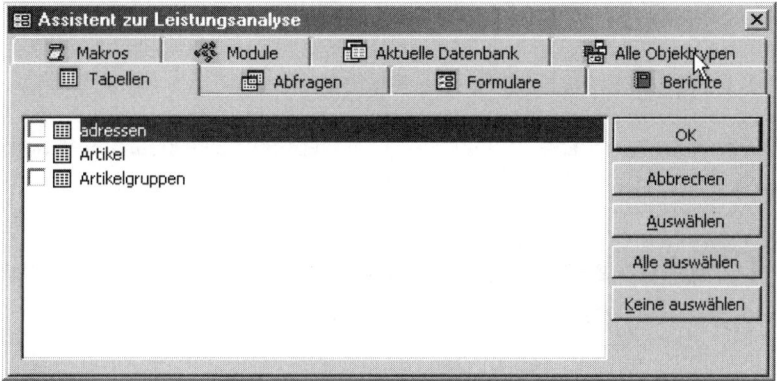

Der Startdialog des Leistungsanalyse-Assistenten

Wenn Sie nun den Dialog mit *OK* schließen, analysiert Access die Datenbank und zeigt die Ergebnisse in einem Dialog an. Dabei werden die Ergebnisse mit drei verschiedenen Symbolen versehen.

Die gelben Glühbirnen stellen nur Vorschläge des Assistenten dar, die Sie allerdings nicht vom Assistenten ausführen lassen können. Wenn Sie jedoch den entsprechenden Listeneintrag markieren, zeigt der Dialog unterhalb der Liste genaue Erläuterungen an, die erklären, was Sie machen sollten und warum.

5

Dienstprogramme

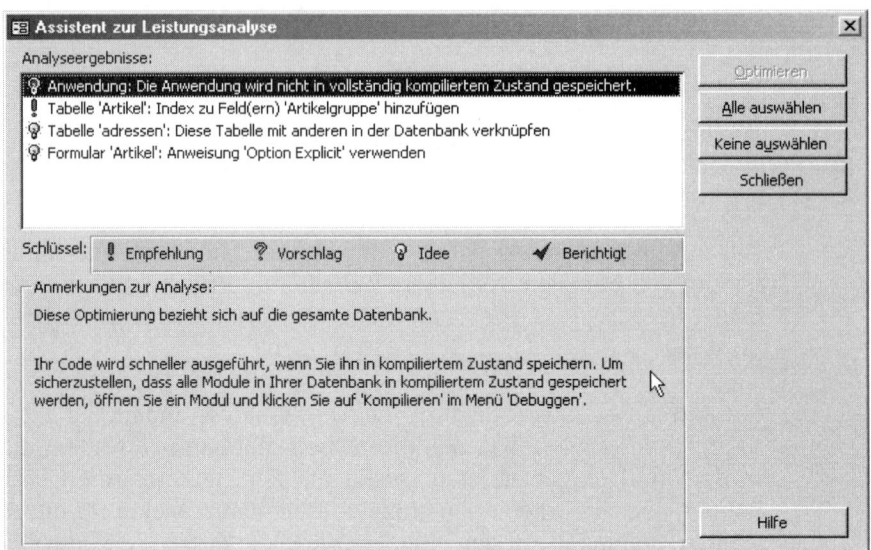

Anzeige der Analyseergebnisse

Die als Empfehlung markierten Vorschläge sollten Sie, wenn möglich, durchführen und können dies auch in den meisten Fällen direkt von Access durchführen lassen. Markieren Sie dazu den Eintrag per Mausklick und klicken Sie dann auf *Optimieren*. Der Eintrag wird dann als *Berichtigt* gekennzeichnet und die entsprechende Aktion durchgeführt.

Wenn Sie auf diese Weise die Analyseergebnisse bearbeitet haben, können Sie den Dialog mit *Schließen* beenden.

Tabellen mit dem Normalisierungs-Assistenten optimieren

Der Assistent zur Normalisierung der Datenbank benötigt ein paar Schritte mehr. Ihn starten Sie über *Extras/Analyse/Tabellen*. Im ersten Dialog erklärt der Assistent, welche Fehler im Datenbankdesign gesucht und beseitigt werden können. Schließen Sie diesen ersten Dialog einfach mit *Weiter*. Auch den nächsten Dialog können Sie auf die gleiche Weise übergehen.

Nun können Sie die Tabelle auswählen, die Sie aufteilen möchten, um redundante Daten zu vermeiden. Sinnvoll ist dies für die Tabelle *Artikel*, in der die Nachschlageliste für den MwSt.-Satz recht ungünstig war. Markieren Sie diese Tabelle und klicken Sie auf *Weiter*.

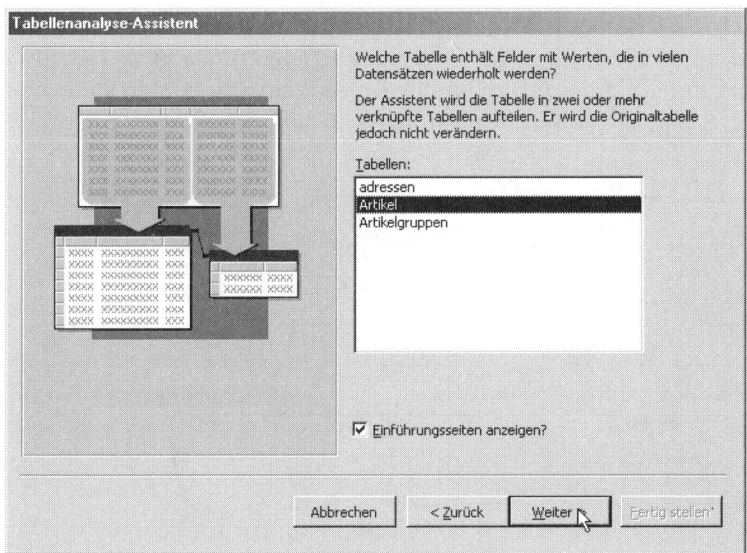

Auswählen der zu bearbeitenden Tabelle

Sie können nun wählen, ob Sie selbst die Änderungen vornehmen oder dem Assistenten die Wahl überlassen möchten. Auch dann haben Sie die Möglichkeit, die Entscheidung von Access zu korrigieren oder zu verwerfen. Daher sollten Sie die Standardoption *Dem Assistenten die Entscheidung überlassen* verwenden und anschließend auf *Weiter* klicken.

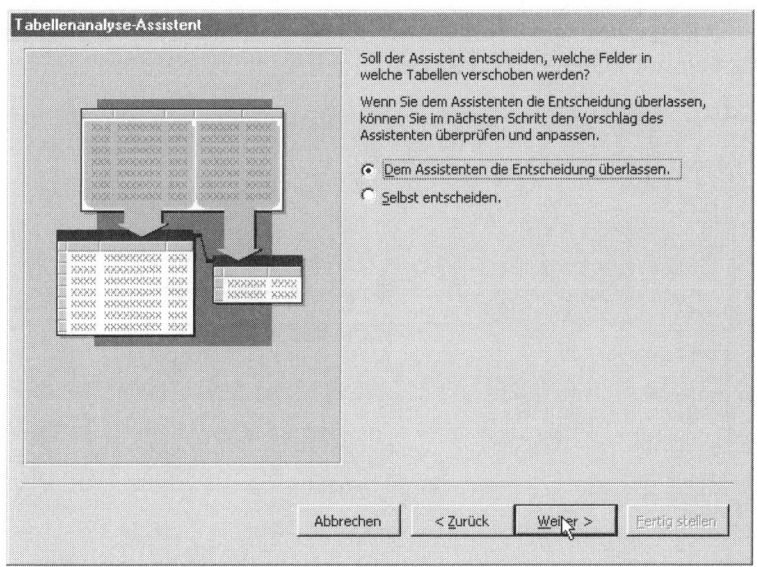

Auswählen der Vorgehensweise

Zwar hat der Assistent wohl erkannt, dass die Spalte *Steuersatz* doppelte Daten enthält, was an sich korrekt ist, allerdings hat er wohl auch angenommen, dass der Rabatt immer mit dem Steuersatz verbunden ist. Da dies falsch ist, müssen Sie hier das Ergebnis korrigieren. Dazu ziehen Sie einfach das Feld *Rabatt* aus *Tabelle3* in die *Tabelle1* zurück. Da dies das einzige Feld in der Tabelle ist, wird diese automatisch gelöscht.

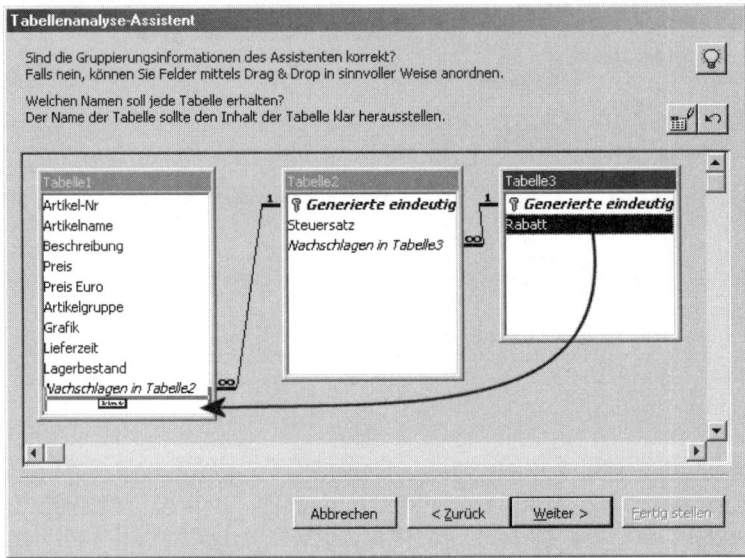

Anpassen der Ergebnisse per Drag & Drop

Nun müssen Sie die beiden verbleibenden Tabellen noch korrekt benennen. Dazu klicken Sie eine Tabelle an, um sie zu aktivieren, und klicken dann auf das Symbol *Tabelle umbenennen*.

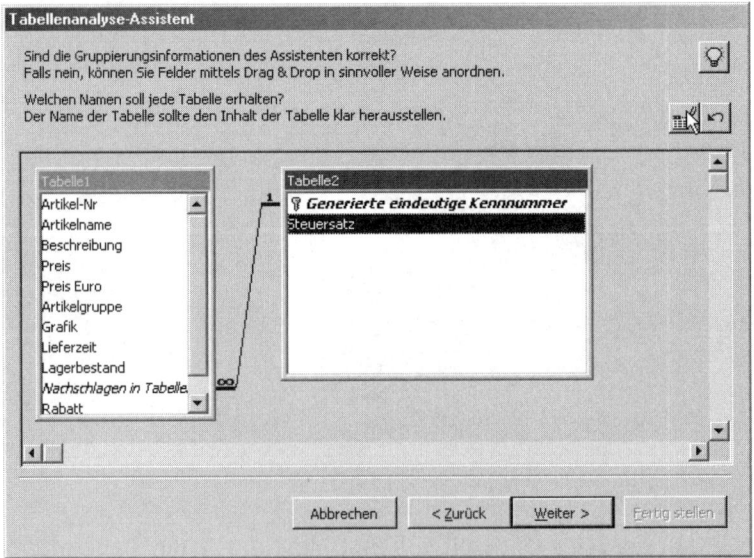

Tabellen benennen

Geben Sie dann den Namen für die Tabelle ein und schließen Sie den Dialog mit *OK*. Sie müssen allerdings darauf achten, einen Namen zu verwenden, der noch nicht als Tabellenname verwendet wird. Verfahren Sie mit der zweiten Tabelle genauso. Wenn Sie beide Tabellen benannt haben, klicken Sie auf *Weiter*.

Im nächsten Dialog können Sie mit den beiden Schaltflächen ⊞ und ⊟ Autowertfelder als Primärschlüssel hinzufügen oder ein vorhandenes Feld als Primärschlüssel festlegen. In unserem Fall ist das jedoch nicht notwendig, da dies der Assistent schon erledigt hat. Sie brauchen daher einfach nur auf *Weiter* zu klicken.

Sie können nun bestimmen, ob Sie aus den erzeugten Tabellen eine Abfrage erstellen möchten, die beide wieder zusammenfügt. Dies ist die Standardeinstellung, die Sie einfach mit *Fertig stellen* übernehmen können.

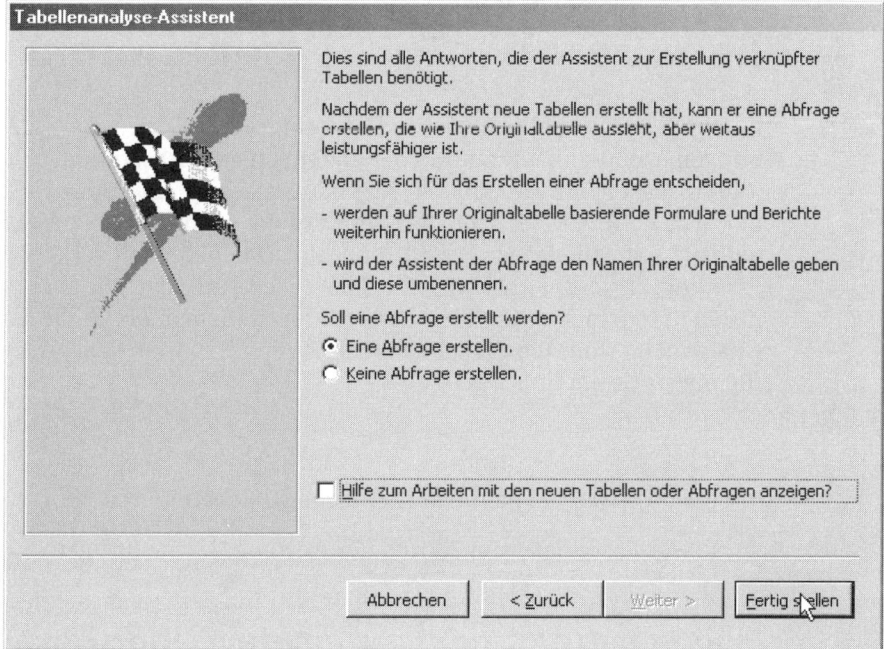

Abschließen des Assistenten

Access erzeugt nun die Abfrage und zeigt sie an. Die Fertigstellung wird dann mit einer Meldung quittiert. Sie können die Abfrage nun anstelle der ursprünglichen Tabelle einsetzen.

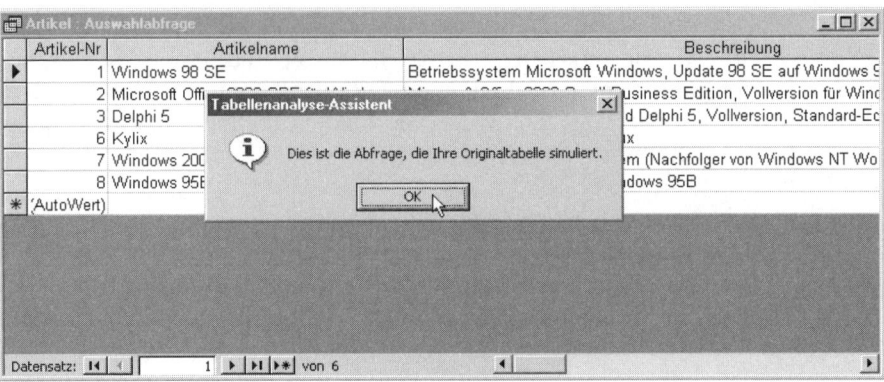

Abschlussmeldung des Assistenten

5.5 Starteinstellungen und Benutzeroberfläche generieren

Immer wieder stellt sich Access-Entwicklern die Frage, wie sie Access dazu bringen können, beim Öffnen der Datenbank eine bestimmte Aktion auszuführen. Besonders sinnvoll ist dies natürlich, um ein Formular anzuzeigen, über das der Benutzer schnell Zugriff auf die wichtigsten Funktionen der Datenbank hat. Außerdem besteht über das Datenbankfenster die Möglichkeit, dass ungeschickte Anwender die Datenbank verändern und so unbrauchbar machen, indem sie Tabellen löschen oder umbenennen. In diesem Abschnitt geht es daher um die Fragen, welche Funktionen und Tools Access zur Verfügung stellt, um

- das Aussehen beim Start der Datenbank festzulegen,
- ein Formular als Benutzeroberfläche zu generieren und
- dieses Formular beim Starten der Anwendung anzuzeigen.

Eine Benutzeroberfläche mit dem Übersichts-Manager erstellen

Access bietet die Möglichkeit, Formulare mit Schaltflächen und anderen Steuerelementen zu versehen, die es ermöglichen, andere Formulare aufzurufen, Makros auszuführen oder Berichte zu öffnen. Sie haben damit zwar eine Möglichkeit, eine Benutzeroberfläche zu generieren, dies ist jedoch mit erheblichem Wartungsaufwand verbunden, vor allem, wenn Sie die Funktionen der Datenbank gliedern möchten. Dann bleibt Ihnen im Prinzip nichts anderes übrig, als mehrere Formulare zu erstellen und diese über entsprechende Schaltflächen aufzurufen.

Viel einfacher können Sie es aber haben, wenn Sie den Übersichts-Manager von Access verwenden. Der hilft Ihnen dabei, eine Tabelle und ein an die Tabelle gebundenes Formulars zu erstellen. In der Tabelle werden die Aufschriften und die auszuführenden Aktionen gespeichert und können dann über das Formular abgerufen werden. Später brauchen Sie den Assistenten nur erneut aufzurufen, um die Einstellungen zu ändern oder Funktionen hinzuzufügen.

In früheren Versionen von Access war der Übersichts-Manager als Add-In vorhanden, das Sie erst aktivieren mussten. Seit Access 2000 können Sie ihn jedoch direkt aus dem Menü starten. Wählen Sie dazu *Extras/Datenbank-dienstprogramme/Übersichts-Manager* aus. Access prüft nun als Erstes, ob es schon ein Übersichtsformular in der Datenbank gibt. Wenn nicht, erhalten Sie die nachfolgend dargestellte Meldung und können dieses mit *Ja* beenden, um den Assistenten zu starten.

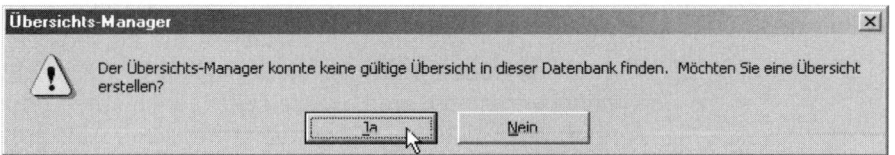

Bestätigen Sie diese Meldung mit Ja, um den Assistenten zu starten

Im ersten Dialog zeigt der Assistent die vorhandenen Übersichtsseiten an. Diese müssen Sie sich als Formulare innerhalb einer Hierarchie vorstellen, die zwar nicht als getrennte Formulare generiert, aber so dargestellt werden. Die oberste Hierarchie wird von der Seite *Hauptübersicht* dargestellt, die Access standardmäßig erstellt.

Alle anderen Übersichtsseiten werden dieser oder einer anderen Übersichtsseite untergeordnet. Wenn Sie die Funktionen der Datenbank nach ihrer Aufgabe aufteilen möchten, können Sie bspw. die folgenden Übersichtsseiten erstellen.

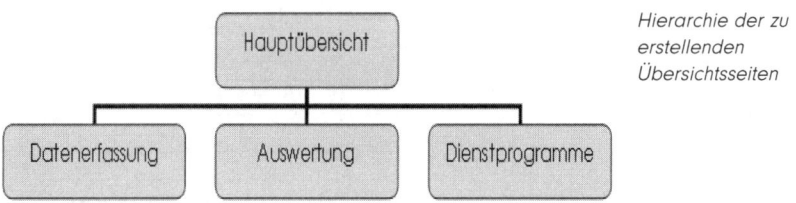

Hierarchie der zu erstellenden Übersichtsseiten

Dazu sollten Sie zunächst einmal alle drei Übersichtsseiten erstellen, bevor Sie dann deren Inhalte bestimmen können. Dazu klicken Sie auf die Schaltfläche *Neu* und geben dann den Namen für die Übersichtsseite ein.

5

Dienstprogramme

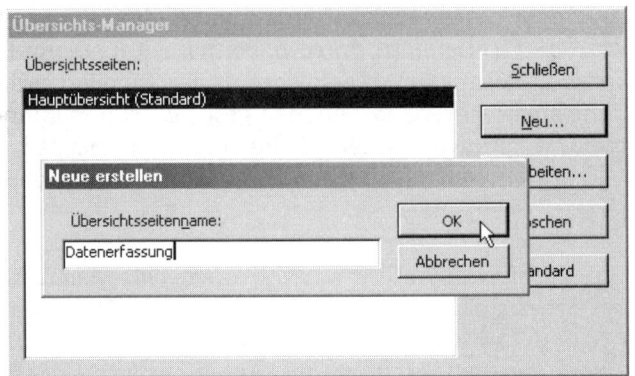

Erstellen einer neuen Übersichtsseite

Auf die gleiche Weise erzeugen Sie anschließend die anderen beiden benötigten Übersichtseiten. Danach können Sie dann mit der Bearbeitung beginnen. Zunächst sollten Sie in der Hauptübersicht drei Einträge zum Aufrufen der untergeordneten Übersichtsseiten hinzufügen. Markieren Sie dazu den Eintrag *Hauptübersicht (Standard)* und klicken Sie auf *Bearbeiten*. Access zeigt dann in einem weiteren Dialog alle aktuellen Elemente der Übersicht an. Da noch keine vorhanden sind, ist die Liste jedoch zurzeit noch leer. Klicken Sie hier auf *Neu*. Sie können jetzt die gewünschte Aufschrift für das Element in das Feld *Text* eingeben. Der Standardbefehl *Zur Übersicht gehen* ist korrekt, um eine Übersichtsseite anzuzeigen. Hier brauchen Sie also nichts zu ändern. Zuletzt wählen Sie nur noch den Eintrag *Datenerfassung* aus dem Listenfeld *Übersicht* aus.

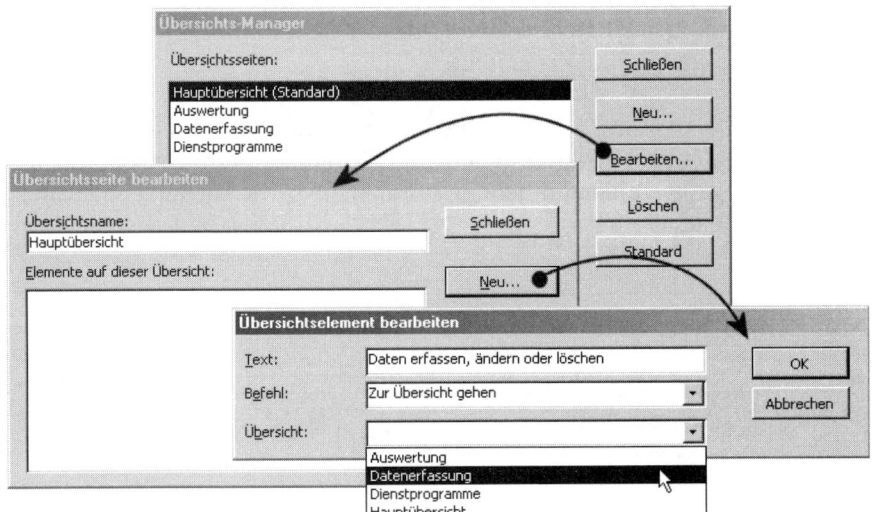

Erzeugen eines Befehls in einer Übersichtsseite

Sie können nun den Dialog mit *OK* schließen und Elemente für die anderen beiden Übersichtsformulare auf die gleiche Weise erstellen. Danach schließen Sie auch den Dialog *Übersichtsseite bearbeiten* mit *Schließen*.

Sie können nun die Einträge für die untergeordneten Seiten erstellen. Dazu wählen Sie wieder die zu bearbeitende Übersichtsseite aus und klicken auf *Bearbeiten*. Nachfolgend wird der Seite *Datenerfassung* ein Element hinzugefügt, über das ein Formular zur Dateneingabe aufgerufen werden kann. Außerdem muss es natürlich eine Möglichkeit geben, zu übergeordneten Seiten zurückzukehren.

Dazu wählen Sie die Seite *Datenerfassung* aus und klicken auf *Bearbeiten* und im Dialog *Übersichtsseite bearbeiten* auf *Neu*. Sie können nun wieder den Text für den Eintrag festlegen. Als Befehl müssen Sie nun aber einen Befehl auswählen, der ein Formular öffnet. Dazu stellt Access Ihnen die Befehle *Formular im Hinzufügemodus öffnen* und *Formular im Bearbeitungsmodus öffnen* zur Verfügung. Der Unterschied besteht in den möglichen Aktionen, die für das Formular möglich sind. Im Hinzufügemodus kann der Benutzer nur neue Datensätze erstellen, vorhandene aber nicht anpassen. Im Bearbeitungsmodus ist auch eine Bearbeitung möglich. Um die Artikeleingabe zu ermöglichen, reicht es also aus, wenn Sie den Befehl *Formular im Hinzufügemodus öffnen* verwenden. Wählen Sie anschließend aus der Liste *Formular* das zu öffnende Formular aus und schließen Sie den Dialog mit *OK*.

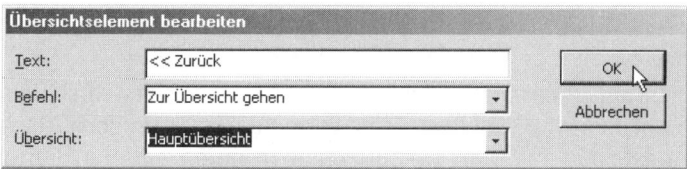

Formular zur Datenerfassung aufrufen

Auf die gleiche Weise – nur mit dem entsprechend anderen Befehl – können Sie nun auch einen Eintrag zum Ändern der Artikel und zur Erfassung von Artikelgruppen erstellen. Was dann noch fehlt, ist ein Eintrag, mit dem zum Hauptformular zurückgekehrt werden kann. Dazu müssen Sie nur ein Element erstellen, das mit dem Befehl *Zur Übersicht gehen* das Übersichtsformular *Hauptübersicht* aufruft.

Zurück zur Hauptübersicht

Auf die gleiche Weise können Sie nun auch die Inhalte der anderen beiden Übersichtsformulare bestimmen. Wenn Sie damit fertig sind, schließen Sie den Übersichts-Manager mit *Schließen*. Wenn Sie dann das Formular *Übersicht* ausführen, sieht das in etwa so aus.

5

Dienstprogramme

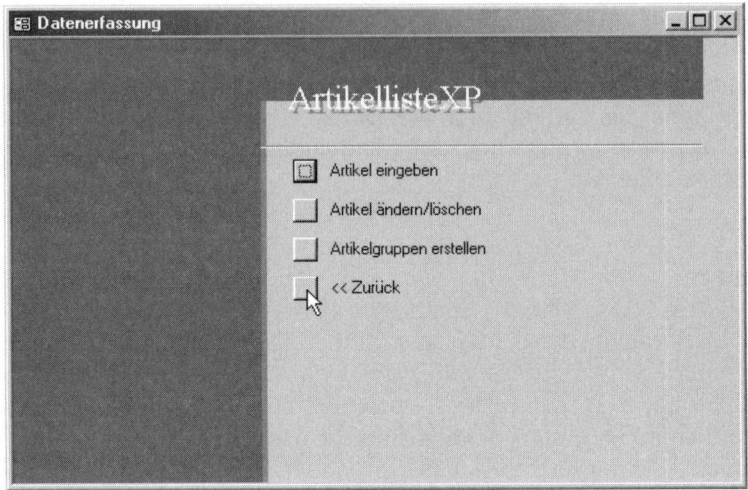

Darstellung der Übersichtsseite Datenerfassung

Übersichtsformular formatieren

Der Name der aktuell angezeigten Übersichtsseite erscheint automatisch in der Titelzeile des Formulars und als Überschrift erscheint der Name der Datenbank. Wenn Sie Formatierungen ändern möchten, weil Ihnen bspw. das Grün nicht gefällt oder Sie eine andere Überschrift verwenden möchten, können Sie dazu das Formular wie jedes andere Formular in der Entwurfsansicht öffnen und bearbeiten.

Die dunkelgrünen Flächen bestehen einfach aus zwei Vierecken mit einer Füllfarbe. Sie können sie also einfach löschen oder auf Wunsch auch anders einfärben. Was Sie auf keinen Fall ändern sollten, weil Sie damit die Funktionsfähigkeit des Übersichtsformulars gefährden, ist Folgendes:

- Die Namen der Beschriftungsfelder

- Die Namen der Umschaltflächen

- Die Anzahl der Umschaltflächen und Beschriftungsfelder

Sie dürfen natürlich alle Steuerelemente des Formulars verschieben und neu ausrichten. Allerdings sollten Sie es vermeiden, die Umschaltflächen und Beschriftungsfelder aus dem Detailbereich in einen anderen Formularbereich zu verschieben.

Die Starteinstellungen der Datenbank festlegen

Wenn Sie ein solches Formular als Benutzeroberfläche erstellt haben, ist es natürlich auch sinnvoll, dass es automatisch beim Start der Datenbank angezeigt wird. Außerdem sollten Sie das Datenbankfenster ausblenden und damit dem Benutzer die Manipulation der Datenbank erschweren. Das alles funktioniert über die Startoptionen von Access.

Die Startoptionen einstellen

Die Startoptionen bestimmen das Aussehen der Datenbank beim Öffnen der Datenbank. Sie können sie einstellen, indem Sie *Extras/Start* auswählen. Die Bedeutung der einzelnen Steuerelemente können Sie der folgenden Tabelle entnehmen.

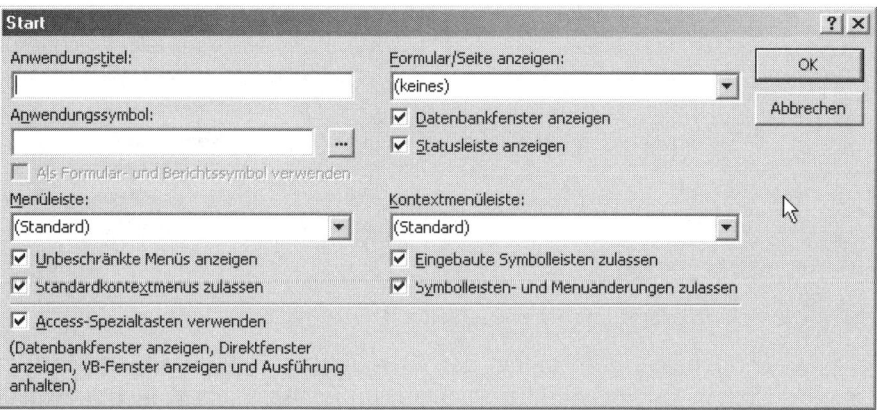

Die Access-Startoptionen im Überblick

Steuerelement	Beschreibung
Anwendungstitel	Legt den Titel der Anwendung fest. Er erscheint als Titel des Access-Fensters und als Aufschrift in der Taskleiste von Windows.
Anwendungssymbol	Legt eine Grafik fest, die als Symbol der Anwendung angezeigt wird. Verwendet werden können dazu ICO-Dateien, die Sie mit geeigneten Bildbearbeitungsprogrammen erzeugen können.
Menüleiste	Legt die Menüleiste fest, die angezeigt werden soll. Der Eintrag (Standard) zeigt die Access-Menüleiste an. Es stehen nur dann weitere Einträge zur Auswahl, wenn Sie benutzerdefinierte Menüleisten erstellt haben.
Unbeschränkte Menüs anzeigen	Ist dieses Kontrollkästchen aktiviert, kann der Benutzer alle Access-Standardbefehle auswählen und über den Symbolleisten-Editor auch Ihren benutzerdefinierten Symbol- und Menüleisten zuweisen.
Standardkontextmenüs zulassen	Ist dieses Kontrollkästchen aktiviert, werden für Datenbankobjekte, für die Sie keine benutzerdefinierten Kontextmenüs bestimmt haben, die Standardkontextmenüs von Access angezeigt.

5

Dienstprogramme

Steuerelement	Beschreibung
Access-Spezialtasten verwenden	Mit den Access-Spezialtasten kann das Fenster *Startoptionen* und das Datenbankfenster eingeblendet werden. Außerdem haben Sie damit die Möglichkeit, zur VBA-Entwicklungsumgebung zu wechseln. Zumindest während der Testphase sollten Sie das Kontrollkästchen aktiviert lassen, damit Sie sich nicht selbst aus Ihrer Datenbank aussperren können. Eine Liste der Access-Spezialtasten finden Sie im Anhang.
Formular/Seite anzeigen	Legt fest, welches Formular oder welche Datenzugriffsseite nach dem Start der Datenbank angezeigt werden soll.
Datenbankfenster anzeigen	Ist das Kontrollkästchen aktiviert, wird das Datenbankfenster angezeigt, ansonsten ist es nicht sichtbar. Es kann dann aber über die Access-Spezialtasten eingeblendet werden.
Statusleiste anzeigen	Legt fest, ob die Statusleiste angezeigt werden soll.
Kontextmenüleiste	Legt die Kontextmenüleiste fest, die standardmäßig im Access-Fenster angezeigt werden soll.
Eingebaute Symbolleisten zulassen	Legt fest, ob der Benutzer die Standardsymbolleisten von Access einblenden kann oder nicht.
Symbolleisten- und Menüänderungen zulassen	Bestimmt, ob der Symbolleisten-Editor zur Änderung der Symbol- und Menüleisten verfügbar sein soll.

Das Startformular festlegen

Um das Startformular der Anwendung festzulegen und auf diese Weise bspw. das erstellte Übersichtsformular anzeigen zu lassen, wählen Sie im Dialog einfach das gewünschte Formular aus.

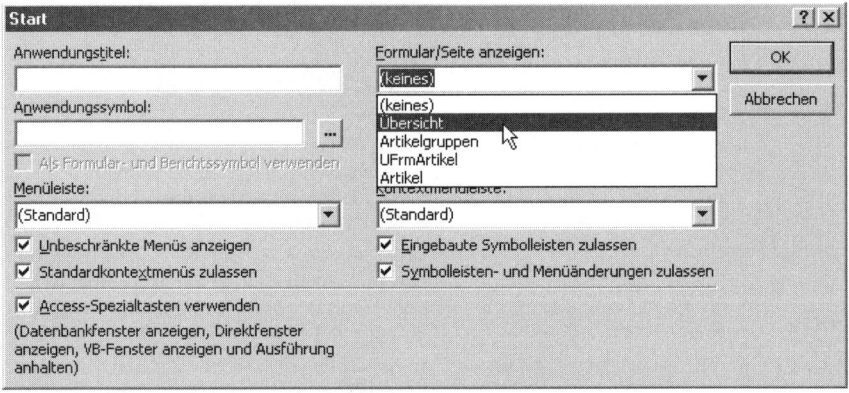

Einstellen des Übersichts-Formulars als Startformular

So blenden Sie das Datenbankfenster aus

Um das Datenbankfenster auszublenden, deaktivieren Sie einfach das Kontrollkästchen *Datenbankfenster anzeigen*. Wenn Sie allerdings verhindern möchten, dass der Benutzer das Datenbankfenster wieder einblenden kann, müssen Sie außerdem folgende Einstellungen vornehmen.

- Deaktivieren der eingebauten Menüleisten und Symbolleisten

- Deaktivieren der eingebauten Kontextmenüs

- Deaktivieren der Access-Spezialtasten

- Deaktivieren der Anpassung von Menü- und Symbolleisten

Hinweis

Was Sie vorher lesen sollten

Bevor Sie das machen, sollten Sie die Abschnitte „Sicherheitsaspekte" und „Eine Hintertür für den Notfall" lesen.

Sicherheitsaspekte

Die Starteinstellungen von Access halten viele Benutzer für ganz nützlich, um die Datenbank vor Manipulationen zu schützen. Dies ist auch durchaus möglich, aber nicht der Sinn der Startoptionen. Wenn Sie eine Datenbank richtig und sinnvoll schützen möchten, sollten Sie auf jeden Fall eine Arbeitsgruppen-Informationsdatei verwenden und darüber für verschiedene Benutzer Rechte vergeben.

Wenn Sie die Startoptionen bspw. dazu nutzen, um Manipulationen zu unterbinden, gilt das natürlich für alle Benutzer. Die Startoptionen gelten für alle Benutzer der Datenbank. Wenn Sie also das Datenbankfenster ausblenden und auch die oben genannten Maßnahmen treffen, um zu verhindern, dass es eingeblendet wird, können Sie auch selbst keine Änderungen mehr an der Datenbank durchführen, weil Sie das Datenbankfenster nicht mehr einblenden können.

Verwenden Sie hingegen eine Arbeitgruppen-Informationsdatei, können Sie dem Administrator alle Rechte geben, die Rechte der einzelnen Benutzer aber hinreichend einschränken, um Manipulationen zu unterbinden. Wie Sie eine solche Datei einrichten, erfahren Sie im Kapitel „Mehrbenutzeranwendungen erstellen".

Eine Hintertür für den Notfall

Damit Sie sich nicht selbst aus Ihrer Datenbank aussperren, sollten Sie sich immer eine Hintertüre offen halten. Dazu zählen die Access-Spezialtasten. Sie ermöglichen es Ihnen bspw., mit der Tastenkombination [Alt]+[F11] die VBA-Entwicklungsumgebung zu starten oder mit [F11] das Datenbankfenster einzublenden. Damit haben Sie dann die Möglichkeit, bspw. die Startoptionen zu ändern oder Einstellungen an der Datenbank vorzunehmen. Ist das Datenbankfenster nämlich sichtbar und haben Sie die Standardkontextmenüs nicht deaktiviert, können Sie über das Kontextmenü des Datenbankfensters die Starteinstellungen zurücksetzen, um wieder vollen Zugriff auf Access zu haben.

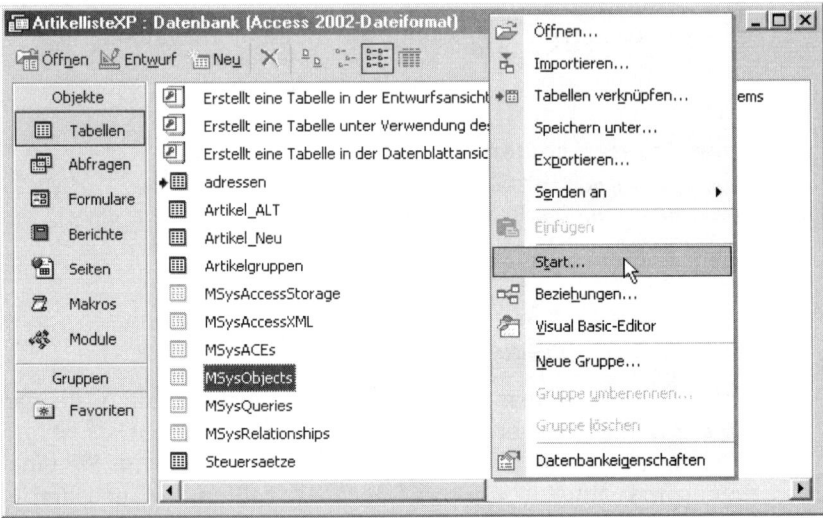

Einblenden des Dialogs Start-Optionen über das Kontextmenü

Haben Sie das Kontextmenü ausgeblendet, bietet Ihnen die VBA-Entwicklungsumgebung aber immerhin die Möglichkeit, bestimmte Einstellungen per VBA zu setzen. Außerdem gibt es noch eine Möglichkeit, die Startoptionen zu umgehen. Beim Öffnen der Datenbank halten Sie einfach die (Umschalt)-Taste gedrückt. Dann öffnet Access die Datenbank, ohne die Starteinstellungen zu berücksichtigen.

⌐───── Hinweis

Die (Umschalt)-Taste kann deaktiviert werden

Allerdings kann auch diese Möglichkeit deaktiviert werden. Dann hilft nur noch VBA weiter, weil Sie damit die Deaktivierung der Startoptionen mit der (Umschalt)-Taste ausschalten können. Sie sollten die Access-Spezialtasten also niemals deaktivieren oder vorher eine Sicherungskopie der Datenbank machen, die nicht auf diese Weise geschützt ist.

6. Hilfreiche Tools beim Datenbankentwurf und der Dokumentation

Wenn Sie eine Datenbank im Auftrag entwickeln oder befürchten, dass Sie nicht alle Details im Kopf haben, wenn Sie nach ein paar Monaten mal Änderungen vornehmen möchten, ist es an der Zeit, über die Dokumentation der Datenbank nachzudenken.

6.1 Manuelle Dokumentation der Daten

Die Dokumentation für eine umfangreiche Datenbank zu erstellen kostet Zeit und viel Geduld. Nicht nur, dass die Felder der einzelnen Tabellen und Abfragen fein säuberlich aufgelistet, die Tabellen benannt und wichtige Eigenschaften der Datenbankobjekte notiert werden müssen, auch die Beziehungen, die zwischen einzelnen Tabellen und Abfragen bestehen, müssen in der Dokumentation berücksichtigt werden.

Es gibt grundsätzlich verschiedene Formen, in denen eine solche Dokumentation erfolgen kann. Üblich sind Diagramme, bspw. ER-Diagramme in verschiedenen Notationen.

┌─── Hinweis

Notationen

Die Notation eines Diagramms bestimmt, welche Symbole zur Darstellung bestimmter Eigenschaften verwendet werden. ER-Diagramme, also **E**ntity-**R**elationship-Diagramme, gibt es in verschiedenen Notationen. Im einfachsten Fall werden Beziehungen durch Rauten, Tabellen durch Rechtecke und deren Felder durch Ovale dargestellt. Es gibt aber auch komplexere Notationen, die es erlauben, auch Feldeigenschaften darzustellen.

Neben ER-Diagrammen können Sie natürlich auch eine tabellarische Dokumentation wählen. Aber auch hierbei kommen Sie nicht umhin, vollständig alle Tabellen und Abfragen der Datenbank zu erfassen. Sinn hat eine Dokumentation nämlich nur dann, wenn sie vollständig ist.

Mindestinhalte einer Datenbankdokumentation

Eine halbwegs brauchbare Dokumentation, mit der Sie im Notfall eine Datenbank wiederherstellen können, sollte mindestens die folgenden Informationen enthalten:

- Namen aller Datenbankobjekte

- Kurzbeschreibung zu allen Datenbankobjekten

- Datum der Dokumentation

- Versionsnummer der Datenbank

- Datum der letzten Bearbeitung

- Notwendige zusätzliche Dateien für die Datenbank

Zudem sollten Sie für jedes einzelne Datenbankobjekt noch die folgenden Informationen festhalten:

- Abhängigkeiten, also Informationen darüber, welche Datenbankobjekte für die Ausführung erforderlich sind, bspw. Menü- und Symbolleisten, Abfragen oder Tabellen

- Wichtige Eigenschaften, die zum reibungslosen Betrieb notwendig sind

- Ersteller, falls mehrere Entwickler an der Datenbank gearbeitet haben

- Enthaltene Steuerelemente in Formularen und Berichten

- Enthaltene Felder und deren Einstellungen in Tabellen und Abfragen

- Enthaltene Makros und Prozeduren, in Makros und VBA-Modulen

- Name und Pfad zu Datenzugriffsseiten

- Welche Beziehungen bestehen zu anderen Datenbankobjekten?

Wie Sie leicht erkennen können, sind das eine Menge Daten, die Sie nicht nur ermitteln, sondern auch noch korrekt eingeben müssen. Handelt es sich bei der Datenbank auch noch um eine Mehrbenutzerdatenbank oder eine Datenbank, die im Netzwerk läuft, kommen noch einige Daten hinzu.

Allerdings ist der Aufwand etwas geringer, wenn Sie die Dokumentation mehr als Handbuch betrachten und daher keine Details darstellen möchten. In diesem Fall sollten Sie aber durch regelmäßige Sicherungskopien der Datenbank sicherstellen, dass Sie im Falle eines Festplattendefekts oder anderer Probleme die Datenbank wiederherstellen können.

Dokumentation für Mehrbenutzerdatenbanken

Wenn Sie Mehrbenutzerdatenbanken dokumentieren möchten, gibt es immer verschiedene Benutzer und Benutzergruppen, die unterschiedliche Rechte haben können. Sie können dabei bspw. festlegen, dass ein normaler Benutzer Formulare nur ausführen kann, dem Administrator aber auch die Entwurfsansicht zur Verfügung stellt. In diesem Fall müssen Sie zusätzlich zu jedem Datenbankobjekt folgende Infos festhalten.

- Welche Benutzer haben Zugriff auf die Entwurfsansicht?

- Welche Benutzer und Benutzergruppen haben Ausführungsberechtigung?

- Welcher Benutzer ist Besitzer des Datenbankobjekts?

- Welche Benutzergruppen haben Zugriff auf das Datenbankobjekt?

Außerdem sollten Sie natürlich auch für jeden Benutzer und jede Benutzergruppe notieren,

- auf welche Datenbankobjekte sie welche Zugriffsrechte haben und

- wie Benutzername und Kennwort lauten.

Das alles manuell zu erfassen und immer aktuell zu halten stellt natürlich ein kleines Problem dar. Wenn Sie auf diese Weise eine Datenbank mit 50 Datenbankobjekten dokumentieren möchten, benötigen Sie dazu mindestens 40 Arbeitsstunden, wenn nicht sogar noch mehr.

Dieses Problem haben natürlich auch verschiedene Softwarehersteller erkannt. Neben externen Programmen bietet aber auch Access eine Funktion, die es Ihnen erlaubt, Datenbanken schnell und sicher zu dokumentieren. Wie dies geht, zeigt der nachfolgende Abschnitt.

6.2 Verwenden der Access-Hilfsprogramme

Access bietet mit dem Dokumentierer ein Hilfsprogramm an, das es Ihnen ermöglicht, mit minimalem Zeitaufwand alle Eigenschaften und Objekte der Datenbank zu dokumentieren. Dieser Abschnitt zeigt Ihnen, wie Sie den Dokumentierer zum Erstellen der Dokumentation einsetzen.

6

Hilfreiche Tools

Dokumentierer starten

Um den Dokumentierer zu starten, öffnen Sie zunächst die Datenbank, für die Sie eine Dokumentation erstellen möchten. Wählen Sie dann *Extras/ Analyse/Dokumentierer* aus dem Menü aus.

> **Hinweis**
>
> **Mögliche Nachinstallation**
>
> Der Dokumentierer wird nicht bei der Standardinstallation installiert. Es kann also sein, dass Sie ihn nachinstallieren müssen. Halten Sie dazu die Access 2002- oder Office XP-CD-ROM bereit.

Im ersten Schritt zeigt Ihnen Access einen Dialog an, in dem Sie die zu dokumentierenden Datenbankobjekte und Eigenschaften auswählen müssen. Aktivieren Sie hier die Registerkarte *Alle Objekttypen* und klicken Sie auf *Alle auswählen*, um alle Datenbankobjekte auszuwählen.

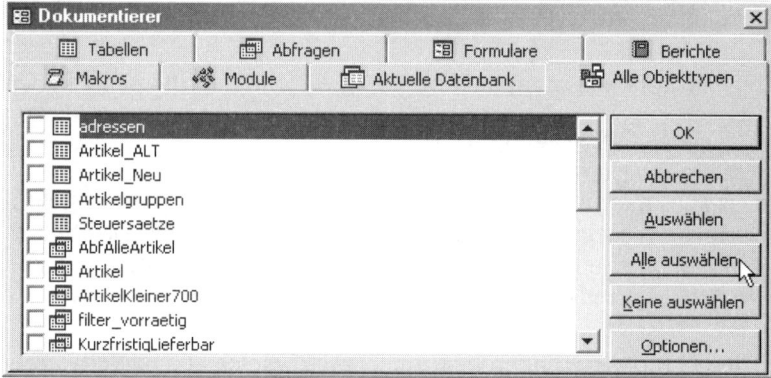

Auswählen der zu dokumentierenden Objekte

Über diese Schaltfläche werden allerdings wirklich alle Objekte ausgewählt, auch versteckte Systemtabellen von Access.

Möchten Sie die nicht auswählen, beenden Sie dazu den Dokumentierer und aktivieren in den Optionen von Access über *Extras/Optionen* auf der Registerkarte *Ansicht* die Kontrollkästchen *Ausgeblendete Objekte* und *Systemobjekte*.

Das führt dazu, dass diese Datenbankobjekte auch in der Liste des Dokumentierers angezeigt werden und Sie diese dann manuell deaktivieren können. Sie können den Dokumentierer dann neu starten.

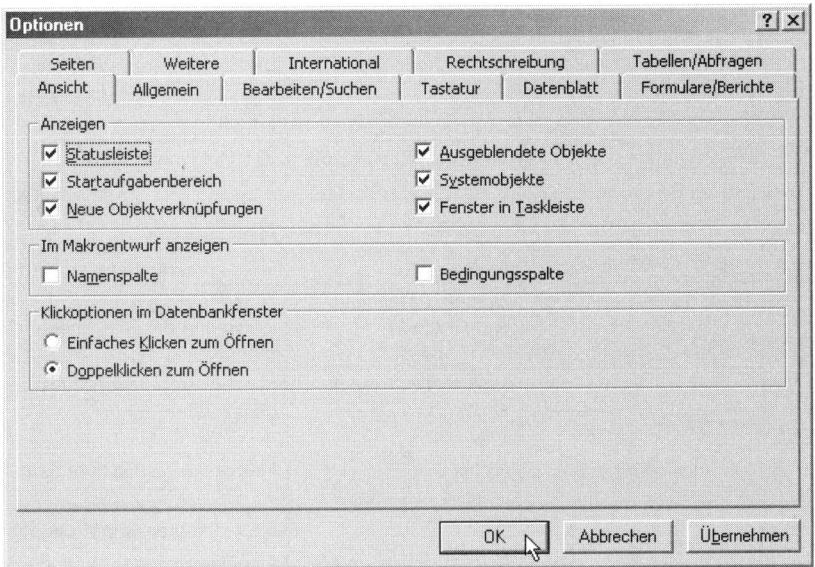

Einblenden der unsichtbaren Datenbankobjekte

Die Schaltfläche *Optionen* im Auswahldialog des Dokumentierers bietet zu dem die Möglichkeit einzustellen, welche Eigenschaften der gewählten Datenbankobjekte dokumentiert werden sollen. Die folgende Tabelle erläutert die möglichen Einstellungen.

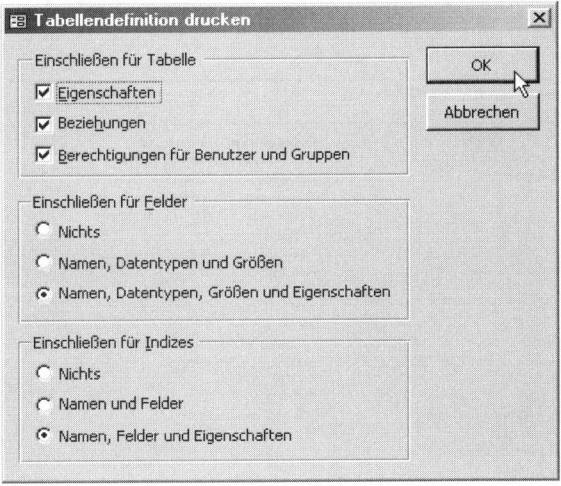

Eigenschaften der Datenbankobjekte

Bereich	Einstellung	Beschreibung
Einschließen für Tabelle	Eigenschaften	Die Tabelleneigenschaften werden erfasst.
	Beziehungen	Beziehungen zwischen Tabellen werden erfasst.
	Berechtigungen für Benutzer und Gruppen	Berechtigungen für Benutzer und Gruppen werden dokumentiert. Diese Option ist allerdings nur in Mehrbenutzerdatenbanken relevant.
Einschließend für Felder	Nichts	Feldeigenschaften werden nicht erfasst.
	Namen, Datentypen und Größen	Zu jedem Feld wird dessen Name, der Datentyp und die Felddatengröße angegeben.
	Namen, Datentypen, Größen und Eigenschaften	Alle Eigenschaften der Felder werden aufgeführt.
Einschließen für Indizes	Nichts	Indizes werden nicht erfasst.
	Namen und Felder	Zu jedem Index werden dessen Name und die beteiligten Felder angegeben.
	Namen, Felder und Eigenschaften	Alle Eigenschaften der Indizes werden aufgeführt.

Schließen Sie beide Dialoge mit *OK*, wenn die Kontrollkästchen aller zu dokumentierenden Datenbankobjekte aktiviert sind. Access erzeugt dann einen Bericht und zeigt ihn an.

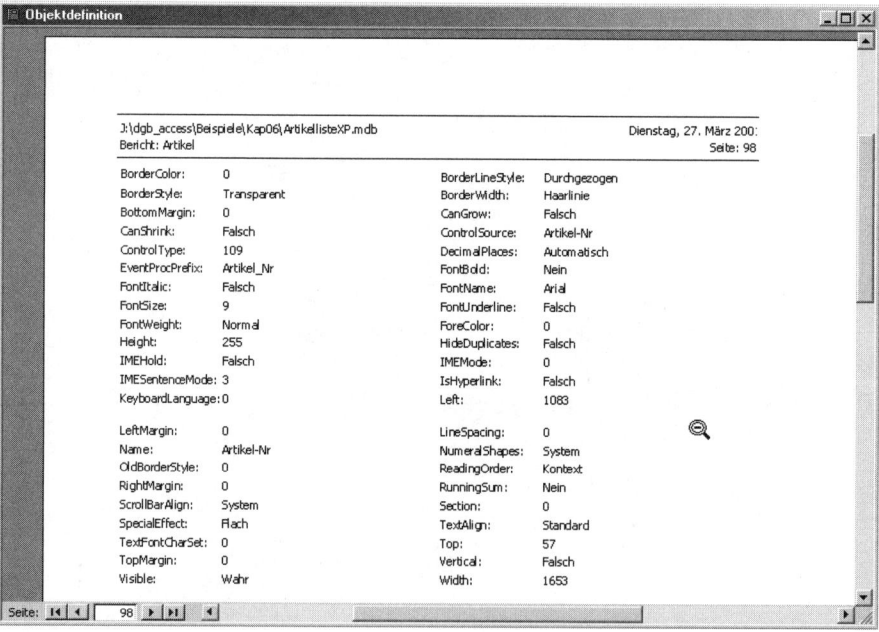

Ergebnis des Dokumentierers

Den Bericht können Sie allerdings nicht in der Datenbank speichern. Sie haben aber die Möglichkeit, ihn zu drucken, oder können ihn über *Datei/Exportieren* als externe Datei bspw. im HTML-Format speichern.

6.3 ER-Diagramme mit externen Tools erstellen

Obwohl der Bericht, den der Access-Dokumentierer erzeugt, alle wesentlichen Eigenschaften der Datenbank enthält, kann Access keine grafische Dokumentation in Form von ER-Diagrammn erstellen. Für eine grafische Darstellung müssen Sie die Grafik entweder selbst erstellen oder auf externe Programme zurückgreifen.

Eines dieser Programme ist Visio 2000. Es kann sowohl aus vorhandenen Datenbanken Dokumentationen inkl. ER-Diagrammen erstellen, ermöglicht aber auch die Planung von Datenbanken.

Hinweis

Visio 2000 gibt es in verschiedenen Versionen

Nicht alle Visio-Versionen sind jedoch in der Lage, ER-Diagramme zu erstellen. In Frage kommen dazu die Versionen Professional und Enterprise von Visio 5.0 und Microsoft Visio 2000. Die nachfolgende Beschreibung verwendet Visio 2000 Enterprise. Nutzen Sie eine andere Version, könnten einige Dialoge, insbesondere der Startdialog, abweichen. Die grundsätzliche Vorgehensweise bleibt jedoch gleich. Außerdem wird vorausgesetzt, dass Sie eine Vollinstallation durchgeführt haben und so alle benötigten Funktionen verfügbar sind.

Reverse-Engeneering und Dokumentation mit Visio 2000

Wenn Sie größere Access-Datenbanken oder auch andere Software entwerfen und entwickeln, merken Sie recht schnell, dass im Laufe der Entwicklung häufig von den ursprünglichen Planungen abgewichen werden muss. Das führt zwangsläufig dazu, dass die Planungsunterlagen für die Dokumentation nicht mehr verwendet werden können, weil es einige Unterschiede gibt.

Der Begriff "reverse Engeneering" bezeichnet eine Vorgehensweise, die versucht, dieses Problem zu umgehen. Dabei wird aus der fertigen Anwendung eine Dokumentation erstellt.

Ursprünglich war dies eine Technik, die eingesetzt wurde, um bestehende Anwendungen vor einer Neuprogrammierung zu dokumentieren, um Anforderungen und Aufbau der neuen Anwendung zu erfassen. Visio erlaubt es, mit diesem Verfahren Berichte und komplexe ER-Diagramme aus einer bestehenden Datenbank zu erzeugen. Dazu sind allerdings ein paar Vorbereitungen notwendig.

Vorbereitungen

Damit Visio die Datenbank auslesen und grafisch darstellen kann, benötigen Sie eine ODBC-Datenquelle, eine so genannte DSN. Sie müssen sie auf dem Rechner erzeugen, auf der Visio installiert ist.

Hinweis

Was ist eine DSN?

DSN ist die Abkürzung für **D**ata **S**ource **N**ame und bezeichnet den Namen einer ODBC-Datenquelle. Windows kennt drei verschiedene Typen von DSNs, nämlich Datei-DSNs, System-DSNs und Benutzer-DSNs. Datei-DSNs sind vergleichbar mit INI-Dateien. Sie speichern Einstellungen für die Datenquelle in Textdateien mit der Endung *.dsn*. System-DSNs und Benutzer-DSNs werden nicht als Datei gespeichert, sondern in der Registry von Windows. Sie können daher nicht zusammen mit einer Datenbank auf einen anderen Rechner kopiert werden. Für Visio ist das aber kein Problem. Der Unterschied zwischen System-DSNs und Benutzer-DSNs besteht darin, dass eine Benutzer-DSN nur von dem Benutzer verwendet werden kann, der sie erstellt hat. Dies spielt jedoch im Prinzip nur auf Windows NT- und Windows 2000-Rechnern eine Rolle, weil die meisten Windows 95/98/Me-Rechner nicht für den Mehrbenutzerbetrieb konfiguriert sind. Nachfolgend wird eine System-DSN verwendet, die Sie über die Systemsteuerung von Windows erzeugen müssen.

Den ODBC-Datenquellen-Manager öffnen

Abhängig von der Windows-Version, die Sie einsetzen, erfordert der Start des ODBC-Datenquellen-Managers unterschiedliche Schritte. Unter Windows 95/98/Me wählen Sie *Start/Einstellungen/Systemsteuerung* aus und klicken dort auf das Symbol *ODBC-Datenquellen*.

Verwenden Sie Windows 2000 Professional, Windows 2000 Server oder Windows NT, müssen Sie zunächst mit *Start/Einstellungen/Systemsteuerung* die Systemsteuerung öffnen und dort dann doppelt auf *Verwaltung* klicken. Hier finden Sie dann ein Symbol *Datenquellen (ODBC)*, auf das Sie doppelt klicken.

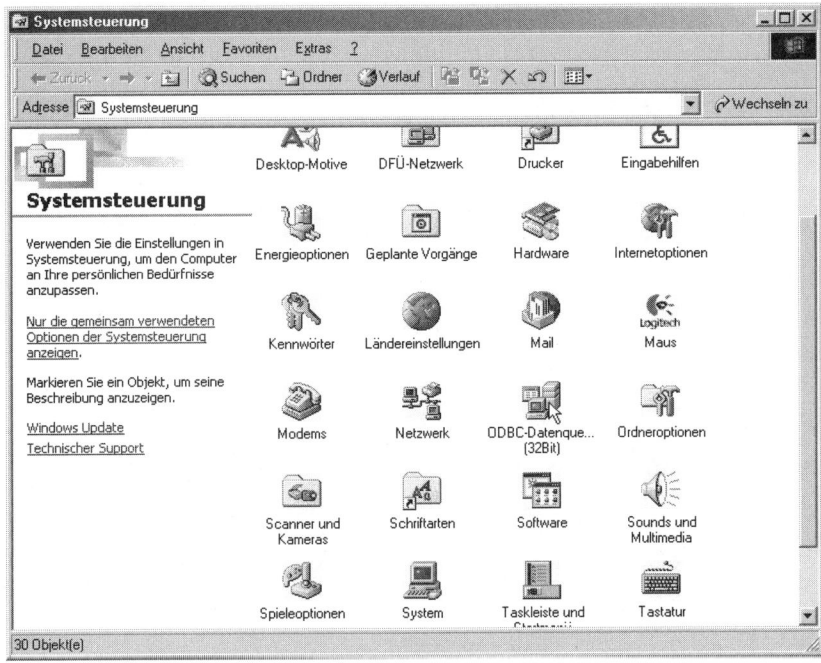

Starten des ODBC-Datenquellen-Managers

Eine System-DSN einrichten

Um eine System-DSN zu erstellen, aktivieren Sie nun die Registerkarte *System-DSN*. Dort klicken Sie auf *Hinzufügen*, um die DSN zu erstellen. Sie werden nun aufgefordert, den Datenbanktreiber auszuwählen. Klicken Sie den Access-Datenbanktreiber in der Liste an und schließen Sie den Dialog mit *Fertig stellen*.

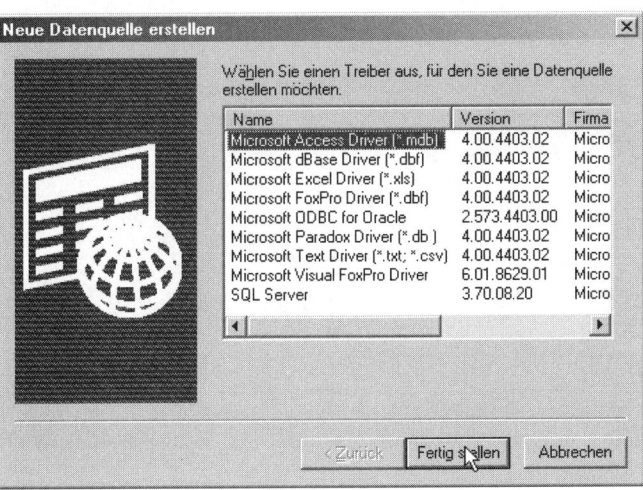

Auswählen des Datenbanktreibers

Im nächsten Dialog müssen Sie nun wichtige Einstellungen vornehmen. Dazu gehört bspw. der Datenquellenname, den Sie im gleichnamigen Feld eingeben. Dies ist der Name, den Sie später in Visio verwenden, um die Datenbank zu identifizieren, die Sie verwenden möchten.

Im Feld *Beschreibung* sollten Sie eine aussagekräftige Beschreibung eingeben. Sie hilft Ihnen später, im Datenquellen-Manager die richtige Datenquelle auszuwählen, wenn Sie sie dann ändern möchten.

Anschließend klicken Sie auf *Auswählen*, um die Datenbank auszuwählen, die mit der Datenquelle bezeichnet wird.

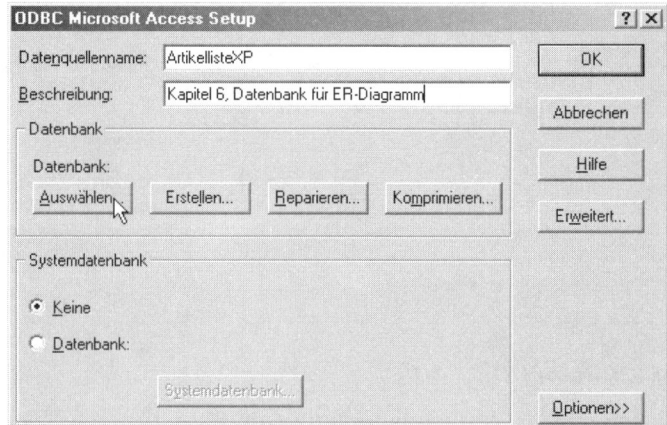

Einstellen der Eigenschaften

Die Datenbank können Sie nun in einem Dialog auswählen, den Sie mit *OK* schließen. Danach können Sie auch den vorherigen Dialog mit *OK* beenden. Damit ist die Datenquelle erstellt und einsatzbereit.

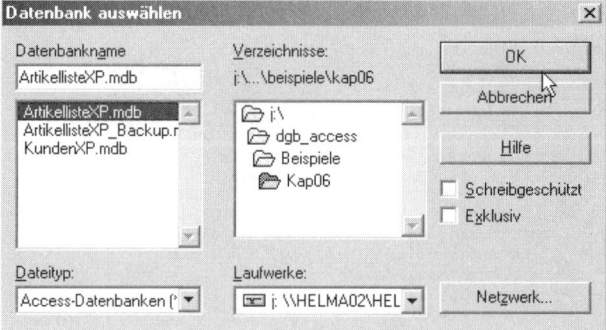

Auswählen der Datenbank

┌─── **Hinweis**

Kennwort und Benutzernamen für die Datenbank einstellen

Wenn Sie die Datenbank mit einem Kennwort geschützt haben, können Sie Kennwort und Benutzernamen eingeben, indem Sie auf *Optionen* klicken. Access blendet dann einen dafür geeigneten Dialog ein.

Visio starten

Um Visio zu starten, wählen Sie bei einer Standardinstallation *Start/Programme/Microsoft Visio* aus. Daraufhin blendet Vision den Startdialog ein, in dem Sie wählen können, ob Sie eine Zeichnung öffnen oder neu erstellen möchten. Markieren Sie hier den Eintrag *Zeichnungstyp auswählen* und klicken Sie dann auf *OK*.

Eine neue Zeichnung erstellen

Klicken Sie nun in der Liste *Kategorie* den Eintrag *Datenbank* an, um die Kategorie zu öffnen. Visio zeigt dann auf der rechten Seite Vorschaubilder der verfügbaren Diagrammtypen an. Welches Sie wählen, hängt von den Anforderungen an das ER-Diagramm ab.

Nachfolgend wird das Modell *ER-Quellenmodell* verwendet. Klicken Sie dazu das zu verwendende Bild einfach an und schließen Sie dann den Dialog mit *OK*.

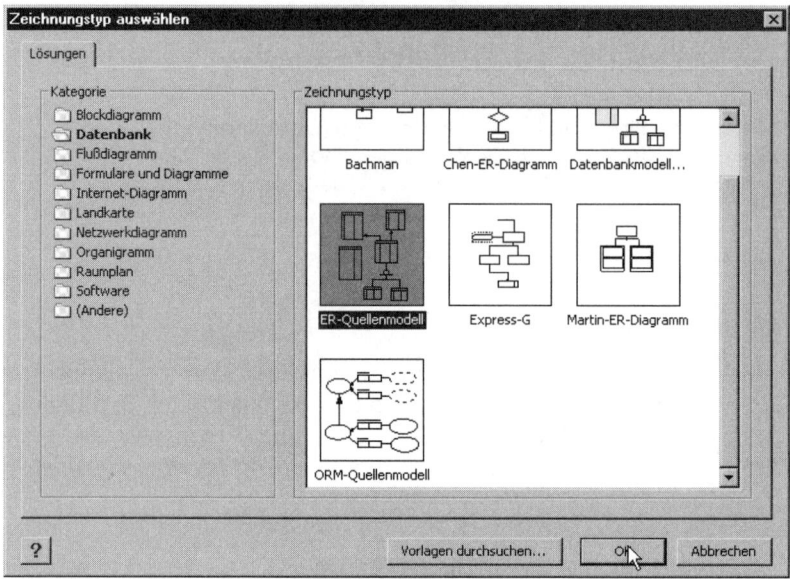

Auswählen des Zeichnungstyps

Datenbank dokumentieren

Um die Dokumentation zu starten, wählen Sie *Datenbank/Reverse-Engenee-ring* aus dem Menü aus. Im ersten Schritt müssen Sie nun die erstellte Datenquelle auswählen, die in der Liste *Datenquellen* angezeigt wird. Markieren Sie dort den Eintrag und klicken Sie auf *Weiter*.

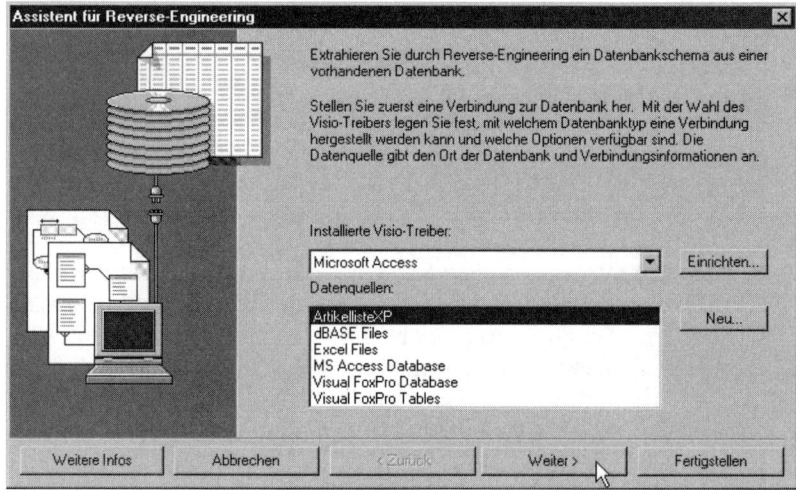

Auswählen der DSN

Visio prüft nun das Datenbankformat und zeigt abhängig davon einen nächsten Dialog an. Für Access-Datenbanken sieht er wie in der folgenden Abbildung aus. Sie können hier einstellen, welche Datenbankobjekte berücksichtigt werden sollen. In der abgebildeten Standardeinstellung werden alle Tabellen und Abfragen berücksichtigt. Abfragen werden in Visio übrigens als Views bezeichnet. Klicken Sie anschließend auf *Weiter*.

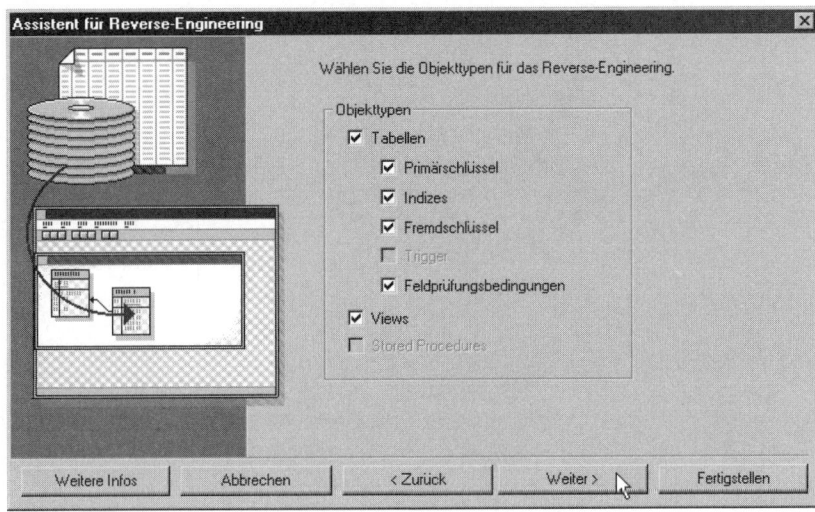

Auswählen der zu berücksichtigenden Objekte

Visio zeigt dann alle Tabellen und Abfragen an. Abfragen werden mit einem *V:*, Tabellen mit einem *T:* versehen. Standardmäßig sind alle Einträge aktiviert. Sie können einzelne Einträge deaktivieren, indem Sie die entsprechenden Kontrollkästchen anklicken und so das Häkchen entfernen. Wenn alle zu dokumentierenden Datenbankobjekte aktiviert sind, klicken Sie auf *Weiter*.

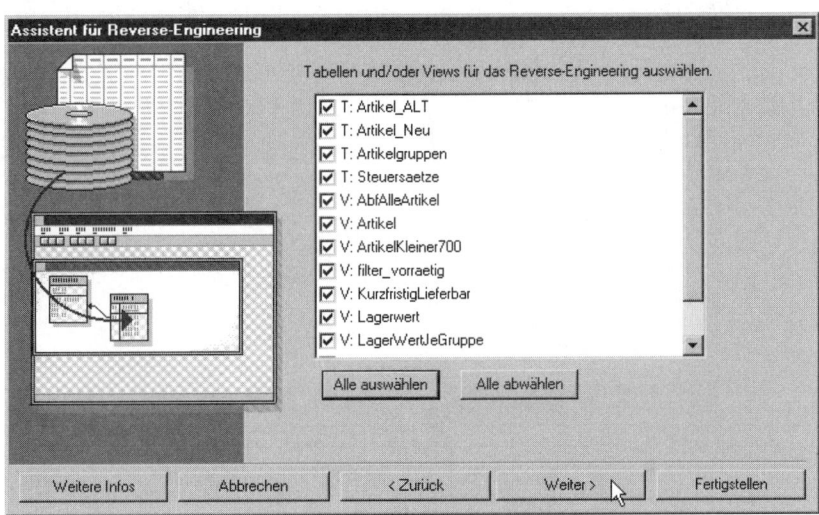

Anzeigen der Tabellen und Abfragen

Nun zeigt Visio noch einmal eine Zusammenfassung aller Einstellungen an. Sie sollten Sie nach Prüfung einfach mit *Fertig stellen* bestätigen.

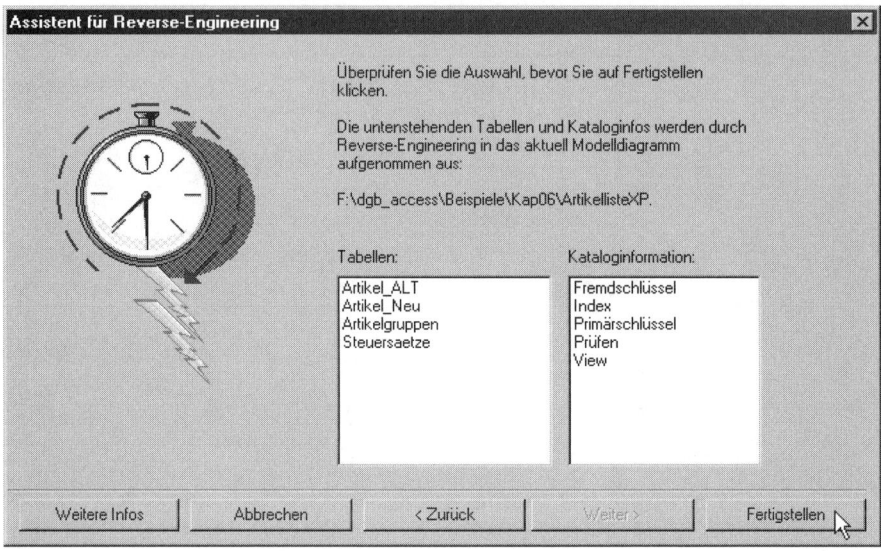

Prüfen der Einstellungen

Tabellen einfügen und positionieren

Visio zeigt nun alle Tabellen und Abfragen in einem Fenster *Tabellen* an. Sie brauchen Sie nun nur noch einzufügen und zu positionieren. Dazu sind folgende Schritte erforderlich:

1 Markieren Sie den letzten Eintrag der Liste, indem Sie ihn anklicken.

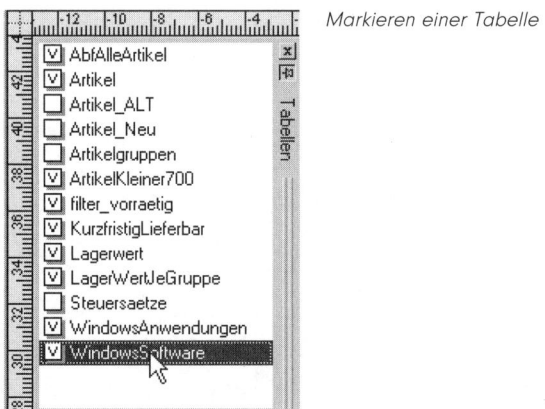

Markieren einer Tabelle

2 Drücken Sie nun die (Umschalt)-Taste und halten Sie sie gedrückt, während Sie mit der Taste (↑) alle Einträge markieren.

3 Ziehen Sie anschließend die markierten Einträge per Drag & Drop in die Zeichnung.

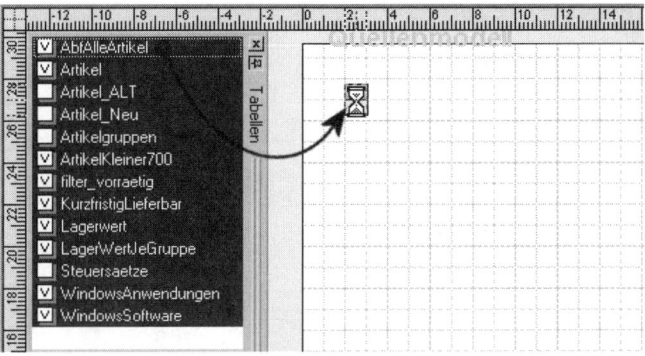

Einfügen der Tabellen und Abfragen

4 Danach brauchen Sie die Tabellen und Abfragen nur noch per Drag & Drop anzuordnen und zueinander auszurichten. Die Beziehungen zwischen den Tabellen werden dabei automatisch zu den Tabellen ausgerichtet. Das Ergebnis könnte dann wie folgt aussehen.

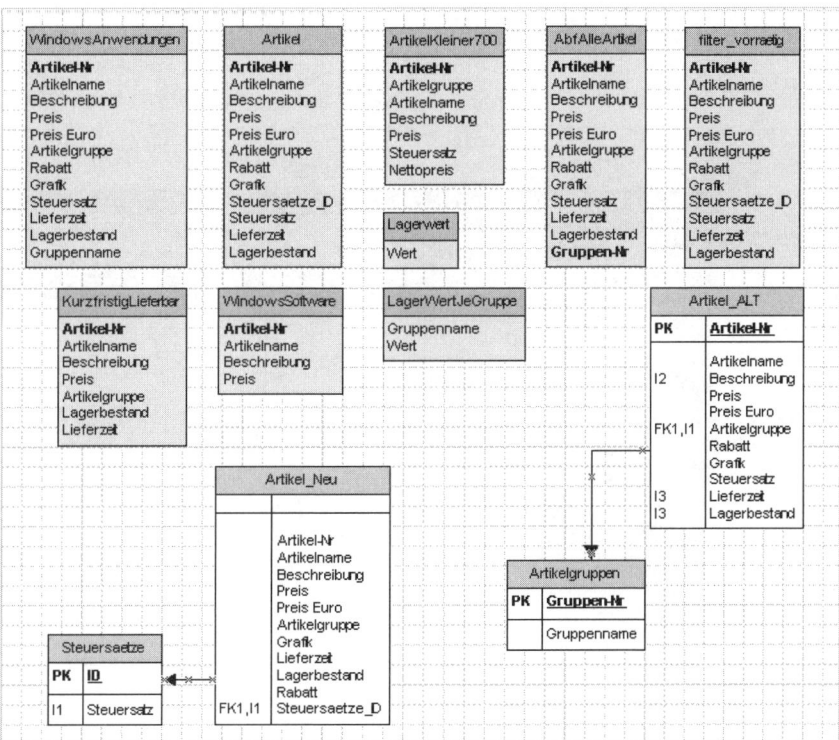

Erzeugtes ER-Diagramm

6

Hilfreiche Tools

Bedeutung der Symbole im ER-Diagramm

Visio stellt Tabellen immer weiß, Abfragen grau dar. In den Tabellen wird in der ersten Spalten außerdem angezeigt, welche Felder indiziert sind und wo es sich um Primärschlüssel und Fremdschlüsseln handelt. PK ist hier die Abkürzung für **P**rimary **K**ey (= Primärschlüssel). FK stellt die Abkürzung für **F**oreign **K**ey (= Fremdschlüssel) dar. Indizes werden mit I eingeleitet, danach folgt eine fortlaufende Nummer. Als Fremdschlüssel wird ein Feld einer Beziehung bezeichnet, das nicht Primärschlüssel ist. In der Abbildung lässt sich also erkennen, dass die Tabellen *Artikel_Neu* und *Steuersaetze* über ihre Felder *ID* und *Steuersaetze_ID* verbunden sind.

Ergebnis speichern

Das erzeugte Diagramm können Sie nun speichern, indem Sie *Datei/Speichern* aus dem Menü auswählen.

Bericht erzeugen

Neben einer grafischen Darstellung der Datenbank bietet aber auch Visio die Möglichkeit, einen Bericht erzeugen zu lassen. Dazu wählen Sie *Datenbank/Bericht* aus. Sie können dann auswählen, welchen Berichtstyp Sie erstellen möchten.

Auswählen des Berichtstyps

Wählen Sie hier Tabellenbericht aus, um eine komplette Dokumentation der Datenbanktabellen zu erstellen. Mit *Weiter* wird dann der Bericht erzeugt und ein neuer Dialog angezeigt. Hier können Sie noch einige Einstellungen vornehmen. Zum Beispiel können Sie zwischen der Anzeige konzeptioneller und physikalischer Datentypen wählen, indem Sie das entsprechende Optionsfeld aktivieren.

Hinweis

Was sind physikalische und konzeptionelle Datentypen?

Abhängig vom Datenbankformat kann ein Feld unterschiedliche Datenformate haben. In Access haben Textfelder bspw. das Format *Text*, in anderen Programmen heißt dieses Format *Char* oder *Zeichen*. Da Visio mehrere Datenbankformate unterstützt, werden standardmäßig konzeptionelle Datentypen verwendet, die dann den physikalischen Datentypen der einzelnen Datenbankformate zugeordnet werden können. Konzeptionelle Datentypen sind also allgemeine Beschreibungen eines Datentyps.

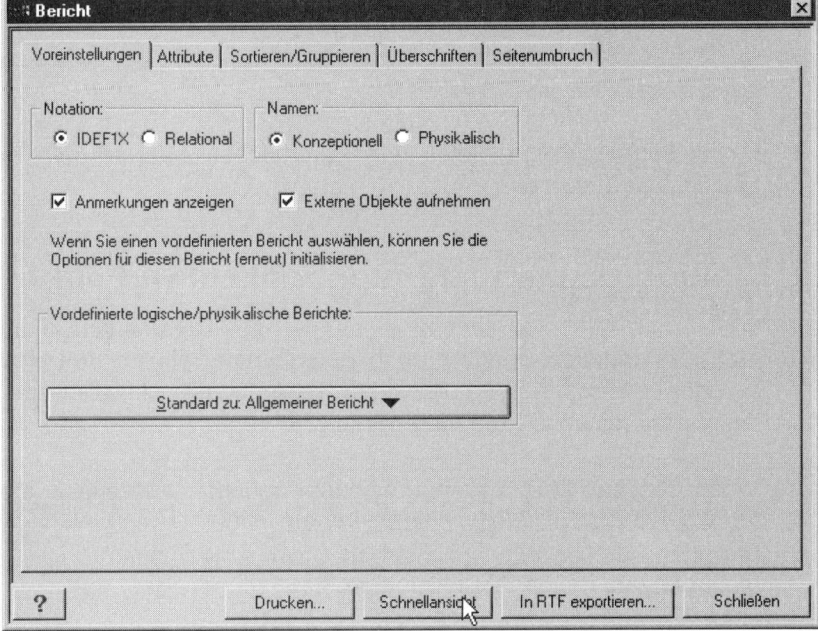

Einstellen weiterer Eigenschaften

Sie können nun den Bericht ansehen, indem Sie auf *Schnellansicht* klicken. Alternativ haben Sie aber auch die Möglichkeit, den Bericht zu drucken oder als RTF-Datei zu exportieren. Dazu gibt es jeweils eigene Schaltflächen.

6

Hilfreiche Tools

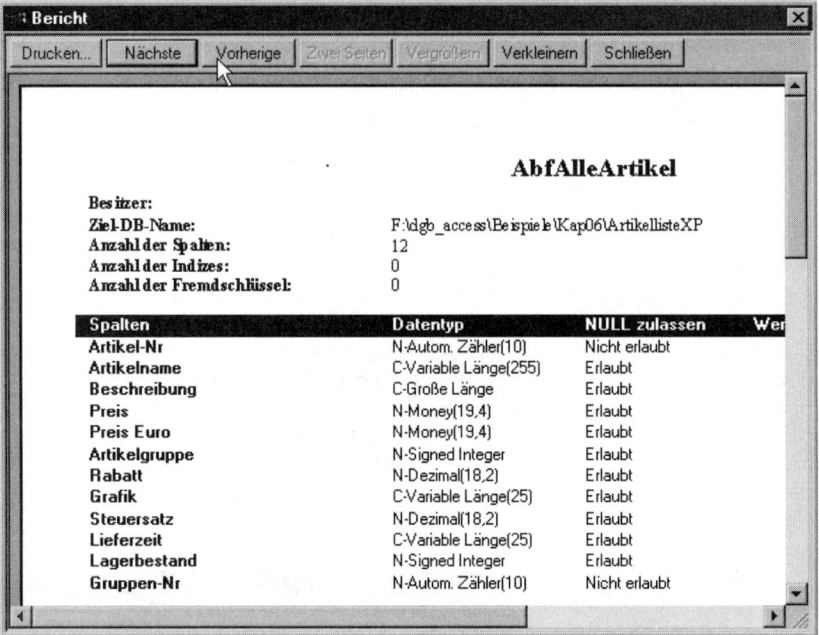

Anzeige des Berichts in der Schnellansicht

In der Schnellansicht bieten die Schaltflächen *Nächste* und *Vorherige* die Möglichkeit, durch den Bericht zu blättern.

ER-Diagramme zum Datenbankentwurf einsetzen

Sie können mit Visio aber nicht nur fertige Datenbanken analysieren und grafisch darstellen, sondern auch Datenbanken planen und entwerfen. Neben den grafischen Symbolen stellt Visio auch Funktionen zur Verfügung, die es ermöglichen, Ihren Entwurf zu prüfen.

Wenn Sie ein ER-Diagramm erstellen möchten, erzeugen Sie über *Datei/Neu/Datenbank/ER-Quellenmodell* ein neues Datenbankdiagramm. Visio zeigt dann die verfügbaren Symbole für das ER-Diagramm in einer Symbolbibliothek am linken Fensterrand an.

Tabellen erstellen

Sie können nun eine Tabelle erzeugen, indem Sie das Symbol *Entität* in die Zeichnung ziehen. Visio blendet daraufhin einen Dialog ein, in dem Sie die Eigenschaften für die Tabelle definieren und auch deren Spalten und Indizes festlegen können.

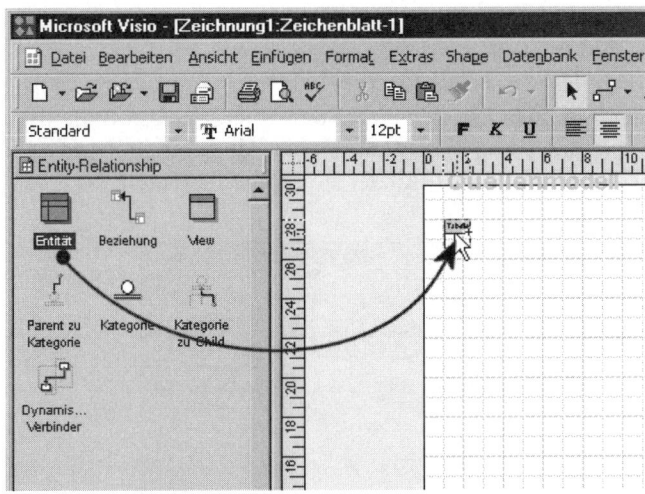

Einfügen einer Tabelle

Auf der Registerkarte *Definition* geben Sie den Namen der Tabelle in das Feld *Physikalischer Name* ein. Damit haben Sie die Tabelle benannt und können dann die Registerkarte *Spalten* aktivieren, um die Felder der Tabelle festzulegen.

Tabelle benennen

Auf dieser Registerkarte können Sie Namen, Datentyp und bestimmte Eigenschaften der Tabellenfelder festlegen. Den Namen geben Sie dazu einfach in das Feld *Physikalischer Name* ein. Den Datentyp wählen Sie dann aus der Liste *Datentyp* aus. Standardmäßig zeigt Visio hier nur den Typ *SBCS Char(10)* und *<Neuer Datentyp>* an. Der Typ *SBCS Char(10)* stellt einen Textdatentyp der Länge 10 dar. Durch Auswahl von *<Neuer Datentyp>* können Sie jedoch beliebig viele Datentypen erstellen, die dann auch für alle anderen Tabellen der Grafik zur Verfügung stehen.

Die Optionen *Physikalischer Datentyp* und *Portabler Datentyp* ermöglichen wieder die Auswahl zwischen der Anzeige von physikalischen Datentypen und den konzeptionellen oder portablen Typen.

6

Hilfreiche Tools

Aktivieren Sie für ein Feld das Kontrollkästchen *Erforderlich*, bestimmen Sie damit, dass in dieses Feld eine Eingabe erfolgen muss, und mit *PK* legen Sie den Primärschlüssel der Tabelle fest. Sie können beliebig viele Felder definieren, indem Sie das nächste Feld in die freie Zeile am Ende der Liste eingeben. Wenn Sie auf diese Weise alle Felder definiert haben, können Sie auf der Registerkarte *Indizes* die indizierten Felder festlegen.

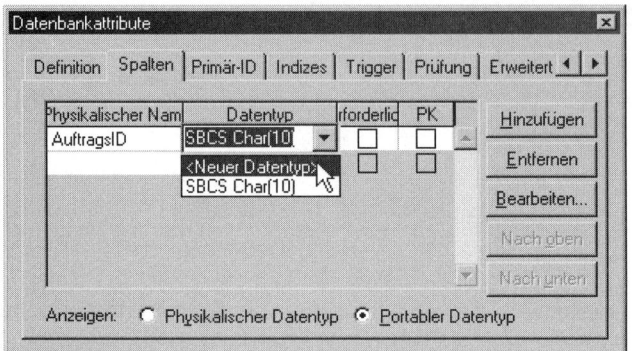

Einstellen der Felder und Feldeigenschaften

Für Felder, die Sie als Primärschlüssel definiert haben, erzeugt Visio automatisch einen Index. Alle anderen indizierten Felder legen Sie über diese Registerkarte fest. Um einen Index zu erstellen, klicken Sie auf *Neu* und geben dann den Namen für den Index in das Eingabefeld ein. Dann können Sie den Dialog mit *OK* schließen.

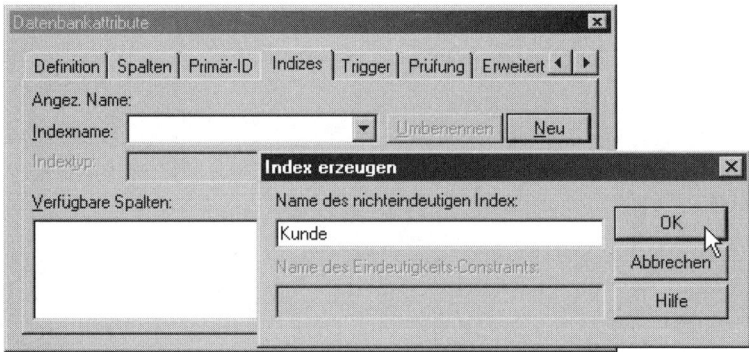

Erstellen eines neuen Index

Nun zeigt Visio alle Felder der Tabelle zur Auswahl an, damit Sie das Feld auswählen können, das indiziert werden soll. Markieren Sie das Feld, indem Sie es mit der Maus anklicken, und fügen Sie es dann mit dem Symbol > zur Liste *Indizierte Spalten* hinzu. Sie können auch mehr als ein Feld hinzufügen, wenn Sie einen Index aus mehreren Feldern erstellen möchten.

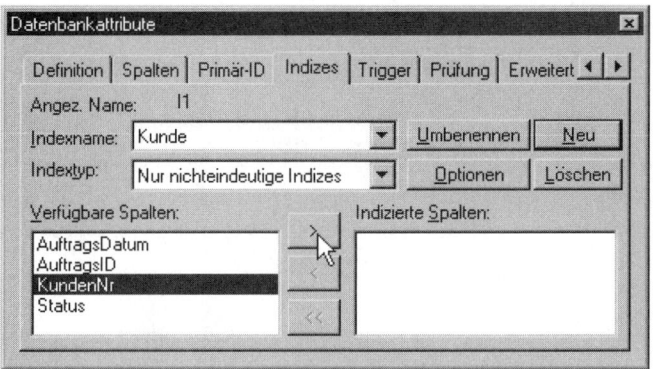

Indizes erzeugen

Auf der Registerkarte *Erweitert* des Dialogs können Sie einstellen, welches Datenbankformat Ihre Datenbank verwenden soll.

Da Access aber das Standardformat von Visio ist, brauchen Sie hier keine Einstellungen zu ändern. Sie können nun eine zweite Tabelle einfügen, indem Sie erneut das Symbol *Entität* auf die Zeichnung ziehen. Das Ergebnis könnte dann wie folgt aussehen.

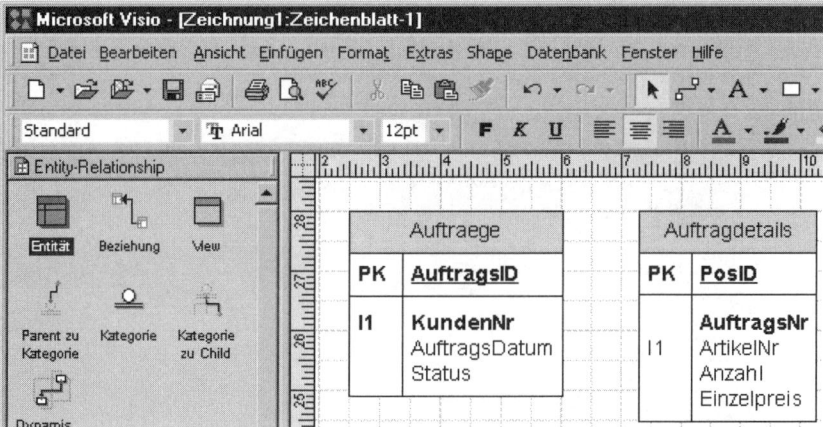

Zwischenergebnis

Beziehungen erstellen

Was jetzt noch fehlt, ist natürlich eine Beziehung zwischen den beiden Tabellen *Auftraege* und *Auftragdetails*. Um eine solche Beziehung zu erstellen, ziehen Sie das Symbol *Beziehung* in die Zeichnung und lassen es auf den beiden Tabellen fallen.

6

Hilfreiche Tools

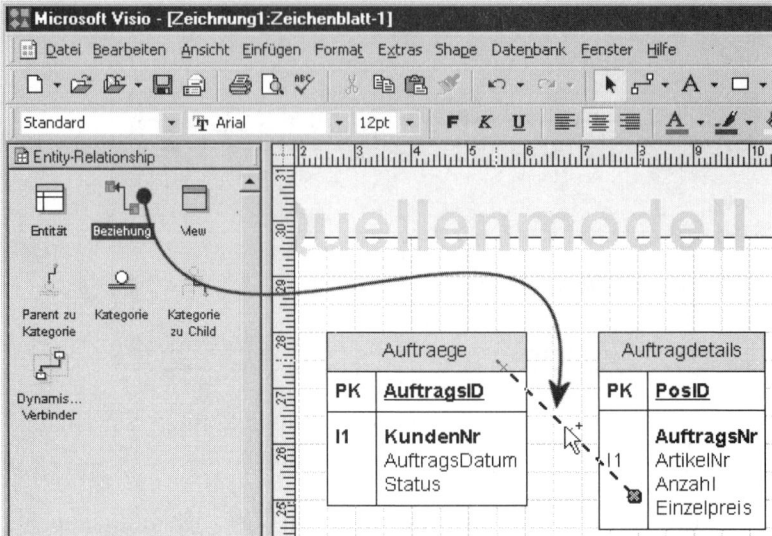

Erstellen einer Beziehung

Nun müssen Sie noch die Enden der Beziehung mit den Tabellen verknüpfen. Dazu ziehen Sie beide Enden auf je eine Tabelle. Ziehen Sie dazu an dem Markierungspunkt der Linie und ziehen Sie ihn auf eine Tabelle, bis die mit einem dicken roten Rahmen markiert wird. Lassen Sie nun die Maustaste los, wird das Ende mit der Tabelle verknüpft.

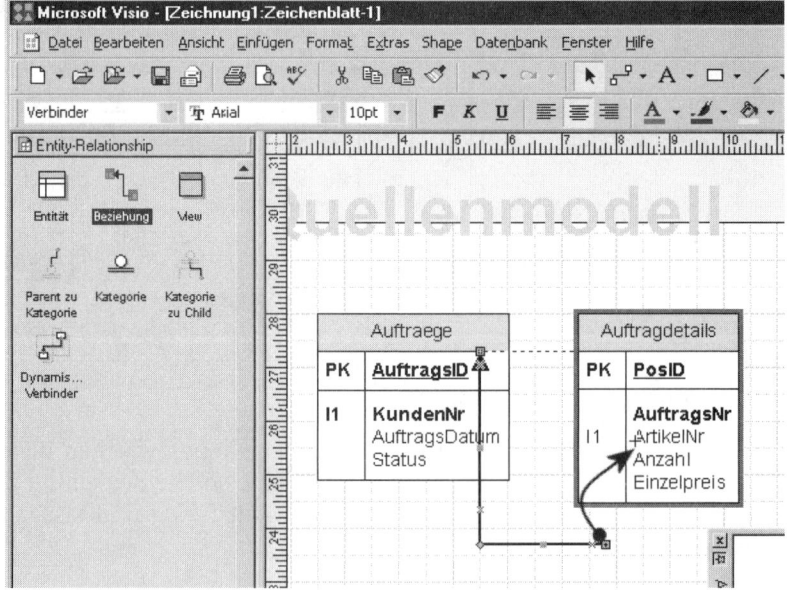

Verankern der Beziehung

Wenn Sie auf diese Weise die Beziehung mit den Tabellen verknüpft haben, sollten Sie noch prüfen, ob Visio korrekt erkannt hat, zwischen welchen Feldern der Tabellen die Beziehung besteht. Das gelingt nämlich nicht immer. Sie können das feststellen und gegebenenfalls ändern, indem Sie doppelt auf die Beziehung klicken. Dann blendet Visio den folgenden Dialog ein, in dem die Felder angezeigt werden, zwischen denen die Beziehung besteht. Ist die von Visio getroffene Auswahl falsch, markieren Sie einfach per Mausklick die richtigen Felder in den beiden Listenfeldern und klicken dann auf *Assoziieren*.

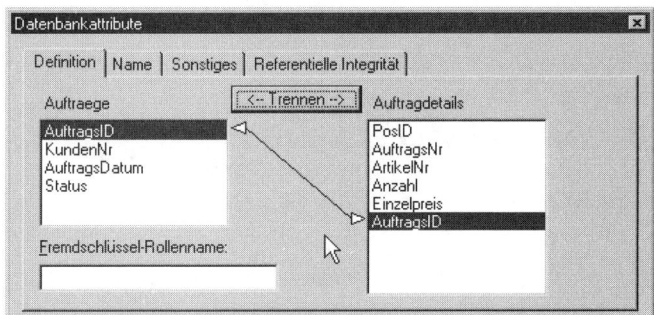

Beziehung prüfen

Hilfreiche Tools

6

Entwurf prüfen

Sie können nun den Entwurf von Visio prüfen lassen. Vorher sollten Sie die Datei allerdings mit *Datei/Speichern* speichern. Um die Prüfung zu starten, wählen Sie *Datenbank/Modell Fehlerprüfung* aus. Das Ergebnis wird dann im Fenster *Ausgabe* angezeigt und sollte wie in der Abbildung *0 Fehler, 0 Warnung(en)* anzeigen.

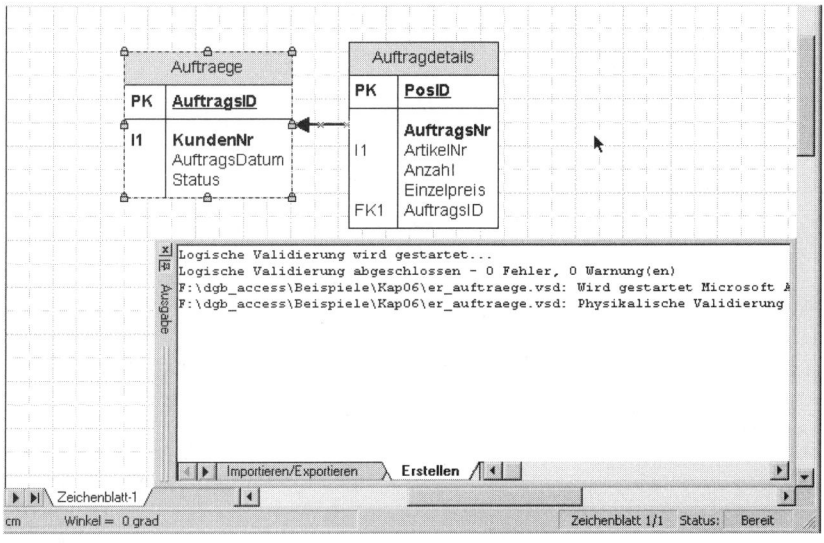

Prüfung des Entwurfs in Visio

7. Access im Netzwerk

In der Regel lohnt es nicht, eine komplexe Datenbankanwendung zu erstellen, wenn diese nicht auch von verschiedenen Benutzern im Netzwerk verwendet werden kann. Wie dies zu realisieren ist, zeigt dieses Kapitel.

7.1 Grundlagen zu Netzwerkanwendungen

Viele Access-Entwickler, die ihre erste netzwerkfähige Datenbank erstellen, gehen davon aus, dass dazu einfach nur die Datenbank auf einen Server oder einen zentralen Rechner kopiert und dann von mehreren Anwendern gleichzeitig geöffnet werden kann. So geht das natürlich nicht, zumindest nicht so einfach.

Bei einer solchen Vorgehensweise gibt es mehrere Probleme, die zu umgehen bzw. zu lösen sind. Bei der gleichzeitigen Verwendung einer Datenbank durch mehrere Benutzer gibt es zwei grundsätzliche Probleme.

- Die Datenbank kann nur vom ersten Benutzer exklusiv geöffnet werden. Dieser verhindert damit auch den Zugriff der anderen Benutzer auf die Datenbank. Öffnet der erste Benutzer die Datenbank nicht exklusiv, können zwar alle anderen die Datenbank öffnen, aber keine Operationen ausführen, die den exklusiven Zugriff benötigen.

- Bearbeiten mehrere Benutzer den gleichen Datensatz, könnte es rein theoretisch zu inkonsistenten Datenbeständen kommen. Dies verhindert Access jedoch durch Datensatzsperrungen. Dies führt aber wiederum zu dem Problem, dass mindestens einer der Benutzer die Änderungen am Datensatz nicht speichern kann.

Hinweis

Inkonsistente Datenbestände und Datensatzsperrungen

Inkonsistente Datenbestände sind solche Daten, die sich gegenseitig widersprechen. Das kann aus einer ungünstig aufgebauten Datenbank herrühren, aber rein theoretisch auch die Folge einer Bearbeitung ein- und desselben Datensatzes durch mehrere Benutzer sein. Im einfachsten Fall, beispielsweise bei der Erfassung einer Adresse, würde Benutzer 1 unter Umständen eingeben, dass sich der Nachname der Person geändert hat. Gleichzeitig würde auch Benutzer 2 den Datensatz bearbeiten und beispielsweise die Änderung der Telefonnummer eintragen. Könnten nun beide ihre Änderungen speichern, würde das dazu führen, dass nur die Änderungen gespeichert würden, die zuletzt gespeichert werden. Würde Benutzer 2 seine Änderungen als Letztes speichern, stünde die Adresse wieder mit dem alten Nachnamen in der Datenbank. Problematisch sind solche gleichzeitigen Änderungen vor allem bei aktivierter Lösch- und Änderungsweitergabe bei verknüpften Tabellen. Dann könnte nämlich ein Benutzer einen Datensatz bearbeiten, den der andere vorher gelöscht hat.

Damit dies nicht passiert, kann Access veranlasst werden, Datensätze, die gerade bearbeitet werden, zu sperren. Das führt dann jedoch dazu, dass zwar beide Benutzer den Datensatz anzeigen lassen können, nur der, der ihn zuerst geöffnet hat, kann ihn aber bearbeiten und speichern. Abhängig von der Art der Datensatzsperrung können auch mehrere Datensätze gesperrt werden, auch wenn diese zurzeit nicht bearbeitet werden.

Neben den Problemen, die durch die gleichzeitige Bearbeitung von Datensätzen auftreten, gilt es auch einige Überlegungen zur Installation der Anwendung zu machen. Anders als bei einer einfachen Access-Anwendung, die immer nur an einem Arbeitsplatz und damit von einem Benutzer ausgeführt wird, stellt sich natürlich die Frage, wo die Daten der Anwendung gespeichert werden.

Wenn die Anwendung sowohl die Daten als auch die Benutzeroberfläche enthält, würde jeder Benutzer mit seinen eigenen Daten arbeiten. Das wäre natürlich äußerst ungünstig, weil dann eindeutige Schlüssel für Datensätze doppelt vergeben würden und die einzelnen Benutzer keinen Zugriff auf die Daten der anderen hätten. Also muss es eine Möglichkeit geben, dass sich die einzelnen Benutzer den Datenbestand teilen.

Access bietet zwei verschiedene Möglichkeiten, netzwerkfähige Anwendungen zu erstellen. Sie können Datensatzsperrungen richtig einsetzen und dadurch die Benutzung der gleichen Datenbank mehreren Benutzern ermöglichen.

Diese Technik wird meistens zusammen mit einer verteilten, Client-Server-Anwendung verwendet. In diesen Anwendungen werden Daten und Benutzeroberfläche oder allgemeine und benutzerspezifische Daten getrennt verwaltet. Wie das funktioniert, zeigt der folgende Abschnitt.

Die zweite Möglichkeit besteht darin, eine replizierte Datenbank zu verwenden. Dabei wird für jeden Benutzer eine identische Kopie der Datenbank erzeugt, das so genannte Replikat.

Mit dieser Kopie arbeitet der Benutzer auf seinem lokalen Rechner. Damit dadurch nicht mehrere ungleiche Datenbestände und damit inkonsistente Daten entstehen, stellt Access eine Möglichkeit zur Verfügung, diese Kopien mit der Hauptdatenbank regelmäßig abzugleichen.

Dies ist allerdings ein Vorgang, der sehr komplex ist und auch nicht immer problemlos verläuft. Der Einsatz bietet sich aber an, wenn auch auf Notebooks, die nicht immer mit dem Netzwerk verbunden sind, die Anwendung genutzt werden soll. Näheres zur Replikation erfahren Sie ab Seite 300 in einem separaten Abschnitt.

Vorüberlegungen zur Wahl des Betriebssystems

Egal, ob Sie eine replizierte Datenbank oder eine Client-Server-Anwendung erstellen möchten, sollten Sie ein paar Überlegungen zur Speicherung der Datenbank anstellen.

Egal, welche Form einer verteilten Anwendung Sie erstellen, es muss eine oder mehrere Dateien geben, die an einem zentralen und allgemein zugänglichen Ort im Netzwerk gespeichert werden. Das kann in einem Peer-To-Peer-Netzwerk ein beliebiger Rechner mit ausreichend Speicherkapazitäten und Rechenleistung sein. In einem serverbasierten Netzwerk erfolgt die Speicherung in der Regel auf dem Server selbst. In diesem Fall sind keine Probleme zu erwarten.

In einem Peer-To-Peer-Netzwerk sieht das jedoch schon anders aus. Hier gibt es keinen Server, weil sich Peer-To-Peer-Netzwerke dadurch auszeichnen, dass alle Rechner im Netzwerk die gleichen Rechte haben und mit jedem Rechner des Netzes verbunden sind.

Daher wird auf diesen Rechner ein Workstation-Betriebssystem installiert sein, also bspw. Windows 95/98/Me oder Windows NT 4.0 Workstation bzw. Windows 2000 Professional. Alle diese Windows-Versionen beschränken aber den Netzwerkzugriff auf maximal fünf gleichzeitige Zugriffe.

Das bedeutet, bei Speicherung der Dateien auf einem Rechner mit diesen Betriebssystemen können maximal fünf Benutzer gleichzeitig mit der Anwendung arbeiten. Reicht das nicht aus, müssen Sie einen Server, bspw. Windows 2000 Server oder Windows NT 4.0 Server, einsetzen und mit entsprechenden Client-Zugriffslizenzen ausstatten.

7

Access im Netzwerk

> ⌐ **Hinweis**
>
> **Auch Linux kann theoretisch als Server-Betriebssystem
> eingesetzt werden**
>
> Wenn Sie lediglich eine Datenbank zum allgemeinen Zugriff auf
> dem Server speichern möchten, können Sie auch Linux als Betriebs-
> system einsetzen. Probleme kann es dann aber geben, wenn Sie
> auf dem Server auch Access ausführen müssen, damit spezielle
> Funktionen funktionieren. Dann funktioniert des natürlich mit Linux
> nicht. Nachfolgend wird bei Erwähnung eines Servers daher davon
> ausgegangen, dass dort ein Windows-Betriebssystem installiert ist.

7.2 Einfache Client-Server-Anwendungen erstellen

Client-Server-Anwendungen sind solche Anwendungen, bei denen ein Teil
der Datenbank auf dem Server liegt und dort verwaltet wird, ein anderer Teil
jedoch auf dem Rechner des einzelnen Benutzers. Die Rechner der Benutzer,
die auf die Daten auf dem Server zugreifen, werden als Clients bezeichnet.
Dazu wird die Anwendung in mindestens zwei Datenbanken geteilt, wobei
eine lediglich die Daten enthält, die andere die Benutzeroberfläche und die
Abfragen, Makros und Module. Die Daten werden dann auf dem Server gespeichert, die Benutzeroberfläche auf den einzelnen Rechnern der Benutzer.

Diese Art der Anwendungsentwicklung hat ein paar entscheidende Vorteile,
es müssen aber auch zusätzliche Überlegungen angestellt werden. Zunächst
muss die Frage geklärt werden, wo Access installiert werden soll. Grundsätzlich besteht bei Erwerb der entsprechenden Lizenzen die Möglichkeit, Access
auf dem Server zu installieren. Die einzelnen Benutzer würden dann Access
über das Netzwerk starten. Das hat zwei Vorteile:

1   Bei einem Update muss Access nur auf dem Server neu installiert wer-
    den.

2   Die Zahl der Lizenzen kann niedriger ausfallen, weil dann die Zahl der
    gleichzeitig genutzten Lizenzen zählt. Je nach Art der Anwendung ist die
    Wahrscheinlichkeit, dass auch wirklich alle möglichen Benutzer die An-
    wendung gleichzeitig nutzen, recht gering.

Die Nachteile einer solchen Installation sind jedoch erheblich, insbesondere
wenn die Netzwerkgeschwindigkeit durch andere Anwendungen schon stark
reduziert ist. Bei jedem Start der Anwendung müssen dann nämlich die Dateien von Access über das Netzwerk geladen werden. Das erhöht den Netz-
werkverkehr in diesem Moment so stark, dass es dazu führen kann, dass an-

dere Anwendungen im Netzwerk nicht mehr korrekt ausgeführt werden können, weil die Antwortzeit des Servers zu lang ist.

Diese Form der Installation von Access sollte daher wirklich nur dann zum Einsatz kommen, wenn ein sehr schnelles Netzwerk vorhanden und eine Installation auf den Rechnern der Benutzer nicht möglich ist.

Die andere Möglichkeit besteht darin, Access auf den Rechnern der Benutzer zu installieren. Dann müssen lediglich die reinen Anwendungsdaten über das Netzwerk transportiert werden.

Aufteilung von Daten und Anwendung

Unabhängig davon, ob Access von einem Server oder dem lokalen Rechner gestartet wird, sollte die Datenbankanwendung selbst in mindestens zwei Bestandteile aufgeteilt werden, nämlich in eine Datenbank, die nur die Daten enthält, und eine, die alle anderen Bestandteile der Datenbank enthält. Diese Aufteilung bietet zahlreiche Vorteile wie

- leichte Wartbarkeit der Anwendung,

- geringe Netzbelastung und

- einfache Update-Möglichkeit.

Muss später eine neue Version der Anwendung installiert werden, braucht dazu nur die Benutzeroberfläche auf den Clients neu installiert zu werden und dabei besteht nicht das Problem, dass die alten Daten neu importiert werden müssen, weil diese ja separat auf dem Server gespeichert werden.

Wichtig ist bei dieser Aufteilung nicht so sehr die Aufteilung in Tabellen und übrige Access-Objekte, sondern vielmehr die Aufteilung nach Daten, die gemeinsam genutzt werden, und Daten, die nur vom einzelnen Benutzer verwendet werden. Soll die Anwendung den Benutzern beispielsweise ermöglichen, eigene To-Do-Listen zu definieren oder "private" Adressen zu verwalten, würde es einen erheblichen Aufwand bedeuten, in der Datenbank mit den Tabellen diese Daten für alle Benutzer gemeinsam zu verwalten und bei Abfrage an den korrekten Benutzer zu schicken. Viel einfacher ist das, wenn in der zentral abgelegten Datenbank nur die Daten gespeichert werden, die von allen Benutzern gemeinsam verwaltet werden. Alle anderen Daten können auf den Rechnern der Benutzer gespeichert werden.

Die andere Möglichkeit, die Daten aufzuteilen, besteht darin, sie in Daten (Tabellen und Abfragen) und Benutzeroberfläche (Formulare, Abfragen, Berichte, Makros, Module) zu teilen. Diese Aufteilung bietet eine einfache Möglichkeit, die Anwendungen zu aktualisieren, indem einfach nur die Datenbank mit der Benutzeroberfläche gegen eine mit der neuen Version ausge-

7

Access im Netzwerk

tauscht werden muss. Problematisch wird das allerdings dann, wenn diese Datenbank auch persönliche Daten der einzelnen Benutzer enthält. Daher ist es bei Speicherung persönlicher Benutzerdaten ratsam, diese in einer dritten Datenbank zu speichern, wie dies die folgende Abbildung verdeutlicht.

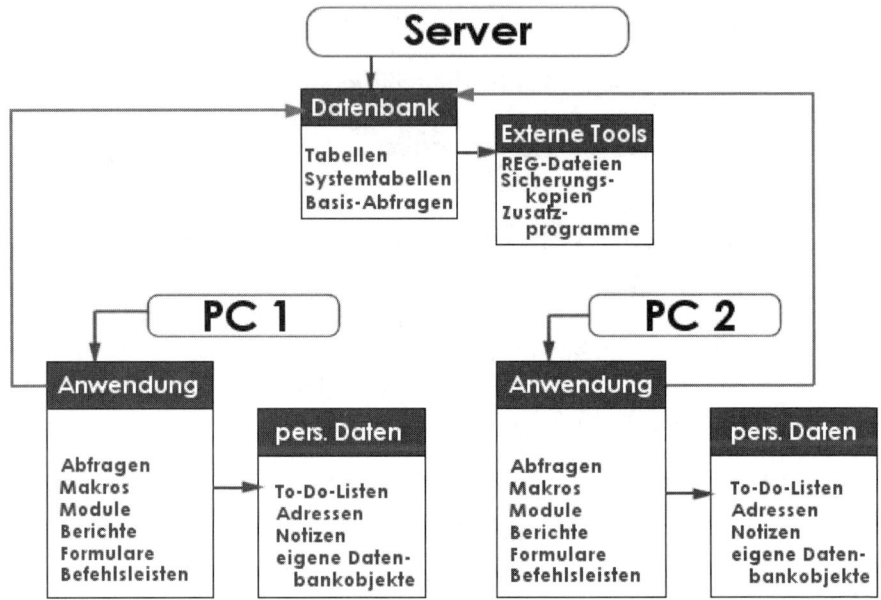

Aufbau einer Client-Server-Anwendung

Bei einem solchen Aufbau werden in der Datenbank auf dem Server nur die Tabellen mit den Daten gespeichert, sowie Abfragen, die so grundlegend für die Anwendung sind, dass sie sich nicht ändern, und eventuell eine Tabelle mit Daten, die für Einstellungen der Benutzeroberfläche relevant sind, die für alle Benutzer gleich sein sollen.

Denkbar wären hier Tabellen mit Verzeichnissen zu Sicherungskopien der Datenbank oder Einstellungen für Protokolle, die geführt werden. Daneben können auf dem Server auch weitere externe Dateien und Tools gespeichert werden – wie die Sicherungskopien der Daten, REG-Dateien, um beispielsweise Einstellungen wiederherstellen zu können, oder ähnliche, zum Programm gehörende Tools.

Auf den einzelnen Rechnern der Benutzer werden dann zwei Dateien gespeichert. Einmal die Datenbank mit der Benutzeroberfläche der Anwendung und eine weitere Datei mit den persönlichen Daten des Benutzers. Dazu gehören Tabellen mit To-Do-Listen, Adressen, Notizen und den persönlichen Einstellungen für die Benutzeroberfläche, sofern die Anwendung dies ermöglicht. In der Datenbank mit der Benutzeroberfläche speichern Sie alle Datenbankobjekte der Anwendung, die bei einem Versions-Update unter Umständen geändert werden oder die absolut konstante Daten enthalten, die sowieso nicht von den einzelnen Benutzern geändert werden können. Ein Beispiel dafür wären die Eurokurse der einzelnen europäischen Währungen. Sie müssen nicht auf dem Server gespeichert werden, weil sie konstant sind und so keine Änderungen anfallen, die für die anderen Benutzer relevant wären. Es ist zwar möglich, diese Daten auf dem Server zu speichern, dies würde jedoch die Netzwerkbelastung unnötig erhöhen.

Die Vorteile einer solchen Anwendung liegen auf der Hand. Die Benutzeroberfläche kann problemlos gegen eine neue Version ausgetauscht werden, ohne dass zuvor die Datenbestände gesichert und später in die neue Version integriert werden müssen. Jeder Benutzer hat außerdem die Möglichkeit, eigene Daten zu verwalten, ohne dass dazu komplexe Sicherheitsmechanismen aktiviert werden müssen, um diese persönlichen Daten vor unberechtigten Zugriffen zu schützen. Auch die Datensicherung ist denkbar einfach. Per VBA kann die Datenbank auf dem Server in das Sicherungsverzeichnis des Servers gesichert werden und die Datenbank mit den persönlichen Daten des Benutzers auf der lokalen Festplatte oder wahlweise im Benutzerverzeichnis auf dem Server. Die Datenbank muss dazu nicht geschlossen werden, weil nur die Datenbank mit der Benutzeroberfläche geöffnet, die anderen beiden aber nur verknüpft sind.

7

Access im Netzwerk

> **Hinweis**
>
> ### Sicherung der Datenbank auf dem Server
>
> Problematisch kann die Sicherung der Datenbank auf dem Server sein, wenn genau in diesem Moment ein anderer Benutzer einen Datensatz speichert oder andere Änderungen in der Tabelle vornimmt. Solche Fehler lassen sich jedoch mit Fehlerbehandlungsroutinen abfangen.

Jeder einzelne Benutzer hat so die Möglichkeit, die Anwendung um eigene Abfragen, Formulare oder Makros zu erweitern, ohne dass dabei die Gefahr besteht, dass die komplette Anwendung davon beschädigt wird.

> **Hinweis**
>
> ### Ein Assistent hilft bei der Datenbankaufteilung
>
> Wird keine neue Anwendung geplant, sondern eine vorhandene für den Netzwerkbetrieb angepasst, kann zur Aufteilung der Datenbank in die Backend-Datenbank (für die Speicherung auf dem Server) und die Frontend-Datenbank (für die Benutzeroberfläche) der Assistent zur Datenbankaufteilung verwendet werden, dieser wird nachfolgend im Kapitel „Die Kundendatenbank im Netz verwenden" ab Seite 303 vorgestellt.

Upsizing-Möglichkeiten der Datenbank

Die verteilten Datenbanken, von denen bisher die Rede war, sind Datenbanken, die aus einer Access-Datenbank als Frontend bestehen, die also die Benutzeroberfläche enthält. Die zweite Datenbank, die auf dem Server oder einem zentralen Rechner gespeichert ist und das Backend darstellt, ist ebenfalls eine Access-Datenbank.

Das wird spätestens dann problematisch, wenn die Leistungsgrenzen von Access überschritten werden. Als allgemeine Regel kann angenommen werden, dass diese Grenzen erreicht sind,

- wenn die Backend-Datenbank größer als 100 MByte ist,

- wenn mehr als zehn Benutzer die Datenbankanwendung gleichzeitig nutzen oder

- wenn ein sehr langsames Netzwerk verwendet wird oder das Netzwerk bereits durch andere Anwendungen ausgelastet ist.

Abhängig von der Art der Anwendung und deren Aufbau kann es aber auch schon dann zu Engpässen kommen, wenn nur eine oder zwei der Bedingungen zutreffen. Sie sind daran zu erkennen, dass sich Verarbeitungszeiten der Datenbanken stark erhöhen und sich unter Umständen auch die Abstürze von Access häufen.

Was ist Upsizing?

Eine Möglichkeit, eine Datenbank zu optimieren, die die Grenzen von Access überschritten hat, ist Upsizing. Damit ist eine Vorgehensweise gemeint, bei der die Access-Datenbank auf eine serverbasierte SQL-Datenbank portiert wird. Ähnlich wie beim Aufteilen einer Access-Datenbank in Backend und Frontend wird hier die Datenbank in Tabellen und anderen Datenbankobjekte aufgeteilt, wobei jedoch die Tabellen in der SQL-Server-Datenbank erstellt werden.

> **Hinweis**
>
> **Unterschiede zwischen server- und dateibasierten Datenbanken**
>
> Im Allgemeinen werden zwei generelle Typen von Datenbanken unterschieden. Das eine sind typische Desktop-Datenbanksysteme wie Access, bei denen die Datenbanken in einer oder mehreren Dateien gespeichert und verwaltet werden. Sie werden darum auch als dateibasierte Datenbanken bezeichnet und können einfach auf einen anderen Rechner übertragen werden, indem Sie die Dateien dorthin kopieren. Daneben gibt es aber auch serverbasierte Datenbanken. Dies sind bspw. der Microsoft SQL-Server, Oracle und der Sybase SQL-Server. Dabei werden die Tabellen von einem Datenbankserver verwaltet und sind nicht als Dateien verfügbar.

Die Verwaltung von SQL-Server-Datenbanken ist um einiges komplizierter als die Verwaltung von Access-Datenbanken. Wenn Sie jedoch einen Microsoft SQL-Server verwenden, können Sie sich die komplexe Erstellung der Server-Datenbank sparen, indem Sie den Upsizing-Assistenten verwenden.

Vorüberlegungen zum Upsizing

Upsizing ist nicht immer ganz einfach, weil alle Tabellen in Access an die Besonderheiten des verwendeten SQL-Servers angepasst werden müssen. Nicht alle Server-Datenbanken unterstützen bspw. AutoWert-Felder. Sie müssen diese Felder dann mit anderen Methoden nachbilden. Auch Gültigkeitsregeln, Standardwerte und Sonderzeichen in Feldnamen können Probleme beim Upsizing bereiten.

Abhängig von der gewählten Backend-Datenbank ist Upsizing also nicht immer ganz einfach. Am wenigsten Probleme bereitet in diesem Zusammenhang der Microsoft SQL-Server und die Microsoft SQL-Server 2000 Desktop Engine.

Letzeres ist eine Mini Version des SQL-Servers, die Sie über das Setup von der Access bzw. Office-CD nachinstallieren können. Damit haben Sie die Möglichkeit, auf Ihrem lokalen Rechner einen SQL-Server zu installieren und so das Upsizing mit Access zu testen.

Die Microsoft SQL-Server 2000 Desktop Engine ist jedoch hinsichtlich der Anzahl gleichzeitiger Zugriffe und der maximalen Datenbankanzahlen beschränkt.

7

Access im Netzwerk

┌─── **Hinweis**

Hinweis

Weitere Informationen zur **M**icrosoft **S**QL-Server 2000 **D**esktop **E**ngine (MSDE) finden Sie im Kapitel „Mehrbenutzeranwendungen erstellen". Dort wird auch der Upsizing-Assistent im Detail beschrieben.

Der Umgang mit Datensatzsperrungen

Eines der größten Probleme bei Netzwerkanwendungen ist die Möglichkeit, dass mehrere Anwender den gleichen Datensatz zur selben Zeit bearbeiten. Damit es dabei nicht zu inkonsistenten Datenbeständen kommt, sperrt Access standardmäßig mindestens den bearbeiteten Datensatz.

Mögliche Sperrmechanismen

Wenn mehrere Anwender eine Datenbank öffnen, stellt Access durch verschiedene Sperrmechanismen sicher, dass ein bestimmter Datensatz immer nur von einem Anwender bearbeitet werden kann. Durch geeignete Einstellungen können Sie jedoch beeinflussen, wie viele Datensätze gesperrt werden. Access stellt dazu die folgenden Sperrmechanismen zur Verfügung:

- Sperrung eines Datensatzes

- Sperrung einer Seite

- Sperrung einer Datensatzgruppe

- Sperrung der Datenbank

Die Datensatzsperrungen werden in der LDB-Datei gespeichert, die automatisch erzeugt wird, wenn der erste Benutzer sich an der Datenbank anmeldet. Kann diese Datei nicht erstellt werden, weil bspw. der Datenträger schreibgeschützt ist oder Sie nicht die erforderlichen Rechte auf einem NTFS-Laufwerk haben, kommt das einem Schreibschutz der Datenbank gleich, weil dann alle Datensätze als gesperrt angesehen werden.

Hinweis
Die LDB-Datei wird automatisch gelöscht

Access erstellt die LDB-Datei für die Datenbank automatisch, wenn Sie die Datenbank öffnen. Sie wird immer mit dem gleichen Namen wie die Datenbank gespeichert, bekommt jedoch die Endung *.ldb* anstelle von *.mdb*. Die LDB-Datei wird immer im gleichen Verzeichnis gespeichert wie die Datenbank. Schließt der letzte Benutzer seine Datenbankverbindung, wird die Datei gelöscht. Es gibt allerdings zwei Ausnahmen, bei denen die LDB-Datei nicht gelöscht wird:

- wenn die Datenbank defekt ist
- wenn der letzte Benutzer keine Löschberechtigung hat.

Wie Sie die Berechtigungen für einzelne Benutzer festlegen, wird ausführlich im Kapitel „Mehrbenutzeranwendungen erstellen" beschrieben.

Dient die Access-Anwendung nur als Frontend einer Client-Server-Anwendung, muss die Datenbank, die als Backend dient, nicht unbedingt eine Access-Datenbank sein. In diesem Fall stehen für Datensatzsperrungen nur die Sperrmechanismen zur Verfügung, die diese Datenbank zur Verfügung stellt und die der verwendete Treiber unterstützt. Nachfolgend geht es jedoch nur um die Sperrmechanismen, die Access für Microsoft-Jet-Datenbanken anbietet.

Beim Sperren von Datensätzen wird immer nur der Datensatz gesperrt, der aktuell bearbeitet wird. Enthält eine Tabelle oder Abfrage also beispielsweise

1.000 Datensätze und bearbeitet Benutzer 1 Datensatz Nr. 2, kann ein anderer Benutzer problemlos die Datensätze 3 oder 1 bearbeiten. Versuchen jedoch beide Benutzer den gleichen Datensatz zu bearbeiten, kann nur der erste den Datensatz speichern, der andere erhält beim Speichern eine Meldung, dass der Datensatz gesperrt sei. Die Sperrung tritt allerdings erst dann in Kraft, wenn der Datensatz auf die Festplatte geschrieben werden soll, also wenn der Benutzer zum nächsten Datensatz wechselt. Das bedeutet, dass beliebig viele Anwender den Datensatz zum Lesen und Bearbeiten anzeigen lassen können, ohne dass ihnen mitgeteilt wird, dass sie Änderungen unter Umständen nicht speichern können.

Wird eine komplette Seite gesperrt, werden alle Datensätze der Seite gesperrt, sobald einer davon bearbeitet wird. Mit "Seite" ist hier jedoch nicht eine Druckseite oder Formularseite gemeint, sondern ein 4 KByte großer Bereich der Datensatzmenge. Abhängig von der Größe des Datensatzes kann diese Seite einen oder mehrere Datensätze enthalten. Belegt ein Datensatz beispielsweise 1 KByte, werden in diesem Fall vier Datensätze gesperrt. Bearbeitet der Benutzer aktuell den zweiten Datensatz, können andere Benutzer weder diesen Datensatz noch die Datensätze innerhalb der gleichen Seite bearbeiten.

Hinweis

Datensatzgruppe und Recordsets können Tabellen oder Abfragen sein

Die nachfolgend verwendeten Bezeichnungen "Datensatzgruppe" und "Recordset" sind Synonyme für eine Menge von Datensätzen, die im Speicher des Computers verwaltet werden. Sie können das Ergebnis einer Abfrage oder Tabelle sein, die der Benutzer geöffnet hat.

Bei der Sperrung der ganzen Datensatzgruppe werden alle Datensätze der Datensatzgruppe gesperrt, während ein Datensatz darin bearbeitet wird. Bei einer sehr grundlegenden Tabelle oder Abfrage der Datenbank, die in vielen Formularen oder Abfragen verwendet wird, kann das dazu führen, dass ein Benutzer die komplette Anwendung blockiert, weil er das Recordset geöffnet hält und so kein anderer Benutzer einen Datensatz der gleichen Tabelle oder Abfrage bearbeiten kann. Allerdings ist diese Form der Sperrung angebracht für Aktualisierungsabfragen und Batch-Aktualisierungen, sofern sichergestellt ist, dass die Sperrungen nur kurzfristig erfolgen.

Daneben gibt es noch die Sperrung der kompletten Datenbank. Sie ermöglicht den Benutzern, die versuchen, die Datenbank als Zweites oder Drittes zu öffnen, nur den lesenden Zugriff.

7

Access im Netzwerk

Sperrmechanismen einstellen

Access bietet zahlreiche Möglichkeiten, die Sperrung der Datensätze einzustellen. Für jedes Datenbankobjekt kann separat das Sperrverhalten bestimmt werden. Insbesondere beim Erstellen einer Datenbank ist es aber hilfreich, das gewünschte Sperrverhalten über die Optionen von Access einzustellen.

Diese Einstellungen sind dann Standard für alle neu erstellten Datenbankobjekte, beeinflussen jedoch nicht die Einstellungen der Datenbankobjekte, die bereits in der Datenbank vorhanden sind.

Die Standardeinstellungen lassen sich über *Extras/Optionen* auf der Registerkarte *Weitere* festlegen. Dabei gelten die in der folgenden Tabelle dargestellten Bedeutungen, die außerdem auch für die einzelnen Datenbankobjekte gelten.

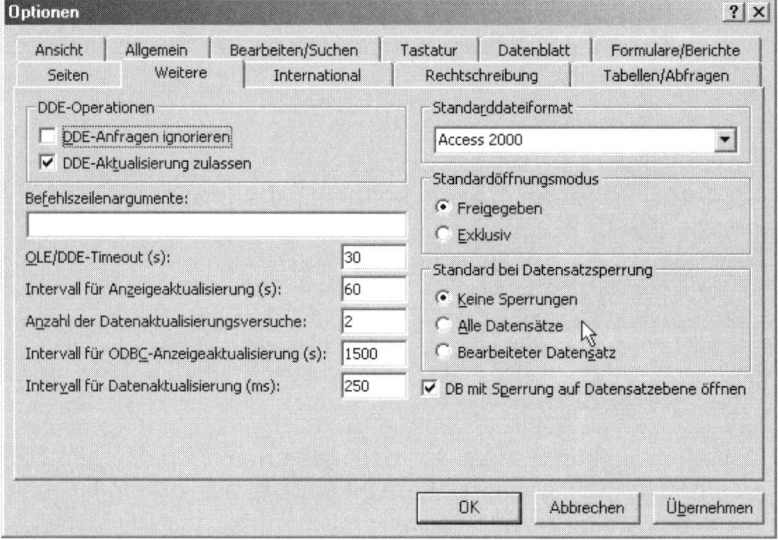

Einstellen des Standardsperrverhaltens

Einstellungen	Sperrverhalten
Keine Sperrungen	Sperrung eines einzelnen Datensatzes
Alle Datensätze	Sperrung aller Datensätze des Recordsets
Bearbeiteter Datensatz	Sperrung einer 4 KByte Seite

Die gleichen Einstellungen können auch für die einzelnen Datenbankobjekte definiert werden, und zwar für Tabellen und Formulare.

Sinnvolle Einsatzmöglichkeiten der verschiedenen Sperrmechanismen

Die Sperrung auf Datensatzebene, also die Einstellung *Keine Sperrung*, sollten Sie immer dann verwenden, wenn nur wenige Benutzer oder ein Benutzer die Datenbank verwenden und somit die Wahrscheinlichkeit recht gering ist, dass mehrere Benutzer gleichzeitig einen Datensatz bearbeiten. Damit ist auch der unangenehme Nebeneffekt ausgeschlossen, dass ein Benutzer kaum einen Datensatz bearbeiten kann, weil sie alle durch andere Benutzer gesperrt wurden.

Andererseits bietet die Sperrung auf Seitenebene den Vorteil, dass ein Benutzer eine einmal eingeleitete Änderung auch durchführen kann, weil gleichzeitig kein anderer Benutzer durch eine Sperrung die Speicherung verhindern kann. Sind Datensätze nämlich bereits durch einen anderen Benutzer gesperrt, wird dem Benutzer dies durch ein kleines Halteverbots-Symbol im Formular angezeigt, sodass er erkennen kann, dass keine Änderungen möglich sind. Außerdem unterbindet Access dann auch Eingaben, sodass der Anwender auch nicht versehentlich Änderungen am Datensatz vornehmen kann, die er dann nicht speichern kann.

Artikel-Nr	Artikelname	Beschreibung	Preis	Preis Euro	Artikelgruppe	Grafik	
8	Windows 95B OEM	Betriebssystem	79,00 DM		Betriebssyst		nich
3	Delphi 5	RAD Entwicklu	980,00 DM	490,00 DM	Entwicklungs	A3.gif	1-2
6	Kylix	RAD Entwicklu	660,00 DM		Entwicklungs	A6.gif	2-3
7	Windows 2000 Professiona	Windows 32-Bi	490,00 DM		Betriebssyst	A7.gif	1-2
1	Windows 98 SE	Betriebssystem	99,90 DM	45,90 DM	Betriebssyst	A1.gif	2-3
2	Microsoft Office 2000 SB	Microsoft Office	499,00 DM	295,90 DM	Anwendungs	A2.gif	3-4
(AutoWert)							

Anzeigen eines gesperrten Datensatzes

Die Sperrung eines ganzen Recordsets ist nur dann sinnvoll, wenn kurzfristig sehr viele Datensätze geändert werden müssen, die auch nicht einzeln gesperrt sein dürfen. Handelt es sich dabei um Wartungsarbeiten an der Datenbank, die regelmäßig, aber nicht sehr häufig durchgeführt werden, ist es in der Regel sinnvoller, die Datenbank exklusiv zu öffnen, um sicherzustellen, dass die Sperrung auch erfolgen kann. Das Recordset kann nämlich nicht im Ganzen gesperrt werden, wenn schon einzelne Datensätze von einem anderen Benutzer gesperrt wurden. Bei der Sperrung des ganzen Recordsets über Formulare sollte außerdem sichergestellt werden, dass nach einer gewissen Zeitspanne ohne Aktion des Benutzers das Formular geschlossen wird, damit die Datensätze aktualisiert und die Sperrung aufgehoben wird. Erst dann stehen den anderen Anwendern die Daten nämlich zur Verfügung.

7

Access im Netzwerk

7.3 Datenbanken replizieren

Alternativ zur Client-Server-Anwendung und zu Datensatzsperrungen bietet sich der Einsatz einer replizierten Datenbank immer dann an, wenn sehr viele Anwender mit den Daten arbeiten, weil dann die Gefahr besteht, dass auch bei Sperrungen auf Datensatzebene alle oder zumindest sehr viele Datensätze gesperrt sind und so sinnvolles Arbeiten unmöglich wird.

Vor- und Nachteile von Datenbank-Replikationen

Der Vorteil von Replikaten liegt darin, dass die Anwender mit einer lokalen Kopie der Daten arbeiten und diese daher exklusiv und ohne Störungen bearbeiten können, und zwar auch dann, wenn das Netzwerk ausgefallen oder der Rechner gerade nicht in das Netzwerk integriert ist, wie das Notebook eines Außendienstmitarbeiters.

Probleme kann es bei Replikaten aber beim Abgleichen der Daten geben. Stellen Sie sich vor, Benutzer A ändert die Adresse von Kunde 1 in seinem Replikat. Gleichzeitig ändert Benutzer B die Bankverbindung des gleichen Kunden, die in derselben Tabelle gespeichert ist.

Beide haben Änderungen gemacht, die erhalten bleiben sollen. Gleichen sie aber nun ihre Replikate mit der Ursprungsdatenbank ab, steht Access vor dem Problem, dass entweder die Änderung der Bankverbindung die Adressänderung überschreibt oder umgekehrt. Bei der Konfliktbeseitigung unterstützt Access den Benutzer zwar mit einem Assistenten, dennoch ist dies natürlich nicht ganz einfach.

Eine replizierte Datenbank erstellen

Wenn Sie eine Datenbank mit Replikaten erstellen möchten, müssen Sie eine Datenbank zur Master-Datenbank machen, mit der die Replikate dann die Daten abgleichen. Da diese Master-Datenbank zusätzliche Systemtabellen enthält, sollten Sie zuvor auf jeden Fall eine Sicherungskopie der Datenbank anlegen, indem Sie sie im Arbeitsplatz oder Explorer kopieren.

Um die Datenbank zu replizieren, öffnen Sie die erzeugte Kopie oder das Orginal in Access. Sie können dann *Extras/Replikation/Datenbank in Replikat konvertieren* auswählen. Access blendet dann einen Dialog mit einer Warnung ein, dass die Datenbank dazu geschlossen werden muss. Bestätigen Sie diese Meldung mit *Ja*. Access schließt nun die Datenbank. Sie werden nun gefragt, ob Sie eine Sicherungskopie der Datenbank anlegen möchten. Schließen Sie diese Meldung mit *Ja*, damit Access ein Backup mit der Endung *.bak* anlegt.

Nun müssen Sie den Pfad für das Replikat anlegen. Dazu können Sie ein beliebiges Netzwerkverzeichnis auswählen, aber natürlich auch ein Verzeichnis auf Ihrem lokalen Rechner.

Wichtig ist, dass Sie für jeden Benutzer der Datenbank ein eigenes Replikat anlegen müssen. Entweder speichern Sie die Replikate daher gleich auf den Rechnern der einzelnen Benutzer oder kopieren sie in unterschiedliche Verzeichnisse, bspw. in die Verzeichnisse der Benutzer auf dem Server, wenn es einen in Ihrem Netzwerk gibt.

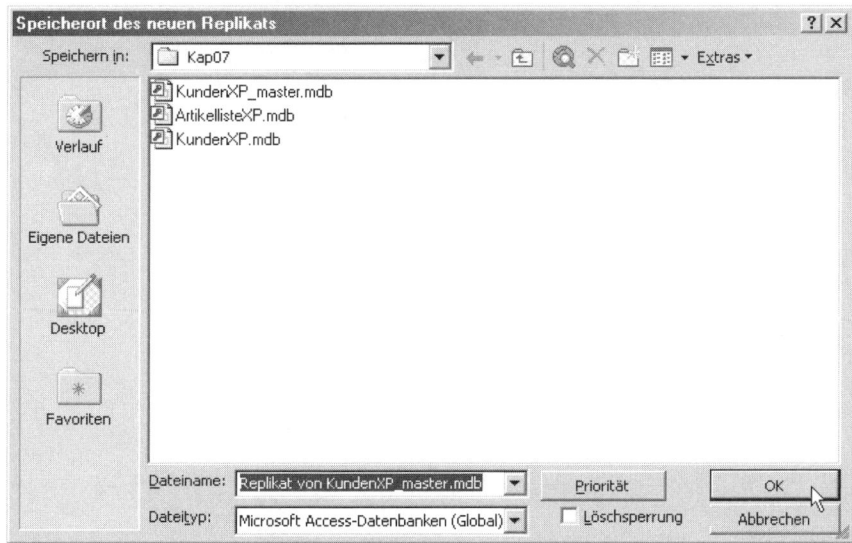

Replikat speichern

Wenn Sie das Verzeichnis und den Namen für das Replikat ausgewählt haben, klicken Sie auf *OK*. Access erzeugt nun das Replikat und zeigt dann eine Meldung an, dass der Master und das Replikat erzeugt wurden. Schließen Sie diese Meldung einfach mit *OK*.

Wenn Sie nun mit dem Replikat arbeiten möchten, müssen Sie die aktuelle Datenbank schließen, weil Access automatisch die Designmaster-Datenbank öffnet.

Wenn Sie die Datenbank geschlossen haben, können Sie das Replikat öffnen. Sie werden dann sehen, dass die Datenbankobjekte mit besonderen Symbolen versehen sind, an denen Sie erkennen können, dass es sich hier um eine replizierte Datenbank handelt. Sie können aber auch hier per Doppelklick Formulare und Tabellen öffnen.

7

Access im Netzwerk

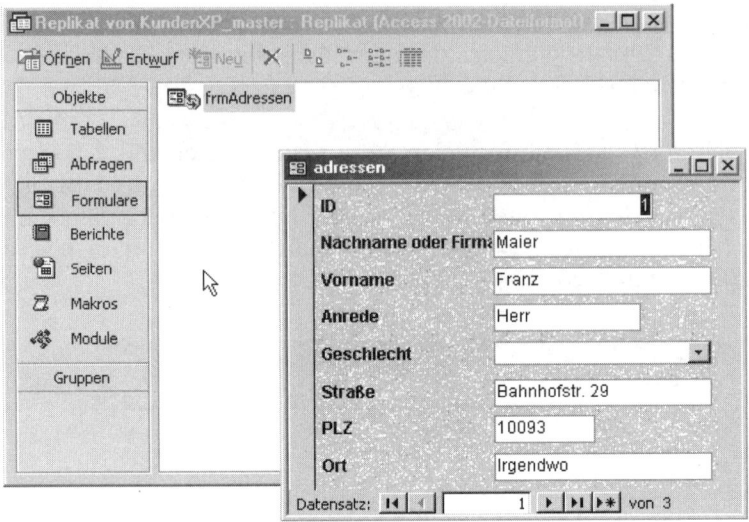

Geöffnetes Formular im Replikat

Hinweis

Positiver Nebeneffekt von Replikaten

Replikate haben einen aus Entwicklersicht positiven Nebeneffekt. Access unterbindet in den Replikaten Änderungen in der Entwurfsansicht von Datenbankobjekten. Diese können nämlich nur noch im Designmaster geändert werden. Versucht ein Benutzer, die Entwurfsansicht einer Tabelle zu öffnen, zeigt Access den folgenden Dialog an.

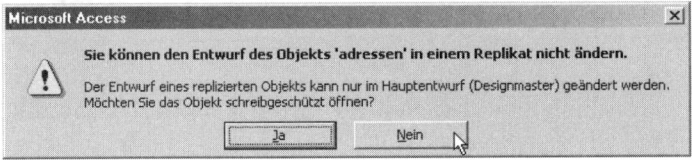

Tabellenentwürfe können in Replikaten nicht geändert werden

Daten synchronisieren

Ein Problem in replizierten Datenbanken besteht darin, dass von Zeit zu Zeit die Daten zwischen den Replikaten und dem Designmaster abgeglichen werden müssen. Diese Synchronisation sollte vom Designmaster aus durchgeführt werden. Öffnen Sie dazu die Datenbank, die der Designmaster ist, und wählen Sie *Extras/Replikation/Jetzt synchronisieren* aus.

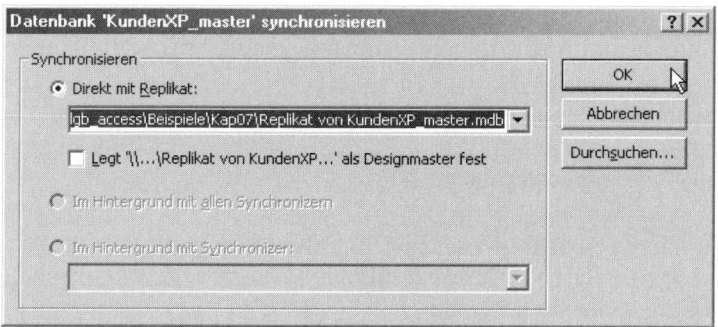

Auswahl des Replikats

Sie können nun auswählen, mit welchem Replikat die Daten abgeglichen werden sollen. Sie können das gewünschte Replikat aus der Liste *Direkt mit Replikat* auswählen. Klicken Sie anschießend auf *OK*.

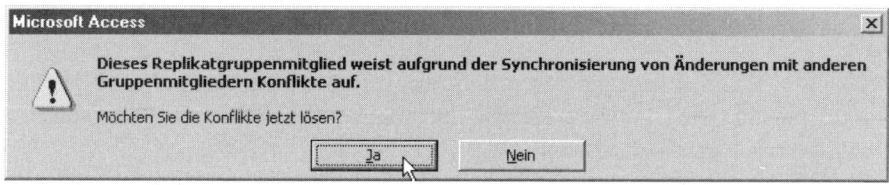

Festgestellte Konflikte lösen

Stellt Access bei der Synchronisation Konflikte fest, weil sich Daten im Designmaster und dem Replikat widersprechen, wird eine Meldung eingeblendet, die Sie mit *Ja* bestätigen können, um die Konflikte zu lösen. Einfache Konflikte behebt Access selbstständig. Bei komplexen Problemen startet Access jedoch einen Assistenten, der Sie um Unterstützung bittet.

Hinweis

Einzelabgleich erforderlich

Bedenken Sie, dass Sie alle Replikate mit dem Designmaster einzeln abgleichen müssen. Daher sind replizierte Datenbanken in der Praxis nur bei einer kleineren Anzahl Benutzer einsetzbar.

7.4 Die Kundendatenbank im Netz verwenden

Wenn Sie eine Datenbank nicht nur netzwerkfähig, sondern auch noch wartungsfreundlich gestalten möchten, ist eine Client-Server-Anwendung eine optimale Lösung. Die Frontend-Datenbank, die auf dem Client ausgeführt

7

Access im Netzwerk

wird, enthält dann alle Formulare, Berichte, Module und Makros, die dann problemlos durch eine neue Version ausgetauscht werden können.

Die Backend-Datenbank speichert die eigentlichen Daten in Form von Tabellen und Abfragen und ist auf einem zentralen Rechner in einem freigegebenen Verzeichnis gespeichert.

Der folgende Abschnitt zeigt, wie Sie die Datenbank *KundenXP.mdb* in eine Client-Server-Datenbank konvertieren und netzwerkfähig machen. Dazu sind nur wenige Schritte notwendig.

Vorüberlegungen

Wenn Sie die Datenbank in Frontend- und Backend-Datenbank aufteilen, ist es natürlich wichtig, dass die Backend-Datenbank in einem Verzeichnis gespeichert wird, auf das alle Rechner Zugriff haben, die die Frontend-Datenbank nutzen.

Da in dieser Datenbank verknüpfte Tabellen gespeichert werden, muss außerdem das Verzeichnis zur Backend-Datenbank von jedem Rechner im Netzwerk das gleiche sein.

Die einfachste Möglichkeit ist, die Backend-Datenbank in einem freigegebenen Verzeichnis zu speichern und auf jedem Rechner, auf dem die Frontend-Datenbank genutzt werden soll, diese Freigabe mit dem gleichen Laufwerkbuchstaben wie X:, Y: oder Z: zu verbinden. Dann sollte es eigentlich reibungslos funktionieren, sofern Sie die Backend-Datenbank beim Aufteilen der Datenbank gleich auf dem Ziellaufwerk mit dem gewählten Laufwerkbuchstaben speichern.

Die Datenbank in Backend- und Frontend-Datenbank aufteilen

Zunächst müssen Sie die Datenbank aufteilen. Dazu bietet Access einen Assistenten, den Assistenten zur Datenbankaufteilung. Er gehört allerdings nicht zur Standardinstallation von Access. Daher sollten Sie die Access-CD-ROM bereithalten, für den Fall, dass Sie die Funktion nachinstallieren müssen.

1 Um den Assistenten zu starten, wählen Sie *Extras/Datenbank-Dienstprogramme/Assistent zur Datenbankaufteilung* aus.

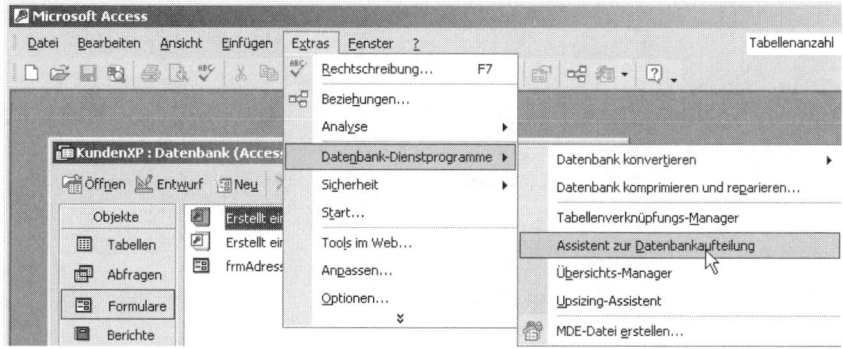

Die Datenbank per Assistent aufteilen

2 Im ersten Dialog wird Ihnen erklärt, was der Assistent macht. Sie müssen zum Start der Aufteilung dann auf die Schaltfläche *Datenbank aufteilen* klicken.

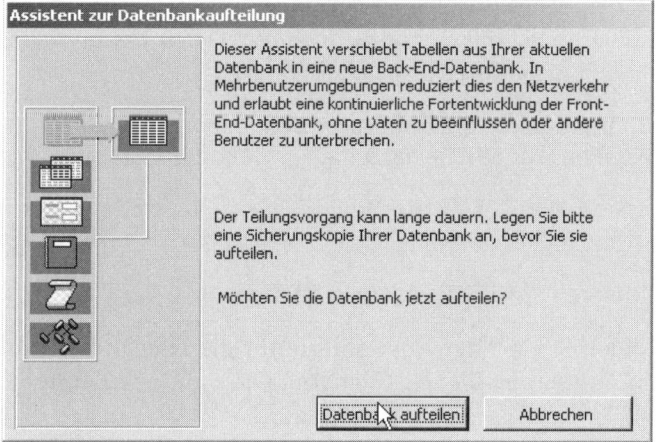

Aufteilung starten

3 Im nächsten Dialog müssen Sie dann den Namen und das Verzeichnis für die Backend-Datenbank auswählen und auf *Aufteilen* klicken. Damit ist der Assistent abgeschlossen.

Datensatzsperrungen einstellen

Nun müssen Sie natürlich noch die Datensatzsperrungen für die Tabellen einstellen, damit Konflikte bei gleichzeitigen Datensatzänderungen durch mehrere Benutzer vermieden werden.

4 Zunächst einmal sollten Sie dazu die Standardeinstellung für neue Datenbankobjekte einstellen. Öffnen Sie dazu die Frontend-Datenbank.

5 Wählen Sie nun *Extras/Optionen* aus und aktivieren Sie die Registerkarte *Weitere*.

7

Access im Netzwerk

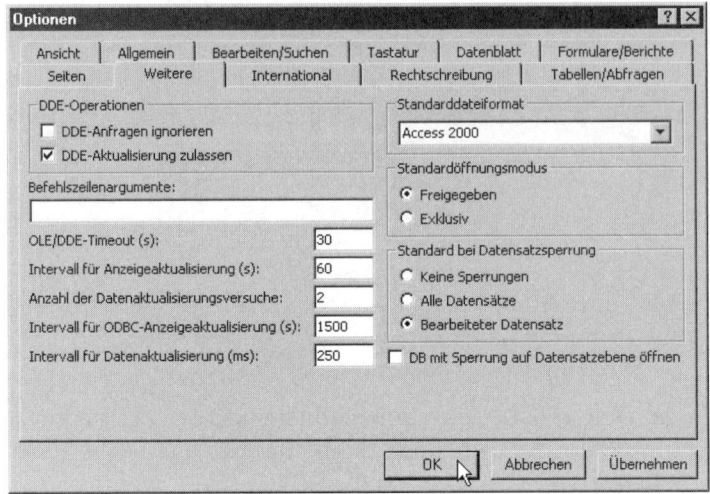

Einstellen des Standardsperrverhaltens

6 Aktivieren Sie die Option *Bearbeiteter Datensatz* und klicken Sie auf *OK*, um die Einstellung zu speichern.

7 Nun müssen Sie noch für die vorhandenen Formulare das Sperrverhalten einstellen. Öffnen Sie dazu die Formulare in der Entwurfsansicht.

8 Blenden Sie über F4 das Eigenschaften-Fenster ein, wenn es nicht sichtbar sein sollte.

9 Aktivieren Sie die Registerkarte *Daten*.

10 Wählen Sie aus der Auswahlliste für die Eigenschaft *Datensätze sperren* den Eintrag *Bearbeiteter Datensatz* aus und speichern Sie dann das Formular.

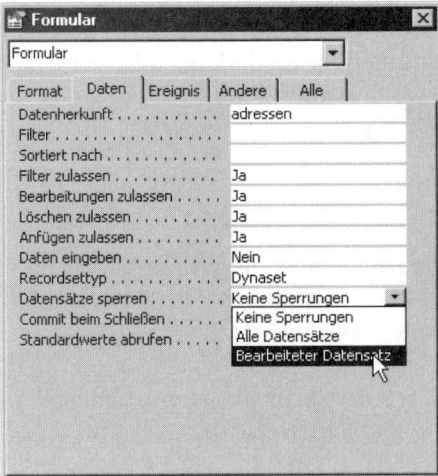

Auswählen des Sperrverhaltens für das Formular

7.5 Sicherheitsaspekte in Netzwerkanwendungen

Es gibt verschiedene Möglichkeiten, Datenbanken vor unberechtigten Zugriffen zu schützen. Nicht alle Möglichkeiten funktionieren aber auch in netzwerkfähigen Anwendungen.

Grundsätzlich gibt es folgende Möglichkeiten:

- Datenbankkennwort definieren

- Benutzer und Benutzergruppen mit unterschiedlichen Rechten einrichten

- Die Datenbank in geschützten Verzeichnissen speichern, auf die nur berechtigte Benutzer Zugriff haben.

Datenbankkennwörter

Die einfachste Möglichkeit, eine Datenbank zu schützen, ist die Vergabe eines Datenbankkennworts.

Dieses muss dann beim Öffnen der Datenbank eingegeben werden. Leider funktioniert das nicht, wenn Sie mit dem Assistenten zur Datenbankaufteilung eine Client-Server-Anwendung erstellt haben. Sie können dann nur die Frontend-Datenbank mit einem Datenbankkennwort schützen. Wer aber weiß, auf welchem Laufwerk die Backend-Datenbank liegt, kann sie auch öffnen.

Das Problem besteht darin, dass die Verknüpfungen mit der Backend-Datenbank in der Frontend-Datenbank nicht mehr funktionieren, wenn Sie nachträglich die Backend-Datenbank mit einem Kennwort schützen. In der Verknüpfung müsste also das Kennwort angegeben werden.

Wenn Sie das machen möchten, müssen Sie die Verknüpfungen über *Extras/Datenbank-Dienstprogramme/Tabellenverknüpfungsmanager* erledigen.

Um ein Kennwort zu definieren, müssen Sie die Datenbank exklusiv öffnen, die Sie schützen möchten. Dazu wählen Sie *Datei/Öffnen* in Access aus und wählen dann die Datei aus. Wichtig ist, dass Sie aus der Liste der *Öffnen*-Schaltfläche nun *Exklusiv öffnen* auswählen.

7

Access im Netzwerk

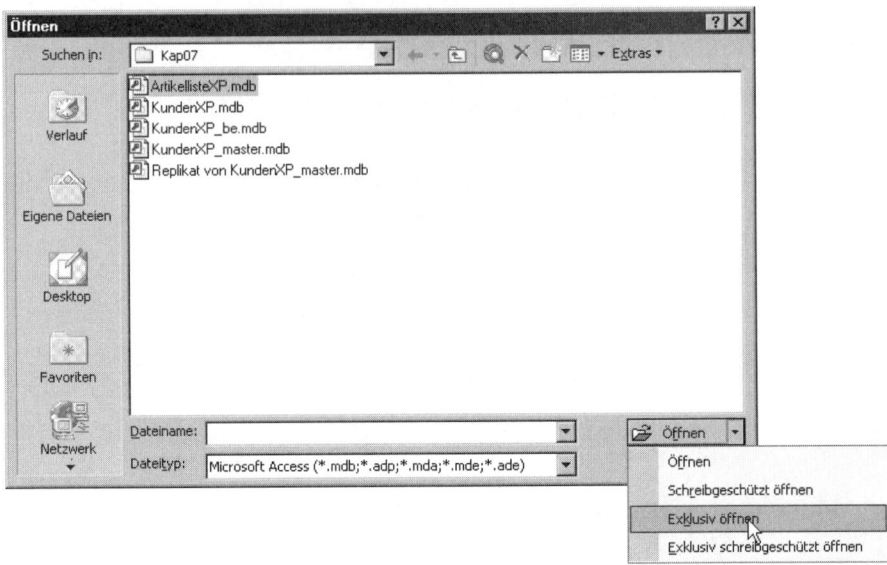

Datenbank exklusiv öffnen

Ist die Datenbank exklusiv geöffnet, können Sie das Kennwort über *Extras/ Sicherheit/Datenbankkennwort festlegen* bestimmen.

Hinweis

Warnung!

Merken Sie sich das Datenbankkennwort unbedingt. Wenn Sie es vergessen, gibt es keine Möglichkeit mehr, an die Daten der Datenbank zu gelangen.

Benutzer und Benutzergruppen mit unterschiedlichen Rechten einrichten

Die zweite Möglichkeit, Datenbanken zu schützen, besteht darin, eine Arbeitsgruppen-Informationsdatei zu verwenden und dort Benutzer und Benutzergruppen zu definieren. Dabei können Sie für jeden Benutzer und jede Gruppe genau festlegen, welche Rechte bestehen.

Dies bietet einen sehr guten Schutz, kann aber bei vielen Benutzern auch einen großen Aufwand zur Verwaltung der Benutzerrechte verursachen. Mehr Informationen dazu erfahren Sie im Kapitel „Mehrbenutzeranwendungen erstellen".

Die Datenbank in geschützten Verzeichnissen speichern, auf die nur berechtigte Benutzer Zugriff haben

Verwenden Sie einen Windows NT oder Windows 2000 Server, auf dem die Datenbank gespeichert wird, bietet das NTFS-Dateisystem sehr gute Möglichkeiten zum Schutz der Datenbank. Darüber können Sie dann genau festlegen, welche Benutzer die Dateien des Verzeichnisses lesen können und welche Benutzer Änderungen speichern oder Dateien löschen dürfen.

7

Access im Netzwerk

8. Access in Internet und Intranet

Das Internet hat sich in den letzten Jahren explosionsartig entwickelt. Es ist nicht mehr nur eine Welt für Computer-Freaks, sondern hat auch für den normalen PC-Nutzer eine Menge zu bieten. Sie können im Internet Informationen über so gut wie alles bekommen und vermehrt auch shoppen gehen. Per Kreditkarte oder Nachnahme können Sie so Ihre Einkäufe erledigen, ohne noch einen Fuß vor die Tür setzen zu müssen. Alle diese Internetangebote machen die Bereitstellung oder Sammlung von Daten notwendig. Daher ist es auch nicht verwunderlich, dass insbesondere die Fähigkeiten von Access in Verbindung mit dem Internet zugenommen haben und weiter ausgebaut wurden. Dieses Kapitel wird sich damit beschäftigen, was Access in dieser Hinsicht zu bieten hat. Und das ist eine ganze Menge!

Vor allem in Intranetbereich bietet Access mit Datenzugriffsseiten, statischen HTML-Seiten und ASP-Seiten sowie der Nutzung von XML zahlreiche Möglichkeiten. Die wichtigsten werden nachfolgend dargestellt.

8.1 Systemvoraussetzungen für Intranet- und Internetanwendungen

Bevor Sie die Internet- und Intranetfähigkeiten von Access einsetzen können, gilt es, einige Begriff zu erläutern und die für solche Anwendungen notwendigen Systemvoraussetzungen zu klären. Sie bestimmen nämlich, welche Technik Sie später in Ihrer Firma einsetzen können und welche nicht.

Internet oder Intranet: Zwei Begriffe für dieselbe Sache?

Das Internet stellt einen weltweiten Rechnerverbund dar, über den verschiedene Dienste wie E-Mail, News und Chatten zur Verfügung gestellt werden. Es gibt verschiedene Möglichkeiten, in das Internet zu gelangen. Sie können über eine Standleitung eine Direktverbindung ins Netz haben, wie dies bei den meisten Providern und Universitäten der Fall ist. Diese Rechner, die durch Standleitungen verbunden sind, stellen das eigentliche Netz dar. Für die meisten Internetnutzer gilt aber, dass sie sich über einen Provider und ein Modem oder eine ISDN-Karte in das Internet einwählen. Dazu wählen Sie den Server des Providers an und können dann Dienste nutzen, die dieser Ihnen zur Verfügung stellt. Im Internet werden Daten mithilfe des HTTP-Protokolls (= **H**ypertext **T**ransport **P**rotocol) zwischen den Rechnern übertragen. Wenn Sie eine Seite eines Anbieters im Internet besuchen möchten, müssen Sie in Ihrem Internetbrowser neben dem Namen der Seite auch das Protokoll angeben, das Sie nutzen möchten.

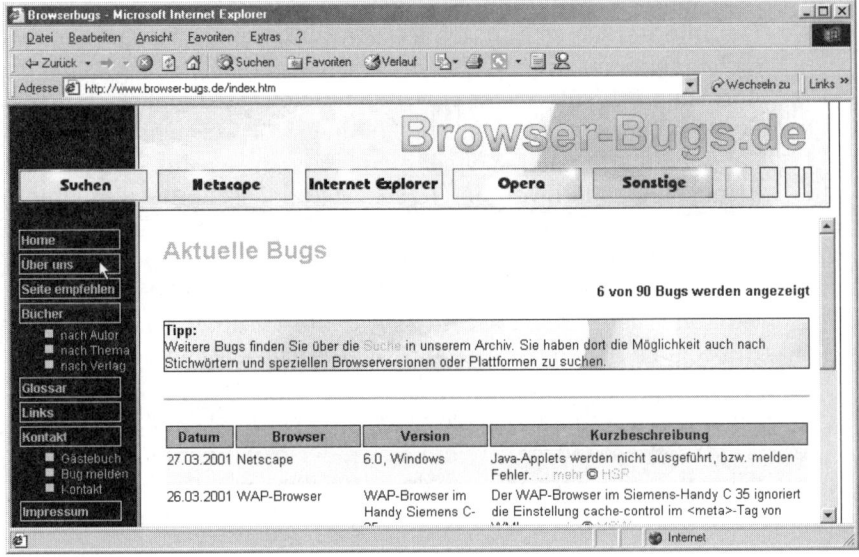

Anzeige von Adresse und Protokoll in der Adresszeile

In der vorstehenden Abbildung sehen Sie die Adresse der angezeigten Internetseite. Hier stellt http:// das Protokoll und www.browser-bugs.de den Server-Namen dar. Danach folgt der Name der aktuell angezeigten Seite, der aber abhängig von der Server-Konfiguration auch entfallen kann.

Ein Intranet stellt eine Mini-Version des Internets dar. Auch hier wird das HTTP-Protokoll verwendet. Der Unterschied zum Internet besteht darin, dass sich hier nicht jeder über einen Provider einwählen kann, da Intranets bspw. als Netzwerklösungen in größeren Firmen verwendet werden. Sie stehen dann nur den Firmenangehörigen zur Verfügung, funktionieren ansonsten aber genauso wie das Internet. Auch hier werden die Daten mit dem gleichen Protokoll übertragen und, was besonders wichtig ist, Informationen werden wie im Internet als HTML-Seiten dargestellt und können so durch jeden Webbrowser dargestellt werden.

Hinweis

Vorteilhaft im Intranet ist die Kontrolle über Hard- und Softwareausstattung

Im Internet besteht die Schwierigkeit, Webseiten so zu gestalten, dass sie mit den unterschiedlichsten Browsern dargestellt werden können, auch wenn diese nicht über bestimmte Plug-Ins oder zusätzliche Komponenten verfügen. Das ist im Intranet anders. Hier hat die Firma bzw. der Systemadministrator die Möglichkeit, die Rechner mit der benötigten Hard- und Software auszustatten, die notwendig ist, um auch ausgefallene Funktionen zu realisieren. Dazu gehört bspw. der Einsatz von XML und/oder den Microsoft Office-Webkomponenten, die nur vom Internet Explorer ab der Version 5.0 oder höher dargestellt werden können.

Intranets können sowohl lokal installiert sein und so z. B. mehrere Rechner eines Großraumbüros verbinden als auch mehrere Firmensitze an unterschiedlichen Orten verbinden. Hat eine Firma bspw. Zweigstellen in verschiedenen Ländern oder Städten, können diese über ein Intranet wie im Internet kommunizieren. Intranets können total abgeschottet sein oder auch eine Verbindung zum Internet haben. Gerade für das Intranet bietet sich die Verwendung von Datenbanken in HTML-Selten an. Sie stellen allen Anwendern die Daten zur Verfügung, ohne dass dazu eine verteilte Anwendung erstellt werden muss. Es reicht vollkommen aus, wenn Sie die Datenbank mit den von Access zur Verfügung gestellten Mitteln veröffentlichen.

Die folgende Abbildung verdeutlicht den Zusammenhang zwischen Intranet und Internet.

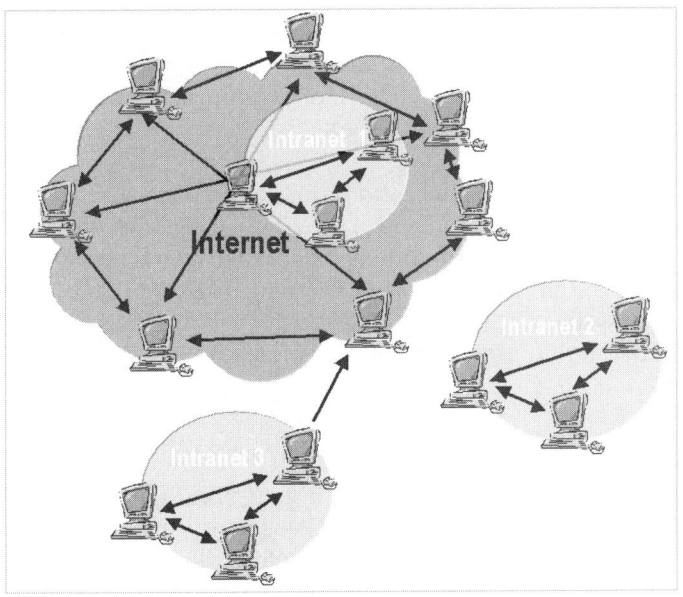

Zusammenhang zwischen Internet- und Intranet

Techniken für Webanwendungen und Webseiten

Sie können prinzipiell verschiedene Methoden wählen, wenn Sie Daten einer Datenbank im Netzwerk zur Verfügung stellen möchten. Welche Methode für Sie optimal ist, richtet sich nach der verfügbaren Hard- und Software und dem Netzwerk, das Sie dazu nutzen möchten.

Nach diesem kleinen Ausflug in die Netzwerktheorie nun wieder zum Thema. Wie bereits erwähnt, gibt es mehrere Möglichkeiten, Daten einer Access-Datenbank für andere Anwender im Netzwerk verfügbar zu machen.

- **A**ctive **S**erver **P**ages (ASP-Seiten)

- Datenzugriffsseiten

- statische HTML-Seiten

- CGI-Skripte und andere serverseitig auszuführende Skripte

Unter dem Begriff "Netzwerk" ist hier sowohl ein normales Netzwerk als auch ein Intranet oder das Internet gemeint.

Bis auf statische HTML-Seiten erfordern alle anderen Techniken spezifische Systemvoraussetzungen auf Seiten des Webservers oder Browsers. Der Webserver ist die Serversoftware, die die Webseiten verwaltet und dem Browser zur Verfügung stellt, der sie abruft. Die nachfolgenden Erläuterungen beziehen sich ausschließlich auf ASP-Seiten, Datenzugriffsseiten und statische HTML-Seiten, weil nur diese Webseiten von Access erzeugt werden können.

Systemvoraussetzungen

Bei ASP-Seiten oder anderen serverseitig auszuführenden Skripten wie JSP, Pearl, PHP etc. ist es die Aufgabe des Webservers, diese Skripte auszuführen und dem Browser den fertigen HTML-Code zu liefern. Für diese Techniken ist daher ein Webserver notwendig.

Datenzugriffsseiten werden jedoch vom Webbrowser ausgeführt und machen daher einen Browser erforderlich, der die enthaltenen Komponenten ausführen kann.

Für Datenzugriffsseiten und statische HTML-Seiten brauchen Sie im Prinzip nur ein Verzeichnis auf einem Rechner anzulegen, der als Server fungiert. Hier speichern Sie die Datenzugriffsseiten und HTML-Seiten, die dann von allen Anwendern im Netzwerk über den Browser aufgerufen werden können.

Hinweis

Im Internet ist auch für HTML-Seiten ein Webserver notwendig

Möchten Sie statische HTML-Seiten und Datenzugriffsseiten jedoch im Internet verwenden, müssen Sie sie dazu ebenfalls auf einen Webserver übertragen. Nur dann können alle Internetbenutzer diese Seiten verwenden. Die vorherige Aussage bezieht sich also nur auf den Gebrauch im Intranet oder Netzwerk Ihrer Firma.

Datenzugriffsseiten verwenden spezielle Komponenten, die Microsoft Webkomponenten und benötigen dazu neben den installierten Komponenten auch einen Browser, der XML beherrscht. Das bedeutet, für Datenzugriffsseiten gelten folgende Anforderungen an die Rechner der Benutzer:

- Internet Explorer 5.0 oder höher

- Installiertes Microsoft Office XP bzw. eine Lizenz zur Installation der Webkomponenten

- Installiertes Microsoft Access 2002

Access ist deshalb notwendig, weil Datenzugriffsseiten über einen Datenbanktreiber auf die Access-Datenbank zugreifen. Das funktioniert, wenn Access 2002 auf dem Rechner installiert ist.

Hinweis

Problematisch können Versionskonflikte sein

Wenn Sie Datenzugriffsseiten von Access 2000 auf einem Rechner ausführen, auf dem nur Access 2002 installiert ist, funktioniert das in der Regel reibungslos. Anderherum, also wenn Access 2002-Datenzugriffsseiten auf Rechnern mit Access 2000 ausgeführt werden, kommt es jedoch in der Regel zu Problemen, weil die Office-Webkomponenten in der falschen Version vorliegen und auch der Datenbanktreiber, der verwendet wird, eventuell Funktionen nutzt, die der Access 2000-Treiber noch nicht kann.

Internet und Intranet

8

XML-Dateien können nur vom Internet Explorer 5.0 und höher dargestellt werden. Netscape 6 unterstützt zwar grundsätzlich auch XML, hat aber Probleme mit XSL-Dateien zur formatierten Ausgabe.

Der Webserver

Möchten Sie ASP-Seiten erstellen oder HTML- und Datenzugriffsseiten von einem Webserver ausführen lassen, müssen Sie diesen installieren oder Zugriff auf einen schon installierten Webserver haben. Der Webserver muss nicht auf einem teuren Server installiert werden. In kleinen Intranets oder für Testzwecke ist auch ein einfacher PC (ab Intel Pentium 166 MHz) geeignet.

Auch das Betriebssystem ist im Prinzip egal. Sowohl unter Linux als auch unter Windows NT/2000 oder Windows 95/98 können Sie einen solchen Webserver installieren und im Windows NT Small Business Server ist er sogar schon integriert. Da aber für Linux oft keine Access-Datenbanktreiber verfügbar sind, zumindest nicht die, die Access benötigt, um die Datenbank zu veröffentlichen, verwendet die nachfolgende Beschreibung einen Webserver unter Windows.

Hinweis

Problematisch ist ein Windows ME-Rechner

Für Windows 95/98/98SE gibt es den PWS (**P**ersonal **W**eb **S**erver) von Microsoft, der ab Windows 95b bereits auf der Windows-CD mitgeliefert wird. Der PWS funktioniert aber leider nicht mit Windows ME. Hier müssen Sie den IIS (**I**nternet **I**nformation **S**erver) installieren, der aber eigentlich nur mit Windows NT als separat zu installierende Datei mitgeliefert wird. Sie ist im Windows NT Option-Pack enthalten, das jedoch seine Installation unter Windows ME verweigert. Es gibt zwar eine Möglichkeit, den IIS auf Windows ME zu installieren. Dies ist jedoch äußerst kompliziert und funktioniert auch nicht immer sicher.

Die folgende Tabelle enthält die wichtigsten Betriebssysteme und die dafür verfügbaren Webserver.

Betriebssystem	Webserver		Quelle
Windows 95	Personal Web Server	kostenlos	http://www.microsoft.com/ntserver/nts/downloads/recommended/NT4OptPk/default.asp Sie müssen dazu Teile des Windows NT Optionpack downloaden. Zuvor ist eine Registrierung notwendig. Der Download ist aber kostenlos.

Betriebssystem	Webserver		Quelle
Windows 98	Personal Webserver	kostenlos	Windows 98-CD-Verzeichnis: \Add-Ons\PWS\
Windows 2000 Server	Internet Information Server	kostenlos	Integriert, zu installieren über die Systemsteuerung, wird aber auch standardmäßig mit installiert.
Windows 2000 Professional	Internet Information Server	kostenlos	Integriert, zu installieren über die Systemsteuerung.
Windows NT Workstation 4.0	Personal Webserver oder Internet Information Server	kostenlos	Windows NT 4.0-CD-Verzeichnis: \I386\InetSrv\ bzw. im Windows NT Option Pack enthalten.
Windows NT Backoffice SmallBusiness Server 4.0 und 4.5	Internet Information Server	kostenlos	Integriert
Windows NT Server	Internet Information Server		Softwarehandel

Daneben gibt es noch für fast alle Betriebssysteme Freeware- und Shareware-Webserver. Allerdings müssen Sie bei der Auswahl eines anderen Webservers darauf achten, dass die ASP-Unterstützung mit installiert wird bzw. müssen diese separat installieren.

Die Installation erfolgt abhängig vom Betriebssystem. Außer bei Windows 2000 gibt es aber eine EXE-Datei, die Sie ausführen müssen, um den Webserver zu installieren. Ist Ihr Webserver auf dem Rechner, der für das Intranet als Server fungieren soll, installiert, ist Ihr Intranet einsatzbereit. Sie können nun mit einem Webbrowser darauf zugreifen, wie auf einen Server im Internet. Beim Personal Webserver und Internet Information Server (IIS) erfolgt die Konfiguration vollautomatisch. Der Name des Webservers im Intranet ist immer der Name des Rechners. Heißt der Rechner als bspw. *Windows2000* geben Sie als Adresse im Browser *http://Windows2000* ein und drücken (Enter).

Der Browser zeigt dann die Startseite im Stammverzeichnis des Webservers an. Alternativ können Sie aber auch eine Seite mit Pfadangabe angeben.

Hinweis

Das Stammverzeichnis des Webservers

Das Stammverzeichnis, auch Root- oder Basisverzeichnis genannt, ist das Verzeichnis \PWS\wwwroot bzw. \Inetpub\wwwroot und befindet sich auf dem Laufwerk, auf dem Sie den PWS bzw. IIS installiert haben. Um Dateien auf dem Webserver zu veröffentlichen, brauchen Sie diese nur in das Verzeichnis zu kopieren.

Internet und Intranet

8

Ist der Webserver auf dem gleichen Rechner installiert wie der Browser, mit dem Sie versuchen, eine HTML-Seite aufzurufen, die im Stammverzeichnis des Webservers gespeichert ist, können Sie auch wahlweise die Adressen

> http://127.0.0.1

oder

> http://localhost

verwenden.

Befindet sich der Webserver auf einem anderen Rechner im Netzwerk und gelingt der Zugriff über den Namen des Rechners nicht, kann dies an einem fehlerhaft oder gar nicht installierten DNS- oder WINS-Server liegen. In diesem Fall geben Sie einfach die IP-Adresse des Rechners ein, wie in der folgenden Abbildung. Hier ist 10.10.1.1 die IP-Adresse des Rechners, auf dem der Webserver installiert und ausgeführt wird.

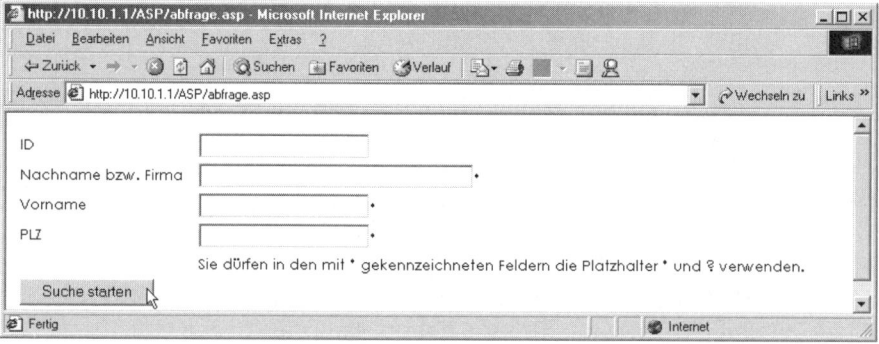

Aufrufen einer ASP-Seite vom Webserver

8.2 Webdateien mit Access exportieren und importieren

Access bietet verschiedene Möglichkeiten, nicht nur HTML-Seiten, sondern auch ASP-Seiten und XML-Dateien zu exportieren. Alle diese Dateiarten können im Internet und Intranet verwendet werden. Die Ausgabe dieser Dateien beschränkt sich mit Ausnahme von XML-Dateien allerdings auf die Erzeugung von Listen.

Formulare zur Dateneingaben können nicht exportiert werden, auch wenn ASP das grundsätzlich unterstützen würde. Dazu müssen Sie dann manuell ASP-Seiten programmieren.

Wenn Sie in die exportierten Daten Hyperlinks einfügen möchten, müssen Sie diese in entsprechende Felder einer Access-Tabelle speichern. Wie das geht, zeigt der folgende Abschnitt.

Hyperlinks in Access

Wesentlicher Bestandteil von Internetseiten sind Hyperlinks. Auch Access bietet die Möglichkeit, Hyperlinks zu speichern, die in Formularen und in der Datenblattansicht von Tabellen sogar hervorragend funktionieren. Diese Hyperlinks können auf Inhalte der Datenbank oder auf HTML-Seiten im Internet oder Intranet zeigen.

Um Hyperlinks zu speichern, gibt es in Access einen separaten Felddatentyp *Hyperlink*. Er ermöglicht die Speicherung von Informationen über einen Hyperlink.

Nur wenn Sie Informationen in einem solchen Feld speichern und natürlich mit gültigem Inhalt füllen, funktioniert dieser Hyperlink auch nach Veröffentlichung im Web. Ansonsten haben Sie natürlich auch die Möglichkeit, für den Export der Daten den HTML-Quellcode für den Hyperlink zu speichern. Das ist jedoch wesentlich aufwendiger.

Hinweis

Hyperlink-Felder werden in ASP-Seiten anders behandelt als in HTML-Seiten

Leider ist es so, dass Hyperlink-Felder zwar in Tabellen nützlich sind, die Sie als HTML-Seiten exportieren möchten, weil dann die Hyperlinks korrekt funktionieren. Exportieren Sie die Tabelle jedoch als ASP-Seite, werden die Hyperlinks zwar wie Hyperlinks formatiert, haben aber keine korrekten Inhalte und funktionieren auch nicht, weil Access diese im ASP-Code als Text mit besonderer Formatierung ausgibt. In ASP-Seiten werden Hyperlinks von Access also nicht funktionieren.

Sie können solche Hyperlink-Felder bspw. verwenden, um die Adresse der Webseite und die E-Mail-Adresse zu den Adressen Ihrer Kunden zu speichern. In der bereits bekannten Datenbank *KundenXP.mdb* brauchen Sie dazu nur eine neue Tabelle *Internetadressen* zu erstellen, die wie folgt aussehen sollte:

8

Internet und Intranet

Speichern von Hyperlinks in Hyperlink-Feldern

Als Standardwerte für die Felder *Webseite* und *E-Mail* geben Sie einfach die dazu notwendigen Protokolle also *http://* und *mailto:* vor. Diese Tabelle verknüpfen Sie nun über eine Beziehung mit der Tabelle *Adressen*. Sie haben dann eine einfache Möglichkeit, E-Mail-Adressen und Webseiten zu den Kunden zu speichern, ohne dazu die Tabelle *Adressen* ändern zu müssen.

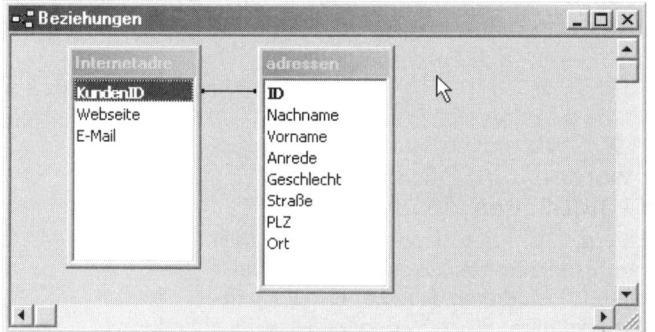

Notwendige Beziehung

Um die neue Tabelle auch in der Datenbank *ArtikellisteXP.mdb* verwenden zu können, die bereits eine Verknüpfung mit der Tabelle *adressen* enthält, müssen Sie dort auch eine Verknüpfung auf die neue Tabelle erstellen. Wie das funktioniert, wurde im Kapitel „Access-Dienstprogramme richtig nutzen" ausführlich beschrieben. Hier müssen Sie dann auch noch die Beziehung zwischen beiden verknüpften Tabellen definieren.

Wenn das passiert ist, können Sie die Adressen für die Kunden bspw. in der Datenblattansicht der Tabelle *adressen* erfassen, indem Sie das Unterdatenblatt öffnen und dort die Daten eingeben.

Öffnen des Unterdatenblatts für den ersten Datensatz

Zur Eingabe und Änderung von Werten in die Hyperlink-Felder muss allerdings das Kontextmenü verwendet werden.

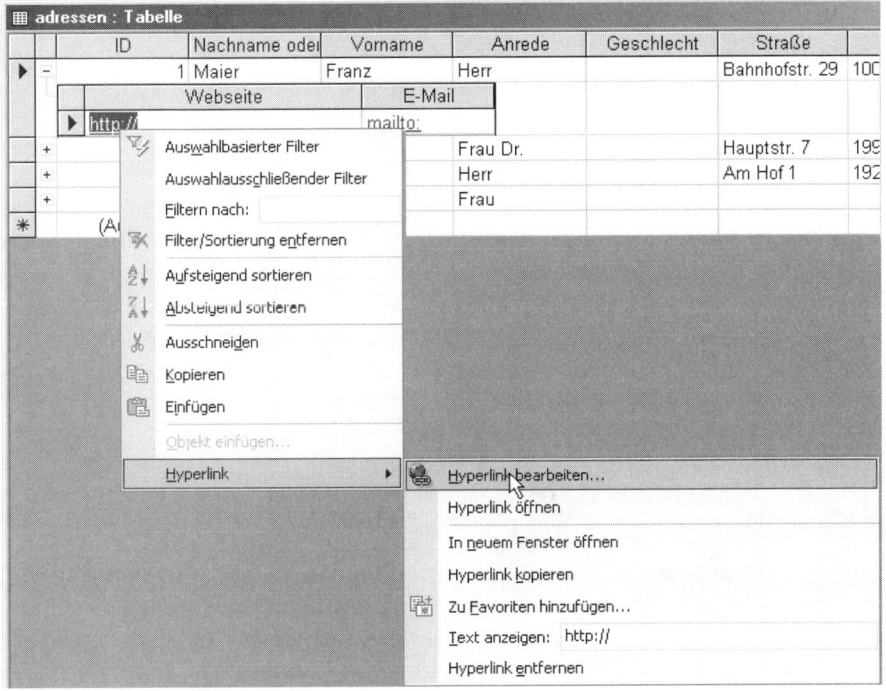

Bearbeiten eines Hyperlink-Felds

Sie können dann in dem nun eingeblendeten Dialog die Adresse für den Hyperlink auswählen oder eingeben. Den Text, der angezeigt werden soll, geben Sie in das Feld *Text anzeigen als* ein. Dies kann ein beliebiger Text, aber natürlich auch die Internetadresse (URL) selbst sein, wie in der Abbildung.

Die Zieladresse des Hyperlinks geben Sie jedoch in das Feld *Adresse* ein und schließen den Dialog dann mit *OK*.

8

Internet und Intranet

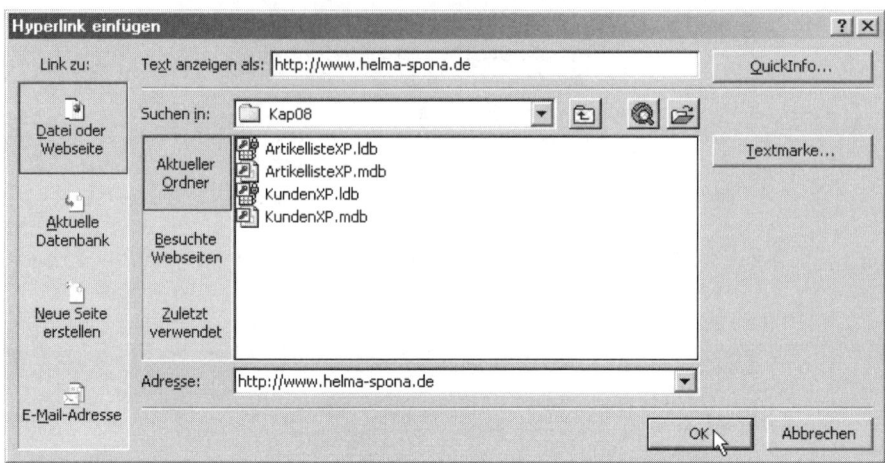

Eingeben eines Hyperlinks

Möchten Sie nur den angezeigten Text der Internetadresse ändern, können Sie dazu auch das Feld *Text anzeigen* im Kontextmenü verwenden und dort direkt die Adresse eingeben und mit (Enter) bestätigen.

Die Erfassung von Webadressen in Hyperlink-Feldern ist damit zwar nicht so ganz einfach, aber erleichtert die spätere Verwendung der Adressen in HTML-Seiten erheblich.

Statische HTML- und XML-Dateien exportieren

Die einfachste Möglichkeit, Daten einer Access-Datenbank im Internet, Intranet oder Netzwerk zur Verfügung zu stellen, sind statische Webseiten. Sie können sie in Access problemlos erzeugen, indem Sie z. B. eine Tabelle, Abfrage oder ein Formular in eine HTML-Seite exportieren. Diese Möglichkeit eignet sich jedoch nur für Daten, die sich selten ändern. Sie können auf diese Weise z. B. den Mitarbeitern Ihrer Firma die aktuellen Eurokurse zur Verfügung stellen. Für flexible Wechselkurse wie Dollar- und Yen-Kurse eignet sich eine solche Seite jedoch nicht, da Sie bei einer Kursänderung immer die HTML-Seite neu erstellen müssen. Für XML-Dateien gilt im Prinzip das Gleiche. Auch sie sind statisch, lassen aber gerade beim Export aus Access heraus bessere Formatierungen zu.

Sie können statische HTML-Seiten erstellen, indem Sie einfach eine Tabelle, Abfrage, einen Bericht oder ein Formular in eine HTML-Seite exportieren. Dazu wählen Sie das Datenbankobjekt im Datenbankfenster aus, klicken mit der rechten Maustaste auf das Datenbankobjekt und wählen *Exportieren* aus dem Kontextmenü aus. Als Dateityp wählen Sie dann *HTML* aus der Liste aus. Als Verzeichnis für die HTML-Seite können Sie einen Ordner auf Ihrem lokalen Rechner, im Netzwerk oder das Stammverzeichnis Ihres Webservers auswählen, wie dies die Abbildung zeigt.

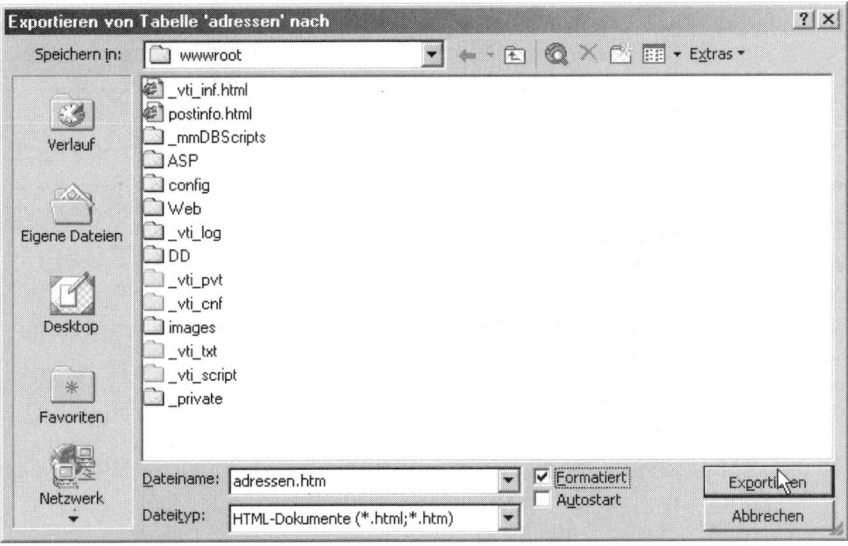

Speichern einer Tabelle als HTML-Seite

Hinweis

Formatierungen speichern

Über das Kontrollkästchen *Formatiert* können Sie festlegen, ob die HTML-Seite mit Formatierungen erzeugt werden soll. Das erfordert jedoch eine HTML-Vorlage, mit der Sie die Formatierungen festlegen. Wie die erstellt wird, ist Thema des Abschnitts „Vorlagen erstellen" ab Seite 329.

Klicken Sie anschließend auf *Exportieren*, um den Export zu starten. Die Daten des Datenbankobjekts werden dann als Tabelle in der HTML-Seite angezeigt.

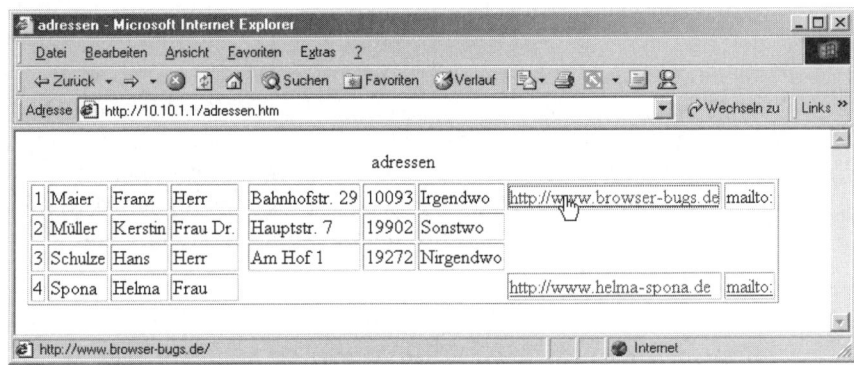

Exportierte statische HTML-Seite

Das Ergebnis ist zwar noch nicht berauschend, kann aber durch den Einsatz von HTML-Vorlagen noch verbessert werden. Das ändert aber leider nichts daran, dass leere Tabellenzellen ohne Umrandung dargestellt und die Spaltenüberschriften nicht automatisch mit ausgegeben werden.

Hinweis

Zur Ausführung über das HTTP-Protokoll ist ein Webserver notwendig

Wenn Sie die erzeugte Seite wie in der Abbildung über das http-Protokoll ausführen möchten, setzt das voraus, dass Sie sie in das Stammverzeichnis des Webservers exportiert oder später dorthin kopiert haben.

XML-Dateien erstellen Sie im Prinzip auf die gleiche Weise. Dies wurde jedoch im Detail bereits im Kapitel „Access-Dienstprogramme richtige nutzen" im Abschnitt „XML als Dateiformat" erläutert.

ASP-Seiten generieren

Im Gegensatz zu statischen HTML-Seiten, bei denen die Daten der Tabelle fest im HTML-Code eingefügt werden, zeigen ASP-Seiten mit Datenbankanbindung immer die aktuellen Daten an. Damit besitzen sie die gewünschte Dynamik, die für sinnvolle Datenbankanwendungen im Web notwendig sind.

Was sind ASP-Seiten?

ASP-Seiten, Active Server Pages, stellen eine gute Möglichkeit dar, Daten aus einer Access-Datenbank den Benutzern im Internet zur Verfügung zu stellen, wenn bei den Anwendern kein Access vorausgesetzt werden kann oder auch andere Browser als der Internet Explorer unterstützt werden sollen. Sie werden im Gegensatz zu Datenzugriffsseiten nicht auf dem Rechner des Anwenders ausgeführt, sondern auf dem Server. Der Rechner des Anwenders empfängt nur ganz normale, für ihn statische HTML-Seiten. Das bedeutet, jeder Browser kann die Seiten darstellen. Der Anwender braucht kein Access und er kann weder den Quellcode der Seiten verändern noch die Seiten löschen, da sie immer erst vom Server erzeugt werden, wenn der Anwender sie abruft. Trotzdem kann der Anwender damit Daten verändern und eingeben, wenn Sie es ihm gestatten.

Besonderheiten von ASP-Seiten

Der einzige, nicht wirklich problematische Nachteil von ASP-Seiten ist die Tatsache, dass auf dem Server ein passender ODBC-Treiber oder OLE-DB-Datenbanktreiber installiert sein muss, der den Zugriff auf Access-Datenbanken gestattet. Dies ist aber auf allen Servern mit Windows-Betriebssystem auf jeden Fall gegeben. Problematisch könnten Linux-Server sein. Der verwendete Webserver muss natürlich auch ASP unterstützen. Dazu muss einer der folgenden Webserver installiert sein.

Webserver	Version
Internet Information Server (IIS)	ab Version 3.0
Personal Web Server (Peer Web Services)	Version 1 oder 2 mit ASP-Unterstützung. Die müssen Sie separat über *Asp.exe* installieren.
Personal Web Server (Peer Web Services)	Version 4
Netscape Enterprise Webserver	3.5 oder höher mit ASP-Erweiterung http://www.activescripting.org
Apache Web Server	mit ASP-Erweiterung http://www.chilisoft.com http://www.activescripting.org

Hinweis

Konvertieren Sie Ihre Datenbank zur Not in das Access 97-Format

Bietet Ihr Provider zwar ASP-Unterstützung, aber keine Access 2000/2002-ODBC-Treiber oder OLE-DB-Treiber an, konvertieren Sie die Datenbank einfach ins Access 97-Format. Dafür sollten in der Regel Treiber zur Verfügung stehen.

Für die Formatierung der Webseiten stehen Ihnen alle Möglichkeiten von HTML einschließlich Cascading Style Sheets, ActiveX-Steuerelementen, Frames, Tabellen und Grafiken zur Verfügung. Lediglich wenn Sie die Seiten auch für ältere Browser optimieren möchten, müssen Sie sich auf HTML-Grundlagen beschränken.

Einschränkungen von Access

Grundsätzlich bieten ASP-Seiten zahlreiche Möglichkeiten, eine Interaktion zwischen dem Benutzer und der Anwendung herzustellen. Dazu können Formulare zur Dateneingabe oder zur Formulierung von Suchanfragen verwendet werden. Diese werden vom Benutzer ausgefüllt und können dann an den Webserver gesendet werden, der sie dann auswertet und ein Ergebnis zurückliefert.

Die von Access generierten ASP-Seiten verzichten aber weitgehend auf interaktive Elemente. Exportieren Sie eine Tabelle als ASP-Seite, erzeugt Access eine Liste, durch die der Benutzer blättern kann. Eingaben oder Suchformulare können Sie mit Access nicht exportieren. Die müssen von Hand programmiert oder mit geeigneten Tools erzeugt werden.

8

Internet und Intranet

Eine weitere Einschränkung besteht darin, dass Access nur den Export von ASP-Seiten mithilfe einer System-DSN erlaubt. Sie ermöglicht den Zugriff auf die Datenbank über ODBC-Treiber, muss aber auf dem Webserver vom Administrator eingerichtet werden.

Die System-DSN erstellen

Wenn Sie Tabellen oder Abfragen als ASP-Seiten exportieren möchten, sollten Sie dazu zunächst die ODBC-Datenquelle einrichten. Sie verknüpft den ODBC-Datenbanktreiber mit einer speziellen Datenbank, auf die Sie zugreifen möchten. Das ist recht einfach und funktioniert über die Systemsteuerung.

Hinweis

Einrichten der System-DSN

Die System-DSN muss auf dem Rechner eingerichtet werden, auf dem der Webserver läuft, der später die ASP-Seiten ausführt.

1 Wählen Sie dazu *Start/Einstellungen/Systemsteuerung* aus dem Startmenü aus.

2 Doppelklicken Sie nun auf das Symbol *ODBC-Datenquellen*. Verwenden Sie Windows 2000, müssen Sie in der Systemsteuerung zunächst doppelt auf *Verwaltung* klicken und dann auf das Symbol *Datenquellen (ODBC)* doppelt klicken.

3 Aktivieren Sie das Register *System-DSN* und klicken Sie auf *Hinzufügen*.

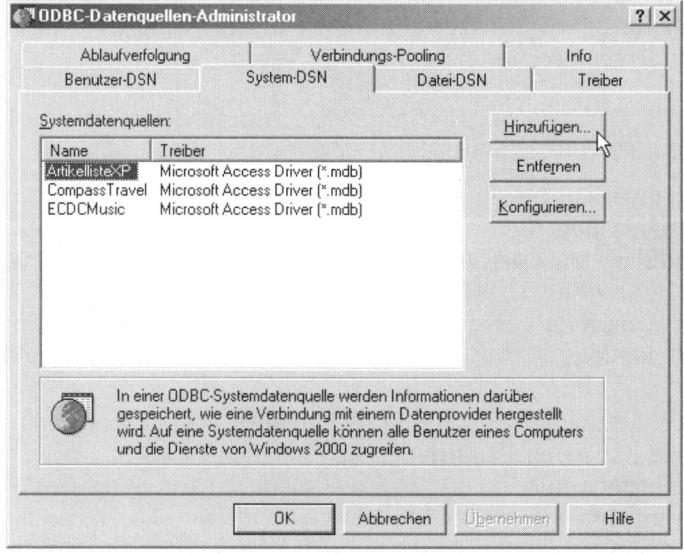

Erstellen einer System-DSN

4 Wählen Sie als Treiber *Microsoft Access-Treiber (*.mdb)* aus.

5 Klicken Sie nun auf *Fertig stellen*. Daraufhin schließt Windows diesen Dialog und zeigt einen anderen an, in dem Sie die Eigenschaften für die Verbindung festlegen können.

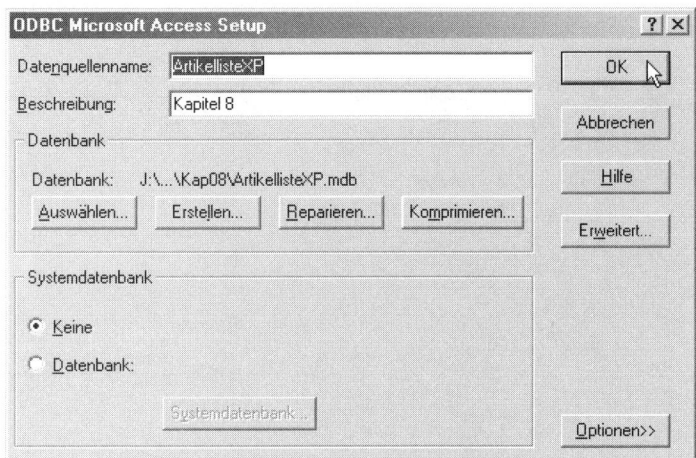

Einstellen der Verbindungseigenschaften

6 Ganz wichtig ist, dass Sie hier den Namen der Datenquelle bestimmen. Das ist der Name, den Sie später benötigen, um auf die Datenbank zuzugreifen. Damit Windows dann weiß, wo es die Datenbank suchen muss, klicken Sie anschließend auf *Auswählen*, um die Datenbank auszuwählen, deren Daten Sie verwenden möchten. Schließen Sie anschließend beide Dialoge über *OK*.

7 Die Datenquelle wird nun der Liste *Systemdatenquellen* hinzugefügt und Sie können die ODBC-Verwaltung über *OK* verlassen.

Tabellen als ASP-Seiten exportieren

Wenn Sie die DSN erstellt haben, können Sie beliebige Tabellen, Abfragen, aber auch Formulare und Berichte als ASP-Seiten exportieren. Beim Export von Berichten und Formularen wird allerdings auch nur eine tabellarische Auflistung erzeugt.

Möchten Sie bei Berichten auch die Formatierung speichern, müssen Sie eine XML-Datei exportieren. Die kann dann aber so nur im Internet Explorer 5.0 oder höher angezeigt werden.

Wenn Sie eine Abfrage der Datenbank exportieren möchten, gehen Sie dazu wie folgt vor:

Internet und Intranet

8

1 Klicken Sie die Abfrage im Datenbankfenster mit der rechten Maustaste an und wählen Sie *Exportieren* aus dem Kontextmenü aus.

2 Wählen Sie als Verzeichnis das Stammverzeichnis Ihres Webservers aus und markieren Sie in der Auswahlliste *Dateityp* den Eintrag *Microsoft Active Server Pages (*.asp)*. Geben Sie den Namen für die ASP-Seite ein und klicken Sie dann auf *Exportieren*.

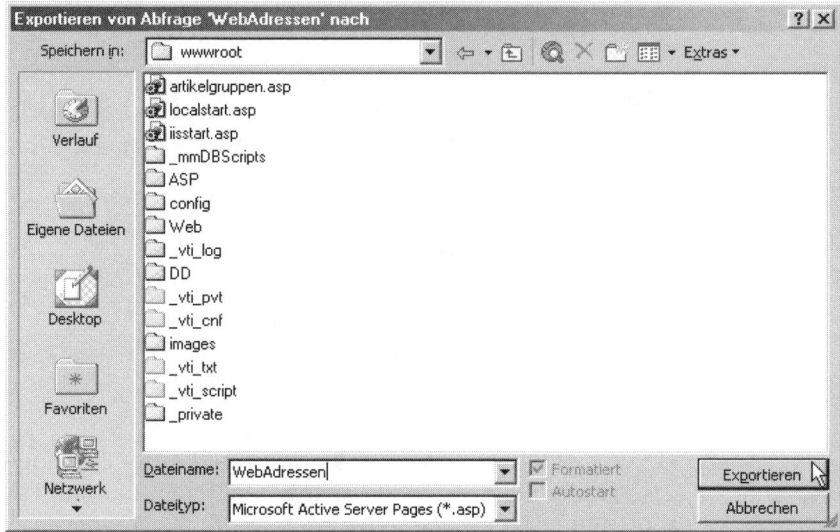

Festlegen von Namen und Verzeichnis für die ASP-Seite

3 Vervollständigen Sie nun den eingeblendeten Dialog, indem Sie mindestens den Namen der DSN und den URL des Webservers eingeben.

Hinweis

Wichtige Felder des Dialogs richtig ausfüllen

Den Namen der DSN geben Sie in das Feld *Datenquellenname* ein. Die Felder für Benutzername und Kennwort müssen Sie nur dann ausfüllen, wenn Ihre Datenbank kennwortgeschützt ist. Als Server-URL geben Sie den Pfad zum Stammverzeichnis des Webservers ein. Liegt dieses auf einem anderen Rechnern, können Sie dazu auch Server-Namen und Freigabenamen verwenden, wie dies die Abbildung zeigt. Hier ist *Windows2000* der Name des Rechners, auf dem der Webserver installiert ist, und *Win2000* ist der Freigabename des Laufwerks, auf dem der IIS installiert ist. Über die Schaltfläche *Durchsuchen* können Sie eine HTML-Vorlage für die Formatierung der ASP-Seite auswählen. Wie Sie eine solche Vorlage erstellen, wird nachfolgend beschrieben.

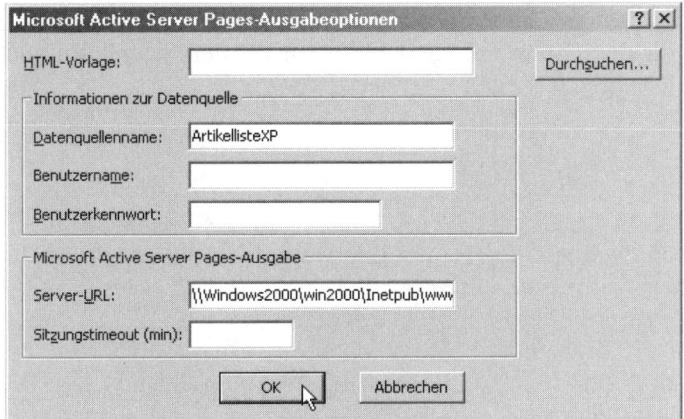

Notwendige Angaben zum Export der ASP-Seite

4 Wenn die ASP-Seite erstellt ist, können Sie sie über den Webbrowser aufrufen. Das Ergebnis könnte dann in etwa so aussehen:

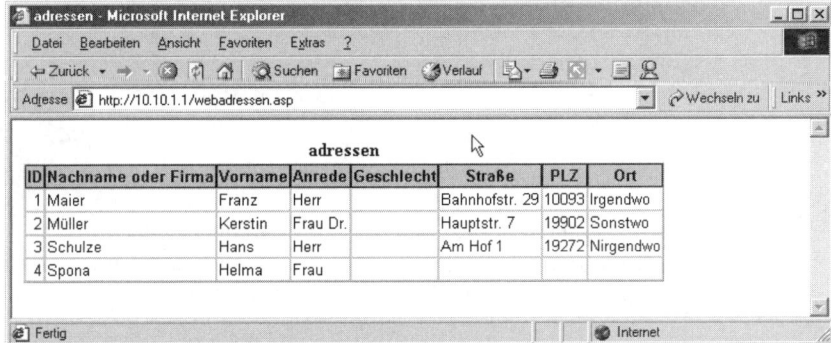

Erzeugte ASP-Seite

┌─── **Hinweis**

Unterschiede zu HTML-Seiten

Auch wenn das Ergebnis auf den ersten Blick genauso statisch aussieht wie die zuvor erstellte HTML-Seite, gibt es doch einen Unterschied. Da die angezeigte Seite erst dann vom Server generiert wird, wenn der Browser sie anfordert, werden immer die aktuellen Datensätze der Datenbank angezeigt. Bei HTML-Seiten müssen Sie die HTML-Seite neu exportieren, wenn Sie die Daten der Tabelle geändert haben und diese Änderungen sichtbar sein sollen. ▬▬▬▬▬

Vorlagen erstellen

Sicherlich sind die Ergebnisse beim Export von HTML- und ASP-Seiten noch nicht zufrieden stellend, da vor allem die Formatierung sehr zu wünschen übrig lässt. Sie haben jedoch die Möglichkeit, HTML-Vorlagen zu erstellen, die für den Export verwendet werden können. Damit können Sie einige Formatierungen festlegen.

Was ist eine HTML-Vorlage?

HTML-Vorlagen sind HTML-Dateien im ASCII-Format, die HTML-Code enthalten. Neben dem HTML-Code werden außerdem Platzhalter, so genannte Tokens, eingefügt, die Access verwendet, um die Vorgaben für die Formatierung zu ermitteln. Eine HTML-Vorlage enthält HTML-Code und sollte daher dem HTML-Standard entsprechen, weil beim Erzeugen der HTML-Seiten durch Access fehlende HTML-Tags, wie zum Beispiel das <HEAD>-Tag, nicht ergänzt werden.

Die Datei, die als HTML-Vorlage dienen soll, sollte mindestens folgende HTML-Tags enthalten.

```
<HTML>
    <HEAD>
        <TITLE></TITLE>
    </HEAD>
<BODY>
</BODY>
</HTML>
```

In Vorlagen dürfen alle zulässigen Formatierungen und Tags von HTML verwendet werden. Außerdem können Stylesheets definiert werden, die das aus der Vorlage erzeugte HTML-Dokument formatieren.

Besondere Einstellungen, wie beispielsweise Grafiken oder Text für Vor- und Zurück-Schaltflächen, die Sie nicht über Standard-HTML-Tags festlegen können oder die von den Inhalten der späteren HTML-Seite abhängen, können Sie über Platzhalter festlegen, die Access als „Tokens" oder „HTML-Marken" bezeichnet. Dabei handelt sich um HTML-Kommentare mit bestimmten Inhalten, die Access später durch die Inhalte der exportierten Tabelle oder Abfrage ersetzt. Die folgende Tabelle zeigt die verfügbaren Platzhalter.

Platzhalter	Bedeutung
<!–AccessTemplate_Title–>	Der Name der Tabelle/Abfrage wird in der Titelzeile des Browsers angezeigt. Dieser Platzhalter wird nur ersetzt, wenn er innerhalb des <TITLE>-Tags der Seite steht.
<!–AccessTemplate_Body–>	An dieser Stelle gibt Access die Daten der exportierten Tabelle oder Abfrage in Tabellenform aus.
<!–AccessTemplate_FirstPage–>	Hiermit legen Sie den Text oder die Grafik fest, die dazu dient, zur ersten Seite zu springen. Der Platzhalter muss als Text des *HREF*-Attributs eines <A>-Tags eingegeben werden.

Platzhalter	Bedeutung
<!–AccessTemplate_PreviousPage–>	Hiermit legen Sie den Text oder die Grafik fest, die dazu dient, zur vorherigen Seite zu springen.
<!–AccessTemplate_NextPage–>	Hiermit legen Sie den Text oder die Grafik fest, die dazu dient, zur nächsten Seite zu springen.
<!–AccessTemplate_LastPage–>	Hiermit legen Sie den Text oder die Grafik fest, die dazu dient, zur letzten Seite zu springen.
<!–AccessTemplate_PageNumber–>	An der Stelle dieses Tokens erscheint die Nummer der aktuellen Seite. Sinnvoll ist der Einsatz also nur in ASP-Seiten, weil beim Erzeugen statischer HTML-Seiten alle Datensätze in eine Seite exportiert werden.

Ansonsten können Sie weitere Elemente wie Grafiken und Listen und Ähnliches über HTML-Tags definieren, die dann von Access in die erzeugte HTML- oder ASP-Seite übernommen werden.

Hinweis

Nicht alle Tokens werden immer verwendet

Der Navigationsbereich mit den Tokens *FirstPage* bis *LastPage* wird nur verwendet, wenn Sie mehrseitige Berichte als statische HTML-Seiten exportieren. Daher ist zu empfehlen, für ASP-Seiten und HTML-Seiten unterschiedliche Vorlagen zu erstellen. Berichte können leider nicht als ASP-Seiten exportiert werden. Sie können HTML-Vorlagen sowohl zum Export von HTML-Seiten als auch zum Export von ASP-Seiten verwenden. Die Platzhalter zum Erzeugen der Links, die auf die nächste, vorherige, letzte oder erste Seite verweisen, werden nur dann ordnungsgemäß konfiguriert, wenn Sie einen Bericht exportieren. Tabellen werden immer nur tabellarisch aufgelistet und alle Datensätze werden auf einer Seite dargestellt. Daher ist es ratsam, mehrere Vorlagen für unterschiedliche Zwecke zu erstellen.

HTML-Vorlagen erstellen

Um eine Vorlage zu erstellen, muss eine separate ASCII-Datei erstellt werden. Am unkompliziertesten funktioniert dies mit dem Windows-Editor. Im Prinzip kann dazu aber jeder Editor verwendet werden, der in der Lage ist, gültigen HTML-Code zu erzeugen. Die Vorlagendatei kann einen beliebigen Namen haben, zu empfehlen ist aber die Dateinamenserweiterung *.htm* oder *.html*, damit der verwendete Editor die Datei korrekt speichert.

Erstellen Sie in einem Editor Ihrer Wahl eine leere ASCII-Textdatei und speichern Sie sie unter dem Namen *Vorlage.htm* im Verzeichnis *\Programme\ Microsoft Office\Vorlagen\Access* ab. Hier sucht Access bei Verwendung der Vorlage nach der Datei, wenn Sie keinen Pfad angeben. Speichern Sie die Datei in einem anderen Verzeichnis, müssen Sie den Pfad mit angeben.

8

Internet und Intranet

In diese Datei geben Sie folgenden Code ein. Er stellt eine einfache Vorlage dar, die vier Grafiken für die Navigation festlegt und den Navigationsbereich durch waagerechte Linien vom Datenbereich abtrennt.

```
<HTML>
<HEAD>
<TITLE><!--AccessTemplate_Title--></TITLE>
<STYLE type="text/css">
    body,p {font-family:Tahoma;font-size:10pt}
    table {width:100%} <!-- legt die Breite der Tabelle auf
        100% Fensterbreite fest - nur IE -->
</STYLE>
</HEAD>

<BODY bgcolor="#ffffc0">
<!--AccessTemplate_Body-->
<HR width="100%" height="1px" noshade><!-- einfache Linie -->
</BODY>
<P align="CENTER">
<A HREF = "<!--AccessTemplate_FirstPage-->">
    <img border="0" alt="Anfang" src="anfang.gif" width="20" height="15"></A>
<A HREF = "<!--AccessTemplate_PreviousPage-->">
    <img border="0" alt="Zurueck" src="zurueck.gif" width="20"
height="15"></A>
<A HREF = "<!--AccessTemplate_NextPage-->">
    <img border="0" alt="Weiter" src="vor.gif" width="20" height="15"></A>
<A HREF = "<!--AccessTemplate_LastPage-->">
    <img border="0" alt="Ende" src="ende.gif" width="20" height="15"></A></P>
<HR width="100%" height="1px" noshade><!-- einfache Linie -->
<P ALIGN = CENTER>Seite <!--AccessTemplate_PageNumber--></P>
</BODY>
</HTML>
```

Außerdem benötigen Sie nun noch vier Grafiken mit den Namen *Anfang.gif*, *Zurueck.gif*, *Vor.gif* und *Ende.gif*.

HTML-Vorlagen installieren

Verwendet Ihre Vorlage Grafiken oder andere externe Dateien wie CSS-Dateien oder JS-Dateien, dann müssen Sie alle diese Dateien zusammen mit der Vorlage im gleichen Verzeichnis speichern. Optimal ist es, wenn Sie das Verzeichnis *\Programme\Microsoft Office\Vorlagen\Access* verwenden. Ansonsten können Sie auch jedes andere Verzeichnis verwenden, müssen dieses dann bei der Verwendung der Vorlagen mit angeben.

HTML-Vorlagen verwenden

Wenn Sie die Vorlage nun verwenden möchten, um eine ASP-Seite zu erstellen und zu formatieren, gehen Sie zunächst so vor, wie zuvor für den Export einer ASP-Seite beschrieben wurde. Im Dialog, in dem Sie auch den Datenquellennamen und den Server-URL einstellen, klicken Sie auf *Durchsuchen* und wählen dann die Vorlage aus.

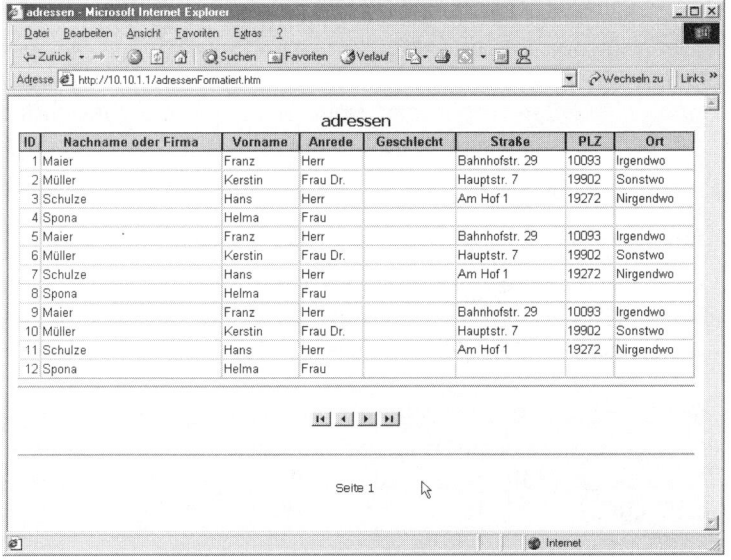

Abbildung 1: Angeben der HTML-Vorlage

Zum Export statischer HTML-Seiten aktivieren Sie im ersten Dialog des Assistenten das Kontrollkästchen *Formatiert*. Dann können Sie im nächsten Schritt die Vorlage auf gleiche Weise auswählen.

Bevor Sie die so erzeugte Seite testen können, müssen Sie jedoch noch die verwendeten Grafiken in das Stammverzeichnis des Webservers kopieren, damit diese angezeigt werden. Gleiches gilt für alle anderen externen Dateien, die Sie in der Vorlage verwenden. Das Ergebnis könnte dann bspw. wie folgt aussehen:

adressen - Microsoft Internet Explorer

Adresse http://10.10.1.1/adressenFormatiert.htm

adressen

ID	Nachname oder Firma	Vorname	Anrede	Geschlecht	Straße	PLZ	Ort
1	Maier	Franz	Herr		Bahnhofstr. 29	10093	Irgendwo
2	Müller	Kerstin	Frau Dr.		Hauptstr. 7	19902	Sonstwo
3	Schulze	Hans	Herr		Am Hof 1	19272	Nirgendwo
4	Spona	Helma	Frau				
5	Maier	Franz	Herr		Bahnhofstr. 29	10093	Irgendwo
6	Müller	Kerstin	Frau Dr.		Hauptstr. 7	19902	Sonstwo
7	Schulze	Hans	Herr		Am Hof 1	19272	Nirgendwo
8	Spona	Helma	Frau				
9	Maier	Franz	Herr		Bahnhofstr. 29	10093	Irgendwo
10	Müller	Kerstin	Frau Dr.		Hauptstr. 7	19902	Sonstwo
11	Schulze	Hans	Herr		Am Hof 1	19272	Nirgendwo
12	Spona	Helma	Frau				

Seite 1

Formatierte HTML-Seite

Internet und Intranet

8

Weitere Formatierungen über die Access-Optionen festlegen

Zusätzlich zu den Möglichkeiten, die Vorlagen bieten, können Sie in Access auch noch generelle Einstellungen für HTML-Seiten machen, die dann auch für Datenzugriffsseiten gelten. Hier können Sie bspw. bestimmen, welche Farben Hyperlinks haben und ob sie unterstrichen dargestellt werden sollen.

Um diese Einstellungen vorzunehmen, wählen Sie bei einer geöffneten Datenbank *Extras/Optionen* aus und aktivieren dort die Registerkarte *Allgemein*. Dort finden Sie eine Schaltfläche *Weboptionen*, durch die ein weiterer Dialog geöffnet wird.

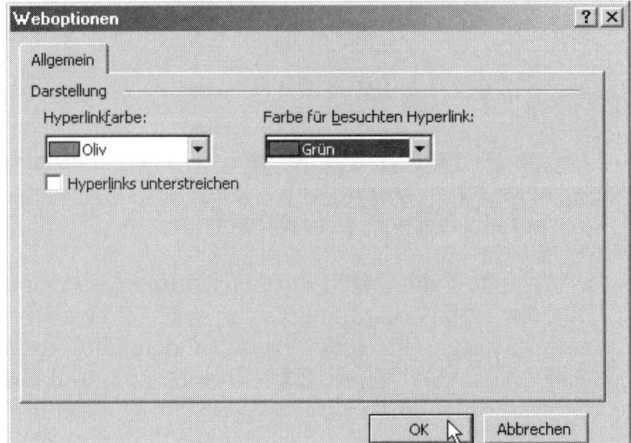

Einstellen der Hyperlink-Formatierungen

Die Farben für normale und besuchte Hyperlinks können Sie aus den beiden Listen auswählen. Wenn Sie das Kontrollkästchen *Hyperlinks unterstreichen* deaktivieren, werden Hyperlinks nicht mehr unterstrichen. Mit *OK* können Sie dann beide Dialoge schließen, um die Einstellungen zu übernehmen.

Daten aus HTML-Seiten importieren

Sie können mit Access aber nicht nur HTML-Seiten erstellen, sondern auch Daten aus HTML-Seiten importieren. Das funktioniert mit Access recht einfach, vorausgesetzt, die HTML-Seite enthält eine geeignete Tabelle.

Um eine Tabelle in einer HTML-Seite in Access zu importieren und dort als Access-Tabelle zu speichern, klicken Sie im Datenbankfenster mit der rechten Maustaste auf eine freie Fläche und wählen *Importieren* aus dem Kontextmenü aus.

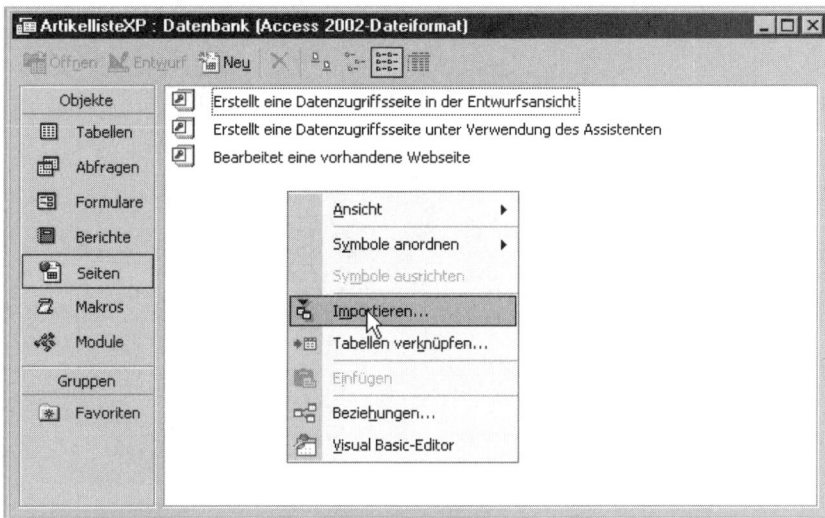

Import-Assistent starten

Nun blendet Access einen Öffnen-Dialog ein, indem Sie als Dateityp *HTML-Dokumente (*.html;*.htm)* auswählen müssen. Access zeigt dann die verfügbaren Dateien im aktuellen Verzeichnis an. Markieren Sie nun die zu importierende Datei oder wechseln Sie in das Verzeichnis, in dem sie gespeichert ist, und klicken Sie auf *Importieren*.

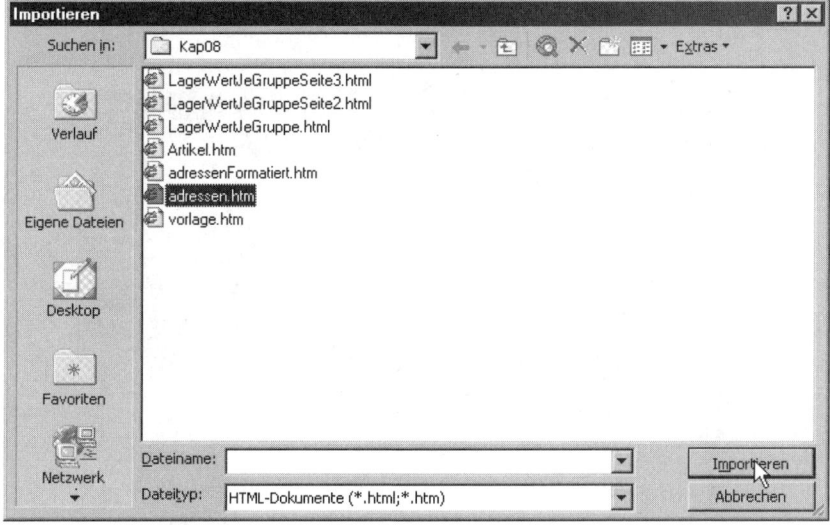

HTML-Datei auswählen

Im ersten Schritt des Assistenten müssen Sie auswählen, ob die erste Zeile der Tabelle die Spaltenüberschriften enthält. In diesem Fall aktivieren Sie das Kontrollkästchen *Erste Zeile enthält Spaltenüberschriften*. Klicken Sie anschließend auf *Weiter*, um den Assistenten fortzusetzen.

Internet und Intranet

8

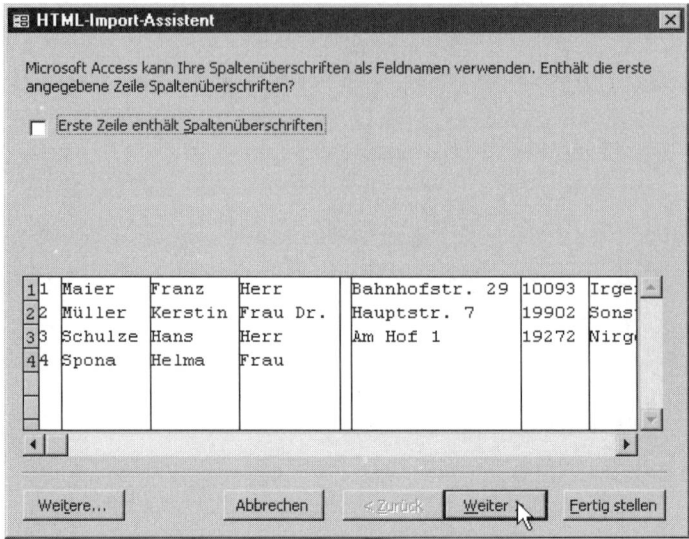

Festlegen, ob Spaltenüberschriften vorhanden sind

Im nächsten Schritt können Sie für die einzelnen Spalten, Namen und Datentypen bestimmen. Dazu klicken Sie die Spaltenüberschrift an und stellen die
gewünschten Eigenschaften über die Steuerelemente im Bereich *Feldoptio-
nen* ein. Soll eine Spalte nicht importiert werden, aktivieren Sie dafür das
Kontrollkästchen *Feld nicht importieren (Überspringen)*. Wenn Sie auf diese
Weise alle Eigenschaften für die Felder definiert haben, klicken Sie auf *Weiter*.

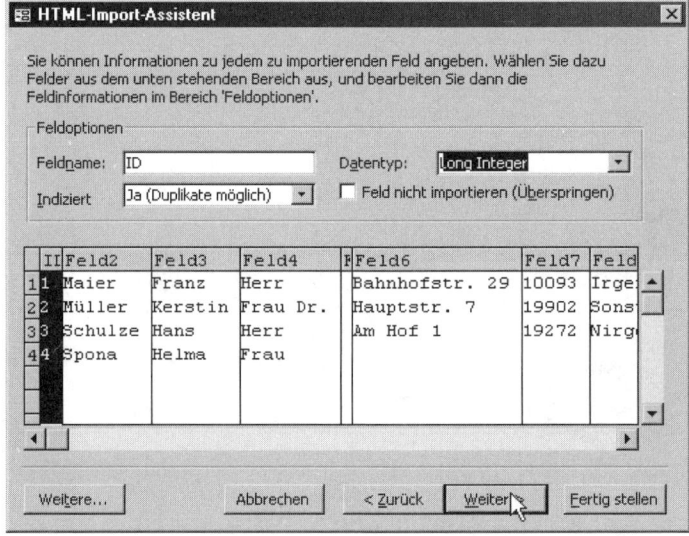

Feldeigenschaften festlegen

Im nächsten Dialog legen Sie den Primärschlüssel für die Tabelle fest. Aktivieren Sie dazu die Option *Primärschlüssel selbst auswählen* und wählen Sie dann aus der Liste das gewünschte Feld aus und klicken Sie dann auf *Weiter*.

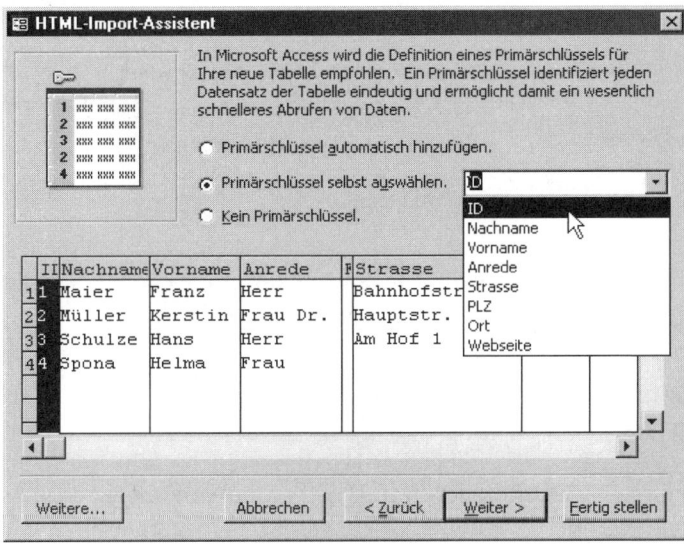

Auswählen des Primärschlüssels

Sie können jetzt den Namen für die zu importierende Tabelle bestimmen und mit *Fertig stellen* den Importvorgang starten.

8.3 Datenzugriffsseiten erstellen und verwenden

Datenzugriffsseiten sind Dateien mit der Endung *.htm* bzw. *.html*, die jedoch neben statischem HTML-Code auch Webkomponenten in Form von ActiveX-Steuerelementen enthalten, die es ermöglichen, Daten aus einer Access-Datenbank abzurufen oder dorthin zu übermitteln. Access unterstützt Datenzugriffsseiten ab Version 2000.

Was sind Datenzugriffsseiten?

Mit den Datenzugriffsseiten, die Sie mit Access erstellen können, haben Sie die Möglichkeit, über das Intranet den Anwendern die Eingabe, Veränderung und Abfrage der Daten zu ermöglichen. Sie können Datenzugriffsseiten über die Rubrik *Seiten* des Datenbankfensters mit dem Assistenten erstellen und mithilfe von Stylesheets formatieren. In null Komma nichts können Sie so ansprechende Webseiten erstellen.

Vorteilhaft ist, dass

- Sie damit immer aktuelle Daten anzeigen können,

- die Anwender direkt Daten eingeben, verändern und löschen können und so den Datenbestand immer aktuell halten und

- die Seiten sowohl im Internet Explorer 5.0 als auch in Access geöffnet und bearbeitet werden können, ohne dass sich ein funktioneller Unterschied ergibt.

Leider gibt es aber auch ein paar Nachteile:

- Die Verwendung von Datenzugriffsseiten benötigt auf dem Rechner des Anwenders sehr spezifische Systemanforderungen einschließlich einer installierten Access 2002-Version.

- Der Zugriff auf die Datenbank funktioniert nur, wenn sie nicht bereits von Access geöffnet ist.

Der Vorteil gegenüber statischen HTML-Seiten besteht darin, dass der Anwender immer die aktuellen Daten der Datenbank angezeigt bekommt und die Daten verändert werden können, wenn Sie es ihm erlauben. Und er kann die Daten wahlweise in Access oder im Internet Explorer betrachten und bekommt immer das gleiche Formular angezeigt. ASP-Seiten bieten im Prinzip die gleichen Möglichkeiten, wenn Sie sie manuell oder mit geeigneten Tools wie Microsoft FrontPage, Macromedia Dreamweaver UltraDev oder Adobe GoLive erstellen. Allerdings haben Datenzugriffsseiten den Vorteil, dass sie zur Ausführung keinen Webserver benötigen, auch wenn in den meisten Fällen einer zu empfehlen ist.

Die folgenden beiden Abbildungen zeigen die gleiche Datenzugriffsseite einmal in Access 2002 und einmal im Internet Explorer 5.5.

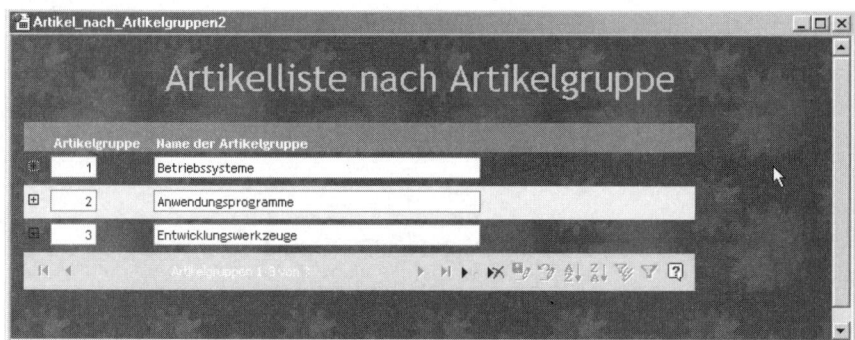

Anzeige der Datenzugriffsseite in Access

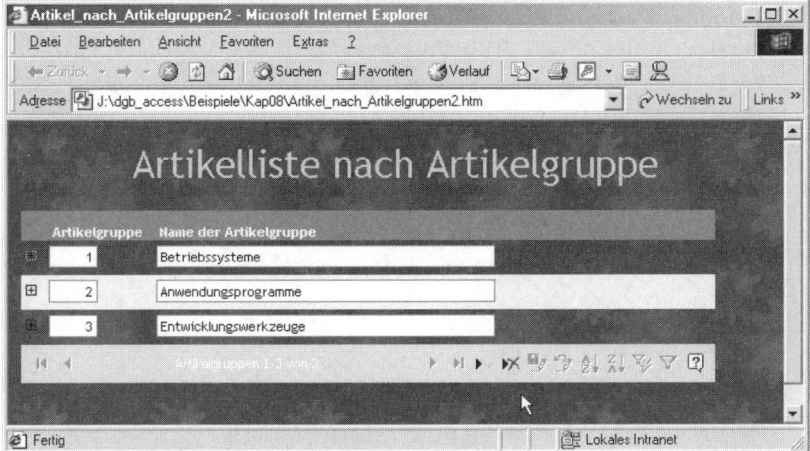

Im Internet Explorer sieht die Seite fast genauso aus

Im Gegensatz zu ASP-Seiten erfolgt die Ausführung der Seite und die Anforderung der Daten aus der Datenbank auf dem Rechner, von dem aus die Seite aufgerufen wird. Da die Anbindung an die Datenbank über eine ADO-Datenbankverbindung erfolgt, ist die Ausführung an bestimmte Voraussetzungen gebunden:

- Auf dem Rechner des Betrachters muss ein Webbrowser installiert sein, der die Seite ausführen kann. Zurzeit kommt dazu nur der Internet Explorer 5.0 oder höher in Frage.

- Auf dem Rechner des Betrachters muss Access 2002 installiert sein, da über dessen Objektbibliotheken die Datenbank geöffnet wird.

- Der Rechner muss über ausreichend CPU-Leistung und Speicher verfügen, damit Access und der Internet Explorer gleichzeitig laufen können.

Das bedeutet, mit Datenzugriffsseiten können Sie nur den Benutzern im Netz Daten zur Verfügung stellen, die Access installiert haben. Wenn die Anwender ansonsten nichts mit Access machen, ist das eine sehr teure Angelegenheit.

Datenzugriffsseiten mit dem Assistenten erstellen

Die einfachste Möglichkeit, Datenzugriffsseiten zu erstellen, ist die Nutzung des Assistenten von Access. Sie können dabei ähnlich wie in Berichten und Formularen ein oder mehrere Tabellen als Datenquelle verwenden. Die Möglichkeiten, nachträglich die Seiten anzupassen, sind allerdings eingeschränkt.

Um den Assistenten zu starten, doppelklicken Sie in der Kategorie *Seiten* des Datenbankfensters auf den Link *Erstellt eine Datenzugriffsseite unter Verwendung des Assistenten*. Im ersten Schritt wählen Sie die Tabelle aus, deren

Felder Sie verwenden möchten. Das folgende Beispiel verwendet die Tabelle *Artikel_Neu* und die Tabelle *Artikelgruppen* der Datenbank *ArtikellisteXP.mdb*. Über das Symbol >> fügen Sie aus jeder Tabelle alle Felder hinzu und setzen dann den Assistenten mit *Weiter* fort.

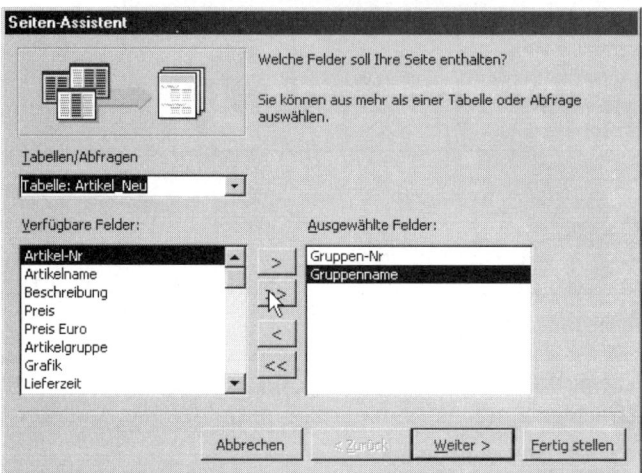

Auswählen der Felder und Tabellen

Nun wählen Sie das Feld aus, nach dem die Daten gruppiert werden sollen. Sinnvoll sind in diesem Fall die Felder *Gruppen-Nr* oder *Gruppenname*. Klicken Sie das gewünschte Feld an und fügen Sie es mit > hinzu.

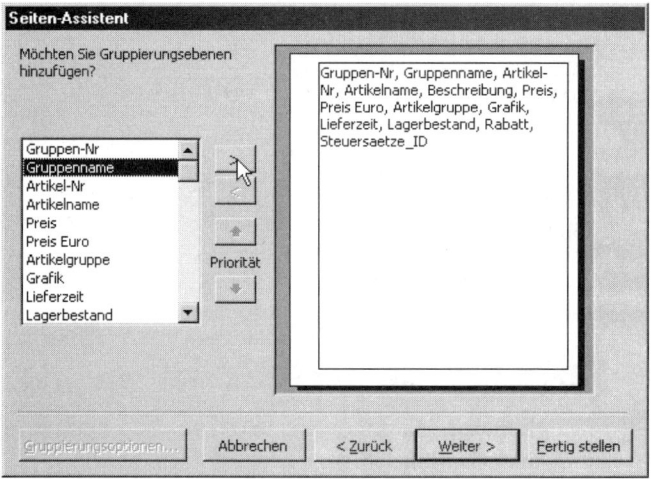

Festlegen der Gruppierungsoptionen

Wählen Sie nun das Feld aus, nach dem die Daten innerhalb der Gruppe sortiert werden sollen, und klicken Sie dann wieder auf *Weiter*.

> ## Hinweis
>
> ## Weitere Sortiermöglichkeiten
>
> Sie können natürlich auch nach bis zu vier Feldern sortieren und die Sortierfolge über die Schaltfläche *Aufsteigend* wechseln.
>
>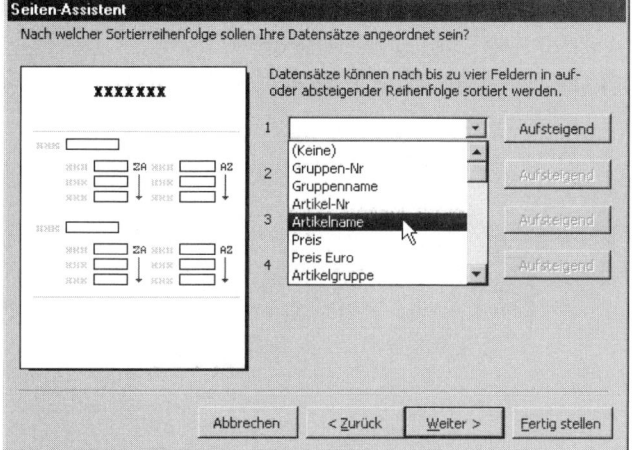

Sortierfolge einstellen

Im letzten Dialog können Sie den Namen für die Datenzugriffsseite festlegen. Er bestimmt nicht nur den Namen, unter dem die Seite im Datenbankfenster angezeigt wird, sondern auch den Namen der HTML-Seite, die Access erzeugt. Sie können der Datenzugriffsseite ein Design zuweisen, um sie zu formatieren. Wenn Sie das möchten, aktivieren Sie das Kontrollkästchen *Möchten Sie Ihrer Seite ein Design zuweisen*. Sie können das aber auch jederzeit später nachholen. Mit *Fertig stellen* wird die Datenzugriffsseite erstellt und in der Entwurfsansicht geöffnet.

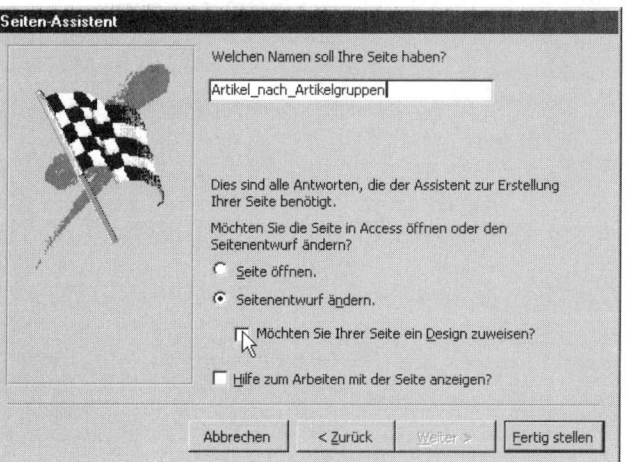

Assistenten fertig stellen

Datenzugriffsseiten bearbeiten

Access zeigt nun die Seite wie in der folgenden Abbildung an. Sie können daran schon sehen, dass der Assistent einen Kopfbereich für die Gruppe erstellt und für jeden Bereich eine Navigationsleiste eingefügt hat, die unterhalb der Bereiche angeordnet werden.

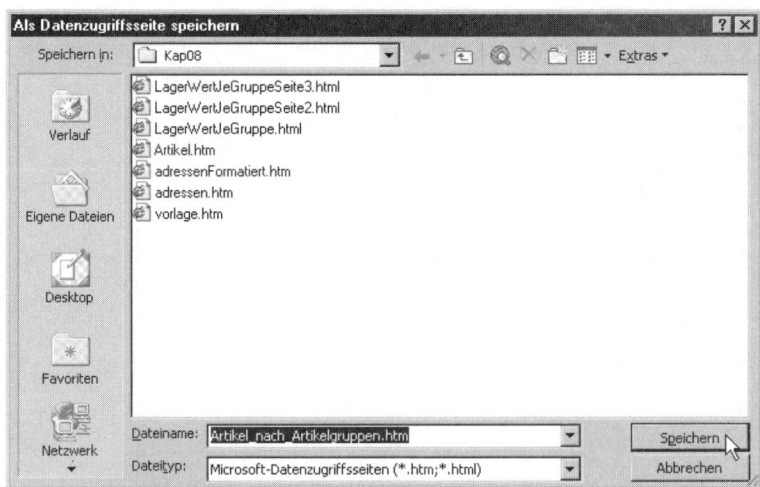

Anzeige der Seite in der Entwurfsansicht

Allerdings wurde die Seite noch nicht gespeichert. Das sollten Sie als Erstes machen, indem Sie *Datei/Speichern* auswählen und einen geeigneten Namen eingeben.

Speichern der Seite

Wenn Sie die Seite speichern, zeigt Access nun eine Warnung an, dass die Datenbankverbindung einen absoluten Pfad zur Datenbank enthält. Diese Warnung ist eine der Neuerungen gegenüber Access 2000. Sie sollten sie auch wirklich ernst nehmen und später die Datenbankverbindung anpassen. Sie können statt einer absoluten Pfadangabe nämlich auch eine UNC-Pfadangabe verwenden. Sie besteht aus dem Rechnernamen und einem Freigabenamen. Wie Sie die Datenbankverbindung anpassen, wird ab Seite 353 genau erläutert.

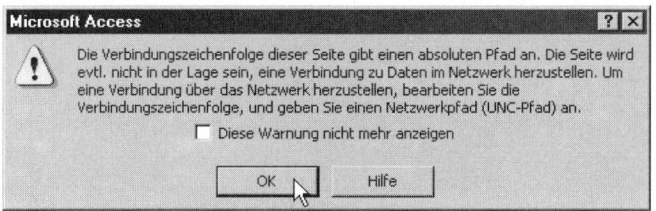

Warnung beim Speichern

Hintergrundbild festlegen

Die einfachste Möglichkeit, eine Seite ansprechend zu formatieren, ist die Wahl eines geeigneten Hintergrundbilds für die Seite. Als Grafikformate kommen GIF und JPG in Frage, die Sie mit jedem Grafikprogramm erstellen können, was Grafiken für Webseiten unterstützt.

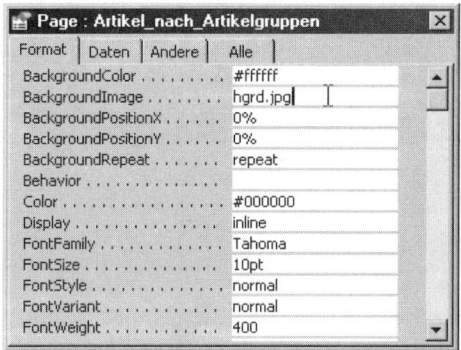

Einstellen des Hintergrundbilds

Wenn Sie ein solches Hintergrundbild erstellt haben, können Sie es der Seite zuweisen, indem Sie den Eigenschaften-Dialog über *Ansicht/Eigenschaften* oder F4 öffnen. Auf der Registerkarte *Format* geben Sie dann den Namen der Grafik für die Eigenschaft *BackgroundImage* ein. Sie sollten dabei auf die Angabe eines Pfads verzichten oder einen relativen Pfad angeben, damit die Seite auch korrekt angezeigt wird, wenn ein anderer Rechner im Netzwerk die Seite aufruft. Wenn Sie keinen Pfad angeben, wie in der Abbildung, müssen Sie die Grafik im gleichen Verzeichnis wie die Datenzugriffsseite speichern. Die Anzeige wird aktualisiert, sobald Sie die Eingabe mit Enter abschließen.

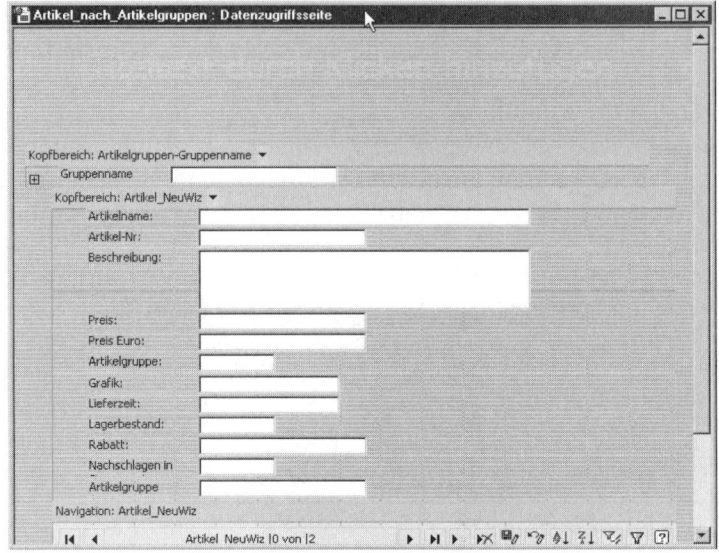

Seite mit Hintergrundbild

Felder verschieben und positionieren

Ungünstig ist natürlich noch, dass das Feld *Artikelgruppe* zweimal im Detailbereich vorhanden ist. Eines dieser Felder ist natürlich im Gruppenkopf sinnvoller aufgehoben. Sie können es einfach per Drag & Drop in den Kopfbereich verschieben. Wenn Sie dabei das Eingabefeld und nicht das Beschriftungsfeld mit der Maus anfassen, wird auch das Beschriftungsfeld mit verschoben.

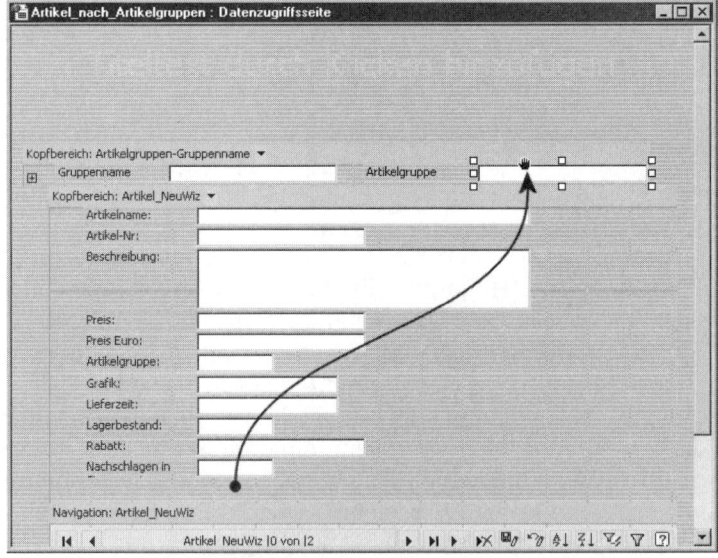

Verschieben des Felds Artikelgruppe

Das noch verbliebene Feld können Sie löschen. Dazu klicken Sie es mit der Maus an und drücken dann [Entf]. Wenn Sie die Seite dann speichern und ausführen, wird sie wie folgt dargestellt.

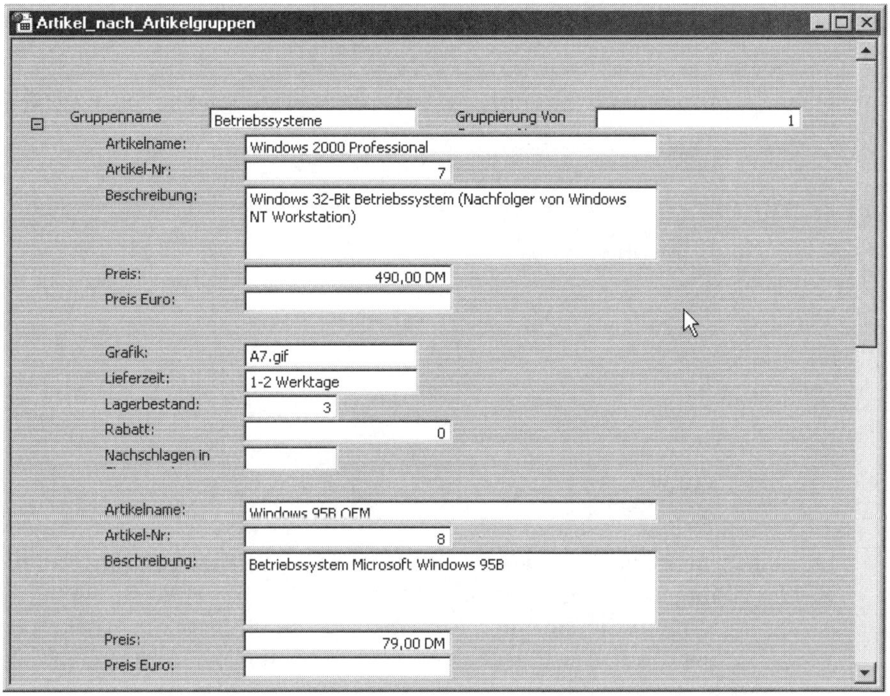

Vorläufiges Ergebnis

Sie sehen daran, dass es noch einiges zu verbessern gibt. Zum einen ist es natürlich ungünstig, dass der Detailbereich wiederholt wird. Das lässt sich in Datenzugriffsseiten aber nicht ändern. Sie können also nur den Detailbereich tabellarisch anordnen. Dazu könnten Sie die Beschriftungen in den Gruppenkopf verschieben und die Eingabefelder darunter anordnen. Bei solchen grundlegenden Änderungen ist aber eine Sicherungskopie der Datei zu empfehlen, da solche Änderungen dazu führen können, dass sich die Seite nicht mehr ausführen lässt.

Nachfolgend wird auf solche Änderungen aber nicht weiter eingegangen, da sich diese Probleme vermeiden lassen, wenn Sie komplexere, gruppierte Seiten direkt in der Entwurfsansicht erstellen.

Erstellen von Datenzugriffsseiten in der Entwurfsansicht

Wenn Sie Datenzugriffsseiten direkt in der Entwurfsansicht erstellen, haben Sie sehr viel mehr Möglichkeiten, auf den Aufbau der Seite Einfluss zu neh-

Internet und Intranet

8

men, und vermeiden so umständliche nachträgliche Änderungen. Der folgende Abschnitt zeigt, wie Sie eine Datenzugriffsseite erstellen, die alle Artikel nach Artikelgruppe auflistet.

1 Erstellen Sie zunächst eine leere Datenzugriffsseite, indem Sie im Datenbankfenster in der Rubrik *Seiten* auf *Neu* klicken.

2 Wählen Sie nun *Entwurfsansicht* aus und klicken Sie auf *OK*.

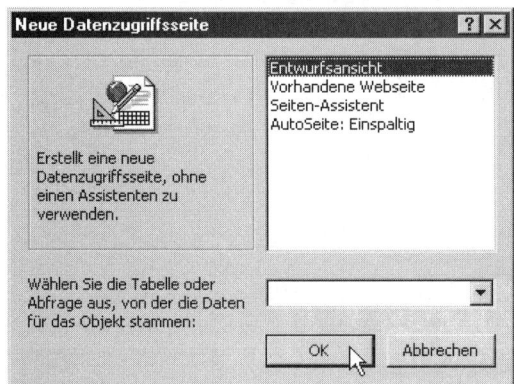

Erzeugen einer neuen Seite

3 In der Feldliste auf der rechten Seite werden nun alle Tabellen und Abfragen der Datenbank angezeigt. Sollte die Feldliste nicht sichtbar sein, können Sie sie über *Ansicht/Feldliste* einblenden. Klicken Sie anschließend auf das Pluszeichen vor dem Eintrag *Abfragen*, um die Abfragen anzeigen zu lassen.

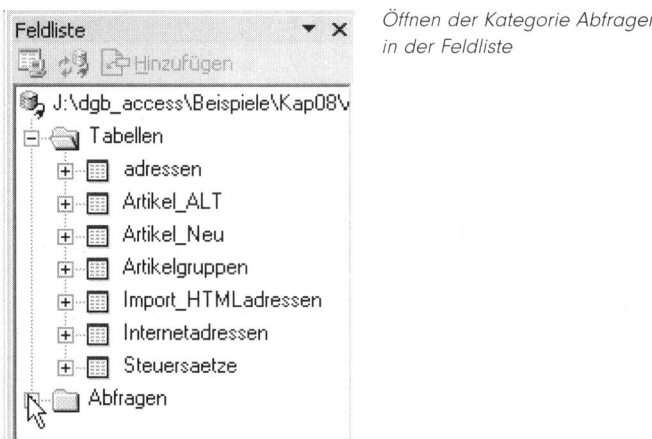

Öffnen der Kategorie Abfragen in der Feldliste

4 Sie können nun die Abfrage *Artikel* per Drag & Drop in die Seite ziehen.

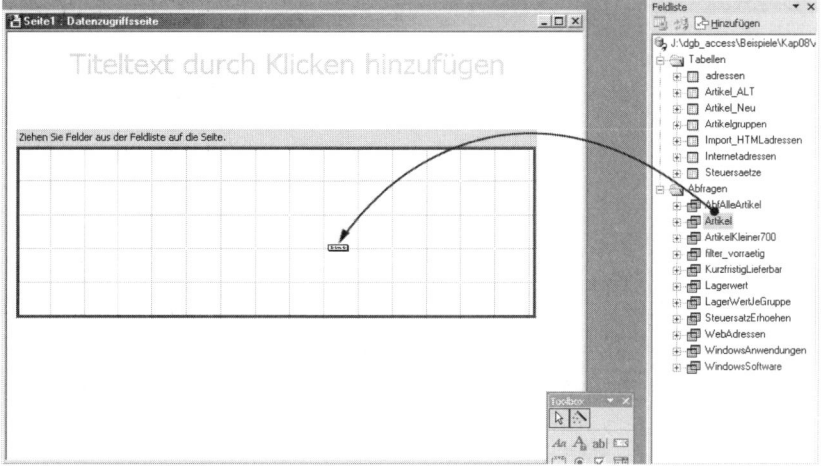

Abfrage auf der Seite anordnen

5 Access zeigt nun einen Dialog an, in dem Sie auswählen können, wie die Datensätze angeordnet werden sollen. Wählen Sie hier *Tabellarisch* aus und schließen Sie den Dialog mit *OK*.

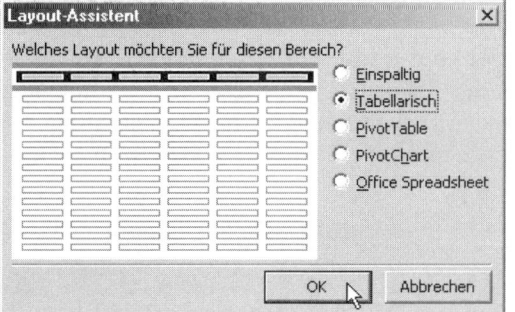

Auswählen des Layouts

6 Sie können nun die Felder nachträglich etwas besser anordnen und über das Menü *Format* wie in Formularen und Bereichen zueinander ausrichten.

Hinweis

Steuerelemente markieren

Leider ist es in Datenzugriffsseiten nicht möglich, mehrere Steuerelemente zu markieren, indem Sie einen Rahmen darum ziehen. Sie müssen also die [Umschalt]-Taste gedrückt halten und die Steuerelemente anklicken.

---

7 Jetzt fehlt noch der Titel der Seite. Um den festzulegen, klicken Sie auf den Platzhalter *Titel durch Klicken hinzufügen* und geben den gewünschten Text ein. Damit sollte die Seite dann in etwa so aussehen:

Internet und Intranet

8

Zwischenergebnis

Gruppe hinzufügen

Nun fehlt natürlich noch die Gruppierung. Sie müssen also einen Datensatz für den Gruppenkopf einfügen und die beiden Abfragen miteinander verbinden. Gehen Sie dazu wie folgt vor:

1 Um den Gruppenkopf und die darin anzuzeigenden Daten zu erstellen, ziehen Sie aus der Feldliste die Tabelle *Artikelgruppen* in die Seite, und zwar oberhalb des vorhandenen Bereichs. Lassen Sie die Maustaste los, wenn ein Bereich mit dem Text *Neuen Bereich erstellen über Artikel* erscheint.

Bereich einfügen

2 Jetzt zeigt Access wieder einen Dialog an, mit dem Sie das Layout der Felder bestimmen können. Allerdings haben Sie jetzt nur zwei Möglichkeiten zur Auswahl. Das liegt daran, dass dieser Bereich als Gruppenkopf dient. Wählen Sie auch hier die Option *Tabellarisch* aus und schließen Sie den Dialog mit *OK*.

Auswählen des Layouts

3 Nun legen Sie fest, welche Beziehung zwischen beiden Tabellen der Seite besteht. Wichtig hier, dass Sie die beiden Felder auswählen, über die die Tabellen in Beziehung stehen. Dies sind in diesem Fall also die Felder *Gruppen-Nr* und *Artikelgruppe*.

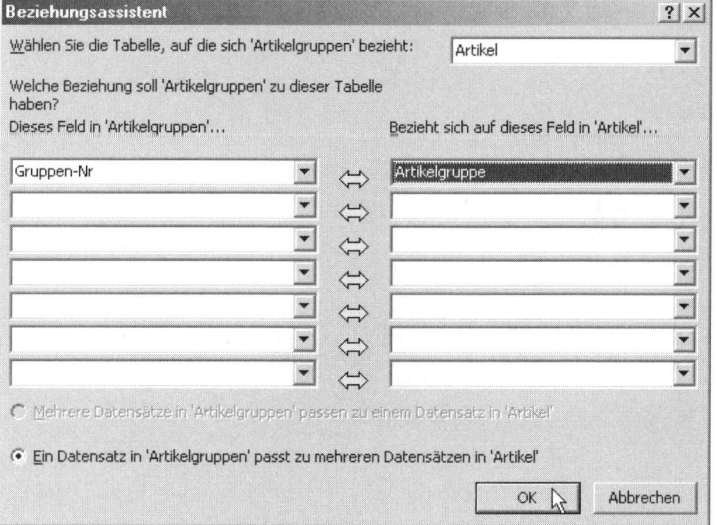

Legen Sie die Beziehungen der Tabellen fest

Hinweis

Beziehung nachträglich ändern

Sollten Sie im obigen Dialog falsche Angaben gemacht haben, können Sie das jederzeit nachträglich ändern. Dazu blenden Sie über *Ansicht/Datengliederung* das Datengliederungs-Fenster ein und klicken mit der rechten Maustaste auf die Tabelle mit dem gelben Symbol. Das ist die abhängige Tabelle der Beziehung. Wählen Sie nun aus dem Kontextmenü *Beziehungen* aus, gelangen Sie in einen ähnlichen Dialog und können dort die Einstellung für die Beziehung ändern.

Ändern der Beziehung

Beschriftungen anpassen

Was jetzt natürlich noch fehlt, ist die Anpassung der Beschriftungen. Es ist schließlich nicht sinnvoll, zwar den Europreis mit "Preis in Euro" zu beschriften, den DM-Preis jedoch nur mit "Preis".

Um die Aufschrift zu ändern, sind nur wenige Schritte notwendig.

1 Klicken Sie das Beschriftungsfeld *Preis* mit der Maus an.

2 Blenden Sie den Eigenschaften-Dialog ein, wenn er nicht sichtbar ist.

3 Aktivieren Sie dort die Registerkarte *Andere* und geben Sie für die Eigenschaft *InnerText* die gewünschte Beschriftung ein.

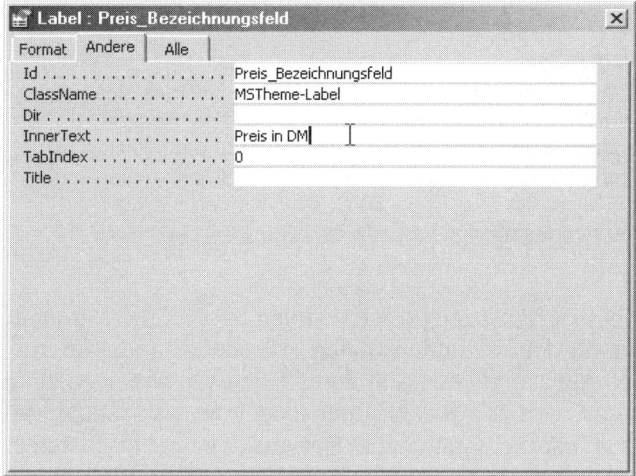

Aufschrift für Label-Feld ändern

4 Vergrößern Sie nun das Beschriftungsfeld, damit der neue Text auch komplett sichtbar ist.

5 Sie können nun die Seite speichern und ausführen. Sie sollte dann in etwa so aussehen:

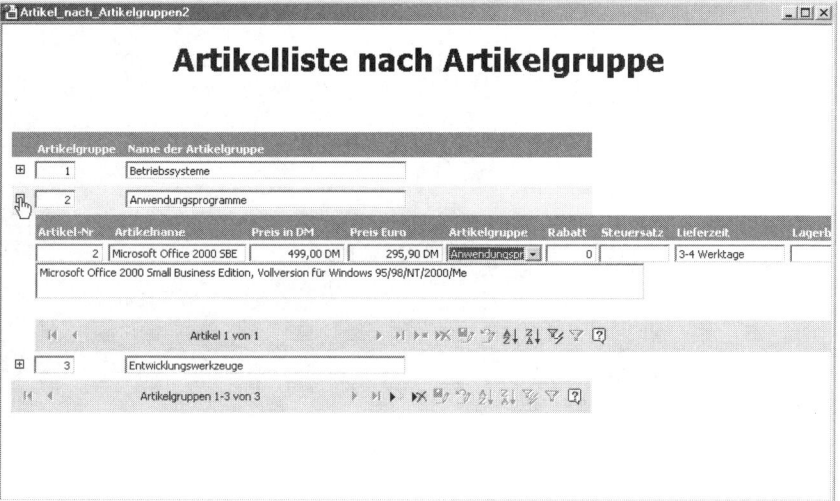

Vorläufiges Zwischenergebnis

Design zuweisen

Funktionieren tut die Seite nun zwar, allerdings lässt sich optisch noch etwas verbessern. Sie können ein Design zuweisen und so die Seite ansprechend formatieren.

8

Internet und Intranet

Hinweis

Designs erstellen

Im Unterschied zu Designs für Formulare können Sie die Designs für Datenzugriffsseiten nicht mit Access erstellen oder anpassen. Access bringt aber eigentlich schon eine Reihe Designs mit, die ganz brauchbar sind. Wenn Sie jedoch eigene Designs erstellen möchten, brauchen Sie dazu Microsoft FrontPage 2002. Dort können Sie Designs anpassen und neu erstellen.

1 Um ein Design zuzuweisen, wählen Sie *Format/Design* aus. Access blendet dann den folgenden Dialog ein. Hier können Sie in der rechten Liste die Designs anklicken, um deren Vorschau anzeigen zu lassen. Nicht alle Designs verfügen jedoch über eine Vorschau. Standardmäßig installiert Access nämlich nicht alle Designs. Die nicht installierten zeigen bei Auswahl nur eine Schaltfläche *Installieren* an, über die Sie das Design installieren können. Dazu benötigen Sie allerdings die Access-CD.

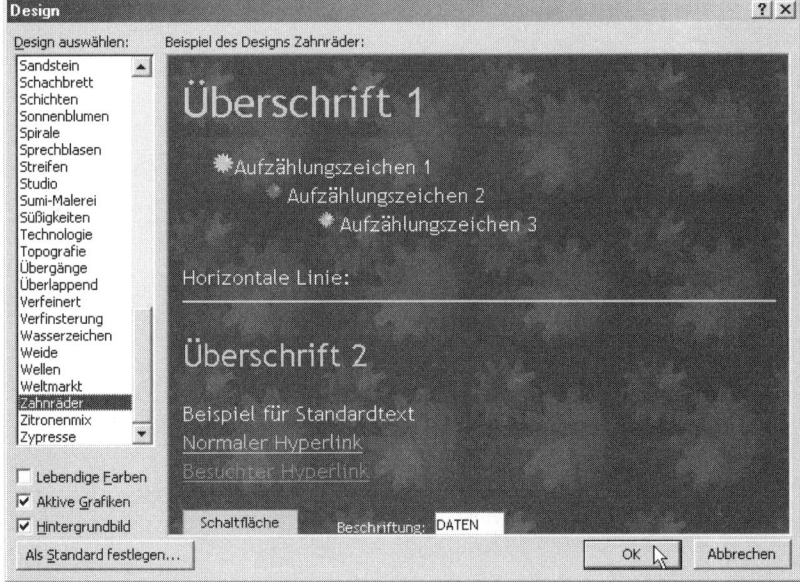

Vorschau des ausgewählten Designs

2 Wenn Sie ein geeignetes Design ausgewählt haben, schließen Sie den Dialog mit *OK* und weisen damit das Design zu.

Damit ist die Seite nun fertig und Sie können sie speichern, schließen und ausführen.

Datenbankverbindungen und Verknüpfungen anpassen

Problematisch bei Datenzugriffsseiten ist, dass hier sowohl bei den Verknüpfungen in der Datenbank als auch in der Verbindungszeichenfolge für die Datenbankverbindung absolute Pfadangaben gespeichert werden. Die funktionieren natürlich nur dann, wenn die Seite von einem bestimmten Rechner aus ausgeführt wird. Bei Anwendungen, die aber von mehreren Anwendern genutzt werden sollen und die somit auch von verschiedenen Rechnern im Netzwerk aus verwendet werden können, führt das dazu, dass diese Verknüpfungen nicht mehr funktionieren.

UNC-Pfadnamen

Die Lösung für dieses Problem sind UNC-Pfadnamen. Sie bestehen aus dem Rechnernamen und einem Freigabenamen anstelle des Laufwerkbuchstabens. Voraussetzung ist dafür also, dass das Verzeichnis, in dem sich die Datenzugriffsseiten und die dazu gehörenden Dateien befinden, freigegeben ist. Dazu muss die Datei- und Druckerfreigabe installiert sein. Dies sollte aber in einem Windows-Netzwerk in der Regel gegeben sein, zumindest dann, wenn Sie die Datenbank und die Datenzugriffsseiten auf einem Server speichern.

Befindet sich die Datenbank im Verzeichnis *dgb_access* auf einem Laufwerk, das als *DATEN02* freigegeben ist, und heißt der Rechner *SERVER*, müssen Sie als Pfad zur Datenbank *\\SERVER\DATEN02\dgb_access* angeben. Danach folgt der Datenbankname.

Datenbankverbindung anpassen

Um die absolute Pfadangabe in der Datenbankverbindung in eine UNC-Pfadangabe zu ändern, sind folgende Schritte erforderlich. Zunächst müssen Sie die Datenzugriffsseite in der Entwurfsansicht öffnen. Sollte die Datenbank wegen des absoluten Pfads nicht gefunden werden, zeigt Access dies mit einer entsprechenden Meldung an. Schließen Sie diese Meldung einfach.Klicken Sie nun auf das Symbol *Datenverknüpfungseigenschaften* der Feldliste, um die Eigenschaften anzupassen.

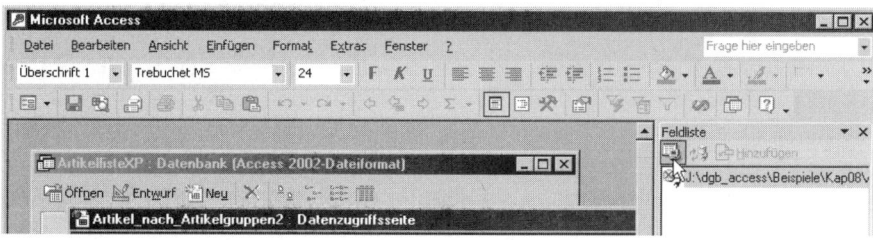

Anpassen der Datenbankverbindung

Sie können nun den Pfad zur Datenbank als UNC-Pfad eingeben und dann auf die Schaltfläche *Verbindung testen* klicken, um die Datenbankverbindung zu testen. Bestätigt Access eine korrekte Verbindung, können Sie den Dialog mit *OK* schließen.

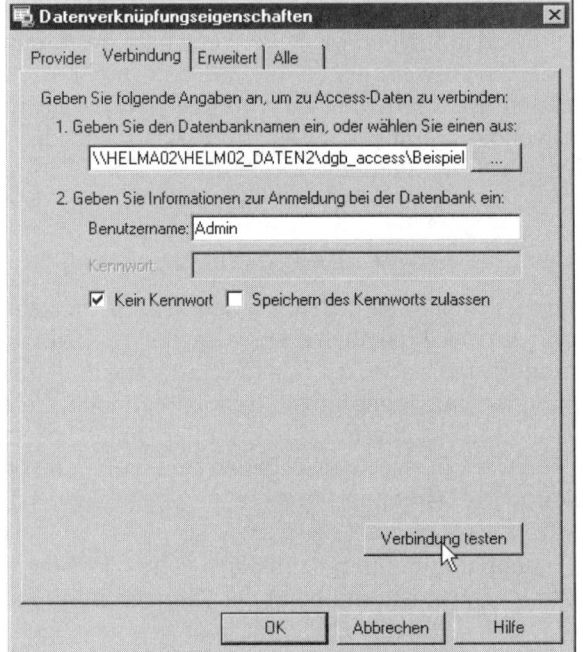

Testen der neu eingegebenen Datenbankverbindung

Verknüpfung zur Datenzugriffsseite anpassen

Auch die Verknüpfungen zur Datenbank funktionieren nicht mehr, wenn sie absolute Pfadangaben enthalten und dann die Datenbank von einem anderen Rechner aufgerufen oder die Datenbank mit den zugehörigen Dateien verschoben wird. Wenn Sie dann versuchen, die Datenzugriffsseite per Doppelklick im Datenbankfenster zu speichern, zeigt Access folgende Meldung an.

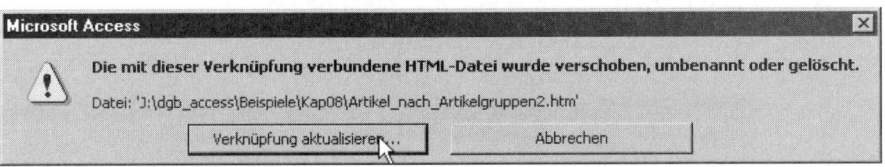

Fehlerhafte Verknüpfung

Sie sollten *Verknüpfung aktualisieren* anklicken, um die Verknüpfung anzupassen. Sie können nun in einem Dialog die HTML-Seite auswählen und Access aktualisiert den Pfad zur Datei. Der UNC-Pfad wird aber nur gespeichert, wenn sich die Datei auf einem Netzlaufwerk befindet. Befindet sie sich auf dem lokalen Laufwerk, können Sie Access so nicht dazu bewegen, einen UNC-Pfad zu speichern. Sie können den Pfad aber in diesem Fall nachträglich anpassen. Dazu müssen Sie zunächst sicherstellen, dass die Datei nicht gerade geöffnet ist. Dann klicken Sie mit der rechten Maustaste auf die Verknüpfung und wählen *Eigenschaften* aus dem Kontextmenü aus.

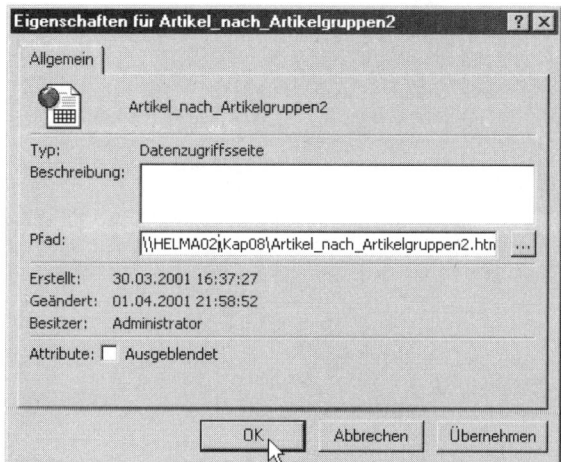

Verknüpfungspfad einstellen

In das Feld *Pfad* können Sie nun den UNC-Pfad eingeben und mit *OK* speichern.

8.4 Einsetzen der Microsoft Office-Webkomponenten

Seit Access 2000 gibt es so genannte Office-Webkomponenten, mit deren Hilfe in HTML-Seiten oder Datenzugriffsseiten ähnliche Objekte erzeugt werden können – wie die Tabellenblätter von Excel oder Diagramme von Access oder Excel. Wie Sie die Office-Webkomponenten einsetzen und nutzen können, zeigt dieser Abschnitt an einem Beispiel.

Was sind die Microsoft Office-Webkomponenten?

Die Office-Webkomponenten werden als XML-Daten in die Webseite eingefügt und durch ein ActiveX-Steuerelement dargestellt. Meistens sind sie auch mit einer Datenquelle verbunden. Einen Teil dieser Webkomponenten haben Sie bereits kennen gelernt, nämlich bei den Datenzugriffsseiten. In Datenzugriffsseiten wird nämlich ein Teil der Webkomponenten eingesetzt. Andere wie Diagramme die Spreadsheet-Komponente und das Pivot-Tabellen-Steuerelement können Sie optional in eine Datenzugriffsseite einfügen.

8

Internet und Intranet

Die folgende Abbildung zeigt bspw. ein Diagramm in einer Datenzugriffsseite, das über eine Webkomponente dargestellt wird.

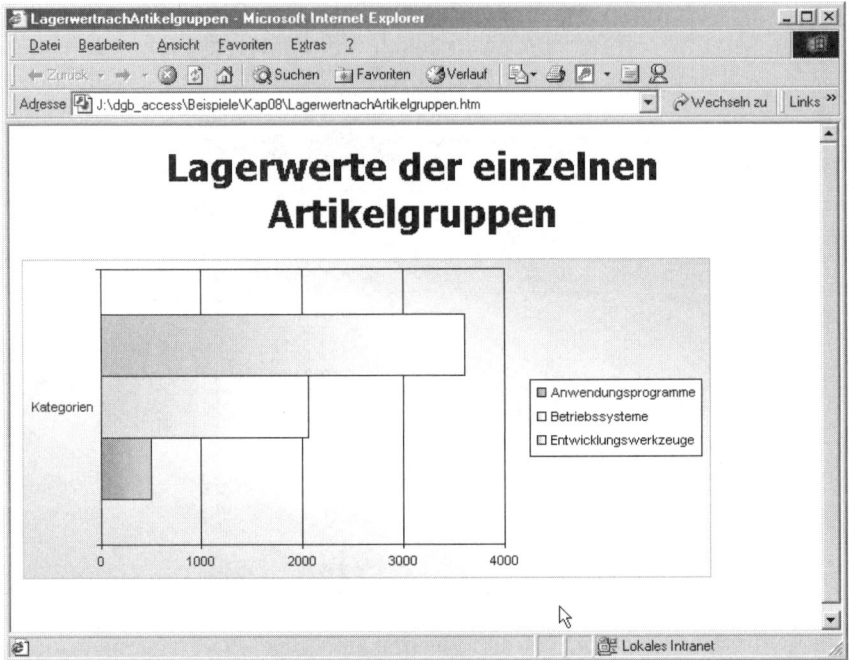

Darstellung einer Webkomponente im Internet Explorer 5.5

Einsatzmöglichkeiten und Einschränkungen

Die Daten und Formatierung der Webkomponenten werden in Form von XML-Tags dargestellt und erfordern daher den Internet Explorer 5.0 oder höher zur Darstellung. Zudem müssen auf dem Rechner des Betrachters die Webkomponenten installiert sein. Alternativ können Sie jedoch auch eine Download-Quelle in der Seite angeben, dann werden die benötigten Komponenten notfalls nachinstalliert.

Sie müssen dabei natürlich darauf achten, dass nur die Anzahl an Komponenten installiert wird, für die Sie Lizenzen zur Verfügung haben. Diese Möglichkeit kommt allerdings nur im Intranet in Betracht. Möchten Sie ein Installationsverzeichnis für die Komponenten angeben, benötigen Sie dazu eine Microsoft Office-Site-Lizenz. Wenn Sie über die Lizenz nicht verfügen, können die Komponenten nur mit Microsoft Office auf den Rechnern der Anwender installiert werden.

Aufgrund der Browser-Anforderungen und der Tatsache, dass die Office-Webkomponenten auf den Rechnern der Benutzer installiert sein müssen, kommt der Einsatz in der Regel nur im Intranet in Frage. Im Prinzip gelten hier also die gleichen Einschränkungen wie für Datenzugriffsseiten.

Ein Diagramm in eine Datenzugriffsseite einfügen

Der folgende Abschnitt zeigt an einem Beispiel, wie Sie ähnlich wie in einem Bericht auch auf Datenzugriffsseiten bzw. HTML-Seiten Webkomponenten einsetzen. Dazu wird die Datenbank *ArtikellisteXP.mdb* verwendet, in der schon eine Abfrage *LagerwertJeGruppe* vorhanden ist, die die Daten für das Diagramm liefern soll.

Hinweis

Datenzugriffsseiten versus HTML-Seiten mit Webkomponenten

Nicht alle Webkomponenten sind an eine Datenquelle gebunden. Die meisten allerdings schon. Fügen Sie solche datengebundenen Webkomponenten in eine HTML-Seite ein, wird die Seite damit automatisch zu einer Datenzugriffsseite, weil sie eine Datenquelle benötigt. Allerdings ist dies nicht zwangsläufig eine Access-Datenbank. Wenn Sie HTML-Seite mit Webkomponenten in Access erstellen möchten, geschieht dies wie bei Datenzugriffsseiten über die Rubrik *Seiten* des Datenbankfensters. Das ist unabhängig davon, ob die verwendete Komponente nun eine Datenbankanbindung hat oder nicht.

Das Diagramm erstellen

Um eine Webseite mit einem Diagramm zu erstellen, das den Lagerwert der einzelnen Artikelgruppen anzeigt, gehen Sie wie folgt vor:

1 Erstellen Sie eine neue, leere Datenzugriffsseite in der Entwurfansicht, indem Sie in der Kategorie *Seiten* auf *Neu* klicken und *Entwurfsansicht* auswählen.

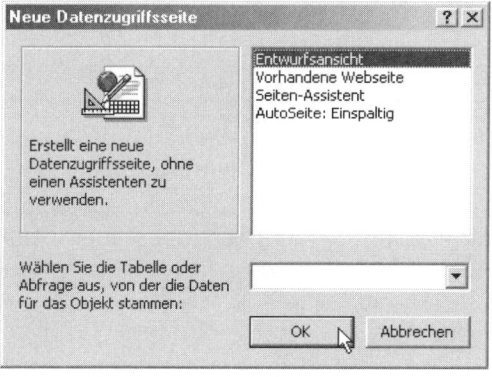

Seite in der Entwurfsansicht erzeugen

2 Markieren Sie den vorhandenen leeren Datenbereich, indem Sie ihn anklicken, und drücken Sie dann auf [Entf], um den Bereich zu löschen.

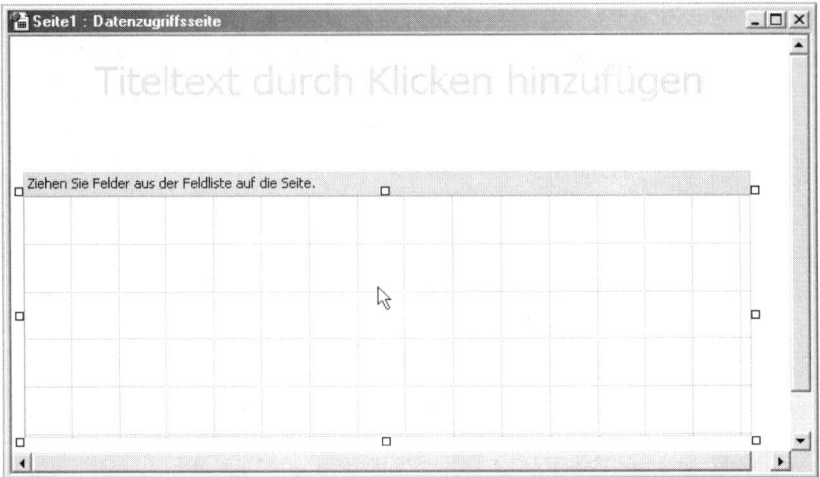

Markieren des Datenbereichs vor dem Löschen

3 Fügen Sie nun die Office-Chart-Komponente in die Seite ein, indem Sie
das entsprechende Symbol in der Werkzeugleiste anklicken und dann
einen Rahmen auf der Seite in der gewünschten Größe ziehen.

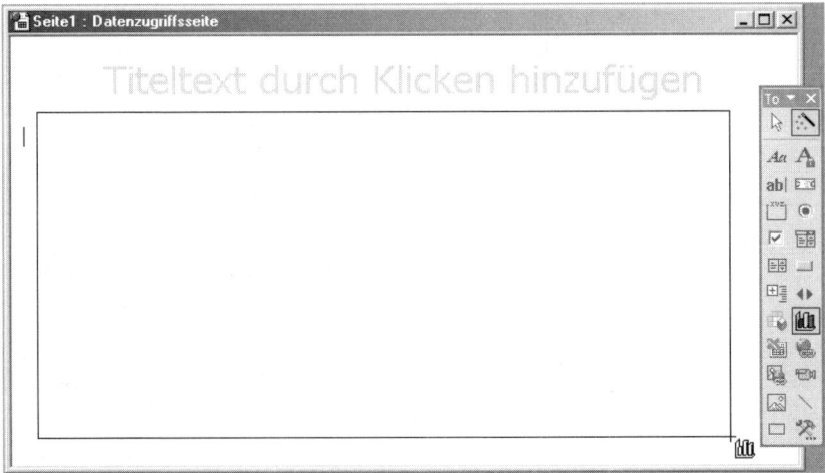

Einfügen einer Office-Chart-Komponente

4 Nun müssen Sie noch die Datenquelle bestimmen. Wenn Sie die Komponente eingefügt haben, klicken Sie dazu einfach einmal auf den Platzhalter. Sofort startet dann der Assistent, der Ihnen beim Einrichten der
Komponente behilflich ist.

Starten des Assistenten

8

Internet und Intranet

Hinweis

Später lässt sich der Assistent ebenfalls starten

Wenn Sie einmal die Datenquelle festgelegt haben, später aber Änderungen vornehmen möchten, können Sie den Assistenten starten, indem Sie auf das Symbol 📇 der Komponenten-Symbolleiste klicken oder *Daten* aus dem Kontextmenü des Diagramms auswählen.

1 Im ersten Schritt des Assistenten müssen Sie die Datenquelle bestimmen. Dazu klicken Sie einfach die Option *Daten von einem Element in dieser Webseite* an.

Hinweis

Vorsicht Falle!

Die Option *Daten von einer Datenbanktabelle oder Abfrage* mag Ihnen zwar als richtige Option erscheinen, wenn eine Abfrage die Daten liefern soll. Dies ist aber leider ein Irrtum. Die Option dient dazu, eine Abfrage oder Tabelle aus einer anderen als der aktuellen Datenbank zu verwenden. In diesem Fall müssen Sie dann nämlich die Datenbankverbindung manuelle definieren. Für die Daten der aktuellen Datenbank fügt Access in eine Datenzugriffsseite aber automatisch ein Datenquellen-Steuerelement ein. Das können Sie verwenden. Klicken Sie dazu einfach die Option *Daten von einem E-lement in dieser Webseite* an, um das im Feld aufgeführte Element *MSODSC* als Datenquelle zu verwenden.

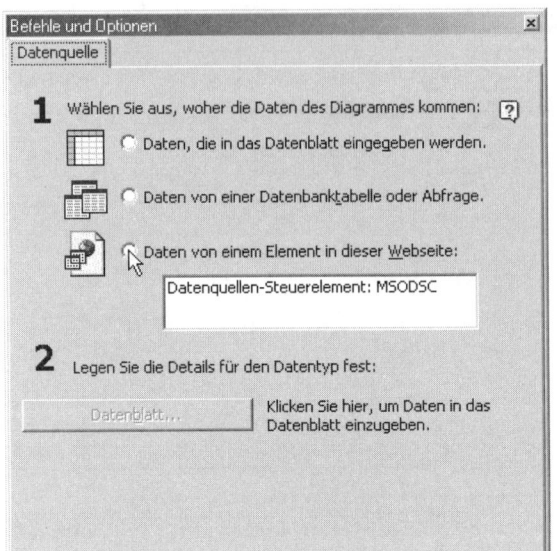

Auswählen der Datenquelle

2 Aktivieren Sie nun die Registerkarte *Datendetails* und wählen Sie dort aus der Liste *Datenelement, Tabelle, Sicht oder Cubename* die Abfrage *LagerwertJeGruppe* aus.

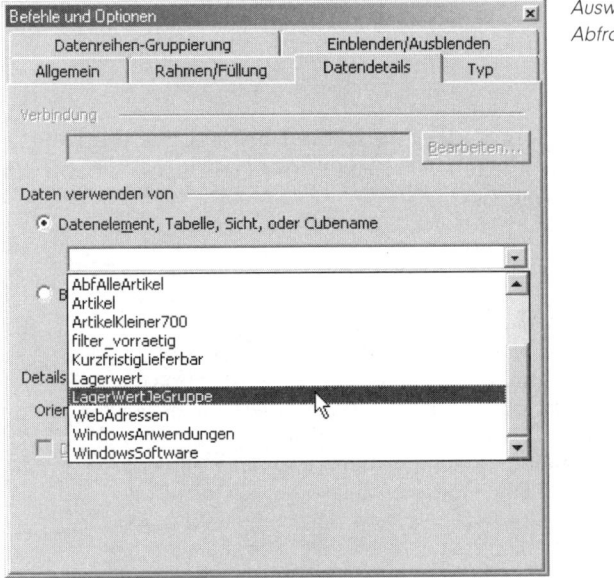

Auswählen der Abfrage

3 Aktivieren Sie nun das Kontrollkästchen *Detaildatensätze zeichnen*, damit auch alle Datensätze der Abfrage angezeigt werden und nicht nur deren Zusammenfassung.

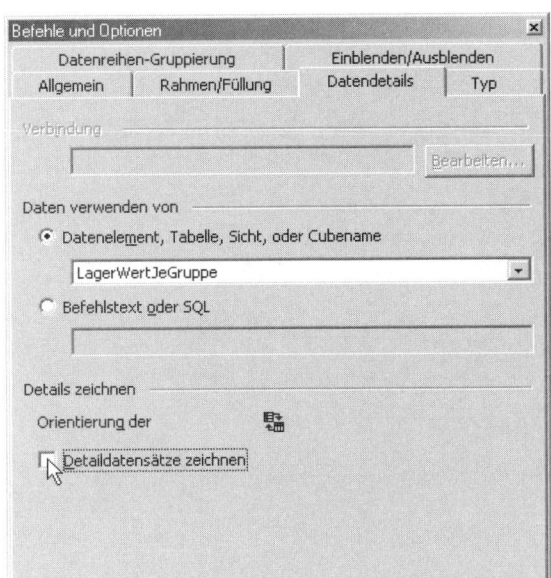

4 Nun müssen Sie nur noch die Felder in der Grafik anordnen und dann die Formatierungen festlegen. Ziehen Sie zunächst das Feld *Wert* der Abfrage aus der Feldliste auf den Platzhalter *Datenfelder hierher ziehen*.

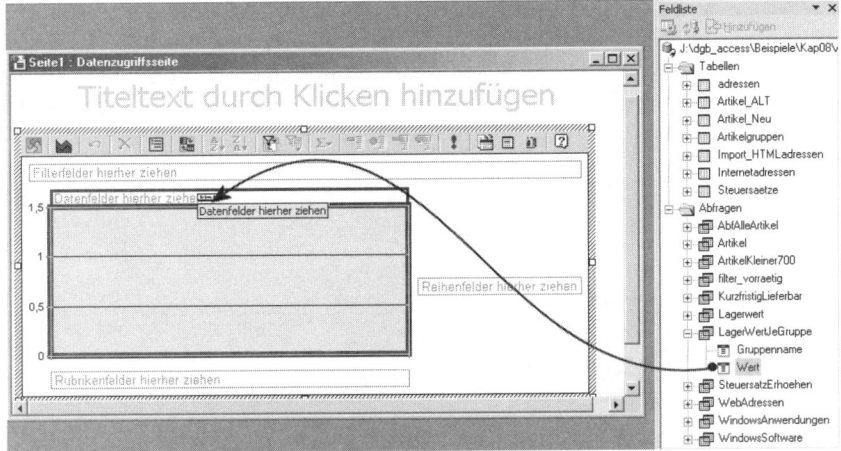

Einfügen des Felds Wert

5 Nun müssen Sie noch die Beschriftungen einfügen. Dazu ziehen Sie das Feld *Gruppenname* auf den Platzhalter *Rubrikenfelder hierher ziehen*. Das Ergebnis sollte dann in etwa so aussehen.

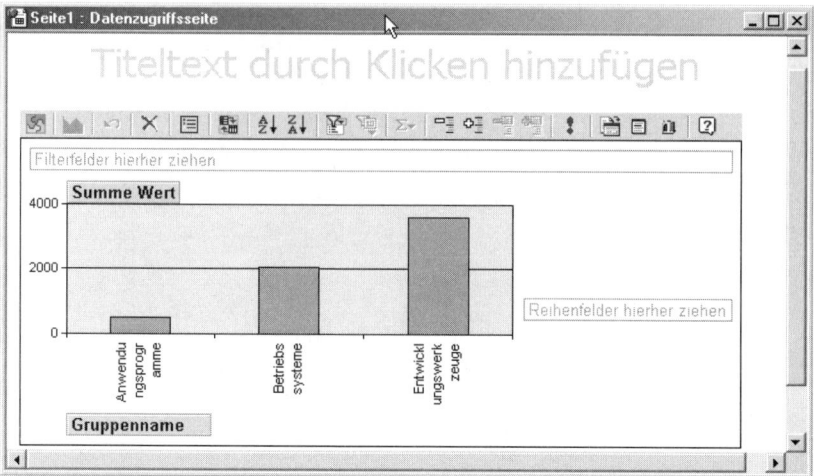

Zwischenergebnis

Diagramme formatieren

Was jetzt noch fehlt, ist eine ansprechende Formatierung. Aber auch die be-kommen Sie in wenigen Schritten hin.

1 Zunächst müssen Sie dafür sorgen, dass die dargestellten Daten nicht als eine, sondern als drei verschiedene Datenreihen dargestellt werden. Nur dann können Sie eine sinnvolle Legende erzeugen und die Balken unter-schiedlich formatieren. Dazu klicken Sie auf das Symbol *Nach Zeile/ Spalte*.

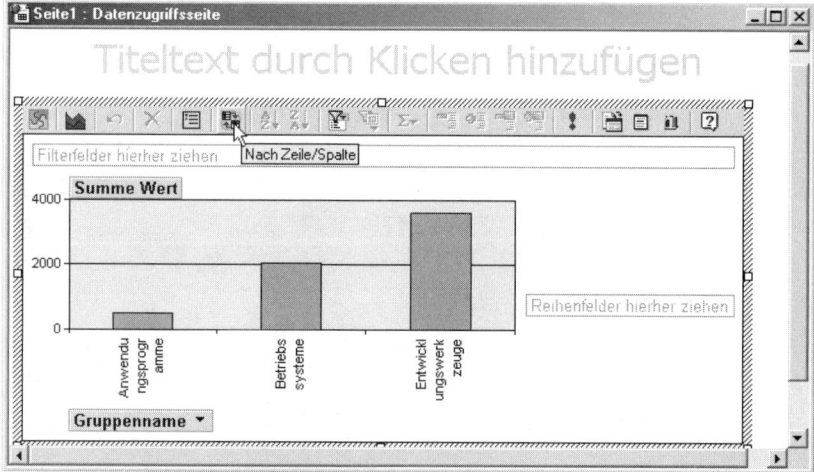

Anpassen der Darstellung

2 Sie können nun ganz einfach eine Legende hinzufügen, indem Sie auf das Legenden-Symbol klicken.

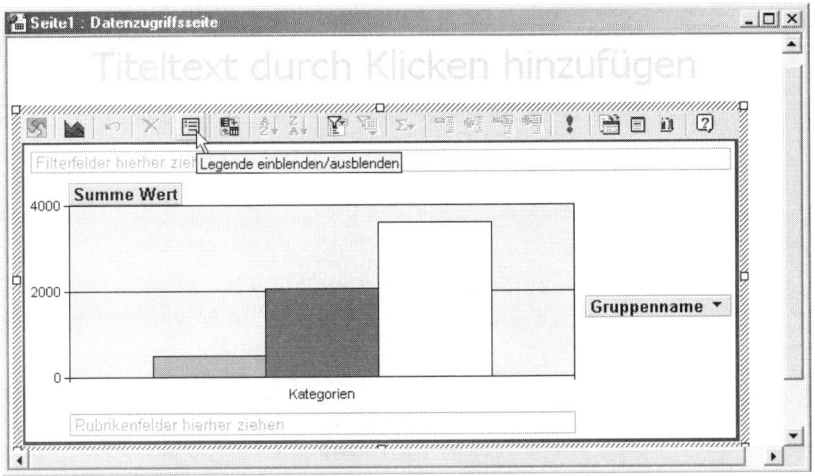

Einblenden der Legende

3 Nun können Sie den Diagrammtyp ändern, indem Sie auf das Symbol 📊 klicken. Es wird dann ein Dialog eingeblendet, in dem Sie neben der Datenquelle auch alle Formatierungen des Diagramms einstellen können. Auf der Registerkarte *Rahmen/Füllung* können Sie bspw. die Formatierung des Diagrammhintergrunds definieren.

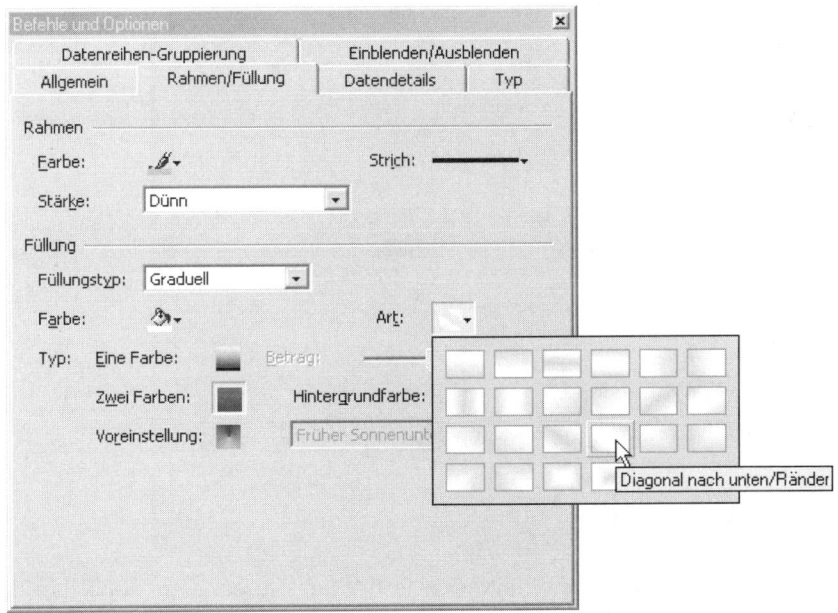

Diagrammfläche formatieren

Hinweis

Formatierungen für den Diagrammhintergrund

Der Hintergrund kann ähnlich wie in Excel-Diagrammen mit Farbverläufen oder einfarbig gefüllt werden. Wenn Sie einen Farbverlauf aus zwei Farben wählen, wird immer ein Verlauf von Vordergrund- zu Hintergrundfarbe erzeugt. Die Vordergrundfarbe wählen Sie dazu über das Feld *Farbe* aus, die Hintergrundfarbe entsprechend über *Hintergrundfarbe*. Die Richtung des Farbverlaufs können Sie bestimmen, indem Sie einen Verlauf aus dem Listenfeld *Art* auswählen.

4 Wenn Sie nun die Farben der Datenreihen festlegen möchten, klicken Sie dazu die gewünschte Datenreihe an. Sie wird dann auf der Registerkarte *Allgemein* im Feld *Auswählen* angezeigt.

5 Anschließend können Sie wieder auf der Registerkarte *Rahmen/Füllung* die Formatierung festlegen.

6 Da es die Chart-Webkomponente erlaubt, dass auch der Benutzer bei der Anzeige Daten filtert, das Diagramm formatiert oder anderweitig ändert, können Sie auf der Registerkarte *Einblenden/Ausblenden* festlegen, welche Bestandteile der Grafik angezeigt werden sollen und welche nicht. In der folgenden Abbildung sehen Sie die empfohlenen Einstellungen, wenn Sie Manipulationen und Änderungen durch den Benutzer unterbinden möchten.

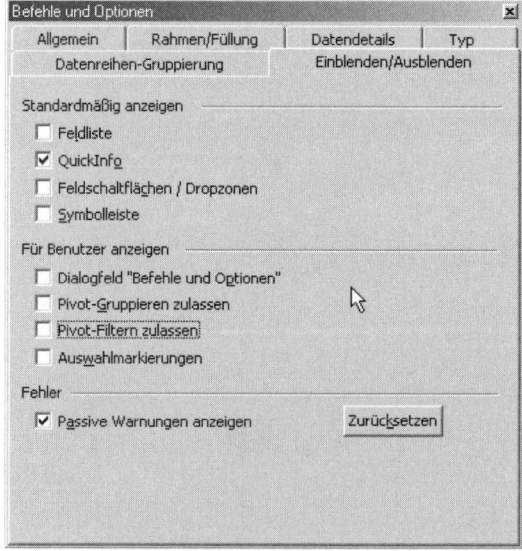

Hier legen Sie die anzuzeigenden Bestandteile der Komponente fest

7 Jetzt ist die Seite fast fertig, Sie müssen nur noch den Seitentitel eingeben, indem Sie auf den Platzhalter *Titeltext durch Klicken hinzufügen* klicken und den Titel eingeben.

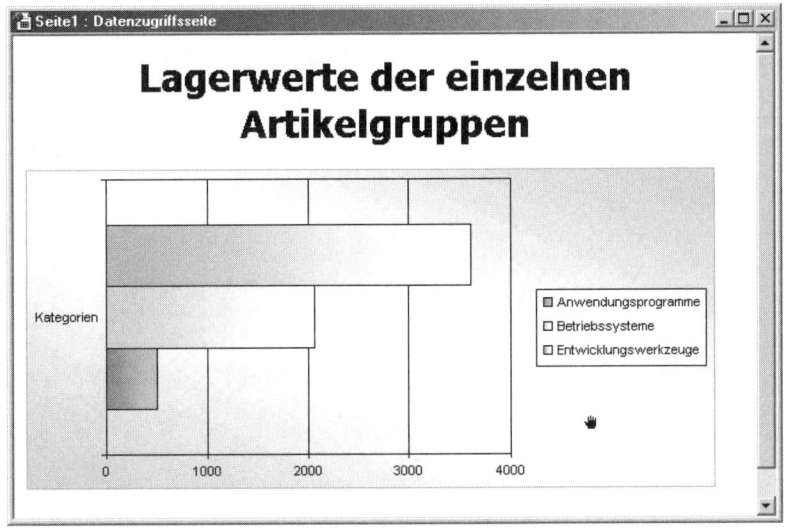

Fertige Webseite

8 Mit *Datei/Speichern* können Sie nun die Webseite speichern.

9. Datenbanken mit Makros automatisieren

Während Makros in anderen Programmen wie Word oder Excel ausschließlich dazu dienen, Abläufe zu automatisieren, kommt ihnen in Access eine zweite Bedeutung zu. Sie dienen außerdem dazu

- VBA-Funktionen aufzurufen, die so von Symbolleisten und Menüleisten gestartet werden können,

- Tastenkombinationen für die Datenbank zu definieren und

- Befehle automatisch beim Start der Datenbank auszuführen.

Hier erfahren Sie nun, wie Sie Makros erstellen und optimal nutzen können und wie sie Ihnen helfen können, um die Benutzeroberfläche Ihrer Datenbank zu optimieren.

9.1 Makros zur Automatisierung erstellen

Um Makros zu erstellen, brauchen Sie weder Programmierkenntnisse noch irgendwelche Kenntnisse über die Makrosprache. Alles Wissenswerte zu den einzelnen Makrobefehlen zeigt Ihnen der Editor an. Nachfolgend wollen wir ein Makro erstellen, das eine Excel-Datei mit Adressen mit der Datenbank verknüpft. Anschließend soll die verknüpfte Tabelle in der Datenblattansicht geöffnet werden.

Hinweis

Verwendete Dateien

Die nachfolgenden Ausführungen verwenden eine einfache Adressliste in einer Excel 2002-Arbeitsmappe und die bereits bekannte Datenbank *KundenXP.mdb*.

Was sind Makros?

Makros sind eine Abfolge von Makrobefehlen, die unter einem Namen zusammenfasst werden. Sie werden grundsätzlich in der Reihenfolge ausgeführt, in der sie im Makro gespeichert sind. Es kommt daher auf die Reihenfolge an, in der Sie die Befehle einfügen. Mehrere Makros können Sie jedoch in einer Makrogruppe zusammenfassen.

Einfache Makros erstellen und ausführen

Wenn Sie ein neues Makro erstellen möchten, wählen Sie dazu im Datenbankfenster die Kategorie *Makros* aus und klicken dann auf *Neu*. Daraufhin zeigt Access Ihnen den folgenden Dialog an. Dies ist der Makro-Editor, in dem Sie Makros ändern und erstellen können.

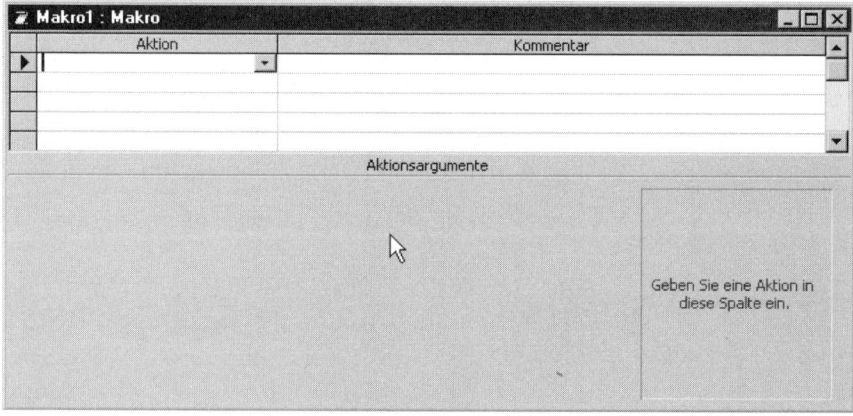

Der Makro-Editor

In der Spalte *Aktion* können Sie nun die Makrobefehle auswählen, die Access zur Verfügung stellt. Die möglichen Befehle werden nun alphabetisch sortiert aufgeführt.

Da sie in deutscher Sprache angezeigt werden, werden Sie keine Schwierigkeiten haben, die passenden Befehle zu finden. Wählen Sie hier den Befehl *TransferArbeitsblatt* aus. Er dient zum Import oder zur Verknüpfung einer Tabellenkalkulationsdatei.

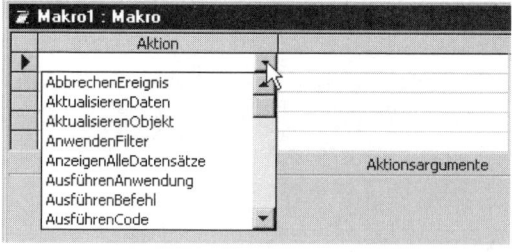

Auswählen von Befehlen aus der Aktionsliste

Notwendige Parameter des Befehls können Sie komfortabel eingeben oder auswählen

Damit Access auch weiß, welche Datei importiert werden soll, müssen Sie in diesem Fall unter anderem den Namen der Datei als Parameter angeben. Dazu werden nun im unteren Dialogbereich die Eingabefelder für die Parameter angezeigt.

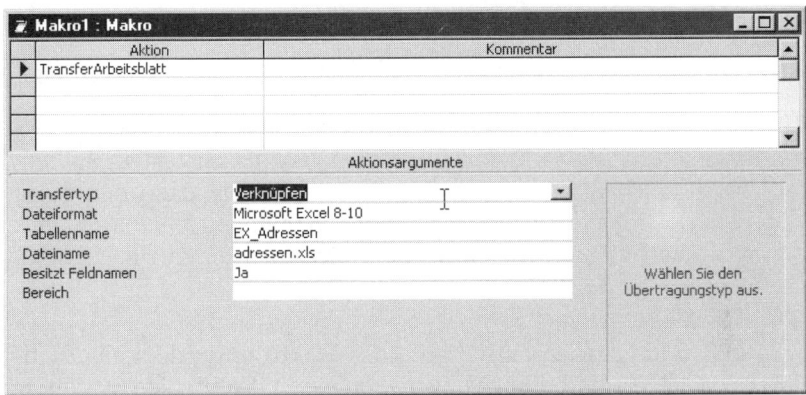

Eingeben der Parameter

Wichtig ist, dass Sie als Transfertyp *Verknüpfen* auswählen, damit die Datei mit der Datenbank verknüpft und nicht importiert wird. Den Parameter *Dateiformat* schlägt Access bereits richtig vor. Hier sind also nur Änderungen notwendig, wenn Sie Excel-Dateien einer früheren Excel-Version verwenden möchten. Für den Parameter *Tabellenname* geben Sie den Namen an, den die Tabellenverknüpfung in der Datenbank bekommen soll. Enthält die Excel-Tabelle in der ersten Zeile die Feldnamen, setzen Sie den Parameter *Besitzt Feldnamen* auf *Ja*, ansonsten auf *Nein*. Damit haben Sie alle notwendigen Parameter für den Befehl angegeben. Klicken Sie nun in der Spalte *Aktion* des Makro-Editors in das zweite Feld, um den nächsten Befehl einzugeben.

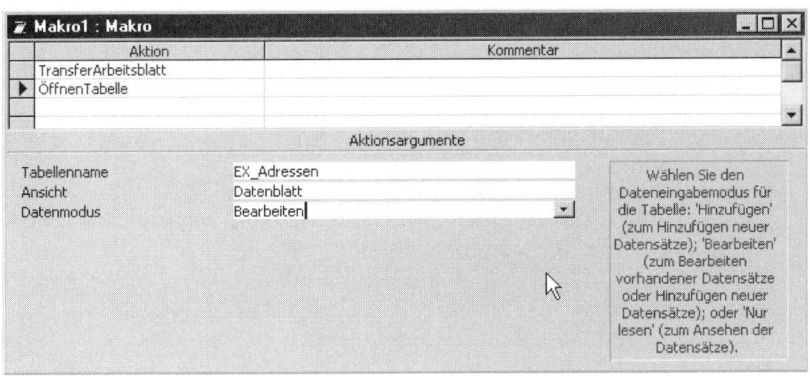

Einen zweiten Befehl eingeben

9

Makros einsetzen

Sie könnten nun beliebige weitere Aktionen an den ersten Befehl anfügen, indem Sie die Zeilen darunter mit anderen Befehlen füllen. Für das zu erstellende Makro wählen Sie nun den Befehl *ÖffnenTabelle* aus. Er dient dazu, eine Tabelle zu öffnen.

Auch für diesen Befehl müssen Sie natürlich wieder die Parameter einstellen. Wichtig ist hier vor allem, dass Sie als *Tabellenname* den Namen der Tabellenverknüpfung aus dem letzten Befehl eingeben, damit die verknüpfte Tabelle geöffnet wird.

Makro speichern

Bevor Sie nun das Makro ausführen, um es zu testen, sollten Sie es speichern. Auch das ist ganz einfach. Klicken Sie dazu den Menüeintrag *Datei/Speichern* oder *Datei/Speichern unter* an. In beiden Fällen zeigt Access nun einen kleinen Dialog, in dem Sie den Namen für das Makro eingeben müssen.

Klicken Sie danach auf *OK*, um das Makro unter dem eingegebenen Namen zu speichern und den Dialog zu schließen. Wenn Sie auf *Abbrechen* klicken, wird das Makro nicht gespeicher.

 *Speichern des Makros*

Wählen Sie *Datei/Speichern* aus. Nachdem Sie das Makro bereits einmal gespeichert haben, erscheint dieser Dialog jedoch nicht, sondern das Makro wird einfach unter dem bereits existierenden Namen gespeichert.

Makro ausführen

Nachdem Sie das Makro gespeichert haben, können Sie es nun testen. Dazu stehen Ihnen verschiedene Möglichkeiten sowohl innerhalb als auch außerhalb des Makro-Editors zur Verfügung. Nach der Speicherung des Makros ist der Makro-Editor immer noch geöffnet.

Sie können nun auf das abgebildete Symbol klicken, um das aktuell geladene Makro auszuführen. Eine zweite Möglichkeit besteht darin, aus dem Menü *Ausführen/Ausführen* auszuwählen.

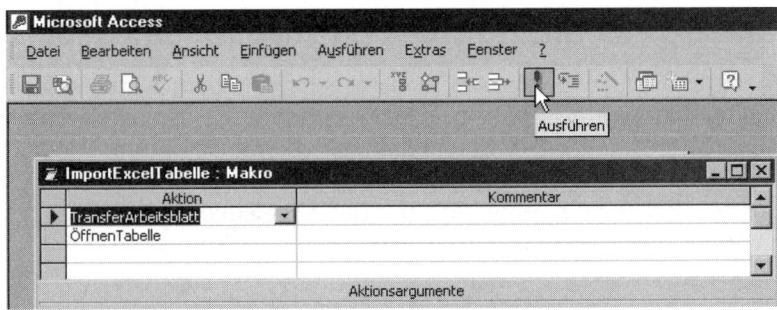

Makro im Makro-Editor ausführen

Haben Sie den Makro-Editor über die *Schließen*-Schaltfläche oder *Datei/Schließen* geschlossen, können Sie die Makros natürlich auch ausführen. Dazu gehen Sie folgendermaßen vor:

1 Wählen Sie die Kategorie *Makros* im Datenbankfenster aus.

2 Klicken Sie das Makro an, das Sie ausführen möchten.

3 Klicken Sie auf *Ausführen* oder wählen Sie *Extras/Makros/Ausführen* aus. In diesem Fall zeigt Access folgenden kleinen Dialog an, in dem das markierte Makro bereits eingetragen ist. Sie brauchen nur noch auf *OK* zu klicken, um das Makro zu starten.

Makro über das Menü starten

Außerdem können Sie natürlich auch das Kontextmenü des Datenbankfensters verwenden. Wählen Sie dort *Ausführen* aus, wird das angeklickte Makro ausgeführt.

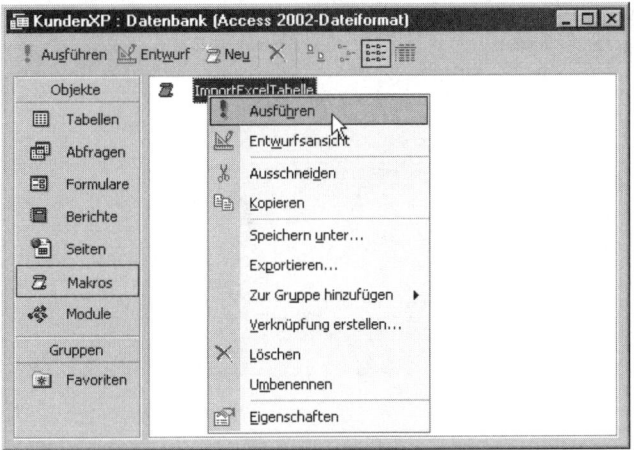

Makro über das Kontextmenü ausführen

9

Makros einsetzen

371

Makros zu Makrogruppen zusammenfassen

Was Sie bisher an Makros kennen gelernt haben, waren einfache Makros. Dabei wurde ein Makro in einer Makrodatei gespeichert, die Access in der Kategorie *Makros* des Datenbankfensters als Objekte anzeigt. Das ist aber nicht immer der Fall, sondern eher selten. Viel effektiver ist es, wenn Sie mehrere Makros in einer solchen Datei speichern. Wie das geht und welche Vorteile dies hat, erfahren Sie jetzt.

Speichern Sie mehrere Makros in Makrogruppen

Wenn Sie mehrere namentlich bezeichnete Makros in einer Datei speichern, wird diese Datei als Makrogruppe bezeichnet. Aus solchen Makrogruppen können Sie per Mausklick Symbolleisten und Menüleisten erzeugen und auch die Verwaltung ist wesentlich einfacher, weil Sie Makros mit ähnlichem Inhalt gut in Makrogruppen zusammenfassen können. So verlieren Sie nicht so schnell den Überblick über die Makros und müssen sich auch nicht ständig neue aussagekräftige Namen ausdenken, da die Namen nur innerhalb der Gruppe eindeutig sind müssen.

Mit dem Makro-Editor erzeugen Sie Makrogruppen ganz einfach

Wenn Sie aus dem Makro, das Sie eben erstellt haben, eine Makrogruppe machen möchten, der Sie noch weitere Makros hinzufügen, gehen Sie dazu folgendermaßen vor:

1 Öffnen Sie das Makro, indem Sie es markieren und auf *Entwurf* klicken.

2 Klicken Sie mit der rechten Maustaste auf den Fenstertitel und wählen Sie den Eintrag *Makronamen* aus, um die Spalte *Makroname* einzublenden.

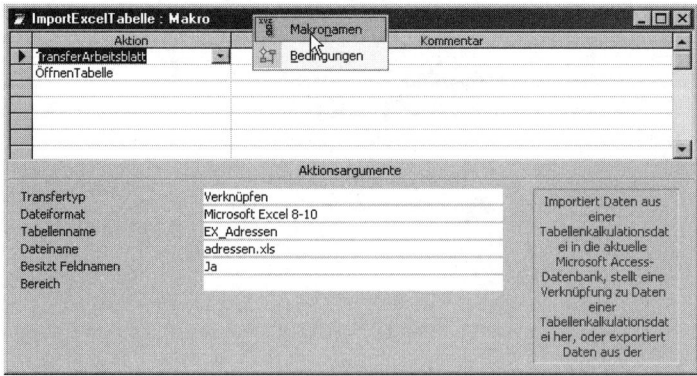

Spalte Makroname einblenden

3 Damit haben Sie im Prinzip schon eine Makrogruppe erzeugt.

Durch die Eingabe von Namen kennzeichnen Sie den Beginn eines Makros

Geben Sie nun vor dem ersten Befehl des Makros einen Namen für das Makro an, damit es in der Gruppe identifiziert werden kann. Sie können es bspw. *Import* nennen.

Darunter können Sie dann weitere Makros erstellen, indem Sie deren Befehle nacheinander aufführen und in der ersten Zeile des Makros den Namen angeben. Die Makrogruppe in der folgenden Abbildung besteht bspw. aus zwei Makros. Das erste heißt *Import* und importiert und öffnet die Excel-Tabelle. Das zweite besteht nur aus einem Befehl *Schließen* und schließt die Tabelle wieder. Würden Sie hinter das zweite Makro ein drittes anfügen, würde Access beim Ausführen am neuen Namen in der Spalte *Makroname* erkennen, dass das zweite zu Ende ist und das nächste anfängt.

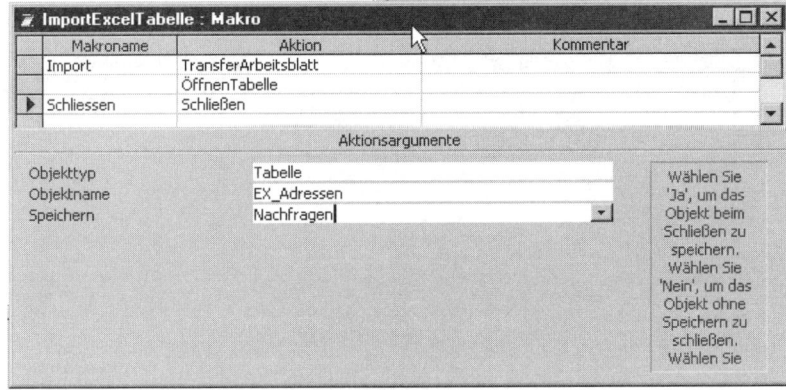

Benannte Makros einer Makrogruppe

Bedingungen in Makros verwenden

Die Makros, die wir bisher erstellt haben, sind recht einfach. Komplexe Anweisungsfolgen kann man damit noch nicht erstellen. Dazu sind Bedingungen notwendig, die es möglich machen, je nach Situation mal die eine und mal die andere Anweisung oder auch mehrere auszuführen. Das geht mit Makros natürlich auch und ist gar nicht schwer. Wir wollen nun das erste Makro etwas komplexer gestalten und Anweisungen einfügen, die dafür sorgen, dass nur der Benutzer *Admin* die Tabelle verknüpfen kann. Für alle anderen Benutzer soll die Tabelle nur zur Ansicht geöffnet werden.

Kopieren Sie Makros in wenigen Schritten

Bevor wir beginnen, das Makro in der Makrogruppe zu bearbeiten, sollten Sie dieses kopieren und der Kopie einen neuen Namen geben. Damit haben Sie am Ende zwei Makros mit ähnlichem Inhalt, die Sie wahlweise in unterschiedlichen Situationen aufrufen können. Dazu markieren Sie alle Zeilen des Makros. Anschließend gehen Sie folgendermaßen vor:

1 Wählen Sie *Bearbeiten/Kopieren* aus oder drücken Sie ⌷Strg⌷+⌷C⌷.

2 Setzen Sie den Cursor in das Feld *Makroname* der nächsten freien Zeile.

3 Drücken Sie ⌷Strg⌷+⌷V⌷ oder wählen Sie *Bearbeiten/Einfügen* aus.

4 Ändern Sie nun den Namen des Makros z. B. in *Import2*, da der Makroname innerhalb einer Makrogruppe eindeutig sein muss.

Die Bedingungsspalte können Sie per Mausklick einblenden

Klicken Sie mit der rechten Maustaste auf den Fenstertitel. Daraufhin zeigt Access ein Kontextmenü an, in dem Sie den Eintrag *Bedingungen* auswählen und anklicken.

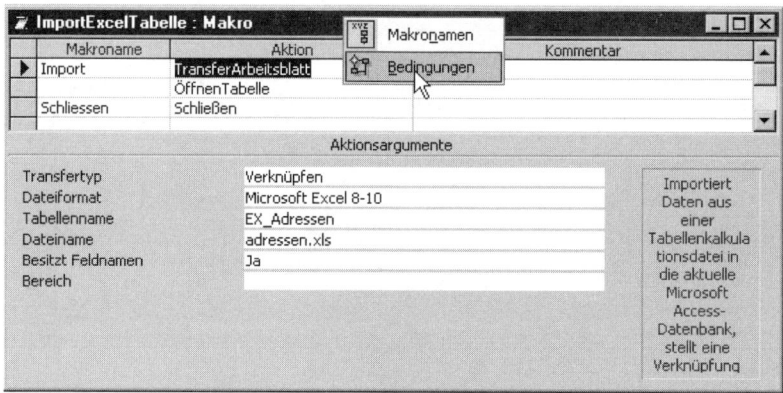

Bedingungsspalte einblenden

Hinweis

Auch über das Menü können Sie die Spalte einblenden

Wenn Sie kein Fan von Kontextmenüs sind und Ihre Anwendungen lieber über die Tastatur oder das Menü bedienen, ist dies auch kein Problem. Wählen Sie einfach *Ansicht/Bedingungen* aus oder drücken Sie die ⌷Alt⌷-Taste und halten Sie sie gedrückt, während Sie nacheinander die Tasten ⌷A⌷ und ⌷B⌷ drücken.

Nun hat Access die Spalte *Bedingung* vor der Spalte *Aktion* eingeblendet und Sie können dort die Bedingungen formulieren. Dabei hilft Ihnen ein Assistent.

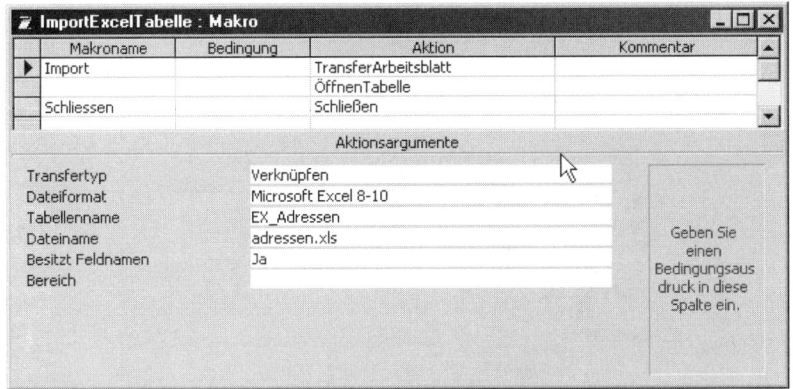

Eingeblendete Bedingungsspalte

Bedingungen mit dem Ausdrucks-Editor erstellen

Um den Ausdrucks-Editor aufzurufen, klicken Sie mit der rechten Maustaste in die erste Zelle der Spalte *Bedingung* und wählen *Aufbauen* aus dem Kontextmenü aus.

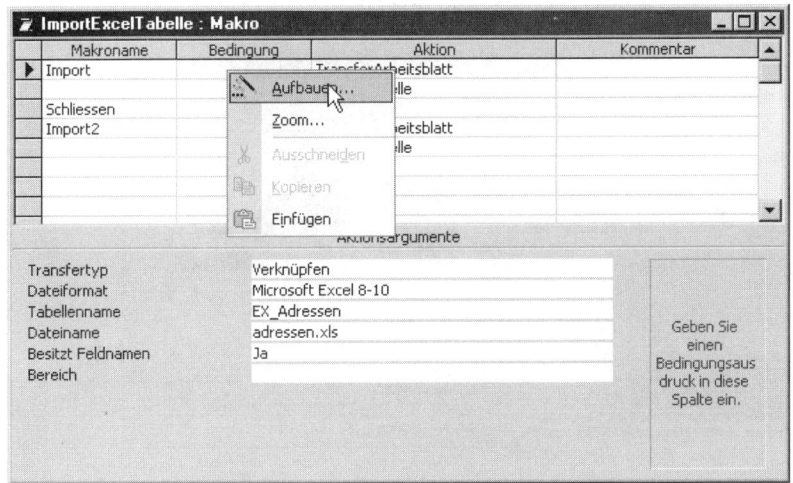

Aufrufen des Ausdrucks-Editors

Sie können hier nun die Bedingung erstellen, indem Sie folgendermaßen vorgehen:

1 Doppelklicken Sie im linken Listenfeld auf *Funktionen*.

2 Klicken Sie nun ebenfalls doppelt auf *Eingebaute Funktionen*.

9

Makros einsetzen

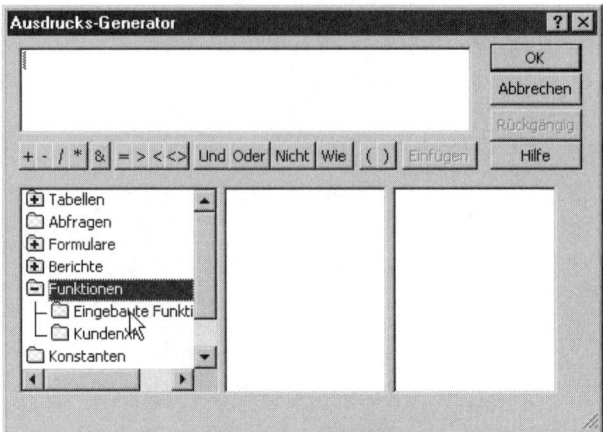

*Kategorie Eingebaute
Funktionen öffnen*

3 Markieren Sie nun in der mittleren Liste den Eintrag *<Alle>*.

4 Doppelklicken Sie in der rechten Liste auf *AktuellerBenutzer*.

5 Klicken Sie nun auf das Symbol = und ergänzen Sie dann den Ausdruck mit *"Admin"*.

6 Schließen Sie den Dialog mit *OK*.

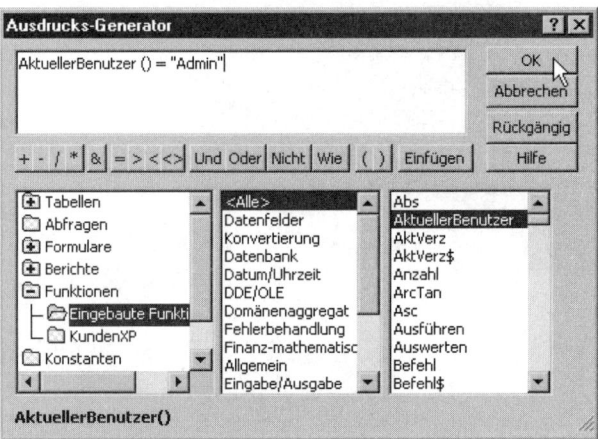

*Ergänzen der
Bedingung*

Setzen Sie nun den Cursor in ein anderes Feld des Makro-Editors. Access ü-bernimmt nun die Bedingung und wandelt sie in einen VBA-Ausdruck um. Dies merken Sie daran, dass die Funktion *AktuellerBenutzer* in *CurrentUser* umgewandelt wird. Die Funktion *CurrentUser* gibt den Namen des aktuell angemeldeten Benutzers zurück. Ihr Makro sollte nun so wie in der folgenden Abbildung aussehen.

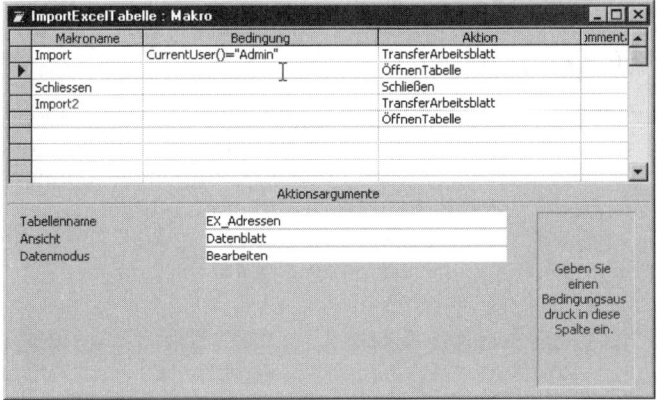

Vorläufiges Zwischenergebnis

Die Anweisung *TranferArbeitsblatt* wird nun ausgeführt, wenn der aktuelle Benutzer den Namen *Admin* hat. Nun müssen Sie natürlich noch dafür sorgen, dass andere Benutzer eine Meldung angezeigt bekommen. Dazu sollten Sie eine Zeile einfügen. Markieren Sie dazu die zweite Zeile des Makro-Editors, indem Sie auf den Zeilenkopf klicken.

Markieren einer Zeile

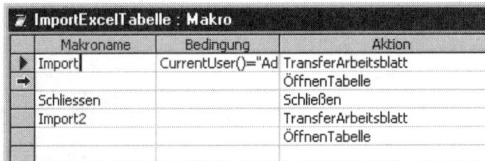

Sie können nun mit der rechten Maustaste auf die Markierung klicken und dann *Zeile einfügen* aus dem Kontextmenü auswählen. Hier geben Sie als Bedingung die gleiche Bedingung wie in der ersten Zeile ein, ersetzen aber den Operator = durch <>. Als Aktion wählen Sie *Meldung* aus und geben den auszugebenden Text als Parameter ein.

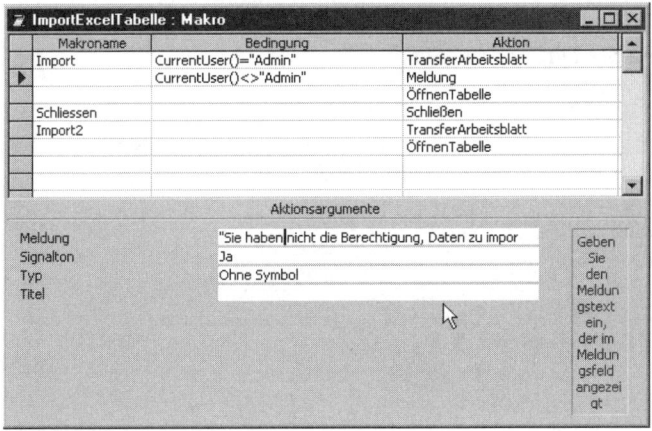

Text für die Meldung eingeben

9

Makros einsetzen

Verwenden Sie Kommentare, um auch später noch den Durchblick zu haben

Gerade in Makros, die Bedingungen enthalten und wie in unserem Beispiel mehrmals die gleichen Aktionen mit anderen Parametern aufrufen, sind Kommentare sehr hilfreich. Anhand dieser Kommentare können Sie schnell den Aufbau und den Inhalt des Makros erkennen, ohne dazu z. B. die einzelnen Parameter der Aktionen vergleichen zu müssen. Die Kommentare zu den Befehlen geben Sie einfach in die Spalte *Kommentar* ein.

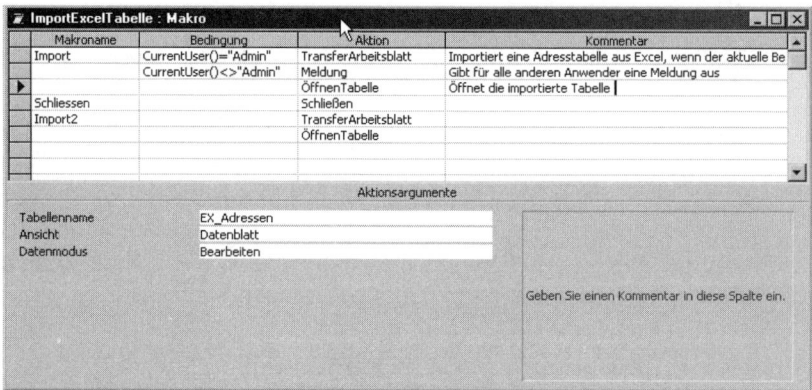

Mit Kommentaren behalten Sie den Überblick

Wichtige und komplexe Makros sollten Sie ausdrucken

Wenn Sie Makros erstellt haben, die mit viel Aufwand verbunden sind oder sehr spezifische Parameter haben, sollten Sie diese Makros drucken, um sie später im Notfall schnell wiederherstellen zu können. Das geht ganz einfach:

1 Öffnen Sie das Makro in der Entwurfsansicht

2 Wählen Sie *Datei/Drucken* aus.

3 Bestimmen Sie nun, was Sie ausdrucken möchten. In der Regel reicht es für die Dokumentation, wenn Sie nur die Optionen *Eigenschaften* und *Aktionen und Argumente* aktivieren.

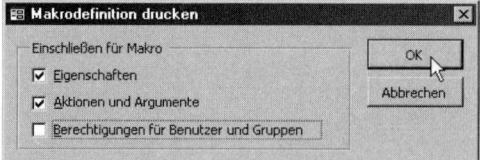

Auswählen der zu druckenden Makroeigenschaften

4 Klicken Sie auf *OK*, um den Ausdruck zu starten.

9.2 Gespeicherte Makros ausführen

Access kennt neben einfachen Makros auch Makrogruppen und so genannte selbstausführende Makros. Alle diese verschiedenen Makrotypen werden unterschiedlich ausgeführt.

Wie Sie einfache Makros ausführen, haben Sie ja bereits kennen gelernt. Hier geht es daher nur um die Ausführung von Makros in Makrogruppen und um selbstausführende Makros.

Makros in Makrogruppen ausführen

Wenn Sie versuchen, eine Makrogruppe als Ganzes auszuführen, wird immer das erste Makro der Gruppe ausgeführt. Damit Sie eines der anderen Makros ausführen können, gibt es nur zwei Möglichkeiten:

- Sie weisen das Makro einer Symbolleistenschaltfläche oder einem Menüeintrag zu, wie dies im Kapitel „Makros über Symbolleisten, Menüleisten und Formulare starten" ab Seite 387 beschrieben wird.

- Sie wählen *Extras/Makros/Makros ausführen* aus. Daraufhin erscheint der folgende Dialog, aus dem Sie dann das gewünschte Makro auswählen und mit *OK* dessen Ausführung starten.

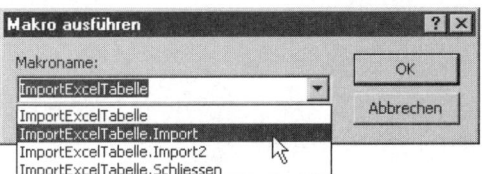

Auszuführendes Makro auswählen

┌───── Hinweis

Sie erkennen die Makros einer Makrogruppe an dem Punkt

Überall, wo Sie Makros auswählen können, bspw. um sie einem Ereignis eines Formulars zuzuweisen oder einem Menüeintrag, werden Makros einer Makrogruppe gleich dargestellt. Zunächst wird der Name der Makrogruppe genannt, hier *ImportExcelTabelle*, dann folgt ein Punkt. Erst danach folgt der Name des Makros in der Makrogruppe. Die Auswahl des Eintrags *ImportExcelTabelle* in obiger Abbildung hat die gleiche Wirkung wie ein Doppelklick auf die Makrodatei im Datenbankfenster. Das heißt, es wird nur das erste Makro der Makrodatei ausgeführt.

Selbstausführende Makros

Neben Makros, die blitzschnell per Tastendruck gestartet werden können, bietet Access aber auch die Möglichkeit, Makros zu erstellen, die vollkommen automatisch beim Öffnen der Datenbank ausgeführt werden. Diese Makros lassen sich genauso einfach erstellen. Sie können ein Makro, das beim Öffnen der Datenbank ausgeführt wird, dazu nutzen, um bspw. die Warnungen bei Aktionsabfragen zu deaktivieren. Dazu erstellen Sie ein Makro mit der Aktion *Warnmeldungen*, dessen Parameter *Warnmeldungen An* Sie auf *Nein* setzen.

Darunter sollten Sie zum Test noch eine Meldung einfügen, damit Sie wissen, ob das Makro auch ausgeführt wurde. Nach dem Test können Sie die Meldung wieder löschen.

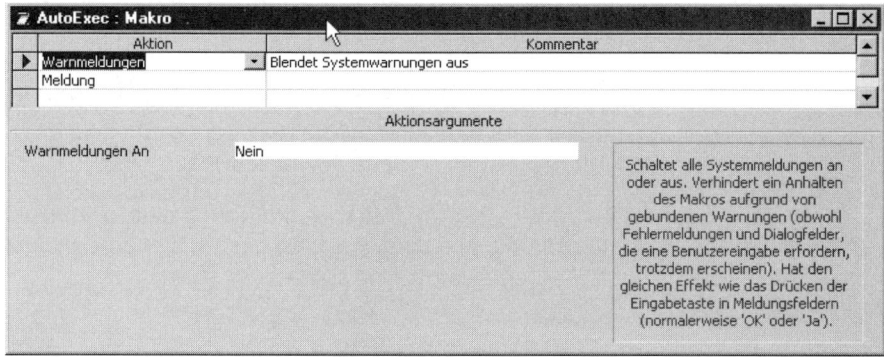

Warnmeldungen deaktivieren

Der Name macht den Unterschied

Damit das Makro beim Öffnen der Datenbank ausgeführt wird, müssen Sie es unter dem Namen *AutoExec* speichern. Dabei müssen Sie die Groß- und Kleinschreibung beachten. Es ist also wichtig, wirklich *AutoExec* als Namen anzugeben und nicht etwa *Autoexec* oder *autoexec*. Beim Öffnen der Datenbank prüft Access, ob ein solches Makro in der Datenbank vorhanden ist. Wenn es gefunden wird, wird es automatisch gestartet.

┌──── **Hinweis**

AutoExec-Makro testen

Wenn Sie testen möchten, ob das Makro funktioniert, schließen Sie die Datenbank und öffnen sie erneut. Nach dem Öffnen sollte das Makro automatisch ausgeführt werden.

9.3 Shortcuts zum schnellen Arbeiten festlegen

Gerade Makros bieten eine Menge Möglichkeiten, die Wege in der Datenbank zu verkürzen. Sie können bspw. Makros per Tastenkombination starten oder Desktop-Verknüpfungen anlegen, über die Sie Makros gleich nach dem Öffnen der Datenbank ausführen können.

Desktopverknüpfungen

Neben den AutoExec-Makros können Sie noch eine andere Sorte Makros erstellen, die besonders schnell ausgeführt werden. Dies sind Makros mit einer Desktop-Verknüpfung, über die sie gestartet werden können. Der Anwender braucht nur noch einen Doppelklick auf die Verknüpfung auszuführen und schon wird erst Access und dann die Datenbank geladen und das Makro ausgeführt.

So verknüpfen Sie Makros mit dem Desktop

Haben Sie ein Makro erstellt, das bspw. den Befehl *Maximieren* enthält, um das Access-Fenster zu maximieren, können Sie dieses Makro nach dem Start der Datenbank unabhängig von einem AutoExec-Makro ausführen. Dazu müssen Sie eine Desktop-Verknüpfung erstellen.

1 Klicken Sie im Datenbankfenster mit der rechten Maustaste auf das Makro, das mit dem Desktop verknüpft werden soll.

2 Wählen Sie aus dem Kontextmenü den Eintrag *Verknüpfung erstellen* aus.

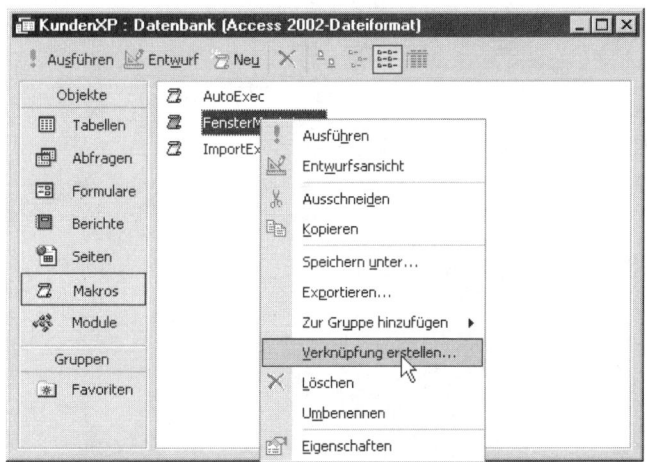

Erstellen einer Desktop-Verknüpfung

9

Makros einsetzen

3 Wählen Sie nun das Verzeichnis, in dem die Verknüpfung erstellt werden soll. In der Regel wählt Access hier das Desktop-Verzeichnis Ihres Betriebssystems aus. Wenn Sie stattdessen eine Verknüpfung im Startmenü erstellen möchten, wählen Sie einfach ein anderes Verzeichnis aus, indem Sie auf *Durchsuchen* klicken. Wenn Sie auf *OK* klicken, wird die Verknüpfung erzeugt.

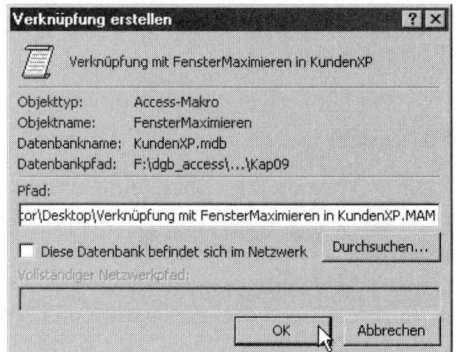

Erstellen der Verknüpfung

Die Verknüpfung wird nun erstellt. Sie können sie dann auf dem Desktop bearbeiten und beispielsweise den Text des Symbols ändern.

Ändern Sie den Text der Verknüpfung

Wenn Sie die Verknüpfung bearbeiten möchten, müssen Sie dazu zum Desktop wechseln. Wenn Sie eine Windows 95-Tastatur verwenden, geht dies ganz einfach über [Win]+[M]. Ansonsten können Sie auch mit der Maus alle Fenster nacheinander minimieren. Ab Windows 98 und höher können Sie auch das Desktop-Symbol in der Startleiste anklicken.

Erzeugte Desktop-Verknüpfung

Wenn Sie nun den von Access erzeugten Text der Verknüpfung ändern möchten, klicken Sie dazu mit der rechten Maustaste auf das Symbol und wählen *Umbenennen* aus dem Kontextmenü aus. Sie können nun den Text eingeben, der unter dem Symbol erscheinen soll. Bestätigen Sie die Änderung zum Schluss mit Enter.

Geben Sie einfach den neuen Text ein.

Sobald Sie Enter gedrückt haben, werden die Änderungen übernommen und die Verknüpfung wird umbenannt.

So nutzen Sie die Verknüpfung

Damit Sie auch etwas von der Verknüpfung haben, sollten Sie sie natürlich auch benutzen. Sie können dies über das Kontextmenü oder durch einen Doppelklick. Klicken Sie doppelt auf das Symbol, wird automatisch Access und die Datenbank geladen und das Makro ausgeführt. Dabei wird auch das AutoExec-Makro ausgeführt, wenn die Datenbank ein solches Makro enthält. Auch über das Kontextmenü können Sie das Makro ausführen. Dazu wählen Sie den Eintrag *Ausführen* aus dem Kontextmenü aus.

Sie können aber auch direkt über die Verknüpfung Änderungen am Makro vornehmen, indem Sie den Eintrag *Entwurf* auswählen. Dann wird das Makro nicht ausgeführt, sondern nach Öffnen der Datenbank das Makro im Makro-Editor geöffnet und angezeigt.

Makros Shortcuts zuweisen

Innerhalb von Access können Makros schneller aufgerufen werden, wenn Sie ihnen Tastenkombinationen zuweisen.

9

Makros einsetzen

Hinweis

Eingeben der Tastenkombinationen

Der Makro-Editor stellt für die Definition einer Tastenkombination keine gesonderte Spalte zur Verfügung, in der Sie die Tastenkombinationen definieren können. Das ist auch nicht notwendig, da Sie die Tastenkombinationen in der Spalte *Makroname* eingeben können. Die Tastenkombinationen ersetzen also den Makronamen.

Gehen Sie folgendermaßen vor, um das Makro entsprechend zu ändern:

1 Öffnen Sie die Makrogruppe im Entwurfsmodus.

2 Ersetzen Sie dann die Namen der beiden verbliebenen Makros durch Tastenkombinationen. Sie können dazu alle Funktionstasten ([F1] bis [F12]), alle Buchstaben und Zahlen verwenden und diese mit den Tasten [Strg] oder [Umschalt] kombinieren. Die Zeichen, die Sie für die Tasten verwenden können, finden Sie in der folgenden Tabelle.

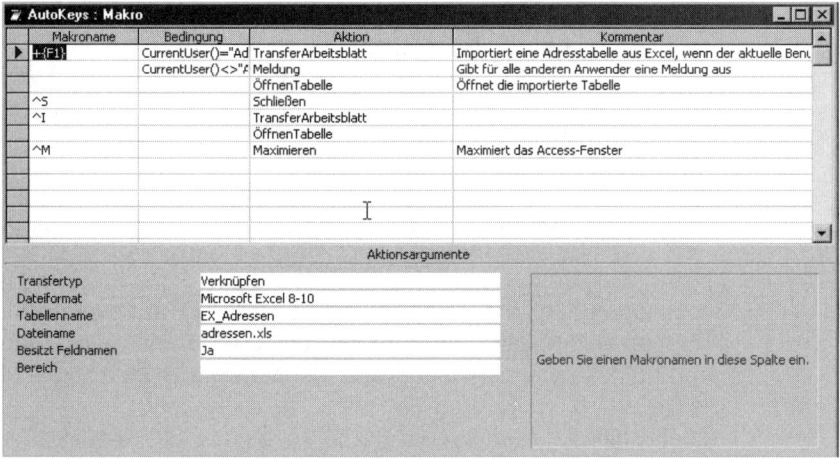

Definieren von Tastenkombinationen

Die Tastenkombinationen setzen sich aus mehreren Zeichen zusammen

Jede Tastenkombination besteht aus einer Aneinanderreihung von Zeichen, die die einzelnen Tasten kennzeichnen. Das Zeichen ^ steht z. B. für die [Strg]-Taste. Dahinter folgen die Codes für die zweite Taste der Tastenkombination. Im Beispiel also die Taste [M]. Soll statt einer einfachen Buchstabentaste eine Funktionstaste wie z. B. [F11] gedrückt werden, müsste der Code ^{F11} heißen.

Hinweis

So geben Sie das Zeichen ^ am einfachsten ein

Wenn Sie für eine Tastenkombination mit [Strg] einen Vokal verwenden möchten, müssen Sie nach dem Zeichen ^ z B. ein a oder u eingeben. Standardmäßig erscheint bei Eingabe von ^ und a aber ein â. Sie sollten daher grundsätzlich nach der Eingabe des Zeichens ^ ein Leerzeichen eingeben. Dann erscheint das Zeichen. Nun geben Sie den nachfolgenden Buchstaben ein. Um die Tastenkombination ^a zu definieren, drücken Sie also nacheinander folgende Tasten: [^], [Leertaste], [A]. Das funktioniert auch bei allen anderen Buchstaben, auch wenn es keine Vokale sind.

Diese Zeichen können Sie für die Tastenkombinationen verwenden

Hinweis

Nicht alle Kombinationen sind zulässig

Die Taste [Umschalt] kann nicht zusammen mit normalen Buchstaben oder Zahlen als Kombination verwendet werden, sondern nur zusammen mit Sondertasten und Funktionstasten. Richtig sind bspw. folgenden Tastenkombinationen: +{F1} und +{DELETE}, falsch hingegen ist +A.

Zeichen	Bedeutung	Beispiel
^	[Strg]	^B = [Strg]+[B]
+	[Umschalt]	+{F1} = [Umschalt]+[F1]
%	[Alt]	%A = [Alt]+[A]
{F1}	[F1]	+{F1} = [Umschalt]+[F1]
{F2}	[F2]	+{F2} = [Umschalt]+[F2]
{F3}	[F3]	+{F3} = [Umschalt]+[F3]
{F4}	[F4]	+{F4} = [Umschalt]+[F4]
{F5}	[F5]	+{F5} = [Umschalt]+[F5]
{F6}	[F6]	+{F6} = [Umschalt]+[F6]
{F7}	[F7]	+{F7} = [Umschalt]+[F7]
{F8}	[F8]	+{F8} = [Umschalt]+[F8]
{F9}	[F9]	+{F9} = [Umschalt]+[F9]
{F10}	[F10]	+{F10} = [Umschalt]+[F10]
{F11}	[F11]	+{F11} = [Umschalt]+[F11]
{F12}	[F12]	+{F12} = [Umschalt]+[F12]
{INSERT}	[Einfg]	+{INSERT} = [Umschalt]+[Einfg]
{DELETE}	[Entf]	+{DELETE} = [Umschalt]+[Entf]
A	[A]	^A= [Strg]+[A]
B	[B]	^B= [Strg]+[B]

9

Makros einsetzen

Zeichen	Bedeutung	Beispiel
C	Ⓒ	^C= ⌊Strg⌋+Ⓒ
Z	Ⓩ	^Z= ⌊Strg⌋+Ⓩ

▌ **Hinweis**

**Benutzerdefinierte Tastenkombinationen
überschreiben die Standard-Tastenbelegung**

Vergeben Sie für ein Makro eine Tastenkombination, die bereits
vorher mit einer Access-Funktion belegt war, überschreibt Ihre Tastenkombination die Standardeinstellung. Die Access-Funktion können
Sie dann nicht mehr über einen Shortcut aufrufen. Diese Einstellung
gilt jedoch nur für die aktuelle Datenbank.

Die Tastaturbelegung anpassen

Damit Access auch weiß, dass die Makros dieser Makrogruppe über Tastenkombinationen ausgeführt werden sollen, muss der Name der Makrogruppe
AutoKeys lauten. Außerdem müssen Sie dann alle Makros mit Tastenkombinationen benennen. Sie müssen also nun das Makro unter diesem Namen
abspeichern. Wählen Sie dazu *Datei/Speichern unter* aus.

Mit dem Speichern werden die definierten Tastenkombinationen aktiviert
und stehen zur Verfügung.

▌ **Hinweis**

Vorsicht Falle

Benennen Sie eine Makrogruppe in *AutoKeys* um, indem Sie deren
Namen im Datenbankfenster ändern, werden die Tastenkombinationen nicht aktiviert. Sie werden erst aktiv, wenn Sie entweder die
Datenbank schließen und neu öffnen oder das Makro einmal im Editor öffnen, speichern und wieder schließen.

So können Sie jetzt die Makros starten

Sobald Sie die Makrogruppe gespeichert und geschlossen haben, können Sie
die neu definierten Tastenbelegungen verwenden. Drücken z. B. ⌊Strg⌋+Ⓣ
wird das Makro ausgeführt, das das Access-Fenster maximiert.

Trotzdem können Sie die Makros der Makrogruppe noch über *Extras/Ma-
kro/Makro ausführen* starten. Dann zeigt der Dialog aber natürlich die Tastenkombinationen als Namen an.

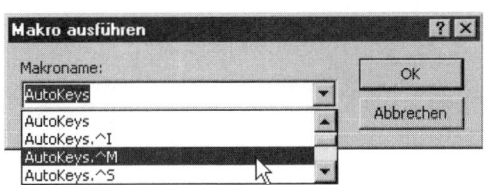

So zeigt der Dialog Makro ausführen Makros mit Shortcuts an

9.4 Makros über Symbolleisten, Menüleisten und Formulare starten

Für einen ungeübten Anwender ist der Start von Makros über die Kategorie *Makros* des Datenbankfensters oder gar über *Extras/Makro/Makro ausführen* natürlich sehr umständlich. Zudem kann der Anwender nicht immer am Namen des Makros erkennen, was dieses macht. Daher ist es natürlich sinnvoll, den Benutzern eine komfortable Möglichkeit zu bieten, Makros auszuführen – und die gibt es natürlich auch.

Sie können jede Makrogruppe in Symbolleisten oder Menüleisten konvertieren, haben aber auch die Möglichkeit, einzelnen Makros Menüeinträge oder Symbolleistenschaltflächen zuzuweisen, sodass der Benutzer sie darüber aufrufen kann.

Symbolleisten und Menüleisten erstellen

Am einfachsten lässt sich eine Symbolleiste oder Menüleiste aus einer Makrogruppe erstellen, da Access dies vollautomatisch erledigt. Sie können auf diese Weise wahlweise eine Symbolleiste, ein Menü oder ein Kontextmenü erstellen. Die Vorgehensweise ist identisch, Sie müssen lediglich einen anderen Menüeintrag auswählen. Nachfolgend wird eine Symbolleiste erstellt.

Markieren Sie zunächst die Makrogruppe im Datenbankfenster und wählen Sie dann *Extras/Makro/Symbolleiste aus Makro erstellen* aus. Access erzeugt dann die Symbolleiste und zeigt sie in der oberen linken Ecke des Access-Fensters an.

Erzeugte Symbolleiste

Standardmäßig verwendet Access die Makronamen als Aufschriften für die Schaltflächen und benennt die Symbolleiste bzw. Menüleiste mit dem Makronamen. Symbole werden keine verwendet, Sie haben aber natürlich die Möglichkeit, dies nachträglich zu ändern.

Symbolleisten anpassen

Hinweis

Die Bearbeitung von Menüleisten erfolgt analog

Nachfolgend wird zwar die Bearbeitung einer Symbolleiste beschrieben, für Menüleisten funktioniert die Bearbeitung jedoch im Prinzip genauso.

Wenn Sie die eben erstellte Symbolleiste anpassen und bspw. die Aufschriften durch Symbole ersetzen möchten, benötigen Sie dazu den Symbolleisten-Editor. Sie rufen ihn über das Menü *Ansicht/Symbolleisten/Anpassen* auf. Noch schneller geht es allerdings über das Kontextmenü der Symbolleiste. Klicken Sie dazu mit der rechten Maustaste auf den Fenstertitel der Symbolleiste und wählen Sie *Anpassen* aus dem Kontextmenü aus.

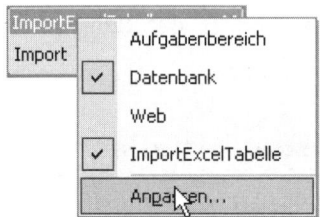

Symbolleisten-Editor aufrufen

Wenn der Symbolleisten-Editor einmal geöffnet ist, werden die Schaltflächen der Symbolleiste nicht mehr aktiviert, wenn Sie darauf klicken, sondern lediglich markiert.

Über das Kontextmenü der Schaltflächen können Sie dann bspw. das Symbol ändern oder editieren oder die Aufschrift ändern. Wenn Sie bspw. für die Schaltfläche *Schließen* ein Symbol anzeigen lassen möchten, gehen Sie dazu wie folgt vor:

Hinweis

Symbolleiste nicht sichtbar?

Sollte die Symbolleiste nicht sichtbar sein, liegt wahrscheinlich das Fenster des Symbolleisten-Editors darüber. Schieben Sie es einfach an die Seite.

1 Klicken Sie die Schaltfläche mit der rechten Maustaste an.

2 Wählen Sie *Schaltflächensymbol ändern* aus dem Kontextmenü aus und klicken Sie im Untermenü das gewünschte Symbol an.

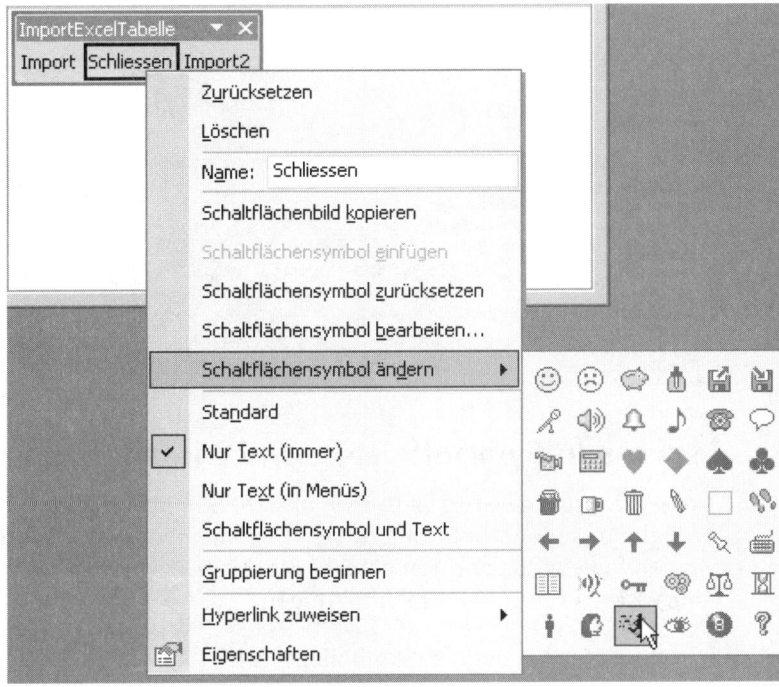

Auswählen eines Schaltflächensymbols

Hinweis

Schaltflächensymbole können auch bearbeitet werden

Wenn Sie kein Symbol finden, mit dem Sie voll zufrieden sind, wählen Sie einfach ein ähnliches aus. Sie können es später bearbeiten, indem Sie die Schaltfläche erneut mit der rechten Maustaste anklicken und *Schaltflächensymbol bearbeiten* auswählen.

1 Damit nur das Symbol und nicht auch die Aufschrift angezeigt wird, öffnen Sie erneut das Kontextmenü und klicken den Eintrag *Standard* im Kontextmenü an.

2 Schließen Sie nun den Symbolleisten-Editor über die Schaltfläche *Schließen*, um die Änderungen zu übernehmen. Sobald das Fenster geschlossen ist, ist Ihre Symbolleiste wieder voll einsatzbereit.

9

Makros einsetzen

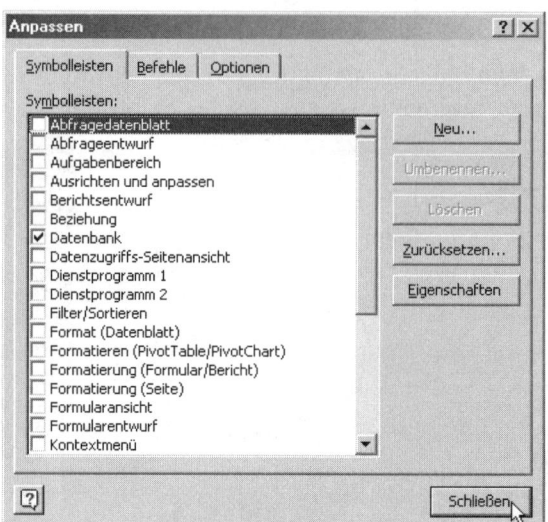

Symbolleisten-Editor schließen

Makros in Symbolleisten und Menüleisten einfügen

Wenn Sie einzelne Makros in eine bestehende Menüleiste oder Symbolleiste einfügen möchten, funktioniert das ebenfalls über den Symbolleisten-Editor. Mit den folgenden Schritten können Sie das Makro *FensterMaximieren* zu der eben erstellten Symbolleiste hinzufügen.

1 Öffnen Sie wieder den Symbolleisten-Editor.

2 Aktivieren Sie dort die Registerkarte *Befehle*.

3 Wählen Sie die Kategorie *Alle Makros* aus.

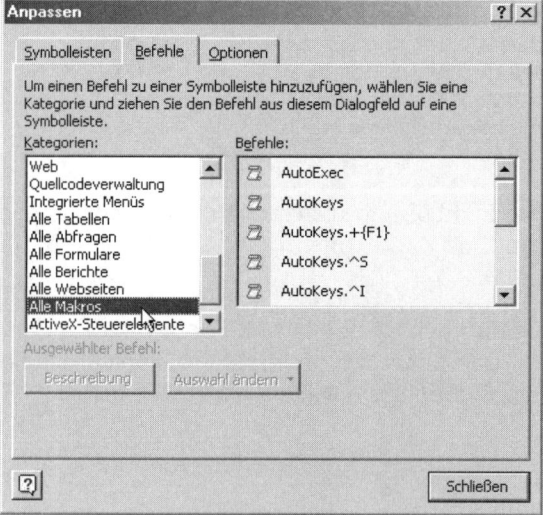

Auswählen der passenden Befehlskategorie

4 Access zeigt Ihnen nun alle Makros der Datenbank an. Wählen Sie das gewünschte Makro aus und ziehen Sie es mit der Maus in die Symbolleiste.

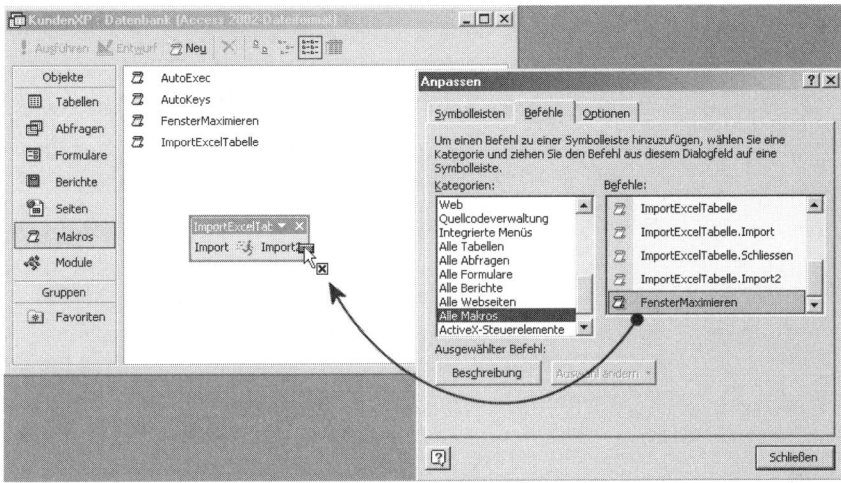

Per Drag & Drop fügen Sie Makros in eine Symbolleiste ein

5 Sie können nun, wie bereits beschrieben, Symbol und/oder Aufschrift ändern und über die Auswahl von *Eigenschaften* aus dem Kontextmenü weitere Einstellungen vornehmen.

Hinweis

Access-Befehle oder Berichte und Formulare lassen sich genauso einfügen

Wenn Sie Access-Berichte oder Formulare über die Symbolleiste aufrufen möchten, können Sie diese ebenso per Drag & Drop in die Symbolleiste ziehen. Sie finden sie in den Kategorien *Alle Formulare* und *Alle Berichte*. Sie können auch die Standardbefehle von Access einfügen, die Sie auch in den Access-Menü- und Symbolleisten finden. Dazu verwenden Sie die Kategorie *Integrierte Menüs* oder die Menünamen am Anfang der Kategorieliste.

Makros in Formularen verwenden

Auch Formulare bieten natürlich die Möglichkeit, Makros einzusetzen. Sie können bspw. über Makros Fenster maximieren oder schließen. Im Prinzip ist das ganz einfach.

Sie öffnen dazu ein Formular in der Entwurfsansicht und fügen eine Befehlsschaltfläche ein. Brechen Sie den Steuerelement-Assistenten ab, falls er gestartet werden sollte. Anschließend können Sie das Makro für die Schaltfläche wie folgt festlegen.

9

Makros einsetzen

1 Klicken Sie die Schaltfläche mit der rechten Maustaste an und wählen Sie aus dem Kontextmenü *Eigenschaften* aus, um den Eigenschaften-Dialog einzublenden.

2 Aktivieren Sie die Registerkarte *Ereignis*

3 Setzen Sie den Mauszeiger in die Eigenschaft *Beim Klicken* und wählen Sie dann aus der Liste das gewünschte Makro aus.

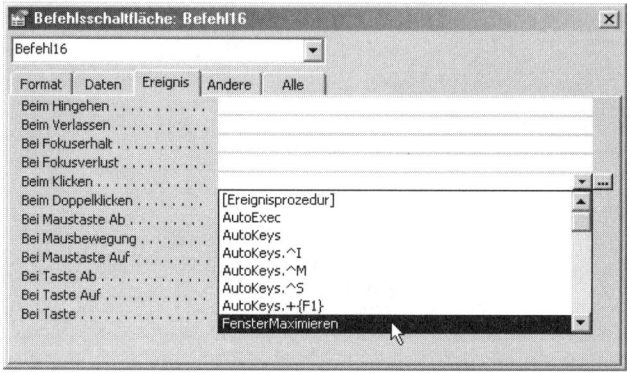

Auswählen des Makros für die Schaltfläche

4 Damit ist die Schaltfläche nun einsatzbereit und führt beim nächsten Anklicken das Makro *FensterMaximieren* aus.

Berichte mit Makros optimieren

Auch in Berichten lassen sich Makros sinnvoll einsetzen. Enthält ein Bericht bspw. keine Daten, können Sie ihn mit einer Meldung schließen, damit nicht der leere Bericht angezeigt oder gar gedruckt wird. Dazu müssen Sie zunächst ein Makro erstellen, das den Befehl *Schließen* enthält, mit dem der Bericht geschlossen wird. Wichtig ist hier, dass Sie als Parameter *Objektname* den Namen des zu schließenden Berichts angeben und als Objekttyp *Bericht* auswählen. Nach dem *Schließen*-Befehl geben Sie mit dem Befehl *Meldung* eine entsprechende Meldung aus.

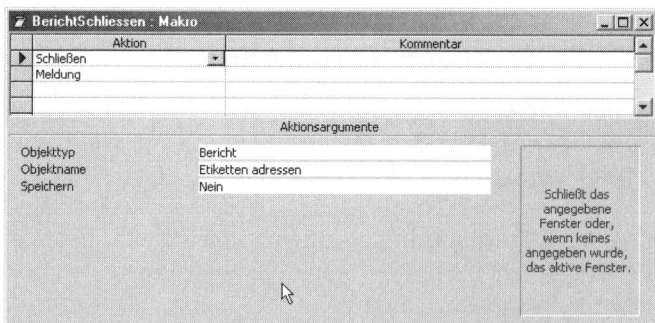

Notwendiges Makro erstellen

Nun müssen Sie das Makro nur noch speichern und dem Ereignis *Bei Ohne Daten* des Berichts zuweisen. Öffnen Sie dazu den Bericht in der Entwurfsansicht und wählen Sie das erstellte Makro für die Eigenschaft *Bei Ohne Daten* aus.

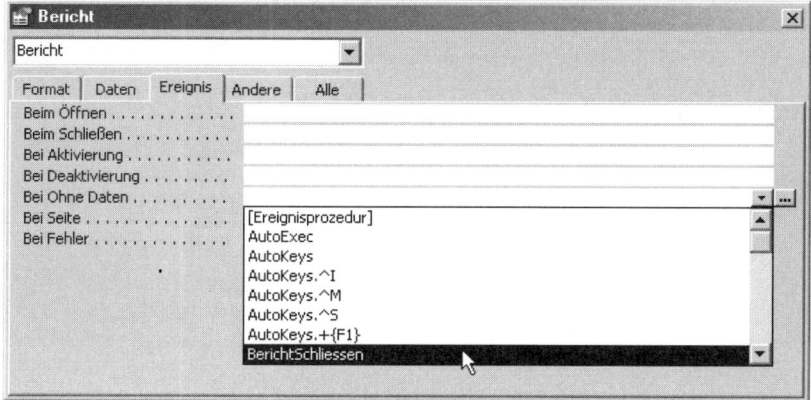

Zuweisen des Makros zu einem Berichtsereignis

Wenn nun der Bericht ausgeführt wird und aus irgendeinem Grund keine Daten enthält, wird er mit der angegebenen Meldung einfach geschlossen.

9

Makros einsetzen

10. Mehrbenutzeranwendungen erstellen

Mehrbenutzeranwendungen sind nicht immer auch Netzwerkanwendungen. Es sind gerade in kleineren Firmen auch Situationen denkbar, in denen bspw. mehrere Teilzeitkräfte eine Datenbankanwendung vom gleichen Rechner aus öffnen. In diesem Fall muss die Datenbank nicht netzwerkfähig sein, auch wenn sie mehrbenutzerfähig sein muss. In diesem Kapitel geht es darum, wie in Mehrbenutzeranwendungen die Rechte für einzelne Benutzer- und Benutzergruppen vergeben und verwaltet werden.

10.1 Grundlagen von Mehrbenutzeranwendungen

Grundsätzlich spricht natürlich nichts dagegen, wenn eine Datenbank einfach von verschiedenen Benutzern verwendet wird. Jeder Benutzer kann die Datenbank nacheinander öffnen und Daten ändern oder eingeben. Mit geeigneten Sperrverhalten können auch verschiedene Benutzer gleichzeitig auf die Datenbank zugreifen. Richtige Mehrbenutzeranwendungen machen jedoch dann Sinn, wenn

- einzelne Benutzer nur Teile der Daten verwenden dürfen,

- Benutzer in Benutzergruppen eingeteilt werden sollen,

- Benutzer unterschiedliche Rechte in Bezug auf die Datenbankobjekte haben sollen und

- jeder Benutzer sich mit einem eigenen Benutzernamen und Kennwort an die Datenbank anmelden soll.

Sie haben so die Möglichkeit, die Rechte der Benutzer nach individuellen Bedürfnissen zu gestalten, und erreichen damit ein Höchstmaß an Sicherheit, ohne den Funktionsumfang der Datenbank einschränken zu müssen.

Um nur die Datenbank zu schützen, könnten Sie zwar auch ein Datenbankkennwort verwenden, dann müssen Sie aber allen Benutzern der Datenbank das Kennwort mitteilen. Je mehr Personen das Kennwort kennen, desto we-

10

Benutzeranwendung

niger Schutz bietet es. Bei Mehrbenutzerdatenbanken können Sie jedem Benutzer ein eigenes Kennwort geben und so für die Benutzer individuelle Rechte vergeben.

Was sind Benutzer und Benutzergruppen?

Benutzer und Benutzergruppen spielen eine zentrale Rollen in Mehrbenutzerdatenbanken. Daher ist es wichtig, dass Sie diese Begriffe richtig verstehen und zuordnen können.

Jeder wirkliche Benutzer einer Datenbank entspricht in einer Mehrbenutzerdatenbank einem Benutzerkonto der Datenbank. Dieses Benutzerkonto legt fest,

- ob der Benutzer Datenbankobjekte ausführen kann,

- ob er Datenbankobjekte ändern kann,

- ob er die Rechte hat, Datenbankobjekte zu löschen.

- ob er Datensätze nur lesen oder auch ändern, löschen und erzeugen kann und

- auf welche Datensatzobjekte er zugreifen kann.

Diese Rechte alle festzulegen, ist gerade bei sehr vielen Benutzern recht aufwendig. Darum bietet Access die Möglichkeit, Benutzer zu Gruppen zusammenzufassen und den Benutzergruppen Rechte zu geben. Sie können bspw. eine Benutzergruppe *Buchhaltung* erstellen und allen Benutzern, die dieser Gruppe angehören, die Rechte zum Bearbeiten von Auftragsdaten erteilen. Einer anderen Benutzergruppe *Lager* könnten Sie bspw. Rechte zum Ausführen und Drucken von Lieferscheinen geben.

So können Sie ganz einfach Benutzerrechte verwalten, ohne jedes einzelne Benutzerkonto bearbeiten zu müssen. Alle Benutzerkonten und Benutzergruppen werden in Access in einer so genannten Arbeitsgruppen-Informationsdatei gespeichert. Sie können diese Datei mithilfe eines Assistenten erstellen, die später noch ausführlich erläutert wird. Wichtig ist nur, dass Sie diese Datei und den Bericht zur Datei gut sichern. Wenn die Datei beschädigt wird oder verloren geht, können Sie Ihre Datenbank nicht mehr öffnen, bevor Sie die Datei nicht wiederhergestellt haben.

Weitere alternative Schutzmechanismen

Alternativ zu einer Arbeitsgruppen-Informationsdatei, die Rechte und Kennwörter von Benutzern speichert, können Sie die Datenbank auch mit anderen Maßnahmen vor unberechtigten Zugriffen schützen.

Eine dieser Möglichkeiten ist die Verwendung eines Datenbankkennworts. Die Nachteile wurden allerdings schon erläutert. Ansonsten gibt es noch die Möglichkeit, die Datenbank zu verschlüsseln. Dies ist die einfachste Sicherungsmethode.

Durch das Verschlüsseln wird die Datenbankdatei komprimiert und kann von entsprechenden Dienst- oder Textverarbeitungsprogrammen nicht entschlüsselt werden. Daher ist diese Möglichkeit vor allem dann sinnvoll, wenn Sie die Datenbank bspw. per E-Mail versenden möchten.

Hinweis

Vorsicht beim Versand per E-Mail

Müssen Sie die Access-Datenbank per E-Mail versenden und sicherstellen, dass der Empfänger die Datenbank auch wieder öffnen kann, sollten Sie die Datenbank als ZIP-Datei packen. Outlook 2002 und Outlook 2000 mit Service Pack 2 haben nämlich die unangenehme Eigenschaft, Access-Datenbanken im Anhang zwar als vorhanden anzuzeigen, der Empfänger hat jedoch keine Möglichkeit, den Anhang zu entpacken, weil Outlook den Anhang mit Absicht unterschlägt, da Access-Datenbanken potenziell Viren enthalten können. Da Sie beim Senden nicht wissen können, ob der Empfänger die Datenbank mit Outlook empfängt, sollten Sie sie daher in eine ZIP-Datei einfügen und die ZIP-Datei senden.

Die Verschlüsselung ist aber nur zusammen mit einem Datenbankkennwort oder Benutzerrechten sinnvoll. Um eine Microsoft Access-Datenbank ver- und entschlüsseln zu können, müssen Sie über die Administratorrechte für die Datenbank verfügen und die Datenbank exklusiv öffnen können.

10.2 Benutzer verwalten und Rechte vergeben

Für die Benutzerverwaltung stellt Access zahlreiche Tools und Assistenten zur Verfügung. Dazu gehört bspw. der Arbeitsgruppenadministrator und der Datensicherheits-Assistent. Beide werden nachfolgend erläutert.

Eine Arbeitsgruppen-Informationsdatei mithilfe des Assistenten anlegen

Wenn Sie eine Datenbank mit Benutzerrechten und Kennwörtern für jeden Benutzer versehen möchten, benötigen Sie dazu eine Arbeitsgruppen-Informationsdatei, die Sie mit Access erstellen können.

10

Benutzeranwendung

Diesen Assistenten starten Sie, indem Sie zunächst die Datenbank öffnen, die Sie schützen möchten. Wählen Sie dann aus dem Menü *Extras/Sicherheit/ Benutzerdatensicherheits-Assistent* aus.

Dieser Assistent dient allerdings nicht nur dazu, eine neue Arbeitsgruppen-Informationsdatei zu erstellen, sondern Sie können auch vorhandene ändern. Wenn Sie allerdings noch keine erstellt haben, ist nur die Option *Eine neue Arbeitsgruppen-Informationsdatei erstellen* aktiviert.

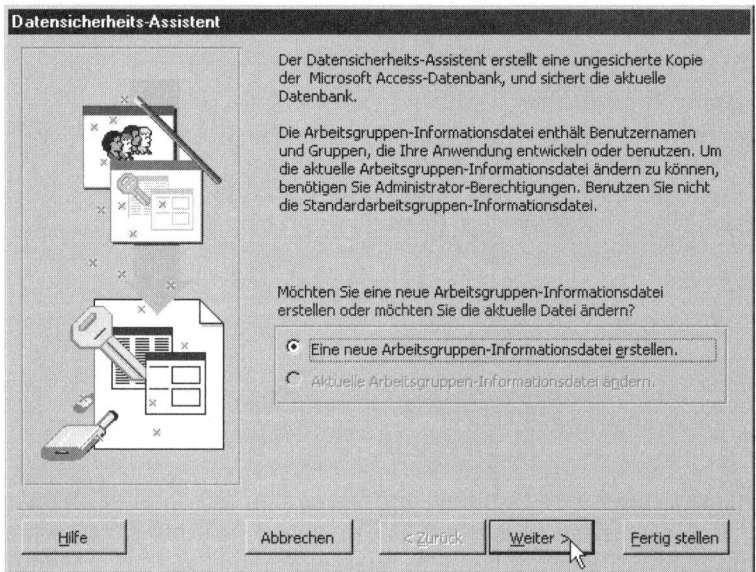

Im ersten Dialog des Assistenten können Sie die weitere Vorgehensweise festlegen

Klicken Sie auf *Weiter*, um fortzufahren. Im nächsten Dialog können Sie dann weitere, sehr wichtige Einstellungen machen, die sich auch zum größten Teil nicht mehr nachträglich ändern lassen. Daher sollten Sie hier ganz besonders sorgfältig vorgehen. Wichtig sind hier vor allem die Felder *Dateiname*, *AID* und die Optionen im unteren Bereich des Dialogs.

Standardmäßig speichert Access die Arbeitsgruppen-Informationsdatei im gleichen Verzeichnis, in der die aktuelle Datenbank gespeichert ist, und sie bekommt den Namen *Gesichert.mdw*. Ist die Datei allerdings schon vorhanden, wird eine fortlaufende Nummer angehängt und die Datei heißt dann bspw. *Gesichert1.mdw*.

Sie sollten allerdings in Erwägung ziehen, die Datei in einem allgemein zugänglichen Verzeichnis auf einem Server zu speichern, wenn sich Benutzer der Arbeitsgruppe anschließen können sollen. In netzwerkfähigen Mehrbenutzeranwendungen ist allerdings sowieso in der Regel die Backend-Datenbank auf dem Server gespeichert, sodass Sie dort dann auch die Arbeitsgruppen-Informationsdatei abspeichern können. Um den Pfad für die Datei zu ändern, klicken Sie einfach auf *Durchsuchen*, um das Verzeichnis auszuwählen.

Die AID ist die **A**rbeitsgruppen-**ID**, über die Access die Arbeitsgruppen des Systems verwaltet. Access schlägt hier eine zufällige Zahlen- und Ziffernkombination vor, die Sie übernehmen können, wenn Sie möchten. Sie haben aber natürlich auch die Möglichkeit, die AID selbst zu bestimmen.

> ## Hinweis
>
> ### Die AID ist wichtig für den Schutz der Datenbank
> Wenn Sie die Arbeitsgruppen-Informationsdatei versehentlich löschen sollten oder diese beschädigt ist, können Sie diese wiederherstellen. Dazu müssen Sie eine Arbeitsgruppen-Informationsdatei mit der gleichen AID erstellen. Das bedeutet aber auch, dass jeder andere, der die AID kennt, eine Arbeitsgruppen-Informationsdatei zum Zugriff auf die Datenbank erstellen kann. Daher sollten Sie eine AID wählen, die nicht von jedem leicht erraten werden kann. Ihr Name oder Firmenname ist daher denkbar ungeeignet.

Die beiden Optionsfelder im unteren Bereich haben ebenfalls eine wichtige Bedeutung. Es gibt im Prinzip zwei Möglichkeiten, dafür zu sorgen, dass Datenbanken mit einer Arbeitsgruppen-Informationsdatei geschützt werden. Zum einem können Sie eine Arbeitsgruppen-Informationsdatei als Standardarbeitsgruppen-Informationsdatei festlegen, indem Sie die Option *Datei zur Standardarbeitsgruppen-Informationsdatei machen* aktivieren. Das bedeutet dann, dass alle Datenbanken, die Sie mit Access verwalten, diese Arbeitsgruppen-Informationsdatei verwenden.

Die zweite Möglichkeit besteht darin, dass Sie nur eine bestimmte Datenbank damit schützen. In diesem Fall wählen Sie die Option *Verknüpfung zum Öffnen der gesicherten Datenbank erstellen* aus. In diesem Fall erzeugt Access eine Arbeitsgruppen-Informationsdatei und erstellt eine Desktop-Verknüpfung zum Öffnen der Datenbank. In dieser Verknüpfung wird die Datenbank dann mit einem Parameter geöffnet, der die zu verwendende Arbeitsgruppen-Informationsdatei bestimmt.

Auf diese Weise können Sie wahlweise einige Datenbanken mit einer Arbeitsgruppen-Informationsdatei schützen, andere aber ungeschützt verwenden. Außerdem haben Sie damit die Möglichkeit, verschiedene Datenbanken mit unterschiedlichen Arbeitsgruppen-Informationsdateien zu versehen. Diese Option sollten Sie daher in aller Regel verwenden. Klicken Sie anschließend auf *Weiter*.

10

Benutzeranwendung

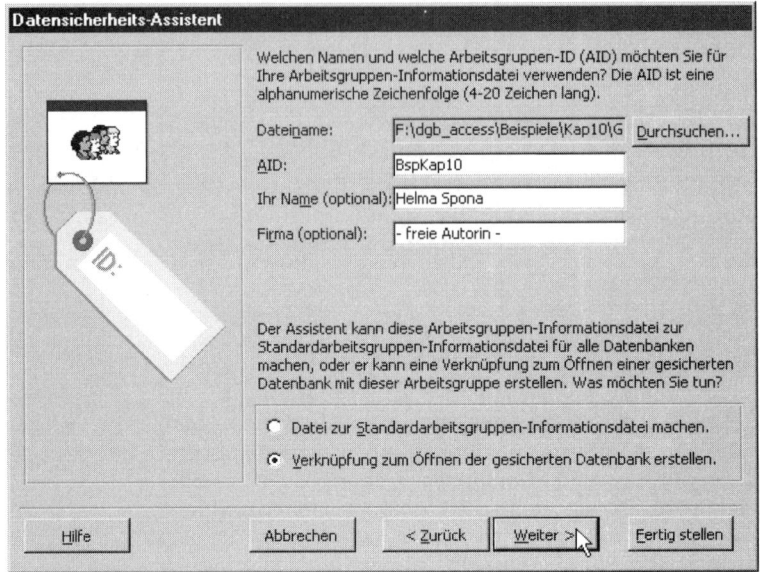

Wichtige Einstellungen für die Arbeitsgruppe

Im nächsten Schritt können Sie auswählen, welche Objekte der Datenbank geschützt werden sollen. Wenn Sie keine Einstellungen ändern, schützt Access immer alle Datenbankobjekte sowie alle zukünftig erstellten. Sie können aber einzelne Datenbankobjekte deaktivieren, indem Sie deren Kontrollkästchen deaktivieren. Klicken Sie anschließend auf *Weiter*.

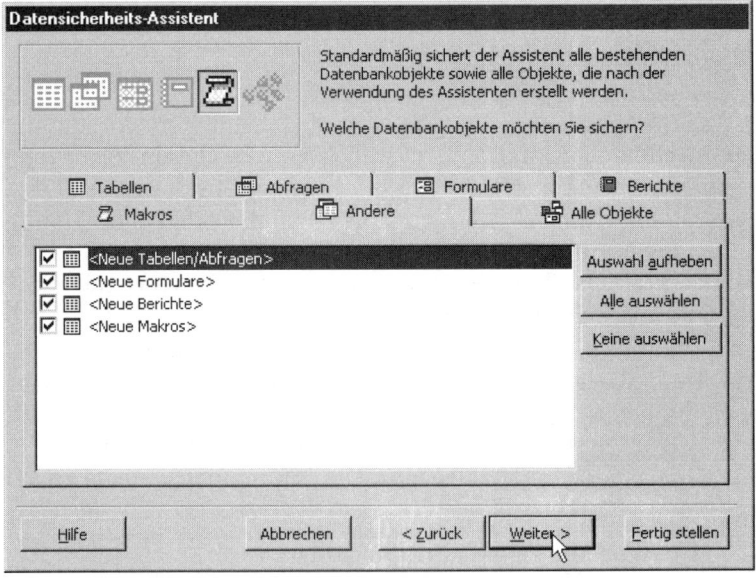

Aktivieren der zu schützenden Datenbankobjekte

Im nächsten Dialog stellt Ihnen der Assistent verschiedene Benutzergruppen zur Verfügung, die Sie erzeugen lassen können.

Für alle gewünschten Benutzergruppen aktivieren Sie das Kontrollkästchen vor dem Eintrag. Nach Abschluss des Assistenten haben Sie jedoch die Möglichkeit, noch weitere Benutzergruppen anzulegen.

Für jede Benutzergruppe erzeugt Access außerdem eine Gruppen-ID, die Sie auch wieder durch eine eigene Zeichenfolge ersetzen können. Dazu markieren Sie die Gruppe in der linken Liste und tragen dann den gewünschten Text in das Feld *Gruppen-ID* ein.

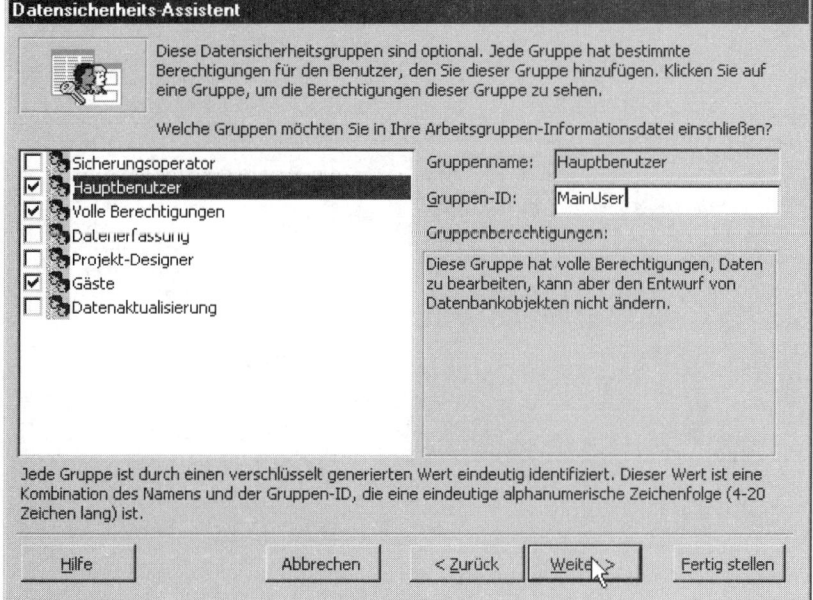

Auswählen der zu erstellenden Benutzergruppen und Eingabe der Gruppen-ID

Wenn Sie auf diese Weise alle Gruppen ausgewählt und die gewünschte ID eingestellt haben, können Sie den Dialog mit *Weiter* schließen.

Sie können nun bestimmen, ob und welche Rechte Sie der Benutzergruppe *Benutzer* zugestehen möchten. Dabei müssen Sie jedoch bedenken, dass diese Benutzergruppe die übergeordnete Gruppe ist, der die anderen, im vorherigen Dialog angezeigten Gruppen und alle, die Sie später erstellen, untergeordnet sind. Das bedeutet, dass alle Rechte, die Sie diesem Benutzer geben, für alle untergeordneten Gruppen gelten. Sie sollten daher dieser Gruppe nur minimale Rechte oder gar keine Rechte geben.

10

Benutzeranwendung

Wenn Sie der Gruppe *Benutzer* Rechte geben möchten, aktivieren Sie dazu die Option *Ja, die Gruppe 'Benutzer' soll einige Berechtigungen haben*. Sie können dann über die Registerkarten

- *Datenbank,*

- *Tabellen,*

- *Abfragen,*

- *Formulare,*

- *Berichte* und

- *Makros*

die Rechte für die einzelnen Datenbankobjekte festlegen. Klicken Sie anschließend auf *Weiter*.

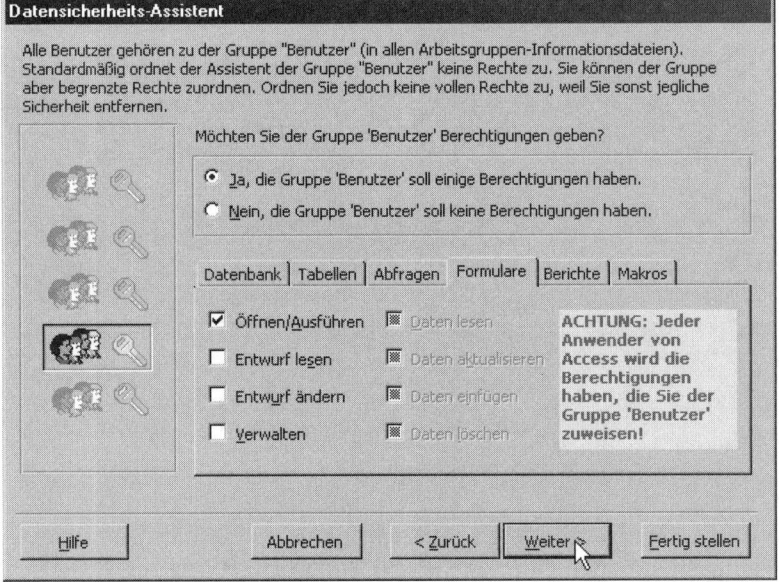

Rechte für alle Benutzer vergeben

Sie können nun die Benutzer für die Arbeitsgruppen-Informationsdatei einrichten. Standardmäßig richtet Access den Benutzer *Administrator* ein und führt ihn als Benutzer auf. Seine Einstellungen sollten Sie zunächst ändern, indem Sie sein Kennwort und, wenn Sie wünschen, eine ID festlegen. Aber auch hier generiert Access automatisch eine ID, die Sie auch übernehmen können. Die ID für jeden Benutzer bezeichnet Access als PID.

┌─── **Hinweis**

Wichtig – vergessen Sie niemals das Administratorkennwort

Das Administratorkennwort ist das wichtigste Kennwort. Nur damit haben Sie später die Möglichkeit, Einstellungen für die Benutzer zu ändern, Benutzergruppen zu erstellen, zu löschen und Kennwörter für die Benutzer zurückzusetzen. Es ist daher genauso schlimm, das Kennwort zu vergessen, wie keines festzulegen. Bedenken Sie, dass Sie beim Auslassen des Kennworts eine Standardeinstellung übernehmen, die jeder mit dem gleichen Wissen über Arbeitsgruppen-Informationsdateien dazu nutzen könnte, sich als Administrator ohne Kennwort anzumelden. Daher sollten Sie ein Kennwort für den Administrator festlegen und dieses notieren und gut weglegen. Geben Sie dazu das Kennwort in das Feld *Kennwort* ein. ───┘

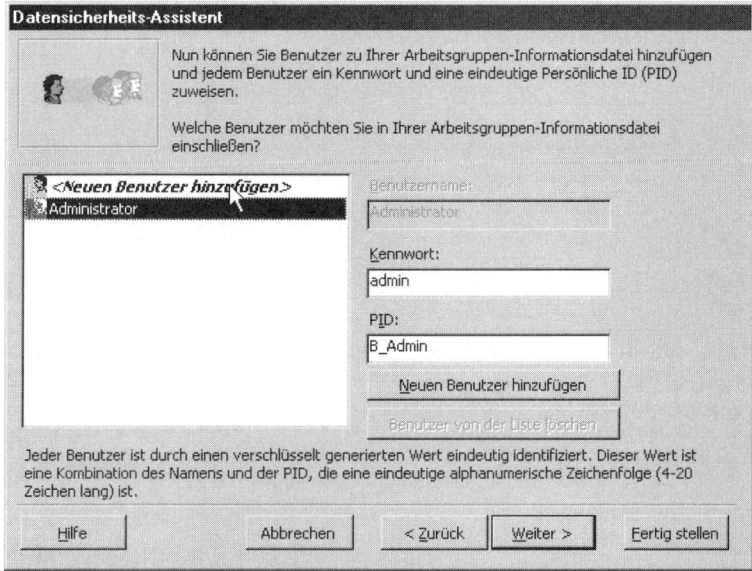

Hier legen Sie Kennwort und PID für den Administrator fest

┌─── **Hinweis**

Wichtiger Hinweis

Bei verschiedenen Tests mit der Beta-Version hat sich gezeigt, dass sich der Benutzer *Administrator*, den Access automatisch anlegt, nicht unter dem definierten Kennwort und auch nicht ohne Kennwort anmelden kann. Sie sollten daher unbedingt einen zweiten Benutzer einrichten, den Sie später der Benutzergruppe *Administratoren* zuordnen. Nur dann haben Sie die Möglichkeit, sich später mit Administratorrechten an die Datenbank anzumelden, falls dieser Bug auch in der Endversion enthalten sein sollte. ───┘

10

Benutzeranwendung

Wenn Sie einen neuen Benutzer erstellen möchten, klicken Sie dazu auf den Eintrag *<Neuen Benutzer hinzufügen>* und geben für den Benutzer den Benutzernamen, das Kennwort und die PID ein. Anschließend klicken Sie auf *Benutzer zur Liste hinzufügen*, um ihn der Liste hinzuzufügen.

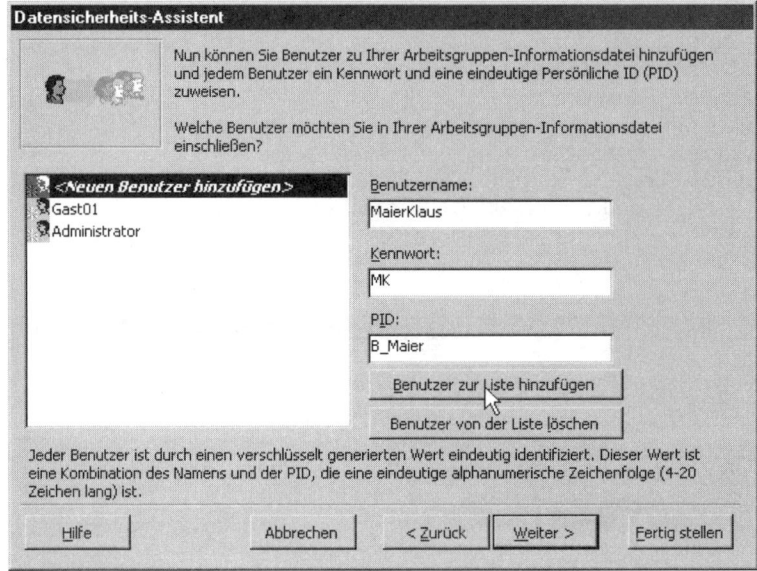

So fügen Sie einen neuen Benutzer hinzu

Wenn Sie auf diese Weise alle Benutzer erzeugt haben, klicken Sie wieder auf *Weiter*. Sie können nun die Benutzer den Benutzergruppen zuordnen. Sie haben dazu grundsätzlich zwei Möglichkeiten:

- Sie können eine Gruppe auswählen und dieser Gruppe alle Benutzer zuordnen.

- Sie können einen Benutzer auswählen und diesem eine oder mehrere Benutzergruppen zuweisen.

Da ein Benutzer mehreren Benutzergruppen angehören kann, richtet sich die sinnvollste Vorgehensweise danach, wie häufig es vorkommt, dass ein Benutzer mehreren Gruppen angehört.

Kommt dies sehr häufig vor, ist es sinnvoll, die Benutzer auszuwählen und denen die Benutzergruppen zuzuordnen. Wenn es seltener vorkommt, sollten Sie die Benutzergruppen auswählen und denen die Benutzer zuweisen.

Um den Benutzern die Benutzergruppen zuzuordnen, können Sie die standardmäßig aktivierte Option *Wählen Sie einen Benutzer aus und weisen Sie diesen einer Gruppe zu* wählen. Sie können dann aus dem Listenfeld *Gruppe/Benutzer* den Benutzer auswählen. Dann brauchen Sie nur noch die Kontrollkästchen der Benutzergruppen zu aktivieren, denen der Benutzer angehören soll. Auf diese Weise legen Sie die Benutzergruppen für alle Benutzer fest. Anschließend können Sie auf Weiter klicken.

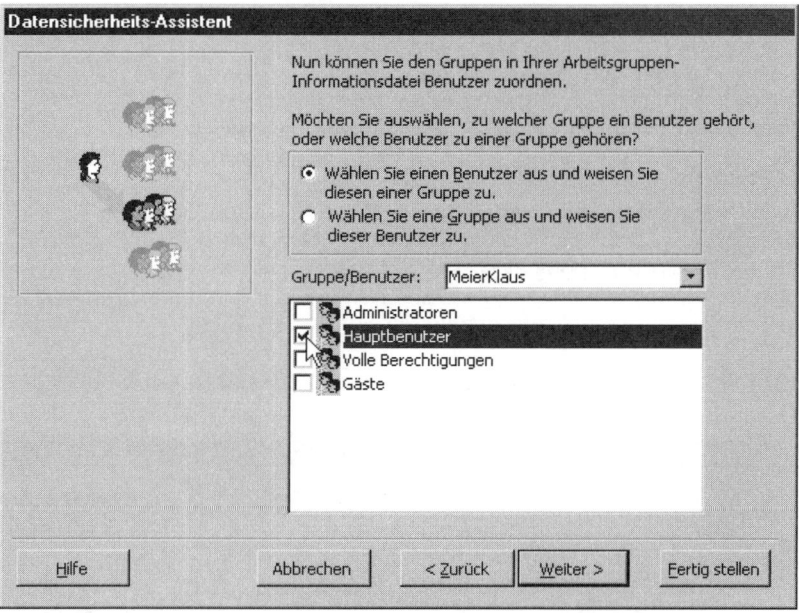

Wählen Sie nacheinander die Benutzer aus und ordnen Sie sie einer Gruppe zu

---

Hinweis

Wichtig sind wieder die Rechte für den Benutzer
Administrator

Achten Sie darauf, dass Sie dem Benutzer *Administrator* die passenden Rechte geben. Ordnen Sie sie dazu den Benutzergruppen *Administratoren* und *Volle Berechtigungen* zu.

Nun sind Sie im letzten Dialog des Assistenten angelangt. Sie können nun den Namen für die Sicherungskopie der ungesicherten Datenbank bestimmen. Diese Sicherungskopie erstellt Access automatisch, damit Sie auch bei Verlust der Arbeitsgruppen-Informationsdatei eine funktionierende Version der Datenbank wiederherstellen können.

Standardmäßig wird diese Sicherungskopie im gleichen Verzeichnis wie die Datenbank gespeichert. Wenn Sie das ändern möchten, klicken Sie dazu auf *Durchsuchen*. Sie können aber natürlich auch später die erzeugte Kopie in ein anderes Verzeichnis kopieren.

Hinweis

Wichtiger Hinweis zum Datenschutz

Wenn sich jetzt schon wichtige, zu schützende Daten in der Datenbank befinden, ist es natürlich nicht sinnvoll, die Sicherungskopie offen zugänglich im gleichen Verzeichnis wie die Datenbank zu speichern. In diesem Fall sollten Sie sie in einem anderen, kennwortgeschützten Verzeichnis speichern oder auf einer CD im Tresor verwahren. Auch der nach Abschluss des Assistenten generierte Bericht sollte ausgedruckt und genauso sicher verwahrt werden. Damit kann nämlich die Arbeitsgruppen-Informationsdatei wiederhergestellt werden. Beachten Sie außerdem, dass die Sicherungskopie natürlich nur den Stand der Datenbank zu diesem Zeitpunkt sichert. Spätere Änderungen an der gesicherten Datenbank werden nicht berücksichtigt, sodass Sie später auch die gesicherte Datenbank regelmäßig sichern sollten.

Klicken Sie nun auf *Fertig stellen*, um den Assistenten zu beenden.

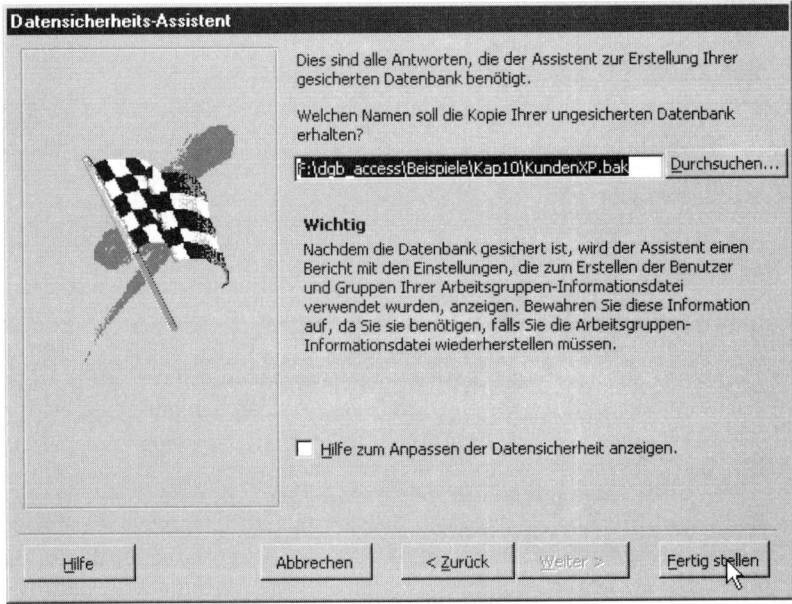

Abschließen des Assistenten

Access generiert nun den Bericht und zeigt ihn an. Sie können ihn allerdings nicht in der Datenbank speichern, sondern müssen ihn entweder sofort drucken oder mit *Datei/Exportieren* außerhalb der Datenbank speichern.

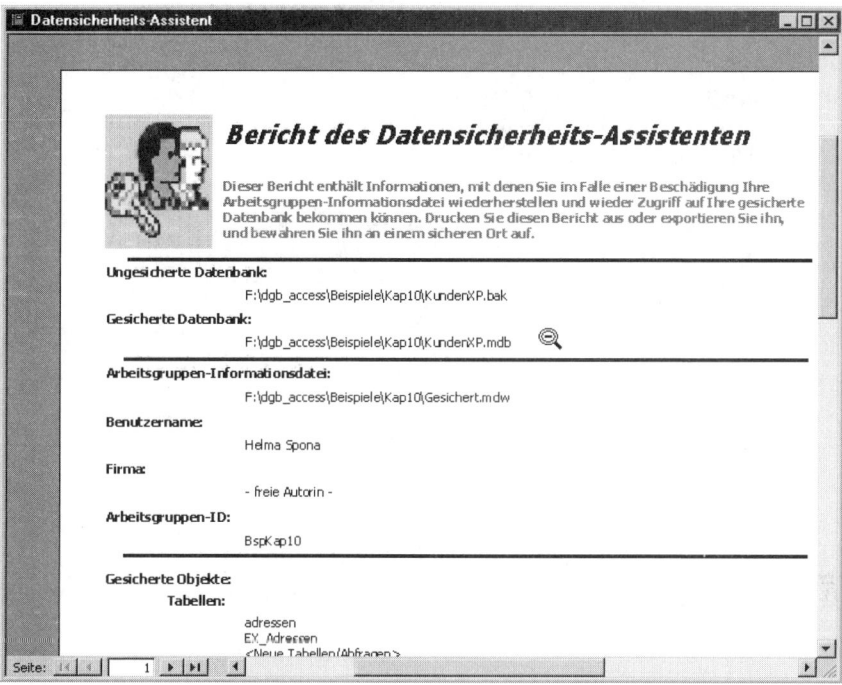

Erzeugter Bericht

Wenn Sie den Bericht geschlossen haben, müssen Sie Access beenden und neu starten, um die Datenbank verwenden zu können.

Gesicherte Datenbank öffnen

Wenn Sie später die Datenbank öffnen möchten, müssen Sie definieren, welche Arbeitsgruppen-Informationsdatei verwendet werden soll. Dazu verwenden Sie am einfachsten die Verknüpfung, die der Assistent auf dem Desktop erstellt hat.

Je nach den Einstellungen Ihres Windows-Desktops können Sie Access mit der Datenbank und der Arbeitsgruppen-Informationsdatei über einen einfachen Klick oder Doppelklick auf das Desktop-Symbol starten. Bei den Standardeinstellungen von Windows ist ein Doppelklick erforderlich.

Starten der geschützten Datenbank

Hinweis

Ein Öffnen der geschützten Datenbank ohne Anmeldung ist nicht mehr möglich

Wenn Sie versuchen, eine geschützte Datenbank ohne die Arbeitsgruppen-Informationsdatei zu öffnen, erhalten Sie die folgende Fehlermeldung.

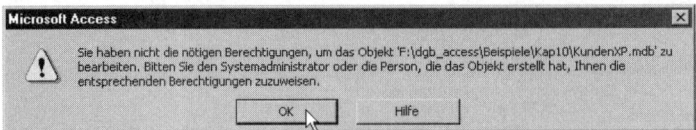

Fehlermeldung beim Versuch, eine geschützte Datenbank ohne Anmeldung zu öffnen

---

Bei einem erfolgreichen Versuch, die Datenbank zu starten, sollte dann ein Anmeldedialog erscheinen. Bei der ersten Anmeldung blendet er automatisch den Benutzernamen *Administrator* ein. Später wird der Benutzername des Benutzers vorgeschlagen, der zuletzt angemeldet war.

Sie können den vorgeschlagenen Benutzernamen einfach durch den Namen des gewünschten Benutzers ersetzen und dann das passende Kennwort in das Feld *Kennwort* eingeben. Anschließend schließen Sie den Dialog mit *OK*.

Hier müssen Sie sich anmelden

Benutzer- und Gruppenkonten bearbeiten

Haben Sie eine Datenbank einmal mit einer Arbeitsgruppen-Informationsdatei geschützt, können Sie auch innerhalb der Datenbank Benutzerrechte verändern, Benutzern Gruppen zuweisen oder Benutzer erstellen und löschen. Dazu ist es allerdings erforderlich, dass Sie sich als Benutzer mit Administratorrechten an der Datenbank anmelden. Das sind alle Benutzer, die der Gruppe *Administratoren* angehören.

Haben Sie sich entsprechend angemeldet, können Sie die Benutzerkonten verwalten, indem Sie *Extras/Sicherheit/Benutzer- und Gruppenkonten* auswählen.

Benutzer- und Benutzergruppen hinzufügen und löschen

Wenn Sie einen Benutzer hinzufügen möchten, verwenden Sie dazu die Registerkarte *Benutzer* und klicken dort auf *Neu*.

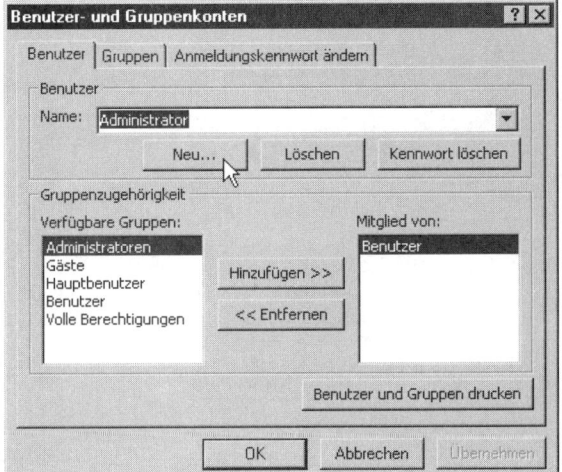

Neuen Benutzer anlegen

Access blendet dann einen Dialog ein, in dem Sie den Benutzernamen und die PID des Benutzers eingeben müssen. Das Kennwort müssen Sie nicht eingeben, das legen Sie später separat fest.

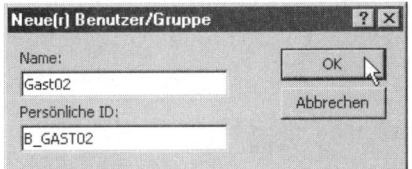

Definieren von Benutzername und PID

Jetzt müssen Sie noch die Benutzergruppe bestimmen, denen der neue Benutzer angehören soll. Standardmäßig wird er der Gruppe *Benutzer* zugewiesen. Wenn Sie der aber keine Rechte gegeben haben, kann der Benutzer sich zwar an die Datenbank anmelden, kann aber nichts machen.

Nachdem Sie den Benutzer erzeugt haben, ist er in der Auswahlliste markiert. Im unteren Bereich werden in der linken Liste *Verfügbare Gruppen* die verfügbaren Gruppen angezeigt, in der rechten die, denen der Benutzer zugeordnet ist.

Um den Benutzer einer oder mehreren weiteren Gruppen zuzuordnen, markieren Sie die Gruppe in der linken Liste *Verfügbare Gruppen* und klicken dann auf die Schaltfläche *Hinzufügen*. Genauso können Sie auch eine Grup-

10

Benutzeranwendung

pe wieder entfernen. Dazu markieren Sie die Gruppe in der Liste *Mitglied von* und klicken auf *Entfernen*.

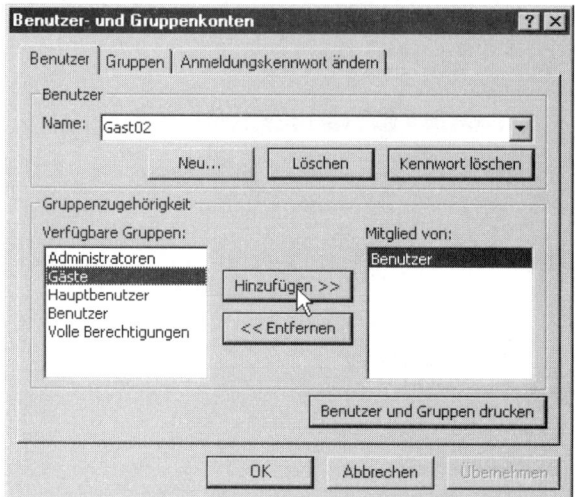

Hinzufügen eines Benutzers zu einer Gruppe

Sie können einen Benutzer, den Sie in der Liste *Name* ausgewählt haben, auch wieder löschen. Dazu klicken Sie einfach auf *Löschen*.

Benutzergruppen erstellen und verwalten

Wenn Sie Benutzergruppen verwalten möchten, verwenden Sie dazu die Registerkarte *Gruppen*. Auch dort erstellen Sie mit der Schaltfläche *Neu* eine neue Benutzergruppe oder löschen eine vorhandene Gruppe über die Schaltfläche *Löschen*.

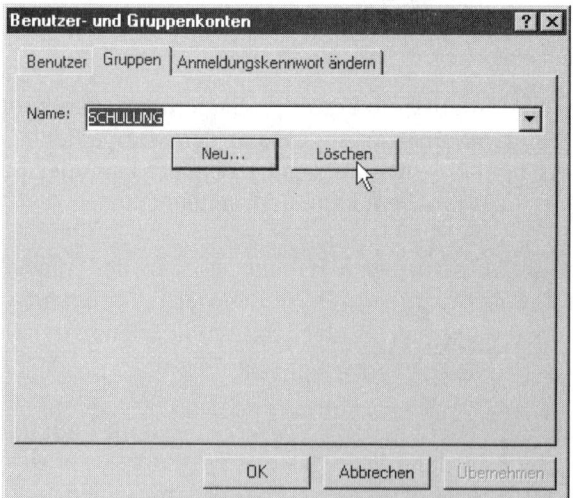

Damit löschen Sie die Benutzergruppe SCHULUNG

Kennwörter ändern oder erstmals festlegen

Um das Kennwort festzulegen oder zu ändern, müssen Sie sich als der neue Benutzer an der Datenbank anmelden. Dazu schließen Sie Access und starten die Datenbank über die Desktop-Verknüpfung neu. Melden Sie sich dann mit dem Benutzernamen des neu erstellten Benutzers an. Das Kennwortfeld lassen Sie dabei einfach leer. Wählen Sie nun wieder *Extras/Sicherheit/Benutzer- und Gruppenkonten* aus und aktivieren Sie die Registerkarte *Anmeldungskennwort ändern*.

In das Feld *Altes Kennwort* geben Sie nun das aktuelle Kennwort ein bzw. lassen es leer, wenn es keines gibt. Im Feld *Neues Kennwort* geben Sie das gewünschte neue Kennwort ein und wiederholen es im Feld *Bestätigen*. Wenn Sie nun den Dialog mit *OK* schließen oder auf *Übernehmen* klicken, wird das Kennwort geändert.

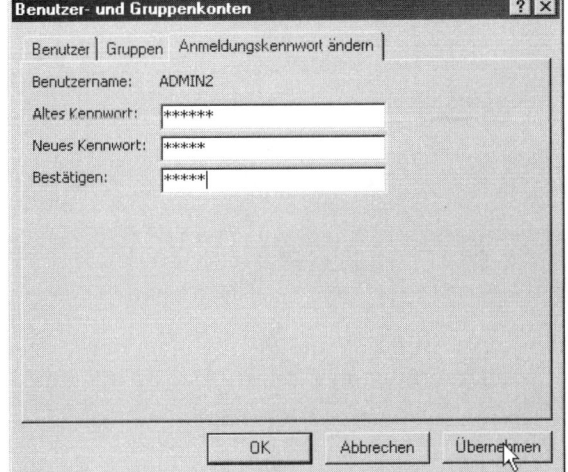

Kennwort ändern

Kennwörter zurücksetzen

Wenn jeder Benutzer ein anderes Kennwort hat, kommt es natürlich schon mal vor, dass einer sein Kennwort vergessen hat. In diesem Fall können Sie nicht das Kennwort ändern, es sei denn, Sie kennen es. Sie können aber auf jeden Fall das Kennwort löschen und so ein neues festlegen, als hätte es keines gegeben.

Wenn Sie das Kennwort eines Benutzers löschen möchten, melden Sie sich als Administrator an. Wählen Sie dann *Extras/Sicherheit/ Benutzer- und Gruppenkonten* aus und wählen Sie in der Liste *Name* der Registerkarte *Benutzer* den Benutzer aus, dessen Kennwort Sie zurücksetzen möchten. Klicken Sie anschließend auf *Kennwort löschen*.

10

Benutzeranwendung

Rechte für einzelne Datenbankobjekte ändern

Sie können nun auch noch für jeden Benutzer genau festlegen, auf welche Datenbankobjekte er zugreifen darf. Dazu müssen Sie wieder als Administrator angemeldet sein und im Menü *Extras/Sicherheit/Benutzer- und Gruppenberechtigungen* auswählen. Access zeigt dann einen Dialog an, in dem Sie jedem Benutzer die Rechte an den einzelnen Datenbankobjekten zuweisen können.

Zuweisen der Benutzerrechte

Sinnvoll ist es in der Regel, wenn Sie die Rechte nicht den einzelnen Benutzern, sondern den Benutzergruppen zuweisen. Dazu aktivieren Sie die Option *Gruppen*.

Im Feld *Benutzer-/Gruppenname* können Sie dann die Benutzergruppe auswählen. Abhängig vom gewählten Objekttyp zeigt Access im Feld *Objektname* dann alle Objekte des gewählten Typs an. Sie können sie einzeln anklicken oder auch mehrere markieren. Dazu halten Sie die (Umschalt)-Taste gedrückt, während Sie die Einträge anklicken.

Nun zu den Berechtigungen. Sie werden für den ausgewählten Benutzer oder die ausgewählte Gruppe und für die markierten Datenbankobjekte festgelegt. Ihre Bedeutung und Auswirkungen erläutert die folgende Tabelle.

Berechtigung	Auswirkung
Öffnen/Ausführen	Der Benutzer hat die Möglichkeit, Formulare, Berichte, Makros und Module auszuführen. Für Tabellen und Abfragen steht diese Berechtigung nicht zur Verfügung.
Entwurf lesen	Der Benutzer kann die Entwurfsansicht des Datenbankobjekts anzeigen lassen, aber keine Änderungen vornehmen.

Berechtigung	Auswirkung
Entwurf ändern	Der Benutzer darf den Entwurf des Datenbankobjekts ändern.
Verwalten	Das Datenbankobjekt kann umbenannt oder gelöscht werden und Objekte des gleichen Typs können erzeugt werden. Diese Berechtigung steht auch für die ganze Datenbank zur Verfügung.
Daten lesen	Daten in Tabellen und Abfragen können nur gelesen werden.
Daten aktualisieren	Daten in Tabellen und Abfragen können gelesen und geändert werden.
Daten einfügen	Daten in Tabellen und Abfragen können erzeugt werden.
Daten löschen	Daten in Tabellen und Abfragen können gelöscht werden.

Arbeitsgruppen-Informationsdateien sichern und wiederherstellen

Wenn Sie eine Datenbank mit Benutzerrechten in einer Arbeitsgruppen-Informationsdatei gesichert haben, ist die Arbeitsgruppen-Informationsdatei fast die wichtigste Datei, weil Sie ohne diese nicht mehr an die Daten der Datenbank kommen. Sie sollten daher regelmäßige Sicherungskopien von der Datei machen und auch nach einer Änderung der Benutzer und Benutzergruppen diese Einstellungen ausdrucken und gut verwahren. Dazu öffnen Sie die Datenbank mit Administratorrechten und wählen *Extras/ Sicherheit/Benutzer- und Gruppenkonten* aus. Hier können Sie dann über die Schaltfläche *Benutzer und Gruppen drucken* alle Benutzer- und Gruppenberechtigungen ausdrucken.

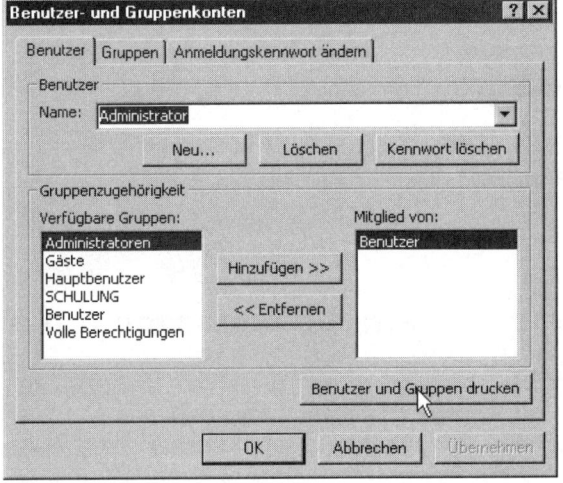

Drucken der Benutzer- und Gruppenrechte

Access erzeugt nun einen Bericht mithilfe des Dokumentierers und druckt ihn auf dem Standarddrucker aus. Wird kein Druckertreiber gefunden oder ist der Standarddrucker ein Faxtreiber, haben Sie die Möglichkeit, den Installations-Assistenten zu starten, um einen Drucker zu installieren.

10

Benutzeranwendung

Benutzer- und Gruppenrechte als Datei exportieren

Leider gibt es keine Möglichkeit, die Benutzer- und Gruppenrechte auf diesem Weg als Datei zu exportieren, es sei denn, Sie drucken den Bericht in eine PostScript-Datei. Wenn Sie eine Datei erzeugen möchten, können Sie aber den Dokumentierer ausführen und den Ergebnisbericht exportieren.

Die Arbeitsgruppen-Informationsdatei sollten Sie natürlich trotzdem sichern, auch wenn Sie alle Daten gespeichert oder gedruckt haben, weil die Erzeugung einer identischen Arbeitsgruppen-Informationsdatei doch mit sehr viel Aufwand verbunden ist.

Um die Arbeitsgruppen-Informationsdatei zu sichern, brauchen Sie die Datei *Gesichert.mdw* nur in ein Verzeichnis Ihrer Wahl zu kopieren. Stellen Sie aber sicher, dass nicht jeder Benutzer Zugriff darauf hat. Wenn Sie später die Datei wiederherstellen möchten, brauchen Sie sie nur in das Verzeichnis der Datenbank zu kopieren.

Wenn Sie keine Sicherungskopie haben, können Sie die Datei wiederherstellen, indem Sie mit der ungesicherten Kopie der Datenbank den Benutzerdatensicherheits-Assistenten aufrufen und eine Arbeitsgruppen-Informationsdatei mit den gleichen Einstellungen neu erzeugen. Achten Sie dabei insbesondere auf die IDs und auf Groß- und Kleinschreibung in Kennwörtern und Benutzernamen.

Wiederherstellen der Datenbank aus einer Sicherungskopie

Die ungesicherte Datenbank liegt als BAK-Datei vor. Sie können die MDB-Datei daraus wiederherstellen, indem Sie die Datei einfach umbenennen.

Zugreifen auf gesicherte Datenbanken von anderen Rechnern

Wenn Sie auf die so gesicherte Anwendung über das Netzwerk zugreifen möchten, müssen Sie dazu auf jedem dieser Rechner eine Desktop-Verknüpfung oder einen Startmenüeintrag erstellen, der die Datenbank mit der Arbeitsgruppen-Informationsdatei öffnet. Nur dann ist eine Anmeldung an die Datenbank möglich.

Um eine Desktop-Verknüpfung zu erstellen, ist folgende Vorgehensweise notwendig.

1 Wechseln Sie zum Desktop, indem Sie [Win]+[M] drücken oder auf das Symbol 🖉 in der Taskleiste klicken.

2 Klicken Sie mit der rechten Maustaste auf den Desktop und wählen Sie *Neu/Verknüpfung* aus.

3 Klicken Sie nun auf *Durchsuchen* und wählen Sie die EXE-Datei von Access aus. Sie sollten sie bei einer Standardinstallation im Verzeichnis *C:\Programme\Microsoft Office\Office10* als *Msaccess.exe* finden. Klicken Sie anschließend auf *Weiter*.

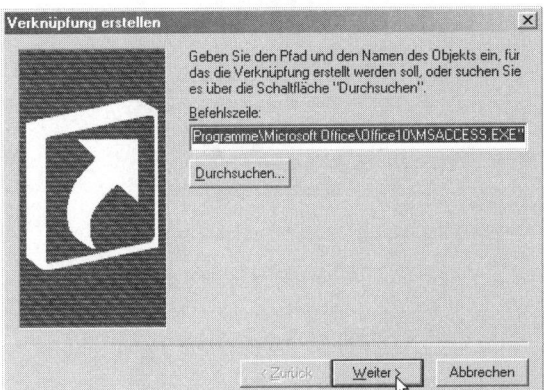

Bestätigen der EXE-Datei

4 Geben Sie nun einen geeigneten Text für das Symbol ein und klicken Sie auf *Fertig stellen*.

5 Nun haben Sie zwar eine Verknüpfung erstellt, die startet aber zunächst nur Access. Damit nun aber die Datenbank mit der Arbeitsgruppen-Informationsdatei geladen wird, müssen Sie die Verknüpfung anpassen. Klicken Sie dazu mit der rechten Maustaste auf die Verknüpfung und wählen Sie *Eigenschaften* aus dem Kontextmenü aus.

6 Ergänzen Sie den Pfad zu Access nun so, dass dort die folgende Anweisung steht:

```
"C:\Programme\Microsoft Office\Office10\MSACCESS.EXE"
"\\HELMA02\HELMA02_DATEN2\dgb_access\Beispiele\Kap10\KundenXP.mdb" /WRKGRP
"\\HELMA02\HELMA02_DATEN2\dgb_access\Beispiele\Kap10\Gesichert2.
mdw"
```

10

Benutzeranwendung

┌─── **Hinweis**

Wichtige Hinweise

Die Zeilenumbrüche sind natürlich nicht mit einzugeben. Der Befehl hat folgende Syntax:
Access-EXE-Datei Datenbank /WRKGRP Arbeitsgrup-
pen-Informationsdatei.
Alle Dateien sollten mit Verzeichnis angegeben werden. Das kann ein Verzeichnis mit Laufwerkangabe oder ein UNC-Pfad sein – wie in der Abbildung.

1   Geben Sie nun in das Feld *Ausführen in* noch einmal den Pfad zur Datenbank ein. Damit legen Sie das Arbeitsverzeichnis für Access fest. Auch hier können Sie einen Laufwerkbuchstaben oder einen UNC-Pfad verwenden.

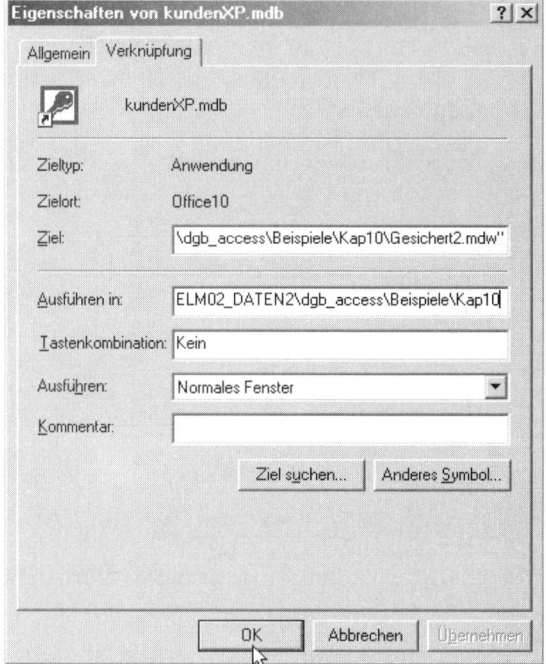

Konfigurieren der Verknüpfung

2   Schließen Sie den Dialog mit *OK*.

Über die so erstellte Desktop-Verknüpfung kann der Anwender die Datenbank nun starten und sich anmelden.

10.3 Verteilte Anwendungen für Mehrbenutzer erstellen

Wenn nicht nur mehreren Benutzern die Benutzung einer Datenbank ermöglicht werden soll, sondern dies auch noch im Netzwerk funktionieren soll, ist eine Client-Server-Anwendung notwendig. Dabei schützen Sie dann die Frontend-Datenbank mit einer Arbeitsgruppen-Informationsdatei und speichern die Daten in einer damit verknüpften Backend-Datenbank. Dies ist natürlich nur die einfachste Form einer Client-Server-Anwendung, bei der Frontend- und Backend-Datenbank Access-Datenbanken sind.

Für größere Anwendung kann die Backend-Datenbank jedoch auch ein SQL-Server sein, das funktioniert dann im Prinzip genauso.

Aufbau einer Client-Server-Anwendung mit SQL-Server als Backend

Anders als bei Client-Server-Anwendungen mit zwei Access-Datenbanken, die lediglich aus drei Schichten bestehen, haben Client-Server-Datenbanken mit einem SQL-Server im Hintergrund mehrere Schichten und sind damit wesentlich komplizierter aufgebaut. Die folgende Abbildung verdeutlicht dies.

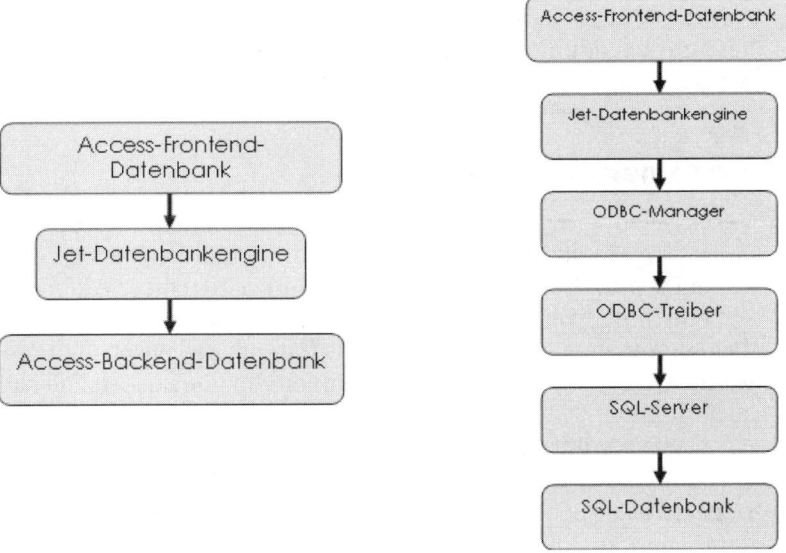

Aufbau von Client-Server-Anwendungen

Verwenden Sie einen SQL-Server als Backend, liegen zwischen der Jet-Datenbank-Engine, die für die Verwaltung der Access-Datenbank zuständig ist, und der SQL-Datenbank noch weitere Schichten. Die Aufgabe der Jet-Datenbank-Engine besteht darin, die SQL-Befehle des Frontends auszuwerten und entsprechend an die Backend-Datenbank weiterzuleiten. Abhängig vom Typ der Frontend-Datenbank übersetzt die Jet-Engine außerdem die Befehle von Access-SQL in den ODBC-SQL-Standard. Diese übersetzten Befehle gibt die Jet-Engine in einer Anwendung mit SQL-Server als Backend an den ODBC-Manager weiter.

Der ODBC-Manager hat die Aufgabe, den benötigten ODBC-Treiber zu ermitteln und den Befehl von der Jet-Engine an den Treiber weiterzugeben. Der ODBC-Treiber kommuniziert nun wiederum mit dem SQL-Treiber und der Datenbank auf dem SQL-Server.

10

Benutzeranwendung

Dieser Aufbau einer Client-Server-Anwendung ist natürlich nicht ganz problemlos. Wenn so viele Schichten aufeinander aufbauen, ist vor allem die Geschwindigkeit ein Problem. Allerdings lässt sich die in diesem Zusammenhang vernachlässigen, vor allem wenn große Datenmengen verarbeitet werden müssen.

Das erledigt ein SQL-Server im Hintergrund natürlich sehr viel schneller als Access. Daher wird der Geschwindigkeitsnachteil durch die Kommunikation in aller Regel durch die Verarbeitungsgeschwindigkeit des SQL-Servers wieder ausgeglichen. Wenn nur geringe Datenmengen zu bearbeiten sind, ist der Einsatz eines SQL-Servers sowieso nicht lohnenswert.

Nachfolgend soll aber trotz der geringen Datenmengen der bisherigen Beispiele erläutert werden, wie Sie eine einfache Datenbank in eine Client-Server-Anwendung mit SQL-Server als Backend portieren können. Dazu wird die Datenbank *ArtikellisteXP.mdb* verwendet

Systemvoraussetzungen

Voraussetzung für die Portierung einer vorhandenen Access-Datenbank auf einen SQL-Server ist natürlich die Installation eines SQL-Servers. Dafür kommen grundsätzlich verschiedene Server in Frage. Aufgrund der Unterschiede in den verwendeten SQL-Dialekten und -Funktionen kann es jedoch dazu kommen, dass nicht alle Access-Datenfeldeigenschaften problemlos auf jeden SQL-Server portiert werden können. Im günstigsten Fall sollten Sie sich also für einen SQL-Server entscheiden, der möglichst alle verwendeten Feldeigenschaften unterstützt.

Der Microsoft SQL-Server hat dabei am wenigsten Probleme. Das liegt nicht daran, dass er alles kann, was Access an Datenbankeigenschaften und Feldeigenschaften zur Verfügung stellt. Vielmehr liegt dies daran, dass der Upsizing-Assistent von Access die Portierung auf den Microsoft-SQL-Server vollautomatisch übernimmt.

Wenn Sie Office besitzen, finden Sie auf der Office-CD-ROM auch einen Mini-SQL-Server, die SQL-Server Desktop Engine. Wenn Sie schon mit Access 2000 gearbeitet haben, wird Ihnen dieser SQL-Server vielleicht als MSDE (**M**icro**s**oft **D**ata **E**ngine) bekannt sein.

Sie können die SQL-Server Desktop Engine von der Access-CD-ROM nachinstallieren. Dazu ist Windows 98 oder höher oder Windows 2000 und höher als Betriebssystem notwendig. Außerdem sollten Sie die MSDE deinstallieren, bevor Sie die SQL-Server Desktop Engine installieren.

Beschränkungen und Möglichkeiten der SQL-Server Desktop Engine

Der SQL-Server 2000 und die SQL-Server 2000 Desktop Enginge basieren auf der gleichen Datenbank-Engine. Daher können die meisten Microsoft Access-Projekte oder Client/Server-Anwendungen unter beiden Versionen ausgeführt werden. Die SQL-Server Desktop Engine unterliegt jedoch im Gegensatz zum Microsoft SQL-Server 2000 einigen Einschränkungen:

- Die maximale Datenbankgröße beträgt 2 GByte.

- Parallelverarbeitung durch **S**ymmetrical **M**ulti**p**rocessing (SMP) wird nicht unterstützt

- Es gibt keine Benutzeroberfläche, Verhaltungstools, Entwicklerbibliotheken und Onlinedokumentation.

Die SQL-Server Desktop Engine installieren

Um die SQL-Server Desktop Engine auf Ihrem Rechner zu installieren, sollten Sie zunächst alle Anwendungen beenden, insbesondere Access. Danach starten Sie das Setup, indem Sie die Office-CD einlegen und dort in das Verzeichnis *MSDE2000* wechseln. Dort klicken Sie doppelt auf die Datei *Setup.exe*, um sie auszuführen.

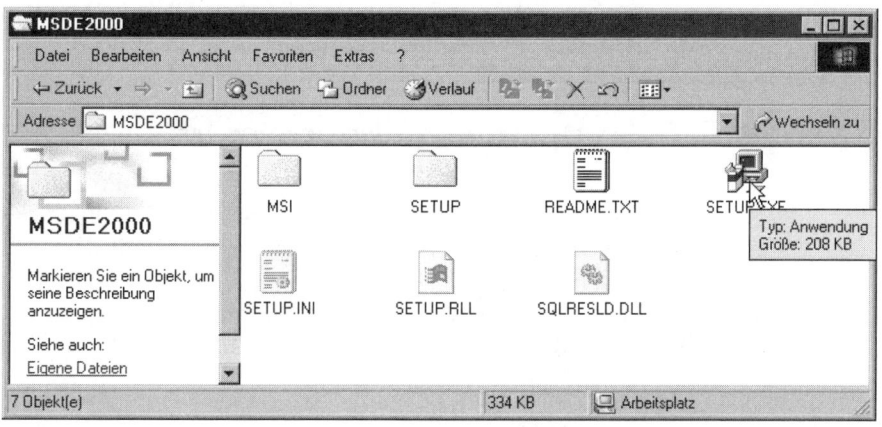

Starten des Setups

Das Setup erfolgt vollkommen ohne Eingaben. Sie brauchen nun nur noch abzuwarten, bis die Meldung erscheint, dass Sie nun den Rechner neu starten sollen. Klicken Sie auf *Yes*, um den Rechner neu zu starten und damit das Setup abzuschließen.

10

Benutzeranwendung

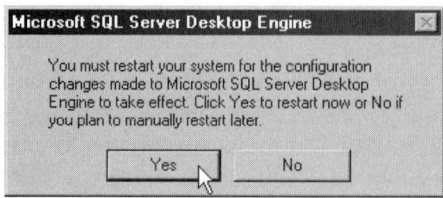

Nach Abschluss der Installation bestätigen Sie den Neustart mit Yes

Nach dem Neustart erscheint in der Taskleiste ein Symbol für den SQL-Server, über das Sie diesen auch starten und stoppen können, indem Sie das Kontextmenü des Symbols öffnen.

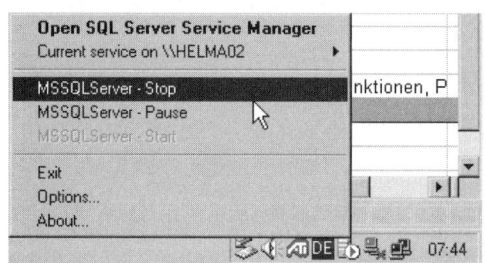

SQL-Server starten und stoppen

Achten Sie darauf, ob der SQL-Server auch gestartet wurde. Dann zeigt das Symbol einen kleinen grünen Pfeil an. Bei einem roten Quadrat im Symbol ist der SQL-Server gestoppt. Versuchen Sie dann, den SQL-Server über das Kontextmenü zu starten. Unter Windows 2000 wird der SQL-Server automatisch beim Systemstart gestartet, unter Windows ME müssen Sie das manuell über das Menü des Symbols machen.

Was beim Upsizing zu beachten ist

Wenn Sie eine Datenbank auf den SQL-Server portieren möchten, die mit einer Arbeitsgruppen-Informationsdatei geschützt ist, benötigen Sie Administratorrechte für die Datenbank. Sie müssen sich also mit dem Administratorkonto anmelden. Wenn Sie die Tabellen der Datenbank zu einer vorhandenen SQL-Datenbank hinzufügen möchten, benötigen Sie auch für die SQL-Datenbank die Berechtigungen zum Administrieren der Datenbank.

Upsizing mithilfe des Assistenten

Wenn der SQL-Server gestartet ist, können Sie mit dem Upsizing der Datenbank beginnen. Starten Sie dazu zunächst Access und öffnen Sie die Datenbank, die Sie auf den SQL-Server portieren möchten. Anschließend gehen Sie wie folgt vor:

1 Wählen Sie *Extras/Datenbank-Dienstprogramme/Upsizing-Assistent* aus, um den Assistenten zu starten.

2 Im ersten Dialog des Assistenten werden Sie gefragt, ob Sie eine vorhandene Datenbank verwenden oder eine neue erstellen möchten. Allerdings bezieht sich diese Frage auf eine Datenbank auf dem SQL-Server und nicht auf eine Access-Datenbank. Wenn Sie den SQL-Server gerade installiert haben, gibt es dort noch keine Datenbank und Sie müssen dann auf jeden Fall die Option *Neue Datenbank erstellen* auswählen. Klicken Sie anschließend auf *Weiter*.

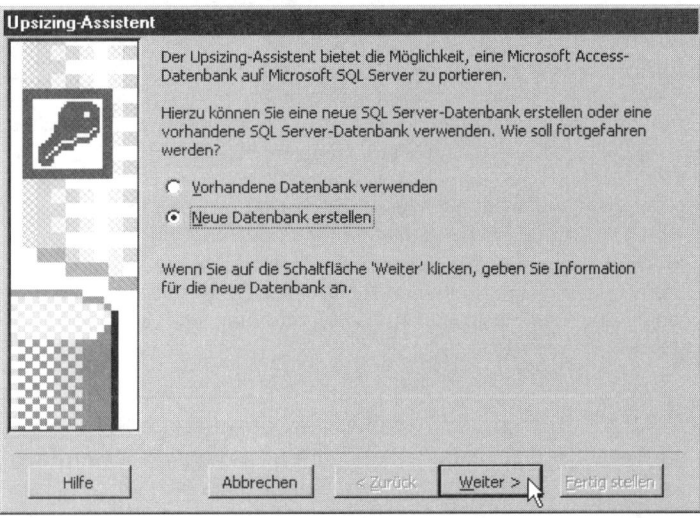

Erzeugen einer neuen Datenbank auf dem SQL-Server

3 Im nächsten Schritt müssen Sie den SQL-Server und die Zugangsdaten bestimmen.

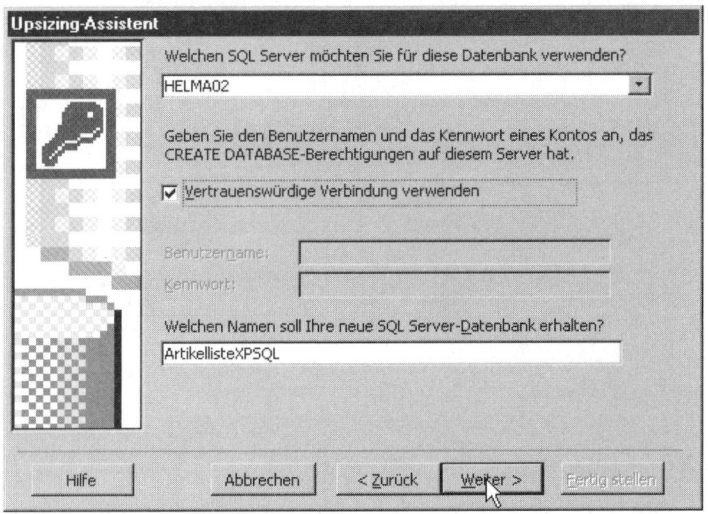

Einstellen der Login-Optionen

Hinweis

Das Betriebssystem schreibt die Einstellungen vor

Was Sie hier einstellen müssen, ist abhängig davon, welches Betriebssystem der Rechner verwendet, auf dem der SQL-Server ausgeführt wird. Unter Windows 98/Me müssen Sie einen Benutzernamen in das Feld *Benutzername* eingeben. Für die SQL-Server Desktop Engine ist dies standardmäßig die Zeichenfolge *sa*. Das Kennwortfeld bleibt leer. Unter Windows 2000/NT 4 können Sie lediglich eine vertrauenswürdige Verbindung verwenden. Dazu aktivieren Sie das Kontrollkästchen *Vertrauenswürdige Verbindung verwenden*. Hier ist die Sicherheit zwar wesentlich größer, aber Sie haben nicht die Möglichkeit, mit dem Standard-Administrator-Konto des SQL-Servers zu arbeiten. Zur Zugriffsprüfung wird das Anmeldekennwort von Windows 2000/NT verwendet. Dieses kann im SQL-Server mit den SQL-Benutzerkonten assoziiert werden. Bei der SQL-Server Desktop Engine geht das aber nicht. Hier wird jeder Windows-Benutzer aktzeptiert, der über Administratorrechte für Windows verfügt. Die brauchen Sie also, wenn Sie die SQL-Server Desktop Engine verwenden möchten. Weitere Informationen zur Datensicherheit und zu Zugriffsrechten finden Sie im Abschnitt "Datensicherheit und SQL-Server" ab Seite 430.

1 Wählen Sie nun die Tabellen aus, die auf dem SQL-Server erstellt werden sollen. Um alle Tabellen zu portieren, klicken Sie einfach auf das Symbol >>.

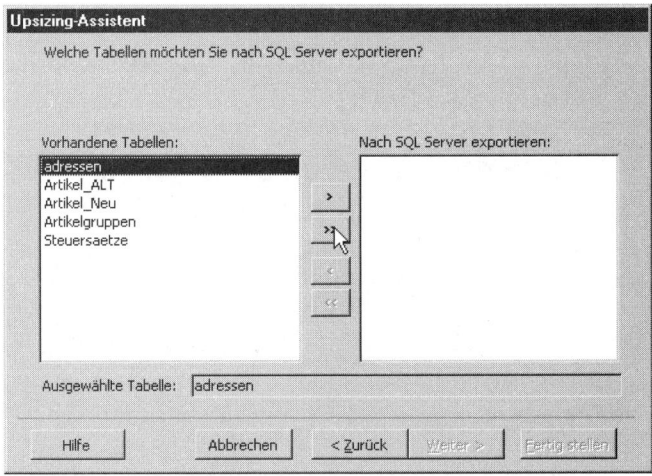

Auswählen der Tabellen

2 Klicken Sie nun auf *Weiter*.

3 Sie können nun entscheiden, welche Tabelleneigenschaften auf den SQL-Server übertragen werden sollen. Dazu stellt der Assistent verschiedene Optionen zur Auswahl. Im Normalfall sollten Sie alle vorgeschlagenen Einstellungen übernehmen. Standardwerte, Tabellenbeziehungen, Indizes und Gültigkeitsregeln benötigen Sie auf jeden Fall. Bei den Tabellenbeziehungen haben Sie allerdings die Wahl, diese mit DRI oder Triggern zu realisieren. Die Auswahl von DRI ist in der Regel korrekt. Sie können aber natürlich auch Trigger verwenden. Das ist abhängig von Ihren SQL-Kenntnissen und dem Umfang der Anwendung. Klicken Sie anschließend auf *Weiter*, um fortzufahren.

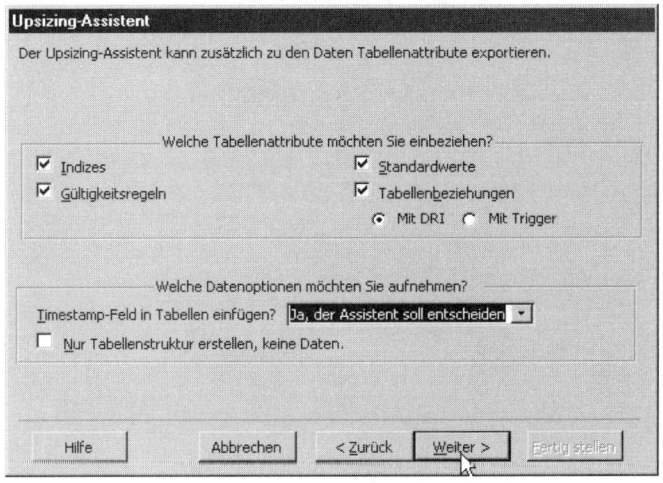

Wählen Sie hier aus, welche Tabelleneigenschaften portiert werden sollen.

10

Benutzeranwendung

┌── Hinweis

Was sind Trigger?

Ein Trigger ist eine besondere Art einer gespeicherten Prozedur. Gespeicherte Prozeduren sind wiederum SQL-Anweisungen, die vom SQL-Server ausgewertet werden, aber bereits in vorkompilierter Form auf dem Server gespeichert werden. Man könnte sie also als Makros bezeichnen, die vom SQL-Server ausgeführt werden. Trigger werden jedoch automatisch aktiviert und ausgeführt, wenn eine bestimmte Situation vorliegt. Abhängig davon, wie der Trigger definiert ist, kann er ausgeführt werden, wenn ein Datensatz gelöscht, geändert oder erzeugt wird. Damit eignen sich Trigger hervorrangend zur Durchsetzung der Regeln der referenziellen Integrität in Beziehungen. Sie erfordern jedoch auch umfassende SQL-Kenntnisse.

1　Sie können nun auswählen, wie der Assistent die Datenbank anpassen soll. Auch hier können Sie die Standardeinstellung übernehmen. Dann erstellt Access eine Client-Server-Anwendung mit einem Access-ADP-Projekt als Frontend. Damit können Sie dann nämlich auch die SQL-Server Desktop Engine verwalten und alle Vorteile von ADP-Projekten nutzen. Alternativ könnten Sie aber auch die Option *SQL Server-Tabellen in die bestehende Anwendung einbinden* auswählen. Dann erstellt Access verknüpfte Tabellen in der Datenbank und verwendet diese in Formularen und Berichten. Die dritte Option *Keine Anwendungsänderungen* erzeugt zwar die Tabellen auf dem SQL-Server, ändert aber die vorhandene Datenbank gar nicht. Diese Option eignet sich daher nicht, wenn Sie die Anwendung portieren möchten. Bevor Sie mit *Weiter* fortfahren, sollten Sie jedoch noch das Kontrollkästchen *Kennwort und Benutzer-ID speichern* aktivieren.

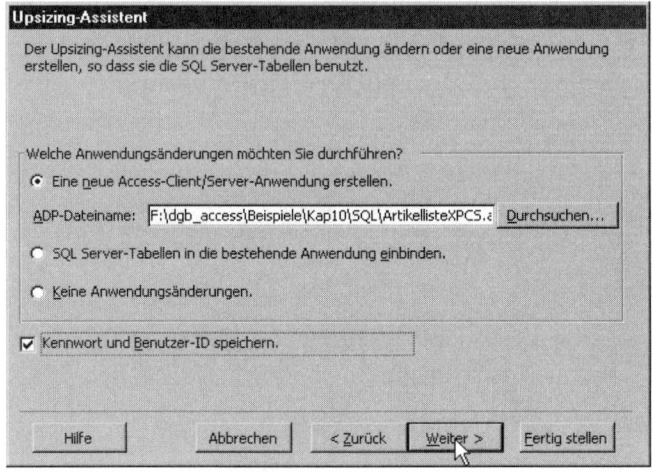

Bestätigen Sie hier die Änderungen an der Datenbank

Hinweis

Access-Projekte unterstützen keine Arbeitsgruppen-Informationsdateien

Wenn Sie ein Access-Projekt verwenden, können Sie keine Arbeits-gruppen-Informationsdatei verwenden, um die Benutzer und deren Rechte zu definieren. Das ist allerdings auch nicht notwendig, weil Sie dann die integrierten NT-Sicherheitsfunktionen und mit dem SQL-Server 7 oder SQL-Server 2000 auch die Windows NT-Benutzerkon-ten für die Datenbank verwenden können. Bei der SQL-Server Desk-top Engine und bei Verwendung von Windows 98/Me als Betriebs-system ist dies allerdings nicht möglich. Verwenden Sie diese Kons-tellation nicht nur zu Testzwecken, sollten Sie auf ein Access-Projekt verzichten und die Einstellung *SQL Server-Tabellen in die bestehen-de Anwendung einbinden* auswählen. Dann erhalten Sie eine MDB-Datei, die Sie wieder mit der Arbeitsgruppen-Informationsdatei schützen können. Weitere Informationen zur Datensicherheit und zu Zugriffsrechten finden Sie im Abschnitt "Datensicherheit und SQL-Server" ab Seite 430.

2 Wenn Sie nun auf *Weiter* klicken, müssen Sie die Warnung mit *Ja* bestä-tigen, die Ihnen mitteilt, dass das Kennwort unverschlüsselt gespeichert wird. Anschließend können Sie auswählen, ob Sie das neue ADP-Projekt nach Abschluss des Assistenten öffnen möchten. Wählen Sie dazu die Option *Neue ADP-Datei öffnen* aus und klicken Sie dann auf *Fertig stel-len*.

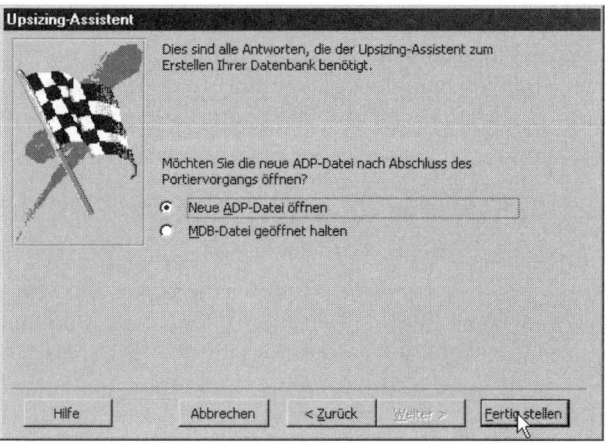

Abschließen des Assistenten

3 Access erzeugt nun die SQL-Datenbank. Je nach Umfang Ihrer Daten und der durchzuführenden Aufgaben kann dies eine Weile dauern. Access zeigt den Fortschritt deshalb in einem Dialog an.

4 Der Assistent zeigt nun wieder einen Bericht an, wie Sie ihn schon von anderen Assistenten her kennen. Sie können diesen Bericht exportieren oder ausdrucken. Zum Drucken verwenden Sie den Menüeintrag *Datei/Drucken*, zum Exportieren wählen Sie *Datei/Exportieren* aus. Nach Abschluss der Portierung wird die gewünschte Datenbank geöffnet. In diesem Fall also die ADP-Datei.

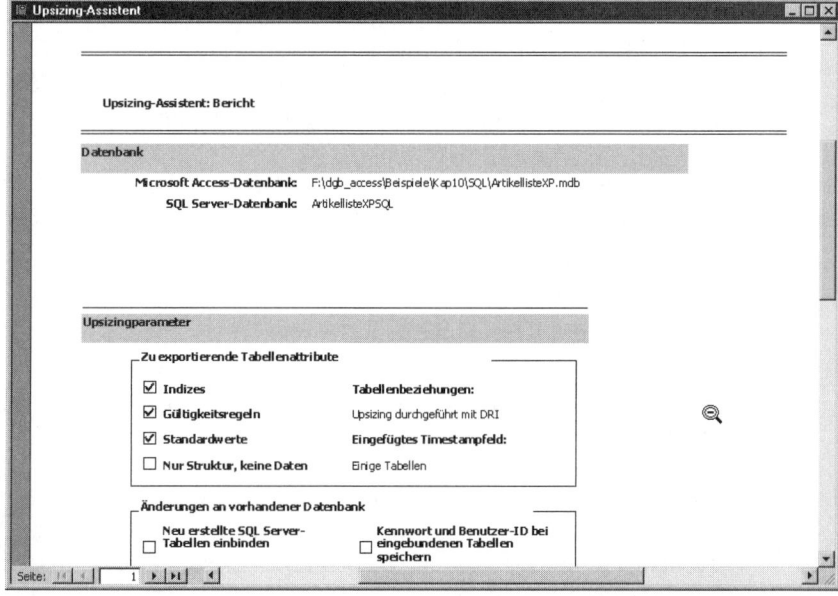

Fertiger Bericht

Sie können nun über die ADP-Datei ganz ähnlich mit den Daten arbeiten wie mit einer normalen Access-Datenbank. Beim Öffnen von Formularen oder Berichten werden Sie keine Unterschiede bemerken. Im Datenbankfenster gibt es aber ein paar Unterschiede, die nachfolgend noch erläutert werden.

Was sind ADP-Projekte bzw. Access-Projekte?

Ein Microsoft Access-Projekt, auch als ADP-Datei oder ADP-Projekt bezeichnet, repräsentiert eine Microsoft Access-Datendatei, die den Zugriff auf eine SQL-Server Datenbank nicht über eine ODBC-Datenbankverbindung, sondern über eine OLE-DB-Komponentenarchitektur ermöglicht. Access-Projekte speichern keine Daten. Sie benötigen daher eine andere Datenbank als Datenquelle. Das kann eine SQL-Server-Datenbank sein, die wahlweise lokal oder auf einem entfernten Rechner installiert werden kann.

Die Tatsache, dass ein Access-Projekt keine Daten speichern kann, führt dazu, dass die Datenbankobjekte, die im Datenbankfenster angezeigt werden, nicht alles Objekte sind, die im ADP-Projekt gespeichert sind. Innerhalb der ADP-Datei werden nur

- Berichte,

- Formulare,

- Links auf Datenzugriffsseiten,

- Makros und

- Module

gespeichert. Alle anderen Datenbankobjekte wie

- Tabellen,

- Abfragen,

- gespeicherte Prozeduren und

- Datenbankdiagramme

werden in der SQL-Datenbank auf dem Server gespeichert, auch wenn das im Datenbankfenster nicht ersichtlich ist.

Dabei werden jedoch auch andere Bezeichnungen verwendet, die Sie kennen sollten, damit Sie mit der Onlinehilfe des SQL-Servers und der von Access zurechtkommen. Tabellen werden auf dem SQL-Server als Tables oder auch als Tabellen bezeichnet. Abfragen werden als Sichten oder Views bezeichnet.

Gespeicherte Prozeduren und Datenbankdiagramme sind zwei Datenbank-objekte, die Access nicht kennt. Gespeicherte Prozeduren werden auch als Stored-Procedures bezeichnet.

Hinweis

Konvertieren von ADP-Projekten in andere Formate

Auch ADP-Projekte können Sie in das Access 2000-Format konvertieren. Das Access 97-Format steht jedoch nicht zur Verfügung, weil Access 97 keine ADP-Dateien kennt.

Unterschiede zwischen Access- und SQL-Server-Datenbanken

Es gibt einige gravierende Unterschiede zwischen Access- und SQL-Server-Datenbanken. Sie bestehen vor allem in den zusätzlichen Datenbankobjekten Datenbankdiagramme und gespeicherte Prozeduren. Bei letzteren handelt es sich um eine Art Makros, die vom SQL-Server ausgeführt und auch dort gespeichert werden. Sie werden in kompilierter Form gespeichert, das heißt, sie sind bereits für die Ausführung vorbereitet und können daher wesentlich schneller ausgeführt werden als herkömmliche Access-Makros.

Sie können gespeicherte Prozeduren zwar im Access-Projekt erstellen, gespeichert werden sie jedoch auf dem SQL-Server. Ähnliches gilt für Datenbankdiagramme.

Dabei handelt es sich um eine Möglichkeit, die SQL-Datenbank von Access aus zu verwalten. Sie können dort sowohl vorhandene Tabellen anzeigen und damit grafisch dokumentieren lassen als auch Änderungen an den Datenbankobjekten vornehmen. Auch Datenbankdiagramme werden im Access-Projekt erstellt, aber in der SQL-Datenbank verwaltet und gespeichert.

In Access-Projekten stellt Access zudem zusätzliche Datenbank-Dienstprogramme zur Verfügung. Damit können Sie die SQL-Server-Datenbank verwalten, die Datenbank sichern und wiederherstellen. Wie das geht, zeigt der folgende Abschnitt.

SQL-Server-Datenbanken administrieren

Da die SQL-Server Desktop Engine keine Administrationstools bietet, haben Sie nur mit einem Access-Projekt die Möglichkeit, die Datenbank zu verwalten. Dazu stellt Access aber zahlreiche Funktionen zur Verfügung.

10

Benutzeranwendung

Datenbank sichern

Da SQL-Server-Datenbanken nicht dateibasiert sind, also nicht in Form einen Dantebankdatei wie in Access-MDB-Dateien vorliegen, können Sie zur Datensicherung natürlich nicht einfach die Datenbankdatei kopieren. Da aber der Verlust von Daten durch Hardwaredefekte, Viren und Bedienungsfehler nicht auszuschließen ist, muss es natürlich auch beim SQL-Server eine Möglichkeit geben, Daten zu sichern. Access stellt dabei in ADP-Dateien eine spezielle Sicherungsfunktion zur Verfügung, mit der Sie die Datenbank sichern können, mit der das ADP-Projekt zusammenarbeitet.

Hinweis

Es kann immer nur die verbundene Datenbank gesichert werden.

Allerdings ist hiermit nicht die Sicherung einer beliebigen SQL-Server-Datenbank möglich. Wenn Sie mehrere Datenbanken sichern möchten, müssen Sie für jede Datenbank ein ADP-Projekt erstellen, dieses mit der Datenbank verbinden und können die verbundene Datenbank dann sichern. Wie Sie ein ADP-Projekt manuell erstellen und mit einer vorhandenen SQL-Server-Datenbank verbinden, wird ab Seite 432 beschrieben.

Um die SQL-Server-Datenbank des aktuell geöffneten Projekts zu sichern, wählen Sie *Extras/Datenbank-Dienstprogramme/SQL-Datenbank sichern* aus. Sie können dann das Verzeichnis für die Sicherung auswählen und den Namen der Sicherungsdatei bestimmen. Klicken Sie anschließend auf *OK*.

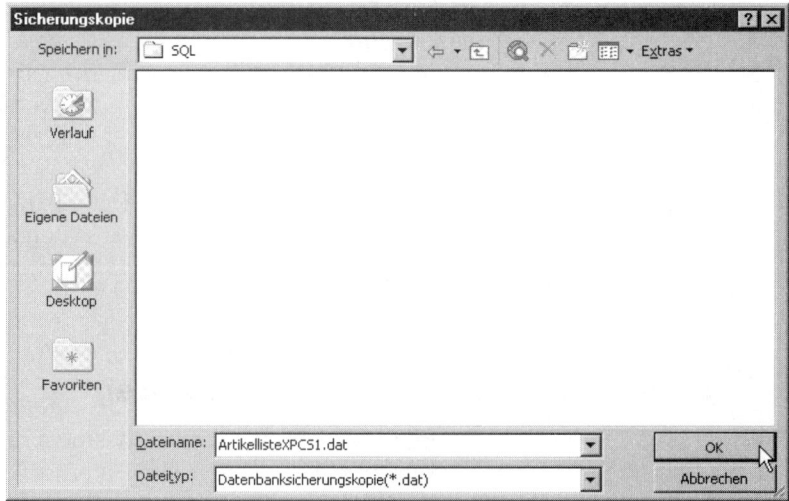

SQL-Datenbank sichern

> **Hinweis**
>
> **Wichtig ist die Dateinamenserweiterung .dat**
>
> Die Sicherungsdateien von SQL-Server-Datenbanken müssen die Dateinamenserweiterung *.dat* bekommen. Nur solche Dateien können für die spätere Wiederherstellung der Datenbank verwendet werden. Access schlägt diese Endung auch zusammmen mit dem Namen für die Sicherung vor. In aller Regel brauchen Sie nur das Sicherungsverzeichnis der Datenbank auszuwählen und können den Vorschlag für den Dateinamen übernehmen.

Nach der Sicherung der Datenbank zeigt Access eine Warnung an, dass natürlich nur die Daten gesichert wurden, die Bestandteil der SQL-Server-Datenbank sind. Das heißt für Sie, dass Sie die

- Formulare,

- Links auf Datenzugriffsseiten,

- Makros und

- Module

der ADP-Datei manuell sichern müssen. Dazu schließen Sie einfach die ADP-Datei und kopieren sie mit dem Arbeitsplatz oder Explorer in ein anderes Verzeichnis.

> **Hinweis**
>
> **Die Sicherung von SQL-Server-7-Datenbanken erfolgt etwas anders**
>
> Verwenden Sie den SQL-Server 7 anstelle des SQL-Servers 2000 oder der Desktop Engine von SQL-Server 2000, funktioniert die Sicherung und Wiederherstellung der Daten etwas anders. Die Sicherung erfolgt hier nicht in DAT-Dateien, sondern in MDF-Dateien. Um die Datenbank zu sichern, wählen Sie *Extras/Datenbank-Dienstprogramme/Datenbankdatei kopieren* aus. Access erstellt dann eine MDF-Datei in dem von Ihnen angegebenen Verzeichnis.

Datenbank wiederherstellen

Um eine in einer DAT-Datei gesicherte Datenbank wiederherzustellen, sollten Sie zunächst dafür sorgen, dass kein Benutzer mit der SQL-Server-Datenbank verbunden ist. Wenn diese bei einer Neuinstallation des SQL-Servers nicht vorhanden ist, ist das natürlich kein Problem. Anders sieht das aus, wenn Sie nur eine defekte Datenbank durch eine Sicherungskopie ersetzen möchten. Wenn außer Ihnen keiner mehr mit der Datenbank verbunden ist, wählen Sie entsprechend *Extras/Datenbank-Dienstprogramme/ SQL-Datenbank wiederherstellen* aus. Access beendet dann nach einer Bestäti-

10

Benutzeranwendung

gung alle Verbindungen und ermöglicht Ihnen die Auswahl der DAT-Datei, aus der die Datenbank wiederhergestellt werden soll.

Datenbankkennwort ändern

Wenn Sie unter Windows 98/Me nicht mit dem Standard-Benutzerkonto des SQL-Servers arbeiten möchten, sondern dafür zumindest ein individuelles Kennwort festlegen möchten, können Sie das Datenbankkennwort ändern. Wählen Sie dazu *Extras/Sicherheit/Login-Kennwort festlegen* aus.

Hinweis

Datenbankkennwort ändern unter Windows NT/2000

Wenn Ihr SQL-Server auf einem Windows 2000/NT-Rechner läuft, können Sie das Login-Kennwort nicht festlegen, da dann die integrierte Windows NT-Sicherheit verwendet wird. Weitere Informationen zur Datensicherheit und zu Zugriffsrechten finden Sie im Abschnitt "Datensicherheit und SQL-Server".

Datenbank löschen

Möchten Sie eine Datenbank vom SQL-Server löschen, wählen Sie dazu *Extras/Datenbank-Dienstprogramme/SQL-Datenbank löschen* aus.

Datensicherheit und SQL-Server

Auch wenn Sie zumindest in ADP-Projekten keine Arbeitsgruppen-Informationsdatei verwenden können, sind die Daten auf einem SQL-Server in der Regel sehr viel sicherer. Das liegt daran, dass der Einsatz eines SQL-Servers in der Regel nur dann sinnvoll ist, wenn

- sehr viele Benutzer gleichzeitig auf die Daten zugreifen und/oder

- sehr große Datenmengen zu verwalten sind.

Das bedeutet dann in der Regel, dass der SQL-Server auf einem Windows 2000- oder Windows NT-Server eingesetzt wird. Nur dann können nämlich mehr als fünf Benutzer gleichzeitig auf die Datenbank zugreifen, weil alle Windows-Desktop-Betriebssysteme wie Windows 95/98/Me, Windows 2000 Professional und Windows NT Workstation maximal fünf Zugriffe gleichzeitig aus dem Netzwerk zulassen. Das beschränkt den Einsatz des SQL-Servers und der SQL-Server 2000 Desktop Engine bereits auf sehr kleine Anwendungen mit wenigen Benutzern.

Sobald Sie den SQL-Server auf einem Windows NT- oder Windows 2000-Rechner einsetzen, wird die integrierte NT-Sicherheit verwendet. Das bedeutet, dass nur Benutzer Zugriff auf die Datenbank haben, für die ein Benutzerkonto auf dem Windows-Rechner eingerichtet ist und die sich gültig an diesem Rechner angemeldet haben. Das hat den Vorteil, dass einerseits nur eine definierte Menge von Benutzern Zugriff hat, andererseits aber auch eine separate Anmeldung an die Datenbank entfällt. Mit der Anmeldung am Server erfolgt auch gleichzeitig die Anmeldung an die SQL-Datenbank. Über die Verwaltung der Benutzer- und Gruppenrichtlinien des Servers und die Benutzerverwaltung können Sie außerdem gleichzeitig die Benutzer der Datenbank in der gewohnten Umgebung von Windows NT und Windows 2000 bearbeiten.

Die zweite Alternative der Zugriffsbeschränkung auf die Datenbank ist die Verwendung der integrierten SQL-Server-Sicherheit. Dabei müssen sich die Benutzer mit Benutzername und Kennwort an die Datenbank anmelden. Der Standardbenutzername ist *sa*, das Kennwort eine leere Zeichenfolge.

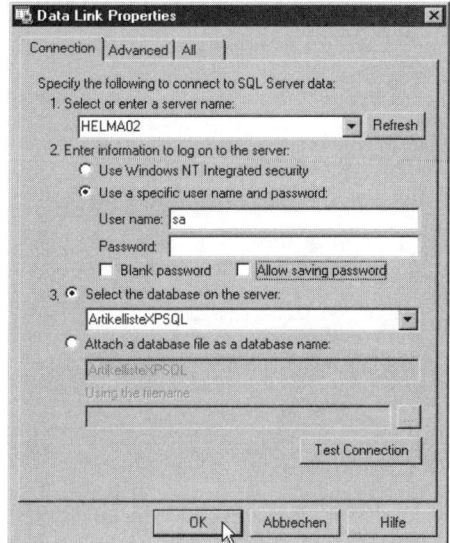

Aktivieren der SQL-Server-Sicherheit

10

Benutzeranwendung

┌──── **Hinweis**

Bug oder Feature?

Gemäß Onlinehilfe soll es möglich sein, auch für die SQL-Server Desktop Engine auf einem Windows NT/2000-Rechner die integrierte SQL-Server-Sicherheit zu verwenden, wenn SQL-Server und ADP-Projekt auf dem gleichen Rechner gespeichert sind. Das soll funktionieren, indem im ADP-Projekt über *Datei/Verbindung* die Datenbankverbindung angepasst wird. Dazu soll, wie in der folgenden Abbildung zu sehen, die Option *Use a specific user name and password* aktiviert und Benutzername und Kennwort eingegeben werden. Allerdings ist mir dies bei mehreren Versuchen nicht gelungen, weil Access dann immer einen Fehler beim Initialisieren des Daten-Providers meldet.

ADP-Projekte manuell erstellen

Unter Umständen möchten Sie gar nicht eine vorhandene Access-Datenbank auf den SQL-Server portieren, sondern gleich ein Access-ADP-Projekt als Frontend für eine vorhandene oder neu zu erstellende SQL-Server-Datenbank erstellen.

Der folgende Abschnitt zeigt, wie das zu bewerkstelligen ist und wie Sie Tabellen und Abfragen in der SQL-Datenbank erstellen.

Das ADP-Projekt und die SQL-Datenbank erstellen

1 Schließen Sie die aktuelle Datenbank oder das aktuelle Access-Projekt, wenn eines geöffnet sein sollte.

2 Prüfen Sie, ob der SQL-Server gestartet ist, und starten Sie ihn, falls das nicht der Fall ist.

3 Wählen Sie aus dem Menü *Datei/Neu* aus.

4 Klicken Sie auf den Link *Projekt (Neue Daten)*.

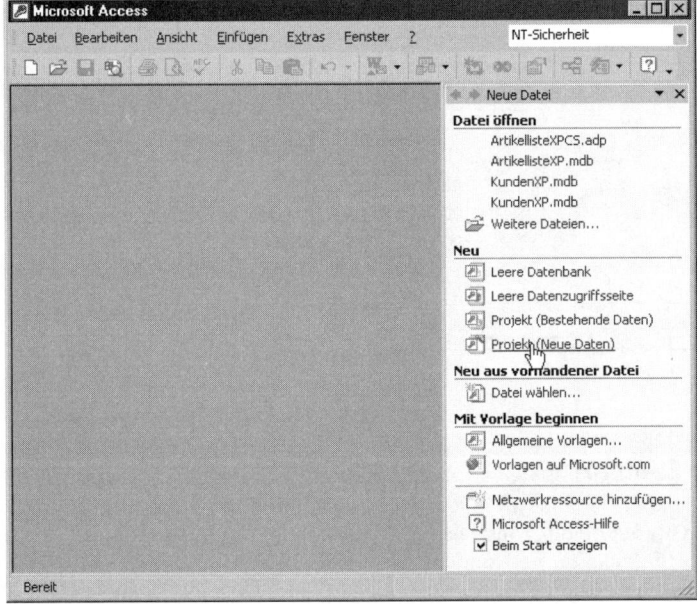

Erzeugen eines neuen Projekts

5 Wählen Sie nun das Verzeichnis für die Datenbank aus und geben Sie einen Namen für das Access-Projekt ein. Klicken Sie anschließend auf *Erstellen*.

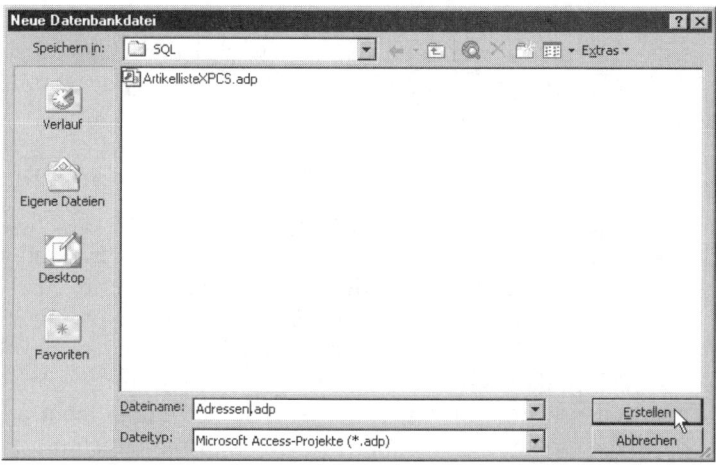

Speichern der Projektdatei

6 Nun werden Sie im nächsten Schritt aufgefordert, die SQL-Server-Datenbank zu erstellen. Zunächst müssen Sie dazu den SQL-Server verwenden. Dazu geben Sie den Namen des Rechners ein, auf dem er installiert ist. Handelt es sich um eine lokale Installation der SQL-Server Desktop Engine, können Sie auch *(LOCAL)* eingeben. Im Feld *Welchen Namen soll Ihre neue SQL Server-Datenbank erhalten* geben Sie den gewünschten Namen für die Datenbank ein und klicken dann auf *Weiter*.

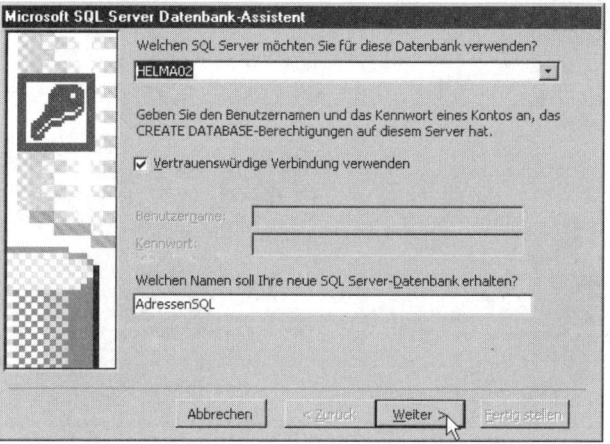

Erstellen der SQL-Datenbank

10

Benutzeranwendung

┌─ **Hinweis**

Benutzername und Kennwort eingeben

Für die Eingabe von Benutzername und Kennwort oder die Aktivierung des Kontrollkästchens *Vertrauenswürdige Verbindung verwenden* sollten Sie das berücksichtigen, was bereits beim Upsizing-Assistenten und im vorherigen Abschnitt zur integrierten NT-Sicherheit und SQL-Server-Sicherheit gesagt wurde.

7 Klicken Sie im nächsten Dialog auf *Fertig stellen*. Danach erzeugt Access die Datenbank, die zunächst aber noch leer ist. Sie müssen dann natürlich die Tabellen, Abfragen und Beziehungen in der Datenbank erstellen.

Die Tabellen und Beziehungen in der Datenbank erstellen

1 Nun können Sie damit beginnen, die Tabellen zu erstellen. Aktivieren Sie dazu die Kategorie *Tabellen* des Datenbankfensters und klicken Sie dort auf *Neu*. Access zeigt nun die Entwurfsansicht für die SQL-Tabelle an. Sie sieht etwas anders aus als die Entwurfsansicht für Access-Tabellen. Allerdings ist der Dialog recht einfach aufgebaut, sodass Sie sich schnell zurechtfinden werden. Das einzige Problem dürften am Anfang die Datentypen sein, von denen der SQL-Server einige mehr als Access bietet. Die nachfolgend abgebildete Tabelle kommt jedoch mit zwei Datentypen aus. Der Typ *char* entsprecht dem Felddatentyp *Text* von Access und *bigint* entspricht dem Felddatentyp *Zahl* mit der Größe *Long Integer*.

2 Wenn Sie für die Zeile *ID* eine automatische Nummerierung erreichen möchten, müssen Sie dazu für dieses Feld die in der Abbildung gezeigten Eigenschaften einstellen. Wählen Sie für *Identität (ID)* den Wert *Ja* aus. Geben Sie dann als *ID-Startwert 1* und als *ID-Schrittweite 1* an.

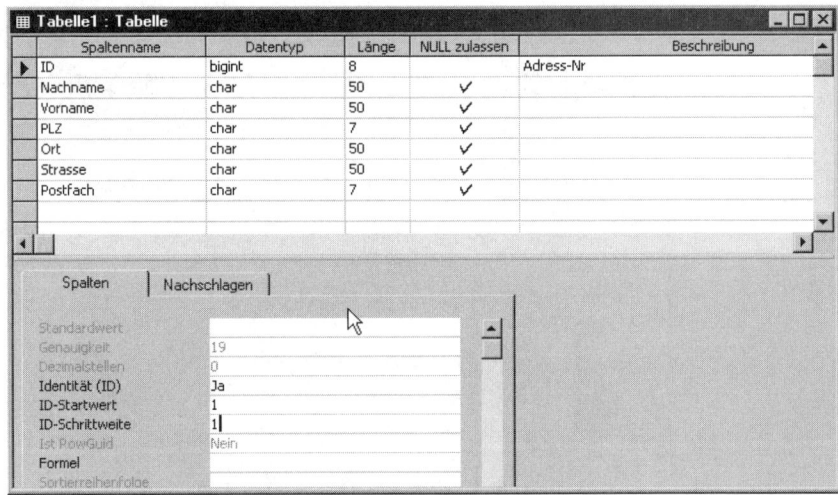

Erstellen der Tabelle zur Speicherung der Adressen

3 Speichern Sie nun die Tabelle, indem Sie *Datei/Speichern* auswählen und einen geeigneten Namen für die Tabelle eingeben.

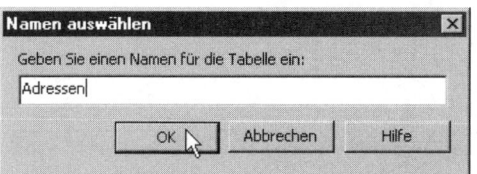

Speichern der Tabelle

4 Access erzeugt nun die Tabelle und meldet dann, dass ein Primärschlüssel empfohlen wird. Bestätigen Sie diese Meldung mit *Ja*, um ihn zu definieren. Sie gelangen dann wieder in die Entwurfsansicht der gespeicherten Tabelle.

5 Klicken Sie nun den Zeilenkopf der Spalte *ID* mit der rechten Maustaste an und wählen Sie *Primärschlüssel* aus dem Kontextmenü aus.

Festlegen des Primärschlüssels

6 Speichern Sie die Tabelle erneut, indem Sie *Datei/Speichern* auswählen, und schließen Sie sie dann.

7 Nun fehlt noch eine zweite Tabelle, damit Sie eine Beziehung erstellen können. Die zweite Tabelle können Sie auf dem gleichen Weg erstellen und könnte bspw. wie in der folgenden Abbildung zum Speichern der Bankverbindungen genutzt werden.

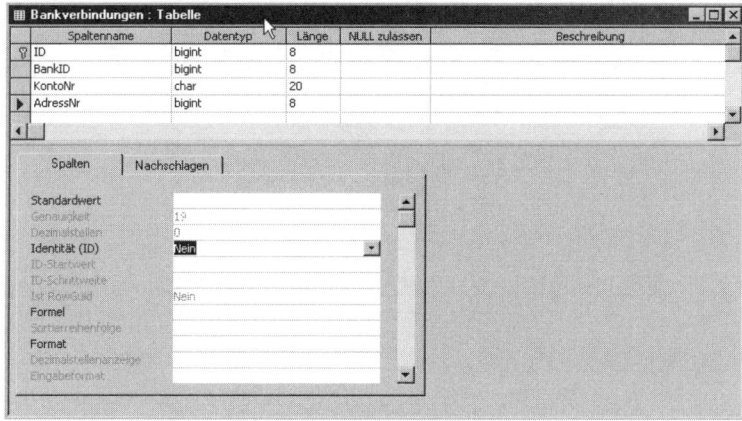

Erstellen der Tabelle Bankverbindungen

10

Benutzeranwendung

8 Für die vollständige Bankverbindung ist nun natürlich noch eine dritte Tabelle erforderlich, die die Banken mit Bankname, Bankleitzahl und Ort speichert.

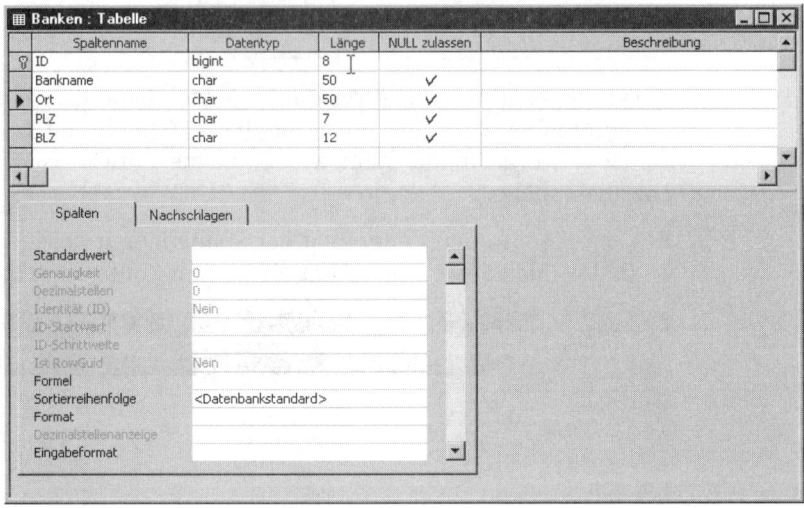

Die dritte Tabelle könnte so aussehen

9 Jetzt können Sie die Beziehungen zwischen den Tabellen definieren. Das machen Sie über ein Datenbankdiagramm. Aktivieren Sie dazu die Rubrik *Datenbankdiagramme* im Datenbankfenster.

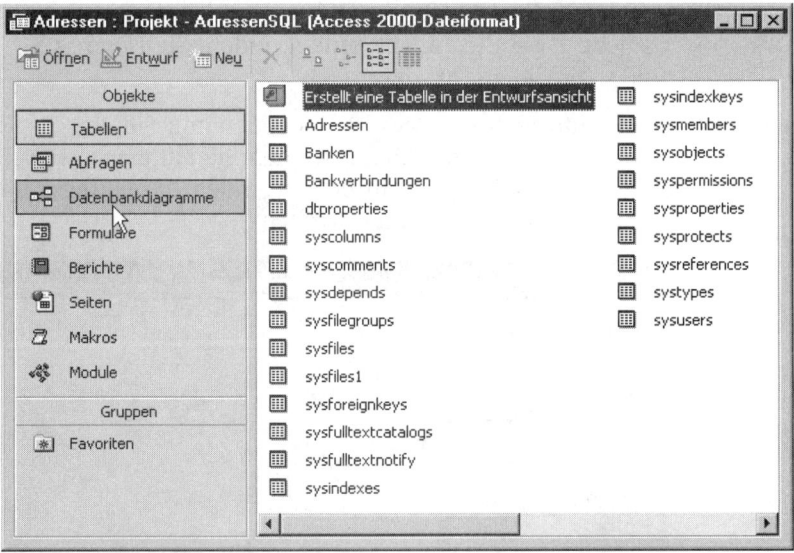

Aktivieren der Kategorie Datenbankdiagramme

10 Klicken Sie auf *Neu*.

11 Markieren Sie nun alle drei Tabellen, indem Sie sie anklicken, während Sie die [Umschalt]-Taste gedrückt halten, und klicken Sie anschließend auf *Hinzufügen*.

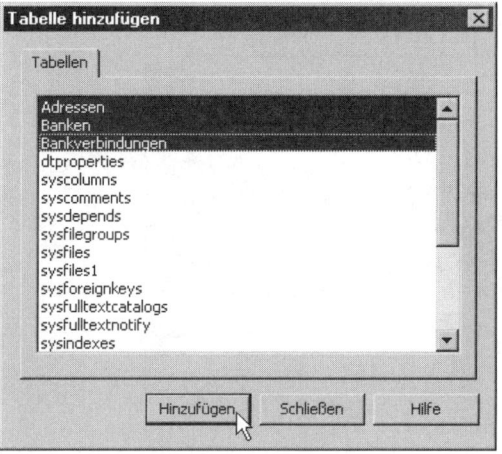

Hinzufügen der Tabellen zum Datenbankdiagramm

12 Klicken Sie anschließend auf *Schließen*. Access zeigt nun die Tabellen in einem Fenster an, das eine gewisse Ähnlichkeit mit dem Beziehungsfenster von einer Access-Datenbank hat. Auch das Erstellen der Beziehungen funktioniert hier ganz ähnlich.

13 Ziehen Sie nun einfach ein Feld der Beziehung auf das entsprechende Feld in der anderen Tabelle.

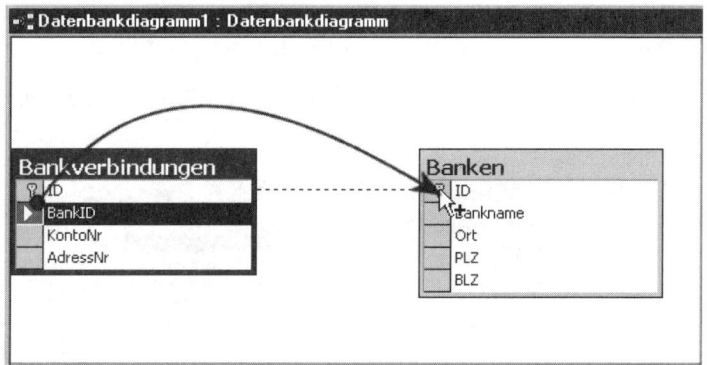

Beziehungen werden per Drag & Drop erstellt

14 Access blendet nun einen Dialog ein, über den Sie die Eigenschaften für die Beziehung festlegen können. Wie in Access-Datenbanken auch schlägt Access automatisch korrekte Einstellungen vor. Die Kontrollkästchen *Verknüpfte Felder mit CASCADE aktualisieren* und *Verknüpfte Datensätze mit CASCADE löschen* entsprechen der Aktualisierungs- und Löschweitergabe bei referenzieller Integrität von Access-Beziehungen. Klicken Sie einfach auf *OK*, um die Einstellungen zu übernehmen.

10

Benutzeranwendung

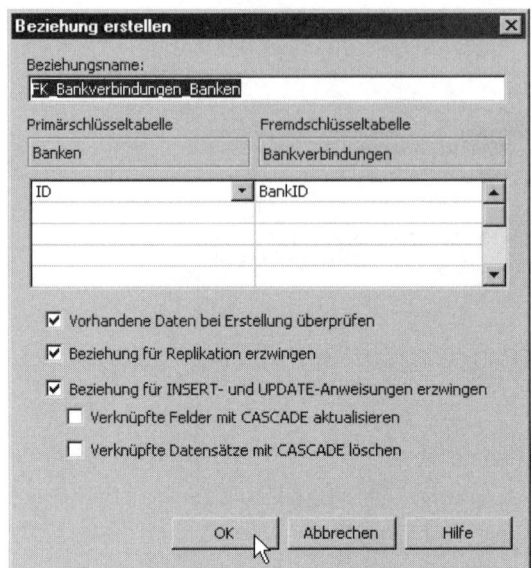

Eigenschaften der Beziehung festlegen

15 Wählen Sie *Datei/Speichern* und geben Sie einen Namen für das Diagramm ein. Bestätigen Sie in dem anschließend eingeblendeten Dialog die Speicherung mit *Ja*.

Abfragen erstellen

1 Nun fehlt natürlich noch eine Abfrage, die aus den Tabellen vollständige Datensätze mit Kundenadressen und Bankverbindungen macht. Aktivieren Sie dazu die Rubrik *Abfragen* im Datenbankfenster.

2 Klicken Sie auf *Neu* und wählen Sie den Eintrag *Sicht entwerfen* aus, bevor Sie den Dialog mit *OK* schließen.

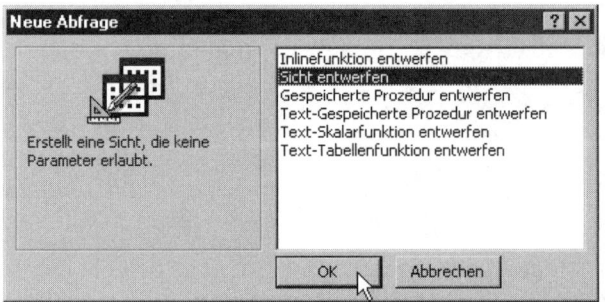

Auswählen des zu erstellenden Abfragetyps

3 Markieren Sie nun wieder die drei Tabellen, indem Sie sie mit der Maus anklicken, während Sie die (Umschalt)-Taste gedrückt halten. Klicken Sie dann auf *Hinzufügen* und anschließend auf *Schließen*.

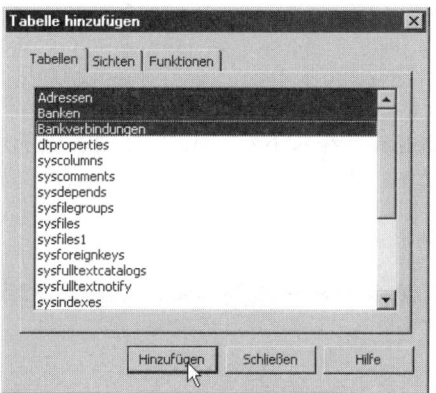

Auswählen der Tabelle für die Abfrage

4 Nun müssen Sie noch die Felder auswählen, die in der Sicht angezeigt werden sollen. Aktivieren Sie dazu alle Kontrollkästchen der Felder, die angezeigt werden sollen. Sie können in der Spalte *Sortierungsart* außerdem eine gewünschte Sortierfolge angeben und Kriterien definieren.

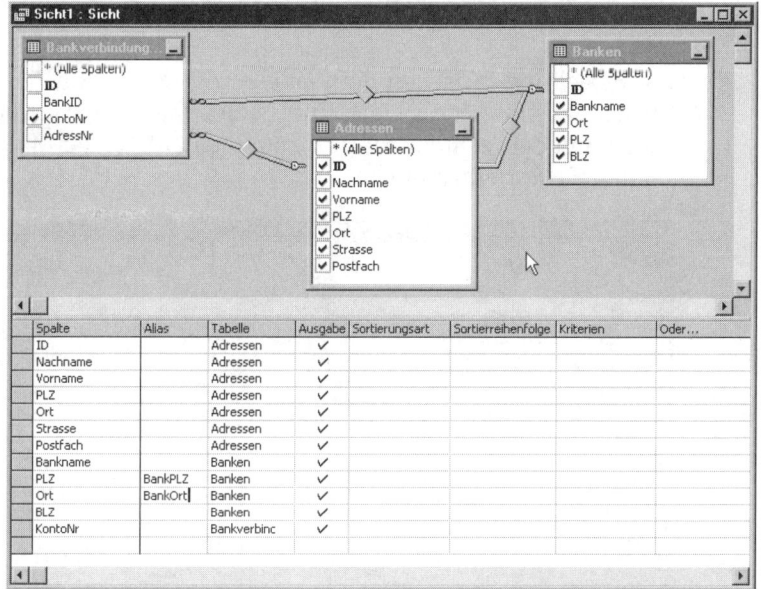

Auswählen der Felder für die Sicht

┌─── **Hinweis**

Wozu dienen Aliasnamen in der Spalte Alias?

Anders als bei Access-Abfragen werden in diesen Abfragen nicht die Tabellennamen vor die Feldnamen gesetzt. Bei gleichen Feldnamen in verschiedenen Tabellen müssen Sie daher Aliasnamen definieren. Access schlägt zwar welche vor, sinnvoll ist es aber, diese Vorschläge durch sprechende Namen zu ersetzen. Überschreiben Sie dazu einfach die Vorschläge in der Spalte *Alias* durch Ihren Wunsch-Aliasnamen.

10

Benutzeranwendung

1 Nun müssen Sie für die Beziehungen noch festlegen, welchen Typ die Beziehungen haben sollen. Klicken Sie dazu mit der rechten Maustaste auf die kleine Raute in der Mitte der Linie und wählen Sie den gewünschten Eintrag aus dem Kontextmenü aus. Für das Beispiel ist es sinnvoll, dass Sie für die Beziehung zwischen den Tabellen *Adressen* und *Bankverbindung* den Eintrag *Alle Zeilen von Adressen auswählen* nehmen. Für die Beziehung zwischen den Tabellen *Bankverbindung* und *Banken* wählen Sie *Alle Zeilen von Bankverbindungen auswählen*.

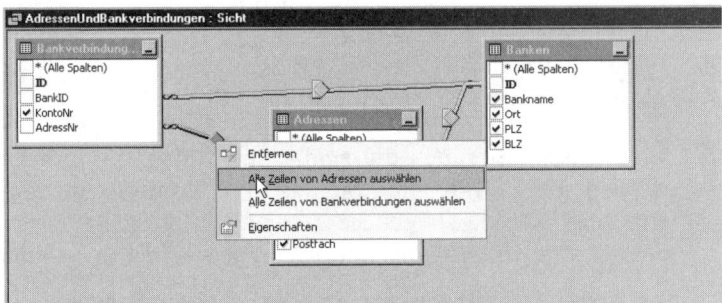

Beziehungstyp festlegen

2 Die Beziehung zwischen den Tabellen *Adressen* und *Banken* sollen Sie löschen, wenn Access dort eine Beziehung anzeigt. Klicken Sie dazu wieder mit der rechten Maustaste auf die Raute in der Mitte der Linie und wählen Sie *Entfernen* aus.

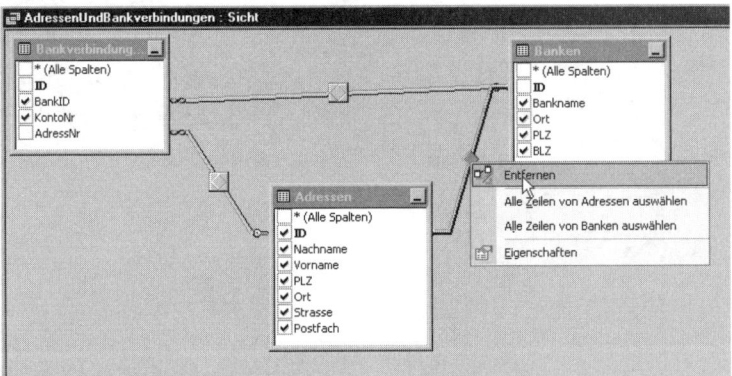

Löschen einer Beziehung

┌──── **Hinweis**

Manchmal vermutet Access eine Beziehung, wo keine ist

Wenn Sie eine Sicht erstellen und die eingefügten Tabellen Felder mit gleichen Namen haben, kann es sein, dass Access eine Beziehung anzeigt, wo keine vorliegt. Aus diesem Grund wird zwischen den Feldern *ID* der Tabellen *Adressen* und *Banken* eine Beziehung angezeigt, die Sie dann explizit löschen müssen.

3 Speichern Sie nun die Sicht, indem Sie *Datei/Speichern* auswählen und einen Namen für die Sicht eingeben.

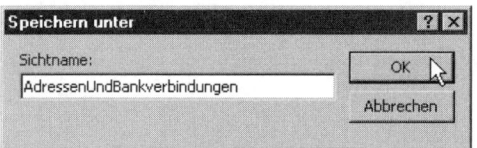

Speichern der Sicht

Sie können nun die Sicht schließen und dann ausführen. Angezeigt werden natürlich nur dann Daten, wenn Sie in die Tabellen Daten eingegeben haben. Dazu können Sie die Tabellen einfach per Doppelklick öffnen und die Daten eingeben. Auch die Sicht können Sie dann per Doppelklick ausführen. Das könnte dann bspw. so aussehen:

Ausgeführte Sicht

Hinweis

Formulare, Berichte und Datenzugriffsseiten erstellen

Wenn Sie Formulare, Berichte und Datenzugriffsseiten erstellen möchten, funktioniert das im Prinzip genauso wie in Access-Datenbanken. Sie können dazu auch die gleichen Assistenten benutzen.

10

Benutzeranwendung

11. Mit anderen Office-Anwendungen kommunizieren

Um Datenbanken zu verwalten, gibt es natürlich recht viele Programme, die teilweise auch leistungsfähiger als Access sind. Kommt es Ihnen aber vor allem auf die gemeinsame Nutzung der Daten mit anderen Anwendungen an, bietet Access sehr viele Möglichkeiten.

Das beschränkt sich nicht nur auf die anderen Programme des Microsoft Office-Pakets, sondern auch andere Anwendungen bieten Schnittstellen zu Access, die Sie hervorragend nutzen können.

Dies wird am Beispiel von Micrografx iGrafx Flowcharter 2000 Professionall gezeigt, mit dem Sie per Mausklick Organisationsdiagramme aus Ihren Access-Daten erzeugen können.

11.1 Zusammenarbeit mit Excel und Word

Word und Excel sind die Programme von Microsoft Office XP, die am besten mit Access zusammenarbeiten. Sie bringen von sich aus bereits einige Funktionen mit, die den Datenaustausch bzw. die Kommunikation zwischen den Anwendungen gestatten. Access kann bspw.

- Daten an Word senden, um daraus einen Serienbrief zu erzeugen,

- Excel-Tabellen importieren und verknüpfen,

- XML-Dateien exportieren, die dann in Excel importiert werden können, und

- Tabellen und Abfragen als Excel-Dateien speichern.

Aber auch ausgehend von Excel oder Word bieten sich einige Möglichkeiten für eine Zusammenarbeit an. So können Sie dort

- Access-Datenbanken direkt importieren,

11

Office-Anwendungen

- mithilfe eines Add-Ins Access-Formulare und Berichte aus Excel öffnen und ausführen,

- Access-Tabellen mit Arbeitsmappen verknüpfen,

- Excel-Daten als HTML-Seiten exportieren und in Access-Datenbanken einbinden und

- Access-Datenbanken in Word öffnen, um die Daten in Serienbriefen zu verwenden.

Daneben lassen sich mithilfe von VBA aber auch weitere Formen der Zusammenarbeit denken und verwirklichen.

11.2 Excel zur Analyse von Access-Daten verwenden

Die Zusammenarbeit zwischen Access 2002 und Excel 2002 klappt in jeder Hinsicht hervorragend. Standardmäßig erlaubt Excel den Import von Access-Tabellen und -Abfragen, die Sie dann auch in Excel ändern und in der Access-Tabelle aktualisieren können.

Die Verwendung von Access-Formularen in Excel, um Eingaben in Access-Datenbanken zu ermöglichen, ist jedoch standardmäßig nicht mehr vorgesehen. Sie müssen dazu ein separates Add-In *AccessLinks* downloaden und installieren. Dieses Add-In steht aber leider noch nicht zum Download zu Verfügung. Da es jedoch in der Hilfe zu Excel erwähnt wird, ist davon auszugehen, dass es in Kürze verfügbar sein wird.

Access-Daten in Excel-Arbeitsmappen importieren

Wenn Sie Access-Daten in Excel importieren möchten, die Sie später nicht mehr aktualisieren müssen, ist es sinnvoll, dazu einen einfachen Datenimport durchzuführen.

1 Starten Sie dazu Excel 2002.

2 Wählen Sie *Datei/Öffnen* aus dem Menü aus.

3 Wählen Sie im Öffnen-Dialog als Dateityp *Alle Datenquellen* aus. Markieren Sie die Access-Datenbank und klicken Sie auf *Öffnen*.

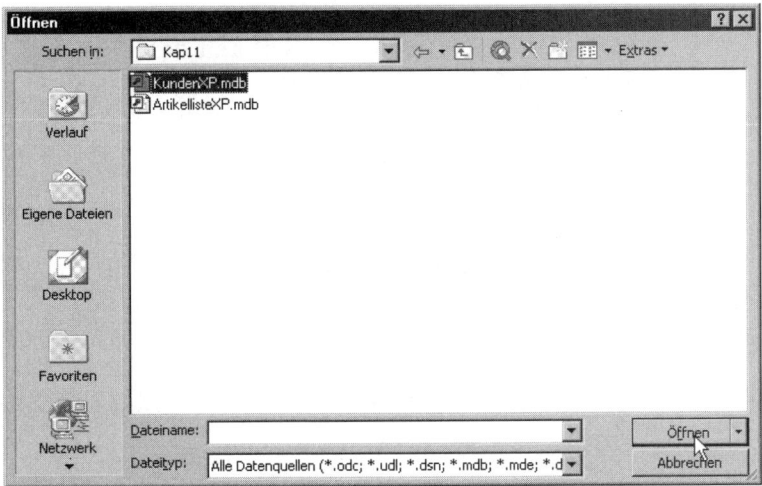

Öffnen einer Access-Datenbank in Excel

4 Wenn die Datenbank nur eine Tabelle enthält, wird diese nun in einer neuen Arbeitsmappe als Tabellenblatt angezeigt. Die Tabelle ist nun aber noch verknüpft. Das erkennen Sie an der automatisch eingeblendeten Symbolleiste.

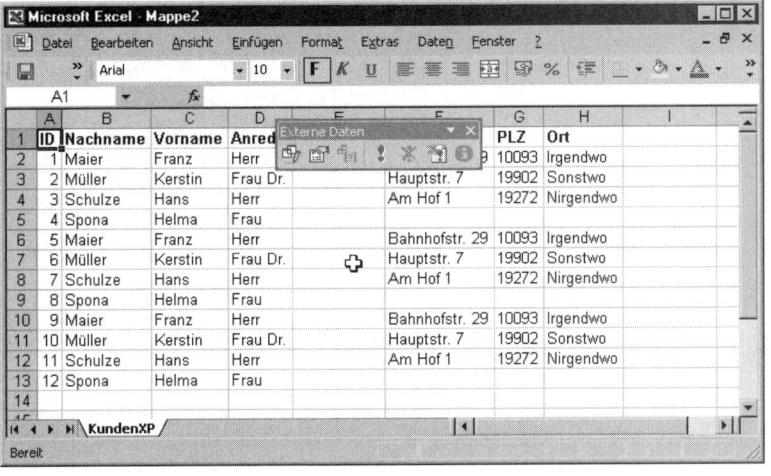

Verknüpfte Access-Tabelle

Hinweis

Bei einer Datenbank mit mehreren Tabellen startet ein Assistent

Wenn Sie so eine Datenbank mit mehreren Tabellen öffnen, wird ein Assistent gestartet. Dessen Dialoge und Einstellungen finden Sie im Abschnitt "Jederzeit aktuell: Verknüpfte Access-Daten in Excel" ab Seite 446 beschrieben.

1 Wenn Sie die Daten endgültig importieren möchten, müssen Sie nun noch die Verknüpfung lösen. Dazu klicken Sie in der Symbolleiste auf das Symbol [Symbol]. Excel blendet daraufhin einen Dialog ein, in dem Sie die Verknüpfungseigenschaften bearbeiten können.

2 Deaktivieren Sie in diesem Dialog das Kontrollkästchen *Abfragedefinition speichern* und schließen Sie den Dialog mit *OK*.

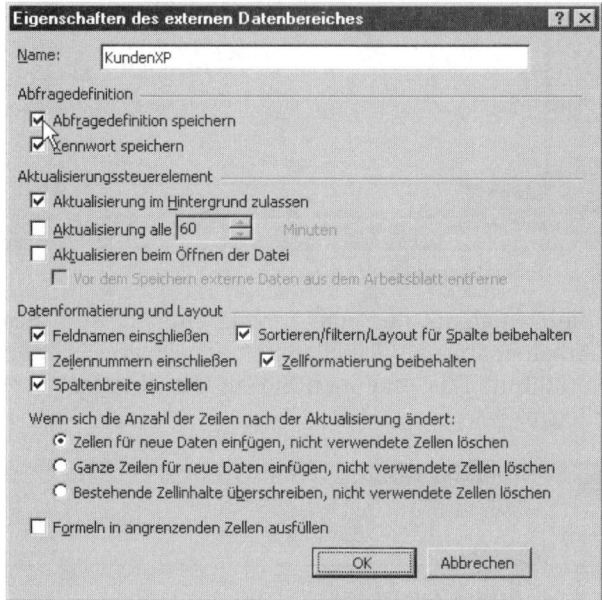

Einstellen der Verknüpfungseigenschaften

3 Bestätigen Sie die nun eingeblendete Warnung ebenfalls mit *OK*.

Damit ist der Import der Daten abgeschlossen. Sie bleiben nun in der Excel-Arbeitsmappe auf dem Stand, den sie zu dem Zeitpunkt hatten, als Sie die Datenbankverbindung gelöst haben.

Jederzeit aktuell: Verknüpfte Access-Daten in Excel

Wenn Sie in Excel jedoch immer die aktuellen Daten der Datenbank verwenden möchten, muss es natürlich möglich sein, die verknüpften Daten zu aktualisieren. In diesem Fall bleiben die Verknüpfungseigenschaften in der Excel-Arbeitsmappe erhalten und die Daten können jederzeit aus der Datenbank aktualisiert werden.

Um eine solche Verknüpfung zu erstellen, gibt es zwei Möglichkeiten. Sie können vorgehen, wie zuvor für den Import beschrieben wurde, aber lösen die Verknüpfung am Ende nicht. Die zweite Möglichkeit besteht darin, dass

Sie direkt eine Verknüpfung in einer geöffneten Arbeitsmappe erstellen. Gehen Sie dazu wie folgt vor:

1 Starten Sie Excel 2002 und öffnen Sie die Arbeitsmappe, in der Sie die Verknüpfung einfügen möchten.

2 Wählen Sie *Daten/Externe Daten importieren/Daten importieren* aus.

3 Wählen Sie die Datenbank aus, aus der Sie Daten verknüpfen möchten, und klicken Sie auf *Öffnen*.

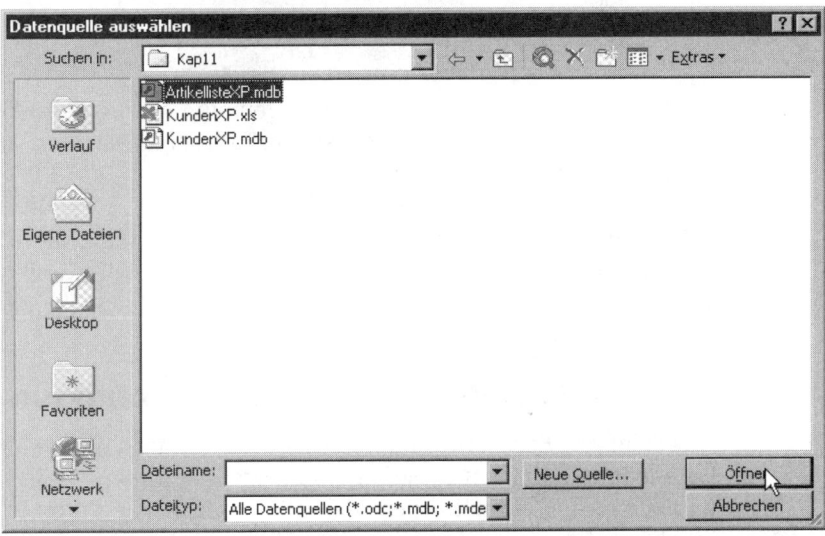

Öffnen der Datei

4 Markieren Sie nun die Tabelle oder Abfrage, die Sie mit der Excel-Tabelle verknüpfen möchten, und klicken Sie dann auf *OK*.

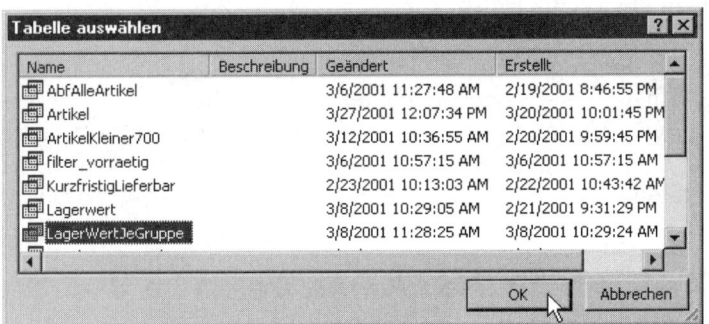

Wählen Sie die Datenbanktabelle oder Abfrage aus

5 Sie können nun auswählen, wo die verknüpften Daten eingefügt werden sollen. Standardmäßig schlägt der Assistent vor, die Daten in das aktuelle Tabellenblatt einzufügen. Sie können aber durch Auswahl von *Neues Ar-*

11

Office-Anwendungen

beitsblatt auch ein Tabellenblatt erzeugen lassen, in das Sie die Daten einfügen. Klicken Sie auf *OK*, wenn Sie Ihre Wahl getroffen haben.

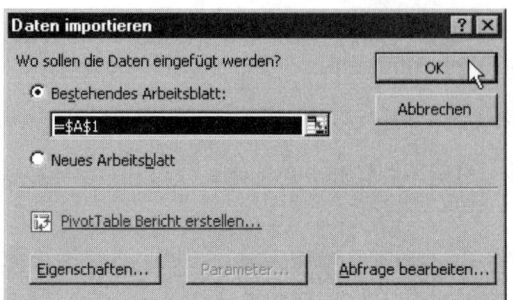

Auswählen des Zielbereichs

6 Excel fügt nun die verknüpften Daten ein und zeigt eine Symbolleiste an, über die Sie nicht nur die Verknüpfungseigenschaften ändern, sondern auch Daten aktualisieren können.

Sie können nun die Daten fast wie Daten verwenden, die direkt in der Tabelle gespeichert sind. Zum Beispiel haben Sie die Möglichkeit, ein Diagramm daraus zu erzeugen.

Vor- und Nachteile solcher Verknüpfungen

Aus Sicht des Excel-Anwenders, der Daten auf diese Weise aus einer Access-Datenbank abruft, hat diese Methode eigentlich nur Vorteile. Die Daten sind nämlich immer aktuell. Allerdings ist es so, dass die Daten in Excel nicht geändert und in die Datenbank übertragen werden können. Dennoch öffnet Excel die Datenbank immer exklusiv, sodass sie nicht von anderen Anwendern oder von Access geöffnet werden kann. Das ist umso unverständlicher, wenn man bedenkt, dass ein exklusiver Zugriff für die Abfrage der Daten gar nicht notwendig wäre.

Wenn der Zugriff auf die Datenbank erfolgt, während sie gerade von Access geöffnet ist, verweigert Excel den Zugriff ebenso. Wenn diese Situation sehr häufig vorkommt, ist eine solche verknüpfte Abfrage sicherlich nicht die richtige Lösung. In diesem Fall ist das *AccessLinks*-Add-In sicherlich die bessere Alternative, sofern es genauso funktioniert wie in der Vorversion.

Die Symbolleiste Externe Daten im Überblick

Sie Symbolleiste *Externe Daten* bietet neben der Möglichkeit, die Daten zu aktualisieren, auch die Möglichkeit, die Verknüpfungseigenschaften zu ändern. Die genauen Aufgaben der einzelnen Funktionen erläutert die folgende Tabelle.

Symbol	Beschreibung
Abfrage bearbeiten	Zeigt einen Dialog mit den Abfrageeigenschaften an. Sie können dort bspw. den Pfad zur Datenbank ändern oder eine andere Tabelle oder Abfrage der Datenbank angeben.
Datenbereichseigenschaften	Zeigt den Dialog *Eigenschaften des externen Datenbereiches* an und ermöglicht die Einstellung von Verknüpfungseigenschaften.
Abfrageparameter	Ermöglicht die Definition und Änderung von Abfrageparametern. Das funktioniert aber nur, wenn Sie über *Daten/Externe Daten importieren/Neue Abfrage erstellen* einen Abfrage erzeugt und nicht eine vorhandene Access-Abfrage oder Tabelle verknüpft haben.
Daten aktualisieren	Ruft die Daten neu aus der Datenbank ab.
Aktualisierung abbrechen	Bricht die Aktualisierung ab.
Alle aktualisieren	Aktualisiert alle Verknüpfungen in der Arbeitsmappe.
Status aktualisieren	Das Symbol erscheint aktiviert, während eine Datenaktualisierung stattfindet.

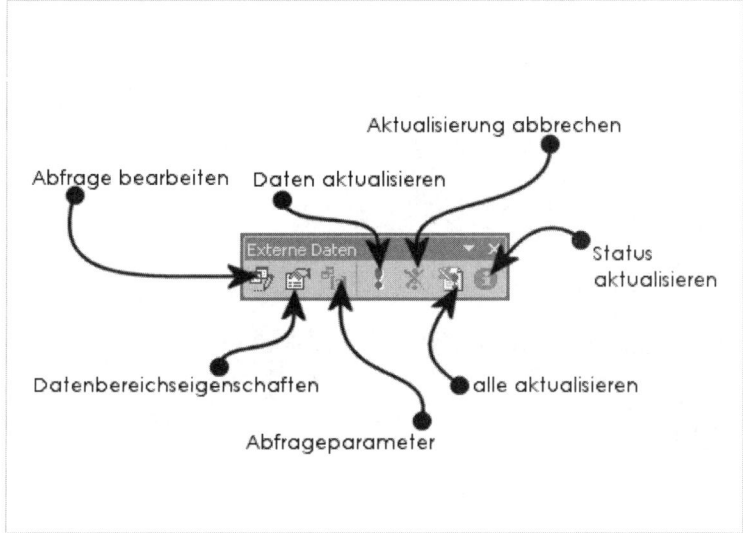

Sie Symbolleistenfunktionen in der Übersicht

11.3 Serienbriefe mit Access-Kundendaten erstellen

Die Zusammenarbeit mit Word ist noch einfacher, da sie in der Regel darin besteht, Access-Daten mit Word weiterzubearbeiten oder als Serienbriefe zu drucken. Dazu bietet Access verschiedene Funktionen an, die Sie per Mausklick aufrufen können. Mithilfe des Serienbrief-Assistenten können Sie bspw. in wenigen Schritten Serienbriefe erstellen.

11

Office-Anwendungen

Listen oder Serienbriefe? – Mit Word geht beides ganz einfach

Es gibt im Prinzip zwei Möglichkeiten, wie Sie Access-Daten mit Word weiterverarbeiten können. Die eine besteht darin, diese in ein Word-Dokument auszugeben und dort in Listenform zu drucken, bspw. als Anlage zu einem Bericht oder anderen Dokument.

Außerdem können Sie Access-Daten in Form von Tabellen oder Abfragen auch als Datenquelle für Word-Serienbriefe verwenden. Dabei muss es sich nicht immer um Serienbriefe im herkömmlichen Sinne handeln, also um Briefe, die an mehrere Adressaten geschickt werden. Auch Adressetiketten lassen sich auf diese Weise leicht mit Kundenadressen beschriften. Access stellt dazu ebenfalls eine Funktion zur Verfügung.

So geht's: Exportieren Sie Access-Daten nach Word

Möchten Sie die Daten als Tabelle in Word weiterverarbeiten, können Sie sie wie folgt in ein RTF-Dokument konvertieren und in Word laden:

1 Öffnen Sie die Datenbank und markieren Sie im Datenbankfenster die Tabelle oder Abfrage, die Sie exportieren möchten.

2 Klicken Sie in der Symbolleiste auf das Word-Symbol und öffnen Sie das Menü.

3 Wählen Sie dort *Veröffentlichen mit Microsoft Word* aus.

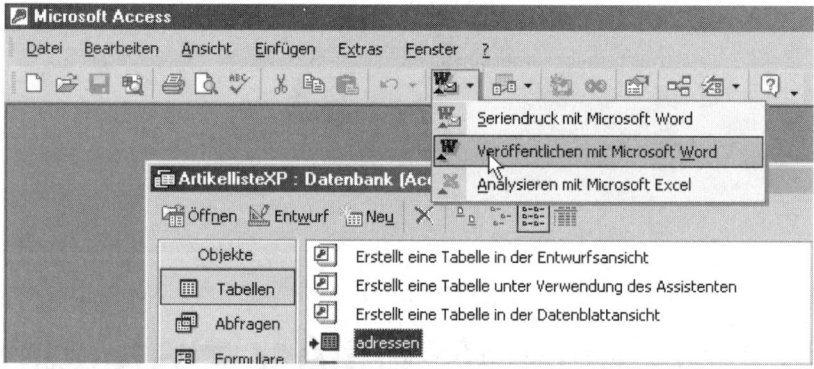

So exportieren Sie Tabellen in Word-Dokumente

Das war's im Prinzip auch schon. Access startet nun Word, wenn es nicht bereits geladen ist. In Word wird ein neues Dokument erzeugt, in das die Daten übertragen werden. Das Ergebnis könnte z. B. so aussehen.

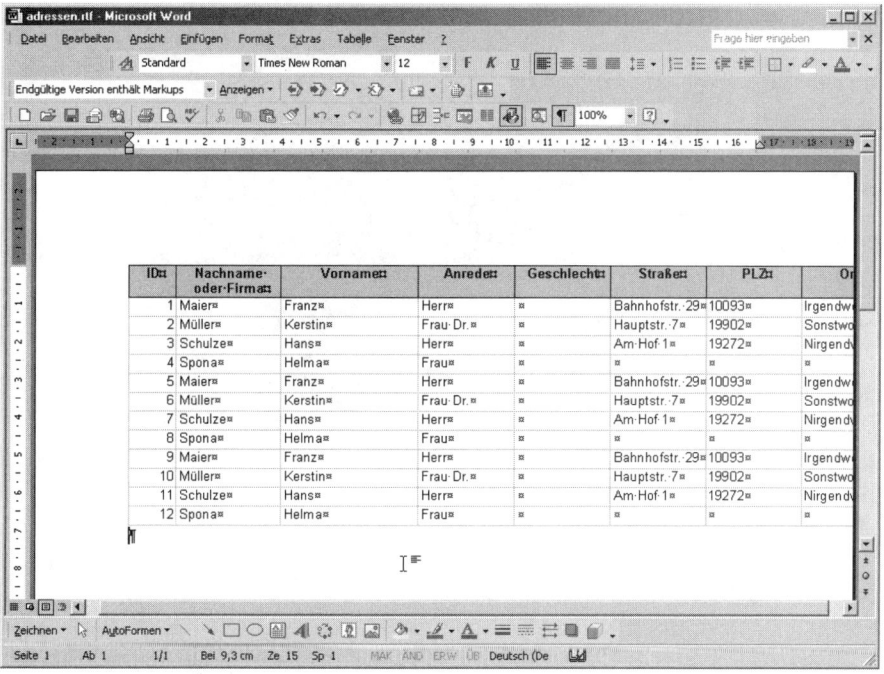

So sieht die Tabelle nach dem Export in Word aus.

Sie können das Dokument nun wie jedes Word-Dokument bearbeiten und mit *Datei/Speichern unter* als Word-Dokument abspeichern. Enthält die Tabelle relativ viele Felder, ist es meist auch notwendig, die Seitenausrichtung zu ändern, da bei Hochformat nicht alle Felder auf die Seite passen.

Um Serienbriefe zu erzeugen, gibt es einen Assistenten

Wenn Sie Ihre Access-Daten verwenden möchten, um Serienbriefe oder Etiketten in Word zu drucken, können Sie dies ganz einfach mit dem Seriendruck-Assistenten machen. Gehen Sie dazu folgendermaßen vor:

1 Markieren Sie die Tabelle oder Abfrage mit den Daten, die Sie im Seriendruck-Dokument verwenden möchten.

2 Klicken Sie dann auf das Word-Symbol in der Symbolleiste, um die Liste zu öffnen.

3 Aus der Liste wählen Sie den Eintrag *Seriendruck mit Microsoft Word*.

4 Access startet nun den Seriendruck-Assistenten. Im ersten Schritt müssen Sie festlegen, ob Sie die Daten mit einem vorhandenen Dokument verknüpfen möchten. Dann wählen Sie die Option *Ihre Daten mit einem bereits vorhandenen Word-Dokument verknüpfen* aus. Existiert das Seriendruck-Dokument noch nicht, können Sie die zweite Option wählen, um es neu zu erstellen.

11

Office-Anwendungen

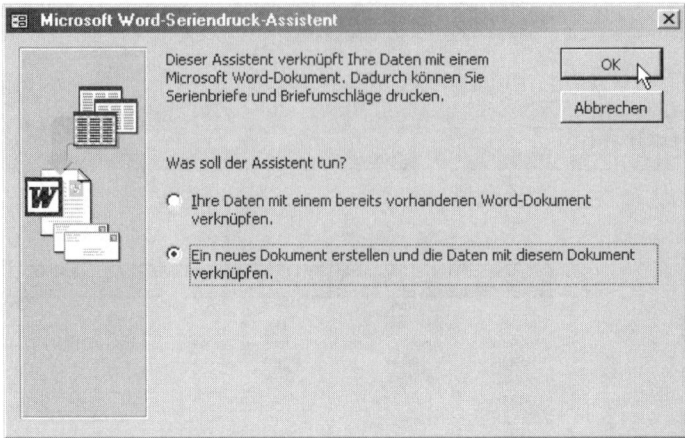

Hiermit erstellen Sie ein neues Seriendruck-Dokument

5 Wenn Sie Ihre Wahl getroffen haben, klicken Sie auf *OK*, um fortzufahren.

6 Word wird nun mit einem neuen Serienbrief-Dokument geladen. Sie können es jetzt bearbeiten.

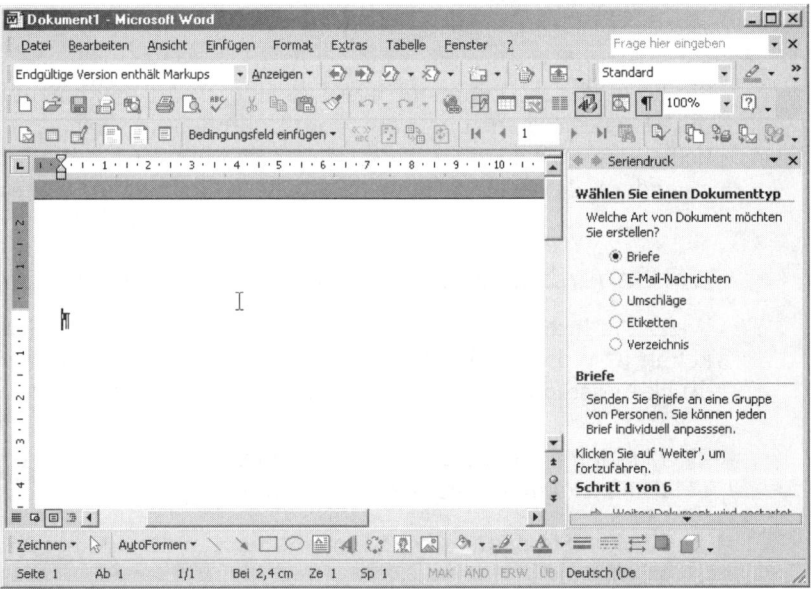

So sieht ein leeres Seriendruck-Dokument aus

7 Speichern Sie das Dokument nun mit *Datei/Speichern* in einem Verzeichnis Ihrer Wahl ab.

So fügen Sie ganz schnell Seriendruckfelder ein

Damit Word weiß, an welcher Stelle im Dokument die Daten der Access-Tabelle eingefügt werden sollen, müssen Sie so genannte Seriendruckfelder in das Dokument einfügen. Dazu stellt Word ein Symbol zur Verfügung, über das Sie einen Dialog zur Auswahl der Felder einblenden können.

1 Setzen Sie den Cursor an die Position, an der Sie das erste Feld einfügen möchten.

2 Klicken Sie in der Symbolleiste auf das Symbol ▣ , um den Dialog einzublenden.

3 Wählen Sie das einzufügende Feld aus der Liste aus.

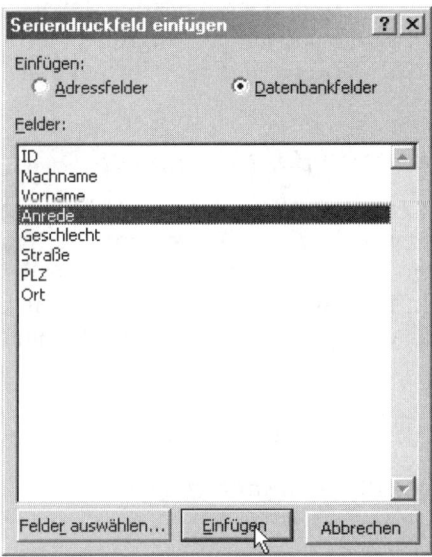

Auswählen des einzufügenden Felds

4 Klicken Sie auf *Einfügen* und verfahren Sie mit den übrigen benötigten Feldern genauso.

5 Klicken Sie anschließend auf *Schließen*.

6 Zwischen mehreren Seriendruckfeldern müssen Sie Leerzeichen oder anderen Text eingeben, wenn sie nicht unmittelbar hintereinander stehen sollen. Dazu setzen Sie einfach den Cursor zwischen die Felder und geben den gewünschten Text oder einzelne Zeichen ein. Das könnte dann z. B. so aussehen:

11

Office-Anwendungen

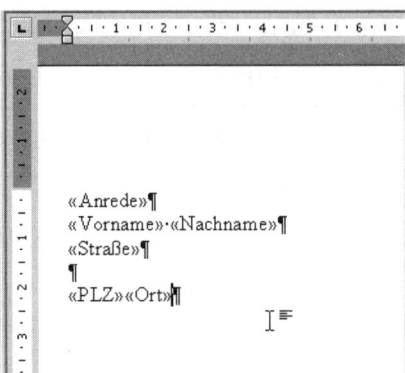

Zwischen den franz. Anführungszeichen stehen die Namen der Tabellenfelder

7 Nachdem Sie die Felder eingefügt haben, können Sie sie wie ganz normalen Text formatieren. Dazu markieren Sie den Bereich, den Sie formatieren möchten, und stellen danach Schriftgröße, -farbe und sonstige Formatierungen über das Menü *Format* oder die Symbolleiste ein.

Auch Bedingungen können Sie formulieren

Natürlich kommt es auch schon mal vor, dass Text abhängig vom Wert der eingefügten Daten angezeigt werden soll. Es ist bspw. sinnvoll, das Leerzeichen zwischen den Feldern *Vorname* und *Nachname* nur dann anzuzeigen, wenn im Feld *Vorname* ein Wert steht, weil sonst der Nachname um ein Zeichen eingerückt dargestellt wird. Dazu können Sie bspw. ein Bedingungsfeld verwenden.

1 Markieren Sie das Leerzeichen zwischen den beiden Feldern.

2 Klicken Sie auf die Schaltfläche *Bedingungsfeld einfügen* in der Symbolleiste.

3 Wählen Sie nun *Wenn... Dan ... Sonst...* aus der Liste aus.

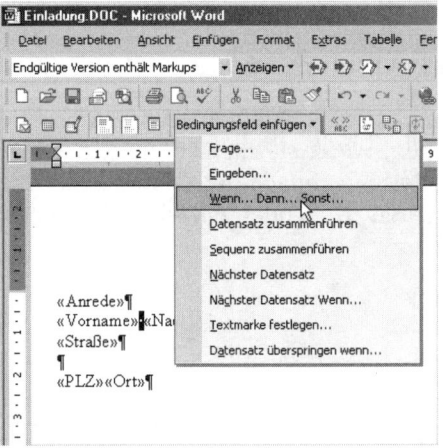

Wenn-Dann-Sonst-Feld einfügen

4 Nun definieren Sie die eigentliche Bedingung. Dazu wählen Sie zuerst das Feld aus, dessen Wert geprüft werden soll. Im Feld *Vergleich* wählen Sie dann den Eintrag *ist nicht leer* aus. Den Text, den Word einfügen soll, wenn das Feld *Vorname* nicht leer ist, geben Sie in das Feld *Dann diesen Text einfügen* ein. In diesem Fall also ein Leerzeichen. Da im anderen Fall gar nichts ausgegeben werden soll, lassen Sie das Feld *Sonst diesen Text einfügen* leer und schließen den Dialog mit *OK*.

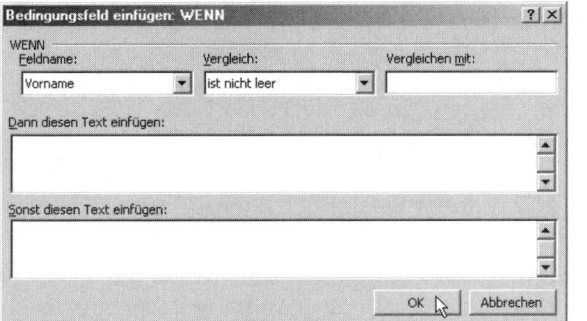

Definieren der Bedingung

Überprüfen Sie Ihre Felder in der Vorschau

Wenn Sie die Anordnung und Berechnung der einzelnen Felder prüfen möchten, können Sie dazu über das abgebildete Symbol in die Vorschau schalten. Die Felder werden dann mit dem Inhalt der verbundenen Tabelle gefüllt. Sie können dann mithilfe des Datensatznavigators das Dokument mit den Daten der einzelnen Datensätze ansehen, um den Serienbrief zu prüfen.

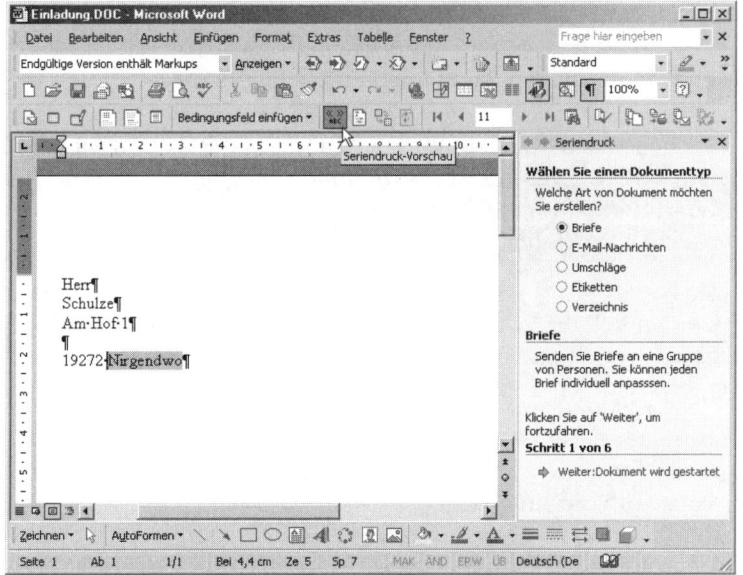

Anzeige der Serienbrieffelder in der Vorschau

11

Office-Anwendungen

Um den Serienbrief zu drucken, genügt ein Klick auf das richtige Symbol

Wenn Sie den Serienbrief fertig gestellt und gespeichert haben, können Sie ihn drucken. Dazu klicken Sie auf das Symbol ▣. Dies bewirkt, dass der Serienbrief mit den Daten verbunden und zum Drucker gesendet wird.

Schwierigkeiten kann es mit älteren Word-Versionen geben

An sich funktioniert der Export der Daten in ein Word-Dokument reibungslos. Es kann jedoch Situationen geben, in denen Schwierigkeiten auftreten. Probleme gibt es, wenn Sie auf dem Rechner kein Word 2002 installiert haben, sondern z. B. nur die Version 7.0 oder früher.

Diese älteren Versionen konnten noch nicht per VBA gesteuert werden und können daher die Befehle, die Access an Word sendet, nicht interpretieren und ausführen.

Aber nicht nur, wenn Sie ausschließlich ältere Versionen von Word installiert haben, kann es Probleme geben. Diese treten auch auf, wenn Sie mehrere Word-Versionen installiert haben.

Nehmen Sie an, Sie haben auf Ihrem Rechner sowohl Word 95 als auch Word 2002 installiert und möchten Access-Daten exportieren. In diesem Fall kann es sein, dass Access nicht Word 2002 verwendet, sondern Word 95 und damit folgenden Fehler *WordBasic Err=124* verursacht.

Diesen Fehler erhalten Sie in folgenden Situationen:

- Sie haben zum Zeitpunkt des Exports bereits Word 95 geöffnet. In diesem Fall verwendet Access nämlich die bereits geöffnete Instanz von Word und lädt nicht Word 2002. Schließen Sie also am besten alle geöffneten Word 95-Instanzen.

- Sie haben Word 95 nach Word 2002 (bzw. Word 2000) installiert. Dann ist näm-lich die Endung *.doc* der EXE-Datei von Word 95 zugeordnet. Um diesen Fehler zu beseitigen, müssen Sie Word 2002 neu installieren.

- Haben Sie sowohl Word 95 als Word 2002 bereits geöffnet, kommt die korrekte Ausführung auf die Reihenfolge an, in der Sie die Word-Instanzen zuletzt verwendet haben. Access verwendet immer die Instanz, die Sie zuletzt aktiviert haben. Klicken Sie also vor dem Export den Word 2002-Task in der Taskleiste an, damit er zuletzt aktiviert war. Dann sollte der Export gelingen.

Die Zusammenarbeit zwischen Word und Access beschränkt sich standardmäßig zwar auf den Export von Daten bzw. die Verknüpfung eines Seriendruckdokuments mit einer Access-Datenbank.

Sie können aber mithilfe von VBA auch eigene Anwendungen erstellen. Damit haben Sie bspw. die Möglichkeit, auch ausgewählte Daten aus der Access-Datenbank an bestimmte Stellen in eine Word-Dokument zu übertragen.

11.4 Organisationsdiagramme mit iGrafx Flowcharter

Aber nicht nur die Zusammenarbeit mit Microsoft-Anwendungen wie Word, Excel und Visio ist mit Access möglich. Es gibt auch eine ganze Reihe Programme anderer Softwarefirmen, die exzellent mit Access zusammenarbeiten.

Stellvertretend für diese Anwendungen soll anhand vom iGrafx Flowcharter 2000 gezeigt werden, wie Sie aus den Daten einer Access-Datenbank vollautomatisch ein Organisationsdiagramm erstellen können.

Die Voraussetzungen sind schnell geschaffen

Um die folgenden Schritte nachvollziehen zu können, sollten Sie iGrafx Flowcharter 2000 (oder die Vorversion iGrafx Professional) installieren. Dieses Programm kann in der englischen Version unter http://www.micrografx. com/resources/evalsoftware.asp als Testversion herunter geladen werden.

Außerdem brauchen Sie natürlich noch eine Datenbank. Diese muss Informationen zur Hierarchie des Unternehmens speichern. Das heißt, es müssen folgende Informationen vorhanden sein:

- Abteilungsname

- Abteilungsnummer

- Abteilungsleiter

- Übergeordnete Abteilung

- Mitarbeitername und Position

Die verwendete Datenbank nutzt dazu zwei Tabellen, *Abteilungen* und *Mitarbeiter*, um diese Daten zu erfassen. Sie sind durch eine Beziehung verbunden, die sich in Access wie folgt darstellt. Wichtig ist dabei, dass die *AbteilungsID* der *ID* des Mitarbeiters entspricht, der die Abteilung leitet.

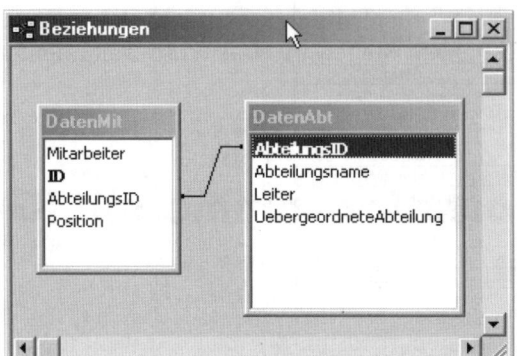

Die benötigten Tabellen

Nun brauchen Sie natürlich noch eine Abfrage, die alle Felder beider Tabellen darstellt. Das Ergebnis könnte dann so aussehen.

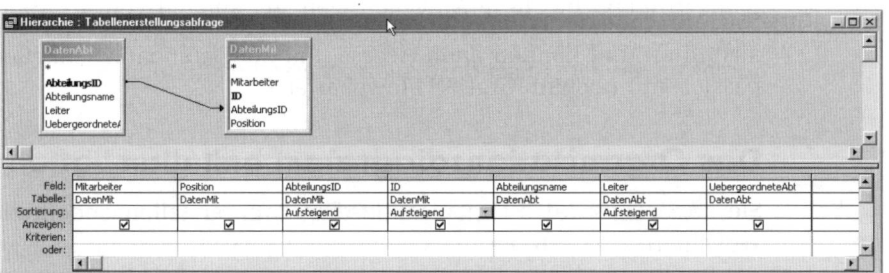

Formulierung der Abfrage

Wandeln Sie nun diese Abfrage in eine Tabellenerstellungsabfrage um und erzeugen Sie damit eine Tabelle *TabHierarchie*. Dies ist notwendig, weil nur Tabellen von iGrafx Flowcharter verwendet werden können. Abfragen werden nicht unterstützt.

Jetzt müssen Sie natürlich noch Daten in die Tabellen eingeben, damit das Ganze auch funktioniert. Achten Sie dabei darauf, dass der oberste Eintrag der Hierarchie, der Geschäftsführer als *AbteilungsID*, den gleichen Wert hat wie seine *MitarbeiterID*. Das Feld *uebergeordneteAbt* und Leiter können Sie für diesen Datensatz aber leer lassen.

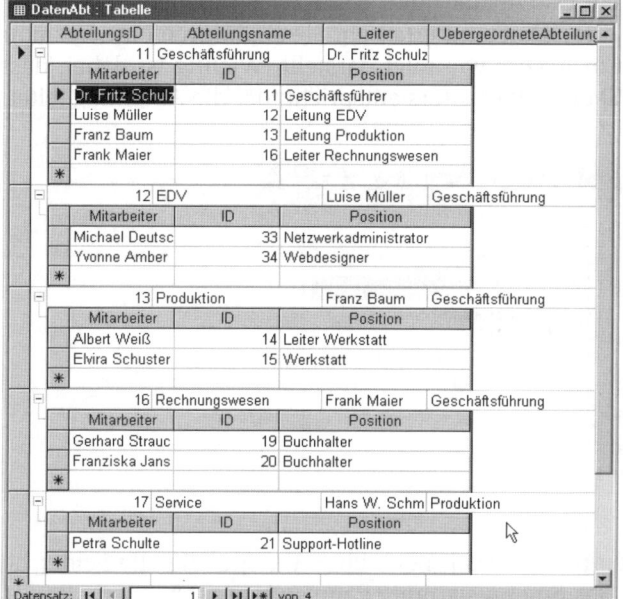

Eingegebene Daten

Nach Eingabe der Daten müssen Sie nur noch die Tabellenerstellungsabfrage ausführen und können dann Access und die Datenbank schließen. Der Rest passiert nur noch in iGrafx™ Flowcharter.

Das Organisationsdiagramm erstellen

Sie können nun das Organisationsdiagramm erstellen, indem Sie wie folgt vorgehen:

1 Starten Sie Flowcharter 2000 über *Start/Programme/iGrafx/FlowCharter 2000*.

2 Verwenden Sie die Testversion, klicken Sie nun auf *Schließen*.

3 Klicken Sie nun auf *Neues Dokument* und wählen Sie *Organigramm* aus.

Organigramm erstellen

11

Office-Anwendungen

4 Wählen Sie nun *OrgChart/Daten importieren/Access Datenbanktabelle* aus.

5 Wählen Sie nun die Datenbank aus, die die entsprechenden Daten enthält, und klicken Sie auf *Öffnen*.

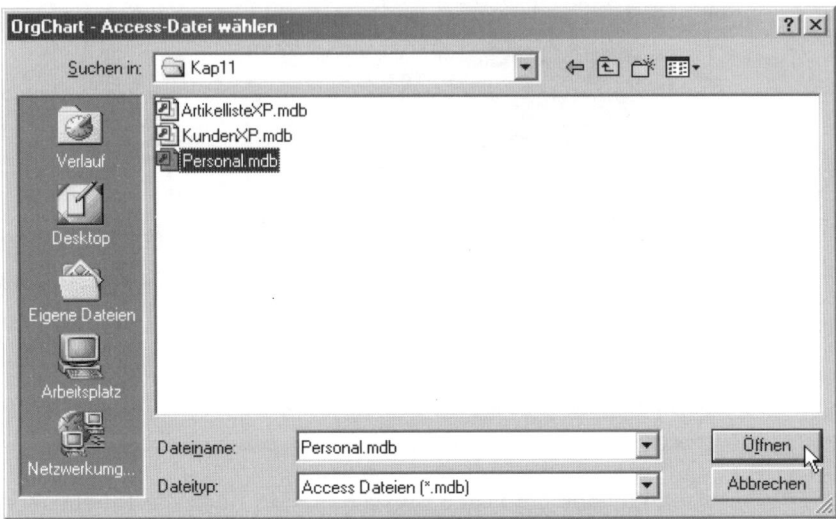

Auswählen der Datenbank

6 iGrafx™ zeigt nun die Tabellen der Datenbank an. Wählen Sie die Tabelle *TabHierarchie* aus und klicken Sie auf *Weiter*.

Auswählen der Tabelle

7 Nun wählen Sie die Spalte aus, in der die Namen der Mitarbeiter aufgeführt werden. Klicken Sie die Spalte dazu einfach an. Beenden Sie den Dialog mit *Gewählte Namen*.

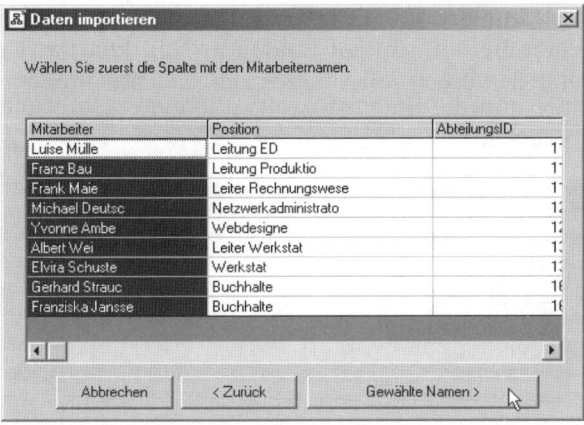

Wählen Sie hier die Spalten mit den Mitarbeiternamen aus

8 Nun wählen Sie die Spalte aus, in der die IDs der Mitarbeiter aufgeführt werden. Klicken Sie die Spalte dazu an. Beenden Sie den Dialog mit *Gewählte ID's*.

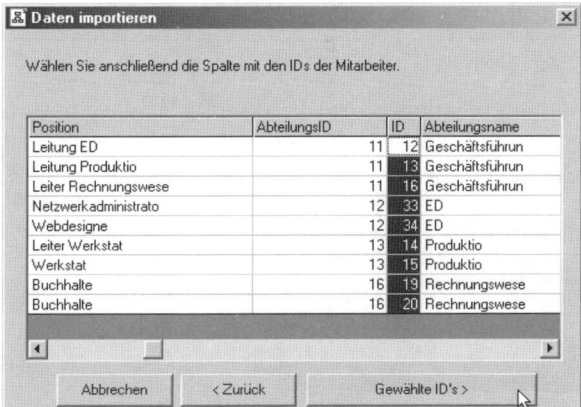

Spaltenauswahl ID

9 Jetzt müssen Sie noch die Abteilungs-IDs auswählen.

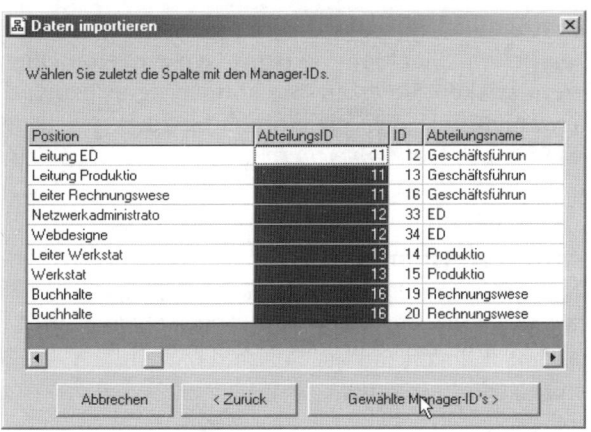

Auswählen der Manager-IDs

11

Office-Anwendungen

10 iGrafx™ ermittelt nun die Daten und stellt diese in einer Baumstruktur dar. Klicken Sie einfach den Eintrag an, ab dem das Organisationsdiagramm erstellt werden soll, und klicken Sie dann auf *Erstellen*.

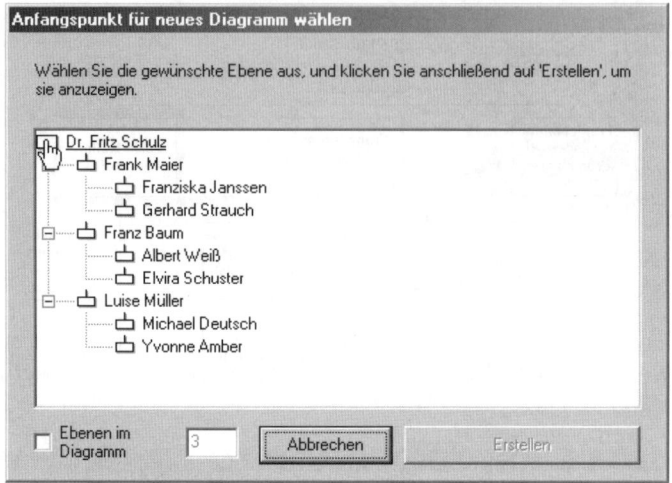

Darstellung der Daten

11 Sie können jetzt festlegen, ob das aktuelle Diagramm durch die Daten ersetzt werden soll oder ob Sie ein neues Diagramm erstellen möchten. Klicken Sie auf *OK*, wenn Sie Ihre Auswahl getroffen haben.

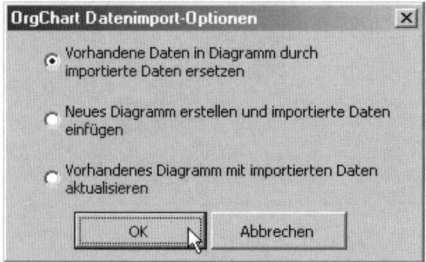

Hier wählen Sie die gewünschte Aktion aus

12 Flowcharter erzeugt nun das Diagramm. Sie können es formatieren und weiter bearbeiten. Möchten Sie bspw. ein einzelnes Element der Grafik formatieren, klicken Sie es an. Sie können dann bspw. die Hintergrundfarbe auswählen, wie dies die Abbildung zeigt. Nach der Formatierung wählen Sie einfach *Datei/Speichern* aus, um die Grafik zu speichern.

Hinweis

Auch der umgekehrte Weg ist möglich!

Haben Sie bereits ein Organisationsdiagramm in Flowcharter erstellt, können Sie dessen Daten mit *OrgChart/Daten exportieren* in eine Textdatei, Excel-Datei oder Access-Datenbank exportieren.

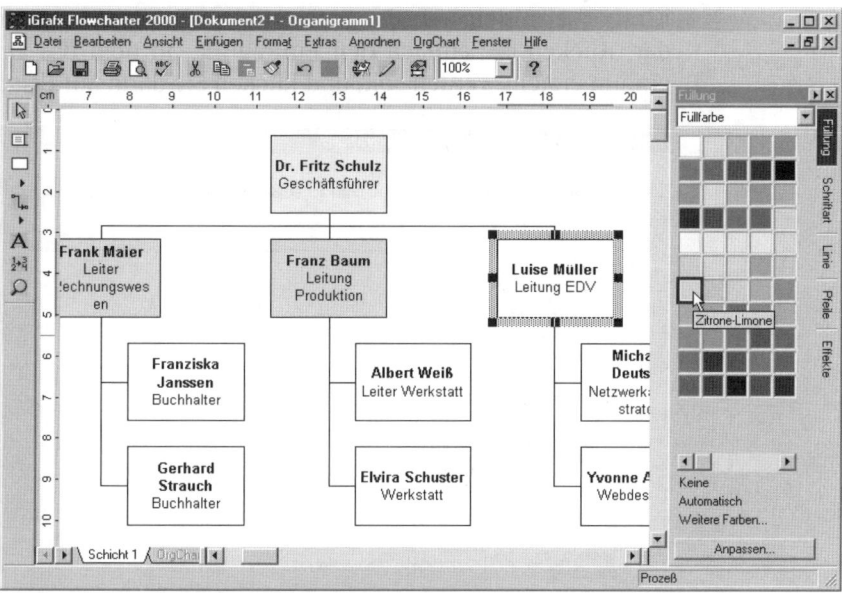

Bearbeiten des erzeugten Diagramms

Stichwortverzeichnis

A

Abfragen 22; 96; 438
    Aktionsabfragen 135
    anpassen 112
    ausführen 108
    Auswahlabfragen 105
    Entwurfsansicht 112
    erstellen 106; 114
    exportieren 238
    Felder berechnen 118
    Felder hinzufügen 116
    Filterkriterien 117
    gruppieren 120
    komplexe Filterkriterien 124
    ODER 124
    Parameter- 142
    Sortierfolgen 117
    speichern 114
    Tabellen hinzufügen 115
    UND 124
    XML 238
Access
    erweitern 246
    installieren 290
    Spezialtasten 261
Access-ADP-Projekte 423
Access-Datenbanken verwenden 24
AccessLinks 444
Access-Makros 26
Access-Runtime-Umgebung 27
Active Server Pages 25; 314
Add-In-Manager 247
Add-Ins
    Com- 246
    erstellen 246
    selbstregistrierende 246
    Typen 246
    verwenden 246
Administratorkennwort 403
ADP-Dateien 423; 426
ADP-Projekte erstellen 432
Aggregatfunktionen 121
AID 399
Aktionsabfragen 97; 135
    erstellen 135
    Warnungen deaktivieren 141

Aktualisierungsabfragen 137
    ausführen 139
    erstellen 138
Aktualisierungsweitergabe 73
ANSI 92 128
Anwendungen, Client-Server 290
Arbeitsgruppen-ID 399
Arbeitsgruppen-Informations-
    datei 261; 308; 396
    erstellen 398
    sichern 414
    wiederherstellen 399; 406
ASP-Seiten
    Besonderheiten 324
    Datenquelle einrichten 326
    Einschränkungen 325
    erstellen 327
    Hyperlink-Felder 319
    Systemanforderungen 316
    Systemvoraussetzungen 314
Ausdrucks-Generator 130
Auswahlabfragen 105
    ausführen 109
Auswahllisten .... *Siehe* Nachschlagelisten
AutoExec 380; 381
AutoFormulare 148
Automatisch zentrieren 174

B

BAK-Dateien 300
Befehlsschaltfläche 178
Beispiele zum Buch 11
Benutzer 265; 395; 396
    hinzufügen 409
    Kennwort ändern 411
    mehrere 235
    -rechte 395
Benutzergruppen 265; 396
    Benutzer zuordnen 404
    Rechte festlegen 401
    verwalten 401; 410
Benutzerkonto 396
Benutzername 433
Benutzeroberfläche 11; 147; 258
    Berichte 195
Benutzerrechte 397
    ändern 408

Berechtigungen............................... 412
Bereiche ein- und ausblenden....................... 197
Bereichstrennung............................. 162
Berichte.............................97; 195
   Bereiche............................ 196
   Diagramme...................... 196
   Drucker............................ 223
   erstellen.............................. 197
   exportieren....................... 238
   Grafiken einfügen........................ 213
   Größe von Textfeldern............... 205
   Seitenformat...................... 223
   Seitenränder....................... 223
   Seitenwechsel...................... 222
   Sortierfolge....................... 200
   Unterschiede zu Formularen..................... 196
   verkleinern........................ 207
Berichtsfuß............................... 197
Berichtskopf............................. 197
Beschriftung............................. 172
Beschriftungsfeld....................... 164
Bezeichnung............................. 177
Beziehungen..................... 20; 29; 44; 436
   1:1.................................. 73
   1:n.................................. 73
   anpassen........................... 81
   Aufgaben.........................53; 70
   Detailtabelle........................ 71
   erstellen............................76; 78
   Haupttabelle...................... 71
   Typ einstellen................... 440
   verwalten.......................... 76
   Voraussetzungen..................... 76
Beziehungsfenster
   Tabellen hinzufügen..................... 77
Beziehungstypen....................... 44
Bild................................... 178
Bildlaufleisten...................... 171; 173
Buchbeispiele........................ 11

C

CGI-Skripte........................ 314
Clients............................. 290
Client-Server....................... 288
Client-Server-Anwendungen..................... 417
   Aufbau........................... 418
ColdFusion......................... 25
Com-Add-Ins....................... 246

D

Data Source Name........................ 270
DAT-Dateien....................... 429
Dateien
   ADP............................. 423
   BAK............................. 300

DAT................................ 429
LDB................................ 296
Dateiformat......................... 15
Daten
   austauschen...................... 236
   gruppieren....................... 157
   importieren..................... 234; 240
   konsistente....................... 85
   konvertieren..................... 234
   mit Excel verknüpfen..................... 446
   redundanzfreie..................... 85
   verknüpfen..................... 234; 241
   XML............................. 236
Datenbankdatei, Größe..................... 229
Datenbankdesign........................ 250
Datenbankdiagramme..................... 427
Datenbanken..................... 11; 443
   analysieren....................... 248
   Aufbau............................ 29
   Backend......................... 293
   dateibasierte..................... 294
   dokumentieren..................... 263
   exklusiv öffnen..................... 287; 307
   exklusiver Zugriff..................... 287
   Fehlerquellen....................... 84
   Frontend......................... 293
   Funktionsumfang festlegen..................... 30
   gesicherte, öffnen..................... 407
   komprimieren..................... 229
   konvertieren....................... 16
   netzwerkfähig machen..................... 287
   optimieren....................... 294
   per Mail senden..................... 397
   per Mail versenden..................... 230
   planen.........................29; 84
   reparieren....................... 229
   replizieren....................... 300
   replizierte....................... 289
   schließen.......................... 19
   schreibgeschützte..................... 233
   schützen...................... 307 *Siehe*
   serverbasierte..................... 294
   Sortierfolge....................... 52
   Spracheinstellungen..................... 52
   SQL-........................... 294
   -typen........................... 294
   verschlüsseln..................... 397
   Wartung......................... 211
Datenbank-Engine..................... 419
Datenbankfenster........................ 98
   ein-/ausblenden..................... 99
   minimieren......................... 99
Datenbankformate........................ 15
   2000............................ 231
   2002............................ 231
   97.............................. 231

Datenbankkennwort festlegen....................... 307
Datenbankmanagement-System 18
Datenbankobjekte.. 96
    einblenden....................................... 266
    importieren...................................... 241
    kopieren.. 100
    löschen.. 101
    Überblick... 22
    umbenennen..................................... 101
    wiederherstellen.............................. 101
Datenbanktreiber 25
Datenbankverbindung anpassen................. 353
Datenbestände
    analysieren...................................... 248
    inkonsistente.......................... 234; 287
Datenblattansicht zulassen......................... 173
Datenquelle..................................98; 272
Datenreihen... 364
Datensatzanzeiger 171
Datensätze
    eingeben.. 38
    sperren 288; 296
Datensatzgruppe.. 297
Datensatzherkunft.. 63
Datensatzmarkierer.................................... 173
Datensatzmengen 98
Datensatzsperrungen.......................... 287; 298
    Datensatzebene 299
    Seite 297
Datensicherheit 431
Datentypen
    konzeptionelle................................. 279
    physikalische................................... 279
Datenverluste... 232
Datenzugriffsseiten.................97; 314; 315; 337
    bearbeiten (Enwurfsansicht) 341
    Beschriftungen............................... 350
    Beziehungen................................... 349
    Datenbankverbindungen anpassen........ 353
    Datenquelle.................................... 339
    Design auswählen........................... 352
    Design zuweisen.............................. 341
    erstellen.. 339
    erstellen (Entwurfsansicht)................ 345
    Gruppierung................................... 348
    Hintergrundbild festlegen 343
    markieren.. 347
    Nachteile.. 338
    Systemanforderungen 315; 339
    Technik 315
    Verknüpfungen aktualisieren 354
    Verknüpfungen anpassen................ 353
dBase.. 19
DBMS.. 18
Designmaster 302
Designs... 151; 175

erstellen.. 175; 178
    verwenden 180
Desktop-Verknüpfung 381; 415
Detailbereich 163; 197
Detailformular........... *Siehe* auch Hauptformular
Detailtabelle 71
Diagramm-Assistenten 214
Diagramme... 196
    erstellen.. 214
    formatieren 218; 362
Diagrammtyp.. 363
Dokumentation 263
    Diagramme.................................... 263
    Dokumentierer 265
    grafisch.. 263
    Inhalt 264
    manuelle 263
    Mehrbenutzerdatenbanken............. 265
    tabellarisch.................................... 263
Dokumentierer starten 266
Drag & Drop 36; 37
Drucken
    Papierformat 104
    Seitenränder.................................. 104
DSN... 270; 328
    -Typen 270

E

Eigenschaften-Fenster 169
    einblenden...................................... 306
    öffnen.. 169
Eindeutig.. 51
Eingabeaufforderung.................................. 146
Eingabepflicht... 93
Empfehlung 250
Entity-Relationship-Diagramme 89; 263
Entwicklungsumgebung 262
Entwurfsansicht... 24
    beenden... 42
    Tabellen 39
ER-Diagramme.. 89; 263
    Beziehungen................................... 283
    Entwurf prüfen................................ 285
    erstellen.................................. 269; 280
Etiketten erstellen 224
Euro... 32
Excel-Tabellen... 443
Extensible Markup Language 16

F

Felddatentypen...37; 91
    zuweisen... 37
Feldeigenschaften 90; 119
Felder
    aktivieren (Entwurfsansicht)....................... 39

berechnen... 183
Beschreibung festlegen 43
beschriften (Datenblattansicht) 35
Beschriftung.. 43
Eigenschaften.. 90
Eigenschaften einstellen 39
einfügen 153
erstellen (Entwurfsansicht)........................ 41
löschen 41
verschieben 345
Feldgröße...33; 92
festlegen 40
Filter.. 109; 110
aktivieren 110
auswahlbasierter.................................. 110
deaktivieren 110
definieren.. 193
formularbasierter 111
Filterkriterien.. 117
Platzhalter.. 127
FK 278
Flowcharter
Datenbank öffnen 460
starten.. 459
Formate
exportieren 240
plattformunabhängige 236
Formatierung, bedingte 187
Formularansicht zulassen.......................... 173
Formularbasierter Filter............................ 111
Formulare 97
1:n-Beziehung 156
Assistent 152
Aufbau 161
Aufgaben 148
ausführen 152
Daten filtern.. 193
Daten gruppieren................................. 157
Definition 147
Design 151; 154
Detailbereich....................................... 163
Entwurfsansicht 160
erstellen... 148
Fehleingaben 148
Felder einfügen 153
Größe.. 180
Layout 153
Titel... 154
Formularelemente 171
Formularfuß.. 162
Formularkopf 162
Freigabenamen 353
Funktionen.. 129

G

Gebundene Spalte....................................... 64
Gebundenes Objektfeld.............................. 178
Gespeicherte Prozeduren 423; 427
Größe anpassen.. 174
Gruppenfuß... 197
Gruppenkopf 197
Gültigkeitsbedingung................................. 33
Gültigkeitsregel.. 95

H

Hauptformular .... *Siehe* auch Detailformular
Haupttabelle... 71
Herkunftstyp 63
Hilfe 13
Hilfeseiten
öffnen.. 13
per Index suchen.................................... 13
Hintergrund... 364
Hintergrundfarbe 169
Hinzufügemodus 257
HTML.. 312
HTML-Seiten
erstellen... 322
formatieren 323
importieren 334
HTML-Vorlagen............................... 324; 330
erstellen... 331
installieren 332
verwenden 332
HTTP.. 312
Hyperlink-Felder, Eingabe in 321
Hyperlinks... 319
formatieren 334

I

iGrafx 443
Flowcharter 2000................................. 457
starten... 459
IIS 316
IME.. 186
Indizes............................... *Siehe* Primärschlüssel
Aufgaben 43
aus mehreren Feldern............................. 48
erstellen... 46
löschen 52
Nachteile.. 44
Typen 44
verwalten 50
Inkonsistenzen 86
Inner-Join 75
InStr 133
Internet.. 311
Internet Information Server........................... 316

Intranet 312
Ist 125

J

Java Server Pages 25

K

Kennwörter 433
   ändern 411
   zurücksetzen 411
Kombinationsfeld 178
Kommentare 378
Konsistent 85
Kontrollkästchen 178
Konvertierung 232

L

Label-Feld 164
Layout 83
Layout- oder Seitenansicht 24
LDB-Datei 296
Logonde 362
Leistungsanalyse 248
Leistungsfähigkeit 248
Like 127
Linie 178
Listenbreite 65
Listenfeld 178
Löschabfragen 140
Löschweitergabe 73

M

Makrogruppen 372
   ausführen 379
Makros 26; 98; 232; 367
   Aufgaben 367
   ausführen 370; 379
   bearbeiten 370
   Bedingungen 373
   beim Öffnen ausführen 380
   benennen 373
   Definition 367
   drucken 378
   erstellen 367; 368
   Kommentare 378
   selbstausführende 379
   Shortcuts zuweisen 383
   über Symbolleisten starten 387
   zusammenfassen 372
MDB-Datei 20
Mehrbenutzeranwendungen 235; 395
Mehrbenutzerdatenbanken dokumentieren 265
Menü-Add-Ins 246

installieren 247
Menüeinträge sichtbar machen 230
Menüleisten erstellen 387
Microsoft SQL-Server 295
Microsoft-Webkomponenten 315
MinMaxSchaltflächen,
   Eigenschaft 174
Mit Systemmenüfeld, Eigenschaft 174
Module 98
MSDE 418
Muster suchen 127

N

Nachschlage-Assistenten erneut ausführen ... 61
Nachschlagelisten
   anpassen **61**
   Arten 53
   Aufgaben 53
   Datensatzherkunft 63
   Eingabe verhindern 65
   erstellen **53**
   erstellen (manuell) 68
   gebundene Spalte 64
   Herkunftstyp 63
   Listenbreite 65
   löschen 68
   Spalten ein-/ausblenden 66
   Spaltenanzahl 64
   Spaltenbreiten 64
   Spaltenüberschriften 64
   Steuerelement anzeigen 62
   Zeilenanzahl 65
Navigationsleisten 171
Navigationsschaltflächen 173
Netzwerk 289
Netzwerkanwendungen 395
Netzwerktypen 314
Netzwerkzugriff 289
Normalisierung 86; 250
Normalisierungs-Assistent 249
Notation 263
NTFS 309
NT-Sicherheit 430
Null 125
Nullwerte ignorieren 51
Nur Listeneinträge 65

O

Objektfeld 178
ODBC-Datenquelle 270
ODBC-Datenquellen-Manager 270
ODBC-SQL-Standard 417
ODBC-Treiber 417
Office-Chart-Komponente 358
Office-Webkomponenten 355

Optionen 141
Optionsfeld 177
Optionsgruppe 177
Organisationsdiagramme 457
Outer-Join 75

P

Parameter 129; 378
   eingeben 134
   einsetzen 145
Parameterabfragen 97; 142
   ausführen 146
   erstellen 143
   Parameter einsetzen 145
Peer-To-Peer-Netzwerk 289
Personal Web Server 316
Pfadangaben, absolute 353
Pflichtfelder festlegen 93
PivotChart-Ansicht zulassen 173
PivotTable-Ansicht zulassen 173
PK 278
Platzhalter 127
Primärindex .... Siehe Primärschlüssel
Primärschlüssel 20; 43; 45
   Eigenschaft 51
   festlegen 46
Protokoll 312
PWS 316

R

Rahmenstärke 209
Rechner 395; 414; 419; 422; 426; 430; 431
Rechnername 353
Rechteck 178
Recordset 98; 297
Redundanzfrei 85
Referentielle Integrität 71; 73
Registersteuerelement 178
Replikat 289; 300
   Designmaster 302
   erstellen 300
   öffnen 301
Replikation, Konfliktlösung 300
Reverse Engeneering 269

S

Schaltfläche Direkthilfe 174
Schaltflächen erstellen 188
Schließen-Schaltfläche 174
Schlüssel .... Siehe Primärschlüssel
Schriftart 169
Schriftfarbe 169
Seite 297
Seiten

Einstellungen 223
   Größe 223
   Ränder 223
Seitenfuß 197
Seitenkopf 197
Seitenumbruch 222
Semikolon 134
Serienbriefe 443
   Bedingungen 454
   Datenquelle 450
   drucken 456
   erstellen 451
   Probleme 456
   prüfen 455
Server-Name 312
Sicherungskopien 413
Sicht 438
Sortierfolge
   festlegen 44
   von Indizes 51
Sortierkriterien 44
Sortierung, Sortierfolge 120
Spalten
   hinzufügen (Datenblattansicht) 36
   Reihenfolge ändern 36
Spaltenbreiten 64
Spaltenüberschriften 64
Spaltenzahl 64
Sperrmechanismen 296
Sperrung 299
Spracheinstellungen 52
SQL 19; 98
   ANSI 92 128
SQL-Aggregatfunktionen 121
SQL-Anweisung 98
SQL-Datenbank
   löschen 430
   sichern 427
   verwalten 427
SQL-Datenbanken
   Abfragen erstellen 438
   Beziehungen 436
   Index erstellen 435
   Tabellen erstellen 434
SQL-Server 128; 417
   beenden 420
   starten 420
SQL-Server Desktop Engine 418
Stammverzeichnis 317
Standardansicht 172
Standard-Kontextmenüs 262
Starteinstellungen 261
Startformular 260
Startoptionen 259; 262
Statische HTML-Seiten 314
Status 171

Steuerelement-Assistent...................................... 176
    einblenden 189
    verwenden 189
Steuerelemente 147; 162
    anzeigen 62
    ausrichten 167
    bedingte Formatierung 187
    einfügen 175
    formatieren 169
    konvertieren 191
    kopieren 177
    markieren.. 163; 347
    Markierung entfernen.............................. 165
    Namen ermitteln 185
    positionieren 165
    Überblick... 177
    umwandeln... 191
    verknüpfte 164
Stylesheets 330; 338
SVG 16
Symbolleisten
    anpassen 388
    erstellen... 387
    Makros starten... 390
    Symbole ändern 388
System-DSN 271
Systemobjekte einblenden 266
Systemtabellen...................................... 266
Systemvoraussetzungen, Internet und
    Intranet.. 311; 314

T

Tabellen.. 29
    anordnen 277
    bearbeiten (Entwurfsansicht) 39
    benennen...38; 252
    drucken... 103
    exportieren 238
    Felder 30
    öffnen.. 102; 244
    speichern 38
    verknüpfte 242
    Verknüpfungen ändern 307
    versteckte... 266
    XML 238
Tabellenerstellungsabfragen 136
Tabellenverknüpfungs-Manager............ 244; 307
    starten... 244
Tastenkombination 384; 386
Teilzeichenkette 133
Textdateien mit Trennzeichen 240
Textfeld 177
Token.. 330
Toolbox.. 176
Trennlinien... 173

Trennzeichen.. 134
Trigger... 423

U

Übersichts-Manager............................... 255
Übersichtsseiten 255
    formatieren 258
Umrandung 169
Umschaltfläche 177
UNC-Pfad.. 244
UNC-Pfadangabe 343
UNC-Pfadnamen 353
Unterberichte... 210
    einfügen 221
Unterformular/-bericht 178
Upsizing 295; 420
Upsizing-Assistent, Systemanforderungen 418
URL.. 312

V

VB.. 27
VBA...26; 98
Verknüpfungen
    Nachteile... 448
    verwenden.. 383
    Vorteile 448
Verknüpfungseigenschaften 446
Verknüpfungstyp 75
    auswählen... 82
Verschlüsselung..................................... 397
Verzeichnisse... 244
Views 275
Visio
    Abfragen ....*Siehe* Views
    Berichte 278
    Beziehungen.. 283
    Diagrammtypen 273
    Dokumentation starten 274
    starten... 273
    Versionen 269
Visual Basic for Applications................... 26

W

Webkomponenten 356
Webseiten
    formatieren 325
    statische 322
Webserver.. 316
    Adresse 318
Weitere Steuerelemente....................... 178
Wenn 454
Werkzeugleiste....................................... 176
Werteliste ergänzen............................... 66

Word, Serienbriefe 450
WordBasic Err 456

X

XML 16; 236
XML-Dateien 316; 318

Einstellungen 239
exportieren 236; 239
öffnen 239
Zeilenanzahl 65
Zeilenumbruch 178